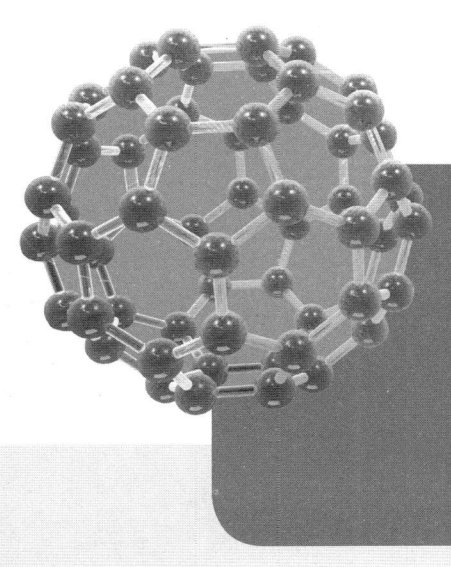

JICHU HUAXUE XITI JIEXI

基础化学习题解析
第四版

（供基础、预防、临床、口腔等医学类专业用）

主　编　张乐华

副主编　薛春兰　李春艳　王美玲　孙体健

编　者（按编写章节顺序排列）

范　琦　张乐华　燕小梅　高　静　孙　革
崔继文　李春艳　薛春兰　王英骥　赵吉丽
冯宁川　王美玲　孙体健

高等教育出版社·北京

内容简介

本书是张乐华教授主编的普通高等教育"十一五"国家级规划教材《基础化学》（第四版）的配套参考书。

本书各章的顺序与教材完全一致，对教材中各章的全部思考题、习题进行了详细解答，并配套单元测试题及参考答案，这是本书的一大特色。

本书适用于高等医药院校医学类各专业，特别是使用《基础化学》（第四版）的学校作为教学参考书，也适用于使用其他基础化学教材和无机化学教材的教师和学生参考。

图书在版编目（CIP）数据

基础化学习题解析 / 张乐华主编. -- 4 版. --北京：高等教育出版社, 2020.9 （2024.12重印）
供基础、预防、临床、口腔等医学类专业用
ISBN 978-7-04-054717-7

Ⅰ.①基…　Ⅱ.①张…　Ⅲ.①化学-医学院校-题解　Ⅳ.①O6-44

中国版本图书馆 CIP 数据核字（2020）第 135907 号

JICHUHUAXUE XITIJIEXI

策划编辑　沈晚晴	责任编辑　鲍浩波	封面设计　姜　磊	版式设计　杜微言
插图绘制　杨伟露	责任校对　刁丽丽	责任印制　刘弘远	

出版发行　高等教育出版社	网　　址　http://www.hep.edu.cn	
社　　址　北京市西城区德外大街4号	http://www.hep.com.cn	
邮政编码　100120	网上订购　http://www.hepmall.com.cn	
印　　刷　天津鑫丰华印务有限公司	http://www.hepmall.com	
开　　本　787mm×1092mm　1/16	http://www.hepmall.cn	
印　　张　23.5	版　　次　2003年6月第1版	
字　　数　580千字	2020年9月第4版	
购书热线　010-58581118	印　　次　2024年12月第5次印刷	
咨询电话　400-810-0598	定　　价　44.40元	

本书如有缺页、倒页、脱页等质量问题，请到所购图书销售部门联系调换
版权所有　侵权必究
物　料　号　54717-00

第四版前言

本书是张乐华教授主编的普通高等教育"十一五"国家级规划教材《基础化学》（第四版）的配套参考书，也可以作为其他基础化学教材和无机化学教材的学习参考书。编写本书的目的是培养学生掌握正确的解题思路，提高学生分析问题和解决问题的能力。

学生对思考题深入思考，不仅能深入地理解和牢固地掌握基本概念，还能提高学生分析问题和解决实际问题的能力，也十分有利于学生的创新能力的培养。我们认为在基础化学教学中，思考题占据比较重要的地位。

本书各章的顺序与教材完全一致，对教材各章的全部思考题、习题进行了详细解答，并配套单元测试题及参考答案，这是本书的一大特色。

本书由哈尔滨医科大学张乐华教授主编。参加本书修订的人员有重庆医科大学范琦（第一章）、哈尔滨医科大学张乐华（第二章）、大连医科大学燕小梅（第三章）、牡丹江医学院高静（第四章）、齐齐哈尔医学院孙革（第五章）、佳木斯大学崔继文（第六章）、福建医科大学李春艳（第七章）、天津医科大学薛春兰（第八章）、哈尔滨医科大学王英骥（第九章）、北华大学赵吉丽（第十章）、宁夏医科大学冯宁川（第十一章）、内蒙古医科大学王美玲（第十二章）、山西医科大学孙体健（第十三章）。

本书的修订得到高等教育出版社郭新华编辑、沈晚晴编辑的大力支持，提出了极为宝贵的编写建议，在此表示诚恳的谢意。

由于习题解答的复查和校对工作量很大，虽然尽了最大努力来避免错误，但限于编者水平所限，书中错误和不当之处在所难免，恳请使用本书的教师和同学们批评指正。

编　者
2019 年 8 月

目　　录

第一章　溶液和胶体分散系

思考题解答

1. 当分散介质为液体时,按分散相粒子直径的大小进行分类,分散系可分为几种类型?

答: 当分散介质(分散剂)为液体时,按分散相(分散质)粒子的直径大小进行分类,分散系可以分为粗分散系、胶体分散系和分子(离子)分散系三种类型。

当分散相粒子的直径大于 100 nm 时,分散系属于粗分散系。粗分散系包括悬浊液和乳浊液。悬浊液是固体小颗粒分散在液体中形成的粗分散系;乳浊液是液体的小液滴分散在另一种液体中所形成的粗分散系。

当分散相粒子的直径在 1～100 nm 之间时,分散系属于胶体分散系。胶体分散系包括溶胶和高分子化合物溶液。溶胶的分散相粒子由许多小分子或小离子聚集而成,是高度分散的非均相系统,非常不稳定;高分子化合物溶液的分散相粒子是单个的大分子或大离子,是均相系统,非常稳定。

当分散相粒子的直径小于 1 nm 时,分散系属于分子分散系。分子分散系也称溶液,是分散相粒子以小分子或小离子分散在分散介质中形成的均匀的、稳定的分散系。

2. 什么是水的饱和蒸气压? 温度对水的饱和蒸气压有何影响? 为什么?

答: 在一定温度下,将纯水放入一个真空的密闭容器中,当水的蒸发速率与水蒸气的凝聚速率相等时,水面上方的水蒸气称为饱和水蒸气,饱和水蒸气所产生的压力称为水的饱和蒸气压,简称为水的蒸气压。温度对水的饱和蒸气压有影响,当温度升高时,水的饱和蒸气压增大。这是因为水的蒸发是一个吸热过程,温度升高时,水面上方单位体积内的气态水分子的数目增多,因此水的饱和蒸气压增大。

3. 什么是液体的沸点? 外界压力对液体的沸点有何影响?

答: 液体的蒸气压随温度的升高而增大,当液体的蒸气压增大到与外界大气压力相等时所对应的温度称为该液体的沸点。液体的沸点与外界大气压力有关,外界大气的压力越大,液体的沸点就越高;外界大气的压力越小,液体的沸点就越低。

4. 液体的蒸发与沸腾有何不同?

答: 液体的蒸发是指只发生在液体表面的汽化现象。而液体的沸腾是指同时发生在液体表面和液体内部的汽化现象。

5. 水在 105 ℃沸腾时的压力与正常大气压力相比较有何不同?

答: 当水的饱和蒸气压与外界大气的压力相等时,水开始沸腾,此时的温度称为水的沸点。水的正常沸点为 100 ℃,此时水的饱和蒸气压与外界大气的压力相等,均为 101.3 kPa。由于水的饱和蒸气压随温度升高而增大,显然水在沸腾时的温度越高,水的饱和蒸气压就越大,外界大气的压力也就越大。因此,水在 105 ℃沸腾时的大气压力比正常大气压力(101.3 kPa)大。

6．纯溶剂的蒸气压与溶液的蒸气压有何区别？

答：纯溶剂的蒸气压与溶液的蒸气压不同。纯溶剂的蒸气压等于纯溶剂的饱和蒸气压,而溶液的蒸气压等于溶液中溶剂的蒸气压与溶质的蒸气压之和。难挥发非电解质稀溶液的蒸气压等于溶液中溶剂的蒸气压。虽然难挥发非电解质稀溶液中除了含有溶剂分子外,还含有溶质分子,但这些难挥发非电解质分子很难汽化为蒸气分子,而仅仅是溶剂汽化为蒸气分子。与纯溶剂相比,单位体积的难挥发非电解质稀溶液中所含的溶剂分子较少,因而单位时间内变为蒸气的溶剂分子也随之减少。当蒸发速率与凝聚速率相等时,单位体积的溶液气相中的溶剂分子数必然小于单位体积的纯溶剂气相中的溶剂分子数,因此在相同温度下纯溶剂的蒸气压总是大于难挥发非电解质稀溶液的蒸气压。

难挥发非电解质稀溶液的蒸气压 p_A 与纯溶剂的饱和蒸气压 p_A^* 之间的定量关系符合拉乌尔定律,在一定温度下二者之间的关系为

$$p_A = p_A^* x_A$$

7．讨论稀溶液的依数性时,为什么要把其溶质限定为难挥发非电解质？

答：讨论稀溶液的依数性时,为了使稀溶液的依数性与稀溶液的组成之间的关系简化至能用简单的数学公式定量描述,所以将其溶质限定为难挥发非电解质。

如果溶质是易挥发的非电解质或电解质,溶质对稀溶液的依数性的影响比较复杂,下面分别进行讨论。

（1）当溶质是易挥发的非电解质时

当溶质是易挥发的非电解质时,由于溶质的蒸气压大于纯溶剂的蒸气压,在一定温度下稀溶液的蒸气压就会大于纯溶剂的蒸气压,所以稀溶液的蒸气压不是下降而是增大了。由于易挥发非电解质稀溶液的蒸气压比纯溶剂的蒸气压增大了,因此,易挥发非电解质稀溶液的沸点低于纯溶剂的沸点。而稀溶液的凝固点是指溶剂的固相的蒸气压与稀溶液中溶剂的蒸气压相等时的温度,不论溶质是难挥发的非电解质或易挥发的非电解质,都会使稀溶液中溶剂的蒸气压减小,所以非电解质稀溶液的凝固点总是低于纯溶剂的凝固点。对于稀溶液的渗透压力,如果半透膜只允许溶剂分子通过,则稀溶液的渗透压力只取决于非电解质稀溶液的浓度,而与非电解质的挥发难易程度无关。

（2）当溶质是电解质时

当溶质是电解质时,电解质在水中能解离出阳离子和阴离子,使稀溶液中溶质的微粒数目增多,导致利用计算公式计算出的稀溶液的依数性与实验测定值之间存在着很大的误差,稀溶液的依数性计算公式对于电解质并不适用。

8．难挥发非电解质的稀溶液在不断的沸腾过程中,其沸点是否恒定？为什么？

答：其沸点不是恒定不变的。难挥发非电解质的稀溶液在不断沸腾过程中,随着溶剂水的汽化,稀溶液中难挥发非电解质的浓度也随之逐渐增大,因此难挥发非电解质稀溶液的沸点也逐渐升高。

9．把一小块冰放在 0 ℃ 水中,另一小块冰放在 0 ℃ 盐水中,各有什么现象发生？为什么？

答：放在 0 ℃ 水中的冰不会融化,可以与水共存;而放在 0 ℃ 盐水中的冰将融化,不能与盐水共存。这是因为水的凝固点是 0 ℃,在 0 ℃ 时冰与水可以共存;但由于盐水的凝固点低于

0 ℃,在 0 ℃时冰与盐水不能共存,冰将融化为水,只有当温度降低至低于 0 ℃的盐水凝固点时,冰与盐水才能共存。

10. 在一密闭容器内,放有半杯纯水和半杯糖水,长时间放置会有什么现象发生?为什么?

答:长时间放置后,纯水可以完全转移到糖水中。这是因为纯水的蒸气压比糖水的蒸气压高,在同一密闭容器内,水蒸气对纯水来说是饱和的,而对糖水来说是过饱和的,因此水蒸气必然在糖水表面凝聚为水。长时间放置时,纯水可以完全转移到糖水中。

11. 取相同质量的果糖($C_6H_{12}O_6$)和蔗糖($C_{12}H_{22}O_{11}$)分别溶于等体积的水中形成稀溶液。两种稀溶液的凝固点都在 0 ℃以下,且果糖稀溶液的凝固点比蔗糖稀溶液的凝固点低。这是为什么?

答:难挥发非电解质稀溶液的凝固点降低与溶质 B 的质量摩尔浓度成正比。由于蔗糖的摩尔质量大于果糖的摩尔质量,因此将相同质量的果糖和蔗糖分别溶于等质量的水中配制成稀溶液时,果糖的质量摩尔浓度大于蔗糖的质量摩尔浓度,由稀溶液的凝固点降低 $\Delta T_f = k_f b_B$,可知果糖稀溶液和蔗糖稀溶液的凝固点均低于 0 ℃,且果糖稀溶液的凝固点比蔗糖稀溶液的凝固点更低。

12. 正常人体温为 37 ℃,血浆的渗透压力在 700～800 kPa,用于人体静脉输液的生理盐水的质量浓度为 9 g·L^{-1},葡萄糖水溶液的质量浓度为 50 g·L^{-1}。这是为什么?

答:为了避免渗透现象的发生,用于人体静脉输液的生理盐水和葡萄糖水溶液的渗透浓度必须与正常人血浆的渗透浓度相等,这样才能使红细胞发挥正常的生理功能。正常人血浆的渗透浓度 $c_{os,血浆} = \Pi/RT$,当血浆的渗透压力分别为 700 kPa 和 800 kPa 时,血浆的渗透浓度分别为

$$c_{os,血浆} = \Pi_2/RT \sim \Pi_1/RT$$

$$= \frac{700 \times 10^3\ \text{Pa}}{8.314\ \text{J·mol}^{-1}\text{·K}^{-1} \times 310\ \text{K}} \sim \frac{800 \times 10^3\ \text{Pa}}{8.314\ \text{J·mol}^{-1}\text{·K}^{-1} \times 310\ \text{K}}$$

$$= 272 \sim 310\ \text{mmol·L}^{-1}$$

9 g·L^{-1}生理盐水和 50 g·L^{-1}葡萄糖水溶液的渗透浓度分别为

$$c_{os}(NaCl) = \frac{2 \times 9\ \text{g·L}^{-1}}{58.5\ \text{g·mol}^{-1}} = 308\ \text{mmol·L}^{-1}$$

$$c_{os}(C_6H_{12}O_6) = \frac{50\ \text{g·L}^{-1}}{180\ \text{g·mol}^{-1}} = 278\ \text{mmol·L}^{-1}$$

它们都是与正常人血浆的渗透压力相等的溶液,输入血管中不会影响血红细胞的生理功能。因此在给患者大量输液时使用的生理盐水的质量浓度为 9 g·L^{-1},而使用的葡萄糖溶液的质量浓度为 50 g·L^{-1}。

13. 一个由两种组分组成的溶液,若用 x_B 代表溶质 B 的摩尔分数,b_B 代表溶质 B 的质量摩尔浓度,c_B 代表溶质 B 的浓度。

(1) 证明这三种组成表示方法之间有如下的关系

$$x_B = \frac{c_B M_A}{\rho - c_B(M_B - M_A)} = \frac{b_B M_A}{1.0 + b_B M_A}$$

式中，ρ 为溶液的密度，M_A 和 M_B 分别为溶剂 A 和溶质 B 的摩尔质量。

（2）证明当溶液很稀时，有如下的关系

$$x_B = \frac{c_B M_A}{\rho_A} = b_B M_A$$

式中，ρ_A 为溶剂 A 的密度。

（3）说明为什么溶质 B 的摩尔分数和质量摩尔浓度与温度无关，而浓度却与温度有关？

证明：（1）由摩尔分数定义

$$x_B = \frac{n_B}{n_B + n_A} = \frac{c_B V_{溶液}}{c_B V_{溶液} + (V_{溶液}\,\rho - c_B V_{溶液}\,M_B)/M_A}$$

$$= \frac{c_B}{c_B + (\rho - c_B M_B)/M_A} = \frac{c_B M_A}{c_B M_A + \rho - c_B M_B} = \frac{c_B M_A}{\rho - c_B(M_B - M_A)}$$

$$x_B = \frac{n_B}{n_B + n_A} = \frac{n_B/m_A}{\dfrac{n_B}{m_A} + \dfrac{n_A}{m_A}} = \frac{b_B}{b_B + \dfrac{1}{M_A}} = \frac{b_B M_A}{1 + b_B M_A}$$

（2）当溶液很稀时，$c_B \to 0$，$\rho \to \rho_A$，$b_B \to 0$。则有

$$x_B = \frac{c_B M_A}{\rho - c_B(M_B - M_A)} = \frac{c_B M_A}{\rho_A}$$

$$x_B = \frac{b_B M_A}{1 + b_B M_A} = b_B M_A$$

（3）由于质量和摩尔质量均与温度无关，因此物质的量也与温度无关，所以 $\dfrac{dx}{dT} = 0$，$\dfrac{db}{dT} = 0$，即 b 和 x 均与温度无关。但由于溶液的体积与温度有关，当温度升高时，溶液的体积增大，所以 B 的浓度与温度有关，即 $\dfrac{dc}{dT} \neq 0$。

14. 为什么正常情况下，植物的茎、叶、花瓣等具有一定的弹性？为什么土壤中施肥过多植物会枯死？

答：正常情况下，土壤溶液的渗透压力小于植物细胞内液的渗透压力，土壤中的水分会通过植物的细胞膜进入细胞内，使植物的茎、叶、花瓣等的细胞适度充盈，从而使植物的茎、叶、花瓣等具有良好的柔韧性。当土壤中施肥过多时，土壤溶液的渗透压力增大，当大于植物细胞内液的渗透压力时，植物细胞内的水分子会通过细胞膜向土壤中渗透，导致植物细胞发生皱缩，失去正常生理功能这是导致植物枯死的原因之一。

15. 为什么海水鱼不能生活在淡水中？

答：由于海水中溶有大量电解质，因此海水的渗透压力大于淡水的渗透压力，导致海水鱼细胞内液的渗透压力大于淡水的渗透压力。若将海水鱼放在淡水中，由于淡水的渗透压力小于海水鱼细胞内液的渗透压力，淡水中的水分子会通过海水鱼细胞膜进入细胞内，使海水鱼的细胞胀破，失去正常生理功能而死亡，因此海水鱼不能生活在淡水中。

16. 什么是渗透现象？产生渗透现象的条件是什么？

答：用只允许溶剂分子透过而溶质分子或离子不能透过的半透膜将纯溶剂与稀溶液隔开，或用半透膜将两种渗透浓度不同的稀溶液隔开时，溶剂分子透过半透膜从纯溶剂进入稀溶液，或溶剂分子从渗透浓度较小的稀溶液进入渗透浓度较大的稀溶液的过程称为渗透现象。

产生渗透现象必须具备两个条件：一是有半透膜存在；二是半透膜隔开的是纯溶剂与稀溶液，或隔开的是渗透浓度不同的两种稀溶液。

17. 什么是丁铎尔现象？为什么溶胶会产生丁铎尔现象？

答：在暗室中用一束聚焦的光照射溶胶，在与入射光垂直的方向上可以观察到一个圆锥形光柱，这种现象就称为丁铎尔现象。

丁铎尔现象的实质是溶胶的分散相粒子对可见光的散射作用。溶胶的分散相粒子的直径小于可见光的波长时，当可见光照射到溶胶的分散相粒子上就会发生散射作用而产生丁铎尔现象。

18. 为什么晴朗的天空呈蓝色，而旭日及夕阳时的天空呈橙红色？

答：分散在大气层中的烟、雾、灰尘等微粒的直径在 $1 \sim 100$ nm，它们与空气形成气溶胶。当包括各种波长单色光的太阳光照射到大气层时，由于气溶胶的分散相粒子的直径小于可见光的波长，因此气溶胶对可见光产生散射作用。根据瑞利公式可知，散射光的强度与入射光的波长的四次方成反比，因此溶胶的分散相粒子对可见光中波长较短的蓝光的散射作用较强，而对波长较长的红光和橙光的散射作用较弱。人们在白天晴朗的天空中观察到的是散射光的颜色，由于散射光中蓝光的强度较大，因此观察到晴朗天空呈蓝色。而在旭日或夕阳下，太阳光几乎与人在同一水平线上，此时人们观察到的是透射光的颜色，由于溶胶的分散相粒子对波长较长的红光和橙光的散射作用较弱，故透射光中红光和橙光的强度较大，因此此时观察到天空呈橙红色。

19. 当一束聚焦的白光通过溶胶时，站在与光线垂直方向观察的同学看到光柱的颜色是淡蓝色，而站在与入射光成 $180°$ 方向观察的同学看到的是橙红色。这是为什么？

答：溶胶的分散相粒子对可见光中波长较短的蓝光的散射作用较强，因此散射光中蓝光的强度较大；而溶胶的分散相粒子对可见光中波长较长的红光和橙光的散射作用较弱，因此透射光中红光和橙光的强度较大。当用一束聚焦的白光照射溶胶时，站在与入射光垂直方向观察的同学看到的是散射光的颜色，由于散射光中蓝光的强度较大，因此看到的光柱的颜色是淡蓝色的。而站在与入射光成 $180°$ 方向观察的同学看到的是透射光的颜色，由于透射光中红光和橙光的强度较大，因此看到的光柱的颜色是橙红色的。

20. 为什么危险信号灯用红灯？为什么车辆在雾天行驶时使用的雾灯用黄灯？

答：空气与分散在其中的烟、雾、灰尘等微粒形成气溶胶。由于气溶胶的分散相粒子对波长较长的红光和黄光的散射作用较弱，因此它们的透射能力较强，容易被人们观察到（此时人们观察到的是透射光的颜色）。这就是危险信号灯用红灯，雾灯用黄灯的原因。

21. 溶胶是热力学不稳定系统，但它在相当长的时间内可以稳定存在，其主要原因是什么？

答：溶胶是热力学不稳定系统，但却能在很长时间内相对稳定地存在而不发生聚沉，其原因是胶粒带有电荷、胶粒的溶剂化作用和胶粒的布朗运动。

同一种溶胶的胶粒带有相同的电荷，由于胶粒之间的排斥作用使胶粒很难聚集变大而发生聚沉。胶粒带有电荷是大多数溶胶能相对稳定存在的主要原因。

由于胶粒的周围离子发生溶剂化而在胶粒外面形成具有一定弹性的溶剂化膜，增大了胶粒相互接近时的机械阻力，使胶粒较难因碰撞聚集变大而聚沉。胶粒的溶剂化膜越厚，溶胶就越稳定。

溶胶的分散相粒子的布朗运动较剧烈,能克服重力引起的沉降作用而不产生聚沉。

22. 简述明矾净水的原理。

答:浑浊的水中主要含有 SiO_2 溶胶和一些固体小颗粒,通常 SiO_2 溶胶的胶粒是带负电荷的。在水中加入明矾后,明矾解离出来的 Al^{3+} 发生水解生成 $Al(OH)_3$ 溶胶,其胶粒带正电荷。由于 SiO_2 负溶胶与 $Al(OH)_3$ 正溶胶的胶粒相互中和而产生聚沉,而聚沉所产生的絮状沉淀物又可将一些固体小颗粒裹住一起下沉,这样就可达到净水目的。

23. 将 NaCl 稀溶液和 $AgNO_3$ 稀溶液混合制备 AgCl 溶胶时,或者使 NaCl 溶液过量,或者使 $AgNO_3$ 溶液过量,写出这两种情况下所制得 AgCl 溶胶的胶团结构简式。胶核吸附离子时有何规律?

答:胶核吸附离子时,与胶核具有相同或相似组成的离子优先被吸附。

将 NaCl 稀溶液与 $AgNO_3$ 稀溶液混合制备 AgCl 溶胶,当 NaCl 稀溶液过量时,溶液中的离子有 Na^+、Cl^- 和 NO_3^-,AgCl 溶胶的胶核优先吸附具有相同组成的 Cl^- 而使胶粒带负电荷。此 AgCl 溶胶的胶团结构简式为

$$\left[(AgCl)_m \cdot nCl^- \cdot (n-x)Na^+\right]^{x-} \cdot xNa^+$$

当 $AgNO_3$ 稀溶液过量时,溶液中的离子有 Ag^+、NO_3^- 和 Na^+,AgCl 溶胶的胶核优先吸附具有相同组成的 Ag^+ 而使胶粒带正电荷。此 AgCl 溶胶的胶团结构简式为

$$\left[(AgCl)_m \cdot nAg^+ \cdot (n-x)NO_3^-\right]^{x+} \cdot xNO_3^-$$

24. 将 $FeCl_3$ 水溶液加热水解制备 $Fe(OH)_3$ 溶胶,写出此溶胶的胶团结构简式。若将此溶胶放入电泳装置中进行电泳,通电后将会观察到什么现象?

答:利用 $FeCl_3$ 的水解反应制备 $Fe(OH)_3$ 溶胶的反应方程式为

$$FeCl_3 + 3H_2O \xm1 \overset{\triangle}{=\!=\!=} Fe(OH)_3(溶胶) + 3HCl$$

其中一部分 $Fe(OH)_3$ 发生如下反应:

$$Fe(OH)_3 + HCl =\!=\!= FeOCl + 2H_2O$$
$$FeOCl =\!=\!= FeO^+ + Cl^-$$

首先,m 个 $Fe(OH)_3$ 聚集成胶核 $\{Fe(OH)_3\}_m$,此胶核优先吸附了 $FeCl_3$ 水解产生的 n 个 FeO^+ 而带正电荷,同时又吸附了 $(n-x)$ 个反离子 Cl^- 组成了胶粒。$Fe(OH)_3$ 溶胶的胶团结构简式为

$$\left[\{Fe(OH)_3\}_m \cdot nFeO^+ \cdot (n-x)Cl^-\right]^{x+} \cdot xCl^-$$

由于 $Fe(OH)_3$ 溶胶的胶粒带正电荷,因此电泳时红棕色的胶粒向负极移动。通电后电泳装置中与电源负极连接的一侧红棕色液面上升,而与电源正极连接的一侧红棕色液面下降。

25. 溶胶与高分子化合物溶液有哪些异同点?

答:溶胶与高分子化合物溶液的相同点是

(1) 分散相粒子的直径都在 1~100 nm;

(2) 分散相粒子的扩散速率慢;

（3）分散相粒子都能透过滤纸,但都不能透过半透膜。

溶胶与高分子化合物溶液的不同点是

（1）溶胶是多相系统,而高分子化合物溶液是单相系统;

（2）溶胶对电解质敏感,加入少量电解质就可使其产生聚沉,而高分子化合物溶液对电解质不敏感,加入大量电解质才能使其生成沉淀;

（3）溶胶的丁铎尔现象明显,而高分子化合物溶液的丁铎尔现象非常微弱;

（4）溶胶是热力学不稳定系统,而高分子化合物溶液是热力学稳定系统。

26. 为什么在江河入海处常形成三角洲?

答:河水中挟带的泥沙小颗粒常会形成胶粒或悬浮物,在江河入海口处,一方面因水面变宽使水流速率减慢,致使泥沙颗粒下沉;另一方面由于海水中电解质的作用,使胶粒凝聚变大而聚沉。长期积累,在江河入海处就形成了三角洲。

27. 结合溶胶和高分子化合物溶液稳定的主要原因,解释聚沉作用和盐析作用。

答:溶胶是热力学不稳定系统,使其暂时稳定存在的主要原因是胶粒带有相同电荷而产生的静电斥力。加入少量电解质时,反离子就会挤入吸附层,减少或中和了胶粒所带的电荷,使胶粒之间的排斥作用减小,导致溶胶发生聚沉。

高分子化合物溶液是热力学稳定系统,其稳定的主要原因是高分子化合物的水化作用。加入少量电解质对高分子化合物的水化作用的影响不大,因此并不影响高分子化合物的稳定性。加入较大量的电解质时,由于电解质解离产生的阴、阳离子发生强烈水化作用,致使原来高度水化的高分子化合物发生去水化作用,失去稳定性而发生盐析。

28. 高分子化合物有时能对溶胶起保护作用,而有时又能引起絮凝。试解释其原因。

答:在溶胶中加入高分子化合物,可使溶胶的稳定性增大,高分子化合物对溶胶起保护作用。但同时高分子化合物又可使溶胶发生聚沉,高分子化合物对溶胶又能起絮凝作用。

高分子化合物能对溶胶起到保护作用,其主要原因是在溶胶中加入较多的高分子化合物时,许多个高分子化合物的一端被吸附在同一个胶粒的表面上,形成水化外壳,将胶粒完全包围起来,使胶粒较难聚集变大,增加了溶胶的稳定性。

高分子化合物对溶胶又能起到絮凝作用,其主要原因是在溶胶中加入较少的高分子化合物时,一个高分子化合物的长链可同时吸附多个胶粒,把胶粒聚集起来,变成较大的胶粒聚集体而发生聚沉。

习 题 解 答

1. 在 90 g 质量分数为 0.15 的 NaCl 溶液中加入 10 g 水或 10 g NaCl 固体,分别计算用这两种方法配制的 NaCl 溶液中 NaCl 的质量分数。

解:加入 10 g 水后,溶液中 NaCl 的质量分数为

$$w(NaCl) = \frac{m(NaCl)}{m(NaCl) + m(H_2O)}$$
$$= \frac{90\ g \times 0.15}{90\ g + 10\ g} = 0.135$$

加入 10 g NaCl 固体后,溶液中 NaCl 的质量分数为

$$w(\text{NaCl}) = \frac{90\ \text{g} \times 0.15 + 10\ \text{g}}{90\ \text{g} + 10\ \text{g}} = 0.235$$

2. 25 ℃ 时,将 50 mL 水与 150 mL 乙醇混合,所得乙醇溶液的体积为 193 mL。计算此乙醇溶液中乙醇的体积分数。

解:乙醇溶液中乙醇的体积分数为

$$\varphi_{乙醇} = \frac{V^*_{乙醇}}{V^*_{水} + V^*_{乙醇}}$$

$$= \frac{150\ \text{mL}}{50\ \text{mL} + 150\ \text{mL}} = 0.75 = 75\%$$

3. 2.0 mL 血液中含 2.4 mg 血糖,计算该血液中血糖的质量浓度。

解:该血液中血糖的质量浓度为

$$\rho = \frac{m_{血糖}}{V_{血液}}$$

$$= \frac{2.4\ \text{mg}}{2.0 \times 10^{-3}\ \text{L}} = 1.2 \times 10^3\ \text{mg} \cdot \text{L}^{-1} = 1.2\ \text{g} \cdot \text{L}^{-1}$$

4. 静脉注射用 KCl 溶液的极限质量浓度是 2.7 g·L^{-1}。如果在 250 mL 葡萄糖溶液中加入 1 安瓿(10 mL)100 g·L^{-1} KCl 溶液,所得混合溶液中 KCl 的质量浓度是否超过了极限值?

解:混合溶液中 KCl 的质量浓度为

$$\rho(\text{KCl}) = \frac{m(\text{KCl})}{V_{溶液}}$$

$$= \frac{100\ \text{g} \cdot \text{L}^{-1} \times 0.010\ \text{L}}{0.250\ \text{L} + 0.010\ \text{L}} = 3.8\ \text{g} \cdot \text{L}^{-1} > 2.7\ \text{g} \cdot \text{L}^{-1}$$

所得混合溶液中 KCl 的质量浓度超过了极限值。

5. 正常人血液中 Ca^{2+} 和 HCO_3^- 的浓度范围分别是 2.25~2.75 mmol·L^{-1} 和 22~27 mmol·L^{-1},化验测得某患者血液中 Ca^{2+} 和 HCO_3^- 的质量浓度分别是 300 mg·L^{-1} 和 1.0 mg·L^{-1}。计算并判断该患者血液中这两种离子的浓度是否处于正常范围。

解:该患者血液中 Ca^{2+} 和 HCO_3^- 的浓度分别为

$$c(\text{Ca}^{2+}) = \frac{\rho(\text{Ca}^{2+})}{M(\text{Ca}^{2+})}$$

$$= \frac{300\ \text{mg} \cdot \text{L}^{-1}}{40\ \text{mg} \cdot \text{mmol}^{-1}} = 7.5\ \text{mmol} \cdot \text{L}^{-1}$$

$$c(\text{HCO}_3^-) = \frac{\rho(\text{HCO}_3^-)}{M(\text{HCO}_3^-)}$$

$$= \frac{1.0\ \text{mg} \cdot \text{L}^{-1}}{61\ \text{mg} \cdot \text{mmol}^{-1}} = 1.6 \times 10^{-2}\ \text{mmol} \cdot \text{L}^{-1}$$

该患者血液中 Ca^{2+} 和 HCO_3^- 的浓度均不处于正常范围。

6. 某患者需用 500 mL 100 $g \cdot L^{-1}$ 葡萄糖溶液,若用 500 $g \cdot L^{-1}$ 葡萄糖溶液和 50 $g \cdot L^{-1}$ 葡萄糖溶液进行配制,需要这两种溶液各多少毫升?

解:设需要 500 $g \cdot L^{-1}$ 葡萄糖溶液和 50 $g \cdot L^{-1}$ 葡萄糖溶液的体积分别为 V_1 和 V_2。则有

$$\begin{cases} 500 \ g \cdot L^{-1} \times V_1 + 50 \ g \cdot L^{-1} \times V_2 = 100 \ g \cdot L^{-1} \times 0.50 \ L \\ V_1 + V_2 = 0.50 \ L \end{cases}$$

解上述方程组得

$$V_1 = 0.056 \ L = 56 \ mL$$

$$V_2 = 500 \ mL - 56 \ mL = 444 \ mL$$

7. 某患者需补充 0.050 mol Na^+,应补充多少克 NaCl 固体? 如果采用生理盐水(质量浓度为 9 $g \cdot L^{-1}$)补充 Na^+,需要多少毫升生理盐水?

解:应补 NaCl 固体的质量为

$$n(NaCl) = n(NaCl) \cdot M(NaCl) = n(Na^+) \cdot M(NaCl)$$
$$= 0.050 \ mol \times 58.5 \ g \cdot mol^{-1} = 2.93 \ g$$

所需生理盐水的体积为

$$V_{盐水} = \frac{m(NaCl)}{\rho_{盐水}}$$

$$= \frac{0.050 \ mol \times 58.5 \ g \cdot mol^{-1}}{9 \ g \cdot L^{-1}} = 0.325 \ L = 325 \ mL$$

8. 在 25 ℃时,质量分数为 9.47% 的稀 H_2SO_4 溶液的密度为 $1.06 \times 10^3 \ kg \cdot m^{-3}$,在该温度下纯水的密度为 997 $kg \cdot m^{-3}$。计算:
(1) H_2SO_4 的质量摩尔浓度;
(2) H_2SO_4 溶液的浓度;
(3) H_2SO_4 溶液中 H_2SO_4 的摩尔分数。

解:(1) H_2SO_4 的质量摩尔浓度为

$$b(H_2SO_4) = \frac{n(H_2SO_4)}{m(H_2O)} = \frac{\dfrac{m_{溶液} \times 9.47\%}{98 \times 10^{-3} \ kg \cdot mol^{-1}}}{m_{溶液} \times (1 - 9.47\%)}$$

$$= 1.07 \ mol \cdot kg^{-1}$$

(2) H_2SO_4 溶液的浓度为

$$c(H_2SO_4) = \frac{n(H_2SO_4)}{V_{溶液}} = \frac{n(H_2SO_4)}{m_{溶液} / \rho_{溶液}} = \frac{\dfrac{m_{溶液} \times 9.47\%}{98 \times 10^{-3} \ kg \cdot mol^{-1}}}{\dfrac{m_{溶液}}{1.06 \times 10^3 \ kg \cdot m^{-3}}}$$

$$= 1.02 \times 10^3 \ mol \cdot m^{-3} = 1.02 \ mol \cdot L^{-1}$$

（3）H_2SO_4 的摩尔分数为

$$x(H_2SO_4) = \frac{n(H_2SO_4)}{n(H_2SO_4) + n(H_2O)}$$

$$= \frac{\dfrac{m_{溶液} \times 9.47\%}{98 \text{ g} \cdot \text{mol}^{-1}}}{\dfrac{m_{溶液} \times 9.47\%}{98 \text{ g} \cdot \text{mol}^{-1}} + \dfrac{m_{溶液} \times (1 - 9.47\%)}{18 \text{ g} \cdot \text{mol}^{-1}}}$$

$$= 1.89 \times 10^{-2}$$

9. 从某种植物中分离出一种结构未知的有抗白血球增多症的生物碱,为了测定其相对分子质量,将 19.0 g 该物质溶入 100 g 水中,测得溶液的凝固点降低了 0.220 K。计算该生物碱的相对分子质量。

解：该生物碱的摩尔质量为

$$M_B = \frac{k_f \cdot m_B}{m_A \cdot \Delta T_f}$$

$$= \frac{1.86 \text{ K} \cdot \text{kg} \cdot \text{mol}^{-1} \times 19.0 \text{ g}}{100 \times 10^{-3} \text{ kg} \times 0.220 \text{ K}} = 1.6 \times 10^3 \text{ g} \cdot \text{mol}^{-1}$$

即该生物碱的相对分子质量为 1.6×10^3。

10. 有几种昆虫能够耐寒,是由于这些昆虫的血液中含有大量的甘油。已知某种寄生黄蜂的血液中甘油的质量分数大约为 0.30,估算这种黄蜂的血液的凝固点。

解：这种黄蜂的血液的凝固点降低为

$$\Delta T_f = k_f \cdot b_{甘油} = \frac{k_f \times \dfrac{m_{血液} \cdot w_{甘油}}{M_{甘油}}}{m_{血液} \times (1 - w_{甘油})} = \frac{k_f \cdot w_{甘油}}{M_{甘油} \times (1 - w_{甘油})}$$

$$= \frac{1.86 \text{ K} \cdot \text{kg} \cdot \text{mol}^{-1} \times 0.30}{9.2 \times 10^{-2} \text{ kg} \cdot \text{mol}^{-1} \times (1 - 0.30)} = 8.7 \text{ K} = 8.7 \text{ ℃}$$

这种黄蜂的血液的凝固点约为 -8.7℃。

11. 人体血液的凝固点为 272.59 K,计算在正常体温下血液的渗透压力。

解：人体血液的渗透质量摩尔浓度和渗透浓度分别为

$$b_{os} = \frac{\Delta T_f}{k_f}$$

$$= \frac{273.15 \text{ K} - 272.59 \text{ K}}{1.86 \text{ K} \cdot \text{kg} \cdot \text{mol}^{-1}} = 0.301 \text{ mol} \cdot \text{kg}^{-1}$$

$$c_{os} = \frac{b_{os} \cdot c^{\ominus}}{b^{\ominus}}$$

$$= \frac{0.301 \text{ mol} \cdot \text{kg}^{-1} \times 1.0 \text{ mol} \cdot \text{L}^{-1}}{1.0 \text{ mol} \cdot \text{kg}^{-1}} = 0.301 \text{ mol} \cdot \text{L}^{-1}$$

正常体温下血液的渗透压力为

$$\Pi = c_{os}RT$$
$$= 0.301 \times 10^3 \text{ mol} \cdot \text{m}^{-3} \times 8.314 \text{ J} \cdot \text{mol}^{-1} \cdot \text{K}^{-1} \times 310.15 \text{ K}$$
$$= 7.76 \times 10^5 \text{ Pa} = 776 \text{ kPa}$$

12. 蛙肌细胞内液的渗透浓度为 240 mmol·L^{-1}。若把蛙肌细胞分别置于质量浓度为 10 g·L^{-1}，7 g·L^{-1} 和 3 g·L^{-1} 的 NaCl 溶液中，将各呈什么形态？

解： 10 g·L^{-1}，7 g·L^{-1} 和 3 g·L^{-1} NaCl 溶液的渗透浓度分别为

$$c_{os,1}(\text{NaCl}) = 2 \times \frac{10 \text{ g} \cdot \text{L}^{-1}}{58.5 \text{ g} \cdot \text{mol}^{-1}} = 0.342 \text{ mol} \cdot \text{L}^{-1} = 342 \text{ mmol} \cdot \text{L}^{-1}$$

$$c_{os,2}(\text{NaCl}) = 2 \times \frac{7 \text{ g} \cdot \text{L}^{-1}}{58.5 \text{ g} \cdot \text{mol}^{-1}} = 0.240 \text{ mol} \cdot \text{L}^{-1} = 240 \text{ mmol} \cdot \text{L}^{-1}$$

$$c_{os,3}(\text{NaCl}) = 2 \times \frac{3 \text{ g} \cdot \text{L}^{-1}}{58.5 \text{ g} \cdot \text{mol}^{-1}} = 0.103 \text{ mol} \cdot \text{L}^{-1} = 103 \text{ mmol} \cdot \text{L}^{-1}$$

与蛙肌细胞内液相比，10 g·L^{-1}，7 g·L^{-1} 和 3 g·L^{-1} NaCl 溶液分别为高渗溶液、等渗溶液和低渗溶液。若将蛙肌细胞分别置于 10 g·L^{-1}，7 g·L^{-1} 和 3 g·L^{-1} NaCl 溶液中，蛙肌细胞的形态分别为皱缩、正常和膨胀。

13. 把 100 mL 9 g·L^{-1} 生理盐水和 100 mL 50 g·L^{-1} 葡萄糖溶液混合，与正常人的血浆相比，此混合溶液是高渗溶液、低渗溶液或等渗溶液？

解： 混合溶液的渗透浓度为

$$c_{os} = c_{os}(\text{NaCl}) + c(\text{C}_6\text{H}_{12}\text{O}_6)$$
$$= 2 \times \frac{9 \text{ g} \cdot \text{L}^{-1} \times 0.10 \text{ L}}{58.5 \text{ g} \cdot \text{mol}^{-1} \times (0.10 + 0.10)\text{L}}$$
$$+ \frac{50 \text{ g} \cdot \text{L}^{-1} \times 0.10 \text{ L}}{180 \text{ g} \cdot \text{mol}^{-1} \times (0.10 + 0.10)\text{L}}$$
$$= 0.293 \text{ mol} \cdot \text{L}^{-1} = 293 \text{ mmol} \cdot \text{L}^{-1}$$

正常人的血浆的渗透浓度为 280～320 mmol·L^{-1}。与其相比，此混合溶液为等渗溶液。

14. 树身内部树汁的上升是由渗透压力差造成的。若树汁为 0.20 mol·L^{-1} 糖溶液，树汁小管外部水溶液的渗透浓度为 0.010 mol·L^{-1}，又知 10.2 cm 水柱产生的压力为 1.0 kPa，估算 20 ℃ 时树汁上升的高度。

解： 树汁与树汁小管外部水溶液的渗透压力差为

$$\Delta\Pi = \Delta c_{os}RT$$
$$= (0.20 - 0.010) \times 10^3 \text{ mol} \cdot \text{m}^{-3} \times 8.314 \text{ J} \cdot \text{mol}^{-1} \cdot \text{K}^{-1} \times 293 \text{ K} = 4.63 \times 10^5 \text{ Pa}$$

293 K 时，树汁上升的高度为

$$h = \frac{4.63 \times 10^5 \text{ Pa}}{1\ 000 \text{ Pa}} \times 10.2 \text{ cm} = 4.72 \times 10^3 \text{ cm} = 47.2 \text{ m}$$

15. 已知血液中蛋白质（$M = 6.6 \times 10^4$ g·mol^{-1}）的质量浓度为 70 g·L^{-1}，计算毛细血管壁

所间隔的血液与组织液(与血液的差别是不含蛋白质)之间的渗透压力差。

解：血液与组织液间的渗透压力差为

$$\Delta \Pi = \Delta c_{蛋白质} RT$$

$$= \frac{70 \times 10^3 \ g \cdot m^{-3}}{6.6 \times 10^4 \ g \cdot mol^{-1}} \times 8.314 \ J \cdot mol^{-1} \cdot K^{-1} \times 310 \ K$$

$$= 2.73 \times 10^3 \ Pa = 2.73 \ kPa$$

16. 糖尿病患者和健康人的血液中葡萄糖的质量浓度分别为 $1.80 \ g \cdot L^{-1}$ 和 $0.85 \ g \cdot L^{-1}$。假定糖尿病患者和健康人血液的渗透压力的差异仅仅是由于糖尿病患者血液中含有较高浓度的葡萄糖，计算体温 37 ℃时渗透压力差。

解：糖尿病患者和健康人在正常体温时的渗透压力差为

$$\Delta \Pi = \Delta c_{葡萄糖} RT$$

$$= \frac{(1.80 - 0.85) \times 10^3 \ g \cdot m^{-3}}{180 \ g \cdot mol^{-1}} \times 8.314 \ J \cdot mol^{-1} \cdot K^{-1} \times 310 \ K$$

$$= 1.36 \times 10^4 \ Pa = 13.6 \ kPa$$

17. 将 5.0 g 鸡蛋白溶于水并配制成 1.0 L 溶液，25 ℃时测得该溶液的渗透压力为 306 Pa，计算鸡蛋白的摩尔质量。

解：鸡蛋白的摩尔质量为

$$M = \frac{mRT}{\Pi V}$$

$$= \frac{5.0 \ g \times 8.314 \ J \cdot mol^{-1} \cdot K^{-1} \times 298 \ K}{306 \ Pa \times 1.0 \times 10^{-3} \ m^3} = 4.05 \times 10^4 \ g \cdot mol^{-1}$$

18. 将一动物筋肉内的某种细胞置于 $7 \ g \cdot L^{-1}$ NaCl 溶液中，该细胞既不膨胀也不皱缩。计算该细胞内液在 25 ℃时的渗透压力。

解：该细胞内液在 25 ℃时的渗透压力为

$$\Pi = c_{os}(NaCl)RT = 2c(NaCl)RT$$

$$= 2 \times \frac{7 \times 10^3 \ g \cdot m^{-3}}{58.5 \ g \cdot mol^{-1}} \times 8.314 \ J \cdot mol^{-1} \cdot K^{-1} \times 298 \ K$$

$$= 5.93 \times 10^5 \ Pa = 593 \ kPa$$

19. 用等体积的 $0.000\,8 \ mol \cdot L^{-1}$ KI 溶液和 $0.001\,0 \ mol \cdot L^{-1}$ $AgNO_3$ 溶液制备 AgI 溶胶。下列电解质溶液对此 AgI 溶胶的聚沉能力如何？

(1) $AlCl_3$ (2) Na_3PO_4 (3) $MgSO_4$

解：用 KI 和 $AgNO_3$ 制备 AgI 溶胶的反应为

$$KI + AgNO_3 \Longrightarrow AgI(溶胶) + KNO_3$$

将等体积的 $0.000\,8 \ mol \cdot L^{-1}$ KI 溶液和 $0.001\,0 \ mol \cdot L^{-1}$ $AgNO_3$ 溶液混合制备 AgI 溶胶时，由于 $AgNO_3$ 溶液过量，胶核优先吸附具有相同组成的 Ag^+，胶粒带正电荷。对于此 AgI 正

溶胶,主要是电解质的阴离子起聚沉作用,阴离子所带电荷越多,其聚沉能力就越强。因此,三种电解质对此 AgI 正溶胶聚沉能力的大小顺序为 $Na_3PO_4 > MgSO_4 > AlCl_3$。

20. 欲制备 AgI 正溶胶(胶粒带正电荷),在 25 mL 0.001 0 $mol \cdot L^{-1}$ $AgNO_3$ 溶液中最多加入多少毫升 0.000 5 $mol \cdot L^{-1}$ KI 溶液?

解：欲制备 AgI 正溶液,$AgNO_3$ 必须过量,即 $n(AgNO_3) > n(KI)$,故所需 KI 溶液的体积为

$$V(KI) < \frac{c(AgNO_3) \cdot V(AgNO_3)}{c(KI)}$$

$$= \frac{25 \text{ mL} \times 0.001 \text{ 0 } mol \cdot L^{-1}}{0.000 \text{ 5 } mol \cdot L^{-1}} = 50 \text{ mL}$$

加入 0.000 5 $mol \cdot L^{-1}$ KI 溶液的体积最多不能超过 50 mL。

21. 把 10 mL 0.002 $mol \cdot L^{-1}$ $AgNO_3$ 溶液与 100 mL 0.000 5 $mol \cdot L^{-1}$ NaBr 溶液混合制备 AgBr 溶胶。写出该溶胶的胶团结构简式,并指出胶粒的电泳方向。

解：制备 AgBr 溶胶的化学反应式为

$$AgNO_3 + NaBr =\!=\!= AgBr(溶胶) + NaNO_3$$

$AgNO_3$ 和 NaBr 的物质的量分别为

$$n(AgNO_3) = 0.002 \text{ } mol \cdot L^{-1} \times 1.0 \times 10^{-2} \text{ L} = 2 \times 10^{-5} \text{ mol}$$

$$n(NaBr) = 0.000 \text{ 5 } mol \cdot L^{-1} \times 0.10 \text{ L} = 5 \times 10^{-3} \text{ mol}$$

由于 $n(NaBr) > n(AgNO_3)$,因此 NaBr 溶液过量,胶核优先吸附 Br^-,胶团的结构简式为

$$[(AgBr)_m \cdot nBr^- \cdot (n-x)Na^+]^{x-} \cdot xNa^+$$

电泳时,胶粒 $[(AgBr)_m \cdot nBr^- \cdot (n-x)Na^+]^{x-}$ 向正极移动。

单元测试题

一、选择题

1. 已知乙醇和苯的密度分别是 0.800 $g \cdot mL^{-1}$ 和 0.900 $g \cdot mL^{-1}$,现将 86.3 mL 乙醇和 901 mL 苯混合配制成溶液,则所得溶液中乙醇的质量摩尔浓度为( )。

(A) 1.52 $mol \cdot kg^{-1}$ (B) 1.67 $mol \cdot kg^{-1}$

(C) 1.71 $mol \cdot kg^{-1}$ (D) 1.85 $mol \cdot kg^{-1}$

2. 在下列混合物和溶液组成表示方法中,受温度影响的是( )。

(A) 摩尔分数   (B) 质量分数

(C) 物质的量浓度   (D) 质量摩尔浓度

3. 在 298.15 K 时,往体积相等的 A 和 B 两个抽出空气的容器中分别加入 100 g 水和 200 g 水,当达到平衡时,两容器中水蒸气压力分别为 p_A 和 p_B,则两者的关系是( )。

(A) $p_A < p_B$ (B) $p_A > p_B$ (C) $p_A = p_B$ (D) 不能确定

4. 将 1 mol 葡萄糖溶于 4 mol 水中,所得葡萄糖溶液的蒸气压是相同温度下纯水蒸气压的( )。

(A) 1/4   (B) 1/5   (C) 4/5   (D) 9/10

5. 已知水的沸点升高系数 $k_b = 0.512$ $K \cdot kg \cdot mol^{-1}$,则 0.400 $mol \cdot kg^{-1}$ 蔗糖水溶液的沸点为( )。

(A) 99.8 ℃　　　　　(B) 100.0 ℃　　　　　(C) 100.2 ℃　　　　　(D) 100.4 ℃

6. 将 3.10 g 白磷溶于 100 g 二硫化碳中,所得溶液的沸点比纯二硫化碳的沸点升高 0.585 K。已知二硫化碳的沸点升高系数 $k_b = 2.35$ K·kg·mol^{-1},P 的相对原子质量为 31.0,则在此磷的二硫化碳溶液中,白磷的分子式为(　　　)。

(A) P　　　　　(B) P$_2$　　　　　(C) P$_4$　　　　　(D) P$_8$

7. 取两小块冰,分别放在温度均为 0 ℃的纯水和盐水中,将会产生的现象是(　　　)。

(A) 放在纯水和盐水中的冰均不融化

(B) 放在纯水中的冰融化为水,而放在盐水中的冰不融化

(C) 放在盐水中的冰融化为水,而放在纯水中的冰不融化

(D) 放在纯水和盐水中的冰均融化为水。

8. 将 3.24 g 硫溶于 40.0 g 苯中,所得硫的苯溶液的凝固点比纯苯的凝固点降低了 1.62 K。已知苯的凝固点降低系数 $k_f = 5.12$ K·mol·kg^{-1},S 的相对原子质量为 32.0,此苯溶液中硫分子的分子式为(　　　)。

(A) S　　　　　(B) S$_2$　　　　　(C) S$_4$　　　　　(D) S$_8$

9. 在一个密闭钟罩内放有甲和乙两半杯水溶液,甲杯中含有 0.20 mol 葡萄糖和 30 g 水,乙杯中含有 0.15 mol 蔗糖和 30 g 水。在恒温下放置足够长的时间以达到平衡,则(　　　)。

(A) 甲杯液面降低,乙杯液面升高　　　　　(B) 甲杯液面升高,乙杯液面降低

(C) 甲杯和乙杯的液面均无变化　　　　　(D) 甲杯的液面升高,乙杯水干剩有蔗糖固体

10. 溶剂的凝固点降低系数 k_f(　　　)。

(A) 只与溶剂的性质有关　　　　　(B) 只与溶质的性质有关

(C) 是质量摩尔浓度为 1 mol·kg^{-1}时的实验值　　(D) 与溶剂和溶质的性质均有关

11. 分别将 0.10 mol NaCl 和 0.10 mol 蔗糖溶于 1 000 g 水中配制 NaCl 溶液和蔗糖溶液。下列有关这两种溶液沸点的叙述,正确的是(　　　)。

(A) NaCl 溶液和蔗糖溶液的沸点相等,都高于 100 ℃

(B) NaCl 溶液和蔗糖溶液的沸点都高于 100 ℃,但 NaCl 溶液的沸点高于蔗糖溶液的沸点

(C) NaCl 溶液和蔗糖溶液的沸点都高于 100 ℃,但 NaCl 溶液的沸点低于蔗糖溶液的沸点

(D) NaCl 溶液的沸点高于 100 ℃,而蔗糖溶液的沸点低于 100 ℃

12. 已知水的凝固点降低系数 $k_f = 1.86$ K·kg·mol^{-1},0.100 mol·L^{-3} HAc 水溶液的凝固点为 -0.188 ℃,则 HAc 的解离度为(　　　)。

(A) 2.5%　　　　　(B) 1.0%　　　　　(C) 10%　　　　　(D) 0.10%

13. 在 400 g 水中溶解 2.40 g 某非电解质和 1.17 g NaCl($M = 58.5$ g·mol^{-1}),所得溶液的凝固点为 -0.372 ℃。已知水的凝固点降低系数 $k_f = 1.86$ K·kg·mol^{-1},则该非电解质的相对分子质量为(　　　)。

(A) 24　　　　　(B) 30　　　　　(C) 40　　　　　(D) 60

14. U 形管中部用半透膜隔开,两侧分别放入蔗糖水溶液和纯水,且使两侧液面高度相等,然后进行渗透实验。对此,下述说法中正确的是(　　　)。

(A) 达到平衡前,蔗糖水溶液的水分子通过半透膜向纯水一侧渗透

(B) 达到平衡前,纯水中的水分子通过半透膜向蔗糖水溶液一侧渗透

(C) 达到平衡时,半透膜两侧的蔗糖水溶液浓度相等

(D) 达到平衡时,蔗糖水溶液一侧的液面比纯水一侧的液面低

15. 在室温下把蛙肌细胞放入 0.20 mol·L^{-1} NaCl 水溶液中,观察到细胞皱缩。由此可得到的结论是(　　　)。

(A) 蛙肌细胞内液的渗透浓度大于 0.40 mol·L^{-1}

(B) 蛙肌细胞内液的渗透浓度小于 0.40 mol·L^{-1}

(C) 蛙肌细胞内液的渗透浓度等于 0.40 mol·L^{-1}

(D) 蛙肌细胞内液的浓度等于 0.20 mol·L^{-1}

16. 现有葡萄糖($C_6H_{12}O_6$)溶液、蔗糖($C_{12}H_{22}O_{11}$)溶液、NaCl 溶液和 $CaCl_2$ 溶液,它们的浓度都是 0.010 mol·L^{-1},这四种稀溶液渗透浓度的相对大小是(   )。

(A) $c_{os}(C_6H_{12}O_6)=c_{os}(C_{12}H_{22}O_{11})>c_{os}(NaCl)>c_{os}(CaCl_2)$

(B) $c_{os}(NaCl)>c_{os}(CaCl_2)>c_{os}(C_6H_{12}O_6)>c_{os}(C_{12}H_{22}O_{11})$

(C) $c_{os}(CaCl_2)>c_{os}(NaCl)>c_{os}(C_{12}H_{22}O_{11})>c_{os}(C_6H_{12}O_6)$

(D) $c_{os}(C_6H_{12}O_6)=c_{os}(C_{12}H_{22}O_{11})<c_{os}(NaCl)<c_{os}(CaCl_2)$

17. 红细胞在下列溶液中可发生皱缩的是(   )。

(A) 0.20 mol·L^{-1} 蔗糖溶液   (B) 0.10 mol·L^{-1} $MgCl_2$ 溶液

(C) 0.15 mol·L^{-1} Na_3PO_4 溶液   (D) 0.15 mol·L^{-1} NaCl 溶液

18. 质量浓度为 11.1 g·L^{-1} 的 $CaCl_2$($M=111.0$ g·mol^{-1})溶液的渗透浓度是(   )。

(A) 100 mmol·L^{-1} (B) 200 mmol·L^{-1}

(C) 300 mmol·L^{-1} (D) 400 mmol·L^{-1}

19. 下列四种溶液中渗透浓度最大的是(   )。

(A) 9 g·L^{-1} NaCl 溶液   (B) 50 g·L^{-1} 葡萄糖溶液

(C) 0.20 mol·L^{-1} 蔗糖溶液   (D) 0.15 mol·L^{-1} Na_2SO_4 溶液

20. 下列四种溶液中,能使红细胞发生溶血现象的是(   )。

(A) 9 g·L^{-1} NaCl 溶液   (B) 100 g·L^{-1} 葡萄糖溶液

(C) 50 g·L^{-1} 葡萄糖溶液   (D) 生理盐水与等体积水的混合溶液

21. 把 50 mL 0.15 mol·L^{-1} NaHCO$_3$ 溶液和 100 mL 0.30 mol·L^{-1} 葡萄糖溶液混合,所得混合溶液与血浆相比是(   )。

(A) 等渗溶液   (B) 高渗溶液   (C) 低渗溶液   (D) 缓冲溶液

22. 甲醛(CH_2O)溶液和葡萄糖($C_6H_{12}O_6$)溶液在温度 T 时渗透压力相等,则甲醛溶液与葡萄糖溶液的质量浓度之比是(   )。

(A) 1∶6   (B) 6∶1   (C) 1∶3   (D) 3∶1

23. 在相同温度下,与质量浓度为 1.2 g·L^{-1} 的尿素[$CO(NH_2)_2$,$M=60$ g·mol^{-1}]水溶液具有相同渗透压力的葡萄糖($C_6H_{12}O_6$,$M=180$ g·mol^{-1})水溶液的质量浓度为(   )。

(A) 1.2 g·L^{-1} (B) 2.4 g·L^{-1} (C) 3.6 g·L^{-1} (D) 4.8 g·L^{-1}

24. 用半透膜将两种浓度不同的稀蔗糖溶液隔开时,为了防止发生渗透现象,必须在浓度较大的蔗糖溶液液面上加一个超额的压力。此压力为(   )。

(A) 浓度较大的蔗糖溶液的渗透压力

(B) 浓度较小的蔗糖溶液的渗透压力

(C) 浓度较大的蔗糖溶液与浓度较小的蔗糖溶液的渗透压力之和

(D) 浓度较大的蔗糖溶液与浓度较小的蔗糖溶液的渗透压力之差

25. 植物能从土壤中吸收水分和养分,其原因是(   )。

(A) 土壤溶液的浓度大于植物细胞内液的浓度

(B) 土壤溶液的渗透压力小于植物细胞内液的渗透压力

(C) 土壤溶液的渗透压力大于植物细胞内液的渗透压力

(D) 植物的细胞膜只允许水分子进入细胞内

26. 用 $AgNO_3$ 溶液和过量的 KI 溶液制备 AgI 溶胶,则该 AgI 溶胶的胶粒结构为(   )。

(A) $[(AgI)_m·nAg^+·(n-x)NO_3^-]^{x+}·xNO_3^-$ (B) $[(AgI)_m·nI^-·(n-x)K^+]^{x-}·xK^+$

(C) $[(AgI)_m \cdot nAg^+ \cdot (n-x)NO_3^-]^{x+}$ (D) $[(AgI)_m \cdot nI^- \cdot (n-x)K^+]^{x-}$

27. 将稀 $AgNO_3$ 溶液与稀 KBr 溶液混合制备 AgBr 溶胶,若 KBr 溶液过量,则制备的 AgBr 溶胶的胶团结构为( )。

  (A) $[(AgBr)_m \cdot nAg^+ \cdot (n-x)NO_3^-]^{x+} \cdot xNO_3^-$ (B) $[(AgBr)_m \cdot nBr^- \cdot (n-x)K^+]^{x-} \cdot xK^+$

  (C) $[(AgBr)_m \cdot nAg^+ \cdot (n-x)NO_3^-]^{x+}$ (D) $[(AgBr)_m \cdot nBr^- \cdot (n-x)K^+]^{x-}$

28. 将 100 mL 0.000 1 $mol \cdot L^{-1}$ $AgNO_3$ 溶液与 100 mL 0.000 2 $mol \cdot L^{-1}$ KI 溶液混合,制备 AgI 溶胶,在此溶胶中加入下列强电解质使其聚沉,其中用量最少的是( )。

  (A) 0.01 $mol \cdot L^{-1}$ $MgSO_4$ 溶液   (B) 0.01 $mol \cdot L^{-1}$ $AlCl_3$ 溶液

  (C) 0.01 $mol \cdot L^{-1}$ NaCl 溶液   (D) 0.01 $mol \cdot L^{-1}$ Na_3PO_4 溶液

29. 下列关于溶胶和高分子化合物溶液的叙述中,正确的是( )。

  (A) 溶胶和高分子化合物溶液都是均相热力学稳定系统

  (B) 溶胶是多相热力学不稳定系统,而高分子化合物溶液是单相热力学稳定系统

  (C) 溶胶和高分子化合物溶液都是多相热力学不稳定系统

  (D) 溶胶是单相热力学稳定系统,而高分子化合物溶液是多相热力学不稳定系统

30. 对于 $Fe(OH)_3$ 正溶胶,下列电解质中聚沉值最小的是( )。

  (A) $CaCl_2$ (B) Na_2CO_3 (C) $AlCl_3$ (D) Na_3PO_4

31. 下列因素中,与溶胶稳定性无关的是( )。

  (A) 胶粒带电   (B) 丁铎尔现象

  (C) 布朗运动   (D) 形成溶剂化膜

32. 日出和日落时,太阳呈现红色的原因是( )

  (A) 蓝光波长短,透射作用显著   (B) 蓝光波长短,反散作用显著

  (C) 红光波长长,透射作用显著   (D) 红光波长长,散射作用显著

二、是非题

33. 电解质对溶胶的聚沉作用主要是由与胶粒带相反电荷的电解质离子引起的,而且带相反电荷的离子所带电荷越多,对溶胶的聚沉能力就越强。

34. 把红细胞放入某水溶液中,发现红细胞破裂,则此水溶液与红细胞内液相比较为低渗溶液。

35. 难挥发非电解质稀溶液与纯水相似,也具有固定的凝固点和沸点。

36. 如果两种溶液的渗透压力相同,则这两种溶液的浓度也相等。

37. 由于苯比水易挥发,故在室温下苯的饱和蒸气压比水的饱和蒸气压大。

38. 人体血液的 pH 总是维持在一定范围内,这是由于人体内有大量的水(约占体重的 70%)。

39. 在溶胶中加入高分子化合物对溶胶一定起保护作用。

40. 电解质对溶胶的聚沉值越大,它对溶胶的聚沉能力就越弱。

41. 把 50 $g \cdot L^{-1}$ 蔗糖溶液($M = 342$ $g \cdot mol^{-1}$)和 50 $g \cdot L^{-1}$ 葡萄糖溶液($M = 180$ $g \cdot mol^{-1}$)用半透膜隔开,则水分子从蔗糖溶液向葡萄糖溶液渗透。

42. 液体的蒸气压与液体的体积有关,液体的体积越大,其蒸气压就越大。

43. 通常所说的沸点是指液体的蒸气压等于 101.325 kPa 时的温度。

44. 由于血液中小分子或小离子的质量浓度低于高分子化合物的质量浓度,所以血液中晶体渗透压力也低于胶体渗透压力。

45. 如果两种稀溶液的凝固点相等,则这两种稀溶液的渗透浓度也一定相等。

46. 溶质的质量摩尔浓度相同的蔗糖水溶液和萘的苯溶液,它们的沸点升高值相同。

47. 只有当两种等渗溶液以相同的体积混合时,所得溶液才是等渗溶液。

48. 将 0 ℃的冰放入 0 ℃的蔗糖溶液中,冰会逐渐融化。

49. 稀溶液的性质只与溶质微粒的数目有关,而与溶质本性无关,称为稀溶液的依数性。

三、填空题

50. 将 13.5 g 蔗糖($C_{12}H_{22}O_{11}$)溶于一定量的水中,所配制成溶液体积为 0.100 L。已知该蔗糖溶液的密度为 1.05 $kg \cdot L^{-1}$,该溶液的物质的量浓度为_____,该溶液中蔗糖的质量摩尔浓度为_____。

51. 将 18 g 葡萄糖($C_6H_{12}O_6$,$M = 180$ $g \cdot mol^{-1}$)溶于水配制成 500 mL 溶液。此溶液中葡萄糖的质量浓度为_____,葡萄糖的物质的量浓度为_____。

52. B 的质量浓度 ρ_B 的定义式为_____;B 的物质的量浓度 c_B 的定义式为_____;ρ_B 与 c_B 之间的定量关系式为_____。

53. 将 40 g NaOH($M = 40$ $g \cdot mol^{-1}$)固体溶于 162 g 水中配制成溶液。此溶液中 NaOH 的质量分数为_____;NaOH 的摩尔分数为_____。

54. 已知密度为 0.90 $g \cdot mL^{-1}$ 的浓氨水中 NH_3 的质量分数为 28%,则此浓氨水的浓度为_____;此溶液中 NH_3 的摩尔分数为_____;NH_3 的质量摩尔浓度为_____。

55. 难挥发非电解质的稀溶液在沸腾时,它的沸点_____;而在结冰时,它的凝固点_____。

56. 0 ℃时将食盐撒在冰上,产生的现象是_____;其原因是_____。

57. 正常人血浆的渗透浓度范围为_____;将红细胞置于低渗溶液中,红细胞将发生_____;若将红细胞置于高渗溶液中,红细胞将发生_____。

58. 100 mL 生理盐水中含 0.90 g 氯化钠,则此生理盐水的质量浓度为_____,生理盐水的渗透浓度为_____。

59. 溶质的质量摩尔浓度均为 0.010 $mol \cdot kg^{-1}$ 的 $C_6H_{12}O_6$ 溶液、NaCl 溶液、$MgSO_4$ 溶液和 K_2CO_3 溶液中,蒸气压最大的是_____,蒸气压最小的是_____,沸点最高的是_____,凝固点最高的是_____。

60. 质量浓度相同的葡萄糖($C_6H_{12}O_6$)溶液、蔗糖($C_{12}H_{22}O_{11}$)溶液和 NaCl 溶液,在降温过程中,最先结冰的是_____,最后结冰的是_____。

61. 液体的蒸发是一种_____过程,所以液体的蒸气压随温度的升高而_____。当温度升高到液体的蒸气压等于外界大气压力时,此温度称为该液体的_____。

62. 将两根胡萝卜分别放在甲、乙两个量筒中,在量筒甲中倒入浓盐水,在量筒乙中倒入纯水。由于渗透作用,量筒甲中的胡萝卜将_____,而量筒乙中的胡萝卜将_____。

63. 将 1.17 g NaCl($M = 58.5$ $g \cdot mol^{-1}$)固体溶于水配制成 100 mL 溶液。此溶液中 NaCl 的质量浓度为_____,NaCl 的浓度为_____,NaCl 的渗透浓度为_____。

64. 室温下,522 g 水中溶解了 180 g 葡萄糖($M = 180$ $g \cdot mol^{-1}$),则该溶液中葡萄糖的质量摩尔浓度为_____;葡萄糖的摩尔分数为_____;该溶液的蒸气压与纯水的饱和蒸气压之比为_____。

65. 液体的饱和蒸气是指一定温度下与液体_____的蒸气;在室温下越容易挥发的液体,其饱和蒸气压越_____。

66. 将 KBr 稀溶液与 $AgNO_3$ 稀溶液混合制备 AgBr 溶胶。当 KBr 稀溶液过量时,AgBr 溶胶的胶团结构简式为_____;而当 $AgNO_3$ 稀溶液过量时,AgBr 溶胶的胶团结构简式为_____。

四、问答题

67. 什么是分散系、分散相和分散介质?

68. 海水的凝固点为什么比河水低?

69. 什么是渗透浓度?渗透浓度与物质的量浓度的关系如何?

70. 什么是等渗溶液? 医学上常用的等渗溶液的渗透浓度范围是多少?

71. 什么是溶液的渗透压力? 溶液的渗透压力与哪些因素有关?

72. 稀溶液的沸点是否一定比纯水的沸点高? 为什么?

73. 用半透膜将渗透浓度不同的两种稀溶液隔开。当渗透达到平衡时,半透膜两侧溶液的渗透浓度是否相等?

74. 将相同质量的葡萄糖($C_6H_{12}O_6$)和蔗糖($C_{12}H_{22}O_{11}$)分别溶于相同质量的水中,所得两种稀溶液的凝固点、沸点和渗透压力是否相同? 为什么?

75. 护士给患者清洗伤口时,为何使用生理盐水而不用纯水?

76. 胶粒为什么会带电? 什么情况下带正电荷? 什么情况下带负电荷?

五、计算题

77. 已知水的凝固点降低系数 $k_f = 1.86$ K·kg·mol^{-1},水的沸点升高系数 $k_b = 0.512$ K·kg·mol^{-1}。计算 0.500 mol·kg^{-1} 蔗糖溶液的凝固点和沸点。

78. 已知乳酸钠($C_3H_5O_3Na$)溶液的凝固点为 -0.372 ℃,水的凝固点降低系数 $k_f = 1.86$ K·kg·mol^{-1}。计算此乳酸钠溶液的浓度和 37 ℃时的渗透压力。

79. 将 4.60 g 甘油($C_3H_8O_3$,$M = 92.0$ g·mol^{-1})溶于 100 g 水中。已知水的沸点升高系数 $k_b = 0.512$ K·kg·mol^{-1},计算此甘油溶液的沸点。

80. 在 200 g 水中溶解多少克甘油($C_3H_8O_3$)才能与 100 g 水中溶解 3.42 g 蔗糖($C_{12}H_{22}O_{11}$)得到的溶液具有相同的凝固点?

81. 300 K 时,测得 1.00 L 含 2.00 g 氧合血红蛋白的水溶液的渗透压力为 75.0 Pa。计算氧合血红蛋白的相对分子质量。

82. 实验测得某肾上腺皮质机能不全患者的血液凝固点为 -0.465 ℃。已知水的凝固点降低系数 $k_f = 1.86$ K·kg·mol^{-1},计算此患者血液的渗透浓度。与正常人的血液相比,此患者血液为等渗溶液、低渗溶液或高渗溶液?

83. 在密闭钟罩内放甲、乙两个大烧杯,甲杯中含有 0.342 g 蔗糖($C_{12}H_{22}O_{11}$,$M = 342$ g·mol^{-1})和 100 g 水,乙杯中含有 0.540 g 某难挥发非电解质和 100 g 水。在恒温下放置足够长的时间至达到动态平衡,甲杯中水溶液的总质量变为 50.342 g,求该非电解质的摩尔质量。

84. 烟草中的有害成分尼古丁的实验式为 C_5H_7N。将 540 mg 尼古丁溶于 10.0 g 水中,所得溶液在 101.325 kPa 下的沸点为 100.171 ℃。已知水的沸点升高系数 $k_b = 0.512$ K·kg·mol^{-1},求尼古丁的分子式。

单元测试题参考答案

一、选择题

1. D; 2. C; 3. C; 4. C; 5. C; 6. C; 7. C; 8. D; 9. B; 10. A; 11. B; 12. B; 13. D; 14. B; 15. B; 16. D; 17. C; 18. C; 19. D; 20. D; 21. A; 22. A; 23. C; 24. D; 25. B; 26. D; 27. B; 28. B; 29. B; 30. D; 31. B; 32. C。

二、是非题

33. √; 34. √; 35. ×; 36. ×; 37. √; 38. ×; 39. ×; 40. √; 41. √; 42. ×; 43. √; 44. ×; 45. √; 46. ×; 47. ×; 48. √; 49. √。

三、填空题

50. 0.39 mol·L^{-1}; 0.43 mol·kg^{-1}。

51. 36 g·L^{-1}；0.20 mol·L^{-1}。

52. $\rho_B = \dfrac{m_B}{V}$；$c_B = \dfrac{n_B}{V}$；$\rho_B = c_B M_B$。

53. 0.20；0.10。

54. 15 mol·L^{-1}；0.29；23 mol·kg^{-1}。

55. 逐渐升高；逐渐降低。

56. 冰发生融化；盐水的蒸气压小于纯水的蒸气压。

57. $280\sim320$ mmol·L^{-1}；膨胀；皱缩。

58. 9.0 g·L^{-1}；0.308 mol·L^{-1}。

59. $C_6H_{12}O_6$ 溶液；K_2CO_3 溶液；K_2CO_3 溶液；$C_6H_{12}O_6$ 溶液。

60. 蔗糖溶液；$NaCl$ 溶液。

61. 吸热；增大；沸点。

62. 皱缩；膨胀。

63. 11.7 g·L^{-1}；0.20 mol·L^{-1}；0.40 mol·L^{-1}。

64. 1.92 mol·kg^{-1}；$1/30$；$29/30$。

65. 处于平衡状态；大。

66. $[(AgBr)_m \cdot n Br^- (n-x) K^+]^{x-} \cdot x K^+$；
$[(AgBr)_m \cdot n Ag^+ \cdot (n-x) NO_3^-]^{x+} \cdot x NO_3^-$。

四、问答题

67. 一种或几种物质分散在另一种物质中所形成的系统称为分散系。在分散系中，被分散的物质称为分散相，起分散作用的物质称为分散介质。

68. 与河水相比，海水中含有较多的 $NaCl$ 等电解质，其渗透浓度较大，其凝固点降低程度较大，因此海水的凝固点比河水的凝固点低。

69. 渗透浓度是指溶液中溶质的分子和离子的总浓度。对于非电解质溶液，其渗透浓度等于其浓度；对于强电解质溶液，其渗透浓度等于其溶质离子的总浓度；对于弱电解质溶液，其渗透浓度等于未解离的弱电解质的浓度与弱电解质解离产生的离子的浓度的总和。

70. 渗透压力(或渗透浓度)相等的溶液称为等渗溶液。医学上常用的等渗溶液的渗透浓度范围为 $280\sim320$ mmol·L^{-1}。

71. 用半透膜将纯水与水溶液隔开，恰好阻止渗透进行时施加于溶液液面上的额外压力称为溶液的渗透压力。溶液的渗透压力与热力学温度 T、溶液的渗透浓度 c_{os} 有关，三者之间的定量关系为

$$\Pi = c_{os} RT$$

72. 稀溶液的沸点不一定比纯水的沸点高。当纯水中溶入难挥发溶质时，所得稀溶液的蒸气压比纯水的蒸气压低，此时稀溶液的沸点比纯水的沸点高。而当纯水中溶入比水易挥发的溶质时，所得稀溶液的蒸气压则比纯水的蒸气压高，此时稀溶液的沸点比纯水的沸点低。

73. 用理想半透膜把渗透浓度不同的两种溶液隔开时，水分子透过半透膜由渗透浓度较小的溶液进入渗透浓度较大的溶液，使渗透浓度较小的溶液的液面下降，而渗透浓度较大的溶液的液面上升。同时，原渗透浓度较小的溶液的渗透浓度增大，而原渗透浓度较大的溶液的渗透浓度减小。当达到渗透平衡时，由于原渗透浓度较大溶液的液面较高，因此其渗透浓度仍较大。

74. 所得葡萄糖稀水溶液和蔗糖稀水溶液的凝固点、沸点和渗透压力均不相同。由于蔗糖的摩尔质量大于葡萄糖的摩尔质量，将相同质量的蔗糖和葡萄糖分别溶于相同质量的水中所得到的两种稀溶液中，葡萄糖溶液中溶质的质量摩尔浓度和物质的量浓度均大于蔗糖溶液。因此，与蔗糖稀溶液相比，葡萄糖稀溶液的凝固点较

低,沸点较高,渗透压力较大。

75. 因为生理盐水与红细胞内液是等渗溶液,而纯水是低渗溶液,使用纯水会导致水分子通过细胞膜进入红细胞内,使红细胞膨胀。

76. 胶粒带电的原因包括胶核的选择性吸附和胶粒表面分子的解离。当胶核优先吸附阴离子或胶粒表面分子解离出 H^+ 时,胶粒带负电荷;当胶核优先吸附阳离子时,胶粒带正电荷。

五、计算题

77. 蔗糖溶液的凝固点降低和沸点升高分别为

$$\Delta T_f = k_f \cdot b_B$$
$$= 1.86 \text{ K} \cdot \text{kg} \cdot \text{mol}^{-1} \times 0.500 \text{ mol} \cdot \text{kg} = 0.93 \text{ K} = 0.93 \text{ ℃}$$
$$\Delta T_b = k_b \cdot b_B$$
$$= 0.512 \text{ K} \cdot \text{kg} \cdot \text{mol}^{-1} \times 0.500 \text{ mol} \cdot \text{kg}^{-1} = 0.256 \text{ K} = 0.256 \text{ ℃}$$

蔗糖溶液的凝固点和沸点分别为

$$T_f = T_f^* - \Delta T_f = 0.00 \text{ ℃} - 0.93 \text{ ℃} = -0.93 \text{ ℃}$$
$$T_b = T_b^* + \Delta T_b = 100.000 \text{ ℃} + 0.256 \text{ ℃} = 100.256 \text{ ℃}$$

78. 乳酸钠溶液的渗透质量摩尔浓度和渗透浓度分别为

$$b_{os}(C_3O_5O_3Na) = \frac{\Delta T_f}{k_f}$$
$$= \frac{0.372 \text{ K}}{1.86 \text{ K} \cdot \text{kg} \cdot \text{mol}^{-1}} = 0.20 \text{ mol} \cdot \text{kg}^{-1}$$
$$c_{os}(C_3H_5O_3Na) = \frac{b_{os}(C_3H_5O_3Na)c^{\ominus}}{b^{\ominus}}$$
$$= \frac{0.20 \text{ mol} \cdot \text{kg}^{-1} \times 1.0 \text{ mol} \cdot \text{L}^{-1}}{1.0 \text{ mol} \cdot \text{kg}^{-1}} = 0.20 \text{ mol} \cdot \text{L}^{-1}$$

乳酸钠溶液的浓度为

$$c(C_3H_5O_3Na) = \frac{c_{os}(C_3H_5O_3Na)}{2}$$
$$= \frac{0.20 \text{ mol} \cdot \text{L}^{-1}}{2} = 0.10 \text{ mol} \cdot \text{L}^{-1}$$

乳酸钠溶液的渗透压力为

$$\Pi = c_{os}(C_3H_5O_3Na)RT$$
$$= 0.20 \times 10^3 \text{ mol} \cdot \text{m}^{-3} \times 8.314 \text{ J} \cdot \text{mol}^{-1} \cdot \text{K}^{-1} \times 310 \text{ K}$$
$$= 5.15 \times 10^5 \text{ Pa} = 515 \text{ kPa}$$

79. 甘油的质量摩尔浓度为

$$b(C_3H_8O_3) = \frac{n(C_3H_8O_3)}{m(H_2O)} = \frac{\dfrac{m(C_3H_8O_3)}{M(C_3H_8O_3)}}{m(H_2O)}$$
$$= \frac{\dfrac{4.60 \text{ g}}{92.0 \text{ g} \cdot \text{mol}^{-1}}}{0.100 \text{ kg}} = 0.500 \text{ mol} \cdot \text{kg}^{-1}$$

甘油溶液的沸点升高为

$$\Delta T_b = k_b \cdot b(C_3H_8O_3)$$
$$= 0.512 \text{ K} \cdot \text{kg} \cdot \text{mol}^{-1} \times 0.500 \text{ mol} \cdot \text{kg}^{-1} = 0.256 \text{ K} = 0.256 \text{ ℃}$$

甘油溶液的沸点为

$$T_b = T_b^* + \Delta T_b = 100.000 \text{ ℃} + 0.256 \text{ ℃} = 100.256 \text{ ℃}$$

80. 当甘油水溶液和蔗糖水溶液中溶质的质量摩尔浓度相等时,两种水溶液具有相同的凝固点。所配制甘油水溶液中甘油的质量摩尔浓度为

$$b(C_3H_8O_3) = b(C_{12}O_{22}O_{11}) = \frac{\dfrac{m(C_{12}O_{22}O_{11})}{M(C_{12}H_{22}O_{11})}}{m(H_2O)}$$

$$= \frac{\dfrac{3.42 \text{ g}}{342 \text{ g} \cdot \text{mol}^{-1}}}{0.100 \text{ kg}} = 0.100 \text{ mol} \cdot \text{kg}^{-1}$$

所需甘油的质量为

$$m(C_3H_8O_3) = b(C_3H_8O_3)m(H_2O)M(C_3H_8O_3)$$
$$= 0.100 \text{ mol} \cdot \text{kg}^{-1} \times 0.200 \text{ kg} \times 92.0 \text{ g} \cdot \text{mol}^{-1} = 1.84 \text{ g}$$

81. 氧合血红蛋白的摩尔质量为

$$M = \frac{mRT}{\Pi V}$$

$$= \frac{2.00 \text{ g} \times 8.314 \text{ J} \cdot \text{mol}^{-1} \cdot \text{K}^{-1} \times 310 \text{ K}}{75.0 \text{ Pa} \times 1.00 \times 10^{-3} \text{ m}^3} = 6.87 \times 10^4 \text{ g} \cdot \text{mol}^{-1}$$

即氧合血红蛋白的相对分子质量为 6.87×10^4。

82. 此患者血液的渗透质量摩尔浓度和渗透浓度分别为

$$b_{os} = \frac{\Delta T_f}{k_f} = \frac{0.465 \text{ K}}{1.86 \text{ K} \cdot \text{kg} \cdot \text{mol}^{-1}} = 0.250 \text{ mol} \cdot \text{kg}^{-1}$$

$$c_{os} = \frac{b_{os} \cdot c^\ominus}{b^\ominus} = \frac{0.250 \text{ mol} \cdot \text{kg}^{-1} \times 1.00 \text{ mol} \cdot \text{L}^{-1}}{1.00 \text{ mol} \cdot \text{kg}^{-1}}$$

$$= 0.250 \text{ mol} \cdot \text{L}^{-1} = 250 \text{ mmol} \cdot \text{L}^{-1}$$

与正常人相比,此患者血液为低渗溶液。

83. 水从甲杯转移到乙杯中的质量为

$$m(H_2O) = 0.342 \text{ g} + 100 \text{ g} - 50.342 \text{ g} = 50 \text{ g}$$

平衡时,甲杯和乙杯中水的质量分别为

$$m_{甲}(H_2O) = 100 \text{ g} - 50 \text{ g} = 50 \text{ g}$$
$$m_{乙}(H_2O) = 100 \text{ g} + 50 \text{ g} = 150 \text{ g}$$

达到平衡时,两杯水溶液的蒸气压相等,由公式 $\Delta p = p^*(H_2O)M(H_2O)b_B$,可知平衡时两杯水溶液中溶质的质量摩尔浓度相等。则有

$$\frac{\dfrac{m_B}{M_B}}{m_{乙}(H_2O)} = \frac{\dfrac{m(C_{12}H_{22}O_{11})}{M(C_{12}H_{22}O_{11})}}{m_{甲}(H_2O)}$$

非电解质 B 的摩尔质量为

$$M_B = \frac{m_B m_甲(H_2O) M(C_{12}H_{22}O_{11})}{m_乙(H_2O) m(C_{12}H_{22}O_{11})}$$

$$= \frac{0.540 \text{ g} \times 50 \text{ g} \times 342 \text{ g·mol}^{-1}}{150 \text{ g} \times 0.342 \text{ g}} = 180 \text{ g·mol}^{-1}$$

84. 设尼古丁的分子式为 $(C_5H_7N)_x$，则尼古丁的摩尔质量为

$$M[(C_5H_7N)_x] = \frac{k_f m[(C_5H_7N)_x]}{m(H_2O) \Delta T_f}$$

$$= \frac{0.512 \text{ K·kg·mol}^{-1} \times 0.540 \text{ g}}{10.0 \text{ g} \times (100.171 - 100) \text{K}}$$

$$= 0.162 \text{ kg·mol}^{-1} = 162 \text{ g·mol}^{-1}$$

则 x 值为

$$x = \frac{M[(C_5H_7N)_x]}{M(C_5H_7N)} = \frac{162 \text{ g·mol}^{-1}}{81 \text{ g·mol}^{-1}} = 2$$

由此可知尼古丁的分子式为 $C_{10}H_{14}N_2$。

第二章 化学热力学基础

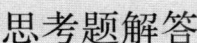

思考题解答

1. 将一杯水放入绝热箱中，试确定系统和环境。

答：(1) 选择水为系统，绝热箱和其中的空气为环境，则为敞开系统。水从空气中吸收热使一部分水变为水蒸气逸入箱内的空气中，系统与环境之间既有能量的交换，又有物质的交换。

(2) 选择水和绝热箱内的水蒸气为系统，绝热箱和其中的空气为环境，则为封闭系统。水从空气中吸收热使一部分水变为水蒸气进入箱内的空气中，系统与环境(空气)有能量的交换，但由于水蒸气属于系统的一部分，此时系统与环境之间没有物质交换。

(3) 选择绝热箱和箱内所有物质为系统，绝热箱外空气为环境，则为隔离系统。因为该系统与环境之间既没有物质交换，又没有能量交换。

2. 下列物理量中哪些是强度性质？哪些是广度性质？哪些不是状态函数？

$$U, H, Q, W, T, p, V_m, U_m$$

答：属于强度性质的是 U_m, V_m, T 和 p。属于广度性质的是 U 和 H。不属于状态函数的是 Q 和 W。

3. 一封闭系统由某指定的始态变化到某指定的终态时，在 $Q, W, Q+W$ 和 ΔU 中哪些量确定？哪些量不能确定？

答：ΔU 和 $Q+W$ 是确定的，而 Q 和 W 不能确定。这是因为 U 为状态函数，ΔU 只由始态和终态决定，与实现变化的途径无关。由于 $Q+W=\Delta U$，所以 $Q+W$ 也只与始态和终态有关，与实现变化的途径无关。

Q 和 W 不是状态函数，其量值与实现过程的途径有关，由于只给出了始态和终态，而没有给出由始态变化到终态的具体途径，因此 Q 和 W 不能确定。

4. "标准状况"与"标准状态"的含义是否相同？

答："标准状况"与"标准状态"的含义不相同。"标准状况"只适用于气体，与压力和温度有关，它是指气体的压力为 101.325 kPa、温度为 0 ℃ 时的状态。"标准状态"不仅适用于气体，也适用于液体、固体和溶液，它与压力和浓度有关，而与温度无关。纯液体和纯固体的标准状态是指标准压力($p^{\ominus}=100$ kPa)下的纯液体和纯固体的状态；气体物质的标准状态是指标准压力下表现理想气体特性的状态；溶液中溶剂 A 的标准状态是指在标准压力下纯 A 的状态；溶液中溶质 B 的标准状态是指在标准压力下 $b_B=1$ mol·kg^{-1} 或 $c_B=1$ mol·L^{-1}，且表现出无限稀溶液时 B 的状态。

5. 怎样由热力学第一定律的数学表达式来说明第一类永动机是不能制造出来的？

答：由热力学第一定律数学表达式 $\Delta U=Q+W$，当机器完成一个循环时，系统恢复到初始状态，则 $\Delta U=0, Q=-W$，表明系统对环境所做的功必等于系统从环境吸收的热。由此可见，不消耗任何能量而能对外做功的第一类永动机是违反热力学第一定律的，是制造不出来的。

6. 是否只有等压过程才有焓变？

答：不是。焓是系统的状态函数，系统发生的任何过程，都可能会有焓的变化(ΔH)。只不过当封闭系统在等压不做非体积功的条件下发生一过程时，系统的焓变在量值上等于热；而对于其他条件下发生的过程，系统的焓变在量值上不等于热。

7. 赫斯定律的具体内容是什么？应用赫斯定律进行热化学计算时，必须满足什么条件？

答：赫斯定律的具体内容：一个化学反应，无论是一步进行还是分成几步进行，其反应热总是相等。应用赫斯定律计算反应热时，必须满足的条件是等压不做非体积功或等容不做非体积功。只有满足上述条件之一时，反应热才在数值上等于状态函数的改变量，$\Delta H = Q_p$ 或 $\Delta U = Q_V$，反应热才与实现化学反应的途径无关。

8. 在热化学中，定义化学反应的热效应时，为什么要强调"反应物和生成物的温度相同"？

答：对于不做非体积功的封闭系统，化学反应的热效应定义为当生成物的温度与反应物的温度相同时，化学反应吸收或放出的热。之所以要强调生成物的温度与反应物的温度相同，是为了避免使生成物的温度升高吸收的热或使生成物温度降低放出的热也混入反应热中，使反应热偏高或偏低。只有采取上述规定，反应热才是完全由化学反应产生的。

9. 吉布斯自由能降低的过程，是否一定是自发过程？

答：吉布斯自由能降低的过程，不一定是自发过程。在等温、等压和不做非体积功的条件下的封闭系统内发生的吉布斯自由能降低的过程，一定是自发过程。而在其他条件下发生的吉布斯自由能降低的过程，不一定是自发过程。

10. 在等温、等压和不做非体积功的条件下，对于化学反应，如果：① $\Delta_r H_m > 0$，$\Delta_r S_m > 0$；② $\Delta_r H_m > 0$，$\Delta_r S_m < 0$；③ $\Delta_r H_m < 0$，$\Delta_r S_m > 0$；④ $\Delta_r H_m < 0$，$\Delta_r S_m < 0$。判断：

(1) 哪种情况下反应肯定是自发的？

(2) 哪种情况下反应肯定是不自发的？

(3) 哪种情况下反应自发或不自发取决于 $\Delta_r H_m$ 与 $T\Delta_r S_m$ 的相对大小？

答：化学反应的摩尔吉布斯自由能变与反应的摩尔焓变和反应的摩尔熵变之间的关系为

$$\Delta_r G_m = \Delta_r H_m - T\Delta_r S_m$$

在等温、等压和不做非体积功的条件下，$\Delta_r G_m < 0$ 时化学反应自发进行，$\Delta_r G_m > 0$ 时化学反应不能自发进行。

(1) 当 $\Delta_r H_m < 0$，$\Delta_r S_m > 0$ 时，在任何温度下 $\Delta_r G_m < 0$，因此反应③肯定是自发进行的。

(2) 当 $\Delta_r H_m > 0$，$\Delta_r S_m < 0$ 时，在任何温度下 $\Delta_r G > 0$，因此反应②肯定不能自发进行。

(3) 反应①和反应④能否自发进行，取决于 $\Delta_r H_m$ 与 $T\Delta_r S_m$ 的相对大小。

对于反应①，由于 $\Delta_r H_m$ 和 $\Delta_r S_m$ 都大于零，所以 $\Delta_r H_m$ 与 $T\Delta_r S_m$ 的相对大小取决于温度 T。在低温下 T 较小，$\Delta_r H_m > T\Delta_r S_m$，$\Delta_r G_m > 0$，因此反应①在低温下不能自发进行。而在高温下 T 较大，$\Delta_r H_m < T\Delta_r S_m$，$\Delta_r G_m < 0$，因此反应①在高温下能自发进行。

对于反应④，由于 $\Delta_r H_m$ 和 $\Delta_r S_m$ 均小于零，$\Delta_r G_m$ 与 $\Delta_r H_m$ 和 $\Delta_r S_m$ 之间的关系可改写为

$$\Delta_r G_m = -|\Delta_r H_m| + T|\Delta_r S_m|$$

由上式可以看出，$|\Delta_r H_m|$ 与 $T|\Delta_r S_m|$ 的相对大小就取决于温度 T，在低温下，$T|\Delta_r S_m|$ 较小，

$|\Delta_rH_m|>T|\Delta_rS_m|$，$\Delta_rG_m<0$，因此反应④在低温下自发进行。而在高温下 $T|\Delta_rS_m|>\Delta_rH_m$，$\Delta_rG_m>0$，因此反应④在高温下不能自发进行。

11．下列说法是否正确？简要说明理由。

（1）金刚石和臭氧都是单质，它们的标准摩尔生成焓都为零；

（2）凡是放热反应都是自发进行的；

（3）反应的摩尔熵变为正值，反应自发进行；

（4）参考单质的标准摩尔熵在298.15 K时为零；

（5）反应物和生成物的摩尔熵均随温度升高而增大，因此化学反应的熵变也随温度的升高而显著增大；

（6）对于在等温、等压和不做非体积功条件下进行的化学反应，若化学反应的 $\Delta_rH_m>0$，$\Delta_rS_m>0$，则当温度升高时，反应自发进行的可能性增加。

答：（1）说法不正确。金刚石和臭氧虽然是单质，但都不是参考单质，它们的标准摩尔生成焓均大于零。

（2）说法不正确。不能用反应热作判据来判断化学反应自发进行的方向。

（3）说法不正确。不能用反应的熵变来判断化学反应自发进行的方向。

（4）说法不正确。根据热力学第三定律，在 0 K 时，任何纯物质完美晶体的熵均为零。当温度升高时，系统的混乱度增大，系统的熵也将随之增大，因此在298.15 K 时参考单质的标准摩尔熵均大于零。

（5）说法不正确。升高温度虽然会增大反应物和生成物的摩尔熵，但对于一个化学反应而言，升高温度时反应物和生成物的摩尔熵增大的程度相近，因此反应的摩尔熵变受温度的影响较小。

（6）说法正确。温度对化学反应的 Δ_rH_m 和 Δ_rS_m 影响较小，可把它们近似地看作与温度无关的常数。在等温、等压和不做非体积功条件下，对于 $\Delta_rH_m>0$ 和 $\Delta_rS_m>0$ 的化学反应，由公式 $\Delta_rG_m=\Delta_rH_m-T\Delta_rS_m$ 可知，当温度升高时 Δ_rG_m 减小，反应自发进行的可能性增加。

12. 对于同一化学反应，其 Δ_rG_m 与 $\Delta_rG_m^\ominus$ 的区别何在？什么情况下可近似用 $\Delta_rG_m^\ominus$ 来判断反应的方向？

答：对于同一化学反应，Δ_rG_m 是化学反应在给定条件下进行时的摩尔吉布斯自由能变，而 $\Delta_rG_m^\ominus$ 是该化学反应在标准状态下进行时的摩尔吉布斯自由能变。Δ_rG_m 与 $\Delta_rG_m^\ominus$ 之间的定量关系为

$$\Delta_rG_m=\Delta_rG_m^\ominus+RT\ln J$$

当 $|\Delta_rG_m^\ominus|$ 足够大时，$\Delta_rG_m^\ominus$ 的正、负就决定了 Δ_rG_m 的正、负，此时可近似用 $\Delta_rG_m^\ominus$ 代替 Δ_rG_m 来判断反应的方向。一般说来，当 $\Delta_rG_m^\ominus<-40$ kJ·mol^{-1}时，$\Delta_rG_m<0$，反应自发进行；当 $\Delta_rG_m^\ominus>40$ kJ·mol^{-1}时，$\Delta_rG_m>0$，反应不能自发进行。而当 $\Delta_rG_m^\ominus=-40\sim40$ kJ·mol^{-1}时，Δ_rG_m 可能大于零或小于零，此时不能用 $\Delta_rG_m^\ominus$ 代替 Δ_rG_m 来判断反应自发进行的方向。

13．为什么温度对 Δ_rH_m 和 Δ_rS_m 影响较小，但对 Δ_rG_m 的影响却较大？

答：化学反应的摩尔焓变（在等压不做非体积功的条件下，焓变在数值上等于反应热）主要与反应前后化学键的改组有关。一个化学反应只要反应物和生成物及物态确定，无论是在较高

温度下或较低温度下进行,其化学键的改组情况是相同的,反应的摩尔焓变也是相近的,因此温度对反应的摩尔焓变影响较小。在一些近似计算中,可以把反应的摩尔焓变看作与温度无关的常数。

对于化学反应来说,温度升高时,反应物和生成物的混乱度均增大,因此反应物和生成物的摩尔熵均增大。当由于温度变化时,反应物和生成物的摩尔熵增大的程度或减小的程度大致相等,因此反应的摩尔熵变变化较小。当温度变化不大时,可近似地把反应的摩尔熵变看作与温度无关的常数。

虽然温度对反应的摩尔焓变和摩尔熵变影响比较小,但由公式 $\Delta_r G_m = \Delta_r H_m - T \Delta_r S_m$ 可以看出,当温度发生变化时反应的摩尔吉布斯自由能变将发生较大的变化,即温度对化学反应的摩尔吉布斯自由能变影响较大。

14. 下列说法是否正确?

(1) 系统的焓等于等压反应热;

(2) 因为 $\Delta U = Q_V$,所以只有等容过程系统的热力学能才会发生变化;

(3) 参考单质的标准摩尔焓等于零;

(4) $\Delta_r S_m > 0$ 的过程都能自发进行;

(5) $\Delta_r G_m < 0$ 的过程都能自发进行。

答:(1) 说法不正确。焓的定义式为 $H = U + pV$,焓本身没有明确的物理意义。只有在等压不做非体积功的条件下,焓变在数值上等于反应热。

(2) 说法不正确。热力学能是状态函数,系统发生的任何过程,热力学能都可能发生变化。封闭系统在等容不做非体积功条件下发生一过程时 $\Delta U = Q_V$,而系统发生其他过程时 $\Delta U \neq Q_V$。

(3) 说法不正确。参考单质的标准摩尔生成焓为零,其标准摩尔焓不为零。

(4) 说法不正确。隔离系统 $\Delta S > 0$ 的过程都能自发进行。

(5) 说法不正确。封闭系统在等温、等压和不做非体积功条件下,$\Delta G < 0$ 的过程都能自发进行。

习 题 解 答

1. 在教室中有 100 人在上课,每个人平均每分钟向室内散发出 7.0 kJ 的热,若以人为系统,问在上课的 90 min 内系统的热力学能变是多少?若以人和教室内的空气、桌椅等一切物质为系统,系统的热力学能变又是多少?

解:(1) 若以人为系统,教室内的空气、桌椅等一切物质为环境,则构成封闭系统。系统的热力学能变为

$$\Delta U = Q + W = Q$$
$$= 100 \times (-7.0 \text{ kJ} \cdot \text{min}^{-1}) \times 90 \text{ min} = -6.3 \times 10^4 \text{ kJ}$$

(2) 若以人和教室内的空气、桌椅等一切物质为系统,则构成隔离系统,系统的热力学能变 $\Delta U = 0$。

2. 一系统由状态 A 变化到状态 B,沿途径 Ⅰ 进行时放热 100 J,环境对系统做功 50 J。计算:

（1）系统由状态 A 沿途径Ⅱ变化到状态 B，对环境做功 80 J，则 Q 为多少？

（2）系统由状态 A 沿途径Ⅲ变化到状态 B，吸热 40 J，则 W 为多少？

解：系统由状态 A 变化到状态 B 时的热力学能变为

$$\Delta U = Q_{\mathrm{I}} + W_{\mathrm{I}} = -100 \text{ J} + 50 \text{ J} = -50 \text{ J}$$

（1）系统由状态 A 沿途径Ⅱ变化到状态 B 时，系统与环境交换的热为

$$Q_{\mathrm{II}} = \Delta U - W_{\mathrm{II}} = -50 \text{ J} - (-80 \text{ J}) = 30 \text{ J}$$

（2）系统由状态 A 沿途径Ⅲ变化到状态 B 时，系统与环境交换的功为

$$W_{\mathrm{III}} = \Delta U - Q_{\mathrm{III}} = -50 \text{ J} - 40 \text{ J} = -90 \text{ J}$$

3. 298.15 K 时，化学反应 $N_2(g) + 3H_2(g) \Longrightarrow 2NH_3(g)$ 在一恒容容器内进行，已知生成 1 mol NH_3 放热 41.35 kJ，计算 298.15 K 时该反应的摩尔焓变。

解：该反应的反应进度变为

$$\Delta \xi = \frac{\Delta n(\mathrm{NH_3})}{\nu(\mathrm{NH_3})} = \frac{1 \text{ mol}}{2} = 0.5 \text{ mol}$$

该反应的热力学能变为

$$\Delta_r U = Q_V = -41.35 \text{ kJ}$$

该反应的摩尔热力学能变为

$$\Delta_r U_{\mathrm{m}} = \frac{\Delta_r U}{\Delta \xi} = \frac{-41.35 \text{ kJ}}{0.5 \text{ mol}} = -82.70 \text{ kJ} \cdot \text{mol}^{-1}$$

298.15 K 时该反应的摩尔焓变为

$$\begin{aligned}
\Delta_r H_{\mathrm{m}} &= \Delta_r U_{\mathrm{m}} + RT \sum_{\mathrm{B}} \nu_{\mathrm{B}} \\
&= -82.70 \text{ kJ} \cdot \text{mol}^{-1} + 8.314 \times 10^{-3} \text{ kJ} \cdot \text{mol}^{-1} \cdot \text{K}^{-1} \\
&\quad \times 298.15 \text{ K} \times (2 - 3 - 1) \\
&= -87.66 \text{ kJ} \cdot \text{mol}^{-1}
\end{aligned}$$

4. 已知 298.15 K 时下列反应的标准摩尔焓变

（1）$Fe_2O_3(s) + 3CO(g) \Longrightarrow 2Fe(s) + 3CO_2(g)$;　　　　$\Delta_r H_{\mathrm{m,1}}^{\ominus} = -27.61 \text{ kJ} \cdot \text{mol}^{-1}$

（2）$3Fe_2O_3(s) + CO(g) \Longrightarrow 2Fe_3O_4(s) + CO_2(g)$;　　　$\Delta_r H_{\mathrm{m,2}}^{\ominus} = -58.58 \text{ kJ} \cdot \text{mol}^{-1}$

（3）$Fe_3O_4(s) + CO(g) \Longrightarrow 3FeO(s) + CO_2(g)$;　　　　$\Delta_r H_{\mathrm{m,3}}^{\ominus} = 38.07 \text{ kJ} \cdot \text{mol}^{-1}$

计算下述反应在 298.15 K 时的标准摩尔焓变 $\Delta_r H_{\mathrm{m,4}}^{\ominus}$。

$$FeO(s) + CO(g) \Longrightarrow Fe(s) + CO_2(g)$$

解：由于 $\frac{1}{2} \times$ 反应（1）$+ \left(-\frac{1}{6}\right) \times$ 反应（2）$+ \left(-\frac{1}{3}\right) \times$ 反应（3）= 反应（4），因此根据赫斯定律，反应（4）在 298.15 K 时的标准摩尔焓变为

$$\Delta_r H_{m,4}^{\ominus} = \frac{1}{2} \times \Delta_r H_{m,1}^{\ominus} - \frac{1}{6} \times \Delta_r H_{m,2}^{\ominus} - \frac{1}{3} \times \Delta_r H_{m,3}^{\ominus}$$

$$= \left[\frac{1}{2} \times (-27.61) - \frac{1}{6} \times (-58.58) - \frac{1}{3} \times 38.07 \right] \text{kJ} \cdot \text{mol}^{-1}$$

$$= -16.73 \text{ kJ} \cdot \text{mol}^{-1}$$

5. 已知下列反应在 298.15 K 时的标准摩尔焓变

(1) $H_2(g) + \frac{1}{2}O_2(g) \Longrightarrow H_2O(l)$；$\Delta_r H_{m,1}^{\ominus} = -285.8 \text{ kJ} \cdot \text{mol}^{-1}$

(2) $C(石墨) + O_2(g) \Longrightarrow CO_2(g)$；$\Delta_r H_{m,2}^{\ominus} = -393.5 \text{ kJ} \cdot \text{mol}^{-1}$

(3) $C_6H_{12}O_6(s) + 6O_2(g) \Longrightarrow 6CO_2(g) + 6H_2O(l)$；$\Delta_r H_{m,3}^{\ominus} = -2820 \text{ kJ} \cdot \text{mol}^{-1}$

试利用赫斯定律计算反应

$$6C(石墨) + 6H_2(g) + 3O_2(g) \Longrightarrow C_6H_{12}O_6(s)$$

在 298.15 K 时的标准摩尔焓变。

解： $6 \times$ 反应(1) + $6 \times$ 反应(2) + $(-1) \times$ 反应(3)得

$$6C(石墨) + 6H_2(g) + 3O_2(g) \Longrightarrow C_6H_{12}O_6(s)$$

根据赫斯定律，上述反应在 298.15 K 时的标准摩尔焓变为

$$\Delta_r H_m^{\ominus} = 6\Delta_r H_{m,1}^{\ominus} + 6\Delta_r H_{m,2}^{\ominus} - \Delta_r H_{m,3}^{\ominus}$$

$$= \left[6 \times (-285.8) + 6 \times (-393.5) - (-2\ 820) \right] \text{kJ} \cdot \text{mol}^{-1}$$

$$= -1\ 256 \text{ kJ} \cdot \text{mol}^{-1}$$

6. 反应 $Ag_2O(s) + 2HCl(g) \Longrightarrow 2AgCl(s) + H_2O(l)$ 在 298.15 K 时的标准摩尔焓变 $\Delta_r H_m^{\ominus} = -324.9 \text{ kJ} \cdot \text{mol}^{-1}$。已知 298.15 K 时 $Ag_2O(s)$、$HCl(g)$ 和 $H_2O(l)$ 的标准摩尔生成焓 $\Delta_f H_m^{\ominus}$ 分别为 $-31.0 \text{ kJ} \cdot \text{mol}^{-1}$、$-92.3 \text{ kJ} \cdot \text{mol}^{-1}$ 和 $-285.4 \text{ kJ} \cdot \text{mol}^{-1}$，计算 298.15 K 时 $AgCl(s)$ 的标准摩尔生成焓。

解： 该反应的标准摩尔焓变与反应物和生成物的标准摩尔生成焓的关系为

$$\Delta_r H_m^{\ominus} = 2\Delta_f H_m^{\ominus}(AgCl,s) + \Delta_f H_m^{\ominus}(H_2O,l) - \Delta_f H_m^{\ominus}(Ag_2O,s) - 2\Delta_f H_m^{\ominus}(HCl,g)$$

298.15 K 时，$AgCl(s)$ 的标准摩尔生成焓为

$$\Delta_f H_m^{\ominus}(AgCl,s) = \frac{1}{2}\Delta_r H_m^{\ominus} - \frac{1}{2}\Delta_f H_m^{\ominus}(H_2O,l) + \frac{1}{2}\Delta_f H_m^{\ominus}(Ag_2O,s)$$

$$+ \Delta_f H_m^{\ominus}(HCl,g)$$

$$= \left[\frac{1}{2} \times (-324.9) + \frac{1}{2} \times 285.4 - \frac{1}{2} \times 31.0 + (-92.3) \right] \text{kJ} \cdot \text{mol}^{-1}$$

$$= -127.6 \text{ kJ} \cdot \text{mol}^{-1}$$

7. 利用有关物质的标准摩尔燃烧焓，计算下列反应在 298.15 K 时的标准摩尔焓变。

(1) $CH_3COOH(l) + CH_3CH_2OH(l) \Longrightarrow CH_3COOCH_2CH_3(l) + H_2O(l)$

(2) $C_2H_4(g) + H_2(g) \Longrightarrow C_2H_6(g)$

解：(1) 298.15 K 时反应的标准摩尔焓变为

$$\Delta_r H_m^{\ominus} = \Delta_c H_m^{\ominus}(CH_3COOH,l) + \Delta_c H_m^{\ominus}(CH_3CH_2OH,l)$$
$$- \Delta_c H_m^{\ominus}(CH_3COOCH_2CH_3,l) - \Delta_c H_m^{\ominus}(H_2O,l)$$
$$= [-874.5 + (-1\ 366.8) - (-2\ 254.2) - 0]\ kJ \cdot mol^{-1}$$
$$= 12.9\ kJ \cdot mol^{-1}$$

(2) 298.15 K 时反应的标准摩尔焓变为

$$\Delta_r H_m^{\ominus} = \Delta_c H_m^{\ominus}(C_2H_4,g) + \Delta_c H_m^{\ominus}(H_2,g) - \Delta_c H_m^{\ominus}(C_2H_6,g)$$
$$= \Delta_c H_m^{\ominus}(C_2H_4,g) + \Delta_f H_m^{\ominus}(H_2O,l) - \Delta_c H_m^{\ominus}(C_2H_6,g)$$
$$= [-1\ 410.9 + (-285.83) - (-1\ 559.8)]\ kJ \cdot mol^{-1}$$
$$= -136.9\ kJ \cdot mol^{-1}$$

8. 葡萄糖($C_6H_{12}O_6$)和硬脂酸($C_{16}H_{36}O_2$)在体内完全氧化时，反应的标准摩尔焓变分别是 $-2820\ kJ \cdot mol^{-1}$ 和 $-11381\ kJ \cdot mol^{-1}$。讨论动物淀粉(以葡萄糖为单体所形成的高分子化合物)和脂肪酸，哪一种是更有效的体内能量贮备形式？

解：葡萄糖和硬脂酸的摩尔质量分别是 $180\ g \cdot mol^{-1}$ 和 $284\ g \cdot mol^{-1}$，利用葡萄糖和硬脂酸氧化反应的标准摩尔焓变，可计算出 1 g 葡萄糖和 1 g 硬脂酸完全氧化时分别放热 15.7 kJ 和 40.1 kJ。相同质量的葡萄糖与硬脂酸比较，硬脂酸氧化时放热是葡萄糖的 2.6 倍。此外，脂肪酸贮存时只需较少的结合水。上述两个因素决定了脂肪酸是比动物淀粉更有效的体内能量贮备形式。

9. 人体所需能量大多来源于食物在体内的氧化反应，如葡萄糖在细胞内与 O_2 发生氧化反应生成 $CO_2(g)$ 和 $H_2O(l)$，并释放出能量。通常利用燃烧焓去估算人们对食物的需求量，已知葡萄糖在 298.15 K 时的标准摩尔生成焓为 $-1\ 260\ kJ \cdot mol^{-1}$，计算 298.15 K 时葡萄糖的标准摩尔燃烧焓。

解：葡萄糖的氧化反应为

$$C_6H_{12}O_6(s) + 6O_2(g) = 6CO_2(g) + 6H_2O(l)$$

298.15 K 时葡萄糖的标准摩尔燃烧焓为

$$\Delta_c H_m^{\ominus} = \Delta_r H_m^{\ominus}$$
$$= 6\Delta_f H_m^{\ominus}(CO_2,g) + 6\Delta_f H_m^{\ominus}(H_2O,l)$$
$$- \Delta_f H_m^{\ominus}(C_6H_{12}O_6,s) - 6\Delta_f H_m^{\ominus}(O_2,g)$$
$$= [6 \times (-393.51) + 6 \times (-285.83) + 1\ 260 - 6 \times 0]\ kJ \cdot mol^{-1}$$
$$= -2\ 816\ kJ \cdot mol^{-1}$$

10. 甘油三油酸酯是一种典型的脂肪，它在人体内代谢时发生下列反应

$$C_{57}H_{104}O_6(s) + 80O_2(g) = 57CO_2(g) + 52H_2O(l)$$

已知 310.15 K 时上述反应的摩尔焓变 $\Delta_r H_m = -3.35 \times 10^4\ kJ \cdot mol^{-1}$。如果上述反应热的 40% 可用作肌肉活动的能量，计算 1 kg 这种脂肪在人体内代谢时将获得肌肉活动的能量。

解：甘油三油酸酯的摩尔质量是 $884\ g \cdot mol^{-1}$，1 kg 这种脂肪在人体内代谢时所获得的肌肉

活动的能量为

$$E = \frac{1\,000\ \text{g}}{884\ \text{g} \cdot \text{mol}^{-1}} \times 3.35 \times 10^4\ \text{kJ} \cdot \text{mol}^{-1} \times 40\%$$
$$= 1.52 \times 10^4\ \text{kJ}$$

11. 一妇女体重为 65.0 kg，每天按 350 g 蛋白质（燃烧热为 20.1 kJ·g^{-1}）、22 g 脂肪（燃烧热为 39.8 kJ·g^{-1}）和 79 g 糖（燃烧热为 16.7 kJ·g^{-1}）的食谱进食。为了减肥，她每天爬山高度为 3 500 m，所做功的总量（包括代谢功）相当于把自身提升 3 500 m 所做的机械功的 5 倍。如果每天欠缺的能量由她体内的葡萄糖（燃烧热为 15.6 kJ·g^{-1}）来提供，问几天后可减重 1 kg？

解：该妇女每天做功的总量为

$$W = 5\ mgh$$
$$= 5 \times 65.0\ \text{kg} \times 9.8\ \text{N} \cdot \text{kg}^{-1} \times 3\,500\ \text{m} = 1.11 \times 10^4\ \text{kJ}$$

该妇女每天从食物中获得的热量为

$$Q = 350\ \text{g} \times 20.1\ \text{kJ} \cdot \text{g}^{-1} + 22\ \text{g} \times 39.8\ \text{kJ} \cdot \text{g}^{-1} + 79\ \text{g} \times 16.7\ \text{kJ} \cdot \text{g}^{-1}$$
$$= 9.23 \times 10^3\ \text{kJ}$$

该妇女每天需由体内提供的葡萄糖的质量为

$$m = \frac{1.11 \times 10^4\ \text{kJ} - 9.23 \times 10^3\ \text{kJ}}{15.6\ \text{kJ} \cdot \text{g}^{-1}} = 120\ \text{g}$$

该妇女减重 1 kg 所需的时间为

$$t = \frac{1\,000\ \text{g}}{120\ \text{g}} \times 1\ \text{d} = 8.3\ \text{d}$$

12. 利用 298.15 K 时有关物质的标准摩尔熵，计算下列反应在 298.15 K 时的标准摩尔熵变。

(1) $N_2(g) + O_2(g) \Longrightarrow 2NO(g)$

(2) $4NH_3(g) + 5O_2(g) \Longrightarrow 4NO(g) + 6H_2O(l)$

(3) $2SO_2(g) + O_2(g) \Longrightarrow 2SO_3(g)$

解：(1) 298.15 K 时，反应的标准摩尔熵变为

$$\Delta_r S_m^{\ominus} = 2S_m^{\ominus}(\text{NO},g) - S_m^{\ominus}(N_2,g) - S_m^{\ominus}(O_2,g)$$
$$= (2 \times 210.76 - 191.61 - 205.14)\ \text{J} \cdot \text{mol}^{-1} \cdot \text{K}^{-1}$$
$$= 24.77\ \text{J} \cdot \text{mol}^{-1} \cdot \text{K}^{-1}$$

(2) 298.15 K 时，反应的标准摩尔熵变为

$$\Delta_r S_m^{\ominus} = 4S_m^{\ominus}(\text{NO},g) + 6S_m^{\ominus}(H_2O,l) - 4S_m^{\ominus}(NH_3,g) - 5S_m^{\ominus}(O_2,g)$$
$$= 4 \times 210.76\ \text{J} \cdot \text{mol}^{-1} \cdot \text{K}^{-1} + 6 \times 69.91\ \text{J} \cdot \text{mol}^{-1} \cdot \text{K}^{-1}$$
$$- 4 \times 192.45\ \text{J} \cdot \text{mol}^{-1} \cdot \text{K}^{-1} - 5 \times 205.14\ \text{J} \cdot \text{mol}^{-1} \cdot \text{K}^{-1}$$
$$= -533.00\ \text{J} \cdot \text{mol}^{-1} \cdot \text{K}^{-1}$$

（3）298.15 K 时反应的标准摩尔熵变为

$$\Delta_r S_m^\ominus = 2 S_m^\ominus(SO_3, g) - 2 S_m^\ominus(SO_2, g) - S_m^\ominus(O_2, g)$$
$$= (2 \times 256.76 - 2 \times 248.22 - 205.14) \text{J} \cdot \text{mol}^{-1} \cdot \text{K}^{-1}$$
$$= -188.06 \text{ J} \cdot \text{mol}^{-1} \cdot \text{K}^{-1}$$

13. 计算下列反应

$$CO(g) + NO(g) = CO_2(g) + \frac{1}{2} N_2(g)$$

在 298.15 K 时的标准摩尔焓变、标准摩尔熵变和标准摩尔吉布斯自由能变,并利用这些数据讨论利用该反应净化汽车尾气中 NO 和 CO 的可能性。

解：298.15 K 时,反应的标准摩尔焓变、标准摩尔熵变和标准摩尔吉布斯自由能变分别为

$$\Delta_r H_m^\ominus = \Delta_f H_m^\ominus(CO_2, g) + \frac{1}{2} \Delta_f H_m^\ominus(N_2, g) - \Delta_f H_m^\ominus(CO, g) - \Delta_f H_m^\ominus(NO, g)$$
$$= \left[-393.51 + \frac{1}{2} \times 0 - (-110.52) - 90.25 \right] \text{kJ} \cdot \text{mol}^{-1}$$
$$= -373.24 \text{ kJ} \cdot \text{mol}^{-1}$$

$$\Delta_r S_m^\ominus = S_m^\ominus(CO_2, g) + \frac{1}{2} S_m^\ominus(N_2, g) - S_m^\ominus(CO, g) - S_m^\ominus(NO, g)$$
$$= \left(213.74 + \frac{1}{2} \times 191.61 - 197.67 - 210.76 \right) \text{J} \cdot \text{mol}^{-1} \cdot \text{K}^{-1}$$
$$= -98.89 \text{ J} \cdot \text{mol}^{-1} \cdot \text{K}^{-1}$$

$$\Delta_r G_m^\ominus = \Delta_f G_m^\ominus(CO_2, g) + \frac{1}{2} \Delta_f G_m^\ominus(N_2, g) - \Delta_f G_m^\ominus(CO, g) - \Delta_f G_m^\ominus(NO, g)$$
$$= \left[-394.36 + \frac{1}{2} \times 0 - (-137.17) - 86.55 \right] \text{kJ} \cdot \text{mol}^{-1}$$
$$= -343.74 \text{ kJ} \cdot \text{mol}^{-1}$$

由于 298.15 K 时,$\Delta_r G_m^\ominus < -40 \text{ kJ} \cdot \text{mol}^{-1}$,因此可认为 $\Delta_r G_m < 0$,故反应正向自发进行,可以利用该反应净化汽车尾气中的 NO 和 CO。

14. 298.15 K 时,$NH_4HCO_3(s)$、$NH_3(g)$、$CO_2(g)$ 和 $H_2O(g)$ 的热力学数据如下表所示：

	$NH_4HCO_3(s)$	$NH_3(g)$	$CO_2(g)$	$H_2O(g)$
$\Delta_f H_m^\ominus/(\text{kJ} \cdot \text{mol}^{-1})$	-850	-40	-390	-240
$S_m^\ominus/(\text{J} \cdot \text{mol}^{-1} \cdot \text{K}^{-1})$	130	180	210	190
$\Delta_f G_m^\ominus/(\text{kJ} \cdot \text{mol}^{-1})$	-670	-20	-390	-230

（1）计算反应 $NH_4HCO_3(s) = NH_3(g) + CO_2(g) + H_2O(g)$ 在 298.15 K 时的标准摩尔焓变 $\Delta_r H_m^\ominus$、标准摩尔熵变 $\Delta_r S_m^\ominus$ 和标准摩尔吉布斯自由能变 $\Delta_r G_m^\ominus$。

（2）计算在标准状态下上述 $NH_4HCO_3(s)$ 分解反应进行的最低温度。

解:(1)298.15 K 时,反应的标准摩尔焓变、标准摩尔熵变和标准摩尔吉布斯自由能变分别为

$$\Delta_r H_m^\ominus = \sum_B \nu_B \Delta_f H_{m,B}^\ominus$$
$$= (-240-390-40+850) \text{kJ} \cdot \text{mol}^{-1} = 180 \text{ kJ} \cdot \text{mol}^{-1}$$

$$\Delta_r S_m^\ominus = \sum_B \nu_B S_{m,B}^\ominus$$
$$= (190+210+180-130) \text{J} \cdot \text{mol}^{-1} \cdot \text{K}^{-1} = 450 \text{ J} \cdot \text{mol}^{-1} \cdot \text{K}^{-1}$$

$$\Delta_r G_m^\ominus = \sum_B \nu_B \Delta_f G_{m,B}^\ominus$$
$$= (-230-390-20+670) \text{kJ} \cdot \text{mol}^{-1} = 30 \text{ kJ} \cdot \text{mol}^{-1}$$

(2)在标准状态下,$NH_4HCO_3(s)$ 分解反应进行的温度为

$$T > \frac{\Delta_r H_m^\ominus(298.15 \text{ K})}{\Delta_r S_m^\ominus(298.15 \text{ K})} = \frac{180 \text{ kJ} \cdot \text{mol}^{-1}}{450 \times 10^{-3} \text{ kJ} \cdot \text{mol}^{-1} \cdot \text{K}^{-1}} = 400 \text{ K}$$

15. 对于生命起源问题,有人提出最初植物或动物的复杂分子是由简单分子自发形成的。例如,尿素(NH_2CONH_2)的生成反应为

$$CO_2(g) + 2NH_3(g) \Longrightarrow NH_2CONH_2(s) + H_2O(l)$$

(1)计算上述尿素的生成反应在 298.15 K 时的标准摩尔吉布斯自由能变,说明该反应在 298.15 K、标准状态下能否自发进行;

(2)在标准状态下,最高温度为何值时,上述尿素的生成反应就不再自发进行了?

解:(1)298.15 K 时,尿素的生成反应的标准摩尔吉布斯自由能变为

$$\Delta_r G_m^\ominus = \Delta_f G_m^\ominus(NH_2CONH_2, s) + \Delta_f G_m^\ominus(H_2O, l)$$
$$- \Delta_f G_m^\ominus(CO_2, g) - 2\Delta_f G_m^\ominus(NH_3, g)$$
$$= -196.7 \text{ kJ} \cdot \text{mol}^{-1} + (-237.13 \text{ kJ} \cdot \text{mol}^{-1})$$
$$- (-394.36 \text{ kJ} \cdot \text{mol}^{-1}) - 2 \times (-16.45 \text{ kJ} \cdot \text{mol}^{-1})$$
$$= -6.57 \text{ kJ} \cdot \text{mol}^{-1}$$

由于 $\Delta_r G_m^\ominus < 0$,该尿素的生成反应在 298.15 K、标准状态下能自发进行。

(2)298.15 K 时,尿素的生成反应的标准摩尔焓变和标准摩尔熵变分别为

$$\Delta_r H_m^\ominus = -332.9 \text{ kJ} \cdot \text{mol}^{-1} + (-285.83 \text{ kJ} \cdot \text{mol}^{-1})$$
$$- (-393.51 \text{ kJ} \cdot \text{mol}^{-1}) - 2 \times (-46.11 \text{ kJ} \cdot \text{mol}^{-1})$$
$$= -133 \text{ kJ} \cdot \text{mol}^{-1}$$

$$\Delta_r S_m^\ominus = 104.6 \text{ J} \cdot \text{mol}^{-1} \cdot \text{K}^{-1} + 69.91 \text{ J} \cdot \text{mol}^{-1} \cdot \text{K}^{-1}$$
$$- 213.74 \text{ J} \cdot \text{mol}^{-1} \cdot \text{K}^{-1} - 2 \times 192.45 \text{ J} \cdot \text{mol}^{-1} \cdot \text{K}^{-1}$$
$$= -424.1 \text{ J} \cdot \text{mol}^{-1} \cdot \text{K}^{-1}$$

在标准状态下,尿素的生成反应自发进行的温度为

$$T < \frac{\Delta_r H_m^\ominus(298.15 \text{ K})}{\Delta_r S_m^\ominus(298.15 \text{ K})}$$

$$= \frac{-133 \text{ kJ} \cdot \text{mol}^{-1}}{-424.1 \times 10^{-3} \text{ kJ} \cdot \text{mol}^{-1} \cdot \text{K}^{-1}} = 314 \text{ K}$$

在标准状态下,当温度 T 高于 314 K 时尿素的生成反应不再自发进行。

16. 已知下列热化学方程式

$$MnO_2(s) \Longrightarrow MnO(s) + \frac{1}{2}O_2(g); \Delta_r H_{m,1}^{\ominus}(298.15 \text{ K}) = 130.0 \text{ kJ} \cdot \text{mol}^{-1}$$

$$MnO_2(s) + Mn(s) \Longrightarrow 2MnO(s); \Delta_r H_{m,2}^{\ominus}(298.15 \text{ K}) = -250.0 \text{ kJ} \cdot \text{mol}^{-1}$$

计算 298.15 K 时 $MnO(s)$ 和 $MnO_2(s)$ 的标准摩尔生成焓。

解: $1 \times$ 反应(2)$+(-1) \times$ 反应(1)得反应(3):

$$Mn(s) + \frac{1}{2}O_2(g) \Longrightarrow MnO(s)$$

根据赫斯定律,298.15 K 时 $MnO(s)$ 的标准摩尔生成焓为

$$\begin{aligned} \Delta_f H_m^{\ominus}(MnO, s) = \Delta_r H_{m,3}^{\ominus} &= \Delta_r H_{m,2}^{\ominus} - \Delta_r H_{m,1}^{\ominus} \\ &= -250.0 \text{ kJ} \cdot \text{mol}^{-1} - 130.0 \text{ kJ} \cdot \text{mol}^{-1} \\ &= -380.0 \text{ kJ} \cdot \text{mol}^{-1} \end{aligned}$$

$1 \times$ 反应(2)$+(-2) \times$ 反应(1)得反应(4):

$$Mn(s) + O_2(g) \Longrightarrow MnO_2(s)$$

根据赫斯定律,298.15 K 时 $MnO_2(s)$ 的标准摩尔生成焓为

$$\begin{aligned} \Delta_f H_m^{\ominus}(MnO_2, s) = \Delta_r H_{m,4}^{\ominus} &= \Delta_f H_{m,2}^{\ominus} - 2\Delta_r H_{m,1}^{\ominus} \\ &= -250.0 \text{ kJ} \cdot \text{mol}^{-1} - 2 \times 130.0 \text{ kJ} \cdot \text{mol}^{-1} \\ &= -510.0 \text{ kJ} \cdot \text{mol}^{-1} \end{aligned}$$

17. 蔗糖代谢的总反应为

$$C_{12}H_{22}O_{11}(s) + 12O_2(g) \Longrightarrow 12CO_2(g) + 11H_2O(l)$$

已知 298.15 K 时,$\Delta_r H_m^{\ominus} = -5\,650 \text{ kJ} \cdot \text{mol}^{-1}$,$\Delta_r G_m^{\ominus} = -5\,790 \text{ kJ} \cdot \text{mol}^{-1}$。

(1) 如果只有 30% 的摩尔吉布斯自由能变转化为非体积功,试计算 1 mol 蔗糖在体温(310.15 K)进行代谢时可以得到的非体积功。

(2) 一体重为 70 kg 的人应该吃多少摩尔蔗糖,才能获得登上高度为 2.0 km 的高山所需的能量?

解: (1) 298.15 K 时,蔗糖代谢反应的标准摩尔熵变为

$$\begin{aligned} \Delta_r S_m^{\ominus}(298.15 \text{ K}) &= \frac{\Delta_r H_m^{\ominus}(298.15 \text{ K}) - \Delta_r G_m^{\ominus}(298.15 \text{ K})}{298.15 \text{ K}} \\ &= \frac{-5\,650 \text{ kJ} \cdot \text{mol}^{-1} - (-5\,790 \text{ kJ} \cdot \text{mol}^{-1})}{298.15 \text{ K}} \\ &= 0.469\,6 \text{ kJ} \cdot \text{mol}^{-1} \cdot \text{K}^{-1} \end{aligned}$$

在体温(310.15 K)时,反应的标准摩尔吉布斯自由能变为

$$\Delta_r G_m^{\ominus}(310.15\ \text{K}) = \Delta_r H_m^{\ominus}(298.15\ \text{K}) - 310.15\ \text{K} \times \Delta_r S_m^{\ominus}(298.15\ \text{K})$$
$$= (-5\ 650 - 310.15 \times 0.469\ 6)\text{kJ} \cdot \text{mol}^{-1}$$
$$= -5\ 796\ \text{kJ} \cdot \text{mol}^{-1}$$

1 mol 蔗糖在体温下进行代谢时可得到的非体积功为

$$W' = 1\ \text{mol} \times 5\ 796\ \text{kJ} \cdot \text{mol}^{-1} \times 30\% = 1\ 739\ \text{kJ}$$

(2) 登上高度为 2.0 km 高山所做的功为

$$W' = mgh$$
$$= 70\ \text{kg} \times 9.8\ \text{N} \cdot \text{kg}^{-1} \times 2.0\ \text{km} = 1\ 372\ \text{kJ}$$

所需蔗糖的物质的量为

$$n = \frac{1\ 372\ \text{kJ}}{1\ 739\ \text{kJ}} \times 1\ \text{mol} = 0.79\ \text{mol}$$

18. 在一定温度下,$AgNO_3(s)$ 和 $Ag_2O(s)$ 受热时均能发生分解反应:

$$2AgNO_3(s) = Ag_2O(s) + 2NO_2(g) + \frac{1}{2}O_2(g)$$

$$Ag_2O(s) = 2Ag(s) + \frac{1}{2}O_2(g)$$

假定上述两个分解反应的标准摩尔焓变和标准摩尔熵变均不随温度的变化而改变,估算在标准状态下上述两个分解反应进行的最低温度。并确定在此条件下 $AgNO_3$ 分解的最终产物。

解:上述两个分解反应在 298.15 K 时的标准摩尔焓变和标准摩尔熵变分别为

$$\Delta_r H_{m,1}^{\ominus} = \Delta_f H_m^{\ominus}(Ag_2O,s) + 2\Delta_f H_m^{\ominus}(NO_2,g) + \frac{1}{2}\Delta_f H_m^{\ominus}(O_2,g)$$
$$- 2\Delta_f H_m^{\ominus}(AgNO_3,s)$$
$$= \left[-31.05 + 2 \times 33.18 + \frac{1}{2} \times 0 - 2 \times (-124.39)\right]\text{kJ} \cdot \text{mol}^{-1}$$
$$= 284.09\ \text{kJ} \cdot \text{mol}^{-1}$$

$$\Delta_r H_{m,2}^{\ominus} = 2\Delta_f H_m^{\ominus}(Ag,s) + \frac{1}{2}\Delta_f H_m^{\ominus}(O_2,g) - \Delta_f H_m^{\ominus}(Ag_2O,s)$$
$$= \left[2 \times 0 + \frac{1}{2} \times 0 - (-31.05)\right]\text{kJ} \cdot \text{mol}^{-1}$$
$$= 31.05\ \text{kJ} \cdot \text{mol}^{-1}$$

$$\Delta_r S_{m,1}^{\ominus} = S_m^{\ominus}(Ag_2O,s) + 2S_m^{\ominus}(NO_2,g) + \frac{1}{2}S_m^{\ominus}(O_2,g) - 2S_m^{\ominus}(AgNO_3,s)$$
$$= \left(121.3 + 2 \times 240.06 + \frac{1}{2} \times 205.14 - 2 \times 140.92\right)\text{J} \cdot \text{mol}^{-1} \cdot \text{K}^{-1}$$
$$= 422.15\ \text{J} \cdot \text{mol}^{-1} \cdot \text{K}^{-1}$$

$$\Delta_r S^{\ominus}_{m,2} = 2S^{\ominus}_m(\text{Ag,s}) + \frac{1}{2}S^{\ominus}_m(\text{O}_2,\text{g}) - S^{\ominus}_m(\text{Ag}_2\text{O,s})$$

$$= \left(2 \times 42.55 + \frac{1}{2} \times 205.14 - 121.3\right) \text{J} \cdot \text{mol}^{-1} \cdot \text{K}^{-1}$$

$$= 66.37 \text{ J} \cdot \text{mol}^{-1} \cdot \text{K}^{-1}$$

上述两个分解反应在标准状态下自发进行的温度分别为

$$T_1 > \frac{\Delta_r H^{\ominus}_{m,1}(298.15 \text{ K})}{\Delta_r S^{\ominus}_{m,1}(298.15 \text{ K})} = \frac{284.09 \text{ kJ} \cdot \text{mol}^{-1}}{422.15 \times 10^{-3} \text{ kJ} \cdot \text{mol}^{-1} \cdot \text{K}^{-1}} = 673 \text{ K}$$

$$T_2 > \frac{\Delta_r H^{\ominus}_{m,2}(298.15 \text{ K})}{\Delta_r S^{\ominus}_{m,2}(298.15 \text{ K})} = \frac{31.05 \text{ kJ} \cdot \text{mol}^{-1}}{66.37 \times 10^{-3} \text{ kJ} \cdot \text{mol}^{-1} \cdot \text{K}^{-1}} = 468 \text{ K}$$

在标准状态下，$AgNO_3(s)$分解反应进行的最低温度为 673 K，而 $Ag_2O(s)$分解反应进行的最低温度为 468 K。当 $AgNO_3(s)$发生分解时，温度已经高于 $Ag_2O(s)$的分解温度，$Ag_2O(s)$已经发生分解。因此，$AgNO_3(s)$分解的最终产物是 $Ag(s)$，$O_2(g)$和 $NO_2(g)$。

19. 葡萄糖在空气中发生燃烧反应：

$$C_6H_{12}O_6(s) + 6O_2(g) =\!=\!= 6CO_2(g) + 6H_2O(l)$$

已知 298.15 K 时空气中 O_2 和 CO_2 的分压分别为 21.27 kPa 和 0.031 4 kPa，$\Delta_f G^{\ominus}_m(C_6H_{12}O_6,s) = -948.94 \text{ kJ} \cdot \text{mol}^{-1}$，计算 298.15 K 时该反应的摩尔吉布斯自由能变。

解：298.15 K 时，该反应的标准摩尔吉布斯自由能变为

$$\Delta_r G^{\ominus}_m = 6\Delta_f G^{\ominus}_m(CO_2,g) + 6\Delta_f G^{\ominus}_m(H_2O,l) - \Delta_f G^{\ominus}_m(C_6H_{12}O_6,s)$$

$$- 6\Delta_f G^{\ominus}_m(O_2,g)$$

$$= [6 \times (-394.36) + 6 \times (-237.13) - (-948.94)] \text{kJ} \cdot \text{mol}^{-1}$$

$$= -2\,840.00 \text{ kJ} \cdot \text{mol}^{-1}$$

298.15 K 时，该反应在给定条件下进行时，反应的摩尔吉布斯自由能变为

$$\Delta_r G_m = \Delta_r G^{\ominus}_m + RT \ln J = \Delta_r G^{\ominus}_m + RT \ln \frac{[p(CO_2)/p^{\ominus}]^6}{[p(O_2)/p^{\ominus}]^6}$$

$$= \left[-2\,840.00 + 8.314 \times 10^{-3} \times 298.15 \times \ln\left(\frac{0.031\,4}{21.27}\right)^6\right] \text{kJ} \cdot \text{mol}^{-1}$$

$$= -2\,936.95 \text{ kJ} \cdot \text{mol}^{-1}$$

20. 25 ℃下，密闭恒容的容器中有 10 g 固体萘（$C_{10}H_8$）在过量的 O_2 中完全燃烧：

$$C_{10}H_8(s) + 12O_2(g) =\!=\!= 10CO_2(g) + 4H_2O(l)$$

此反应过程放热 401.73 kJ，计算此时的反应进度变及萘的完全燃烧反应的标准摩尔热力学能变和标准摩尔焓变。

解：该反应过程的热力学能变为

$$\Delta_r U = Q_V = -401.73 \text{ kJ}$$

10 g 萘完全燃烧时,该反应的反应进度变为

$$\Delta\xi=\frac{\Delta n(C_{10}H_8,s)}{\nu(C_{10}H_8,s)}=\frac{-10 \text{ g}/128 \text{ g}\cdot\text{mol}^{-1}}{-1}=7.81\times10^{-2} \text{ mol}$$

上述萘的燃烧反应的标准摩尔热力学能变和标准摩尔焓变分别为

$$\Delta_r U_m^\ominus=\frac{\Delta_r U}{\Delta\xi}=\frac{-401.73 \text{ kJ}}{7.81\times10^{-2} \text{ mol}}=-5\ 144 \text{ kJ}\cdot\text{mol}^{-1}$$

$$\Delta_r H_m^\ominus=\Delta_r U_m^\ominus+RT\sum_B\nu_{B,g}$$
$$=[-5\ 144+8.314\times10^{-3}\times298.15\times(10-12)]\text{ kJ}\cdot\text{mol}^{-1}$$
$$=-5\ 149 \text{ kJ}\cdot\text{mol}^{-1}$$

21. 推导出同一温度下,同一聚集状态的分子式为 C_nH_{2n} 的环烷烃的标准摩尔生成焓与标准摩尔燃烧焓之间的关系式。已知 25 ℃下环丙烷(C_3H_6)的标准摩尔燃烧焓 $\Delta_c H_m^\ominus(C_3H_6,g)=-2\ 091.5 \text{ kJ}\cdot\text{mol}^{-1}$,计算该温度下环丙烷气体的标准摩尔生成焓 $\Delta_f H_m^\ominus(C_3H_6,g)$。

解:环烷烃燃烧反应的通式为

$$C_nH_{2n}+\frac{3}{2}nO_2(g)=\!=\!=nCO_2(g)+nH_2O(l)$$

根据公式 $\Delta_r H_m^\ominus=\sum_B\nu_B\Delta_f H_{m,B}^\ominus$ 和 $\Delta_r H_m^\ominus=-\sum_B\nu_B\Delta_c H_{m,B}^\ominus$ 可得

$$\sum_B\nu_B\Delta_f H_{m,B}^\ominus=-\sum_B\nu_B\Delta_c H_{m,B}^\ominus$$

由于 $\Delta_c H_m^\ominus(O_2,g)=0$,$\Delta_c H_m^\ominus(CO_2,g)=0$,$\Delta_c H_m^\ominus(H_2O,l)=0$,因此对于上述环烷烃的燃烧反应,则有

$$n\Delta_f H_m^\ominus(CO_2,g)+n\Delta_f H_m^\ominus(H_2O,l)-\Delta_f H_m^\ominus(C_nH_{2n})=\Delta_c H_m^\ominus(C_nH_{2n})$$

环烷烃的标准摩尔生成焓与标准摩尔燃烧焓之间的关系为

$$\Delta_f H_m^\ominus(C_nH_{2n})+\Delta_c H_m^\ominus(C_nH_{2n})=n\Delta_f H_m^\ominus(CO_2,g)+n\Delta_f H_m^\ominus(H_2O,l)$$

对于环丙烷,$n=3$,由上式可求得环丙烷的标准摩尔生成焓为

$$\Delta_f H_m^\ominus(C_3H_6,g)=3\Delta_f H_m^\ominus(CO_2,g)+3\Delta_f H_m^\ominus(H_2O,l)-\Delta_c H_m^\ominus(C_3H_6,g)$$
$$=[3\times(-393.51)+3\times(-285.83)-(-2\ 091.5)]\text{ kJ}\cdot\text{mol}^{-1}$$
$$=53.48 \text{ kJ}\cdot\text{mol}^{-1}$$

22. 在 298.15 K、标准状态下,有以下两个化学反应:

(1) $H_2O(l)+\frac{1}{2}O_2(g)=\!=\!=H_2O_2(aq)$;$\Delta_r G_{m,1}^\ominus=105.3 \text{ kJ}\cdot\text{mol}^{-1}$

(2) $Zn(s)+\frac{1}{2}O_2(g)=\!=\!=ZnO(s)$;$\Delta_r G_{m,2}^\ominus=-318.3 \text{ kJ}\cdot\text{mol}^{-1}$

可知反应(1)不能自发进行,若把反应(1)和反应(2)耦合起来得到下列反应

$$Zn(s) + H_2O(l) + O_2(g) \Longrightarrow ZnO(s) + H_2O_2(aq)$$

通过计算判断此耦合反应在 298.15 K、标准状态下能否自发进行？

解： $1 \times$ 反应(1) + $1 \times$ 反应(2) = 上述耦合反应，该耦合反应在 298.15 K 时的标准摩尔吉布斯自由能变为

$$\Delta_r G_m^{\ominus} = \Delta_r G_{m,1}^{\ominus} + \Delta_r G_{m,2}^{\ominus}$$
$$= 105.3 \text{ kJ} \cdot \text{mol}^{-1} - 318.3 \text{ kJ} \cdot \text{mol}^{-1} = -213.0 \text{ kJ} \cdot \text{mol}^{-1}$$

由于 $\Delta_r G_m^{\ominus} < 0$，因此该耦合反应在 298.15 K、标准状态下能自发进行。

单元测试题

一、选择题

1. 下列物质中，标准摩尔燃烧焓不为零的是(　　)。

(A) $O_2(g)$ (B) $H_2(g)$ (C) $H_2O(l)$ (D) $CO_2(g)$

2. 在等温、等压、不做非体积功条件下，某化学反应在低温下自发进行，而在高温下不能自发进行，则该反应的摩尔焓变和摩尔熵变分别为(　　)。

(A) $\Delta_r H_m > 0$，$\Delta_r S_r > 0$ (B) $\Delta_r H_m > 0$，$\Delta_r S_m < 0$

(C) $\Delta_r H_m < 0$，$\Delta_r S_m > 0$ (D) $\Delta_r H_m < 0$，$\Delta_r S_m < 0$

3. 298.15 K，标准压力下，反应 $2H_2(g) + O_2(g) \Longrightarrow 2H_2O(l)$ 的 $\Delta_r H_m^{\ominus} = -517.8 \text{ kJ} \cdot \text{mol}^{-1}$，下列各式中正确的是(　　)。

(A) $\Delta_r U_m^{\ominus} = -517.8 \text{ kJ} \cdot \text{mol}^{-1}$ (B) $\Delta_f H_m^{\ominus}(H_2O, l) = -258.9 \text{ kJ} \cdot \text{mol}^{-1}$

(C) $\Delta_f H_m^{\ominus}(H_2O, l) = -517.8 \text{ kJ} \cdot \text{mol}^{-1}$ (D) $\Delta_r H_m^{\ominus} > \Delta_r U_m^{\ominus}$

4. 已知 298.15 K 时，$CH_3COOH(l)$、$CO_2(g)$ 和 $H_2O(l)$ 的标准摩尔生成焓 $\Delta_f H_m^{\ominus}$ 分别为 $-487 \text{ kJ} \cdot \text{mol}^{-1}$、$-394 \text{ kJ} \cdot \text{mol}^{-1}$ 和 $-286 \text{ kJ} \cdot \text{mol}^{-1}$，则反应

$$CH_3COOH(l) + 2O_2(g) \Longrightarrow 2CO_2(g) + 2H_2O(l)$$

在 298.15 K 时的标准摩尔焓变 $\Delta_r H_m^{\ominus}$ 为(　　)。

(A) $193 \text{ kJ} \cdot \text{mol}^{-1}$ (B) $873 \text{ kJ} \cdot \text{mol}^{-1}$

(C) $-193 \text{ kJ} \cdot \text{mol}^{-1}$ (D) $-873 \text{ kJ} \cdot \text{mol}^{-1}$

5. 系统由状态 A 变化到状态 B，沿途径 I 进行时系统放热 100 J，环境对系统做功 50 J。当系统由状态 A 沿途径 II 变化到状态 B 时系统对环境做功 80 J，则系统与环境之间交换的热为(　　)。

(A) 70 J   (B) -70 J   (C) 30 J   (D) -30 J

6. 下列各组函数中，均为状态函数的是(　　)。

(A) S，ΔG，H，Q (B) H，U，W，Q

(C) p，V，S，G (D) Q_V，Q_p，ΔU，ΔS

7. 已知下列热化学方程式

$$A + B \Longrightarrow C + D; \Delta_r H_{m,1}^{\ominus}(298.15 \text{ K}) = -400.0 \text{ kJ} \cdot \text{mol}^{-1}$$

$$2C + 2D \Longrightarrow E; \Delta_r H_{m,2}^{\ominus}(298.15 \text{ K}) = 600.0 \text{ kJ} \cdot \text{mol}^{-1}$$

则反应 $2A + 2B \Longrightarrow E$ 在 298.15 K 时的标准摩尔焓变为(　　)。

(A) $200.0 \text{ kJ} \cdot \text{mol}^{-1}$ (B) $-1\,000.0 \text{ kJ} \cdot \text{mol}^{-1}$

(C) $-200.0 \text{ kJ} \cdot \text{mol}^{-1}$ (D) $-1\,400.0 \text{ kJ} \cdot \text{mol}^{-1}$

8. 已知 300 K 时，$\Delta_f H_m^{\ominus}(Fe_2O_3, s) = -800.0\ kJ \cdot mol^{-1}$，$\Delta_f H_m^{\ominus}(CO, g) = -100.0\ kJ \cdot mol^{-1}$，$\Delta_f H_m^{\ominus}(Fe_3O_4, s) = -1\ 100.0\ kJ \cdot mol^{-1}$，$\Delta_f H_m^{\ominus}(CO_2, g) = -400.0\ kJ \cdot mol^{-1}$，则下列化学反应

$$3Fe_2O_3(s) + CO(g) == 2Fe_3O_4(s) + CO_2(g)$$

在 300 K 时的标准摩尔焓变 $\Delta_r H_m^{\ominus}$ 为（　　）。

 (A) $-100\ kJ \cdot mol^{-1}$ (B) $100\ kJ \cdot mol^{-1}$

 (C) $-600\ kJ \cdot mol$ (D) $600\ kJ \cdot mol^{-1}$

9. 在下列各量中，属于状态函数的是（　　）。

 (A) Q (B) W (C) U (D) ΔH

10. 已知下列热化学方程式

$$C(石墨) + O_2(g) == CO_2(g)；\Delta_r H_{m,1}^{\ominus}(298.15\ K) = -393.0\ kJ \cdot mol^{-1}$$

$$CO(g) + \frac{1}{2}O_2(g) == CO_2(g)；\Delta_r H_{m,2}^{\ominus}(298.15\ K) = -283.0\ kJ \cdot mol^{-1}$$

则化学反应 $2C(石墨) + O_2(g) == 2CO(g)$ 在 298.15 K 时的标准摩尔焓变 $\Delta_r H_m^{\ominus}$ 为（　　）。

 (A) $-676.0\ kJ \cdot mol^{-1}$ (B) $-1\ 352\ kJ \cdot mol^{-1}$

 (C) $-110.0\ kJ \cdot mol^{-1}$ (D) $-220.0\ kJ \cdot mol^{-1}$

11. 298.15 K 时，$CaCO_3(s)$、$CaO(s)$ 和 $CO_2(g)$ 的标准摩尔生成焓 $\Delta_f H_m^{\ominus}$ 分别为 $-1\ 207\ kJ \cdot mol^{-1}$、$-635\ kJ \cdot mol^{-1}$ 和 $-392\ kJ \cdot mol^{-1}$，则化学反应 $CaCO_3(s) == CaO(s) + CO_2(g)$ 在 298.15 K 时的标准摩尔焓变 $\Delta_r H_m^{\ominus}$ 为（　　）。

 (A) $-180\ kJ \cdot mol^{-1}$ (B) $180\ kJ \cdot mol^{-1}$

 (C) $-2\ 234\ kJ \cdot mol^{-1}$ (D) $2\ 234\ kJ \cdot mol^{-1}$

12. 在 298.15 K 时发生的下列化学反应中，反应的标准摩尔吉布斯自由能变等于生成物的标准摩尔生成吉布斯自由能的是（　　）。

 (A) $2S(s) + 3O_2(g) == 2SO_3(g)$ (B) $\frac{1}{2}H_2(g) + \frac{1}{2}I_2(g) == HI(g)$

 (C) $C(金刚石) + O_2(g) == CO_2(g)$ (D) $C(石墨) + O_2(g) == CO_2(g)$

13. 在任何热力学循环过程中，下列物理量变化情况正确的是（　　）。

 (A) $Q = 0$ (B) $W = 0$ (C) $Q + W = 0$ (D) 以上均不等于 0

14. 298.15 K 时，反应 $N_2(g) + 3H_2(g) == 2NH_3(g)$ 的摩尔热力学能变 $\Delta_r U_m = -87.2\ kJ \cdot mol^{-1}$，则该反应在 298.15 K 时的摩尔焓变为（　　）。

 (A) $-87.2\ kJ \cdot mol^{-1}$ (B) $-92.2\ kJ \cdot mol^{-1}$

 (C) $-4.9\ kJ \cdot mol^{-1}$ (D) $-82.2\ kJ \cdot mol^{-1}$

15. 已知水的沸点为 100 ℃，水的摩尔汽化焓 $\Delta_{vap} H_m = 40.67\ kJ \cdot mol^{-1}$，则水的摩尔汽化熵 $\Delta_{vap} S_m$ 为（　　）。

 (A) $109.0\ J \cdot mol^{-1} \cdot K^{-1}$ (B) $0.109\ 0\ J \cdot mol^{-1} \cdot K^{-1}$

 (C) $406.7\ J \cdot mol^{-1} \cdot K^{-1}$ (D) $-109.0\ J \cdot mol^{-1} \cdot K^{-1}$

16. 在等温、等压、不做非体积功的条件下，判断化学反应自发进行的判据是（　　）。

 (A) $\Delta_r G_m^{\ominus} < 0$ (B) $\Delta_r H_m < 0$ (C) $\Delta_r S_m > 0$ (D) $\Delta_r G_m < 0$

17. 绝热过程是系统与环境没有热交换的过程，则对于绝热过程下列等式正确的是（　　）。

 (A) $\Delta U = Q$ (B) $\Delta U = W$ (C) $\Delta U = 0$ (D) $\Delta U = \Delta H$

18. 下列反应中，放出的热量最多的是（　　）。

 (A) $C_2H_5OH(g) + 3O_2(g) == 2CO_2(g) + 3H_2O(g)$

(B) $C_2H_5OH(l) + 3O_2(g) == 2CO_2(g) + 3H_2O(g)$

(C) $C_2H_5OH(g) + 3O_2(g) == 2CO_2(g) + 3H_2O(l)$

(D) $C_2H_5OH(l) + 3O_2(g) == 2CO_2(g) + 3H_2O(l)$

19. 已知下列反应在常温下均为非自发反应,可知在高温下仍为非自发反应的是( )。

(A) $Ag_2O(s) == 2Ag(s) + \frac{1}{2}O_2(g)$

(B) $Fe_2O_3(s) + \frac{3}{2}C(s) == 2Fe(s) + \frac{3}{2}CO_2(g)$

(C) $N_2O_4(g) == 2NO_2(g)$

(D) $6C(s) + 6H_2O(g) == C_6H_{12}O_6(s)$

20. 已知下列热化学方程式

$$MnO_2(s) == MnO(s) + \frac{1}{2}O_2(g); \quad \Delta_r H_m^\ominus(300\ K) = 135\ kJ \cdot mol^{-1}$$

$$MnO_2(s) + Mn(s) == 2MnO(s); \quad \Delta_r H_m^\ominus(300\ K) = -250\ kJ \cdot mol^{-1}$$

则 300 K 时 MnO 的标准摩尔生成焓 $\Delta_f H_m^\ominus(MnO, s)$ 为( )。

(A) $385\ kJ \cdot mol^{-1}$ 　　　　　　　(B) $-385\ kJ \cdot mol^{-1}$

(C) $520\ kJ \cdot mol^{-1}$ 　　　　　　　(D) $-520\ kJ \cdot mol^{-1}$

21. 在下列反应中,反应的标准摩尔吉布斯自由能变与生成物的标准摩尔生成吉布斯自由能相等的是( )。

(A) $Ag(s) + \frac{1}{2}Br_2(g) == AgBr(s)$ 　　　　(B) $2H_2(g) + O_2(g) == 2H_2O(l)$

(C) $SO_2(g) + \frac{1}{2}O_2(g) == SO_3(g)$ 　　　　(D) $C(石墨) + \frac{1}{2}O_2(g) == CO(g)$

22. 在等温、等压、不做非体积功的条件下,自发进行的化学反应一定是( )。

(A) 放热反应 　　　　　　　(B) 热力学能降低的反应

(C) 混乱度增大的反应 　　　　　　　(D) 吉布斯自由能降低的反应

23. 298.15 K 时,下列物质的标准摩尔生成吉布斯自由能 $\Delta_f G_m^\ominus = 0$ 的是( )。

(A) $O_3(g)$ 　　　(B) C(金刚石) 　　　(C) C(石墨) 　　　(D) $I_2(g)$

24. 如果 X 是原子,X_2 是实际存在的分子,反应 $X_2(g) == 2X(g)$ 的 $\Delta_r H$ 应该是( )。

(A) 负值 　　　(B) 正值 　　　(C) 零 　　　(D) 无法确定

25. 在等温、等压、不做非体积功的条件下,某化学反应的 $\Delta_r G_m^\ominus = 10\ kJ \cdot mol^{-1}$,这表明该反应在上述条件下( )。

(A) 能自发进行 　　　　　　　(B) 不能自发进行

(C) 处于平衡状态 　　　　　　　(D) 能否自发进行,还需进行具体分析

26. 在 25 ℃ 进行的下列反应中,反应的标准摩尔焓变与生成物的标准摩尔生成焓相等的是( )。

(A) C(金刚石) $+ O_2(g) == CO_2(g)$ 　　　　(B) $H_2(g) + \frac{1}{2}O_2(g) == H_2O(g)$

(C) $N_2(g) + 3H_2(g) == 2NH_3(g)$ 　　　　(D) $CO(g) + \frac{1}{2}O_2(g) == CO_2(g)$

27. 在等温、等压和不做非体积功的条件下,反应 $CaCO_3(s) == CaO(s) + CO_2(g)$ 在高温时能自发进行,而在低温时不能自发进行,据此可判断该反应( )。

(A) $\Delta_r H_m < 0, \Delta_r S_m < 0$ 　　　　(B) $\Delta_r H_m > 0, \Delta_r S_m > 0$

(C) $\Delta_r H_m < 0, \Delta_r S_m > 0$ 　　　　(D) $\Delta_r H_m > 0, \Delta_r S_m < 0$

28. 已知 25 ℃ 时 $\Delta_f H_m^{\ominus}(H_2O,l) = -242\ kJ \cdot mol^{-1}$,则反应 $2H_2O(l) == 2H_2(g) + O_2(g)$ 的标准摩尔焓变为(　　)。

(A) $484\ kJ \cdot mol^{-1}$ (B) $-484\ kJ \cdot mol^{-1}$

(C) $121\ kJ \cdot mol^{-1}$ (D) $-121\ kJ \cdot mol^{-1}$

29. 298.15 K 时,石墨的标准摩尔燃烧焓为 $-393.5\ kJ \cdot mol^{-1}$,金刚石的标准摩尔燃烧焓为 $-395.4\ kJ \cdot mol^{-1}$。则 298.15 K 时反应 C(石墨) == C(金刚石) 的标准摩尔焓变为(　　)。

(A) $-1.9\ kJ \cdot mol^{-1}$ (B) $1.9\ kJ \cdot mol^{-1}$

(C) $-788.9\ kJ \cdot mol^{-1}$ (D) $788.9\ kJ \cdot mol^{-1}$

30. 已知 298.15 K 时化学反应 $2HgO(s) == 2Hg(l) + O_2(g)$ 的标准摩尔焓变 $\Delta_r H_m^{\ominus} = 180.92\ kJ \cdot mol^{-1}$,则 HgO(s) 在 298.15 K 时的标准摩尔生成焓 $\Delta_f H_m^{\ominus}(HgO,s)$ 为(　　)。

(A) $180.92\ kJ \cdot mol^{-1}$ (B) $-180.92\ kJ \cdot mol^{-1}$

(C) $90.46\ kJ \cdot mol^{-1}$ (D) $-90.46\ kJ \cdot mol^{-1}$

31. 下列物质中,298.15 K 时标准摩尔生成焓 $\Delta_f H_m^{\ominus}$ 不为零的是(　　)。

(A) C(石墨)   (B) $I_2(s)$ (C) $O_3(g)$ (D) $Cl_2(g)$

32. 系统经过一系列变化,最后又回到初始状态。对于这一变化过程,下列选项中正确的是(　　)。

(A) $Q=0, W=0, \Delta U=0, \Delta H=0$ (B) $Q=-W, \Delta U=0, \Delta H=0$

(C) $Q \neq 0, W=0, \Delta U = Q-W, \Delta H=0$ (D) $Q \neq 0, W \neq 0, \Delta U=0, \Delta H=Q$

33. 已知温度 T 时反应 $2A(g) + O_2(g) == 2AO(g)$ 的 $\Delta_r H_m^{\ominus}(T) = -114\ kJ \cdot mol^{-1}$, $\Delta_r S_m^{\ominus}(T) = -114\ J \cdot mol^{-1} \cdot K^{-1}$。当反应达平衡时各物质的分压均为 100 kPa,则反应的温度是(　　)。

(A) 727 ℃   (B) 1 000 ℃   (C) 1 273 ℃   (D) 727 K

34. 对于反应 $N_2(g) + 3H_2(g) == 2NH_3(g)$,当 $\Delta\xi = 1\ mol$ 时,下列叙述中正确的是(　　)。

(A) 消耗 1 mol $H_2(g)$ (B) 生成 1 mol $NH_3(g)$

(C) 消耗 $N_2(g)$ 和 $H_2(g)$ 共 1 mol   (D) 消耗 1 mol $N_2(g)$ 和 3 mol $H_2(g)$

35. 300 K 时反应 $2N_2(g) + O_2(g) == 2N_2O(g)$ 的 $\Delta_r H_m^{\ominus} = 164.0\ kJ \cdot mol^{-1}$, $RT \sum \nu_{B,g} = -2.5\ kJ \cdot mol^{-1}$,则该反应在 300 K 时的 $\Delta_r U_m^{\ominus}$ 为(　　)。

(A) $166.5\ kJ \cdot mol^{-1}$ (B) $-166.5\ kJ \cdot mol^{-1}$

(C) $164.0\ kJ \cdot mol^{-1}$ (D) $83.25\ kJ \cdot mol^{-1}$

36. 在任一可逆反应中,正向反应和逆向反应的焓变 $(\Delta_r H)$ 之间的关系是(　　)。

(A) 绝对值相等、符号相反   (B) 绝对值不等、符号相反

(C) 绝对值相等、符号相同   (D) 绝对值不等、符号相同

37. 已知 298.15 K 时 $CH_3COOH(l)$、$CO_2(g)$ 和 $H_2O(l)$ 的标准摩尔生成焓分别为 $-485\ kJ \cdot mol^{-1}$、$-394\ kJ \cdot mol^{-1}$ 和 $-286\ kJ \cdot mol^{-1}$,则 298.15 K 时 $CH_3COOH(l)$ 的标准摩尔燃烧焓为(　　)。

(A) $-195\ kJ \cdot mol^{-1}$ (B) $195\ kJ \cdot mol^{-1}$

(C) $-875\ kJ \cdot mol^{-1}$ (D) $875\ kJ \cdot mol^{-1}$

38. 下列物质:(1) NaCl(s),(2) $Cl_2(g)$,(3) Na(s),(4) He(g),(5) $I_2(g)$,其 $S_m^{\ominus}$ 值的大小顺序应为(　　)。

(A) (3)<(1)<(4)<(2)<(5)   (B) (3)<(4)<(1)<(2)<(5)

(C) (4)<(3)<(1)<(2)<(5)   (D) (3)<(1)<(4)<(5)<(2)

39. 298.15 K 时,$CH_4(g)$、$CO_2(g)$ 和 $H_2O(l)$ 的标准摩尔生成吉布斯自由能分别为 $-50\ kJ \cdot mol^{-1}$、$-394\ kJ \cdot mol^{-1}$ 和 $-237\ kJ \cdot mol^{-1}$,则 298.15 K 时,反应 $CH_4(g) + 2O_2(g) == CO_2(g) + 2H_2O(l)$ 的标准摩尔吉布斯自由能变为(　　)。

(A) $-581\ kJ \cdot mol^{-1}$ (B) $581\ kJ \cdot mol^{-1}$

(C) $-818 \ kJ \cdot mol^{-1}$ (D) $818 \ kJ \cdot mol^{-1}$

40. 已知化学反应 $A(g) + 2B(s) \rightleftharpoons 3Z(g)$ 的 $\Delta_r H_m < 0$,则下列判断中正确的是(   )。

(A) 反应只能在室温下自发进行 (B) 反应只能在高温下自发进行

(C) 反应在任何温度下都能自发进行 (D) 反应在任何温度下都不能自发进行

41. 298.15 K 时,戊烷(C_5H_{12})的标准摩尔燃烧焓是 $-3\ 520 \ kJ \cdot mol^{-1}$,$CO_2(g)$ 和 $H_2O(l)$ 的标准摩尔生成焓分别是 $-394 \ kJ \cdot mol^{-1}$ 和 $-286 \ kJ \cdot mol^{-1}$。则 298.15 K 时戊烷的标准摩尔生成焓是(   )。

(A) $2\ 840 \ kJ \cdot mol^{-1}$ (B) $-2\ 840 \ kJ \cdot mol^{-1}$

(C) $166 \ kJ \cdot mol^{-1}$ (D) $-166 \ kJ \cdot mol^{-1}$

42. 已知反应 $H_2(g) + \frac{1}{2}O_2(g) \rightleftharpoons H_2O(g)$ 的标准摩尔焓变为 $\Delta_r H_m^\ominus(T)$,下列说法中不正确的是(   )。

(A) $\Delta_r H_m^\ominus(T)$ 是 $H_2O(g)$ 在温度 T 时的标准摩尔生成焓

(B) $\Delta_r H_m^\ominus(T)$ 是 $H_2(g)$ 在温度 T 时的标准摩尔燃烧焓

(C) $\Delta_r H_m^\ominus(T)$ 与 $\Delta_r U_m^\ominus(T)$ 的量值不相等

(D) $\Delta_r H_m^\ominus(T)$ 为负值

43. 在等温下进行的下列反应中,$\Delta_r H_m$ 与 $\Delta_r U_m$ 相差最大的是(   )。

(A) $C(s) + O_2(g) \rightleftharpoons CO_2(g)$ (B) $CaO(s) + H_2O(l) \rightleftharpoons Ca(OH)_2(s)$

(C) $N_2(g) + 3H_2(g) \rightleftharpoons 2NH_3(g)$ (D) $CO(g) + \frac{1}{2}O_2(g) \rightleftharpoons CO_2(g)$

44. 将 NH_4NO_3 固体溶于水中,所得溶液的温度降低。由此可判断该溶解过程(   )。

(A) $\Delta G > 0, \Delta H < 0, \Delta S < 0$ (B) $\Delta G > 0, \Delta H > 0, \Delta S < 0$

(C) $\Delta G < 0, \Delta H > 0, \Delta S < 0$ (D) $\Delta G < 0, \Delta H > 0, \Delta S > 0$

45. 一封闭系统由状态 A 变化到状态 B 时,经历了两条任意的不同途径,则应有(   )。

(A) $Q_1 = Q_2$ (B) $\Delta U = 0$ (C) $W_1 = W_2$ (D) $Q_1 + W_1 = Q_2 + W_2$

46. 系统从状态 A 沿途径 I 变化到状态 B 时,系统放热 400 J,环境对系统做功 170 J。而当系统从状态 A 沿途径 II 变化到状态 B 时,环境对系统做功 80 J,此时 Q 为(   )。

(A) 310 J (B) -310 J (C) 490 J (D) -490 J

47. 下列对于状态函数的描述中,不正确的是(   )。

(A) 状态一定,状态函数具有唯一确定的值

(B) 状态函数的改变值只取决于始、终态,与实现过程的途径无关

(C) 当系统发生一循环过程时,状态函数的改变值为零

(D) 状态函数的改变值是状态函数

48. 已知化学 $A \rightleftharpoons B$ 和 $A \rightleftharpoons C$ 的摩尔焓变分别为 $\Delta_r H_{m,1}$ 和 $\Delta_r H_{m,2}$,则化学反应 $B \rightleftharpoons C$ 的摩尔焓变 $\Delta_r H_{m,3}$ 为(   )。

(A) $\Delta_r H_{m,3} = \Delta_r H_{m,1} + \Delta_r H_{m,2}$ (B) $\Delta_r H_{m,3} = \Delta_r H_{m,1} - \Delta_r H_{m,2}$

(C) $\Delta_r H_{m,3} = \Delta_r H_{m,2} - \Delta_r H_{m,1}$ (D) $\Delta_r H_{m,3} = -\Delta_r H_{m,1} - \Delta_r H_{m,2}$

49. 若封闭系统所吸收的热全部用于增加系统的热力学能,则需要满足的条件是(   )。

(A) 等温等压过程 (B) 等容不做非体积功过程

(C) 等压不做非体积功过程 (D) 等容过程

50. 等式 $\Delta H = Q_p$ 的成立条件是(   )。

(A) 等温等容过程 (B) 等容不做非体积功过程

(C) 等压过程 (D) 等压不做非体积功过程

51. 若规定温度 T 时参考单质的标准摩尔焓为零,则参考单质的标准摩尔热力学能规定值将(   )。

(A) 大于零　　　　　　(B) 小于零　　　　　　(C) 为零　　　　　　(D) 无法判断

52. 已知反应 $CO(g) + \frac{1}{2} O_2(g) \Longrightarrow CO_2(g)$ 的标准摩尔焓变 $\Delta_r H_m^{\ominus}$,则下列说法中不正确的是(　　　)。

(A) $\Delta_r H_m^{\ominus}$ 在数值上等于 $CO_2(g)$ 的标准摩尔生成焓

(B) $\Delta_r H_m^{\ominus}$ 在数值上等于 $CO(g)$ 的标准摩尔燃烧焓

(C) $\Delta_r H_m^{\ominus}$ 与 $\Delta_r U_m^{\ominus}$ 的数值不相等

(D) $\Delta_r H_m^{\ominus}$ 小于零

53. 用 $\Delta_r G_m$ 判断化学反应自发进行的方向时,应满足的条件是(　　　)。

(A) 等压不做非体积功　　　　　　　　　(B) 等温等容不做非体积功

(C) 等容不做非体积功　　　　　　　　　(D) 等温等压不做非体积功

54. 热力学第三定律认为(　　　)。

(A) 在 0 K 时任何纯物质的熵等于零　　　　(B) 在 0 K 时任何晶体的熵等于零

(C) 在 0 K 时任何纯物质的完整晶体的熵等于零　(D) 在 0 K 时任何晶体的熵都等于一个定值

55. 在 700 K 时,化学反应 $NH_4Cl(s) \Longrightarrow NH_3(g) + HCl(g)$ 的 $\Delta_r G_m^{\ominus} = -21 \ kJ \cdot mol^{-1}$,$\Delta_r H_m^{\ominus} = 154 \ kJ \cdot mol^{-1}$,则反应的 $\Delta_r S_m^{\ominus}$ 为(　　　)。

(A) $250 \ J \cdot mol^{-1} \cdot K^{-1}$　　　　　　　　(B) $-250 \ J \cdot mol^{-1} \cdot K^{-1}$

(C) $190 \ J \cdot mol^{-1} \cdot K^{-1}$　　　　　　　　(D) $-190 \ J \cdot mol^{-1} \cdot K^{-1}$

56. 在等压条件下某气体膨胀时吸热 3.0 kJ,其热力学能增加了 2.0 kJ,则系统所做膨胀功为(　　　)。

(A) 5.0 kJ　　　　(B) 1.0 kJ　　　　(C) -1.0 kJ　　　　(D) -5.0 kJ

57. 当热力学第一定律以 $\Delta U = Q - p_{环} \Delta V$ 表示时,它适用于(　　　)。

(A) 封闭系统的任意过程　　　　　　　　(B) 封闭系统的等压过程

(C) 封闭系统只做体积功过程　　　　　　(D) 封闭系统的等温等压过程

58. 系统的吉布斯自由能 G 与热力学能 U 之间的关系为(　　　)。

(A) $G > U$　　　　　　　　　　　　　(B) $G < U$

(C) $G = U$　　　　　　　　　　　　　(D) G 与 U 的相对大小不确定

59. 系统的吉布斯自由能 G 与焓 H 的关系为(　　　)。

(A) $G > H$　　　　　　　　　　　　　(B) $G < H$

(C) $G = H$　　　　　　　　　　　　　(D) G 与 H 的相对大小不确定

60. 液体沸腾过程中,下列物理量数值增大的是(　　　)。

(A) 蒸气压　　　　(B) 摩尔自由能　　　　(C) 摩尔熵　　　　(D) 液体质量

61. 温度 T 时,反应的标准摩尔吉布斯自由能变常利用公式 $\Delta_r G_m^{\ominus}(T) = \Delta_r H_m^{\ominus}(298.15 \ K) - T\Delta_r S_m^{\ominus}(298.15 \ K)$ 进行计算。这是因为(　　　)。

(A) $\Delta_r H_m^{\ominus}$ 和 $\Delta_r S_m^{\ominus}$ 均与温度无关　　　(B) $\Delta_r H_m^{\ominus}$ 和 $\Delta_r S_m^{\ominus}$ 受温度影响比较小

(C) $\Delta_r G_m^{\ominus}$ 受温度影响比较小　　　　　　(D) $\Delta_r H_m^{\ominus}$ 和 $\Delta_r S_m^{\ominus}$ 受温度影响比较大

62. 298.15 K 时,下列物质中摩尔熵最大的是(　　　)。

(A) KCl　　　　(B) K　　　　(C) K_2CO_3　　　　(D) K_3PO_4

63. 在热力学中,吉布斯自由能的定义式为(　　　)。

(A) $G = U + pV$　　(B) $G = U - TS$　　(C) $G = H - TS$　　(D) $G = H + TS$

64. 由焓的定义式,可知公式 $\Delta H = \Delta U + p\Delta V$ 成立的条件是(　　　)。

(A) 任意过程　　　　(B) 等压过程　　　　(C) 等温过程　　　　(D) 等容过程

65. 公式 $\Delta G = \Delta H - T\Delta S$ 成立的条件是(　　　)。

(A) 任意过程　　　　(B) 等压过程　　　　(C) 等温过程　　　　(D) 等容过程

66. 已知某化学反应的 $\Delta_r H_m^\ominus(298.15\ \text{K})=122\ \text{kJ}\cdot\text{mol}^{-1}$，$\Delta_r S_m^\ominus(298.15\ \text{K})=231\ \text{J}\cdot\text{mol}^{-1}\cdot\text{K}^{-1}$，则标准状态下此反应（　　　）。

    （A）在任意温度下都自发进行   （B）在任意温度下都不能自发进行

    （C）仅在高温下自发进行   （D）仅在低温下自发进行

67. 已知某化学反应的 $\Delta_r G_m^\ominus(300\ \text{K})=45\ \text{kJ}\cdot\text{mol}^{-1}$，$\Delta_r H_m^\ominus(300\ \text{K})=90\ \text{kJ}\cdot\text{mol}^{-1}$，若 $\Delta_r H_m^\ominus$ 和 $\Delta_r S_m^\ominus$ 都不随温度变化，则在标准状态下反应处于平衡时的温度为（　　　）。

    （A）600 ℃   （B）873 ℃   （C）327 ℃   （D）298 ℃

68. H_2 和 O_2 在绝热钢筒中反应生成水，则下列状态函数中改变量为零的是（　　　）。

    （A）ΔU 和 ΔH （B）ΔH 和 ΔS （C）ΔH 和 ΔG （D）ΔU 和 ΔG

69. 对于封闭系统来说，系统与环境之间（　　　）。

    （A）既有物质交换，又有能量交换   （B）没有物质交换，只有能量交换

    （C）既没有物质交换，也没有能量交换   （D）只有物质交换，没有能量交换

70. 已知温度升高时某化学反应的 $\Delta_r G_m^\ominus$ 减小，如果温度对该化学反应的 $\Delta_r H_m^\ominus$ 和 $\Delta_r S_m^\ominus$ 影响可以忽略，则由此可判断化学反应的（　　　）。

    （A）$\Delta_r S_m^\ominus>0$ （B）$\Delta_r S_m^\ominus<0$ （C）$\Delta_r H_m^\ominus>0$ （D）$\Delta_r H_m^\ominus<0$

71. 在标准状态下进行的合成氨反应可以分别表示为

$$N_2(g)+3H_2(g)\rlap{=}{=} 2NH_3(g)\ ;\ \Delta_r G_{m,1}^\ominus$$

$$\frac{1}{2}N_2(g)+\frac{3}{2}H_2(g)\rlap{=}{=} NH_3(g)\ ;\ \Delta_r G_{m,2}^\ominus$$

则 $\Delta_r G_{m,1}^\ominus$ 与 $\Delta_r G_{m,2}^\ominus$ 之间的关系是（　　　）。

    （A）$\Delta_r G_{m,1}^\ominus=\Delta_r G_{m,2}^\ominus$ （B）$\Delta_r G_{m,1}^\ominus=(\Delta_r G_{m,2}^\ominus)^2$

    （C）$\Delta_r G_{m,1}^\ominus=\Delta_r G_{m,2}^\ominus/2$ （D）$\Delta_r G_{m,1}^\ominus=2\Delta_r G_{m,2}^\ominus$

72. 在等温、等压、不做非体积功的条件下自发进行的化学反应，必须满足的条件是（　　　）。

    （A）$\Delta_r H_m<T\Delta_r S_m$ （B）$\Delta_r H_m>T\Delta_r S_m$

    （C）$\Delta_r G_m^\ominus>0$ （D）$\Delta_r G_m^\ominus<0$

73. 在等温、等压、不做非体积功的条件下，用于判断化学反应方向的是（　　　）。

    （A）$\Delta_r G_m^\ominus$ （B）$\Delta_r S_m$ （C）$\Delta_r H_m$ （D）$\Delta_r G_m$

74. 对于化学反应 $N_2(g)+3H_2(g)\rlap{=}{=} 2NH_3(g)$，当消耗 0.6 mol H_2 时，反应进度变为（　　　）。

    （A）$\Delta\xi=0.6$ mol   （B）$\Delta\xi=0.3$ mol   （C）$\Delta\xi=0.2$ mol   （D）$\Delta\xi=-0.2$ mol

75. 下列关于焓的叙述中，不正确的是（　　　）。

    （A）焓是人为定义的具有能量单位的热力学函数

    （B）焓是状态函数

    （C）在等压不做非体积功的条件下，焓变的量值等于热

    （D）可以采用热力学方法求得焓的绝对值

76. 下列关于过程方向性的说法中，正确的是（　　　）。

    （A）非自发过程是不可能实现的   （B）自发过程系统的吉布斯自由能一定降低

    （C）自发过程系统的吉布斯自由能不一定降低 （D）自发过程系统一定对外做非体积功

77. 同一化学反应分别在 300 K 和 400 K 下进行，则 300 K 时反应的标准摩尔焓变与 400 K 时反应的标准摩尔焓变的关系是（　　　）。

    （A）$\Delta_r H_m^\ominus(300\ \text{K})\approx\Delta_r H_m^\ominus(400\ \text{K})$ （B）$\Delta_r H_m^\ominus(300\ \text{K})>\Delta_r H_m^\ominus(400\ \text{K})$

    （C）$\Delta_r H_m^\ominus(300\ \text{K})=\Delta_r H_m^\ominus(400\ \text{K})$ （D）$\Delta_r H_m^\ominus(300\ \text{K})<\Delta_r H_m^\ominus(400\ \text{K})$

78. 在热力学第一定律的数学表达式 $\Delta U = Q + W$ 中,W 表示( )。

(A) 体积功   (B) 非体积功   (C) 机械功   (D) 各种形式的功之和

79. 化学反应 $0 = \sum\limits_{B} \nu_B B(g)$ 分别在 300 K 和 350 K 下进行,则 300 K 时反应的标准摩尔熵变与 350 K 时反应的标准摩尔熵变之间的关系为( )。

(A) $\Delta_r S_m^{\ominus}(350\ K) > \Delta_r S_m^{\ominus}(300\ K)$ (B) $\Delta_r S_m^{\ominus}(350\ K) < \Delta_r S_m^{\ominus}(300\ K)$

(C) $\Delta_r S_m^{\ominus}(350\ K) = \Delta_r S_m^{\ominus}(300\ K)$ (D) $\Delta_r S_m^{\ominus}(350\ K) \approx \Delta_r S_m^{\ominus}(300\ K)$

80. 在温度 T 时进行的下列反应中,反应的摩尔熵变大于零的是( )。

(A) $CH_4(g) + 2O_2(g) = CO_2(g) + 2H_2O(l)$

(B) $CO(g) + \dfrac{1}{2}O_2(g) = CO_2(g)$

(C) $NH_4HCO_3(s) = NH_3(g) + CO_2(g) + H_2O(g)$

(D) $Ag^+(aq) + Br^-(aq) = AgBr(s)$

81. 在温度 T 时,下列反应的摩尔熵变 $\Delta_r S_m < 0$ 的是( )。

(A) $NH_4HCO_3(s) = NH_3(g) + CO_2(g) + H_2O(g)$

(B) $CaCO_3(s) = CaO(s) + CO_2(g)$

(C) $N_2(g) + 3H_2(g) = 2NH_3(g)$

(D) $N_2O_4(g) = 2NO_2(g)$

82. 根据标准摩尔生成焓 $\Delta_f H_m^{\ominus}$ 和标准摩尔燃烧焓 $\Delta_c H_m^{\ominus}$ 的定义,下列等式正确的是( )。

(A) $\Delta_f H_m^{\ominus}(CO_2, g) = -\Delta_c H_m^{\ominus}(CO_2, g)$ (B) $\Delta_f H_m^{\ominus}(CO_2, g) = \Delta_c H_m^{\ominus}(CO, g)$

(C) $\Delta_f H_m^{\ominus}(CO_2, g) = \Delta_c H_m^{\ominus}(石墨, s)$ (D) $\Delta_f H_m^{\ominus}(CO_2, g) = \Delta_c H_m^{\ominus}(金刚石, s)$

83. 300 K 时,反应 $2C_6H_6(l) + 15O_2(g) = 6H_2O(l) + 12CO_2(g)$ 的摩尔焓变与摩尔热力学能变之差 $(\Delta_r H_m - \Delta_r U_m)$ 为( )。

(A) $2.5\ kJ \cdot mol^{-1}$ (B) $3.75\ kJ \cdot mol^{-1}$ (C) $7.5\ kJ \cdot mol^{-1}$ (D) $-7.5\ kJ \cdot mol^{-1}$

84. 合成氨反应可以写成如下两种形式

$$N_2(g) + 3H_2(g) = 2NH_3(g);\ \Delta_r H_{m,1}^{\ominus}(T)$$

$$\frac{1}{2}N_2(g) + \frac{3}{2}H_2(g) = NH_3(g);\ \Delta_r H_{m,2}^{\ominus}(T)$$

则 $\Delta_r H_{m,1}^{\ominus}(T)$ 与 $\Delta_r H_{m,2}^{\ominus}(T)$ 的关系是( )。

(A) $\Delta_r H_{m,1}^{\ominus}(T) = \Delta_r H_{m,2}^{\ominus}(T)$ (B) $\Delta_r H_{m,1}^{\ominus}(T) = [\Delta_r H_{m,2}^{\ominus}(T)]^2$

(C) $\Delta_r H_{m,1}^{\ominus}(T) = \Delta_r H_{m,2}^{\ominus}(T)/2$ (D) $\Delta_r H_{m,1}^{\ominus}(T) = 2\Delta_r H_{m,2}^{\ominus}(T)$

85. 反应 $2HgO(s) = 2Hg(l) + O_2(g)$ 在 298.15 K 时的标准摩尔吉布斯自由能变为 $117.0\ kJ \cdot mol^{-1}$,则 298.15 K 时 HgO 的标准摩尔生成吉布斯自由能为( )。

(A) $117.0\ kJ \cdot mol^{-1}$ (B) $58.5\ kJ \cdot mol^{-1}$ (C) $-58.5\ kJ \cdot mol^{-1}$ (D) $-117.0\ kJ \cdot mol^{-1}$

86. 已知 $\Delta_f G_m^{\ominus}(NH_3, g, 298.15\ K) = -16.5\ kJ \cdot mol^{-1}$,则反应 $2NH_3(g) = N_2(g) + 3H_2(g)$ 的 $\Delta_r G_m^{\ominus}(298.15\ K)$ 为( )。

(A) $-16.5\ kJ \cdot mol^{-1}$ (B) $-33.0\ kJ \cdot mol^{-1}$ (C) $16.5\ kJ \cdot mol^{-1}$ (D) $33.0\ kJ \cdot mol^{-1}$

87. 下列说法中,正确的是( )。

(A) 吸热反应在足够低的温度下自发进行

(B) 放热反应均能自发进行

(C) $\Delta_r S_m > 0$ 的吸热反应在足够高的温度下自发进行

(D) 吸热反应不能自发进行

88. 已知 300 K 时 $\Delta_f G_m^{\ominus}(\text{AgCl,s}) = -110.0\ \text{kJ·mol}^{-1}$，则反应 $2\text{AgCl(s)} \Longrightarrow 2\text{Ag(s)} + \text{Cl}_2(\text{g})$ 在 300 K 时的 $\Delta_r G_m^{\ominus}$ 为（   ）。

    (A) $-110.0\ \text{kJ·mol}^{-1}$ (B) $110.0\ \text{kJ·mol}^{-1}$ (C) $220.0\ \text{kJ·mol}^{-1}$ (D) $-220.0\ \text{kJ·mol}^{-1}$

89. $\Delta_r G_m^{\ominus}$ 与 $\Delta_r G_m$ 的不同之处是（   ）。

    (A) 只有 $\Delta_r G_m^{\ominus}$ 与反应物及生成物的分压(或浓度)无关

    (B) 只有 $\Delta_r G_m^{\ominus}$ 与反应温度有关

    (C) 只有 $\Delta_r G_m^{\ominus}$ 与反应进行的时间有关

    (D) 只有 $\Delta_r G_m^{\ominus}$ 与反应方程式中反应物和生成物的化学计量数有关

90. 按热力学的规定，$C_6H_{12}O_6$(葡萄糖)(s)完全燃烧的生成物是（   ）。

    (A) $CO_2(\text{g})$ 和 $H_2O(\text{g})$ (B) $CO_2(\text{g})$ 和 $H_2O(\text{l})$

    (C) $CO(\text{g})$ 和 $H_2O(\text{g})$ (D) $CO(\text{g})$ 和 $H_2O(\text{l})$

91. 298.15 K 时，已知 $Na_2CO_3(\text{s})$、$CO_2(\text{g})$ 和 $H_2O(\text{g})$ 的标准摩尔生成吉布斯自由能分别为 $-1\,044.0\ \text{kJ·mol}^{-1}$、$-394.0\ \text{kJ·mol}^{-1}$ 和 $-228.0\ \text{kJ·mol}^{-1}$，反应 $2\text{NaHCO}_3(\text{s}) \Longrightarrow \text{Na}_2\text{CO}_3(\text{s}) + \text{CO}_2(\text{g}) + \text{H}_2\text{O}(\text{g})$ 的 $\Delta_r G_m^{\ominus} = 36.0\ \text{kJ·mol}^{-1}$。则 298.15 K 时 $NaHCO_3(\text{s})$ 的标准摩尔生成吉布斯自由能为（   ）。

    (A) $-851.0\ \text{kJ·mol}^{-1}$ (B) $851.0\ \text{kJ·mol}^{-1}$

    (C) $-1\,702.0\ \text{kJ·mol}^{-1}$ (C) $1\,702\ \text{kJ·mol}^{-1}$

92. 在标准状态下，某自发进行的化学反应的 $\sum_B \nu_{B,g} = 0$，在 400 K 时反应的标准摩尔焓变为 $4.00\ \text{kJ·mol}^{-1}$，则 400 K 时反应的标准摩尔熵变为（   ）。

    (A) $\Delta_r S_m^{\ominus}(400\ \text{K}) < -10.0\ \text{J·mol}^{-1}\text{·K}^{-1}$

    (B) $\Delta_r S_m^{\ominus}(400\ \text{K}) > 10.0\ \text{J·mol}^{-1}\text{·K}^{-1}$

    (C) $\Delta_r S_m^{\ominus}(400\ \text{K}) = -10.0 \sim 10.0\ \text{J·mol}^{-1}\text{·K}^{-1}$

    (D) $\Delta_r S_m^{\ominus}(400\ \text{K}) \approx 0$

93. 已知反应 $4\text{Ag(s)} + O_2(\text{g}) \Longrightarrow 2\text{Ag}_2\text{O(s)}$ 的 $\Delta_r H_m^{\ominus}(300\ \text{K}) = -62.0\ \text{kJ·mol}^{-1}$，$\Delta_r S_m^{\ominus}(300\ \text{K}) = -132.0\ \text{J·mol}^{-1}\text{·K}^{-1}$，则 300 K 时 $Ag_2O(\text{s})$ 的标准摩尔生成吉布斯自由能为（   ）。

    (A) $-11.2\ \text{kJ·mol}^{-1}$ (B) $11.2\ \text{kJ·mol}^{-1}$

    (C) $-22.4\ \text{kJ·mol}^{-1}$ (D) $-50.8\ \text{kJ·mol}^{-1}$

94. 300 K 时反应 $N_2(\text{g}) + 3H_2(\text{g}) \Longrightarrow 2\text{NH}_3(\text{g})$ 的 $\Delta_r S_m^{\ominus} = -200.0\ \text{J·mol}^{-1}\text{·K}^{-1}$，$\Delta_r G_m^{\ominus} = -34.0\ \text{kJ·mol}^{-1}$。则 300 K 时 $NH_3(\text{g})$ 的标准摩尔生成焓 $\Delta_f H_m^{\ominus}(\text{NH}_3,\text{g})$ 为（   ）。

    (A) $-47.0\ \text{kJ·mol}^{-1}$ (B) $-94.0\ \text{kJ·mol}^{-1}$

    (C) $47.0\ \text{kJ·mol}^{-1}$ (D) $26.0\ \text{kJ·mol}^{-1}$

95. 某反应在等温、等压、不做非体积功的条件下，正向自发进行，则有（   ）。

    (A) $\Delta_r G_m^{\ominus} < -RT\ln J$ (B) $\Delta_r G_m^{\ominus} > -RT\ln J$

    (C) $\Delta_r G_m^{\ominus} < RT\ln J$ (D) $\Delta_r G_m^{\ominus} > RT\ln J$

二、是非题

96. 由于温度对 $\Delta_r H_m$ 和 $\Delta_r S_m$ 的影响很小，因此温度对 $\Delta_r G_m$ 的影响也很小。

97. $\Delta_r S_m > 0$ 的放热反应在等温、等压条件下均能自发进行。

98. 由于 $\Delta H = Q_p$，因此 Q_p 也是状态函数。

99. 对于任何物质，焓和热力学能的相对大小是 $H > U$。

100. 由于热力学能是状态函数，由热力学第一定律 $\Delta U = Q + W$ 可知 Q 和 W 也是状态函数。

101. 赫斯定律只适用于等温、等压下的反应热的计算。

102. 物体的温度越高,则它所含的热量越多。

103. 摩尔吉布斯自由能减少的反应一定是自发反应。

104. 所有放热反应在标准状态下都是自发进行的。

105. 所有状态函数的改变量只与始态和终态有关,而与实现变化的途径无关。

106. 化学反应 $H_2(g) + S(g) \Longrightarrow H_2S(g)$ 的标准摩尔焓变 $\Delta_r H_m^{\ominus}$ 就是 $H_2S(g)$ 的标准摩尔生成焓 $\Delta_f H_m^{\ominus}(H_2S,g)$。

107. 接近热力学温度 0 K 时,所有的放热反应都将成为自发反应。

108. 在温度 T 时,化学反应的标准摩尔吉布斯自由能变可以近似利用公式 $\Delta_r G_m^{\ominus}(T) = \Delta_r H_m^{\ominus}(298.15\ K) - T\Delta_r S_m^{\ominus}(298.15\ K)$ 进行计算。

109. 对于封闭系统来说,系统与环境之间只有能量交换,而没有物质交换。

110. 状态函数都具有加和性。

111. 热力学第一定律 $\Delta U = Q + W$ 适用于封闭系统的任意过程。

112. 自发进行的化学反应,系统的热力学能总是减小的。

113. 绝热过程是系统与环境之间没有热交换的过程,其结果必然是 $\Delta U = W$。

114. 在等温、等压下,$\Delta_r G_m^{\ominus} < 0$ 的化学反应均能自发进行。

115. 在等温、等压、不做非体积功的条件下,封闭系统中 $\Delta_r S_m > 0$ 的反应,既可能自发进行,也可能不能自发进行。

116. 298.15 K 时,$H_2(g)$ 的标准摩尔燃烧焓等于 $H_2O(g)$ 的标准摩尔生成焓。

117. 由于 Q 和 W 与实现过程的途径有关,因此 $Q + W$ 也与实现过程的途径有关。

118. 等温、等压、不做非体积功的条件下,一切吸热且熵减小的反应,均不能自发进行。

119. 反应 $CO(g) + \frac{1}{2}O_2(g) \Longrightarrow CO_2(g)$ 的标准摩尔焓变即为 $CO_2(g)$ 的标准摩尔生成焓。

120. 298.15 K 时,参考单质的标准摩尔熵为零。

121. 热力学上能自发进行的反应,实际上并不一定都能实现。

122. 隔离系统的热力学能总是守恒的。

123. 用热力学方法不能测定出系统的热力学能的真实值。

124. 封闭系统发生一系列变化后,又回到起始状态,此时 $Q + W = 0$。

125. 利用赫斯定律计算反应热时,反应热与过程无关。这表明任何情况下,反应热均与反应途径无关。

126. 在常温常压下,空气中的 N_2 和 O_2 长期共存而不化合生成氮的氧化物,这表明该化合反应是吸热反应。

127. 体积是广度性质,但摩尔体积是强度性质。

128. 气体的标准状态是指气体的压力为 100 kPa,且温度为 298.15 K。

129. 液体和固体的标准状态是指标准压力下的液态和固态的纯物质。

130. 热化学方程式 $N_2(g) + 3H_2(g) \Longrightarrow 2NH_3(g)$;$\Delta_r H_m^{\ominus}(298.15\ K) = -92.22\ kJ \cdot mol^{-1}$,表明在 298.15 K、标准状态下将 1 mol N_2 与 3 mol H_2 混合就会生成 2 mol NH_3,放出 92.22 kJ 热。

131. 凡是能发生的反应都是自发反应,凡是不能发生的反应都是非自发反应。

132. 化合物的标准摩尔生成焓一定不为零。

133. 热力学第一定律的数学表达式只适用于封闭系统。

134. 由于物质的标准摩尔熵随温度升高而增大,所以化学反应的标准摩尔熵变也随温度的升高而增大。

135. 化学反应 $CO(g) + \frac{1}{2}O_2(g) \Longrightarrow CO_2(g)$ 的标准摩尔吉布斯自由能变等于 $CO_2(g)$ 的标准摩尔生成吉布斯自由能。

136. 热、功和热力学能均是能量,它们的性质相同。

137. 反应进度变与反应物和生成物的选择无关。

138. 由两种气体组成的气体混合物一定是单相系统。

139. 熵是系统混乱度的量度,系统的混乱度越大,系统的熵也越大。

140. 系统的热力学能和焓都与系统所含物质的物质的量成正比。

141. 只要系统的始态、终态确定,则化学反应的 $\Delta_r G_m$、$\Delta_r H_m$ 和 $\Delta_r S_m$ 都是固定不变的,而 Q 和 W 的值可以不同。

142. 由于 $\Delta U = Q + W$,而 U 是状态函数,所以 $Q + W$ 与变化的途径无关,只由系统的始态和终态决定。

143. 有人曾试图制造出第一类永动机,它能不断做功,却不必向它供给能量。由热力学第一定律可知,这种机器肯定是制造不出来的。

144. 在等温、等压下进行的化学反应,由于 $\Delta_r H = \Delta_r U + p\Delta V$,所以 $\Delta_r H$ 一定大于 $\Delta_r U$。

145. 由于 $2H_2(g) + O_2(g) \Longrightarrow 2H_2O(l)$ 和 $H_2(g) + \frac{1}{2}O_2(g) \Longrightarrow H_2O(l)$ 表示同一化学反应,因此它们的标准摩尔焓变相等。

146. 自发进行的化学反应,其熵值总是增大的。

147. 当 $T > 0$ K 时,任何单质或化合物的标准摩尔熵均大于零。

148. 反应物和生成物 B 的摩尔熵与温度有关,当温度升高时,B 的摩尔熵增大。

149. 在等温、等压、不做非体积功的条件下,反应的摩尔熵变或摩尔焓变都不能单独用于判断反应方向。

150. 由于 $\Delta_r G_m = \Delta_r H_m - T\Delta_r S_m$,因此对于任何反应,当温度升高时 $\Delta_r G_m$ 既可能增大,又可能减小。

三、填空题

151. 热力学第一定律的数学表达式为＿＿＿＿＿＿＿＿＿；对于不做非体积功的等容过程,热力学第一定律可表示为＿＿＿＿＿＿＿＿＿。

152. $\Delta_f H_{m,B}^{\ominus}$ 称为＿＿＿＿＿＿＿＿＿,其常用单位为＿＿＿＿＿＿＿；$S_{m,B}^{\ominus}$ 称为＿＿＿＿＿＿＿＿＿,其常用单位为＿＿＿＿＿＿＿；$\Delta_f G_{m,B}^{\ominus}$ 称为＿＿＿＿＿＿＿＿＿,其常用单位为＿＿＿＿＿＿＿。

153. 热力学第二定律的数学表达式为＿＿＿＿＿＿＿＿＿；对于隔离系统,热力学第二定律可表示为＿＿＿＿＿＿＿＿＿。

154. 由标准摩尔生成焓、标准摩尔生成吉布斯自由能和标准摩尔熵的定义,可知 298.15 K 时参考单质的标准摩尔生成焓＿＿＿＿＿＿,标准摩尔生成吉布斯自由能＿＿＿＿＿＿,标准摩尔熵＿＿＿＿＿＿。

155. 焓的定义式为＿＿＿＿＿＿＿＿＿,吉布斯自由能的定义式为＿＿＿＿＿＿＿＿＿。

156. 在＿＿＿＿＿＿＿＿＿条件下,$\Delta H = Q_p$；在＿＿＿＿＿＿＿＿＿条件下,$\Delta U = Q_V$。

157. 在等温条件下,对于气体反应 $0 = \sum_B \nu_B B(g)$,反应的摩尔焓变与摩尔热力学能变之间的关系为＿＿＿＿＿＿＿＿＿。

158. 描述系统的宏观性质可分为＿＿＿＿＿＿＿和＿＿＿＿＿＿＿两类。

159. 反应 $N_2(g) + 3H_2(g) \Longrightarrow 2NH_3(g)$ 的 $\Delta_r H_m < 0$,若在一定范围内升温,则 $\Delta_r H_m$ ＿＿＿＿＿＿,$\Delta_r S_m$ ＿＿＿＿＿＿,$\Delta_r G_m$ ＿＿＿＿＿＿。

160. 反应 $AB(s) + B_2(g) \Longrightarrow AB_3(s)$ 在 298.15 K、标准状态下正向自发进行,由此可判断该化学反应的 $\Delta_r G_m^{\ominus}(298.15 \text{ K})$ ＿＿＿＿＿＿,$\Delta_r S_m^{\ominus}(298.15 \text{ K})$ ＿＿＿＿＿＿,$\Delta_r H_m^{\ominus}(298.15 \text{ K})$ ＿＿＿＿＿＿。若升高温度时,反应正向进行的程度＿＿＿＿＿＿。

161. C(石墨)和 CO(g) 在 298.15 K 时的标准摩尔燃烧焓分别为 -393.5 kJ·mol^{-1} 和 -283.0 kJ·mol^{-1},则 CO(g) 在 298.15 K 时的标准摩尔生成焓 $\Delta_f H_m^{\ominus}(CO, g) = $＿＿＿＿＿＿＿＿＿。

162. 300 K、标准状态下,C(石墨) $\Longrightarrow$ C(金刚石) 的 $\Delta_r H_m^{\ominus} = 2.00$ kJ·mol^{-1},$\Delta_r S_m^{\ominus} = $

$-3.00 \text{ J·mol}^{-1}\text{·K}^{-1}$，该反应的 $\Delta_r G_m^\ominus=$ _____。在此条件下，该反应进行的方向是_____。

163. 功是_____的一种形式；在等压条件下，气体所做的体积功 $W=$ _____。

164. 反应进度的定义为_____，其常用单位为_____。

165. 在等温、等压和不做非体积功的条件下，已知 A，B，C 和 D 四个化学反应在 298.15 K 时的标准摩尔焓变分别为 100 kJ·mol^{-1}，200 kJ·mol^{-1}，-126 kJ·mol^{-1} 和 $-50.0 \text{ kJ·mol}^{-1}$，标准摩尔熵变分别为 $30.0 \text{ J·mol}^{-1}\text{·K}^{-1}$，$-113 \text{ J·mol}^{-1}\text{·K}^{-1}$，$84.0 \text{ J·mol}^{-1}\text{·K}^{-1}$ 和 $-105 \text{ J·mol}^{-1}\text{·K}^{-1}$。则在标准状态下，任何温度都能自发进行的反应是_____；任何温度都不能自发进行的反应是_____；只能在低温下自发进行的反应是_____；只能在高温下自发进行的反应是_____。

166. 已知化学反应 $A(s) = Y(s) + Z(g)$ 在 300 K 时 $\Delta_r G_m^\ominus=150 \text{ kJ·mol}^{-1}$，在 1 200 K 时 $\Delta_r G_m^\ominus=-30.0 \text{ kJ·mol}^{-1}$。若 $\Delta_r S_m^\ominus$ 和 $\Delta_r H_m^\ominus$ 均与温度无关，则该化学反应的 $\Delta_r H_m^\ominus=$ _____，$\Delta_r S_m^\ominus=$ _____。

167. 在 $\Delta_r H_m$，$\Delta_r S_m$ 和 $\Delta_r G_m$ 中，热力学温度对_____的影响较小，而对_____影响较大。

168. 298.15 K 时，$CO_2(g)$ 的标准摩尔生成焓_____，标准摩尔燃烧焓_____，标准摩尔熵_____。（填>0，<0 或=0）

169. 某化学反应在温度 T、标准状态下自发进行，已知 $\Delta_r H_m^\ominus(T)=2.5 \text{ kJ·mol}^{-1}$，则温度 T 时此反应的 $\Delta_r G_m^\ominus(T)$ _____，$\Delta_r S_m^\ominus(T)$ _____。

170. 根据化学热力学原理，对于 $\sum\limits_{B} \nu_{B,g}>0$ 的化学反应，$\Delta_r S_m^\ominus$ _____。在标准状态下，无论 $\Delta_r H_m^\ominus$ 的数值大小如何，只要_____，反应总是自发进行的。

171. 已知 298.15 K 时化学反应 $N_2(g)+3H_2 = 2NH_3(g)$ 的 $\Delta_r H_m^\ominus=-92.0 \text{ kJ·mol}^{-1}$，$\Delta_r G_m^\ominus=-33.0 \text{ kJ·mol}^{-1}$。则 298.15 K 时 $\Delta_f H_m^\ominus(NH_3,g)=$ _____，$\Delta_f G_m^\ominus(NH_3,g)=$ _____。

172. 室温下，$NaNO_3$ 固体易溶于水并导致溶液温度降低。则可以推测此溶解过程 ΔG _____，ΔH _____，ΔS _____。

173. 已知 298.15 K 时下列热化学方程式

$$Fe_3O_4+4H_2(g) = 3Fe(s)+4H_2O(l);\ \Delta_r H_{m,1}^\ominus=-20.0 \text{ kJ·mol}^{-1}$$

$$4Fe_2O_3(s)+Fe(s) = 3Fe_3O_4(s);\ \Delta_r H_{m,2}^\ominus=-74.0 \text{ kJ·mol}^{-1}$$

$$4Fe(s)+3O_2(g) = 2Fe_2O_3(s);\ \Delta_r H_{m,3}^\ominus=-1643.0 \text{ kJ·mol}^{-1}$$

298.15 K 时，$\Delta_f H_m^\ominus(Fe_3O_4,s)=$ _____，$\Delta_f H_m^\ominus(H_2O,l)=$ _____，$\Delta_c H_m^\ominus(H_2,g)=$ _____。

174. 298.15 K 时，已知下列热化学方程式

$$CuO(s)+Cu(s) = Cu_2O(s);\ \Delta_r H_{m,1}^\ominus=-11.0 \text{ kJ·mol}^{-1}$$

$$2CuO(s) = Cu_2O(s)+\frac{1}{2}O_2(g);\ \Delta_r H_{m,2}^\ominus=146.0 \text{ kJ·mol}^{-1}$$

则 298.15 K 时，$CuO(s)$ 的标准摩尔生成焓 $\Delta_f H_m^\ominus(CuO,s)=$ _____，$Cu_2O(s)$ 的标准摩尔生成焓 $\Delta_f H_m^\ominus(Cu_2O,s)=$ _____。

175. 已知 298.15 K 时 $\Delta_f G_m^\ominus(HI,g)=1.7 \text{ kJ·mol}^{-1}$，$\Delta_f G_m^\ominus(I_2,g)=19.33 \text{ kJ·mol}^{-1}$。则化学反应 $HI(g) = \frac{1}{2}H_2(g)+\frac{1}{2}I_2(g)$ 在 298.15 K 时标准摩尔吉布斯自由能变 $\Delta_r G_m^\ominus=$ _____，在标准状态下反应向_____方向自发进行。

四、问答题

176. 写出 $K(s)$，$KCl(s)$，$K_2SO_4(s)$ 和 $KNO_3(s)$ 中摩尔熵由小到大的顺序，并加以解释。

177. 如果系统放热,其热力学能是否一定减少?

178. 赫斯定律的内容是什么?它能解决什么问题?

179. 有人认为系统的热力学能的减少,只能通过系统向环境放热来实现。你认为这种看法是否正确?

180. 什么叫自发过程?自发过程与非自发过程的根本区别是什么?

181. 凡吉布斯自由能降低的化学反应一定能自发进行吗?

182. 在等温、等压、不做非体积功的条件下,不能用 $\Delta_r H_m$ 判断化学反应的方向。但在有些情况下用 $\Delta_r H_m$ 进行判断,却能得到正确的结论。这是为什么?

五、计算题

183. 300 K、标准状态下,化学反应 $CaSO_4(s) \rightleftharpoons CaO(s) + SO_3(g)$ 的标准摩尔焓变 $\Delta_r H_m^{\ominus} = 400 \ kJ \cdot mol^{-1}$,标准摩尔熵变 $\Delta_r S_m^{\ominus} = 200 \ J \cdot mol^{-1} \cdot K^{-1}$。

(1) 在 300 K、标准状态下,上述反应能否自发进行?

(2) 计算在标准状态下使上述反应自发进行的最低温度。

184. 已知 300 K 时有关物质的标准摩尔生成焓和标准摩尔生成吉布斯自由能分别如下表所示:

物 质	$\Delta_f H_m^{\ominus}/(kJ \cdot mol^{-1})$	$\Delta_f G_m^{\ominus}/(kJ \cdot mol^{-1})$
$CO(g)$	−110.5	−137.3
$CO_2(g)$	−393.5	−394.4
$CH_4(g)$	−74.8	−50.8

(1) 计算反应 $CH_4(g) + CO_2(g) \rightleftharpoons 2CO(g) + 2H_2(g)$ 在 300 K 时的 $\Delta_r G_m^{\ominus}$,并判断在 300 K、标准状态下反应能否自发进行;

(2) 计算反应在标准状态下自发进行的最低温度。

185. 已知 298.15 K 时 $CO_2(g)$,$NH_3(g)$,$(NH_2)_2CO(s)$ 和 $H_2O(l)$ 的标准摩尔生成焓和标准摩尔熵如下表所示:

	$CO_2(g)$	$NH_3(g)$	$(NH_2)_2CO(s)$	$H_2O(l)$
$\Delta_f H_m^{\ominus}/(kJ \cdot mol^{-1})$	−393.5	−46.1	−333.2	−285.8
$S_m^{\ominus}/(J \cdot mol^{-1} \cdot K^{-1})$	213.6	192.3	106.6	69.9

通过计算判断下列反应

$$CO_2(g) + 2NH_3(g) \rightleftharpoons (NH_2)_2CO(s) + H_2O(l)$$

在 298.15 K、标准状态下能否自发进行。上述反应在标准状态下自发进行的最高温度是多少?

186. 已知 300 K 时,$\Delta_f G_m^{\ominus}(Ag_2O, s) = -10.0 \ kJ \cdot mol^{-1}$,$\Delta_f H_m^{\ominus}(Ag_2O, s) = -30.0 \ kJ \cdot mol^{-1}$。

(1) 通过计算说明在 300 K、标准状态下,$Ag_2O(s)$ 能否发生如下分解反应:

$$Ag_2O(s) \rightleftharpoons 2Ag(s) + \frac{1}{2}O_2(g)$$

(2) 计算在标准状态下 $Ag_2O(s)$ 发生分解反应的最低温度。

187. 298.15 K 时,$\Delta_f H_m^{\ominus}(H_2O, l) = -283.83 \ kJ \cdot mol^{-1}$,$\Delta_f H_m^{\ominus}(NO, g) = 90.25 \ kJ \cdot mol^{-1}$,$\Delta_f H_m^{\ominus}(NH_3, g) = -46.11 \ kJ \cdot mol^{-1}$。计算下列反应

$$4NH_3(g) + 5O_2(g) \rightleftharpoons 4NO(g) + 6H_2O(l)$$

在 298.15 K 时标准摩尔焓变。

188. 反应 $2CuO(s) \Longrightarrow Cu_2O(s) + \dfrac{1}{2}O_2(g)$ 在 300 K 时 $\Delta_r G_m^\ominus = 112.0\ kJ \cdot mol^{-1}$，在 400 K 时 $\Delta_r G_m^\ominus = 102.0\ kJ \cdot mol^{-1}$。

(1) 计算上述反应在 298.15 K 时的标准摩尔焓变和标准摩尔熵变；

(2) 在标准状态下，该反应自发进行的最低温度是多少？

189. 已知 298.15 K 时 $C_2H_5OH(l)$ 的标准摩尔燃烧焓为 $-1\ 367\ kJ \cdot mol^{-1}$，$CO_2(g)$ 和 $H_2O(l)$ 的标准摩尔生成焓分别为 $-394\ kJ \cdot mol^{-1}$ 和 $-286\ kJ \cdot mol^{-1}$。计算 $C_2H_5OH(l)$ 在 298.15 K 时的标准摩尔生成焓。

190. 298.15 K 时，$C_{10}H_{22}(l)$、$C_5H_{12}(g)$ 和 $C_5H_{10}(g)$ 的标准摩尔燃烧焓分别为 $-6\ 752\ kJ \cdot mol^{-1}$、$-3\ 492\ kJ \cdot mol^{-1}$ 和 $-3\ 364\ kJ \cdot mol^{-1}$。计算 298.15 K 裂解反应 $C_{10}H_{22}(l) \Longrightarrow C_5H_{12}(g) + C_5H_{10}(g)$ 的标准摩尔焓变。

191. 300 K 时，反应 $2NaHCO_3(s) \Longrightarrow Na_2CO_3(s) + CO_2(g) + H_2O(g)$ 的 $\Delta_r H_m^\ominus = 130\ kJ \cdot mol^{-1}$，$\Delta_r S_m^\ominus = 230\ J \cdot mol^{-1} \cdot K^{-1}$，$Na_2CO_3(s)$，$H_2O(g)$ 和 $CO_2(g)$ 的标准摩尔生成吉布斯自由能 $\Delta_f G_m^\ominus$ 分别为 $-1\ 044\ kJ \cdot mol^{-1}$、$-228\ kJ \cdot mol^{-1}$ 和 $-393\ kJ \cdot mol^{-1}$。计算 300 K 时 $NaHCO_3(s)$ 的标准摩尔生成吉布斯自由能。

192. 已知 298.15 K 时，下列反应有关数据为

$$2NH_3(g) \Longrightarrow N_2(g) + 3H_2(g)$$

起始压力/kPa　　　　　　100　　　　100　　　1.00

$\Delta_f G_m^\ominus(NH_3, g) = -16.45\ kJ \cdot mol^{-1}$，由此判断该分解反应在上述条件下能否自发进行。

单元测试题参考答案

一、选择题

1. B; 2. D; 3. B; 4. D; 5. C; 6. C; 7. C; 8. A; 9. C; 10. D; 11. B; 12. D; 13. C; 14. B; 15. A; 16. D; 17. B; 18. C; 19. D; 20. B; 21. D; 22. D; 23. C; 24. B; 25. D; 26. B; 27. B; 28. A; 29. B; 30. D; 31. C; 32. B; 33. A; 34. D; 35. A; 36. A; 37. C; 38. A; 39. C; 40. C; 41. D; 42. B; 43. C; 44. D; 45. D; 46. B; 47. D; 48. C; 49. B; 50. D; 51. B; 52. A; 53. D; 54. C; 55. A; 56. C; 57. B; 58. D; 59. C; 60. C; 61. B; 62. D; 63. C; 64. B; 65. C; 66. C; 67. C; 68. A; 69. B; 70. A; 71. D; 72. A; 73. D; 74. C; 75. D; 76. C; 77. A; 78. D; 79. D; 80. C; 81. C; 82. A; 83. D; 84. D; 85. C; 86. D; 87. C; 88. C; 89. A; 90. B; 91. A; 92. B; 93. A; 94. A; 95. A。

二、是非题

96. ×; 97. ×; 98. ×; 99. √; 100. ×; 101. ×; 102. ×; 103. ×; 104. ×; 105. √; 106. ×; 107. √; 108. √; 109. √; 110. ×; 111. √; 112. ×; 113. √; 114. ×; 115. √; 116. ×; 117. ×; 118. √; 119. ×; 120. ×; 121. √; 122. √; 123. √; 124. ×; 125. ×; 126. ×; 127. ×; 128. ×; 129. √; 130. √; 131. ×; 132. ×; 133. √; 134. √; 135. ×; 136. √; 137. √; 138. √; 139. √; 140. √; 141. √; 142. √; 143. √; 144. ×; 145. ×; 146. ×; 147. √; 148. √; 149. √; 150. √。

三、填空题

151. $\Delta U = Q + W$；$\Delta U = Q_V$。

152. B 的标准摩尔生成焓；$kJ \cdot mol^{-1}$；B 的标准摩尔熵；$J \cdot mol^{-1} \cdot K^{-1}$；B 的标准摩尔生成吉布斯自由能；$kJ \cdot mol^{-1}$。

153. $\Delta S - \dfrac{Q}{T_{\text{环}}} \geq 0$；$\Delta S \geq 0$。

154. 为零；为零；大于零。

155. $H = U + pV$；$G = H - TS$。

156. 等压不做非体积功；等容不做非体积功。

157. $\Delta_r H_m = \Delta_r U_m + RT \sum\limits_{B} \nu_{B,g}$。

158. 广度性质；强度性质。

159. 基本不变；基本不变；增大。

160. <0；<0；<0；减小。

161. $-110.5\ \text{kJ}\cdot\text{mol}^{-1}$。

162. $2.90\ \text{kJ}\cdot\text{mol}^{-1}$；逆向进行。

163. 能量传递；$-p\Delta V$。

164. $\Delta\xi = \dfrac{\Delta n_B}{\nu_B}$；mol。

165. C；B；D；A。

166. $210\ \text{kJ}\cdot\text{mol}^{-1}$；$200\ \text{J}\cdot\text{mol}^{-1}\cdot\text{K}^{-1}$。

167. $\Delta_r H_m$ 和 $\Delta_r S_m$；$\Delta_r G_m$。

168. <0；$=0$；>0。

169. <0；>0。

170. >0；$\Delta_r H_m^{\ominus} < T\Delta_r S_m^{\ominus}$。

171. $-46.0\ \text{kJ}\cdot\text{mol}^{-1}$；$-16.5\ \text{kJ}\cdot\text{mol}^{-1}$。

172. <0；>0；>0。

173. $-1\ 120\ \text{kJ}\cdot\text{mol}^{-1}$；$-285\ \text{kJ}\cdot\text{mol}^{-1}$；$-285\ \text{kJ}\cdot\text{mol}^{-1}$。

174. $-157\ \text{kJ}\cdot\text{mol}^{-1}$；$-168\ \text{kJ}\cdot\text{mol}^{-1}$。

175. $8.0\ \text{kJ}\cdot\text{mol}^{-1}$；逆反应。

四、问答题

176. 聚集状态相同的物质,组成比较复杂的物质的摩尔熵比组成比较简单的物质的摩尔熵大。因此所给四种物质的摩尔熵由小到大的顺序为 $K(s) < KCl(s) < KNO_3(s) < K_2SO_4(s)$。

177. 系统的热力学能不一定减小。由热力学第一定律 $\Delta U = Q + W$,当 $Q < 0$,且 $Q + W < 0$ 时,系统的热力学能减少;而当 $Q < 0$,但 $Q + W > 0$,系统的热力学能增加。

178. 赫斯定律的内容是:化学反应不管是一步完成或分成几步完成,反应热总是相等的。赫斯定律使热化学方程式可以像普通代数式一样进行运算,从而利用一些准确测定的化学反应的反应热,来计算那些很难或不能通过实验测定的化学反应的反应热。

179. 说法不正确。日热力学第一定律 $\Delta U = Q + W$,系统的热力学能减少可以通过向环境放热或对环境做功来实现。

180. 不需要环境提供非体积功就能发生的过程称为自发过程。自发过程与非自发过程的区别,是非自发过程必须依靠环境提供非体积功才能进行。

181. 说法不正确。$\Delta_r G_m < 0$ 的反应不一定能自发进行,但在等温、等压、不做非体积功条件下,$\Delta_r G_m < 0$ 的反应一定能自发进行。

182. 在等温、等压、不做非体积功的条件下,判断化学反应方向的判据是 $\Delta_r G_m$,而不是 $\Delta_r H_m$,因此不能用 $\Delta_r H_m$ 判断反应方向。根据关系式 $\Delta_r G_m = \Delta_r H_m - T\Delta_r S_m$,当 $|\Delta_r H_m| > |T\Delta_r S_m|$ 时,$\Delta_r H_m$ 的正、负就决定了

$\Delta_r G_m$ 的正、负,如果在这种情况下用 $\Delta_r H_m$ 判断反应的方向,可以得到正确的结论。

五、计算题

183.(1)300 K 时反应的标准摩尔吉布斯自由能变为

$$\Delta_r G_m^{\ominus}(300\ K) = \Delta_r H_m^{\ominus}(300\ K) - 300\ K \times \Delta_r S_m^{\ominus}(300\ K)$$
$$= 400\ kJ \cdot mol^{-1} - 300\ K \times 0.200\ kJ \cdot mol^{-1} \cdot K^{-1}$$
$$= 340\ kJ \cdot mol^{-1}$$

由于 $\Delta_r G_m^{\ominus}(300\ K) > 0$,故 300 K、标准状态下反应不能自发进行。

(2)标准状态下,反应自发进行的温度为

$$T > \frac{\Delta_r H_m^{\ominus}(300\ K)}{\Delta_r S_m^{\ominus}(300\ K)} = \frac{400\ kJ \cdot mol^{-1}}{0.200\ kJ \cdot mol^{-1} \cdot K^{-1}} = 2\ 000\ K$$

标准状态下,该反应自发进行的最低温度为 2 000 K。

184.(1)300 K 时,反应的标准摩尔吉布斯自由能变为

$$\Delta_r G_m^{\ominus} = 2\Delta_f G_m^{\ominus}(CO,g) + 2\Delta_f G_m^{\ominus}(H_2,g) - \Delta_f G_m^{\ominus}(CH_4,g) - \Delta_f G_m^{\ominus}(CO_2,g)$$
$$= [2 \times (-137.3) + 2 \times 0 + 50.8 + 394.4]kJ \cdot mol^{-1}$$
$$= 170.6\ kJ \cdot mol^{-1}$$

由于 $\Delta_r G_m^{\ominus} > 0$,因此该反应在 300 K、标准状态下不能自发进行。

(2)300 K 时,反应的标准摩尔焓变和标准摩尔熵变分别为

$$\Delta_r H_m^{\ominus} = 2\Delta_f H_m^{\ominus}(CO,g) + 2\Delta_f H_m^{\ominus}(H_2,g) - \Delta_f H_m^{\ominus}(CH_4,g) - \Delta_f H_m^{\ominus}(CO_2,g)$$
$$= [2 \times (-110.5) + 2 \times 0 + 74.8 + 393.5]kJ \cdot mol^{-1}$$
$$= 247.3\ kJ \cdot mol^{-1}$$

$$\Delta_r S_m^{\ominus} = \frac{\Delta_r H_m^{\ominus} - \Delta_r G_m^{\ominus}}{T}$$
$$= \frac{247.3\ kJ \cdot mol^{-1} - 170.6\ kJ \cdot mol^{-1}}{300\ K} = 0.256\ kJ \cdot mol^{-1} \cdot K^{-1}$$

反应自发进行的温度为

$$T > \frac{\Delta_r H_m^{\ominus}}{\Delta_r S_m^{\ominus}} = \frac{247.3\ kJ \cdot mol^{-1}}{0.256\ kJ \cdot mol^{-1} \cdot K^{-1}} = 966\ K$$

反应在标准状态下自发进行的最低温度为 966 K。

185.298.15 K 时,反应的标准摩尔焓变、标准摩尔熵变和标准摩尔吉布斯自由能变分别为

$$\Delta_r H_m^{\ominus} = \Delta_f H_m^{\ominus}[(NH_2)_2CO,s] + \Delta_f H_m^{\ominus}(H_2O,l)$$
$$\quad - \Delta_f H_m^{\ominus}(CO_2,g) - 2\Delta_f H_m^{\ominus}(NH_3,g)$$
$$= [-333.2 + (-285.8) - (-393.5) - 2 \times (-46.1)]kJ \cdot mol^{-1}$$
$$= -133.3\ kJ \cdot mol^{-1}$$

$$\Delta_r S_m^{\ominus} = S_m^{\ominus}[(NH_2)_2CO,s] + S_m^{\ominus}(H_2O,l) - S_m^{\ominus}(CO_2,g) - 2S_m^{\ominus}(NH_3,g)$$
$$= (106.6 + 69.9 - 213.6 - 2 \times 192.3)J \cdot mol^{-1} \cdot K^{-1}$$
$$= -421.7\ J \cdot mol^{-1} \cdot K^{-1}$$

$$\Delta_r G_m^{\ominus} = \Delta_r H_m^{\ominus} - T\Delta_r S_m^{\ominus}$$
$$= [-133.3 - 298.15 \times (-421.7 \times 10^{-3})]kJ \cdot mol^{-1}$$
$$= -7.57\ kJ \cdot mol^{-1}$$

由于 $\Delta_r G_m^\ominus < 0$,因此该反应在 298.15 K、标准状态下可以自发进行。

在标准状态下,该反应不能自发进行的温度为

$$T > \frac{\Delta_r H_m^\ominus}{\Delta_r S_m^\ominus} = \frac{-133.3 \text{ kJ} \cdot \text{mol}^{-1}}{-421.7 \times 10^{-3} \text{ kJ} \cdot \text{mol}^{-1} \cdot \text{K}^{-1}} = 316 \text{ K}$$

该反应自发进行的最高温度为 316 K。

186. (1) 300 K 时,$Ag_2O(s)$ 分解反应的标准摩尔吉布斯自由能变为

$$\Delta_r G_m^\ominus(300 \text{ K}) = -\Delta_f G_m^\ominus(Ag_2O, s) = 10.0 \text{ kJ} \cdot \text{mol}^{-1}$$

由于 $\Delta_r G_m^\ominus(300 \text{ K}) > 0$,因此在 300 K、标准状态下 $Ag_2O(s)$ 不能发生分解反应。

(2) 300 K 时,$Ag_2O(s)$ 分解反应的标准摩尔焓变和标准摩尔熵变分别为

$$\Delta_r H_m^\ominus(300 \text{ K}) = -\Delta_f H_m^\ominus(Ag_2O, s) = 30 \text{ kJ} \cdot \text{mol}^{-1}$$

$$\Delta_r S_m^\ominus(300 \text{ K}) = \frac{\Delta_r H_m^\ominus(300 \text{ K}) - \Delta_r G_m^\ominus(300 \text{ K})}{300 \text{ K}}$$

$$= \frac{30.0 \text{ kJ} \cdot \text{mol}^{-1} - 10.0 \text{ kJ} \cdot \text{mol}^{-1}}{300 \text{ K}}$$

$$= \frac{20.0 \text{ kJ} \cdot \text{mol}^{-1}}{300 \text{ K}} = \frac{1}{15.0} \text{ kJ} \cdot \text{mol}^{-1} \cdot \text{K}^{-1}$$

标准状态下 $Ag_2O(s)$ 分解反应自发进行的条件是

$$\Delta_r G_m^\ominus(T) = \Delta_r H_m^\ominus(300 \text{ K}) - T\Delta_r S_m^\ominus(300 \text{ K}) < 0$$

标准状态下,$AgO(s)$ 分解反应自发进行的温度为

$$T > \frac{\Delta_r H_m^\ominus(300 \text{ K})}{\Delta_r S_m^\ominus(300 \text{ K})} = \frac{30.0 \text{ kJ} \cdot \text{mol}^{-1}}{\frac{1}{15.0} \text{ kJ} \cdot \text{mol}^{-1} \cdot \text{K}^{-1}} = 450 \text{ K}$$

187. 反应在 298.15 K 时的标准摩尔焓变为

$$\Delta_r H_m^\ominus = 6\Delta_f H_m^\ominus(H_2O, l) + 4\Delta_f H_m^\ominus(NO, g) - 4\Delta_f H_m^\ominus(NH_3, g)$$

$$= [6 \times (-283.83) + 4 \times 90.25 - 4 \times (-46.11)] \text{ kJ} \cdot \text{mol}^{-1}$$

$$= -1\ 157.54 \text{ kJ} \cdot \text{mol}^{-1}$$

188. (1) 根据 $\Delta_r G_m^\ominus(T) = \Delta_r H_m^\ominus(298.15 \text{ K}) - T\Delta_r S_m^\ominus(298.15 \text{ K})$,则有

$$\Delta_r H_m^\ominus(298.15 \text{ K}) - 300 \text{ K} \times \Delta_r S_m^\ominus(298.15 \text{ K}) = 112.0 \text{ kJ} \cdot \text{mol}^{-1}$$

$$\Delta_r H_m^\ominus(298.15 \text{ K}) - 400 \text{ K} \times \Delta_r S_m^\ominus(298.15 \text{ K}) = 102.0 \text{ kJ} \cdot \text{mol}^{-1}$$

将以上两个方程联立,解得

$$\Delta_r H_m^\ominus(298.15 \text{ K}) = 142.0 \text{ kJ} \cdot \text{mol}^{-1}$$

$$\Delta_r S_m^\ominus(298.15 \text{ K}) = 100.0 \text{ J} \cdot \text{mol}^{-1} \cdot \text{K}^{-1}$$

(2) 在标准状态下,反应自发进行的条件为

$$\Delta_r G_m^\ominus(T) = \Delta_r H_m^\ominus(298.15 \text{ K}) - T\Delta_r S_m^\ominus(298.15 \text{ K}) < 0$$

在标准状态下,反应自发进行的温度为

$$T > \frac{\Delta_r H_m^\ominus(298.15 \text{ K})}{\Delta_r S_m^\ominus(298.15 \text{ K})} = \frac{142.0 \text{ kJ} \cdot \text{mol}^{-1}}{0.10 \text{ kJ} \cdot \text{mol}^{-1} \cdot \text{K}^{-1}} = 1\ 420 \text{ K}$$

189. 乙醇的燃烧反应为

$$C_2H_5OH(l)+3O_2(g)\overset{}{=\!=\!=}2CO_2(g)+3H_2O(l)$$

298.15 K 时 $C_2H_5OH(l)$ 燃烧反应的标准摩尔焓变为

$$\Delta_rH_m^\ominus=\Delta_cH_m^\ominus(C_2H_5OH,l)=-1\ 367\ \text{kJ}\cdot\text{mol}^{-1}$$

298.15 K 时 $C_2H_5OH(l)$ 的标准摩尔生成焓为

$$
\begin{aligned}
\Delta_fH_m^\ominus(C_2H_5OH,l)&=2\Delta_fH_m^\ominus(CO_2,g)+3\Delta_fH_m^\ominus(H_2O,l)-\Delta_rH_m^\ominus\\
&=\left[2\times(-394)+3\times(-286)+1\ 367\right]\text{kJ}\cdot\text{mol}^{-1}\\
&=-279\ \text{kJ}\cdot\text{mol}^{-1}
\end{aligned}
$$

190. 298.15 K 时，$C_{10}H_{22}(l)$ 裂解反应的标准摩尔焓变为

$$
\begin{aligned}
\Delta_rH_m^\ominus&=\Delta_cH_m^\ominus(C_{10}H_{22})-\Delta_cH_m^\ominus(C_5H_{12})-\Delta_cH_m^\ominus(C_5H_{10})\\
&=(-6\ 752+3\ 492+3\ 364)\ \text{kJ}\cdot\text{mol}^{-1}\\
&=104\ \text{kJ}\cdot\text{mol}^{-1}
\end{aligned}
$$

191. 300 K 时，反应的标准摩尔吉布斯自由能变为

$$
\begin{aligned}
\Delta_rG_m^\ominus(300\ \text{K})&=\Delta_rH_m^\ominus(300\ \text{K})-300\ \text{K}\times\Delta_rS_m^\ominus(300\ \text{K})\\
&=130\ \text{kJ}\cdot\text{mol}^{-1}-300\ \text{K}\times0.230\ \text{kJ}\cdot\text{mol}^{-1}\cdot\text{K}^{-1}\\
&=61\ \text{kJ}\cdot\text{mol}^{-1}
\end{aligned}
$$

300 K 时，$NaHCO_3(s)$ 的标准摩尔生成吉布斯自由能为

$$
\begin{aligned}
\Delta_fG_m^\ominus&=\frac{\Delta_fG_m^\ominus(Na_2CO_3,s)+\Delta_fG_m^\ominus(CO_2,g)+\Delta_fG_m^\ominus(H_2O,g)-\Delta_rG_m^\ominus}{2}\\
&=\frac{(-1\ 044-393-228-61)\ \text{kJ}\cdot\text{mol}^{-1}}{2}\\
&=-863\ \text{kJ}\cdot\text{mol}^{-1}
\end{aligned}
$$

192. 根据化学反应等温式：$\Delta_rG_m(T)=\Delta_rG_m^\ominus(T)+RT\ln J$

在 298.15 K 时：$\Delta_rG_m(298.15\ \text{K})=\Delta_rG_m^\ominus(298.15\ \text{K})+RT\ln J$

其中：
$$
\begin{aligned}
\Delta_rG_m^\ominus(298.15\ \text{K})&=-2\Delta_fG_m^\ominus(NH_3)\\
&=-2\times(-16.45\ \text{kJ}\cdot\text{mol}^{-1})\\
&=32.90\ \text{kJ}\cdot\text{mol}^{-1}
\end{aligned}
$$

则：
$$
\begin{aligned}
\Delta_rG_m(298.15\ \text{K})&=\Delta_rG_m^\ominus+RT\ln J\\
&=\left(32.90+\frac{8.314\times298.15}{1\ 000}\ln\frac{\frac{p(N_2)}{p^\ominus}\times\left[\frac{p(H_2)}{p^\ominus}\right]^3}{\left[\frac{p(NH_3)}{p^\ominus}\right]^2}\right)\text{kJ}\cdot\text{mol}^{-1}\\
&=\left[32.90+2.479\ln\frac{\frac{100}{100}\times\left(\frac{1}{100}\right)^3}{\left(\frac{100}{100}\right)^2}\right]\text{kJ}\cdot\text{mol}^{-1}\\
&=-1.35\ \text{kJ}\cdot\text{mol}^{-1}
\end{aligned}
$$

由于上述反应在 298.15 K 时，$\Delta_rG_m<0$，所以该反应在上述条件下可以自发进行。

第三章　化学平衡

思考题解答

1. 什么是可逆反应和不可逆反应?

答:在一定反应条件下,大多数化学反应既能由反应物转变为生成物,也又能由生成物转变为反应物。这种在同一条件下可同时向正反应和逆反应两个方向进行的化学反应称为可逆反应,也称对峙反应。

在一定反应条件下,仅有少数化学反应的反应物能全部转化为生成物,即反应能进行到底。这类在一定条件下几乎能进行到底的反应称为不可逆反应。

2. 什么是化学平衡? 试述化学平衡的基本特征。

答:在可逆反应进行的过程中,当正反应速率与逆反应速率相等时,各反应物和生成物的浓度或分压不再变化,这时反应系统所处的状态称为化学平衡。

化学平衡具有如下基本特征:

(1) 化学平衡状态最主要的特征是可逆反应的正反应速率与逆反应速率相等。因此可逆反应达到化学平衡后,只要外界条件不变,反应系统中各反应物和生成物的浓度或分压均不随时间而改变。

(2) 化学平衡是一种动态平衡。反应系统达到化学平衡时,反应并没有终止,正反应和逆反应始终都在进行着,只是由于反应物(或生成物)的消耗速率等于反应物(或生成物)的生成速率,单位时间内反应物和生成物的浓度或分压都保持不变,反应物和生成物处于动态平衡。

(3) 化学平衡是有条件的。化学平衡只能在一定的外界条件下才能保持不变,当外界条件改变时,原化学平衡就会被破坏,直至在新的条件下建立起新的化学平衡。

3. 写出下列可逆反应的标准平衡常数表达式:

(1) $3Fe(s) + 4H_2O(g) \rightleftharpoons Fe_3O_4(s) + 4H_2(g)$

(2) $SiCl_4(l) + 2H_2O(g) \rightleftharpoons SiO_2(s) + 4HCl(g)$

(3) $2MnO_4^-(aq) + 5H_2O_2(aq) + 6H^+(aq) \rightleftharpoons 2Mn^{2+}(aq) + 5O_2(g) + 8H_2O(l)$

答:(1) 反应的标准平衡常数表达式为

$$K^{\ominus} = \frac{[p_{eq}(H_2)/p^{\ominus}]^4}{[p_{eq}(H_2O)/p^{\ominus}]^4}$$

(2) 反应的标准平衡常数表达式为

$$K^{\ominus} = \frac{[p_{eq}(HCl)/p^{\ominus}]^4}{[p_{eq}(H_2O)/p^{\ominus}]^2}$$

(3) 反应的标准平衡常数表达式为

$$K^{\ominus}=\frac{[c_{eq}(Mn^{2+})/c^{\ominus}]^2\cdot[p_{eq}(O_2)/p^{\ominus}]^5}{[c_{eq}(MnO_4^-)/c^{\ominus}]^2\cdot[c_{eq}(H_2O_2)/c^{\ominus}]^5\cdot[c_{eq}(H^+)/c^{\ominus}]^6}$$

4. 如何利用反应商和标准平衡常数预测可逆反应的方向？

答：反应的摩尔吉布斯自由能变与反应的标准平衡常数和反应商之间的关系为

$$\Delta_r G_m = -RT\ln K^{\ominus} + RT\ln J$$

由上式可知,当 $K^{\ominus}>J$ 时,$\Delta_r G_m<0$;当 $K^{\ominus}=J$ 时,$\Delta_r G_m=0$;当 $K^{\ominus}<J$ 时,$\Delta_r G_m>0$。因此,可通过比较 $K^{\ominus}$ 和 J 的相对大小来判断封闭系统的化学反应在等温、等压、不做非体积功的条件下自发进行的方向。

在等温、等压、不做非体积功的条件下,当 $K^{\ominus}>J$ 时,反应自发进行;当 $K^{\ominus}=J$ 时,反应处于平衡状态;当 $K^{\ominus}<J$ 时,反应不能自发进行。

5. 何谓化学平衡的移动？能使化学平衡发生移动的因素有哪些？其影响原因是否相同？

答：当外界条件改变时,使可逆反应从一种平衡状态转化为另一种平衡状态的过程称为化学平衡的移动。

能使化学平衡发生移动的因素有温度、压力和浓度。其中压力和浓度并不影响标准平衡常数,它们通过改变反应商导致化学平衡发生移动。而温度能改变标准平衡常数,导致化学平衡发生移动。

当可逆反应处于平衡状态时,$K^{\ominus}=J$。当反应物和生成物的浓度、分压发生变化时,$K^{\ominus}$不发生变化,但反应商 J 发生了变化,使 $K^{\ominus}\neq J$,导致化学平衡发生移动,当反应商变化到重新等于标准平衡常数时,可逆反应处于新的化学平衡状态。当温度发生改变时,$K^{\ominus}$也随温度发生变化,使 $K^{\ominus}\neq J$,导致化学平衡发生移动,当反应商变化到又与标准平衡常数相等时,可逆反应又处于新的化学平衡状态。

6. 标准平衡常数改变时,化学平衡是否发生移动？化学平衡发生移动时,标准平衡常数是否发生改变？

答：影响化学平衡的因素有温度、压力和浓度等,它们对化学平衡的影响是通过改变标准平衡常数或反应商,使标准平衡常数不再等于反应商而导致化学平衡发生移动。标准平衡常数只受温度的影响,与压力和浓度无关;而改变系统压力或浓度,只能改变反应商而导致化学平衡发生移动。

当可逆反应的标准平衡常数改变时,可使 $K^{\ominus}\neq J$,导致化学平衡一定发生移动。而化学平衡发生移动时,$K^{\ominus}\neq J$,可通过改变 $K^{\ominus}$ 和 J 来使化学平衡发生移动,当温度不变时,标准平衡常数不变,可逆反应只能通过改变压力和浓度来改变反应商,使化学平衡发生移动。

7. 下列叙述是否正确？说明之。

(1) 可逆反应的标准平衡常数大,反应速率一定也快;

(2) 当气相可逆反应达到化学平衡时,反应物的分压等于生成物的分压;

(3) 在等温条件下,某反应系统中,反应物开始时的浓度或分压不同,则达到化学平衡时系统的组成不同,标准平衡常数也不同。

答：(1) 叙述不正确。反应的标准平衡常数越大,可逆反应进行的限度就越大,但反应速率不一定很快。

（2）叙述不正确。当气相可逆反应达到化学平衡时，反应物的分压通常并不等于生成物的分压。

（3）叙述不正确。在等温条件下，在可逆反应中，当反应物的起始浓度或分压不同时，可逆反应进行的限度就不同，则达到化学平衡时系统的组成就不同。但由于温度未发生变化，因此可逆反应的标准平衡常数未发生变化。

8. 已知可逆反应：

$$4HCl(g) + O_2(g) \rightleftharpoons 2H_2O(g) + 2Cl_2(g)$$

在 723 K 时的标准摩尔焓变 $\Delta_r H_m^{\ominus}(723\ K) = -114.41\ kJ \cdot mol^{-1}$。在 723 K 时，向 5 L 密闭容器中加入 3 mol HCl 和 2 mol O_2，当反应达到化学平衡后：

（1）利用上述这些数据能否计算出该可逆反应的标准平衡常数？若不能计算，还需要什么数据？

（2）比较 723 K 和 823 K 时标准平衡常数的相对大小。

答：（1）利用题中所给条件，不能计算出 723 K 时该可逆反应的标准平衡常数。由标准平衡常数定义式 $\ln K^{\ominus} = -\Delta_r G_m^{\ominus}/RT$，要计算出 723 K 时的标准平衡常数，则需要先计算出 723 K 时的标准摩尔吉布斯自由能变。可逆反应在温度 T 时的标准摩尔吉布斯自由能变可用下式计算：

$$\Delta_r G_m^{\ominus}(T) = \Delta_r H_m^{\ominus}(T) - T\Delta_r S_m^{\ominus}(T)$$

因此要计算出 723 K 时的标准平衡常数，还需知道 723 K 时的标准摩尔熵变。

（2）由于该可逆反应的 $\Delta_r H_m^{\ominus} < 0$，为放热反应，温度升高时，该可逆反应的标准平衡常数减小，因此可以判断 $K^{\ominus}(823\ K) < K^{\ominus}(723\ K)$。

9. 对于可逆反应：

$$C(s) + H_2O(g) \rightleftharpoons CO(g) + H_2(g); \Delta_r H_m > 0$$

下列说法是否正确？为什么？

（1）达到化学平衡时各反应物和生成物的分压一定相等；

（2）改变生成物的分压，使 $J < K^{\ominus}$，化学平衡向右移动；

（3）升高温度使正反应速率增大，逆反应速率减小，故化学平衡向右移动；

（4）由于反应前后分子数相等，所以增大压力对化学平衡没有影响；

（5）加入催化剂使正反应速率增大，化学平衡向右移动。

答：（1）说法不正确。上述可逆反应达到平衡时反应物和生成物的分压通常并不相等。

（2）说法正确。如果降低生成物的分压，使 $J < K^{\ominus}$ 时，$\Delta_r G_m < 0$，化学平衡向右移动。

（3）说法不正确。升高温度时正反应速率和逆反应速率都增大，但吸热反应的反应速率增大的程度大于放热反应的反应速率增大的程度，故化学平衡向右移动。

（4）说法不正确。由于反应前后气体分子数不相等，所以增大压力时化学平衡向气体分子数减少的逆反应方向移动。

（5）说法不正确。加入催化剂使正反应速率和逆反应速率增大的程度相等，不能使化学平衡发生移动。

10. 某一可逆反应在溶液中进行,并使系统的温度保持恒定。先后对反应系统的某一生成物的浓度进行测定。第一次测得浓度为 2.3×10^{-4} mol·L^{-1},第二次测得浓度为 0.012 mol·L^{-1},第三次测得浓度为 0.016 mol·L^{-1},第四次测得浓度为 0.016 mol·L^{-1}。问在哪一次测定时系统已达到平衡?

答:对于可逆反应,随着反应正向进行,生成物的浓度逐渐增大,当浓度增大到不再发生改变时,可逆反应就达到了化学平衡状态。由于第三次测定和第四次测定所得同一生成物的浓度相同,表明在第三次测定和第四次测定时生成物浓度没有发生变化,已经达到化学平衡状态。因此在第三次测定时系统已达到化学平衡。

11. 将 Cl_2,H_2O,HCl 和 O_2 四种气体混合后发生下列化学反应:

$$2Cl_2(g) + 2H_2O(g) \rightleftharpoons 4HCl(g) + O_2(g); \quad \Delta_r H_m(298.15 \text{ K}) > 0$$

当反应达到化学平衡时,若改变下列各小题前面的操作,对后面的平衡数值有何影响(条件未注明的是指温度不变、体积不变)?

(1) 加入 O_2		H_2O 的物质的量
(2) 增大容器的体积		H_2O 的物质的量
(3) 加入 O_2		HCl 的物质的量
(4) 加入 O_2		O_2 的物质的量
(5) 减小容器的体积		Cl_2 的物质的量
(6) 减小容器的体积		Cl_2 的分压
(7) 减小容器的体积		$K^\ominus$
(8) 升高温度		$K^\ominus$
(9) 升高温度		HCl 的分压

答:(1) 加入 O_2,化学平衡向逆反应方向移动,H_2O 的物质的量增大。

(2) 增大容器的体积,即减小了压力,化学平衡向气体分子数增加的正反应方向移动,H_2O 的物质的量减小。

(3) 加入 O_2,化学平衡向逆反应方向移动,HCl 的物质的量减小。

(4) 加入 O_2,化学平衡向逆反应方向移动,但由于新加入的 O_2 未完全发生反应,因此 O_2 的物质的量增大。

(5) 减小容器的体积,即增大压力,化学平衡向气体分子数减小的逆反应方向移动,Cl_2 的物质的量增大。

(6) 减小容器的体积,即增大压力,化学平衡向气体分子数减小的逆反应方向移动,Cl_2 的物质的量增大,由于 T 和 V 未变,由分压定律 $p_B = \dfrac{n_B RT}{V}$,可知 Cl_2 的分压增大。

(7) 标准平衡常数只是温度的函数,与浓度和压力无关。由于温度未发生变化,因此 $K^\ominus$ 不变。

(8) 标准平衡常数只是温度的函数,对于吸热反应,温度升高时,标准平衡常数增大;对于放热反应,温度升高时,标准平衡常数减小。由于该可逆反应为吸热反应,因此升高温度时标准平衡常数增大。

(9) 升高温度,该可逆反应的标准平衡常数增大,使 $K^{\ominus} > J$,化学平衡向正反应方向移动,HCl 的物质的量增大。由于增加 HCl 的物质的量和升高温度都可使 HCl 的分压增大,因此达到新的化学平衡时 HCl 的分压增大。

12. 能否用标准平衡常数来判断化学反应自发进行的方向?为什么?

答:在等温、等压、不做非体积功的条件下,可用摩尔吉布斯自由能变判断化学反应的方向。化学反应的摩尔吉布斯自由能变与标准平衡常数之间的关系为

$$\Delta_r G_m = -RT \ln K^{\ominus} + RT \ln J$$

由上式可看出,当 $K^{\ominus}$ 足够大时,$\Delta_r G_m < 0$,反应自发进行;当 $K^{\ominus}$ 很小时,$\Delta_r G_m > 0$,反应不能自发进行。在上述两种情况下可近似地用 $K^{\ominus}$ 代替 $\Delta_r G_m$ 判断反应自发进行的方向。一般说来,当 $K^{\ominus} > 10^7$ 时,$\Delta_r G_m < 0$,反应自发进行;当 $K^{\ominus} < 10^{-7}$ 时,$\Delta_r G_m > 0$,反应不能自发进行;当 $K^{\ominus} = 10^{-7} \sim 10^7$ 时,则不能用 $K^{\ominus}$ 判断反应自发进行的方向,此时需要通过比较 $K^{\ominus}$ 和 J 的相对大小才能判断反应自发进行的方向。

13. 什么是多重平衡规则?多重平衡规则有何实际意义?

答:如果几个可逆反应各乘以一个系数 ν_i 后相加得到某一个可逆反应,则该可逆反应的标准平衡常数等于几个可逆反应的标准平衡常数各以其系数 ν_i 为指数的幂的乘积。上述规则就称为多重平衡规则。

利用多重平衡规则,可以由一些已知的可逆反应的标准平衡常数计算出任意一个可逆反应的标准平衡常数。

习 题 解 答

1. 蔗糖的水解反应为

$$C_{12}H_{22}O_{11}(aq) + H_2O(l) \rightleftharpoons C_6H_{12}O_6(葡萄糖)(aq) + C_6H_{12}O_6(果糖)(aq)$$

假设反应过程中的水的浓度不变。

(1) 若蔗糖的起始浓度为 a mol·L^{-1},反应达到平衡时,蔗糖水解了一半,计算反应的标准平衡常数;

(2) 若蔗糖的起始浓度为 $2a$ mol·L^{-1},则在同一温度下达到平衡时,葡萄糖和果糖的浓度各为多少?

解:(1) 蔗糖水解反应的标准平衡常数为

$$K^{\ominus} = \frac{(c_{eq,葡萄糖}/c^{\ominus})(c_{eq,果糖}/c^{\ominus})}{c_{eq}(C_{12}O_{11}O_{22})/c^{\ominus}}$$

$$= \frac{0.5a \times 0.5a}{0.5a} = 0.5a$$

(2) 如果葡萄糖和果糖的平衡浓度均为 x mol·L^{-1},则蔗糖的平衡浓度为 $(2a-x)$ mol·L^{-1},由标准平衡常数表达式得

$$\frac{x \cdot x}{2a-x}=0.5\,a \qquad x=0.78\,a$$

葡萄糖和果糖的平衡浓度均为 $0.78\,a$ mol·L^{-1}。

2. 在温度 T 时, CO 和 H$_2$O 在密闭容器内发生下列反应:

$$CO(g)+H_2O(g) \rightleftharpoons CO_2(g)+H_2(g)$$

平衡时, $p_{eq}(CO)=10$ kPa, $p_{eq}(H_2O)=20$ kPa, $p_{eq}(CO_2)=20$ kPa。计算:
(1) 此温度下该可逆反应的标准平衡常数;
(2) 反应开始前反应物的分压;
(3) CO 的平衡转化率。

解:(1) 在等温、等容下,由理想气体状态方程 $p_B V=n_B RT$ 可知各种气体的分压正比于各自的物质的量,因此各种气体的分压变化关系也是由化学反应方程式中的化学计量数决定的。根据题意, H$_2$ 的平衡分压为

$$p_{eq}(H_2)=p_{eq}(CO_2)=20 \text{ kPa}$$

此温度下该可逆反应的标准平衡常数为

$$\begin{aligned}
K^{\ominus} &= \frac{[p_{eq}(CO_2)/p^{\ominus}] \cdot [p_{eq}(H_2)/p^{\ominus}]}{[p_{eq}(CO)/p^{\ominus}] \cdot [p_{eq}(H_2O)/p^{\ominus}]} \\
&= \frac{(20 \text{ kPa}/100 \text{ kPa}) \cdot (20 \text{ kPa}/100 \text{ kPa})}{(10 \text{ kPa}/100 \text{ kPa}) \cdot (20 \text{ kPa}/100 \text{ kPa})}=2.0
\end{aligned}$$

(2) 根据反应方程式中各物质的计量关系, CO 和 H$_2$O 的起始分压分别为

$$p_0(CO)=p_{eq}(CO)+p_{eq}(CO_2)=10 \text{ kPa}+20 \text{ kPa}=30 \text{ kPa}$$
$$p_0(H_2O)=p_{eq}(H_2O)+p_{eq}(CO_2)=20 \text{ kPa}+20 \text{ kPa}=40 \text{ kPa}$$

(3) CO 的平衡转化率为

$$\begin{aligned}
\alpha(CO) &= \frac{p_0(CO)-p_{eq}(CO)}{p_0(CO)} \times 100\% \\
&= \frac{30 \text{ kPa}-10 \text{ kPa}}{30 \text{ kPa}} \times 100\%=66.7\%
\end{aligned}$$

3. 可逆反应:

$$2CO(g)+O_2(g) \rightleftharpoons 2CO_2(g)$$

在 2 000 K 时 $K^{\ominus}=3.23 \times 10^7$,设在此温度下有由 CO、O$_2$ 和 CO$_2$ 组成的混合气体,它们的分压分别为 1 kPa、5 kPa 和 100 kPa,试计算此条件下反应的摩尔吉布斯自由能变。反应向哪个方向进行? 如果 CO 和 CO$_2$ 的分压不变,要使反应向逆反应方向进行, O$_2$ 的分压应是多少?

解:此条件下的反应商为

$$J=\frac{[p(CO_2)/p^{\ominus}]^2}{[p(CO)/p^{\ominus}]^2 \cdot [p(O_2)/p^{\ominus}]}$$

$$= \frac{(100 \text{ kPa}/100 \text{ kPa})^2}{(1 \text{ kPa}/100 \text{ kPa})^2 \cdot (5 \text{ kPa}/100 \text{ kPa})} = 2.0 \times 10^5$$

此条件下反应的摩尔吉布斯自由能变为

$$\Delta_r G_m = RT \ln \frac{J}{K^\ominus}$$

$$= 8.314 \text{ J} \cdot \text{mol}^{-1} \cdot \text{K}^{-1} \times 2\ 000 \text{ K} \times \ln \frac{2.0 \times 10^5}{3.23 \times 10^7}$$

$$= -8.45 \times 10^4 \text{ J} \cdot \text{mol}^{-1} = -84.5 \text{ kJ} \cdot \text{mol}^{-1}$$

由于 $\Delta_r G_m < 0$，故反应在给定条件下正向进行。

只有当 $J > K^\ominus$ 时，可逆反应才能逆向进行。若 CO 和 CO_2 的分压不变，要使反应逆向进行时，O_2 的分压为

$$p(O_2) < \frac{[p(CO_2)/p^\ominus]^2}{[p(CO)/p^\ominus]^2 K^\ominus} p^\ominus$$

$$= \frac{1^2 \times 100 \text{ kPa}}{0.01^2 \times 3.23 \times 10^7} = 3.1 \times 10^{-2} \text{ kPa} = 31 \text{ Pa}$$

当 O_2 的分压低于 31 Pa 时，反应逆向进行。

4. 将空气中的 N_2 变成各种含氮化合物的反应称为固氮反应。根据有关物质的标准摩尔生成吉布斯自由能计算下列三种固氮反应

$$N_2(g) + O_2(g) \rightleftharpoons 2NO(g)$$
$$2N_2(g) + O_2(g) \rightleftharpoons 2N_2O(g)$$
$$N_2(g) + 3H_2(g) \rightleftharpoons 2NH_3(g)$$

在 298.15 K 时的 $\Delta_r G_m^\ominus$ 和 $K^\ominus$。从热力学角度看，选择哪个反应最好?

解：(1) 298.15 K 时，第一个反应的标准摩尔吉布斯自由能变为

$$\Delta_r G_{m,1}^\ominus = 2\Delta_f G_m^\ominus(NO, g) - \Delta_f G_m^\ominus(O_2, g) - \Delta_f G_m^\ominus(N_2, g)$$

$$= 2 \times 86.57 \text{ kJ} \cdot \text{mol}^{-1} = 173.14 \text{ kJ} \cdot \text{mol}^{-1}$$

298.15 K 时，第一个反应的标准平衡常数为

$$\ln K_1^\ominus = -\frac{\Delta_r G_{m,1}^\ominus}{RT}$$

$$= -\frac{173.14 \times 10^3 \text{ J} \cdot \text{mol}^{-1}}{8.314 \text{ J} \cdot \text{mol}^{-1} \cdot \text{K}^{-1} \times 298.15 \text{ K}} = -69.85$$

$$K_1^\ominus = 4.6 \times 10^{-31}$$

(2) 298.15 K 时，第二个反应的标准摩尔吉布斯自由能变为

$$\Delta_r G_{m,2}^\ominus = 2\Delta_f G_m^\ominus(N_2O, g) - 2\Delta_f G_m^\ominus(N_2, g) - \Delta_f G_m^\ominus(O_2, g)$$

$$= 2 \times 104.20 \text{ kJ} \cdot \text{mol}^{-1} = 208.40 \text{ kJ} \cdot \text{mol}^{-1}$$

298.15 K 时,第二个反应的标准平衡常数为

$$\ln K_2^{\ominus} = -\frac{208.40 \times 10^3 \text{ J·mol}^{-1}}{8.314 \text{ J·mol}^{-1}·\text{K}^{-1} \times 298.15 \text{ K}} = -84.07$$

$$K_2^{\ominus} = 3.1 \times 10^{-37}$$

(3) 298.15 K 时,第三个反应的标准摩尔吉布斯自由能变为

$$\Delta_r G_{m,3}^{\ominus} = 2\Delta_f G_m^{\ominus}(\text{NH}_3, \text{g}) - \Delta_f G_m^{\ominus}(\text{N}_2, \text{g}) - 3\Delta_f G_m^{\ominus}(\text{H}_2, \text{g})$$

$$= 2 \times (-16.50 \text{ kJ·mol}^{-1}) = -33.00 \text{ kJ·mol}^{-1}$$

298.15 K 时,第三个反应的标准平衡常数为

$$\ln K_3^{\ominus} = \frac{33.00 \times 10^3 \text{ J·mol}^{-1}}{8.314 \text{ J·mol}^{-1}·\text{K}^{-1} \times 298.15 \text{ K}} = 13.31$$

$$K_3^{\ominus} = 6.0 \times 10^5$$

标准平衡常数表示化学反应在给定条件下所能达到的最大限度。化学反应的标准平衡常数越大,说明反应正向进行的趋势越大。计算结果表明,第三个反应的标准平衡常数比第一个反应和第二个反应的标准平衡常数大得多,所以从热力学角度看,选择第三个反应固氮最好。

5. 已知 673 K 时,可逆反应

$$\text{N}_2(\text{g}) + 3\text{H}_2(\text{g}) \rightleftharpoons 2\text{NH}_3(\text{g})$$

的标准平衡常数 $K^{\ominus} = 0.50$,计算:

(1) 673 K 时,反应 $2\text{NH}_3(\text{g}) \rightleftharpoons \text{N}_2(\text{g}) + 3\text{H}_2(\text{g})$ 的标准平衡常数;

(2) 673 K 时,反应 $\frac{1}{2}\text{N}_2(\text{g}) + \frac{3}{2}\text{H}_2(\text{g}) \rightleftharpoons \text{NH}_3(\text{g})$ 的标准平衡常数。

解: 由题意可知:

$$K^{\ominus} = \frac{[p_{eq}(\text{NH}_3)/p^{\ominus}]^2}{[p_{eq}(\text{N}_2)/p^{\ominus}] \cdot [p_{eq}(\text{H}_2)/p^{\ominus}]^3} = 0.50$$

(1) 673 K 时,反应的标准平衡常数为

$$K_1^{\ominus} = \frac{[p_{eq}(\text{N}_2)/p^{\ominus}] \cdot [p_{eq}(\text{H}_2)/p^{\ominus}]^3}{[p_{eq}(\text{NH}_3)/p^{\ominus}]^2} = \frac{1}{K^{\ominus}}$$

$$= \frac{1}{0.50} = 2.0$$

(2) 673 K 时,反应的标准平衡常数为

$$K_2^{\ominus} = \frac{p_{eq}(\text{NH}_3)/p^{\ominus}}{[p_{eq}(\text{N}_2)/p^{\ominus}]^{1/2} \cdot [p_{eq}(\text{H}_2)/p^{\ominus}]^{3/2}} = \sqrt{K^{\ominus}}$$

$$= \sqrt{0.50} = 0.71$$

6. 973 K 时,下列可逆反应的标准平衡常数分别为

$$\text{Fe(s)} + CO_2(g) \rightleftharpoons \text{FeO(s)} + CO(g); K_1^\ominus = 1.47$$

$$\text{Fe(s)} + H_2O(g) \rightleftharpoons \text{FeO(s)} + H_2(g); K_2^\ominus = 2.38$$

计算如下可逆反应

$$CO_2(g) + H_2(g) \rightleftharpoons CO(g) + H_2O(g)$$

在 973 K 时的标准平衡常数。

解： 反应(1)+(-1)×反应(2)得

$$CO_2(g) + H_2(g) \rightleftharpoons CO(g) + H_2O(g)$$

根据多重平衡规则，上述可逆反应的标准平衡常数为

$$K^\ominus = \frac{K_1^\ominus}{K_2^\ominus} = \frac{1.47}{2.38} = 0.618$$

7. 肌红蛋白(Mb)是存在肌肉组织中的一种缀合蛋白，具有携带 O_2 的能力。肌红蛋白的氧合作用为

$$\text{Mb(aq)} + O_2(g) \rightleftharpoons \text{MbO}_2(aq)$$

在 310.15 K 时，反应的标准平衡常数 $K^\ominus = 1.3 \times 10^2$，计算当 O_2 的分压为 5.3 kPa 时，氧合肌红蛋白(MbO_2)与肌红蛋白的平衡浓度的比值。

解： 反应的标准平衡常数表达式为

$$K^\ominus = \frac{c_{eq}(\text{MbO}_2)/c^\ominus}{[c_{eq}(\text{Mb})/c^\ominus] \cdot [p_{eq}(O_2)/p^\ominus]}$$

MbO_2 与 Mb 的平衡浓度的比值为

$$\frac{c_{eq}(\text{MbO}_2)}{c_{eq}(\text{Mb})} = \frac{p_{eq}(O_2)}{p^\ominus} \cdot K^\ominus = \frac{5.3 \text{ kPa}}{100 \text{ kPa}} \times 1.3 \times 10^2 = 6.9$$

8. 可逆反应 $N_2O_4(g) \rightleftharpoons 2NO_2(g)$ 在 628 K 时标准平衡常数为 1.00。分别计算 N_2O_4 的压力为 400 kPa 和 1 000 kPa 时 N_2O_4 的平衡转化率，并解释计算结果。

解： 反应的标准平衡常数表达式为

$$K^\ominus = \frac{[p_{eq}(NO_2)/p^\ominus]^2}{p_{eq}(N_2O_4)/p^\ominus} = \frac{[p_{eq}(NO_2)/p^\ominus]^2}{[p_0(N_2O_4) - p_{eq}(NO_2)/2]/p^\ominus}$$

由上式可得

$$[p_{eq}(NO_2)]^2 + \frac{1}{2}K^\ominus p^\ominus \ p_{eq}(NO_2) - p_0(N_2O_4)K^\ominus p^\ominus = 0$$

当 $p_0(N_2O_4) = 400$ kPa 时，NO_2 的平衡分压和 N_2O_4 的平衡转化率分别为

$$p_{eq}(NO_2) = \frac{-50 + \sqrt{50^2 + 4 \times 400 \times 100}}{2} \text{ kPa} = 177 \text{ kPa}$$

$$\alpha_1 = \frac{177 \text{ kPa}/2}{400 \text{ kPa}} \times 100\% = 22.1\%$$

当 $p_0(N_2O_4) = 1\,000$ kPa 时，NO_2 的平衡分压和 N_2O_4 的平衡转化率分别为

$$p_{eq}(NO_2) = \frac{-50 + \sqrt{50^2 + 4 \times 1\,000 \times 100}}{2} \text{ kPa} = 292 \text{ kPa}$$

$$\alpha_2 = \frac{292 \text{ kPa}/2}{1\,000 \text{ kPa}} \times 100\% = 14.6\%$$

计算结果表明，对于气相反应，增大反应物的起始分压可使生成物的平衡分压或平衡浓度增大，但由于该反应是一个气体分子数减小的反应，增大压力可使化学平衡逆向移动，反应物的平衡转化率却减小。

9. 可逆反应 $2SO_2(g) + O_2(g) \rightleftharpoons 2SO_3(g)$ 在 427 ℃ 和 527 ℃ 时的标准平衡常数分别是 1.0×10^5 和 1.1×10^2，试求在该温度范围内的 $\Delta_r H_m^\ominus$。

解： 在 427～527 ℃ 范围内反应的标准摩尔焓变为

$$\Delta_r H_m^\ominus = \frac{RT_1T_2}{T_2 - T_1} \ln \frac{K^\ominus(T_2)}{K^\ominus(T_1)}$$

$$= \frac{8.314 \text{ J} \cdot \text{mol}^{-1} \cdot \text{K}^{-1} \times 700 \text{ K} \times 800 \text{ K}}{800 \text{ K} - 700 \text{ K}} \times \ln \frac{1.1 \times 10^2}{1.0 \times 10^5}$$

$$= -3.172 \times 10^5 \text{ J} \cdot \text{mol}^{-1} = -317.2 \text{ kJ} \cdot \text{mol}^{-1}$$

10. N_2O_4 按下式发生解离：

$$N_2O_4(g) \rightleftharpoons 2NO_2(g)$$

已知 52 ℃ 解离达平衡时有一半的 N_2O_4 发生解离，并知平衡系统的压力为 100 kPa。计算该反应的标准平衡常数。

解： 平衡时有一半的 N_2O_4 发生解离，由反应方程式可知，平衡时 NO_2 的物质的量是 N_2O_4 的物质的量的 2 倍。N_2O_4 和 NO_2 的平衡分压分别为

$$p_{eq}(N_2O_4) = x_{eq}(N_2O_4)p_{eq} = \frac{n_{eq}(N_2O_4)}{n_{eq}(N_2O_4) + n_{eq}(NO_2)} p_{eq}$$

$$= \frac{n_{eq}(N_2O_4)}{n_{eq}(N_2O_4) + 2n_{eq}(N_2O_4)} \times 100 \text{ kPa} = \frac{100}{3} \text{kPa}$$

$$p_{eq}(NO_2) = x_{eq}(NO_2)p_{eq} = \frac{n_{eq}(NO_2)}{n_{eq}(N_2O_4) + n_{eq}(NO_2)} p_{eq}$$

$$= \frac{2n_{eq}(N_2O_4)}{n_{eq}(N_2O_4) + 2n_{eq}(N_2O_4)} \times 100 \text{ kPa} = \frac{200}{3} \text{ kPa}$$

52 ℃ 时该反应的标准平衡常数为

$$K^\ominus = \frac{[p_{eq}(NO_2)/p^\ominus]^2}{p_{eq}(N_2O_4)/p^\ominus} = \frac{(2/3)^2}{1/3} = 1.33$$

11. 利用有关物质的热力学数据，计算下列可逆反应

$$2HI(g) \rightleftharpoons H_2(g) + I_2(g)$$

分别在 298.15 K 和 500.15 K 时的标准平衡常数。

解：298.15 K 时，反应的标准摩尔熵变、标准摩尔焓变和标准摩尔吉布斯自由能变分别为

$$\Delta_r S_m^{\ominus}(298.15\ K) = S_m^{\ominus}(H_2, g) + S_m^{\ominus}(I_2, g) - 2S_m^{\ominus}(HI, g)$$
$$= (130.68 + 260.70 - 2 \times 206.59)\ J \cdot mol^{-1} \cdot K^{-1}$$
$$= -21.80\ J \cdot mol^{-1} \cdot K^{-1}$$

$$\Delta_r H_m^{\ominus}(298.15\ K) = \Delta_f H_m^{\ominus}(H_2, g) + \Delta_f H_m^{\ominus}(I_2, g) - 2\Delta_f H_m^{\ominus}(HI, g)$$
$$= (0 + 62.44 - 2 \times 26.48)\ kJ \cdot mol^{-1}$$
$$= 9.48\ kJ \cdot mol^{-1}$$

$$\Delta_r G_m^{\ominus}(298.15\ K) = \Delta_f G_m^{\ominus}(H_2, g) + \Delta_f G_m^{\ominus}(I_2, g) - 2\Delta_f G_m^{\ominus}(HI, g)$$
$$= (0 + 19.33 - 2 \times 1.70)\ kJ \cdot mol^{-1}$$
$$= 15.93\ kJ \cdot mol^{-1}$$

298.15 K 时反应的标准平衡常数为

$$\ln K^{\ominus}(298.15\ K) = -\frac{\Delta_r G_m^{\ominus}(298.15\ K)}{R \times 298.15\ K}$$
$$= -\frac{15.93 \times 10^3\ J \cdot mol^{-1}}{8.314\ J \cdot mol^{-1} \cdot K^{-1} \times 298.15\ K} = -6.43$$
$$K^{\ominus}(298.15\ K) = 1.6 \times 10^{-3}$$

500.15 K 时反应的标准摩尔吉布斯自由能变为

$$\Delta_r G_m^{\ominus}(500.15\ K) = \Delta_r H_m^{\ominus}(298.15\ K) - 500.15\ K \times \Delta_r S_m^{\ominus}(298.15\ K)$$
$$= 9.48 \times 10^3\ J \cdot mol^{-1} - 500.15\ K \times (-21.80\ J \cdot mol^{-1} \cdot K^{-1})$$
$$= 2.038 \times 10^4\ J \cdot mol^{-1}$$

500.15 K 时反应的标准平衡常数为

$$\ln K^{\ominus}(500.15\ K) = -\frac{\Delta_r G_m^{\ominus}(500.15\ K)}{R \times 298.15\ K}$$
$$= -\frac{2.038 \times 10^4\ J \cdot mol^{-1}}{8.314\ J \cdot mol^{-1} \cdot K^{-1} \times 500.15\ K} = -4.90$$
$$K^{\ominus}(500.15\ K) = 7.4 \times 10^{-3}$$

12. 292 K 时血红蛋白（Hb）的氧合反应 $Hb(aq) + O_2(g) \rightleftharpoons HbO_2(aq)$ 的 $K_1^{\ominus} = 85.5$。若 292 K 时，空气中 $p(O_2) = 20.2$ kPa，O_2 在水中的溶解度为 2.3×10^{-4} mol·L^{-1}，计算反应 $Hb(aq) + O_2(aq) \rightleftharpoons HbO_2(aq)$ 的 $K_2^{\ominus}$ 和 $\Delta_r G_{m,2}^{\ominus}$。

解：反应 $Hb(aq) + O_2(g) \rightleftharpoons HbO_2(aq)$ 在 292 K 时的标准平衡常数为

$$K_1^\ominus = \frac{c_{eq}(HbO_2)/c^\ominus}{[c_{eq}(Hb)/c^\ominus] \cdot [p_{eq}(O_2)/p^\ominus]} = 85.5$$

则反应 $Hb(aq) + O_2(aq) \rightleftharpoons HbO_2(aq)$ 在 292 K 时的标准平衡常数为

$$
\begin{aligned}
K_2^\ominus &= \frac{c_{eq}(HbO_2)/c^\ominus}{[c_{eq}(Hb)/c^\ominus] \cdot [c_{eq}(O_2)/c^\ominus]} \\
&= \frac{c_{eq}(HbO_2)/c^\ominus}{[c_{eq}(Hb)/c^\ominus] \cdot [p_{eq}(O_2)/p^\ominus]} \cdot \frac{p_{eq}(O_2)/p^\ominus}{c_{eq}(O_2)/c^\ominus} = K_1^\ominus \cdot \frac{p_{eq}(O_2)/p^\ominus}{c_{eq}(O_2)/c^\ominus} \\
&= 85.5 \times \frac{20.2/100}{2.3 \times 10^{-4}} = 7.50 \times 10^4
\end{aligned}
$$

292 K 时,该反应的标准摩尔吉布斯自由能变为

$$
\begin{aligned}
\Delta_r G_{m,2}^\ominus &= -RT \ln K_2^\ominus \\
&= -8.314 \ J \cdot mol^{-1} \cdot K^{-1} \times 292 \ K \times \ln(7.50 \times 10^4) \\
&= -2.73 \times 10^4 \ J \cdot mol^{-1} = -27.3 \ kJ \cdot mol^{-1}
\end{aligned}
$$

13. 已知下列可逆反应:

$$N_2O_4(g) \rightleftharpoons 2NO_2(g); \quad \Delta_r H_m^\ominus(298.15 \ K) = 57.2 \ kJ \cdot mol^{-1}$$

利用有关物质的热力学数据,计算此可逆反应在 298.15 K 和 350.15 K 时的标准平衡常数。

解: 298.15 K 时,此反应的标准摩尔吉布斯自由能变为

$$
\begin{aligned}
\Delta_r G_m^\ominus(298.15 \ K) &= 2\Delta_f G_m^\ominus(NO_2, g) - \Delta_f G_m^\ominus(N_2O_4, g) \\
&= 2 \times 51.32 \ kJ \cdot mol^{-1} - 97.89 \ kJ \cdot mol^{-1} \\
&= 4.75 \ kJ \cdot mol^{-1}
\end{aligned}
$$

298.15 K 时,此反应的标准平衡常数为

$$
\begin{aligned}
\ln K^\ominus(298.15 \ K) &= -\frac{\Delta_r G_m^\ominus(298.15 \ K)}{R \times 298.15 \ K} \\
&= -\frac{4.75 \times 10^3 \ J \cdot mol^{-1}}{8.314 \ J \cdot mol^{-1} \cdot K^{-1} \times 298.15 \ K} = -1.92 \\
K^\ominus(298.15 \ K) &= 0.15
\end{aligned}
$$

350.15 K 时,反应的标准平衡常数为

$$
\begin{aligned}
\ln K^\ominus(350.15 \ K) &= \frac{\Delta_r H_m^\ominus(298.15 \ K)(T_2 - T_1)}{RT_1T_2} + \ln K^\ominus(298.15 \ K) \\
&= \frac{57.2 \times 10^3 \times (350.15 - 298.15)}{8.314 \times 298.15 \times 350.15} + \ln 0.15 \\
&= 1.53 \\
K^\ominus(350.15 \ K) &= 4.6
\end{aligned}
$$

14. $Ag_2CO_3(s)$ 受热时按下式发生分解:

$$Ag_2CO_3(s) \rightleftharpoons Ag_2O(s) + CO_2(g)$$

在 383.15 K 时，$K^\ominus = 9.51 \times 10^{-3}$。现将 $Ag_2CO_3(s)$ 放入烘箱中，在 383.15 K 下干燥，问空气中 CO_2 的体积分数最小为何值时才能避免 $Ag_2CO_3(s)$ 分解？

解： 防止 Ag_2CO_3 分解需满足的条件是 $J \geqslant K^\ominus$，所需 CO_2 的分压为

$$p(CO_2) \geqslant K^\ominus p^\ominus = 9.5 \times 10^{-3} \times 100 \text{ kPa} = 0.951 \text{ kPa}$$

空气中 CO_2 的体积分数为

$$\varphi(CO_2) = \frac{p(CO_2)}{p_{空气}} \geqslant \frac{0.951 \text{ kPa}}{101.3 \text{ kPa}} = 9.4 \times 10^{-3}$$

383.15 K 时，当空气中 CO_2 的体积分数大于 9.4×10^{-3} 时才能避免 Ag_2CO_3 发生分解。

15. 可逆化学反应 $PCl_3(g) + Cl_2(g) \rightleftharpoons PCl_5(g)$ 在 298.15 K 时的 $\Delta_r H_m^\ominus = -22.2 \text{ kJ·mol}^{-1}$，$K^\ominus = 0.562$。试计算上述可逆反应在 473.15 K 时反应的标准平衡常数。

解： 473.15 K 时反应的标准平衡常数为

$$\ln K^\ominus(473.15 \text{ K}) = \frac{\Delta_r H_m^\ominus(298.15 \text{ K})(T_1 - T_2)}{RT_1 T_2} + \ln K^\ominus(298.15 \text{ K})$$

$$= \frac{-22.2 \times 10^3 \times (473.15 - 298.15)}{8.314 \times 298.15 \times 473.15} + \ln 0.562$$

$$= -3.89$$

$$K^\ominus(473.15 \text{ K}) = 2.04 \times 10^{-2}$$

16. NO 和 CO 是汽车尾气中排放的两种大气污染物，有人提议在一定条件下使这两种气体反应转变为 N_2 和 CO_2，以消除对大气的污染。

（1）写出该反应的化学方程式；

（2）写出该反应的标准平衡常数表达式；

（3）计算该反应在 298.15 K 时的标准平衡常数；

（4）若某城市大气中，N_2、CO_2、NO 和 CO 的分压分别为 78.1 kPa、0.31 kPa、5.0×10^{-5} kPa 和 5.0×10^{-3} kPa，试判断该反应的方向。

解：（1）该反应的化学方程式为

$$NO(g) + CO(g) \rightleftharpoons \frac{1}{2}N_2(g) + CO_2(g)$$

（2）该反应的标准平衡常数表达式为

$$K^\ominus = \frac{[p_{eq}(N_2)/p^\ominus]^{1/2} \cdot [p_{eq}(CO_2)/p^\ominus]}{[p_{eq}(NO)/p^\ominus] \cdot [p_{eq}(CO)/p^\ominus]}$$

（3）298.15 K 时该反应的标准摩尔吉布斯自由能变为

$$\Delta_r G_m^\ominus = \frac{1}{2}\Delta_f G_m^\ominus(N_2, g) + \Delta_f G_m^\ominus(CO_2, g) - \Delta_f G_m^\ominus(NO, g) - \Delta_f G_m^\ominus(CO, g)$$

$$= \left[\frac{1}{2} \times 0 + (-394.36) - 86.55 - (-137.17) \right] kJ \cdot mol^{-1}$$

$$= -343.74 \ kJ \cdot mol^{-1}$$

298.15 K 时该反应的标准平衡常数为

$$\ln K^{\ominus} = -\frac{\Delta_r G_m^{\ominus}}{RT}$$

$$= \frac{343.74 \times 10^3 \ J \cdot mol^{-1}}{8.314 \ J \cdot mol^{-1} \cdot K^{-1} \times 298.15 \ K} = 138.67$$

$$K^{\ominus} = 1.7 \times 10^{60}$$

(4) 298.15 K 时该反应的反应商为

$$J = \frac{[p(N_2)/p^{\ominus}]^{1/2} \cdot [p(CO_2)/p^{\ominus}]}{[p(NO)/p^{\ominus}] \cdot [p(CO)/p^{\ominus}]}$$

$$= \frac{(78.1 \ kPa/100 \ kPa)^{1/2} \cdot (0.31 \ kPa/100 \ kPa)}{(5.0 \times 10^{-5} \ kPa/100 \ kPa) \cdot (5.0 \times 10^{-3} \ kPa/100 \ kPa)}$$

$$= 1.0 \times 10^8$$

由于 $K^{\ominus} > J$，因此上述反应正向进行。

17. 300 K 时，合成氨反应：

$$3H_2(g) + N_2(g) \rightleftharpoons 2NH_3(g)$$

$K^{\ominus} = 5.9 \times 10^5$，$\Delta_r H_m^{\ominus} = -92.2 \ kJ \cdot mol^{-1}$。假定 $\Delta_r H_m^{\ominus}$ 在 300～600 K 的温度范围内保持不变，计算该可逆反应在 600 K 时的标准平衡常数。

解： 600 K 时反应的标准平衡常数为

$$\ln K^{\ominus}(600 \ K) = \frac{\Delta_r H_m^{\ominus}(T_2 - T_1)}{RT_1 T_2} + \ln K^{\ominus}(300 \ K)$$

$$= \frac{-92.2 \times 10^3 \ J \cdot mol^{-1} \times (600 - 300) K}{8.314 \ J \cdot mol^{-1} \cdot K^{-1} \times 300 \ K \times 600 \ K} + \ln (5.9 \times 10^5)$$

$$= -5.20$$

$$K^{\ominus}(600 \ K) = 5.5 \times 10^{-3}$$

18. 已知可逆反应：

$$2NO(g) + O_2(g) \rightleftharpoons 2NO_2(g)$$

在 298.15 K 下进行时的 $\Delta_r G_m^{\ominus} = -69.70 \ kJ \cdot mol^{-1}$，计算该可逆反应的标准平衡常数。在 298.15 K 时，当反应系统中 $p(NO) = 20.00 \ kPa$，$p(O_2) = 10.00 \ kPa$，$p(NO_2) = 70.00 \ kPa$，判断反应进行方向。

解： 该可逆反应在 298.15 K 时的标准平衡常数为

$$\ln K^{\ominus} = -\frac{\Delta_r G_m^{\ominus}}{RT}$$

$$= \frac{60.70 \times 10^3 \ \text{J} \cdot \text{mol}^{-1}}{8.314 \ \text{J} \cdot \text{mol}^{-1} \cdot \text{K}^{-1} \times 298.15 \ \text{K}} = 24.49$$

$$K^{\ominus} = 4.3 \times 10^{10}$$

该可逆反应的反应商为

$$J = \frac{\left[p(NO_2)/p^{\ominus} \right]^2}{\left[p(NO)/p^{\ominus} \right]^2 \cdot \left[p(O_2)/p^{\ominus} \right]}$$

$$= \frac{(70.00 \ \text{kPa}/100 \ \text{kPa})^2}{(20.00 \ \text{kPa}/100 \ \text{kPa})^2 \cdot (10.00 \ \text{kPa}/100 \ \text{kPa})} = 1.225 \times 10^2$$

由于 $K^{\ominus} > J$,因此在 298.15 K 时反应正向自发进行。

单元测试题

一、选择题

1. 可逆反应 $N_2(g) + 3H_2(g) \rightleftharpoons 2NH_3(g)$ 在温度 T 时的标准平衡常数 $K^{\ominus} = 0.25$,在此温度下可逆反应 $NH_3(g) \rightleftharpoons \frac{1}{2}N_2(g) + \frac{3}{2}H_2(g)$ 的标准平衡常数为( )。

(A) 4.0   (B) 2.0   (C) 0.50   (D) 0.25

2. 可逆反应 $CuSO_4 \cdot 5H_2O(s) \rightleftharpoons CuSO_4 \cdot 3H_2O(s) + 2H_2O(g)$ 在 300 K 时的标准平衡常数 $K^{\ominus} = 1.0 \times 10^{-4}$。如果想要 $CuSO_4 \cdot 5H_2O(s)$ 在空气中风化为 $CuSO_4 \cdot 3H_2O(s)$,则空气中的水蒸气压力为( )。

(A) 等于 1.0 kPa   (B) 大于 1.0 kPa
(C) 小于 1.0 kPa   (D) 小于 1.0×10^{-4} kPa

3. 某温度时,可逆反应 $A(s) + B^{2+}(aq) \rightleftharpoons A^{2+}(aq) + B(s)$ 的标准平衡常数 $K^{\ominus} = 1.0$。当 B^{2+} 和 A^{2+} 的浓度分别是 0.50 $mol \cdot L^{-1}$ 和 0.10 $mol \cdot L^{-1}$ 时,则( )。

(A) 反应正向自发进行   (B) 反应处于平衡状态
(C) 反应逆向自发进行   (D) 无法判断反应方向

4. 温度 T 时,可逆反应 $SO_2(g) + \frac{1}{2}O_2(g) \rightleftharpoons SO_3(g)$、$CO_2(g) \rightleftharpoons CO(g) + \frac{1}{2}O_2(g)$ 和 $SO_2(g) + CO_2(g) \rightleftharpoons SO_3(g) + CO(g)$ 的标准平衡常数分别为 $K_1^{\ominus}$、$K_2^{\ominus}$ 和 $K_3^{\ominus}$,则上述三个可逆反应的标准平衡常数的关系为( )。

(A) $K_3^{\ominus} = K_1^{\ominus} \cdot K_2^{\ominus}$ (B) $K_3^{\ominus} = K_1^{\ominus}/K_2^{\ominus}$
(C) $K_3^{\ominus} = K_2^{\ominus}/K_1^{\ominus}$ (D) $K_3^{\ominus} = K_1^{\ominus} + K_2^{\ominus}$

5. 在 40 ℃时,可逆反应 $NH_4HS(s) \rightleftharpoons NH_3(g) + H_2S(g)$ 的标准平衡常数 $K^{\ominus} = 0.090$,则平衡时混合气体的总压为( )。

(A) 9.0 kPa   (B) 30 kPa   (C) 60 kPa   (D) 0.60 kPa

6. 已知温度 T 时可逆反应 $C(s) + O_2(g) \rightleftharpoons CO_2(g)$ 的标准平衡常数为 $K_1^{\ominus}$,可逆反应 $2CO(g) + O_2(g) \rightleftharpoons 2CO_2$ 的标准平衡常数为 $K_2^{\ominus}$,则可逆反应 $2C(s) + O_2(g) \rightleftharpoons 2CO(g)$ 的标准平衡常数 $K_3^{\ominus}$ 为( )。

(A) $K_3^{\ominus} = 2K_1^{\ominus}K_2^{\ominus}$ (B) $K_3^{\ominus} = (K_1^{\ominus})^2 K_2^{\ominus}$
(C) $K_3^{\ominus} = 2K_1^{\ominus}/K_2^{\ominus}$ (D) $K_3^{\ominus} = (K_1^{\ominus})^2/K_2^{\ominus}$

7. 可逆反应 $N_2O_4(g) \rightleftharpoons 2NO_2(g)$ 的 $\Delta_r H_m^{\ominus} > 0$,在一定温度下达到平衡状态。欲使 N_2O_4 的解离度增大,可采取的措施是(　　)。

　　(A) 将系统的体积压缩为原来的 1/2

　　(B) 体积保持不变,加入惰性气体使压力增大到原来的 2 倍

　　(C) 压力保持不变,加入惰性气体使体积增大到原来的 2 倍

　　(D) 体积保持不变,加入 NO_2 气体使压力增大到原来的 2 倍

8. 在一定温度和压力下,某化学反应达到平衡状态时(　　)。

　　(A) $\Delta_r G_m^{\ominus}=0$　　　　(B) $J>K^{\ominus}$　　　　(C) $J<K^{\ominus}$　　　　(D) $J=K^{\ominus}$

9. 在下列因素中,能影响可逆反应的标准平衡常数的是(　　)。

　　(A) 温度　　　　(B) 催化剂　　　　(C) 浓度　　　　(D) 压力

10. 可逆反应 $CO(g)+H_2O(g) \rightleftharpoons CO_2(g)+H_2(g)$ 的 $\Delta_r H_m^{\ominus}<0$。为了提高 CO 的平衡转化率,可以采用的措施是(　　)。

　　(A) 增大总压力　　　　　　　　　　　　(B) 升高温度

　　(C) 增大 $H_2O(g)$ 的分压　　　　　　　(D) 加入催化剂

11. 可逆反应 $4NH_3(g)+5O_2(g) \rightleftharpoons 4NO(g)+6H_2O(g)$ 在催化剂催化下达到平衡后,增加催化剂的用量,将会产生的现象是(　　)。

　　(A) 生成更多的 NO 和 H_2O　　　　　　(B) 生成更多的 NH_3 和 O_2

　　(C) 所有反应物和生成物均增加　　　　　(D) 反应物和生成物的分压不发生变化

12. 在放热可逆反应中,升高温度将(　　)。

　　(A) 使正反应速率增大,逆反应速率减小　　(B) 使标准平衡常数增大

　　(C) 使标准平衡常数减小　　　　　　　　　(D) 不改变正、逆反应速率

13. 可逆反应达到化学平衡的条件是(　　)。

　　(A) 反应物和生成物的浓度相等　　　　(B) 正反应停止

　　(C) 逆反应停止　　　　　　　　　　　(D) 正反应速率等于逆反应速率

14. 气相可逆反应达到平衡后,采取下列措施,既能使化学平衡发生移动,又能改变标准平衡常数的是(　　)。

　　(A) 增大反应物的分压　　　　　　　　(B) 升高温度

　　(C) 加入催化剂　　　　　　　　　　　(D) 增大压力

15. 可逆反应 $CO_2(g)+H_2(g) \rightleftharpoons CO(g)+H_2O(g)$ 在 1 260 K 时的标准平衡常数 $K^{\ominus}=1.6$。若在此温度下系统中各组分气体的分压为 $p(CO_2)=p(H_2)=2.0\times10^2$ kPa,$p(CO)=p(H_2O)=1.0\times10^2$ kPa,则反应进行的方向为(　　)。

　　(A) 正向进行　　　　　　　　　　　　(B) 逆向进行

　　(C) 处于平衡状态　　　　　　　　　　(D) 无法判断

16. 可逆反应 $NO(g)+CO(g) \rightleftharpoons \frac{1}{2}N_2(g)+CO_2(g)$ 的 $\Delta_r H_m^{\ominus}=-373.6$ kJ·mol^{-1}。有利于 NO 和 CO 取得较高转化率的条件是(　　)。

　　(A) 低温低压　　　　(B) 高温高压　　　　(C) 低温高压　　　　(D) 高温低压

17. 在一定温度下,可逆反应 $2A(g)+B(g) \rightleftharpoons Z(g)$ 中 A 的转化率为 20%,标准平衡常数为 1/9。上述可逆反应若改写成 $A(g)+\frac{1}{2}B(g) \rightleftharpoons \frac{1}{2}Z(g)$,则在相同条件下,标准平衡常数和 A 的转化率分别为(　　)。

　　(A) 1/3,20%　　　　(B) 1/3,10%　　　　(C) 1/9,20%　　　　(D) 1/9,10%

18. 在 400 K 时将纯 NH_4HCO_3 固体置于一抽空的密闭容器内,发生下列化学反应:

$$NH_4HCO_3(s) \Longrightarrow NH_3(g) + CO_2(g) + H_2O(g)$$

达到平衡时,测得容器内的总压力为 a kPa,则该反应在 400 K 时的标准平衡常数 $K^\ominus$ 为(　　)。

(A) a^3　　　　(B) $(a/3)^3$　　　　(C) $(a/100)^3$　　　　(D) $(a/300)^3$

19. 在一定温度下,可逆反应 $A_2(g) + B_2(g) \Longrightarrow 2AB(g)$ 在密闭容器内达到化学平衡的标志是(　　)。

(A) 容器内的压力不随时间变化

(B) 单位时间内生成 c mol A_2,同时生成 a mol AB

(C) 单位时间内生成 $2a$ mol AB,同时生成 a mol B_2

(D) 单位时间内生成 a mol A_2,同时生成 a mol B_2

20. 可逆反应 $0 = \sum\limits_B \nu_B B(g)$ 在密闭容器中达到平衡后,在温度一定时缩小容器的体积,该可逆反应所受的影响是(　　)。

(A) 若 $\sum\limits_B \nu_B = 0$,则平衡正向移动　　　　(B) 若 $\sum\limits_B \nu_B < 0$,则平衡逆向移动

(C) 若 $\sum\limits_B \nu_B > 0$,则平衡正向移动　　　　(D) 若 $\sum\limits_B \nu_B = 0$,则平衡不发生移动

21. 可逆反应 $A(g) \Longrightarrow Y(g) + Z(g)$ 在温度 T 时的标准平衡常数为 $K^\ominus$。在此温度下当 A 的解离度为 50% 时,反应在密闭容器中达到化学平衡,此时系统的总压力 p 为(　　)。

(A) $p^\ominus K^\ominus$　　　　(B) $2p^\ominus K^\ominus$　　　　(C) $3p^\ominus K^\ominus$　　　　(D) $4p^\ominus K^\ominus$

22. 可逆反应 $2NO(g) \Longrightarrow N_2(g) + O_2(g)$ 的 $\Delta_r H_m^\ominus < 0$,则该反应的标准平衡常数 $K^\ominus$ 与温度 T 的关系是(　　)。

(A) $K^\ominus$ 与 T 成正比　　　　(B) $K^\ominus$ 与 T 无关

(C) T 升高,$K^\ominus$ 增大　　　　(D) T 升高,$K^\ominus$ 减小

23. 可逆反应 $CO(g) + H_2O(g) \Longrightarrow CO_2(g) + H_2(g)$ 在某温度时的 $K^\ominus = 0.50$,当各物质的分压均为 200 kPa 时,可以判断(　　)。

(A) $\Delta_r G_m < 0$　　　　(B) $\Delta_r G_m = 0$　　　　(C) $\Delta_r G_m > 0$　　　　(D) $\Delta_r G_m > \Delta_r G_m^\ominus$

24. 可逆反应 $A + B \Longrightarrow Y + Z$ 在某温度下达到了化学平衡,当增大压力时,平衡向逆反应方向移动。若 A 为液体,Y 为固体,则下列说法中正确的是(　　)。

(A) B 为固态,Z 为气态　　　　(B) B 和 Z 均为气态

(C) B 和 Z 均为固态　　　　(D) B 为气态,Z 为固态

25. 在密闭容器中,可逆反应 $aA(g) + bB(g) \Longrightarrow zZ(g)$ 达到平衡后,将密闭容器的体积缩小,A 的转化率也随之降低。则下列各式正确的是(　　)。

(A) $a + b = z$　　　　(B) $a + b < z$　　　　(C) $a + b > z$　　　　(D) $b > z$

26. 公式 $\ln\dfrac{K^\ominus(T_2)}{K^\ominus(T_1)} = \dfrac{\Delta_r H_m^\ominus(T_2 - T_1)}{RT_1 T_2}$ 成立的条件是(　　)。

(A) $\Delta_r H_m^\ominus$ 和 $\Delta_r S_m^\ominus$ 与温度无关　　　　(B) $\Delta_r G_m^\ominus$ 与温度无关

(C) 反应在等温、等压下进行　　　　(D) 反应在等温、等容下进行

27. 将 NH_4Cl 固体置于抽空的密闭容器中加热到 324℃,发生下列反应:

$$NH_4Cl(s) \Longrightarrow NH_3(g) + HCl(g)$$

达到平衡时测得系统的总压力为 100 kPa,则 324℃ 时该反应的标准平衡常数为(　　)。

(A) 0.25　　　　(B) 0.50　　　　(C) 1.0　　　　(D) 2.5×10^3

28. 在某密闭容器中加入相同物质的量的 NO 和 Cl_2,在一定温度下发生下列反应:

$$NO(g) + \frac{1}{2}Cl_2(g) \Longrightarrow NOCl(g)$$

达到化学平衡时,下列有关各组分气体分压的结论正确的是(　　)。

(A) $p_{eq}(NO)=p_{eq}(Cl_2)$

(B) $p_{eq}(NO)>p_{eq}(Cl_2)$

(C) $p_{eq}(NO)<p_{eq}(Cl_2)$

(D) $p_{eq}(NO)=p_{eq}(NOCl)$

29. 在某温度下 $NH_4HCO_3(s)$ 发生如下分解反应:

$$NH_4HCO_3(s) \rightleftharpoons NH_3(g)+CO_2(g)+H_2O(g)$$

设在两个体积相等的容器甲和乙中,分别放入 $NH_4HCO_3(s)$ 100 g 和 200 g。在此温度下达到平衡后,两个容器内均有固体物质存在。则下列说法中正确的是(　　)。

(A) 甲容器内的压力大于乙容器内的压力

(B) 两容器内的压力相等

(C) 甲容器内的压力小于乙容器内的压力

(D) 必须进行实验测定才能判断两容器内压力的大小

30. 在某温度下进行的可逆反应 $A(aq) \rightleftharpoons Y(aq)+Z(aq)$,当 A 的起始浓度为 a mol·L^{-1} 时,达到化学平衡时 A 分解一半。则该温度下反应的标准平衡常数为(　　)。

(A) $a/2$
(B) a
(C) $2a$
(D) $a/4$

31. 已知可逆反应 $NO_2(g) \rightleftharpoons NO(g)+\dfrac{1}{2}O_2(g)$ 的标准平衡常数和标准摩尔吉布斯自由能变分别为 $K_1^{\ominus}$ 和 $\Delta_r G_{m,1}^{\ominus}$,则可逆反应 $2NO_2(g) \rightleftharpoons 2NO(g)+O_2(g)$ 的标准平衡常数 $K_2^{\ominus}$ 和标准摩尔吉布斯自由能变 $\Delta_r G_{m,2}^{\ominus}$ 分别为(　　)。

(A) $K_2^{\ominus}=K_1^{\ominus}$,$\Delta_r G_{m,2}^{\ominus}=\Delta_r G_{m,1}^{\ominus}$

(B) $K_2^{\ominus}=1/K_1^{\ominus}$,$\Delta_r G_{m,2}^{\ominus}=2\Delta_r G_{m,1}^{\ominus}$

(C) $K_2^{\ominus}=(K_1^{\ominus})^2$,$\Delta_r G_{m,2}^{\ominus}=2\Delta_r G_{m,1}^{\ominus}$

(D) $K_2^{\ominus}=(K_1^{\ominus})^{1/2}$,$\Delta_r G_{m,2}^{\ominus}=\Delta_r G_{m,1}^{\ominus}/2$

32. 当可逆反应达到平衡时,$J=K^{\ominus}$。若在其他条件不变的情况下,增大平衡系统内任一反应物的浓度(或分压),必然导致(　　)。

(A) $J<K^{\ominus}$
(B) $J=K^{\ominus}$
(C) $J>K^{\ominus}$
(D) $J \geqslant K^{\ominus}$

33. 下列关于化学平衡的叙述中,正确的是(　　)。

(A) 升高温度,平衡向放热反应方向移动

(B) 降低温度,平衡向吸热反应方向移动

(C) 改变浓度可引起平衡的移动,因此标准平衡常数也随之发生改变

(D) 改变浓度可引起平衡的移动,但不会改变标准平衡常数

34. 可逆反应 $C(s)+H_2O(g) \rightleftharpoons CO(g)+H_2(g)$ 的 $\Delta_r H_m^{\ominus}>0$,下列说法正确的是(　　)。

(A) 达到平衡时反应物和生成物的分压相等

(B) 降低温度有利于平衡向正反应方向移动

(C) 升高温度有利于平衡向正反应方向移动

(D) 增大压力对平衡没有影响

35. O_2 和 CO 都能与血红蛋白(Hb)形成配合物:

$$HbO_2(aq)+CO(g) \rightleftharpoons HbCO(aq)+O_2(g)$$

正常体温下标准平衡常数 $K^{\ominus}=200$。如果 $c(HbCO)/c(HbO_2)$ 接近于1,便可导致人死亡,设空气中 O_2 的分压为 14 kPa,则空气中 CO 的极限分压(超过极限分压就是致命的)是(　　)。

(A) 0.28 kPa
(B) 28 kPa
(C) 0.70 kPa
(D) 0.070 kPa

36. 在可逆反应 $N_2(g)+3H_2(g) \rightleftharpoons 2NH_3(g)$ 的平衡系统中,缩小体积增大压力时,平衡向正反应方向移动,这意味着(　　)。

(A) $K^{\ominus}$ 增大
(B) $K^{\ominus}$ 减小
(C) J 减小
(D) J 增大

37. 可逆反应 $A(g)+2B(s) \rightleftharpoons 3Z(g)$ 的 $\Delta_r H_m^{\ominus}>0$。当反应在一定温度下达到化学平衡后,下列说法正确的是(　　)。

(A) 升高温度可使化学平衡向正反应方向移动

(B) 由于 $\sum\limits_{B}\nu_B=0$,故将反应容器的体积压缩不能使平衡发生移动

(C) 反应物的分压等于生成物的分压

(D) 加入催化剂,可使化学平衡向正反应方向移动

38. 可逆反应 $A(g)-B(g)\rightleftharpoons 2Z(g)$ 的 $\Delta_r H_m^\ominus>0$,在温度 T 时达到化学平衡。若采取下列措施,可能使化学平衡向正反应方向移动的是( )。

(A) 保持原来的温度   (B) 升高温度

(C) 降低温度   (D) 压缩系统的体积,以增大总压力

39. 某可逆反应在 727 ℃时的标准平衡常数 $K^\ominus=1.0$,则此温度下该可逆反应的标准摩尔吉布斯自由能变( )。

(A) $\Delta_r G_m^\ominus<0$ (B) $\Delta_r G_m^\ominus>0$ (C) $\Delta_r G_m^\ominus=0$ (D) 不能估算 $\Delta_r G_m^\ominus$

40. 可逆反应 $N_2O_4(g)\rightleftharpoons 2NO_2(g)$ 在 308 K 时的标准平衡常数 $K^\ominus=0.36$,当在此温度下达到化学平衡时,N_2O_4 的平衡分压为 100 kPa,则 NO_2 的平衡分压为( )。

(A) 36 kPa   (B) 60 kPa   (C) 0.60 kPa   (D) 1.67 kPa

41. 硫氢化铵晶体受热时按下式分解:

$$NH_4HS(s)\rightleftharpoons NH_3(g)+H_2S(g)$$

若在一定温度下将硫氢化铵晶体放在真空容器中达到化学平衡,此时容器内的总压力为 600 kPa。则该温度下上述反应的标准平衡常数为( )。

(A) 9.0×10^4 (B) 9.0×10^6 (C) 9.0   (D) 36

42. 已知可逆反应 $C(s)+2H_2(g)\rightleftharpoons CH_4(g)$ 在某温度下达到平衡时,$p_{eq}(H_2)=3.0\times10^2$ kPa,$p_{eq}(CH_4)=1.8\times10^3$ kPa,则该温度下此反应的标准平衡常数为( )。

(A) 2.0   (B) 0.50   (C) 6.0   (D) 2.0×10^{-3}

43. 在 950 ℃时,可逆反应 $2CuO(s)\rightleftharpoons Cu_2O(s)+\dfrac{1}{2}O_2(g)$ 的标准平衡常数 $K^\ominus=2.0$。则在此温度下上述反应达到平衡时 O_2 的分压为( )。

(A) 1.4 kPa   (B) 4.0 kPa   (C) 140 kPa   (D) 400 kPa

44. 某一可逆反应在一定条件下反应物的平衡转化率为 25.0%,加入催化剂后反应物的平衡转化率( )。

(A) 小于 25.0%   (B) 等于 25.0%   (C) 小于 25.0%   (D) 无法确定

45. 对可逆反应,加入催化剂的目的是( )。

(A) 提高反应物的平衡转化率   (B) 加快正反应速率,而减慢逆反应速率

(C) 使化学平衡向正反应方向移动   (D) 缩短达到化学平衡所需的时间

46. 1 mol $A(g)$ 与 1 mol $B(g)$ 发生下列可逆反应:

$$A(g)+B(g)\rightleftharpoons Y(g)+Z(g)$$

在一定条件下达到平衡时,$Y(g)$ 为 $\dfrac{3}{4}$ mol。则该条件下可逆反应的标准平衡常数为( )。

(A) $\dfrac{1}{16}$ (B) $\dfrac{1}{9}$ (C) 9   (D) 16

47. 化合物 A 的水合晶体 $A\cdot 3H_2O$ 的脱水反应过程为

$$A\cdot 3H_2O(s)\rightleftharpoons A\cdot 2H_2O(s)+H_2O(g);K_1^\ominus$$

$$A \cdot 2H_2O(s) \Longrightarrow A \cdot H_2O(s) + H_2O(g); K_2^{\ominus}$$

$$A \cdot H_2O(s) \Longrightarrow A(s) + H_2O(g); K_3^{\ominus}$$

为使 $A \cdot 2H_2O(s)$ 稳定存在,而不发生潮解或风化,则容器中水蒸气的平衡压力应满足的条件是(   )。

(A) $p^{\ominus} K_2^{\ominus} > p_{eq}(H_2O) > p^{\ominus} K_3^{\ominus}$ (B) $p_{eq}(H_2O) > p^{\ominus} K_2^{\ominus}$

(C) $p^{\ominus} K_1^{\ominus} > p_{eq}(H_2O) > p^{\ominus} K_2^{\ominus}$ (D) $p_{eq}(H_2O) > p^{\ominus} K_1^{\ominus}$

48. 在一定温度下,将 1.0 mol $N_2O_4(g)$ 放入一密闭容器中,发生下列可逆反应:

$$N_2O_4(g) \Longrightarrow 2NO_2(g)$$

当达到化学平衡时,容器内有 0.8 mol NO_2,气体总压为 100 kPa。则该可逆反应在此温度下的标准平衡常数为(   )。

(A) 0.40 (B) 0.67 (C) 0.76 (D) 1.3

49. 下列关于标准平衡常数的叙述中正确的是(   )。

(A) 标准平衡常数是指可逆反应处于热力学标准状态时的平衡常数

(B) 标准平衡常数只适用于气相可逆反应

(C) 标准平衡常数只适用于溶液中的可逆反应

(D) 标准平衡常数与可逆反应达到平衡时是否处于标准状态无关

二、是非题

50. 化学反应的标准平衡常数和反应物的平衡转化率都能表示反应进行的限度,但标准平衡常数与浓度或分压无关,而反应物的平衡转化率受浓度或分压的影响。

51. 对于放热反应,温度升高,标准平衡常数减小。

52. 由于 $\ln K^{\ominus} = -\Delta_r G_m^{\ominus}/(RT)$,所以温度升高时,$K^{\ominus}$ 一定增大。

53. 所有化学反应在一定条件下都可建立化学平衡。

54. 对于可逆反应 $A(s) \Longrightarrow Y(g) + Z(g)$,增大压力,不仅可以使化学平衡向逆反应方向移动,而且也使标准平衡常数减小。

55. 可逆反应在某温度下的标准平衡常数可以直接利用该温度下可逆反应的标准摩尔吉布斯自由能变求得。

56. 某一气相可逆反应在一定温度下达到化学平衡后,在此温度下加入反应物再次达到化学平衡,则两次测得的标准平衡常数相同。

57. 对于可逆反应,正反应的标准平衡常数与逆反应的标准平衡常数总是相等的。

58. 可逆反应 $4NH_3(g) + 5O_2(g) \Longrightarrow 4NO(g) + 6H_2O(g)$ 在一定温度下达到化学平衡后,若在体积不变时向平衡系统内加入惰性气体增大系统的压力,则化学平衡不发生移动。

59. 对于可逆反应 $C(s) + H_2O(g) \Longrightarrow CO(g) + H_2(g)$,由于反应前后分子总数不变,所以增大压力对化学平衡没有影响。

60. 对于某温度下的可逆反应 $H_2O(g) + CO(g) \Longrightarrow CO_2(g) + H_2(g)$,当反应物和生成物的分压都为 100 kPa 时,该可逆反应的标准平衡常数 $K^{\ominus} = 1.0$。

61. 在等温、等压、不做非体积功的条件下,当可逆反应达到平衡时 $J = K^{\ominus}$。

62. 当改变温度使化学平衡移动时,标准平衡常数一定发生变化。

63. 在可逆反应中,反应物的浓度越大,其平衡转化率就越大。

64. 某一可逆反应在一定条件进行时,反应物 A 的转化率为 30%。当有催化剂存在时,A 的转化率将大于 30%。

65. 某一可逆反应,在等温、等压、不做非体积功的条件下,当 $J > K^{\ominus}$ 时,反应向逆反应方向进行。

66. 催化剂能加快化学平衡的建立,因此也能改变反应的标准平衡常数。

67. 对于可逆反应,在相同温度下,正反应的标准平衡常数与逆反应的标准平衡常数的乘积等于1。

68. 对于可逆反应 $2A(g)+B(g) \rightleftharpoons 2Z(g)$,随着反应的进行,A 和 B 的分压不断降低,Z 的分压不断增大,所以标准平衡常数逐渐增大。

69. 在一定温度下,反应的 $\Delta_r G_m^\ominus$ 越小,反应的标准平衡常数就越大。

70. 如果某可逆反应在 300 K 时的标准平衡常数小于 400 K 时的标准平衡常数,则此反应的 $\Delta_r H_m^\ominus > 0$。

三、填空题

71. 温度 T 时,将 $PCl_5(g)$ 通入一密闭容器中,发生下列反应:

$$PCl_5(g) \rightleftharpoons PCl_3(g) + Cl_2(g)$$

平衡时测得容器内的压力为 300 kPa,PCl_5 的平衡转化率为 50%,则此温度下反应的标准平衡常数 $K^\ominus =$ _____。若在此温度下,将分压均为 200 kPa 的 PCl_5、PCl_3 和 Cl_2 通入密闭容器中,可逆反应进行的方向是 _____。

72. 在 1.5 mol·L^{-1} A 溶液中加入一定量 B,在 298.15 K 时发生反应:

$$A(aq) + 2B(aq) \rightleftharpoons Y(aq) + 2Z(aq)$$

当反应达到平衡时,$c_{eq}(B) = 1.0$ mol·L^{-1},$c_{eq}(Y) = 0.5$ mol·L^{-1}。则 $c_{eq}(A) =$ _____,$c_{eq}(Z) =$ _____,$K^\ominus =$ _____。

73. 蔗糖的水解反应为

$$C_{12}H_{22}O_{11}(蔗糖)(aq) + H_2O(l) \rightleftharpoons C_6H_{12}O_6(葡萄糖)(aq) + C_6H_{12}O_6(果糖)(aq)$$

在某温度下,蔗糖的起始浓度为 0.20 mol·L^{-1},达到平衡时,蔗糖浓度为 0.10 mol·L^{-1},反应的标准平衡常数 $K^\ominus =$ _____。在同一温度下,将 0.10 mol 葡萄糖和 0.10 mol 蔗糖混合后配成 1.0 L 溶液,达到平衡时,果糖的浓度 $c_{eq, 果糖} =$ _____。

74. 对吸热反应,升高温度时,可逆反应的标准平衡常数将 _____,反应的标准摩尔吉布斯自由能变将 _____。

75. 700 K 时,可逆反应 $CO(g) + H_2O(g) \rightleftharpoons H_2(g) + CO_2(g)$ 的标准平衡常数 $K^\ominus = 9.0$,若反应开始时,$p(CO) = p(H_2O) = 100$ kPa,则达到平衡时 $p_{eq}(H_2) =$ _____,CO 的平衡转化率 $\alpha =$ _____。

76. 温度发生变化时,可逆反应的标准平衡常数 _____;加入催化剂时,反应的标准平衡常数 _____。

77. 可逆反应的标准摩尔吉布斯自由能变与反应的标准平衡常数之间的定量关系为 _____,若 $\Delta_r G_m^\ominus = 0$ 时,$K^\ominus =$ _____,反应在标准状态下 _____。

78. 将物质的量相等的 CO 和 $H_2O(g)$ 混合于一容器中,发生下列反应:

$$CO(g) + H_2O(g) \rightleftharpoons H_2(g) + CO_2(g)$$

在一定温度下达到化学平衡时,CO 的平衡转化率为 α,则上述反应的标准平衡常数 $K^\ominus =$ _____。平衡时系统的总压力与反应开始时的总压力相比,将 _____;压缩系统的体积时,化学平衡将 _____;若在系统的总压力不变的条件下加入惰性气体,化学平衡将 _____。

79. 可逆反应 $I_2(g) \rightleftharpoons 2I(g)$ 达到化学平衡时:

(1) 升高温度,反应标准平衡常数 _____,其原因是 _____;

(2) 在温度不变的条件下压缩气体的体积而增大压力时,$I_2(g)$ 的解离度 _____,其原因是 _____;

(3) 恒容条件下充入 N_2,$I_2(g)$ 的解离度 _____,其原因是 _____;

(4) 恒压条件下充入 N_2,$I_2(g)$ 的解离度 _____,其原因是 _____。

80. 可逆反应 $C(s) + H_2O(g) \rightleftharpoons CO(g) + H_2(g)$ 的 $\Delta_r H_m^\ominus = 134 \text{ kJ·mol}^{-1}$，当降低温度时,该反应的标准平衡常数将_____,生成物 CO 的平衡转化率将_____。增大系统压力时,化学平衡_____移动。保持温度和体积不变,向系统中加入 N_2,化学平衡_____移动。

81. 306 K 时,在体积为 10.0 L 的容器内加入 4.00 mol $N_2O_4(g)$ 和 1.00 mol $NO_2(g)$,已知可逆反应 $N_2O_4(g) \rightleftharpoons 2NO_2(g)$ 的 $K^\ominus = 0.25$,则反应开始前 $p_{总} = $_____,反应进行的方向是_____。

82. 500 ℃时,可逆反应 $2NO_2(g) \rightleftharpoons 2NO(g) + O_2(g)$ 的 $K^\ominus = 0.350$。如果将一定量 $NO_2(g)$ 充入一不含任何气体的密闭容器中,平衡时测得 $NO_2(g)$ 的分压为 34.4 kPa,则 $NO_2(g)$ 的初始分压为_____,$O_2(g)$ 的平衡分压为_____,$NO(g)$ 的平衡分压为_____,$NO_2(g)$ 的平衡解离度为_____。

83. 已知可逆反应 $CO(g) + 2H_2(g) \rightleftharpoons CH_3OH(g)$ 在 523 K 和 548 K 时的标准平衡常数分别为 2.3×10^{-3} 和 5.4×10^{-4},该可逆反应在一定条件下达到了化学平衡。当升高温度时,化学平衡向_____方向移动;加入催化剂后,化学平衡_____。

84. 可逆反应 $\frac{1}{2}Br_2(l) + \frac{1}{2}H_2(g) \rightleftharpoons HBr(g)$ 的 $\Delta_r H_m^\ominus < 0$。反应达到化学平衡后,降低温度时,平衡_____移动;缩小容器的体积增大压力时,平衡_____移动;升高温度时,标准平衡常数_____;加入催化剂时,标准平衡常数_____。

85. 可逆反应 $PCl_3(g) + Cl_2(g) \rightleftharpoons PCl_5(g)$ 的 $\Delta_r H_m^\ominus < 0$。在密闭容器内,当反应达到平衡后,若向系统内加 $Cl_2(g)$,平衡_____移动;升高温度,平衡_____移动;在等容条件下加入惰性气体,平衡_____移动;若加入催化剂,平衡_____移动。

86. 某可逆反应的标准平衡常数 $K^\ominus$ 与热力学温度 T 之间的定量关系为 $\ln K^\ominus = \frac{1.00 \times 10^5}{T/K} - 8.0$。则该可逆反应的 $\Delta_r H_m^\ominus(T) = $_____,$\Delta_r S_m^\ominus(T) = $_____。

四、问答题

87. 在等温、等压、不做非体积功的条件下,如何利用反应商 J 和标准平衡常数 $K^\ominus$ 来判断可逆反应进行的方向?

88. 利用标准平衡常数定义式 $\Delta_r G_m^\ominus = -RT \ln K^\ominus$,推导出热力学温度、反应的标准摩尔焓变与标准平衡常数之间的关系式为

$$\ln \frac{K^\ominus(T_2)}{K^\ominus(T_1)} = \frac{\Delta_r H_m^\ominus(T_2 - T_1)}{RT_1 T_2}$$

89. 为什么催化剂对化学平衡没有影响?

90. 标准平衡常数表达式与反应商表达式在形式上非常相似,其含义有何不同?

91. 可逆反应 $A(g) + B(g) \rightleftharpoons 2Z(g)$ 的 $\Delta_r H_m^\ominus < 0$,在某温度下达到平衡。

(1) 若其他条件不变,加入催化剂是否会引起平衡移动?

(2) 若增大任一反应物或生成物的分压,化学平衡向哪一方向移动?

(3) 升高温度时化学平衡向哪一方向移动?

(4) 缩小容器的体积增大压力时,化学平衡向哪一方向移动?标准平衡常数是否发生变化?

92. PCl_5 的分解反应为

$$PCl_5(g) \rightleftharpoons PCl_3(g) + Cl_2(g)$$

升高温度时,PCl_5 的分解百分率增大。试回答下列问题:

(1) PCl_5 分解反应是吸热反应还是放热反应?

(2) 在恒温时,缩小反应容器的体积增大压力,对 PCl_5 分解百分率有何影响?

93. 可逆反应 $A(aq) + B(aq) \rightleftharpoons 2Y(aq) + Z(aq)$ 达到平衡后,在其他条件不变时增大反应物 A 的浓度,是

否能增大 A 和 B 的平衡转化率?

五、计算题

94. 1 073 K 时,在密闭容器中进行如下可逆反应:

$$CO(g) + H_2O(g) \rightleftharpoons CO_2(g) + H_2(g)$$

反应的标准平衡常数 $K^\ominus = 1.0$。

(1) 如果反应开始时 CO 和 H_2O 的分压都是 100 kPa,计算 CO 的平衡转化率;

(2) 如果反应开始时 CO 的分压为 100 kPa,H_2O 的分压为 500 kPa,计算 CO 的平衡转化率。

95. 可逆反应 $SO_2(g) + NO_2(g) \rightleftharpoons SO_3(g) + NO(g)$ 在 700 K 时的标准平衡常数 $K^\ominus = 9.0$。若在此温度下,SO_2,NO_2,SO_3 和 NO 的分压都为 50 kPa,通过计算判断反应进行的方向。

96. 蔗糖的水解反应为

$$C_{12}H_{22}O_{11}(aq) + H_2O(l) \rightleftharpoons C_6H_{12}O_6(葡萄糖)(aq) + C_6H_{12}O_6(果糖)(aq)$$

当蔗糖的起始浓度为 $a \ mol \cdot L^{-1}$ 时,在温度 T 时水解反应达到平衡时蔗糖水解了 1/3,计算该温度下蔗糖水解反应的标准平衡常数。

97. Ag_2CO_3 固体受热时按下式分解:

$$Ag_2CO_3(s) \rightleftharpoons Ag_2O(s) + CO_2(g)$$

已知 383 K 时,$K^\ominus = 1.0 \times 10^{-2}$。现将 Ag_2CO_3 固体放入烘箱中,在 383 K 下干燥,当空气中 CO_2 的分压为何值时才能避免 Ag_2CO_3 固体分解?

98. 氯化铵固体受热时按下式分解:

$$NH_4Cl(s) \rightleftharpoons NH_3(g) + HCl(g)$$

已知 700 K 时 $\Delta_r H_m^\ominus = 162 \ kJ \cdot mol^{-1}$,$\Delta_r S_m^\ominus = 250 \ J \cdot mol^{-1} \cdot K^{-1}$,计算上述可逆反应在 700 K 达到化学平衡时系统的总压力。

99. 1 373 K 时,可逆反应 $CO(g) + H_2O(g) \rightleftharpoons CO_2(g) + H_2(g)$ 的 $K^\ominus = 1.00$。若在一密闭容器中 CO 和 H_2O 的分压都为 200 kPa,CO_2 和 H_2 的分压都为 100 kPa 时,它们的分压是否发生变化?计算出达到化学平衡后各气体的分压。

100. 630 K 时,可逆反应 $A(s) \rightleftharpoons Y(g) + Z(g)$ 的 $\Delta_r G_m^\ominus = 120.6 \ kJ \cdot mol^{-1}$。

(1) 计算该反应在 630 K 时的标准平衡常数;

(2) 将 $A(s)$ 放入一真空容器内,在 630 K 达到化学平衡时 $Y(g)$ 和 $Z(g)$ 的分压分别为多少?

101. 可逆反应 $2CO(g) + O_2(g) \rightleftharpoons 2CO_2(g)$ 在 1 800 K 时 $K^\ominus = 1.0 \times 10^6$。在此温度下将 CO,$O_2$ 和 CO_2 充入一真空容器中,三种气体的分压分别为 1 kPa,10 kPa 和 100 kPa,判断反应进行的方向。如果 CO 和 CO_2 的分压不变,O_2 的分压为多少时,才能使反应逆向进行?

102. 在 500 K 时将 1.50 mol NO,1.00 mol Cl_2 和 2.50 mol NOCl 在体积为 15.0 L 的容器内达到下列化学平衡:

$$2NO(g) + Cl_2(g) \rightleftharpoons 2NOCl(g)$$

当反应在 500 K 达到化学平衡后测得容器内 NOCl 的物质的量为 3.06 mol,计算该温度下 NO 的平衡物质的量和反应的标准平衡常数。

103. 在 800 K 和 100 kPa 下,将 8.0 mol SO_2 和 4.0 mol O_2 加入到含有催化剂 V_2O_5 的密闭容器中,在等温等压下发生下列可逆反应:

$$2SO_2(g) + O_2(g) \rightleftharpoons 2SO_3(g)$$

反应达到平衡时,测得混合物中有 6.0 mol $SO_3(g)$。计算:

（1）该可逆反应在 800 K 时的标准平衡常数和标准摩尔吉布斯自由能变；

（2）SO_2 在上述条件下的平衡转化率。

单元测试题参考答案

一、选择题

1. B；2. C；3. A；4. A；5. C；6. D；7. C；8. D；9. A；10. C；11. D；12. C；13. D；14. B；15. A；16. C；17. A；18. D；19. C；20. D；21. C；22. D；23. C；24. A；25. B；26. A；27. A；28. C；29. B；30. A；31. C；32. A；33. D；34. C；35. D；36. C；37. A；38. B；39. C；40. B；41. C；42. A；43. D；44. B；45. D；46. C；47. C；48. C；49. D。

二、是非题

50. √；51. √；52. ×；53. ×；54. ×；55. √；56. √；57. ×；58. √；59. ×；60. ×；61. √；62. √；63. ×；64. ×；65. √；66. ×；67. √；68. ×；69. √；70. √

三、填空题

71. 1.0；逆向。

72. 1.0 mol·L^{-1}；1.0 mol·L^{-1}；0.50。

73. 0.10；0.041 mol·L^{-1}。

74. 增大；减小。

75. 75 kPa；75%。

76. 变化；不变。

77. $\Delta_r G_m^\ominus = -RT\ln K^\ominus$；1；处于平衡状态。

78. $\left(\dfrac{\alpha}{1-\alpha}\right)^2$；不变；不移动；不移动。

79. （1）增大；$I_2(g)$ 的解离反应为吸热反应；

（2）减小；总体积缩小，压力增大，化学平衡向气体分子数减少的方向移动；

（3）不变；$I_2(g)$ 和 $I(g)$ 的分压都不变；

（4）增大；体积变大时，$I_2(g)$ 和 $I(g)$ 的分压同时减小，化学平衡向气体分子或粒子数增大的方向移动。

80. 减小；减小；向可逆反应方向；不。

81. 1.27×10^3 kPa；向逆反应方向进行。

82. 78 kPa；21.8 kPa；43.6 kPa；56%。

83. 逆反应；不发生移动。

84. 正向；逆向；减小；不变。

85. 正向；逆向；不发生；不发生。

86. -83.14 kJ·mol^{-1}；66.5 J·mol^{-1}·K^{-1}。

四、问答题

87. 当 $K^\ominus > J$ 时，可逆反应正向进行；当 $K^\ominus = J$ 时，可逆反应处于平衡状态；当 $K^\ominus < J$ 时，可逆反应逆向进行。

88. 在温度 T 时，由吉布斯自由能的定义式和标准平衡常数的定义式可得

$$\Delta_r G_m^\ominus = \Delta_r H_m^\ominus - T\Delta_r S_m^\ominus$$

$$\Delta_r G_m^\ominus = -RT\ln K^\ominus$$

由以上两式得

$$\ln K^{\ominus} = \frac{\Delta_r S_m^{\ominus}}{R} - \frac{\Delta_r H_m^{\ominus}}{RT}$$

温度对 $\Delta_r H_m^{\ominus}$ 和 $\Delta_r S_m^{\ominus}$ 的影响很小，可近似地认为它们与温度无关。当温度分别为 T_2 和 T_1 时，由上式可得

$$\ln K^{\ominus}(T_2) = \frac{\Delta_r S_m^{\ominus}}{R} - \frac{\Delta_r H_m^{\ominus}}{RT_2}$$

$$\ln K^{\ominus}(T_1) = \frac{\Delta_r S_m^{\ominus}}{R} - \frac{\Delta_r H_m^{\ominus}}{RT_1}$$

以上两式相减得

$$\ln \frac{K^{\ominus}(T_2)}{K^{\ominus}(T_1)} = \frac{\Delta_r H_m^{\ominus}(T_2 - T_1)}{RT_1 T_2}$$

89. 当一个可逆反应达到化学平衡时，$J = K^{\ominus}$。加入催化剂后，由于催化剂既不能影响 J，也不能影响 $K^{\ominus}$，当然不能使化学平衡发生移动，因此催化剂对化学平衡没有影响。

90. 标准平衡常数是在一定温度下，反应物和生成物的相对平衡浓度或相对平衡分压各以其化学计量数为指数的幂的乘积。反应商是反应物和生成物的相对浓度各以其化学计量数为指数的幂的乘积。对于一个给定的可逆反应，当温度一定时，标准平衡常数为一定值，与反应物和生成物的浓度或分压无关；而反应商与反应物和生成物的浓度或分压有关，在一定温度下可取任意值。

91. (1) 平衡不发生移动。

(2) 增大任一反应物的分压，平衡向正反应方向移动；增大生成物的分压时，平衡向逆反应方向移动。

(3) 该反应为放热反应，升高温度，平衡向逆反应方向移动。

(4) 由于反应前后气体的分子数不变，所以缩小容器的体积增大压力时，平衡也不发生移动；又由于温度未发生变化，所以标准平衡常数不发生变化。

92. (1) 升高温度，PCl_5 分解百分率增大，说明平衡向正反应方向移动，所以 PCl_5 分解反应为吸热反应。

(2) 缩小反应容器的体积增大压力时，平衡向逆反应方向移动，PCl_5 分解百分率降低。

93. 在平衡系统中加入反应 A，可使化学平衡向正反应方向移动，反应物 B 的平衡转化率增大。但由于加入的 A 不能全部转化为生成物，因此 A 的平衡转化率减小。

五、计算题

94. 反应的标准平衡常数表达式为

$$K^{\ominus} = \frac{[p_{eq}(CO_2)/p^{\ominus}] \cdot [p_{eq}(H_2)/p^{\ominus}]}{[p_{eq}(CO)/p^{\ominus}] \cdot [p_{eq}(H_2O)/p^{\ominus}]} = \frac{p_{eq}(CO_2) \cdot p_{eq}(H_2)}{p_{eq}(CO) \cdot p_{eq}(H_2O)}$$

(1) 设平衡时 $CO_2(g)$ 和 $H_2(g)$ 的分压均为 x kPa，则有

$$1.0 = \frac{x \cdot x}{(100-x)(100-x)} \qquad x = 50$$

此条件下 CO 的平衡转化率为

$$\alpha_1(CO) = \frac{50 \text{ kPa}}{100 \text{ kPa}} \times 100\% = 50\%$$

(2) 设平衡时 $CO_2(g)$ 和 $H_2(g)$ 的分压均为 y kPa，则有

$$1.0 = \frac{y \cdot y}{(100-y)(500-y)} \qquad y = 83 \text{ kPa}$$

此条件下 CO 的平衡转化率为

$$\alpha_2(\text{CO}) = \frac{83\ \text{kPa}}{100\ \text{kPa}} \times 100\% = 83\%$$

计算结果表明增大水蒸气的分压时，CO 的平衡转化率增大。

95. 给定条件下的反应商为

$$J = \frac{[p(\text{SO}_3)/p^\ominus] \cdot [p(\text{NO})/p^\ominus]}{[p(\text{SO}_2)/p^\ominus] \cdot [p(\text{NO}_2)/p^\ominus]}$$

$$= \frac{(50\ \text{kPa}/100\ \text{kPa}) \cdot (50\ \text{kPa}/100\ \text{kPa})}{(50\ \text{kPa}/100\ \text{kPa}) \cdot (50\ \text{kPa}/100\ \text{kPa})} = 1.0$$

由于 $K^\ominus > J$，可逆反应向正反应方向进行。

96. 达到水解平衡后，蔗糖、葡萄糖和果糖的平衡浓度分别为

$$c_{\text{eq}}(\text{C}_{12}\text{H}_{22}\text{O}_{11}) = a\ \text{mol·L}^{-1} \times \left(1 - \frac{1}{3}\right) = \frac{2}{3}a\ \text{mol·L}^{-1}$$

$$c_{\text{eq,葡萄糖}} = c_{\text{eq,果糖}} = a\ \text{mol·L}^{-1} \times \frac{1}{3} = \frac{1}{3}a\ \text{mol·L}^{-1}$$

温度 T 时蔗糖水解反应的标准平衡常数为

$$K^\ominus = \frac{(c_{\text{eq,葡萄糖}}/c^\ominus) \cdot (c_{\text{eq,果糖}}/c^\ominus)}{c_{\text{eq}}(\text{C}_{22}\text{H}_{22}\text{O}_{11})/c^\ominus} = \frac{\frac{1}{3}a \times \frac{1}{3}a}{\frac{2}{3}a} = \frac{1}{6}a$$

97. 避免 $\text{Ag}_2\text{CO}_3(\text{s})$ 分解的条件是

$$J = p(\text{CO}_2)/p \geqslant K^\ominus$$

为避免 $\text{Ag}_2\text{CO}_3(\text{s})$ 发生分解，空气中 CO_2 的分压为

$$p(\text{CO}_2) \geqslant K^\ominus \cdot p^\ominus = 1.0 \times 10^{-2} \times 100\ \text{kPa} = 1.0\ \text{kPa}$$

98. 氯化铵固体热分解反应在 700 K 时的标准摩尔吉布斯自由能变为

$$\Delta_r G_m^\ominus(700\ \text{K}) = \Delta_r H_m^\ominus(700\ \text{K}) - 700\ \text{K} \times \Delta_r S_m^\ominus(700\ \text{K})$$

$$= 161 \times 10^3\ \text{J·mol}^{-1} - 700\ \text{K} \times 250\ \text{J·mol}^{-1}\cdot\text{K}^{-1}$$

$$= -1.40 \times 10^4\ \text{J·mol}^{-1}$$

700 K 时该热分解反应的标准平衡常数为

$$\ln K^\ominus(700\ \text{K}) = -\frac{\Delta_r G_m^\ominus(700\ \text{K})}{700\ \text{K} \times R}$$

$$= \frac{1.40 \times 10^4\ \text{J·mol}^{-1}}{700\ \text{K} \times 8.314\ \text{J·mol}^{-1}\cdot\text{K}^{-1}} = 2.41$$

$$K^\ominus(700\ \text{K}) = 11$$

达到平衡后，NH_3 的平衡分压与 HCl 的分压相等，分别为

$$c_{\text{eq}}(\text{NH}_3) = c_{\text{eq}}(\text{HCl}) = \sqrt{K^\ominus}\, p^\ominus = \sqrt{11} \times 100\ \text{kPa} = 3.3 \times 10^2\ \text{kPa}$$

平衡时系统的总压力为

$$p_{\text{eq,总}} = p_{\text{eq}}(\text{NH}_3) + p_{\text{eq}}(\text{HCl})$$

$$= 3.3 \times 10^2\ \text{kPa} + 3.3 \times 10^2\ \text{kPa} = 6.6 \times 10^2\ \text{kPa}$$

99. 该可逆反应的反应商为

$$J = \frac{[p(CO_2)/p^\ominus] \cdot [p(H_2)/p^\ominus]}{[p(CO)/p^\ominus] \cdot [p(H_2O)/p^\ominus]}$$

$$= \frac{(100 \text{ kPa}/100 \text{ kPa}) \cdot (100 \text{ kPa}/100 \text{ kPa})}{(200 \text{ kPa}/100 \text{ kPa}) \cdot (200 \text{ kPa}/100 \text{ kPa})}$$

$$= 0.25$$

由于 $J < K^\ominus$,可逆反应正向进行。

设达到平衡时 CO、H_2O、CO_2 和 H_2 的分压分别为 $(200-x)\text{kPa}$、$(200-x)\text{kPa}$、$(100+x)\text{kPa}$ 和 $(100+x)\text{kPa}$,则有

$$K^\ominus = \frac{[p_{eq}(CO_2)/p^\ominus] \cdot [p_{eq}(H_2)/p^\ominus]}{[p_{eq}(CO)/p^\ominus] \cdot [p_{eq}(H_2O)/p^\ominus]}$$

$$1.00 = \frac{[(100+x)\text{kPa}/100 \text{ kPa}] \cdot [(100+x)\text{kPa}/100 \text{ kPa}]}{[(200-x)\text{kPa}/100 \text{ kPa}] \cdot [(200-x)\text{kPa}/100 \text{ kPa}]}$$

$$x = 50$$

CO、H_2O、CO_2 和 H_2 的平衡分压分别为

$$p_{eq}(CO) = (200-50)\text{kPa} = 150 \text{ kPa}$$

$$p_{eq}(H_2O) = (200-50)\text{kPa} = 150 \text{ kPa}$$

$$p_{eq}(CO_2) = (100+50)\text{kPa} = 150 \text{ kPa}$$

$$p_{eq}(H_2) = (100+50)\text{kPa} = 150 \text{ kPa}$$

100. (1) 该可逆反应在 630 K 时的标准平衡常数为

$$\ln K^\ominus = -\frac{\Delta_r G_m^\ominus}{RT} = -\frac{120.6 \text{ kJ} \cdot \text{mol}^{-1}}{8.314 \times 10^{-3} \text{ kJ} \cdot \text{mol}^{-1} \cdot \text{K}^{-1} \times 630 \text{ K}} = -23.02$$

$$K^\ominus = 1.0 \times 10^{-10}$$

(2) 据题意及反应方程式可知 $p_{eq}(Y) = p_{eq}(Z)$,则 $Y(g)$ 和 $Z(g)$ 的平衡分压分别为

$$p_{eq}(Y) = p^\ominus \sqrt{K^\ominus} = 100 \text{ kPa} \times \sqrt{1.0 \times 10^{-10}} = 1.0 \times 10^{-3} \text{ kPa}$$

$$p_{eq}(Z) = p_{eq}(Y) = 1.0 \times 10^{-3} \text{ kPa}$$

101. 该可逆反应的反应商为

$$J = \frac{[p(CO_2)/p^\ominus]^2}{[p(CO)/p^\ominus]^2 \cdot [p(O_2)/p^\ominus]}$$

$$= \frac{(100 \text{ kPa}/100 \text{ kPa})^2}{(1 \text{ kPa}/100 \text{ kPa})^2 \cdot (10 \text{ kPa}/100 \text{ kPa})}$$

$$= 1.0 \times 10^5$$

由于 $J < K^\ominus$,可逆反应正向进行。

使可逆反应逆向进行的条件是

$$J = \frac{[p(CO_2)/p^\ominus]^2}{[p(CO)/p^\ominus]^2 \cdot [p(O_2)/p^\ominus]} > K^\ominus$$

为使反应逆向进行,O_2 的分压为

$$p(O_2) < \frac{[p(CO_2)/p^\ominus]^2 \cdot p^\ominus}{[p(CO)/p^\ominus]^2 \cdot K^\ominus}$$

$$= \frac{(100 \text{ kPa}/100 \text{ kPa})^2 \times 100 \text{ kPa}}{(1 \text{ kPa}/100 \text{ kPa}) \times 1.0 \times 10^6}$$

$$= 1 \text{ kPa}$$

当 O_2 的分压小于 1 kPa 时,可逆反应逆向进行。

102. 达到平衡时生成 NOCl 的物质的量为

$$n(NOCl) = n_{eq}(NOCl) - n_0(NOCl)$$
$$= 3.06 \text{ mol} - 2.50 \text{ mol}$$
$$= 0.56 \text{ mol}$$

NO 和 Cl_2 的平衡物质的量分别为

$$n_{eq}(NO) = 1.50 \text{ mol} - 0.56 \text{ mol} = 0.94 \text{ mol}$$
$$n_{eq}(Cl_2) = 1.00 \text{ mol} - 0.56 \text{ mol}/2 = 0.72 \text{ mol}$$

NO、Cl_2 和 NOCl 的平衡分压分别为

$$p_{eq}(NO) = \frac{n_{eq}(NO)RT}{V}$$
$$= \frac{0.94 \text{ mol} \times 8.314 \text{ J} \cdot \text{mol}^{-1} \cdot \text{K}^{-1} \times 500 \text{ K}}{15.0 \times 10^{-3} \text{ m}^3}$$
$$= 261 \text{ kPa}$$
$$p_{eq}(Cl_2) = \frac{0.72 \text{ mol} \times 8.314 \text{ J} \cdot \text{mol}^{-1} \cdot \text{K}^{-1} \times 500 \text{ K}}{15.0 \times 10^{-3} \text{ m}^3} = 200 \text{ kPa}$$
$$p_{eq}(NOCl) = \frac{3.06 \text{ mol} \times 8.314 \text{ J} \cdot \text{mol}^{-1} \cdot \text{K}^{-1} \times 500 \text{ K}}{15.0 \times 10^{-3} \text{ m}^3} = 848 \text{ kPa}$$

500 K 时反应的标准平衡常数为

$$K^{\ominus} = \frac{[p_{eq}(NOCl)/p^{\ominus}]^2}{[p_{eq}(NO)/p^{\ominus}]^2 [p_{eq}(Cl_2)/p^{\ominus}]}$$
$$= \frac{(848 \text{ kPa}/100 \text{ kPa})^2}{(261 \text{ kPa}/100 \text{ kPa})^2 (200 \text{ kPa}/100 \text{ kPa})}$$
$$= 5.28$$

103. 平衡时,SO_3、O_2 和 SO_2 的物质的量分别为

$$n_{eq}(SO_3) = 6.0 \text{ mol}$$
$$n_{eq}(O_2) = n_0(O_2) - n_{eq}(SO_3)/2 = 4.0 \text{ mol} - 6.0 \text{mol}/2 = 1.0 \text{ mol}$$
$$n_{eq}(SO_2) = n_0(SO_2) - n_{eq}(SO_3) = 8.0 \text{ mol} - 6.0 \text{ mol} = 2.0 \text{ mol}$$

平衡时,混合气体的总的物质的量为

$$n_{eq} = n_{eq}(SO_3) + n_{eq}(O_2) + n_{eq}(SO_2)$$
$$= 6.0 \text{ mol} + 1.0 \text{ mol} + 2.0 \text{ mol}$$
$$= 9.0 \text{ mol}$$

平衡时,混合气体中 SO_3,O_2 和 SO_2 的摩尔分数分别为

$$x_{eq}(SO_3) = \frac{n_{eq}(SO_3)}{n_{eq}} = \frac{6.0 \text{ mol}}{9.0 \text{ mol}} = \frac{2.0}{3.0}$$
$$x_{eq}(O_2) = \frac{n_{eq}(O_2)}{n_{eq}} = \frac{1.0 \text{ mol}}{9.0 \text{ mol}} = \frac{1.0}{9.0}$$
$$x_{eq}(SO_2) = \frac{n_{eq}(SO_2)}{n_{eq}} = \frac{2.0 \text{ mol}}{9.0 \text{ mol}} = \frac{2.0}{9.0}$$

（1）根据分压定律 $p_E = x_B p$，SO_3，O_2 和 SO_2 的平衡分压分别为

$$p_{eq}(SO_3) = x_{eq}(SO_3) p_{eq} = \frac{2.0}{3.0} \times 100 \text{ kPa} = \frac{200}{3.0} \text{ kPa}$$

$$p_{eq}(O_2) = x_{eq}(O_2) p_{eq} = \frac{1.0}{9.0} \times 100 \text{ kPa} = \frac{100}{9.0} \text{ kPa}$$

$$p_{eq}(SO_2) = x_{eq}(SO_2) p_{eq} = \frac{2.0}{9.0} \times 100 \text{ kPa} = \frac{200}{9.0} \text{ kPa}$$

该可逆反应在 800 K 时的标准平衡常数为

$$K^{\ominus} = \frac{[p_{eq}(SO_3)/p^{\ominus}]^2}{[p_{eq}(SO_2)/p^{\ominus}]^2 [p_{eq}(O_2)/p^{\ominus}]}$$

$$= \frac{\left(\frac{200}{3.0}\text{kPa}/100 \text{ kPa}\right)^2}{\left(\frac{200}{9.0}\text{kPa}/100 \text{ kPa}\right)^2 \left(\frac{100}{9.0}\text{kPa}/100 \text{ kPa}\right)}$$

$$= 81$$

该可逆反应在 800 K 时的标准摩尔吉布斯自由能变为

$$\Delta_r G_n^{\ominus} = -RT \ln K^{\ominus} = -8.314 \times 10^{-3} \text{ kJ} \cdot \text{mol}^{-1} \cdot \text{K}^{-1} \times 800 \text{ K} \times \ln 81$$

$$= -29.2 \text{ kJ} \cdot \text{mol}^{-1}$$

（2）在上述条件下，SO_2 的平衡转化率为

$$\alpha(SO_2) = \frac{n_0(SO_2) - n_{eq}(SO_2)}{n_0(SO_2)} \times 100\%$$

$$= \frac{8.0 \text{ mol} - 2.0 \text{ mol}}{8.0 \text{ mol}} \times 100\% = 75\%$$

第四章　化学反应速率

思考题解答

1. 什么是反应物的消耗速率和生成物的生成速率？它们之间存在什么关系？

答：反应物的浓度随反应时间的变化率的相反数称为反应物的消耗速率。例如，反应物 A 的消耗速率为

$$v_A = -\frac{dc_A}{dt}$$

生成物的浓度随反应时间的变化率称为生成物的生成速率。例如，生成物 Z 的生成速率为

$$v_Z = \frac{dc_Z}{dt}$$

需要注意的是当反应物或生成物不止一种物质时，用不同的反应物和不同的生成物表示的消耗速率和生成速率可能不相同。

对于化学反应：

$$a\,A(aq) + b\,B(aq) \longrightarrow y\,Y(aq) + z\,Z(aq)$$

反应物的消耗速率与生成物的生成速率之间的关系为

$$\frac{v_A}{a} = \frac{v_B}{b} = \frac{v_Y}{y} = \frac{v_Z}{z}$$

2. 什么是反应级数和反应分子数？它们之间有什么关系？

答：反应速率方程中各反应物浓度的幂指数之和称为反应级数。基元反应和复合反应的基元步骤中，发生反应所需的粒子（原子、分子、离子或自由基）数称为反应分子数。反应级数是从宏观上表明反应速率与反应物浓度之间的关系，它反映了反应物浓度对反应速率的影响程度，反应级数越大，它对反应速率的影响就越大。反应级数可利用实验进行测定，它可以是整数、分数或零。反应分子数是为了从微观和理论上研究反应机理而引入的，它只能是 1、2 或 3。对于基元反应，反应级数和反应分子数通常是相同的。但反应级数与反应分子数相同的反应，不一定是基元反应。

3. 什么是活化能？活化能与化学反应速率有何关系？

答：活化分子的平均能量与反应物分子的平均能量之差称为活化能。反应的活化能越大，反应速率越慢；活化能越小，反应速率越快。

4. 什么是活化分子？化学反应会不会因活化分子的消耗而停止？

答：在化学反应中，能发生有效碰撞的分子称为活化分子。在化学反应中，活化分子之间因碰撞转变为生成物，活化分子不断被消耗。但同时由于反应物分子之间的碰撞，活化分子又会不

断地产生,对于一给定的化学反应,活化分子占分子总数的百分数是由温度决定的,当温度一定时,活化分子占分子总数的百分数也就随之确定。

对于放热反应,如果环境能及时将反应放出的热取走,维持系统的温度不变,这时活化分子占分子总数的百分数可保持不变;如果环境不能及时将反应热取走,系统温度就会越来越高,这时活化分子占分子总数的百分数不但不会减小,反而增大了。

对于吸热反应,如果环境能及时供给能量,维持系统的温度不变,这时活化分子占分子总数的百分数不变;如果环境不能供给能量,随反应的进行,系统的温度就会降低,活化分子占分子总数的百分数就会减小,即使如此,在较低温度下还有一定数量的活化分子。当系统温度进一步降低时,活化分子占分子总数的百分数将变得越来越小,当活化分子减小到一定程度时,从宏观上看反应就停止了。

5. 什么是有效碰撞?反应物分子发生有效碰撞的条件是什么?

答:在反应物分子的碰撞中,只有少数的碰撞才能发生化学反应,这种能发生化学反应的碰撞称为有效碰撞。

反应物分子发生有效碰撞的条件:

(1) 反应物分子的能量要足够高,即反应物分子一定是活化分子;

(2) 反应物分子之间碰撞的位置必须适当,要恰好碰撞到能发生化学反应的部位上。

6. 反应分子数是对于什么反应而言的?反应级数为正整数的一定是基元反应吗?

答:反应分子数是对于基元反应而言的,它是由反应机理所决定的,其数值只可能是1、2或3。反应级数是根据实验得出的,它体现了反应物浓度对反应速率的影响,是对总反应而言的,其数值可能是整数、分数或负数,因此反应级数为正整数的反应不一定是基元反应。

7. 气态反应物的分压变化对反应速率有何影响?

答:气态反应物的分压越大,单位体积中气态反应物分子的数目就越多,单位体积中活化分子的数目也越多,有效碰撞次数也就越多,化学反应速率就越快。因此,增大气态反应物的分压时,单位体积内反应物分子中活化分子数增大,反应速率加快;减小气态反应物的分压时,单位体积内反应物分子中活化分子数减小,反应速率减慢。

8. 用金属锌与稀硫酸溶液制取氢气时,在反应开始后的一段时间内反应速率加快,后来速率又变慢。从浓度、温度等因素来解释这种现象。

答:金属锌与稀硫酸溶液反应为一放热反应,该反应的离子方程式为

$$2H^+(aq) + Zn(s) == Zn^{2+}(aq) + H_2(g); \Delta_r H_m < 0$$

当上述反应不在等温条件下进行时,在反应开始的一段时间内反应速率加快。这是因为在反应开始的一段时间内,虽然反应物的浓度减小,但反应放出的热使系统的温度升高,而且这时温度升高是影响反应速率的主要因素,因此总的结果是反应速率加快。后来由于反应系统的温度高于环境,环境对反应系统起着冷却作用,使反应系统的升温趋势逐渐减弱,甚至停止升温,这时反应物的浓度已明显降低,反应速率加快的趋势已停止,反应速率开始减慢。

9. 什么是速率系数?速率系数有何意义?若时间的单位为 s,浓度的单位为 $mol \cdot L^{-1}$,分别写出零级反应、一级反应和二级反应的速率系数的单位。

答:速率方程中的比例系数 k 称为速率系数。速率系数在数值上等于单位浓度时的反应速

率。对于反应级数相同的化学反应,当反应物浓度相同时,速率系数越大,化学反应速率就越快。

零级反应的速率系数的单位为 $mol \cdot L^{-1} \cdot s^{-1}$,与反应速率的单位相同;一级反应的速率系数的单位为 s^{-1};二级反应的速率系数的单位为 $L \cdot mol^{-1} \cdot s^{-1}$。

10. 温度升高,可逆反应的正、逆反应速率都加快,为什么化学平衡还会移动?

答:温度升高,可逆反应的正、逆反应速率都加快,但温度对活化能较大的化学反应的速率系数影响较大。而可逆反应吸热反应方向的活化能大于放热反应方向的活化能,所以温度升高时,可逆反应吸热反应方向速率增大较多,化学平衡向吸热方向移动。

11. 在一定范围内,反应 $2NO(g) + Cl_2(g) \Longrightarrow 2NOCl(g)$ 为基元反应。

(1) 写出该反应的速率方程;

(2) 其他条件不变,如果将容器的体积增大到原来的 2 倍,反应速率如何变化?

(3) 如果容器的体积不变,将 NO 的分压增大到原来的 3 倍,反应速率又将如何变化?

答:(1) 该反应的速率方程为

$$v = k \cdot p^2(NO) \cdot p(Cl_2) \left[\text{或} \ v = k \cdot c^2(NO) \cdot c(Cl_2) \right]$$

(2) 将容器的体积增大到原来的 2 倍,NO 和 Cl_2 的分压均减小到原来的 1/2。反应速率为

$$v_1 = k \cdot [p_1(NO)]^2 \cdot p_1(Cl_2) = k \cdot [p(NO)/2]^2 \cdot [p(Cl_2)/2]$$
$$= \frac{1}{8} k \cdot p^2(NO) \cdot p(Cl_2) = \frac{1}{8} v$$

反应速率减小到原反应速率的 1/8。

(3) 反应速率为

$$v_2 = k \cdot [p_2(NO)]^2 \cdot p_2(Cl_2) = k \cdot [3p(NO)]^2 \cdot p(Cl_2)$$
$$= 9k \cdot p^2(NO) \cdot p(Cl_2) = 9v$$

反应速率增大到原反应速率的 9 倍。

12. 对于化学反应 $aA(aq) + bB(aq) + cC(aq) \longrightarrow zZ(aq)$,当 A、B 和 C 的浓度都增大到原来的 2 倍,反应速率增大到原反应速率的 64 倍;当 A 和 B 的浓度保持不变,仅 C 的浓度增大到原来的 2 倍,则反应速率增大到原来的 4 倍;当 A、B 的浓度各单独增大到原浓度的 4 倍时,其对反应速率的影响相同。确定该反应的反应级数,这个反应是否可能是基元反应?

答:设该反应的速率方程为 $v = k \cdot c_A^\alpha \cdot c_B^\beta \cdot c_C^\gamma$。当 A、B 和 C 的浓度分别都增大到原来的 2 倍时,反应速率与原反应速率的比值为

$$\frac{v_2}{v_1} = \frac{2^{\alpha+\beta+\gamma} \cdot k \cdot c_A^\alpha \cdot c_B^\beta \cdot c_C^\gamma}{k \cdot c_A^\alpha \cdot c_B^\beta \cdot c_C^\gamma} = 64$$

由上式解得

$$\alpha + \beta + \gamma = 6 \qquad\qquad ①$$

若 A 和 B 的浓度保持不变,仅 C 的浓度增大到原来的 2 倍时,反应速率与原反应速率的比值为

$$\frac{v_3}{v_1}=\frac{2^{\gamma}\cdot k\cdot c_A^{\alpha}\cdot c_B^{\beta}\cdot c_C^{\gamma}}{k\cdot c_A^{\alpha}\cdot c_B^{\beta}\cdot c_C^{\gamma}}=4$$

由上式解得

$$\gamma=2 \qquad\qquad ②$$

当 A 和 B 的浓度单独增大到原浓度的 4 倍时,反应速率相同。则有

$$4^{\alpha}\cdot k\cdot c_A^{\alpha}\cdot c_B^{\beta}\cdot c_C^{\gamma}=4^{\beta}\cdot k\cdot c_A^{\alpha}\cdot c_B^{\beta}\cdot c_C^{\gamma}$$

由上式解得

$$\alpha=\beta \qquad\qquad ③$$

由①式、②式和③式解得 $\alpha=\beta=\gamma=2$。该反应的反应级数为 $2+2+2=6$。

基元反应的反应分子数不可能超过 3,而该反应的反应级数为 6,反应分子数与反应级数不相等,因此该反应不可能是基元反应。

13. 影响反应速率的因素有哪些? 它们如何影响反应速率?

答:影响化学反应速率的因素有反应物浓度、温度和催化剂。浓度对化学反应的速率影响,是因为在一定温度下活化分子的百分数是一定的,增大反应物浓度,单位体积内活化分子数也随之增大,因此反应速率加快。

温度对反应速率的影响,其主要原因是升高温度时,一些反应物分子吸收能量成为活化分子,增大了活化分子的百分数,使单位体积内的活化分子数增大,因此反应速率加快。

催化剂对反应速率的影响,是催化剂参与了化学反应,改变了反应历程,降低了反应的活化能,增大了活化分子的百分数,使单位体积内的活化分子数增大,因此反应速率加快。

14. 催化剂的主要特征是什么? 它为什么能改变化学反应速率? 又为什么不能使化学平衡发生移动?

答:能显著改变化学反应速率,而本身的质量和化学性质在反应前后均保持不变的物质称为催化剂。

催化剂的具体特征如下:

(1)催化剂对反应速率的影响是通过改变反应历程实现的;

(2)催化剂不能改变反应的标准平衡常数和平衡状态;

(3)催化剂能同等程度地加快正反应速率和逆反应速率,缩短反应到达化学平衡所需要的时间;

(4)催化剂具有选择性;

(5)催化剂不能改变化学反应的方向。

催化剂能降低反应的活化能,增大反应速率系数,因此能加快反应速率。但由于催化剂改变了反应历程,同等程度地降低正反应速率和逆反应速率,使正反应速率仍等于逆反应速率,因此不能使化学平衡发生移动。

15. 证明一级反应中反应物消耗 99.9% 所需的时间,大约等于反应物消耗 50% 所需时间的 10 倍。

答：若反应物消耗 99.9% 需时 t_1，消耗 50% 需时 t_2。由 $t=\dfrac{1}{k_1}\ln\dfrac{c_0}{c}$：

$$\frac{t_1}{t_2}=\frac{\dfrac{1}{k_1}\ln\dfrac{1}{1-99.9\%}}{\dfrac{1}{k_1}\ln\dfrac{1}{1-50\%}}=\frac{6.9}{0.69}=10$$

16. 总结零级反应、一级反应和二级反应的基本特征。

答：零级反应的特征如下：

(1) 速率系数 k_A 的常用单位为 $mol\cdot L^{-1}\cdot s^{-1}$；

(2) 反应的半衰期 $T_{1/2}=\dfrac{c_{A,0}}{2k_A}$，与反应物 A 的初始浓度成正比；

(3) 以反应物 A 的浓度 c_A 对时间 t 作图得一直线。

一级反应的特征如下：

(1) 速率系数 k_A 的常用单位为 s^{-1}；

(2) 反应的半衰期 $T_{1/2}=\dfrac{0.693}{k_A}$，与反应物 A 的初始浓度无关；

(3) 反应物 A 的浓度的自然对数 $\ln c_A$ 对时间 t 作图得到一直线。

只有一种反应物的二级反应的特征如下：

(1) 速率系数 k_A 的常用单位是 $L\cdot mol^{-1}\cdot s^{-1}$；

(2) 反应的半衰期 $T_{1/2}=\dfrac{1}{c_{A,0}k_A}$，与反应物 A 的初始浓度成反比；

(3) 以反应物 A 的浓度的倒数 $\dfrac{1}{c_A}$ 对时间 t 作图得到一直线。

17. 写出阿伦尼乌斯方程的指数形式、对数形式和微分形式。从阿伦尼乌斯方程可得到哪些重要结论？

答：阿伦尼乌斯方程有指数形式、对数形式和微分形式三种表达形式。

阿伦尼乌斯方程的指数形式为

$$k=Ae^{-E_a/RT}$$

阿伦尼乌斯方程的对数形式为

$$\ln k=\ln A-\frac{E_a}{RT}$$

阿伦尼乌斯方程的微分形式为

$$\frac{d\ln k}{dT}=\frac{E_a}{RT^2}$$

由阿伦尼乌斯方程可以得出如下重要结论：

(1) 速率系数的大小主要是由反应的活化能决定的，当温度一定时，活化能较大的化学反应的速率系数较小，而活化能较小的化学反应的速率系数较大。

（2）对于一个给定的化学反应,活化能一定,当温度升高时,速率系数增大。

（3）温度对速率系数的影响与反应的活化能有关,当温度升高相同值时,活化能较大的化学反应的速率系数增大的程度较大,而活化能较小的化学反应的速率系数增大的程度较小。

（4）同一化学反应,在高温区和低温区升高相同温度时,在高温区速率系数增大程度较小,而在低温区速率系数增大程度较大。

18. 什么是质量作用定律?质量作用定律的适用条件是什么?

答:基元反应的反应速率与反应物浓度各以其化学计量数的相反数为指数的幂的乘积成正比,这一规律称为质量作用定律。

质量作用定律只适用于基元反应或复合反应中的每一个基元反应步骤。

19. 下列叙述是否正确?并加以解释。

（1）所有化学反应的反应速率都随时间的变化而发生改变;

（2）可以从速率系数的单位来推测反应级数和反应分子数;

（3）正反应的活化能一定大于逆反应的活化能;

（4）按过渡状态理论,正反应和逆反应应具有相同的活化配合物。

答:（1）说法不正确。零级反应的反应速率与反应物浓度无关,其反应速率不随反应时间发生变化。

（2）说法不正确。从速率系数的单位可推测出反应级数,但不能推测出反应分子数。

（3）说法不正确。对于吸热反应,正反应的活化能大于逆反应的活化能;而对于放热反应,正反应的活化能小于逆反应的活化能。

（4）说法正确。按过渡状态理论,正反应和其逆反应生成同一种活化配合物。

20. 在酸性溶液中,草酸被高锰酸钾氧化的反应方程式为

$$2MnO_4^-(aq) + 5H_2C_2O_4(aq) + 6H^+(aq) \rightleftharpoons 2Mn^{2+}(aq) + 10CO_2(g) + 8H_2O(l)$$

反应的速率方程为

$$v = kc(MnO_4^-)c(H_2C_2O_4)$$

确定各反应物的分级数、总反应级数和速率系数的单位。

答:由速率方程可知反应物 MnO_4^- 和 $H_2C_2O_4$ 的分级数都为1,总反应级数为2。该反应为二级反应,速率系数的常用单位为 $L \cdot mol^{-1} \cdot s^{-1}$。

21. 已知反应:

$$2Ce^{4+}(aq) + Tl^+(aq) \rightleftharpoons 2Ce^{3+}(aq) + Tl^{3+}(aq)$$

在没有催化剂的情况下,该反应速率很慢。Mn^{2+} 是该反应的催化剂,其催化反应机理被认定为

① $Ce^{4+}(aq) + Mn^{2+}(aq) \rightleftharpoons Ce^{3+}(aq) + Mn^{3+}(aq)$ （慢反应）

② $Ce^{4+}(aq) + Mn^{3+}(aq) \rightleftharpoons Ce^{3+}(aq) + Mn^{4+}(aq)$ （快反应）

③ $Mn^{4+}(aq) + Tl^+(aq) \rightleftharpoons Mn^{2+}(aq) + Tl^{3+}(aq)$ （快反应）

（1）判断该反应的速率控制步骤,其对应的分子数是多少?

（2）写出该反应的速率方程;

（3）该反应的中间产物有哪几种?

(4) 该反应是单相催化,还是多相催化?

答:(1) 复合反应是由两个或两个以上的基元反应步骤组成,其中反应速率最慢的基元反应步骤称为复合反应的速率控制步骤。基元反应步骤①为速率控制步骤,该步骤中的反应分子数为 2。

(2) 由于速率控制步骤的反应速率较慢,在反应过程中催化剂 Mn^{2+} 的浓度可近似看作常数,故该催化反应的速率方程为

$$v = kc(Mn^{2+})c(Ce^{4+}) = k'c(Ce^{4+})$$

(3) 与反应机理相关的各基元反应步骤中,除了反应物(Ce^{4+} 和 Tl^+)、生成物(Ce^{3+} 和 Tl^{3+})和催化剂(Mn^{2+})外,其余离子为中间产物。因此,Mn^{3+} 和 Mn^{4+} 为中间产物。

(4) 该催化反应的反应物、生成物和催化剂都为水溶液中的离子,为单相系统,因此该反应为单相催化反应。

习 题 解 答

1. 某二级反应的速率系数 $k_2 = 1.0 \ L \cdot mol^{-1} \cdot s^{-1}$,若速率系数的单位分别为 $L \cdot mol^{-1} \cdot h^{-1}$ 和 $m^3 \cdot mol^{-1} \cdot s^{-1}$ 时,则 k_2 为多少?

解:单位为 $L \cdot mol^{-1} \cdot h^{-1}$ 时,速率系数为

$$k_2 = 1.0 \ L \cdot mol^{-1} \cdot s^{-1} = 1.0 \ L \cdot mol^{-1} \times \left(\frac{1}{3\,600} h\right)^{-1}$$
$$= 3.6 \times 10^3 \ L \cdot mol^{-1} \cdot h^{-1}$$

单位为 $m^3 \cdot mol^{-1} \cdot s^{-1}$ 时,速率系数为

$$k_2 = 1.0 \ L \cdot mol^{-1} \cdot s^{-1} = 1.0 \times \left(\frac{1}{1\,000} m^3\right) \cdot mol^{-1} \cdot s^{-1}$$
$$= 1.0 \times 10^{-3} \ m^3 \cdot mol^{-1} \cdot s^{-1}$$

2. 若某化学反应的等压反应热 $\Delta_r H_m$ 为 $100 \ kJ \cdot mol^{-1}$,则其正反应的活化能 E_a 的数值大于、等于还是小于 $100 \ kJ \cdot mol^{-1}$,或是不能确定?

解: $$\Delta_r H_m = 100 \ kJ \cdot mol^{-1}$$

由 $\Delta_r H_m = E_a - E_a'$ 得

$$E_a > E_a', \quad E_a > 100 \ kJ \cdot mol^{-1}$$

3. 化学反应 $2A(aq) + B(aq) \longrightarrow Z(aq)$ 是基元反应。当 A 的起始浓度为 $2.0 \ mol \cdot L^{-1}$,B 的起始浓度为 $4.0 \ mol \cdot L^{-1}$ 时,反应速率为 $1.6 \times 10^{-2} \ mol \cdot L^{-1} \cdot s^{-1}$。反应经 t 时刻时,A 的浓度下降到 $1.0 \ mol \cdot L^{-1}$,求该时刻的反应速率。

解:由于化学反应 $2A(aq) + B(aq) \longrightarrow Z(aq)$ 为基元反应,因此该反应的速率方程为

$$v = k \cdot c_A^2 \cdot c_B$$

该化学反应的速率系数为

$$k = \frac{v_0}{c_{A,0}^2 \cdot c_{B,0}}$$

$$= \frac{1.6 \times 10^{-2} \ mol \cdot L^{-1} \cdot s^{-1}}{(2.0 \ mol \cdot L^{-1})^2 \times 4.0 \ mol \cdot L^{-1}} = 1.0 \times 10^{-3} \ L^2 \cdot mol^{-2} \cdot s^{-1}$$

经 t 时刻时,A 的浓度下降到 $1.0 \ mol \cdot L^{-1}$,则 B 的浓度为

$$c_{B,t} = c_{B,0} - \frac{1}{2}(c_{A,0} - c_{A,t})$$

$$= 4.0 \ mol \cdot L^{-1} - \frac{1}{2}(2.0 \ mol \cdot L^{-1} - 1.0 \ mol \cdot L^{-1}) = 3.5 \ mol \cdot L^{-1}$$

t 时刻时,该化学反应的反应速率为

$$v_t = 1.0 \times 10^{-3} \ L^2 \cdot mol^{-2} \cdot s^{-1} \times (1.0 \ mol \cdot L^{-1})^2 \times 3.5 \ mol \cdot L^{-1}$$

$$= 3.5 \times 10^{-3} \ mol \cdot L^{-1} \cdot s^{-1}$$

4. 形成烟雾的化学反应之一是

$$O_3(g) + NO(g) \longrightarrow O_2(g) + NO_2(g)$$

已知此反应对 O_3 和 NO 都是一级,且速率系数为 $1.2 \times 10^7 \ mol^{-1} \cdot L \cdot s^{-1}$。计算当受污染的空气中 $c(O_3) = c(NO) = 5.0 \times 10^{-8} \ mol \cdot L^{-1}$ 时:(1) NO_2 生成的初速率;(2) 反应的半衰期;(3) 5 个半衰期后的 $c(NO)$。

解:(1) $v = kc(O_3)c(NO)$

$$= 1.2 \times 10^7 \ mol^{-1} \cdot L \cdot s^{-1} \times (5.0 \times 10^{-8} \ mol \cdot L^{-1})^2$$

$$= 3.0 \times 10^{-8} \ mol \cdot L^{-1} \cdot s^{-1}$$

(2) $T_{1/2} = \dfrac{1}{kc_0} = \dfrac{1}{1.2 \times 10^7 \ mol^{-1} \cdot L \cdot s^{-1} \times 5.0 \times 10^{-8} \ mol \cdot L^{-1}} = 1.7 \ s$

(3) $c(NO) = \left(\dfrac{1}{2}\right)^5 \cdot c_0(NO) = \left(\dfrac{1}{2}\right)^5 \times 5.0 \times 10^{-8} \ mol \cdot L^{-1} = 1.6 \times 10^{-9} \ mol \cdot L^{-1}$

5. H_2O_2 与 I^- 在酸性溶液中发生下列反应:

$$H_2O_2(aq) + 2H^+(aq) + 2I^-(aq) \longrightarrow 2H_2O(l) + I_2(s)$$

在某一温度下,测定的实验数据如下:

实验编号	$c(H_2O_2)/(mol \cdot L^{-1})$	$c(H^+)/(mol \cdot L^{-1})$	$c(I^-)/(mol \cdot L^{-1})$	$v/(mol \cdot L^{-1} \cdot s^{-1})$
1	0.010	0.010	0.10	1.75×10^{-6}
2	0.030	0.010	0.10	5.25×10^{-6}
3	0.030	0.020	0.10	1.05×10^{-5}
4	0.030	0.020	0.20	1.05×10^{-5}

（1）确定该反应的反应级数，并写出速率方程；

（2）计算该反应的速率系数；

（3）当 $c(H_2O_2)=5.0\times10^{-2}\ mol\cdot L^{-1}$，$c(H^+)=1.0\times10^{-2}\ mol\cdot L^{-1}$，$c(I^-)=2.0\times10^{-2}\ mol\cdot L^{-1}$ 时，此时的反应速率为多少？

解：（1）设该反应的速率方程为

$$v=k\cdot c^\alpha(H_2O_2)\cdot c^\beta(H^+)\cdot c^\gamma(I^-)$$

将实验 1 和实验 2 的数据分别代入速率方程得

$$1.75\times10^{-6}=k(0.010)^\alpha(0.010)^\beta(0.10)^\gamma$$
$$5.25\times10^{-6}=k(0.030)^\alpha(0.010)^\beta(0.10)^\gamma$$

两式相除得

$$\alpha=1$$

将实验 2 和实验 3 的数据分别代入速率方程得

$$5.25\times10^{-6}=k(0.030)^\alpha(0.010)^\beta(0.10)^\gamma$$
$$1.05\times10^{-5}=k(0.030)^\alpha(0.020)^\beta(0.10)^\gamma$$

两式相除得

$$\beta=1$$

将实验 3 和实验 4 的数据分别代入速率方程得

$$1.05\times10^{-5}=k(0.030)^\alpha(0.020)^\beta(0.10)^\gamma$$
$$1.05\times10^{-5}=k(0.030)^\alpha(0.020)^\beta(0.20)^\gamma$$

两式相除得

$$\gamma=0$$

该化学反应的速率方程为

$$v=k\cdot c(H_2O_2)\cdot c(H^+)$$

（2）利用任意一组数据均可计算出速率系数，为使计算简单，将实验 1 数据代入得

$$k=\frac{v}{c(H_2O_2)\cdot c(H^+)}$$
$$=\frac{1.75\times10^{-6}\ mol\cdot L^{-1}\cdot s^{-1}}{0.010\ mol\cdot L^{-1}\times0.010\ mol\cdot L^{-1}}$$
$$=1.75\times10^{-2}\ L\cdot mol^{-1}\cdot s^{-1}$$

（3）该条件下的反应速率为

$$v=1.75\times10^{-2}L\cdot mol^{-1}\cdot s^{-1}\times5.0\times10^{-2}mol\cdot L^{-1}\times1.0\times10^{-2}mol\cdot L^{-1}$$
$$=8.75\times10^{-6}\ mol\cdot L^{-1}\cdot s^{-1}$$

6. 化学反应 $2A(aq) \longrightarrow Z(aq)$，当 A 的浓度为 $0.50 \ mol \cdot L^{-1}$ 时，反应速率为 $0.014 \ mol \cdot L^{-1} \cdot s^{-1}$。若该反应分别为零级反应、一级反应和二级反应，当 A 的浓度为 $1.0 \ mol \cdot L^{-1}$ 时，反应速率分别为多少？

解：(1) 该反应为零级反应时，由于零级反应的反应速率与反应物浓度无关，当 A 的浓度为 $1.0 \ mol \cdot L^{-1}$ 时，反应速率仍为 $0.014 \ mol \cdot L^{-1} \cdot s^{-1}$。

(2) 该反应为一级反应时，速率系数为

$$k_1 = \frac{v}{c_A} = \frac{0.014 \ mol \cdot L^{-1} \cdot s^{-1}}{0.50 \ mol \cdot L^{-1}} = 0.028 \ s^{-1}$$

当 A 的浓度为 $1.0 \ mol \cdot L^{-1}$ 时，反应速率为

$$v = k_1 \cdot c_A = 0.028 \ s^{-1} \times 1.0 \ mol \cdot L^{-1} = 0.028 \ mol \cdot L^{-1} \cdot s^{-1}$$

(3) 该反应为二级反应时，速率系数为

$$k_2 = \frac{v}{c_A^2} = \frac{0.014 \ mol \cdot L^{-1} \cdot s^{-1}}{(0.50 \ mol \cdot L^{-1})^2} = 0.056 \ L \cdot mol^{-1} \cdot s^{-1}$$

当 A 的浓度为 $1.0 \ mol \cdot L^{-1}$ 时，反应速率为

$$v = k_2 \cdot c_A^2$$
$$= 0.056 \ L \cdot mol^{-1} \cdot s^{-1} \times (1.0 \ mol \cdot L^{-1})^2 = 0.056 \ mol \cdot L^{-1} \cdot s^{-1}$$

7. 某物质 A 的分解为二级反应，在定温下，反应进行到 A 消耗掉初始浓度的 $\frac{1}{3}$ 时，需要的时间为 $2 \ min$，求 A 消耗掉初始浓度的 $\frac{2}{3}$ 时需要的时间。

解：因为物质 A 的分解为二级反应，且当 $c_A = \left(1 - \frac{1}{3}\right) c_{A,0}$ 时，$t = 2 \ min$。

根据公式
$$k_A t = \frac{1}{c_A} - \frac{1}{c_{A,0}}$$

$$k_A = \frac{1}{t}\left(\frac{1}{c_A} - \frac{1}{c_{A,0}}\right) = \frac{1}{t}\left(\frac{3}{2c_{A,0}} - \frac{1}{c_{A,0}}\right) = \frac{1}{2c_{A,0}t} = \frac{1}{4c_{A,0}}$$

故 $c_A = \left(1 - \frac{2}{3}\right)c_{A,0}$ 时

$$t = \frac{1}{k_A}\left(\frac{1}{c_A} - \frac{1}{c_{A,0}}\right) = 4c_{A,0}\left(\frac{3}{c_{A,0}} - \frac{1}{c_{A,0}}\right) = 8 \ min$$

8. 科学工作者已经研制出人造的血红细胞。这种血红细胞从体内循环中被清除的反应是一级反应，其半衰期为 $6.0 \ h$。如果一个事故的受害者的血红细胞已经被人造的血红细胞所取代，$1.0 \ h$ 后到达医院，这时其体内人造血红细胞占输入的人造血红细胞的分数是多少？

解：人造血红细胞从体内被清除反应的速率系数为

$$k_1 = \frac{0.693}{T_{1/2}} = \frac{0.693}{6.0 \ h} = 0.12 \ h^{-1}$$

1.0 h 后人造血红细胞的浓度 c 与其起始浓度 c_0 的比值即为所求分数。故其体内的人造血红细胞占输入的人造血红细胞的分数为

$$\ln \frac{c}{c_0} = -k_1 t = -0.12 \text{ h}^{-1} \times 1.0 \text{ h} = -0.12$$

$$\frac{c}{c_0} = 0.89 = 89\%$$

9. 某抗生素在人体血液中的水解反应呈现一级反应，如果给患者注射一针抗生素，然后经不同时刻 t 后测定抗生素在血液中的质量浓度，得到如下数据：

t/h	4	8	12	16
$\rho/(\text{mg} \cdot \text{L}^{-1})$	4.80	3.26	2.22	1.51

（1）计算该一级反应的速率系数和反应的半衰期；
（2）若抗生素在血液中的质量浓度不低于 $3.7 \text{ mg} \cdot \text{L}^{-1}$ 才为有效，问约何时后注射第二针？
解：（1）由题给数据得下表：

t/h	4	8	12	16
$\lg[\rho/(\text{mg} \cdot \text{L}^{-1})]$	0.681	0.513	0.346	0.179

以 $\lg[\rho/(\text{mg} \cdot \text{L}^{-1})]$ 为纵坐标，时间 t 为横坐标作图，得下图：
由直线上 A 和 B 两点求得直线的斜率为

$$\text{斜率} = \frac{0.765 - 0.223}{2 - 15} = -0.0417$$

该反应的速率系数为

$$k_1 = -2.303 \times (-0.0417 \text{ h}^{-1})$$
$$= 9.60 \times 10^{-2} \text{ h}^{-1}$$

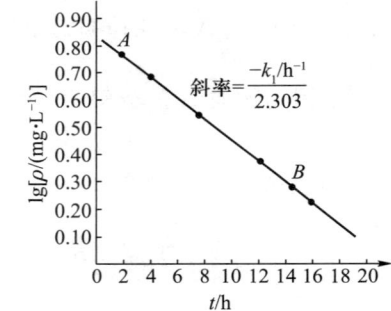

该反应的半衰期为

$$T_{1/2} = \frac{0.693}{k_1} = \frac{0.693}{9.60 \times 10^{-2} \text{ h}^{-1}} = 7.22 \text{ h}$$

（2）由上图可知直线在纵轴上的截距 $\lg[\rho_0/(\text{mg} \cdot \text{L}^{-1})]$ 为 0.852，故抗生素在血液中起始质量浓度为

$$\rho_0 = 10^{0.852} \text{ mg} \cdot \text{L}^{-1} = 7.11 \text{ mg} \cdot \text{L}^{-1}$$

抗生素的质量浓度降低到 $3.7 \text{ mg} \cdot \text{L}^{-1}$ 所需的时间为

$$t = \frac{1}{k_1} \ln \frac{\rho_0}{\rho}$$

$$= \frac{1}{9.60 \times 10^{-2} \text{ h}^{-1}} \ln \frac{7.11 \text{ mg} \cdot \text{L}^{-1}}{3.7 \text{ mg} \cdot \text{L}^{-1}} = 6.80 \text{ h}$$

约需 6.80 h 后注射第二针。

10. 在自然界的杵木中,碳的放射性同位素 ^{14}C 在总碳量中的质量分数为 1.10×10^{-13} %。某考古队在一山洞中发现一些古代树木燃烧的灰烬,经分析 ^{14}C 在总碳量中的质量分数为 9.87×10^{-14} %。已知 ^{14}C 的半衰期为 5 700 a(年),计算该灰烬距今约有多少年。

解:宇宙射线恒定地产生碳的放射性同位素 ^{14}C,植物组织不断地从空气中吸收 ^{14}C,使其在植物总碳量中的质量分数基本保持为 1.10×10^{-13} %。当植物死亡或树木被砍伐后,它们从空气中吸收 ^{14}C 的过程就停止了。由于放射性衰变,^{14}C 在总碳量中的质量分数逐渐减小,由此可以测知所取试样的年代。

^{14}C 衰变为一级反应,反应的速率系数为

$$k_1 = \frac{0.693}{T_{1/2}} = \frac{0.693}{5\ 700 \text{ a}} = 1.22 \times 10^{-4} \text{ a}^{-1}$$

该灰烬距今的时间约为

$$t = \frac{1}{k_1} \ln \frac{c_{A,0}}{c_A}$$

$$= \frac{1}{1.22 \times 10^{-4} \text{ a}^{-1}} \ln \frac{1.10 \times 10^{-13} \text{ \%}}{9.87 \times 10^{-14} \text{ \%}} = 888 \text{ a}$$

11. 某药物在水中的分解过程可视作一级反应,将 $5.0 \text{ g} \cdot \text{L}^{-1}$ 该药物水溶液在室温 298.15 K 下放置 10 h,其浓度降低了 $1.0 \text{ g} \cdot \text{L}^{-1}$。计算:

(1) 药物在水中分解反应的半衰期。

(2) 如药物溶液的浓度降低 10% 即失效,则其有效期为多久?

解:(1) 由 $\ln \frac{c_0}{c} = kt$

$$\ln \frac{5.0 \text{ g} \cdot \text{L}^{-1}}{4.0 \text{ g} \cdot \text{L}^{-1}} = k \times 10 \text{ h}$$

$$k = 0.022\ 3 \text{ h}^{-1}$$

$$T_{1/2} = \frac{0.693}{k} = \frac{0.693}{0.022\ 3 \text{ h}^{-1}} = 31.1 \text{ h}$$

(2) 药物溶液的浓度降低 10% 即失效,则

$$\ln \frac{100\%}{90\%} = 0.022\ 3 \text{ h}^{-1} \times t$$

解得 $t = 4.72 \text{ h}$

12. 肺进行呼吸时,吸入的 O_2 与肺脏血液中的血红蛋白(Hb)反应,生成氧合血红蛋白(HbO_2),反应方程式为

$$Hb + O_2 \longrightarrow HbO_2$$

该反应对 Hb 和 O_2 均为一级，为保持肺脏血液中血红蛋白的正常浓度(8.0×10^{-6} mol·L^{-1})，则肺脏血液中 O_2 的浓度必须保持为 1.6×10^{-6} mol·L^{-1}。已知上述反应在体温(310 K)下的速率系数 $k = 2.1 \times 10^6$ L·mol^{-1}·s^{-1}。

(1) 计算正常情况下氧合血红蛋白在肺脏血液中的生成速率；

(2) 患某种疾病时，HbO_2 的生成速率已达 1.1×10^{-4} mol·L^{-1}·s^{-1}，为保持 Hb 的正常浓度，需要给患者进行输氧。问肺脏血液中 O_2 的浓度为多少时才能保持 Hb 的正常浓度？

解：反应的速率方程为

$$v = k_2 \cdot c(\text{Hb}) \cdot c(\text{O}_2)$$

(1) 氧合血红蛋白在肺脏血液中的生成速率为

$$v = 2.1 \times 10^6 \text{ L·mol}^{-1}\text{·s}^{-1} \times 8.0 \times 10^{-6} \text{mol·L}^{-1} \times 1.6 \times 10^{-6} \text{mol·L}^{-1}$$
$$= 2.7 \times 10^{-5} \text{ mol·L}^{-1}\text{·s}^{-1}$$

(2) 所需 O_2 的浓度为

$$c(\text{O}_2) = \frac{v}{k_2 \cdot c(\text{Hb})}$$
$$= \frac{1.1 \times 10^{-4} \text{ mol·L}^{-1}\text{·s}^{-1}}{2.1 \times 10^6 \text{ L·mol}^{-1}\text{·s}^{-1} \times 8.0 \times 10^{-6} \text{ mol·L}^{-1}}$$
$$= 6.5 \times 10^{-6} \text{ mol·L}^{-1}$$

肺脏血液中 O_2 的浓度为 6.5×10^{-6} mol·L^{-1} 时才能保持 Hb 的正常浓度。

13. 某种酯 A 的皂化反应为二级反应，在某温度下的速率系数 $k = 4.5$ L·mol^{-1}·min^{-1}。若酯和碱的初始浓度均为 0.020 mol·L^{-1}，计算在此温度下反应的半衰期及 20 min 后反应物的浓度。

解：反应的半衰期为

$$T_{1/2} = \frac{1}{k_2 \cdot c_{\text{A},0}}$$
$$= \frac{1}{4.5 \text{ L·mol}^{-1}\text{·min}^{-1} \times 0.020 \text{ mol·L}^{-1}} = 11 \text{ min}$$

20 min 后反应物 A 的浓度为

$$\frac{1}{c_\text{A}} = \frac{1}{c_{\text{A},0}} + k_2 t$$
$$= \frac{1}{0.020 \text{ mol·L}^{-1}} + 4.5 \text{ L·mol}^{-1}\text{·min}^{-1} \times 20 \text{ min} = 140 \text{ L·mol}^{-1}$$
$$c_\text{A} = 7.1 \times 10^{-3} \text{ mol·L}^{-1}$$

20 min 后酯和碱的浓度均为 7.1×10^{-3} mol·L^{-1}。

14. 某反应从 27 ℃升到 37 ℃时,反应速率增加为原来的 4 倍,估算该反应的活化能。如该反应从 127 ℃上升到 137 ℃,反应速率将增加为原来的多少倍?

解：该反应的活化能为

$$E_a = \frac{RT_1T_2}{T_2 - T_1}\ln\frac{k_2}{k_1} = \frac{8.314\ \text{J}\cdot\text{mol}^{-1}\cdot\text{K}^{-1}\times 300\ \text{K}\times 310\ \text{K}}{310\ \text{K} - 300\ \text{K}}\ln\frac{4k_1}{k_1}$$

$$= 107\times 10^3\ \text{J}\cdot\text{mol}^{-1} = 107\ \text{kJ}\cdot\text{mol}^{-1}$$

137 ℃时的反应速率与 127 ℃时的反应速率的比值为

$$\ln\frac{k(410\ \text{K})}{k(400\ \text{K})} = \frac{107\times 10^3\ \text{J}\cdot\text{mol}^{-1}}{8.314\ \text{J}\cdot\text{mol}^{-1}\cdot\text{K}^{-1}}\times\frac{(410\ \text{K} - 400\ \text{K})}{410\ \text{K}\times 400\ \text{K}} = 0.78$$

$$\frac{k(410\ \text{K})}{k(400\ \text{K})} = 2.2$$

故反应速率增加为原来的 2.2 倍。

15. 301 K 时鲜牛奶大约 4 h 变酸,但在 278 K 的冰箱中可保持 48 h。若牛奶变酸反应的反应速率与牛奶变酸的时间成反比,计算牛奶变酸反应的活化能。

解：牛奶变酸反应的活化能为

$$E_a = \frac{RT_1T_2}{T_2 - T_1}\ln\frac{k_2}{k_1} = \frac{RT_1T_2}{T_2 - T_1}\ln\frac{v_2}{v_1} = \frac{RT_1T_2}{T_2 - T_1}\ln\frac{t_1}{t_2}$$

$$= \frac{8.314\ \text{J}\cdot\text{mol}^{-1}\cdot\text{K}^{-1}\times 301\ \text{K}\times 278\ \text{K}}{278\ \text{K} - 301\ \text{K}}\times\ln\frac{4\ \text{h}}{48\ \text{h}}$$

$$= 75.2\ \text{kJ}\cdot\text{mol}^{-1}$$

16. 某种酶催化反应的活化能是 50 kJ·mol^{-1},正常人的体温为 37 ℃。当患者发烧到 40 ℃时,此酶催化反应的速率增加了多少?

解：此酶催化剂反应在 40 ℃时的反应速率与 37 ℃时的反应速率的比值为

$$\ln\frac{v(313\ \text{K})}{v(310\ \text{K})} = \ln\frac{k(313\ \text{K})}{k(310\ \text{K})} = \frac{E_a(T_2 - T_1)}{RT_1T_2}$$

$$= \frac{50\times 10^3\ \text{J}\cdot\text{mol}^{-1}\times(313\ \text{K} - 310\ \text{K})}{8.314\ \text{J}\cdot\text{mol}^{-1}\cdot\text{K}^{-1}\times 310\ \text{K}\times 313\ \text{K}} = 0.186$$

$$\frac{v(313\ \text{K})}{v(310\ \text{K})} = 1.20$$

当患者发烧到 40 ℃时,此酶催化反应的速率增加到为正常体温的 1.20 倍,即反应速率增加了 20%。

17. 尿素的水解反应为

$$CO(NH_2)_2 + H_2O \Longrightarrow 2NH_3 + CO_2$$

无酶存在时,反应的活化能 $E_{a1} = 120$ kJ·mol^{-1}。当尿素酶存在时,反应的活化能降为 46 kJ·mol^{-1}。若无酶和有酶存在时,指数前参量 A 相同。

(1) 估算在 298 K 时,尿素酶催化时反应速率是无酶存在时的多少倍?

(2) 无酶存在时,温度升高到何值时才能达到尿素酶催化反应在 298 K 时的速率?

解:反应速率系数与活化能的关系为

$$\ln k = -\frac{E_a}{RT} + \ln A$$

(1) 298 K 时,尿素酶催化时的反应速率与无酶催化时的反应速率的比值为

$$\ln \frac{v_2}{v_1} = \ln \frac{k_2}{k_1} = \frac{E_{a1} - E_{a2}}{RT}$$

$$= \frac{120 \text{ kJ} \cdot \text{mol}^{-1} - 46 \text{ kJ} \cdot \text{mol}^{-1}}{8.314 \times 10^{-3} \text{ kJ} \cdot \text{mol}^{-1} \cdot \text{K}^{-1} \times 298 \text{ K}} = 29.87$$

$$\frac{v_2}{v_1} = 9.4 \times 10^{12}$$

298 K 时,由于尿素酶的催化作用,反应速率是无酶存在时的 9.4×10^{12} 倍。

(2) 在温度 T_1 时无酶存在的反应速率等于 298 K 酶催化的反应速率时,$\dfrac{E_{a1}}{T_1} = \dfrac{E_{a2}}{T_2}$。故无酶存在时,反应所需的温度为

$$T_1 = \frac{E_{a1} T_2}{E_{a2}} = \frac{120 \text{ kJ} \cdot \text{mol}^{-1} \times 298 \text{ K}}{46 \text{ kJ} \cdot \text{mol}^{-1}} = 777 \text{ K}$$

18. 已知青霉素 G 的水解反应为一级反应,37 ℃时反应的活化能为 84.8 kJ·mol⁻¹,指数前参量为 $4.2 \times 10^{12} \text{ h}^{-1}$。试求 37 ℃时青霉素 G 水解反应的速率系数。

解:37 ℃时青霉素 G 水解反应的速率系数为

$$\ln k = \ln A - \frac{E_a}{RT}$$

$$= \ln 4.2 \times 10^{12} - \frac{84.8 \times 10^3 \text{ J} \cdot \text{mol}^{-1}}{8.314 \text{ J} \cdot \text{mol}^{-1} \cdot \text{K}^{-1} \times 310 \text{ K}} = -3.84$$

$$k = 2.1 \times 10^{-2} \text{ h}^{-1}$$

19. 某药物的分解反应为一级反应,在体温 37 ℃时,反应速率系数 k 为 0.46 h⁻¹,若服用该药物 0.16 g,问该药物在胃中停留多长时间可分解 90%?

解:由

$$\lg \frac{c_{A,0}}{c_A} = \frac{k_A t}{2.303}$$

$$\lg \frac{0.16}{0.16(1 - 90\%)} = \frac{k_A t}{2.303}$$

解得

$$t = 5.0 \text{ h}$$

20. CH₃CHO 分解反应:$CH_3CHO(g) == CH_4(g) + CO(g)$ 活化能为 188.3 kJ·mol⁻¹;如果以碘蒸气为催化剂,反应的活化能降低为 138.1 kJ·mol⁻¹。计算当温度为 800 K 时,加碘催化剂,反应速率为无碘催化时的多少倍?

解：设指前因子不变，根据阿伦尼乌斯方程

$$k_1 = A \cdot e^{-\frac{E_{a1}}{RT}} \qquad\qquad k_2 = A \cdot e^{-\frac{E_{a2}}{RT}}$$

则

$$\frac{k_2}{k_1} = e^{\frac{1}{RT}(E_{a1} - E_{a2})} = e^{\frac{1}{8.314 \times 800}(188.3 - 138.1) \times 1\,000} = 1.9 \times 10^3$$

有碘催化时，反应速率为无碘催化时的 1.9×10^3 倍。

21. 蔗糖水解反应为

$$C_{12}H_{22}O_{11} + H_2O \Longrightarrow 2C_6H_{12}O_6$$

该反应的活化能 $E_a = 110 \text{ kJ} \cdot \text{mol}^{-1}$，300 K 时该反应的半衰期 $T_{1/2} = 1.22 \times 10^4 \text{ s}$，且半衰期与反应物的起始浓度无关。

（1）求该反应的反应级数；

（2）写出该反应的速率方程；

（3）计算 310 K 时该反应的速率系数。

解：（1）由于蔗糖水解反应的半衰期与反应物浓度无关，可知该反应为一级反应，反应级数为 1。

（2）蔗糖水解反应的速率方程为

$$v = k \cdot c(C_{12}H_{22}O_{11})$$

（3）300 K 时蔗糖水解反应的速率系数为

$$k(300 \text{ K}) = \frac{0.693}{T_{1/2}(300 \text{ K})} = \frac{0.693}{1.22 \times 10^4 \text{ s}} = 5.68 \times 10^{-5} \text{ s}^{-1}$$

反应的活化能 E_a、反应温度 T 和速率系数之间的定量关系为

$$\ln\frac{k(T_2)}{k(T_1)} = \frac{E_a(T_2 - T_1)}{RT_1T_2}$$

310 K 时蔗糖水解反应的速率系数为

$$\ln k(310 \text{ K}) = \frac{110 \times 10^3 \text{ J} \cdot \text{mol}^{-1} \times (310 \text{ K} - 300 \text{ K})}{8.314 \text{ J} \cdot \text{mol}^{-1} \cdot \text{K}^{-1} \times 300 \text{ K} \times 310 \text{ K}} + \ln 5.68 \times 10^{-5}$$

$$= -8.36$$

$$k(310 \text{ K}) = 2.34 \times 10^{-4} \text{ s}^{-1}$$

22. 某一级反应在 400 K 时反应的半衰期是 500 K 的 100 倍，试计算该一级反应的活化能。

解：一级反应的速率系数与半衰期之间的关系为

$$k = \frac{0.693}{T_{1/2}}$$

由上式可得

$$\frac{k(T_2)}{k(T_1)}=\frac{T_{1/2}(T_1)}{T_{1/2}(T_2)}$$

该一级反应的活化能为

$$E_a=\frac{RT_1T_2}{T_2-T_1}\ln\frac{k(T_2)}{k(T_1)}=\frac{RT_1T_2}{T_2-T_1}\ln\frac{T_{1/2}(T_1)}{T_{1/2}(T_2)}$$

$$=\frac{8.314\ \text{J}\cdot\text{mol}^{-1}\cdot\text{K}^{-1}\times400\ \text{K}\times500\ \text{K}}{500\ \text{K}-400\ \text{K}}\times\ln100$$

$$=76.57\ \text{kJ}\cdot\text{mol}^{-1}$$

单元测试题

一、选择题

1. 已知某化学反应的速率系数的单位为 s^{-1},则该化学反应的反应级数为(　　)。

(A) 3　　　　　　　(B) 2　　　　　　　(C) 1　　　　　　　(D) 0

2. 化学反应 $A(aq) + B(aq) \longrightarrow Z(aq)$ 的速率方程为

$$v = k\cdot c_A^{\alpha}\cdot c_B$$

当温度和 B 的浓度保持不变而使 A 的浓度增加到原来的 4 倍时,反应速率增加到原速率的 8 倍。则 α 为(　　)。

(A) 1　　　　　　　(B) 1.5　　　　　　　(C) 2　　　　　　　(D) 3

3. 质量作用定律适用于(　　)。

(A) 化学反应方程式中反应物和产物的系数均为 1 的反应

(B) 一步完成的简单反应

(C) 实际能进行的反应

(D) 非基元反应

4. 在某温度下,发生如下化学反应:

$$2A(aq) + 2B(aq) \longrightarrow Y(aq) + 2Z(aq)$$

将不同浓度的 A 溶液和 B 溶液混合,测得下列实验数据:

$c_A/(\text{mol}\cdot\text{L}^{-1})$	$c_B/(\text{mol}\cdot\text{L}^{-1})$	$v/(\text{mol}\cdot\text{L}^{-1}\cdot\text{s}^{-1})$
1.0×10^{-3}	6.0×10^{-3}	8.0×10^{-7}
2.0×10^{-3}	6.0×10^{-3}	3.2×10^{-6}
2.0×10^{-3}	3.0×10^{-3}	1.6×10^{-6}

则该反应的速率方程为(　　)。

(A) $v=k\cdot c_A^2\cdot c_B^2$　　　　　　　(B) $v=k\cdot c_A^2\cdot c_B$

(C) $v=k\cdot c_A\cdot c_B^2$　　　　　　　(D) $v=k\cdot c_A\cdot c_B$

5. 加快化学反应速率的最好的方法是(　　)。

(A) 升高反应温度　　　　　　　(B) 选择合适的催化剂

(C) 降低反应温度　　　　　　　(D) 增大压力

6. 对化学反应 $A(aq) + B(aq) \longrightarrow 2Z(aq)$,在一定温度下,当 A 的浓度增大为原浓度的 2 倍时,反应速率也增大为原来的 2 倍;而当 B 的浓度增大为原来的 2 倍时,反应速率增大为原来的 4 倍。则该反应的速率方程为(   )。

(A) $v=kc_A c_B$ (B) $v=kc_A^2 c_B$ (C) $v=kc_A c_B^2$ (D) $v=kc_A^2 c_B^2$

7. 对放热的可逆反应,当温度升高时,下列各量中明显增大的是(   )。

(A) 反应速率系数   (B) 反应的活化能

(C) 反应的标准平衡常数   (D) 反应的摩尔焓变

8. 对吸热的可逆反应,升高温度时(   )。

(A) 正反应速率增大,而逆反应速率减小   (B) 正反应速率减小,而逆反应速率增大

(C) 正反应速率和逆反应速率均增大   (D) 正反应速率和逆反应速率均减小

9. 已知反应 $2NO(g)+Br_2(g) \rightleftharpoons 2NOBr(g)$ 为基元反应,在一定温度下,当总体积扩大一倍时,正反应速率为原来的(   )。

(A) 1/8 倍   (B) 2 倍   (C) 4 倍   (D) 8 倍

10. 采取下列措施,能使反应的速率系数增大的是(   )。

(A) 加入负催化剂   (B) 升高温度

(C) 增大压力   (D) 增大反应物浓度

11. 某可逆基元反应的摩尔焓变 $\Delta_r H_m = 100 \text{ kJ} \cdot \text{mol}^{-1}$,则其正反应的活化能 E_a(   )。

(A) 只能大于 100 kJ·mol^{-1} (B) 只能小于 100 kJ·mol^{-1}

(C) 等于或小于 100 kJ·mol^{-1} (D) 大于或小于 100 kJ·mol^{-1}

12. 已知复合反应 $2NO(g)+Br_2(g) \rightleftharpoons 2NOBr(g)$ 是分为以下两步进行的:

$$NO(g)+Br_2(g) \rightleftharpoons NOBr_2(g) \quad (慢反应)$$

$$NOBr_2(g)+NO(g) \rightleftharpoons 2NOBr(g) \quad (快反应)$$

则该复合反应的速率方程为(   )。

(A) $v=k \cdot c^2(NO)$ (B) $v=k \cdot c(NOBr_2) \cdot c(NO)$

(C) $v=k \cdot c^2(NO) \cdot c(Br_2)$ (D) $v=k \cdot c(NO) \cdot c(Br_2)$

13. 化学反应 $2A(aq)+2B(aq) \longrightarrow Y(aq)+Z(aq)$ 的速率系数 k 的单位是 $\text{mol}^{-2} \cdot \text{L}^2 \cdot \text{s}^{-1}$,则此反应的反应级数是(   )。

(A) 1   (B) 2   (C) 3   (D) 4

14. 已知反应 $2NO(g)+O_2(g) \rightleftharpoons 2NO_2(g)$ 是一个基元反应,则 $v(NO)$ 等于(   )。

(A) $v(O_2)$ (B) $2v(O_2)$ (C) $1/2v(O_2)$ (D) $1/v(O_2)$

15. 已知反应 $2A+B \longrightarrow$ 产物,则其速率方程式(   )。

(A) $v=kc_A^2 \cdot c_B$ (B) $v=kc_A \cdot c_B$ (C) 无法确定   (D) $v=kc_A \cdot c_B^2$

16. 下列叙述中正确的是(   )。

(A) 凡是反应速率方程中各反应物的浓度的指数等于其化学计量数的绝对值时,此反应则一定是基元反应

(B) 反应级数等于各反应物的化学计量数绝对值之和

(C) 复合反应是由若干基元反应组成的

(D) 反应速率系数在任意条件下都是常数

17. 升高温度可以加快反应速率,其主要原因是(   )。

(A) 增加了分子的碰撞次数   (B) 增大了活化分子的百分数

(C) 降低了反应的活化能   (D) 促使化学平衡正向移动

18. 已知某反应的活化能为 114 kJ·mol^{-1},使用某催化剂使其活化能降低一半,在 25 ℃时,其反应速率将加快的倍数约为(   )。

(A) 1×10^2 (B) 1×10^6 (C) 1×10^8 (D) 1×10^{10}

19. 升高相同的温度,化学反应速率加快程度较大的反应通常是(　　)。

(A) 吸热反应   (B) 放热反应

(C) 活化能较大的反应   (D) 活化能较小的反应

20. 对于一级反应,反应物浓度消耗 $1/a$ 所需的时间是(　　)。

(A) $t = \dfrac{0.693}{k}$ (B) $t = \dfrac{1}{k} \lg \dfrac{a}{a-1}$ (C) $t = \dfrac{1}{k} \ln \dfrac{a}{a-1}$ (D) $t = \dfrac{1}{k} \ln a$

21. 一级反应、二级反应、零级反应的半衰期(　　)。

(A) 均与 k_A 和 $c_{A,0}$ 有关   (B) 均与 $c_{A,0}$ 有关

(C) 均与 k_A 有关   (D) 视反应时间而定

22. 某一级反应的速率系数为 8.5×10^{-2} min^{-1},此反应的半衰期为(　　)。

(A) 8.15 min   (B) 4.25 min   (C) 2.67 min   (D) 0.56 min

23. 某一级反应,当反应物浓度消耗一半时需 12 min,则 36 min 后反应物的浓度应为初始浓度的(　　)。

(A) 1/8   (B) 1/6   (C) 1/4   (D) 1/3

24. 等压下某可逆反应的正反应的活化能为 E_a,逆反应的活化能为 E_a',反应的摩尔焓变为 $\Delta_r H_m$,则三者之间的关系为(　　)。

(A) $\Delta_r H_m = E_a - E_a'$ (B) $\Delta_r H_m = E_a + E_a'$

(C) $\Delta_r H_m = -E_a - E_a'$ (D) $\Delta_r H_m = E_a' - E_a$

25. 某化学反应,反应物消耗 3/4 所用的时间是其半衰期的 2 倍,则该反应为(　　)。

(A) 一级反应   (B) 二级反应   (C) 三级反应   (D) 零级反应

26. 某催化氧化还原反应的机理被认为是

$$V^{3+} + Cu^{2+} \Longrightarrow V^{4+} + Cu^+ \quad (慢反应)$$

$$Cu^+ + Fe^{3+} \Longrightarrow Fe^{2+} + Cu^{2+} \quad (快反应)$$

可知该反应的催化剂是(　　)。

(A) V^{3+} (B) Cu^{2+} (C) Cu^+ (D) Fe^{3+}

27. 某化学反应的正反应的活化能大于逆反应的活化能,由此可判断该化学反应(　　)。

(A) $\Delta_r H_m > 0$ (B) $\Delta_r H_m < 0$ (C) $\Delta_r H_m = 0$ (D) $\Delta_r H_m \geqslant 0$

28. 下列有关催化剂的说法中,错误的是(　　)。

(A) 正催化剂同时加快正反应速率和逆反应速率

(B) 正催化剂降低了反应的活化能

(C) 催化剂使反应的标准平衡常数增大

(D) 催化剂改变了反应的途径

29. 对于二级反应,反应速率系数的常用单位是(　　)。

(A) s^{-1} (B) L·mol^{-1}·s^{-1} (C) L^2·mol^{-2}·s^{-1} (D) mol·L^{-1}·s^{-1}

30. 关于反应级数与反应分子数的关系,下列判断不正确的是(　　)。

(A) 对于某些反应,反应级数无法确定

(B) 在基元反应中,反应级数和反应分子数通常是一致的

(C) 反应分子数必为整数,而反应级数可以是负数

(D) 速率系数可由反应分子数及反应级数确定

31. 化学反应 A(aq) + 2B(aq) $\longrightarrow$ Y(aq) + Z(aq),实验测得其速率方程为 $v = k \cdot c_A \cdot c_B$。由此可知该反应为(　　)。

(A) 双分子反应　　　　　(B) 三分子反应　　　　　(C) 三级反应　　　　　(D) 二级反应

32. 对于零级反应,下列说法正确的是(　　　)。

(A) 反应的活化能很小　　　　　　　　　　(B) 反应的活化能为零

(C) 反应物浓度不随时间变化　　　　　　　(D) 反应速率与反应物浓度无关

33. 当反应 $A_2 + B_2 \longrightarrow 2AB$ 的速率方程为 $v = kc_{A_2} \cdot c_{B_2}$ 时,则此反应(　　　)。

(A) 一定是基元反应　　　　　　　　　　　(B) 一定是非基元反应

(C) 无法确定是否为基元反应　　　　　　　(D) 反应为一级反应

34. 对于多数农药而言,其水解反应速率是杀虫效果的重要参考指标。已知溴氰菊酯在 298.15 K 时的水解速率系数为 3.01×10^{-2} d^{-1},则半衰期约是(　　　)。

(A) 11.5 d　　　　　(B) 23 d　　　　　(C) 15 d　　　　　(D) 46 d

35. 反应 $A(aq) + B(aq) \longrightarrow Z(aq)$,其速率方程为 $v = k \cdot c_A^2 \cdot c_B^{1/2}$,当 A 和 B 的浓度都增加到原来的 4 倍时,反应速率将增加到原来的(　　　)。

(A) 4 倍　　　　　(B) 8 倍　　　　　(C) 16 倍　　　　　(D) 32 倍

36. 对于只有一种反应物 A 的一级反应,下列说法中正确的是(　　　)。

(A) 反应速率与反应物 A 的浓度成正比

(B) 以 $\dfrac{1}{c_A}$ 对 t 作图得一直线

(C) 反应的半衰期与反应物 A 的起始浓度成反比

(D) 反应速率系数的常用单位是 $L \cdot mol^{-1} \cdot s^{-1}$

37. 已知反应 $A(g) + B(g) \longrightarrow Z(g)$ 的活化能 $E_a = 50$ $kJ \cdot mol^{-1}$,则逆反应的活化能 E_a' 为(　　　)。

(A) $-50 kJ \cdot mol^{-1}$　　　(B) $< 50 kJ \cdot mol^{-1}$　　　(C) $> 50 kJ \cdot mol^{-1}$　　　(D) 无法确定

38. 反应 $3H_2(g) + N_2(g) \longrightarrow 2NH_3(g)$ 的反应速率可以表示为 $-\dfrac{dp(N_2)}{dt}$,下列表示中与其相等的是(　　　)。

(A) $\dfrac{dp(NH_3)}{dt}$　　　(B) $\dfrac{dp(NH_3)}{2dt}$　　　(C) $\dfrac{2dp(NH_3)}{dt}$　　　(D) $-\dfrac{dp(NH_3)}{dt}$

39. 对两个活化能不同的反应,在其他条件相同时,温度均从 T_1 升高至 T_2,活化能高的反应比活化能低的反应反应速率增加的倍数(　　　)。

(A) 小　　　　　(B) 大　　　　　(C) 相同　　　　　(D) 不确定

40. 下列关于速率系数的说法中,不正确的是(　　　)。

(A) 速率系数较大的反应,其反应速率也一定较快

(B) 温度升高,反应的速率系数增大

(C) 速率系数主要取决于反应的活化能

(D) 速率系数与反应物的浓度无关

41. 某反应正反应的反应热等于 -88.3 $kJ \cdot mol^{-1}$,活化能为 113 $kJ \cdot mol^{-1}$,则逆反应的活化能为(　　　)。

(A) -201.3 $kJ \cdot mol^{-1}$　　　　　　(B) 201.3 $kJ \cdot mol^{-1}$

(C) -113 $kJ \cdot mol^{-1}$　　　　　　　(D) 113 $kJ \cdot mol^{-1}$

42. 在等温下仅增加反应物浓度,化学反应速率加快的原因是(　　　)。

(A) 化学反应速率系数增大　　　　　　　　(B) 反应物的活化分子百分数增加

(C) 反应活化能降低　　　　　　　　　　　(D) 单位体积内活化分子数目增加

43. 在化学反应中,催化剂的作用是(　　　)。

(A) 有利于反应正向进行　　　　　　　　　(B) 增大反应的标准平衡常数

(C) 增大反应活化能   (D) 降低反应的活化能

44. 对于 $\Delta_r H_m > 0$ 的可逆反应，升高温度对反应速率的影响是（　　）。

(A) $v_{正}$ 增大，$v_{逆}$ 减小   (B) $v_{正}$ 减小，$v_{逆}$ 增大

(C) $v_{正}$ 和 $v_{逆}$ 都增大   (D) $v_{正}$ 和 $v_{逆}$ 都减小

45. 对于以 KI 为催化剂的 H_2O_2 的分解反应，测得 293.15 K 时的速率系数为 5.6 $L \cdot mol^{-1} \cdot min^{-1}$，323.15 K 时的速率系数为 56 $L \cdot mol^{-1} \cdot min^{-1}$，则该反应的活化能约为（　　）。

(A) 60 $kJ \cdot mol^{-1}$ (B) 80 $kJ \cdot mol^{-1}$

(C) 30 $kJ \cdot mol^{-1}$ (D) 40 $kJ \cdot mol^{-1}$

46. 某反应 $A(g) \longrightarrow 2B(g)$ 为一级反应，当 A 的初始浓度为 0.10 $mol \cdot L^{-1}$ 时反应掉 25%，需时 100 s，当 A 的初始浓度为 0.05 $mol \cdot L^{-1}$ 时，反应掉 25% 需时为（　　）。

(A) 50 s   (B) 75 s   (C) 100 s   (D) 200 s

47. 某同位素进行 β 放射，14 d 后同位素的活性降低 6.85%，若分解 90% 需（　　）。

(A) 354 d   (B) 263 d   (C) 300 d   (D) 454 d

48. 实验测得反应 $A(aq) + B(aq) + C(aq) \longrightarrow Z(aq)$ 的实验数据如下：

实验编号	$c_A/(mol \cdot L^{-1})$	$c_B/(mol \cdot L^{-1})$	$c_C/(mol \cdot L^{-1})$	$v/(mol \cdot L^{-1} \cdot s^{-1})$
1	1.0	1.0	1.0	2.4×10^{-3}
2	2.0	1.0	1.0	2.4×10^{-3}
3	1.0	2.0	1.0	4.8×10^{-3}
4	1.0	1.0	2.0	9.6×10^{-3}

则该反应的速率方程是（　　）。

(A) $v = k \cdot c_A \cdot c_B \cdot c_C$ (B) $v = k \cdot c_B \cdot c_C^2$

(C) $v = k \cdot c_A \cdot c_C^2$ (D) $v = k \cdot c_A \cdot c_B^2$

49. 对于酶催化反应，当温度逐渐升高时，反应速率的变化为（　　）。

(A) 逐渐加快   (B) 逐渐减慢   (C) 不随温度变化   (D) 先加快后减慢

50. 反应 $A(aq) + 2B(aq) \longrightarrow Y(aq) + 2Z(aq)$，测得反应物 A 的消耗速率为 2.6×10^{-2} $mol \cdot L^{-1} \cdot s^{-1}$，则生成物 Z 的生成速率为（　　）。

(A) 2.6×10^{-2} $mol \cdot L^{-1} \cdot s^{-1}$ (B) 5.2×10^{-2} $mol \cdot L^{-1} \cdot s^{-1}$

(C) 1.3×10^{-2} $mol \cdot L^{-1} \cdot s^{-1}$ (D) 3.9×10^{-2} $mol \cdot L^{-1} \cdot s^{-1}$

51. 反应 $A \longrightarrow B$ 为二级反应，当 A 的浓度为 0.050 $mol \cdot L^{-1}$ 时，反应速率为 1.2 $mol \cdot L^{-1} \cdot min^{-1}$。在相同温度下，欲使反应速率加倍，A 的浓度应该是（　　）。

(A) 0.10 $mol \cdot L^{-1}$ (B) 0.025 $mol \cdot L^{-1}$

(C) 0.20 $mol \cdot L^{-1}$ (D) 0.071 $mol \cdot L^{-1}$

52. 反应 $2A(aq) + B(aq) \longrightarrow 2Z(aq)$，当反应物 A 和 B 的浓度都增加 1 倍时，反应速率增大为原来的 4 倍；而当 B 的浓度增大 1 倍时，反应速率增大为原来的 2 倍。则反应的速率方程为（　　）。

(A) $v = k \cdot c_A^2 \cdot c_B$ (B) $v = k \cdot c_A \cdot c_B$

(C) $v = k \cdot c_A \cdot c_B^2$ (D) $v = k \cdot c_A^2$

53. 对于化学反应 $A(aq) + 2B(aq) \longrightarrow 3Y(aq) + Z(aq)$，与生成物 Y 的生成速率 $\dfrac{dc_Y}{dt}$ 相等的是（　　）。

(A) $-\dfrac{dc_A}{dt}$ (B) $-\dfrac{dc_B}{dt}$ (C) $\dfrac{dc_Z}{dt}$ (D) $-\dfrac{3}{2}\dfrac{dc_B}{dt}$

54. 下列说法正确的是(   )。

(A) 吸热反应比放热反应具有更高的活化能

(B) 质量作用定律适用于所有化学反应

(C) 催化剂对所有化学反应都具有催化作用

(D) 反应的速率系数与反应物的浓度无关

55. 下列关于反应活化能的叙述中,正确的是(   )。

(A) 活化能是活化分子具有的最低能量

(B) 一般来说,活化能越小,反应速率越快

(C) 升高温度时降低了反应的活化能,因而反应速率加快

(D) 活化能与反应的具体途径无关

56. 实验测得的室温时反应 $NO_2(g) + CO(g) \rightleftharpoons NO(g) + CO_2(g)$ 的速率方程为 $v = k \cdot p^2(NO_2)$。在下述几种反应机理中,与实验结果相符合的是(   )。

(A) $2NO_2 \rightleftharpoons N_2O_4$(快反应) $N_2O_4 + 2CO \rightleftharpoons 2CO_2 + 2NO$(慢反应)

(B) $CO + NO_2 \rightleftharpoons CO_2 + NO$

(C) $2NO_2 \rightleftharpoons NO_3 + NO$(慢反应) $NO_3 + CO \rightleftharpoons NO_2 + CO_2$(快反应)

(D) $2NO_2 \rightleftharpoons NO_2 + NO$(快反应) $NO_3 + CO \rightleftharpoons NO_2 + CO_2$(慢反应)

57. 在具有下列反应级数的反应中,一定属于复合反应的是(   )。

(A) 1/2   (B) 1   (C) 2   (D) 3

58. 实验测得化学反应 $2ICl(g) + H_2(g) \rightleftharpoons I_2(g) + 2HCl(g)$ 的反应速率只与 ICl 的分压成正比,可知此反应是(   )。

(A) 三级反应   (B) 二级反应   (C) 一级反应   (D) 三分子反应

59. 化学反应的反应级数等于(   )。

(A) 反应方程式中各反应物和生成物的化学计量数之和

(B) 速率方程中反应物浓度项的幂指数之和

(C) 基元反应方程式中各反应物的化学计量数之和

(D) 非基元反应方程式中各反应物的化学计量数之和

60. 基元反应一定是(   )。

(A) 分成几步完成的反应   (B) 一步完成的反应

(C) 单分子反应   (D) 二级反应

61. NO 破坏臭氧层的反应机理为

$$NO + O_3 \rightleftharpoons NO_2 + 2O$$
$$NO_2 + O \rightleftharpoons NO + O_2$$

其中 NO 是(   )。

(A) 催化剂   (B) 反应物   (C) 中间产物   (D) 生成物

62. 当反应物 A 的浓度分别为 $0.10\ mol \cdot L^{-1}$ 和 $0.050\ mol \cdot L^{-1}$ 时,测得化学反应 $2A(aq) \longrightarrow Z(aq)$ 前后两次反应速率的比值为 2:1,则该化学反应的反应级数为(   )。

(A) 0   (B) 1   (C) 2   (D) 3

63. 化学反应 $2A(aq) + B(aq) \longrightarrow Z(aq)$ 的速率方程为 $v = k \cdot c_A^{1/2} \cdot c_B$,则该反应的反应级数是(   )。

(A) 1   (B) 1.5   (C) 2   (D) 3

64. 25 ℃时,某可逆基元反应的正反应速率系数 k_1 是逆反应速率系数 k_{-1} 的 10 倍,当温度升高到 30 ℃时,k_1 是 k_{-1} 的 8 倍。这说明(   )。

(A) 正反应的活化能与逆反应的活化能相等

(B) 正反应的活化能大于逆反应的活化能

(C) 逆反应的活化能大于正反应的活化能

(D) 无法比较正、逆反应的活化能的相对大小

65. 某温度下反应 $2NO(g)+O_2(g) \Longrightarrow 2NO_2(g)$ 的速率系数 $k_A=8.8\times10^{-2}$ $mol^{-2}\cdot L^2\cdot s^{-1}$,已知反应对 O_2 来说是一级反应,则对 NO 为（　　　）。

(A) 一级 　　　　　(B) 三级 　　　　　(C) 零级 　　　　　(D) 二级

66. 下列说法中正确的是（　　　）。

(A) 温度对活化能较大的化学反应的速率系数影响较大

(B) 活化能与反应物本性无关,而与浓度有关

(C) 在高温范围内温度对速率系数影响较大

(D) 正逆反应的活化能数值相等,符号相反

67. 可逆反应 $CO_2(g) + H_2(g) \Longrightarrow CO(g) + H_2O(g)$ 达到平衡后,升高温度,平衡向正反应方向移动。这说明（　　　）。

(A) $E_a = E_a'$ 　　　　　　　　　　　(B) $E_a > E_a'$

(C) $E_a < E_a'$ 　　　　　　　　　　　(D) 无法判断 E_a 与 E_a' 的相对大小

68. 催化剂能加快化学反应速率,其原因是（　　　）。

(A) 催化剂使 $\Delta_r G_m$ 减小 　　　　　　(B) 催化剂使反应的活化能降低

(C) 催化剂使标准平衡常数增大 　　　　(D) 催化剂使化学平衡发生移动

69. 下列对催化剂特征的描述,不正确的是（　　　）。

(A) 催化剂不能改变标准平衡常数,因此不能影响化学平衡

(B) 催化剂同等程度地降低了正、逆反应的活化能

(C) 催化剂可以缩短达到平衡所需的时间

(D) 在反应前后,催化剂的化学性质和物理性质都不发生改变

70. 升高温度能使反应速率加快,其原因是（　　　）。

(A) 升高温度使反应的活化能降低

(B) 升高温度使平衡向正反应方向移动

(C) 升高温度使反应速率系数增大

(D) 升高温度使标准平衡常数增大

71. 在化学动力学中,复合反应是指（　　　）。

(A) 单分子反应 　　　(B) 三级反应 　　　(C) 分步进行的反应 　　　(D) 一步完成的反应

72. 化学反应 $CH_4(g) + H_2O(g) \Longrightarrow CO(g) + 3H_2(g)$ 的 $\Delta_r H_m > 0$,欲使正反应速率增大,可采取的措施是（　　　）。

(A) 降低反应温度 　　　　　　　　　(B) 增大 CH_4 或 H_2O 的分压

(C) 减小 CO 或 H_2 的分压 　　　　　(D) 增大体积,使总压减小

73. 下列说法正确的是（　　　）。

(A) 二级反应一定是双分子反应

(B) 若反应 $A+B \longrightarrow Z$ 的速率方程为 $v=k\cdot c_A\cdot c_B$,则该反应一定是基元反应

(C) 催化剂在反应前后本身的组成、质量和化学性质都不变,因此没有参加化学反应

(D) 反应的活化能越大,温度对反应速率的影响就越大

74. 下列关于一级反应特征的描述中,不正确的是（　　　）。

(A) 速率系数 k 的常用单位为 s^{-1}

(B) 半衰期与反应物的起始浓度无关

(C) $\ln c$ 对时间 t 作图得一直线

(D) 反应中只有一种反应物

75. 下列关于速率系数 k、活化能 E_a 和热力学温度 T 之间的关系叙述中,正确的是(　　)。

(A) $\ln k$ 对 T 作图得一直线,其直线的叙率是 E_a/R

(B) $\ln k$ 对 T 作图得一直线,其直线的叙率是 $-E_a/R$

(C) $\ln k$ 对 $1/T$ 作图得一直线,其直线的叙率是 E_a/R

(D) $\ln k$ 对 $1/T$ 作图得一直线,其直线的叙率是 $-E_a/R$

76. 已知合成氨反应 $N_2(g) + 3H_2(g) \Longrightarrow 2NH_3(g)$ 在 25 ℃时的活化能 $E_a = 335 \text{ kJ} \cdot \text{mol}^{-1}$,该反应使用某种铁催化剂后活化能 $E_{a,催化剂}$ 下降为 167 kJ·mol^{-1}。则在 25 ℃时合成氨催化反应的反应速率与未使用催化剂的反应速率的比值为(　　)。

(A) 1　　　　　　　(B) 2　　　　　　　(C) 4×10^{-30}　　　　　　　(D) 3×10^{29}

77. 放射性同位素的衰变过程是一级反应。已知某放射性同位素的半衰期为 1.0×10^4 h,则 100 g 此同位素减小到 1.0 g 所需时间为(　　)。

(A) 4.0×10^4 h　　　　(B) 5.0×10^4 h　　　　(C) 6.0×10^4 h　　　　(D) 7.0×10^4 h

78. 已知反应 $A(g) + 2B(g) \longrightarrow Y(g) + Z(g)$ 为基元反应,$A(g)$ 和 $B(g)$ 的初始分压分别为 60.78 kPa 和 81.04 kPa。当反应进行到 $Y(g)$ 的分压为 20.26 kPa 时,其反应速率与初始反应速率的比值为(　　)。

(A) $\dfrac{1}{48}$　　　　　(B) $\dfrac{1}{24}$　　　　　(C) $\dfrac{1}{16}$　　　　　(D) $\dfrac{1}{6}$

79. 阿伦尼乌斯方程可写成多种形式,其中不正确的是(　　)。

(A) $\dfrac{d\ln k}{dT} = \dfrac{E_a}{RT^2}$

(B) $\ln \dfrac{k_2}{k_1} = \dfrac{E_a}{R}\left(\dfrac{1}{T_2} - \dfrac{1}{T_1}\right)$

(C) $k = A e^{-E_a/(RT)}$

(D) $\ln k = \ln A - \dfrac{E_a}{RT}$

80. 复合反应 $2NO_2Cl(g) \Longrightarrow 2NO_2(g) + Cl_2(g)$ 的反应机理包括如下两步基元反应:

$$NO_2Cl(g) \Longrightarrow NO_2(g) + Cl(g)$$

$$NO_2Cl(g) + Cl(g) \Longrightarrow NO_2(g) + Cl_2(g)$$

已知该复合反应的速率系数 k 的单位为 s^{-1},则可知(　　)。

(A) 第二步反应比第一步反应快得多

(B) 第一步反应比第二步反应快得多

(C) 该复合反应为二级反应

(D) 该复合反应为零级反应

二、是非题

81. 实验测定反应 $2A(aq) + B(aq) \longrightarrow Z(aq)$ 的速率方程为 $v = k \cdot c_A^2 \cdot c_B$,由此可知反应一定是三分子反应。

82. 对于吸热的可逆反应,升高温度时,正反应速率增大,逆反应速率减小,平衡向正反应方向移动。

83. 质量作用定适用于一切化学反应。

84. 在复合反应中,总反应速率取决于速率控制步骤的反应速率。

85. 在一定温度和压力下,某化学反应的 $\Delta_r G_m > 0$,因此可以寻找合适催化剂将反应活化能降低,使反应向正反应方向进行。

86. 已知反应 $A + B \longrightarrow C$ 为基元反应,但该反应不一定是二级反应。

87. 反应物分子中只有活化分子之间的碰撞才能转变为生成物,随着活化分子的消耗,反应就停止了。

88. 化学反应的 $\Delta_r G_m$ 越小,其反应速率就越快。

89. 催化剂能改变化学反应速率,所以它也能改变化学反应的方向。

90. 由反应速率系数的单位,可以判断出化学反应的反应级数。

91. 对于反应 $A(aq) \longrightarrow Z(aq)$,当反应物浓度增大 1 倍时,如果反应速率也增大 1 倍,则该反应一定是一级反应。

92. 催化剂能同等程度改变正反应速率和逆反应的速率。

93. 对于基元反应,反应级数和反应分子数通常是一致的。

94. 对于同一反应,反应物的消耗速率与生成物的生成速率总是相等的。

95. 在一般情况下,活化能越大的化学反应,其反应速率越慢。

96. 当反应物浓度增大时,活化分子的百分数增大,所以反应速率加快。

97. 反应物的浓度与反应速率的关系符合质量作用定律的化学反应,一定是基元反应。

98. 按碰撞理论,能发生有效碰撞的分子一定是活化分子。

99. 化学反应的活化能越大,化学反应的速率系数受温度的影响就越显著。

100. 可以从速率系数的单位推测反应级数。

101. 复合反应的反应速率决定于其中最慢的一步基元反应。

102. 改变反应物的浓度,能改变化学反应的速率系数,从而改变化学反应速率。

103. 用反应进度随时间的变化率表示转化速率时,对同一化学反应,不论用反应物或生成物来表示,其数值都是相同的。

104. 当温度升高时,反应物的活化分子百分数增大,所以反应速率加快。

105. 对于放热反应,正反应的活化能小于逆反应的活化能。

106. 催化剂能加快化学反应速率,是由于催化剂改变了反应历程,降低了反应的活化能。

107. 升高温度,能使反应速率增大,其原因是降低了反应的活化能。

108. 一般来说,温度升高,吸热反应和放热反应的反应速率都增大。

109. 利用化学反应方程式可以确定反应级数。

110. 反应物的浓度越大,则反应速率系数也越大,反应速率就越快。

111. 温度一定时,当反应物浓度增加 1 倍时,化学反应速率也一定增加 1 倍。

112. 基元反应的反应级数比较小,而复合反应的反应级数比较大。

113. 基元反应就是指单分子反应。

114. 零级反应的反应速率为 0。

115. 在可逆反应中,正反应和逆反应一定同时存在,而且它们的反应速率总是相等的。

116. 对于在两个不同温度下进行的同一化学反应,当温度的改变 (ΔT) 相同时,处于较低温度下的反应速率的变化程度比处于较高温度下的大。

117. 复合反应的反应级数可以通过其反应方程式进行确定。

118. 零级反应的反应速率与反应物的浓度无关,因此零级反应的半衰期也与反应物的起始浓度无关。

119. 一级反应的反应速率与反应物的浓度成正比,因此一级反应的半衰期也与反应物的起始浓度成正比。

120. 反应的半衰期 $T_{1/2}$ 是指反应物的浓度消耗一半时所需的时间。

三、填空题

121. 化学反应速率可用转化速率和反应速率来表示,转化速率的数学表达式为＿＿＿＿＿＿＿,反应速率的数学表达式为＿＿＿＿＿＿＿。

122. 实验表明,在一定温度范围内,反应 $2A(aq) + B(aq) \longrightarrow 2Z(aq)$ 符合质量作用定律。该反应的速率方程为＿＿＿＿＿＿＿＿＿＿;该反应的级数为＿＿＿＿＿;若其他条件不变,将 A 的浓度增加到原来的 3 倍,则反应速率增大到原来速率的＿＿＿＿＿。

123. 升高温度和加入催化剂都能使反应速率加快。升高温度使化学反应速率加快的主要原因是＿＿＿＿＿＿＿＿＿＿＿＿＿;催化剂使反应速率加快的原因是＿＿＿＿＿＿＿＿＿＿＿＿＿＿＿。

124. 对吸热熵增的可逆反应,当温度升高时,正反应的速率系数 $k_{正}$ 将＿＿＿＿＿＿,逆反应的速率系数 $k_{逆}$ 将＿＿＿＿＿＿,标准平衡常数 $K^{\ominus}$ 将＿＿＿＿＿＿＿＿＿,反应的标准摩尔吉布斯自由能变将＿＿＿＿＿＿。

125. 基元反应 $A(aq) + B(aq) \longrightarrow Z(aq)$ 的反应分子数为＿＿＿＿＿;若反应中 A 的浓度保持恒定,则反应级数为＿＿＿＿＿。

126. 如果化学反应 $A(aq) + 2B(aq) \longrightarrow Z(aq)$ 为基元反应,则该反应的速率方程为＿＿＿＿＿＿＿＿＿＿＿;当反应物 A 和 B 的浓度都增大到原浓度的 2 倍时,反应速率增大到原来的＿＿＿＿＿倍。

127. 升高温度时,吸热反应的速率系数＿＿＿＿＿＿＿,放热反应的速率系数＿＿＿＿＿＿＿。

128. 有一化学反应 $aA(aq) + bB(aq) \longrightarrow Z(aq)$,当 A 的浓度增大到原浓度的 2 倍时,反应速率增加到原来 2 倍;而 B 的浓度增大到原浓度的 2 倍时,反应速率增加到原来的 4 倍。则反应物 A 的分级数为＿＿＿＿＿＿,反应物 B 的分级数为＿＿＿＿＿＿,该反应的速率方程为＿＿＿＿＿＿＿＿＿＿。

129. 对于二级反应,以＿＿＿＿＿＿对＿＿＿＿＿＿作图得一条直线;反应的半衰期与反应物起始浓度的定量关系为＿＿＿＿＿＿＿＿＿。

130. 对于基元反应 $A(aq) + 2B(aq) \longrightarrow Y(aq) + Z(aq)$,反应级数为＿＿＿＿＿＿,速率系数的常用单位是＿＿＿＿＿＿＿＿＿。

131. 若化学反应 $A(aq) \longrightarrow Z(aq)$ 为零级反应,则以＿＿＿＿＿＿对＿＿＿＿＿＿作图得一直线,直线的斜率为＿＿＿＿＿＿。

132. 已知化学反应 $2A(aq) \longrightarrow Z(aq)$ 的速率系数为 $6.93 \times 10^{-3} \text{ min}^{-1}$,则此反应为＿＿＿＿＿＿级反应,反应的半衰期为＿＿＿＿＿＿。

133. 对于符合质量作用定律的化学反应 $aA(aq) + bB(aq) \longrightarrow yY(aq) + zZ(aq)$,其速率方程为 $v = k \cdot c_A^a \cdot c_B^b$,式中 k 称为＿＿＿＿＿＿,c_A 和 c_B 分别表示＿＿＿＿＿＿＿＿＿＿,$a+b$ 称为＿＿＿＿＿＿＿＿＿。

134. 某反应的速率系数 $k = 1.3 \times 10^{-2} \text{ s}^{-1}$,则该反应为＿＿＿＿＿＿级反应,若以＿＿＿＿＿＿对＿＿＿＿＿＿作图得一直线。

135. 升高温度,反应速率系数 k＿＿＿＿＿＿;增大反应物的浓度,反应速率系数 k＿＿＿＿＿＿。

136. 基元反应 $2A(aq) + B(aq) \longrightarrow 2Z(aq)$,已知反应物 A 的消耗速率为 $0.020 \text{ mol} \cdot L^{-1} \cdot s^{-1}$,则生成物 Z 的生成速率为＿＿＿＿＿＿,反应物 B 的消耗速率为＿＿＿＿＿＿＿＿。

137. 化学反应 $2A(aq) + B(aq) \longrightarrow 2Z(aq)$ 是一个基元反应。反应开始时,A 的浓度为 $2.0 \text{ mol} \cdot L^{-1}$,B 的浓度为 $2.5 \text{ mol} \cdot L^{-1}$,1 s 后,A 的浓度下降为 $1.0 \text{ mol} \cdot L^{-1}$,则反应速率为＿＿＿＿＿＿,速率系数为＿＿＿＿＿＿。

138. 一级反应的半衰期 $T_{1/2}$＿＿＿＿＿＿;一级反应的速率系数单位为＿＿＿＿＿＿;一级反应若以＿＿＿＿＿＿对＿＿＿＿＿＿作图得一直线。

139. 某温度下反应 $2A(aq) + B(aq) \longrightarrow 2Z(aq)$ 的速率系数 $k = 5.0 \times 10^{-2} \text{ L} \cdot \text{mol}^{-1} \cdot s^{-1}$,已知该反应对 B 来说是一级反应,则对 A 为＿＿＿＿＿＿级反应,反应的速率方程为＿＿＿＿＿＿＿＿＿＿;当反应物的浓度均为 $0.010 \text{ mol} \cdot L^{-1}$ 时,反应速率是＿＿＿＿＿＿＿＿。

140. 由阿伦尼乌斯方程 $\ln k = -\dfrac{E_a}{RT} + \ln A$ 可以看出,升高温度时,速率系数＿＿＿＿＿＿;使用催化剂时,速率系数＿＿＿＿＿＿;改变反应物浓度时,速度系数＿＿＿＿＿＿。

四、问答题

141. 什么是化学反应的活化能？活化能与化学反应速率有何关系？

142. 为什么反应物分子之间的碰撞并不都是有效碰撞？

143. 什么是基元反应？什么是复合反应？

144. 为什么大多数化学反应的反应速率随反应时间的增加而减慢？

145. 若基元反应 $A \longrightarrow 2Z$ 的活化能为 E_a，而其逆反应的活化能为 E_a'。

(1) 加入催化剂后，E_a 和 E_a' 各有何变化？

(2) 加入不同的催化剂，对 E_a 的影响是否相同？

(3) 改变 A 的起始浓度，E_a 有何变化？

146. 反应 $2A(aq) + B(aq) \longrightarrow 2Z(aq)$ 的反应机理如下：

$$A(aq) + B(aq) \longrightarrow Y(aq)$$
$$A(aq) + Y(aq) \longrightarrow 2Z(aq)$$

如果第一步反应为速率控制步骤，试写出该复合反应的速率方程。

147. 什么是反应速率系数？什么是反应的半衰期？一级反应的速率系数与反应的半衰期的定量关系如何？

148. 对于任一化学反应：

$$a A(aq) + b B(aq) \longrightarrow y Y(aq) + z Z(aq)$$

其反应速率方程能否写成 $v = k \cdot c_A^a \cdot c_B^b$？

149. 在一定温度范围内，反应 $2NO(g) + Cl_2(g) \Longrightarrow 2NOCl(g)$ 为基元反应。

(1) 写出该基元反应的速率方程；

(2) 若其他条件不变，将容器的体积缩小到原来的 1/2，反应速率如何变化？

150. 反应速率常随温度升高而加快，试利用简单碰撞理论进行解释。

五、计算题

151. 某些农药的水解反应是一级反应，而水解速率是考察杀虫效果的重要指标，常用水解速率系数和半衰期表示农药水解速率的快慢。

(1) 20 ℃ 时，敌敌畏在酸性溶液中水解反应的半衰期为 64.5 d，计算敌敌畏在酸性溶液中的水解速率系数；

(2) 70 ℃时，敌敌畏在酸性溶液中的水解速率系数为 0.173 h^{-1}，计算敌敌畏在酸性溶液中发生水解反应的半衰期。

152. 对化学反应 $A(aq) + 2B(aq) \longrightarrow Z(aq)$，已知如下实验数据：

实验编号	$c_A/(mol \cdot L^{-1})$	$c_B/(mol \cdot L^{-1})$	$v/(mol \cdot L^{-1} \cdot s^{-1})$
1	0.10	0.10	1.0×10^{-5}
2	0.10	0.20	2.0×10^{-5}
3	0.20	0.20	4.0×10^{-5}

确定该化学反应的反应级数，写出反应的速率方程，并计算速率系数。

153. 已知某药物的水解反应为一级反应，该药物水解 30% 即失效。该药物的起始质量浓度为 6.0 $g \cdot L^{-1}$，在室温下放置 300 d（天）后，质量浓度下降为 5.0 $g \cdot L^{-1}$。计算该药物在室温下的有效期。

154. 反应 $2N_2O_5 \Longrightarrow 4NO_2 + O_2$ 在某温度时速率系数为 $2.31 \times 10^{-3} s^{-1}$，计算：

(1) 反应进行了 10 min 后，N_2O_5 分解的百分数；

(2) N_2O_5 分解反应的半衰期。

155. 已知化学反应 $2A(aq) \longrightarrow Z(aq)$ 为二级反应，25 ℃时该反应的速率系数 $k = 1.0 \text{ L} \cdot \text{mol}^{-1} \cdot \text{min}^{-1}$。若 A 的初始浓度为 $0.10 \text{ mol} \cdot \text{L}^{-1}$，计算此温度下反应的半衰期和 40 min 时 A 的浓度。

156. 某一级反应，300 K 时反应的半衰期为 69.3 min，400 K 时反应的半衰期为 0.693 min。计算该反应的活化能。

157. 某药物在胃液中的水解反应为一级反应，在体温 37 ℃时，水解速率系数为 0.460 h^{-1}。计算此药物在胃液中水解 90% 所需的时间。

158. 某化学反应的速率系数为 $1.0 \times 10^{-3} \text{ L} \cdot \text{mol}^{-1} \cdot \text{min}^{-1}$，若反应物的初始浓度为 $0.10 \text{ mol} \cdot \text{L}^{-1}$，计算该反应的半衰期。

159. 当温度从 400 K 升高到 500 K 时，某化学反应的反应速率增大到原来的 1 000 倍。计算该反应的活化能。

160. 已知某化学反应的活化能为 $153.2 \text{ kJ} \cdot \text{mol}^{-1}$，计算当温度由 400 K 升高到 500 K 时反应速率的变化。

单元测试题参考答案

一、选择题

1. C；2. B；3. B；4. B；5. B；6. C；7. A；8. C；9. A；10. B；11. A；12. D；13. C；14. B；15. C；16. C；17. B；18. D；19. C；20. C；21. C；22. A；23. A；24. A；25. A；26. B；27. A；28. C；29. B；30. D；31. D；32. D；33. C；34. B；35. D；36. A；37. D；38. B；39. B；40. A；41. B；42. D；43. D；44. C；45. A；46. C；47. D；48. B；49. D；50. B；51. C；52. B；53. C；54. D；55. B；56. C；57. A；58. C；59. B；60. B；61. A；62. B；63. B；64. C；65. D；66. A；67. B；68. B；69. D；70. C；71. C；72. B；73. D；74. D；75. D；76. D；77. D；78. D；79. B；80. A。

二、是非题

81. ×；82. ×；83. ×；84. √；85. ×；86. √；87. ×；88. ×；89. ×；90. √；91. √；92. √；93. √；94. ×；95. √　96. ×；97. ×；98. √；99. √；100. √；101. √；102. √；103. √；104. √；105. √；106. √；107. ×；108. √；109. ×；110. ×；111. ×；112. √；113. √；114. ×；115. ×；116. √；117. ×；118. ×；119. ×；120. √。

三、填空题

121. $\dot{\xi} = \dfrac{dn_B}{\nu_B dt}$；$v = \dfrac{dc_B}{\nu_B dt}$。

122. $v = k \cdot c_A^2 \cdot c_B$；3；9 倍。

123. 活化分子的百分数增大；降低了反应的活化能。

124. 增大；增大；增大；减小。

125. 2；1。

126. $v = k \cdot c_A \cdot c_B^2$；8。

127. 增大；增大。

128. 1；2；$v = k \cdot c_A \cdot c_B^2$。

129. $1/c_A$；t；$T_{1/2} = \dfrac{1}{c_{A,0} k_A}$。

130. 3；$\text{L}^2 \cdot \text{mol}^{-2} \cdot \text{s}^{-1}$。

131. c_A；t；$-k_A$。

132. 一；100 min。

133. 速率系数；反应物 A 和 B 的浓度；反应级数。

134. 一；$\ln c_A$；t。

135. 增大；不变。

136. $0.020\ \text{mol·L}^{-1}\text{·s}^{-1}$；$0.010\ \text{mol·L}^{-1}\text{·s}^{-1}$。

137. $0.50\ \text{mol·L}^{-1}\text{·s}^{-1}$；$0.25\ \text{L}^2\text{·mol}^{-2}\text{·s}^{-1}$。

138. $\dfrac{0.693}{k}$；〔时间〕$^{-1}$；$\ln c_A$；t。

139. 一；$v=k·c_A·c_B$；$5.0\times10^{-6}\ \text{mol·L}^{-1}\text{·s}^{-1}$。

140. 增大；增大；不变。

四、问答题

141. 活化分子的平均能量与反应物分子的平均能量之差称为反应的活化能。反应的活化能越大,活化分子所占的百分数就越小,反应速率就越慢;反应的活化能越小,活化分子所占的百分数越大,反应速率就越快。

142. 由于大多数反应物分子所具有的能量低于活化分子所具有的能量,而且有些活化分子在碰撞时取向不合适,所以大多数碰撞并不是有效碰撞。

143. 一步完成的化学反应称为基元反应。由两个或两个以上的基元反应步骤组成的化学反应称为复合反应。

144. 大多数化学反应的反应速率与反应物的浓度有关,反应物的浓度越大,反应速率就越快。随着反应时间的增加,反应物的浓度逐渐降低,因此化学反应速率减慢。

145. （1）加入催化剂后,使正反应活化能和逆反应活化能减小的程度相等;

（2）加入不同的催化剂,对正反应的活化能的影响是不相同的;

（3）活化能与反应物浓度无关,因此改变反应物 A 的起始浓度对活化能没有影响。

146. 如果第一步反应为复合反应的速率控制步骤,则第一步反应的速率方程就是复合反应的速率方程。该复合反应的速率方程为

$$v=k·c_A·c_B$$

147. 速率方程中的比例系数 k 称为速率系数,它在数值上等于反应物浓度为单位浓度时的反应速率。反应物浓度消耗 1/2 时所需要的时间称为反应的半衰期。一级反应的速率系数与半衰期的定量关系为

$$k_A=\frac{0.693}{T_{1/2}}$$

148. 由于质量定律只适用于基元反应,因此只有当化学反应 $a\,\text{A(aq)}+b\,\text{B(aq)}\longrightarrow y\,\text{Y(aq)}+z\,\text{Z(aq)}$ 为基元反应时,其反应速率方程才能写成 $v=k·c_A^a·c_B^b$。而当上述化学反应为复合反应时,其反应速率方程必须通过实验进行确定。

149. （1）由于该反应为基元反应,反应的速率方程为

$$v=k·p^2(\text{NO})·p(\text{Cl}_2)$$

（2）将容器的体积缩小到原来的 1/2 时,NO 和 Cl_2 的分压均增大到原来的 2 倍。由该基元反应的速率方程可知,反应速率增大到原来的 8 倍。

150. 温度升高时,一些非活化分子的反应物分子吸收能量成为活化分子,增大了活化分子的百分数,使单位体积内的活化分子数增多,有效碰撞随之增加,因此化学反应速率加快。

同时,温度升高时反应物分子之间的碰撞次数增多,有效碰撞次数也随之增多,也使化学反应速率加快。

五、计算题

151.（1）20 ℃时,敌敌畏在酸性溶液中的水解速率系数为

$$k_A(20\ ℃) = \frac{0.693}{T_{1/2}(20\ ℃)} = \frac{0.693}{64.5\ d} = 1.07 \times 10^{-2}\ d^{-1}$$

（2）70 ℃时,敌敌畏在酸性溶液中水解反应的半衰期为

$$T_{1/2}(70\ ℃) = \frac{0.693}{k_A(70\ ℃)} = \frac{0.693}{0.173\ h^{-1}} = 4.01\ h$$

152. 设反应的速率方程为

$$v = k \cdot c_A^\alpha \cdot c_B^\beta$$

将实验 2 和实验 1 的数据分别代入上式后,两式相除得 $\beta = 1$;再将实验 3 和实验 2 的数据分别代入上式后,两式相除得 $\alpha = 1$。因此,该反应为二级反应。

该化学反应的速率方程为

$$v = k \cdot c_A \cdot c_B$$

该化学反应的速率系数为

$$k = \frac{v}{c_A \cdot c_B}$$

$$= \frac{1.0 \times 10^{-5}\ mol \cdot L^{-1} \cdot s^{-1}}{0.10\ mol \cdot L^{-1} \times 0.10\ mol \cdot L^{-1}} = 1.0 \times 10^{-3}\ L \cdot mol^{-1} \cdot s^{-1}$$

153. 该药物分解反应的速率系数为

$$k_A = \frac{1}{t} \ln \frac{c_{A,0}}{c_A}$$

$$= \frac{1}{300\ d} \times \ln \frac{6.0\ g \cdot L^{-1}}{5.0\ g \cdot L^{-1}} = 6.1 \times 10^{-4}\ d^{-1}$$

该药物的有效期为

$$t = \frac{1}{k_A} \ln \frac{c_{A,0}}{c_A}$$

$$= \frac{1}{6.1 \times 10^{-4}\ d^{-1}} \times \ln \frac{100\%}{100\% - 30\%} = 585\ d$$

154.（1）由速率系数的单位可知该分解反应为一级反应。N_2O_5 的分解百分率 α、反应的速率系数 k 和反应时间 t 之间的关系为

$$\ln \frac{c_{A,0}}{c_{A,t}} = \ln \frac{c_{A,0}}{c_{A,0}(1-\alpha)} = \ln \frac{1}{1-\alpha} = k_A t$$

由上式可得

$$\ln(1-\alpha) = -k_A t = -2.31 \times 10^{-3}\ s^{-1} \times 600\ s = -1.39$$

由上式解得

$$\alpha = 75\%$$

（2）该分解反应的半衰期为

单元测试题参考答案　113

$$T_{1/2} = \frac{0.693}{k_A} = \frac{0.693}{2.31 \times 10^{-3} \text{ s}} = 300 \text{ s}$$

155. 该反应为二级反应,反应的半衰期为

$$T_{1/2} = \frac{1}{k_A \cdot c_{A,0}} = \frac{1}{1.0 \text{ L} \cdot \text{mol}^{-1} \cdot \text{min}^{-1} \times 0.10 \text{ mol} \cdot \text{L}^{-1}} = 10 \text{ min}$$

40 min 时,A 的浓度为

$$\frac{1}{c_{A,t}} = k_A t + \frac{1}{c_{A,0}} = 1.0 \text{ L} \cdot \text{mol}^{-1} \cdot \text{min}^{-1} \times 40 \text{ min} + \frac{1}{0.10 \text{ mol} \cdot \text{L}^{-1}}$$

$$= 50 \text{ L} \cdot \text{mol}^{-1}$$

$$c_{A,t} = \frac{1}{50 \text{ L} \cdot \text{mol}^{-1}} = 2.0 \times 10^{-2} \text{ mol} \cdot \text{L}^{-1}$$

156. 该一级反应的活化能为

$$E_a = \frac{RT_1 T_2}{T_2 - T_1} \ln \frac{k(T_2)}{k(T_1)} = \frac{RT_1 T_2}{T_2 - T_1} \ln \frac{T_{1/2}(T_1)}{T_{1/2}(T_2)}$$

$$= \frac{8.314 \text{ J} \cdot \text{mol}^{-1} \cdot \text{K}^{-1} \times 300 \text{ K} \times 400 \text{ K}}{400 \text{ K} - 300 \text{ K}} \times \ln \frac{69.3 \text{ min}}{0.693 \text{ min}}$$

$$= 45.9 \text{ kJ} \cdot \text{mol}^{-1}$$

157. 此药物水解 90% 所需的时间为

$$t = \frac{1}{k_A} \ln \frac{c_{A,0}}{c_{A,t}}$$

$$= \frac{1}{k_A} \ln \frac{c_{A,0}}{(1 - 90\%) c_{A,0}} = \frac{1}{0.460 \text{ h}^{-1}} \times \ln 10 = 5.00 \text{ h}$$

158. 由速率系数的单位,可知该反应为二级反应。反应的半衰期为

$$T_{1/2} = \frac{1}{k_A c_{A,0}}$$

$$= \frac{1}{1.0 \times 10^{-3} \text{ L} \cdot \text{mol}^{-1} \cdot \text{min}^{-1} \times 0.10 \text{ mol} \cdot \text{L}^{-1}} = 1.0 \times 10^4 \text{ min}$$

159. 该反应的活化能为

$$E_a = \frac{RT_1 T_2}{T_2 - T_1} \ln \frac{k(T_2)}{k(T_1)}$$

$$= \frac{8.314 \text{ J} \cdot \text{mol}^{-1} \cdot \text{K}^{-1} \times 400 \text{ K} \times 500 \text{ K}}{500 \text{ K} - 400 \text{ K}} \ln \frac{1000 \times k(400 \text{ K})}{k(400 \text{ K})}$$

$$= 114.9 \text{ kJ} \cdot \text{mol}^{-1}$$

160. 500 K 时反应的速率系数为

$$\ln \frac{k(500 \text{ K})}{k(400 \text{ K})} = \frac{153.2 \times 10^3 \text{ J} \cdot \text{mol}^{-1} \times (500 \text{ K} - 400 \text{ K})}{8.314 \text{ J} \cdot \text{mol}^{-1} \cdot \text{K}^{-1} \times 400 \text{ K} \times 500 \text{ K}} = 9.21$$

$$k(500 \text{ K}) = 1.0 \times 10^4 \, k(400 \text{ K})$$

温度由 400 K 升高到 500 K 时,反应速率增大到原速率的 1.0×10^4 倍。

第五章 酸碱解离平衡

思考题解答

1. 酸碱电离理论的酸碱定义是什么？酸碱反应的实质是什么？

答：酸碱电离理论认为：在水中解离出的阳离子全部是 H^+ 的化合物称为酸；在水中解离出的阴离子全部是 OH^- 的化合物称为碱。酸碱反应的实质是 H^+ 与 OH^- 结合生成 H_2O。

2. 酸碱质子理论的酸碱定义是什么？酸碱反应的实质是什么？

答：酸碱质子理论认为：凡是给出质子的物质都是酸；凡是接受质子的物质都是碱。酸碱反应的实质是质子在两对共轭酸碱之间的传递。

3. 酸碱电子理论的酸碱定义是什么？酸碱反应的实质是什么？

答：酸碱电子理论认为：凡是接受电子对的物质都是酸；凡是给出电子对的物质都是碱。酸碱反应的实质是碱提供电子对与酸形成配位键而生成相应的酸碱配合物。

4. 一元弱酸的标准解离常数 $K_a^\ominus$ 和它的共轭碱的标准解离常数 $K_b^\ominus$ 之间有什么关系？

答：$K_a^\ominus \times K_b^\ominus = K_w^\ominus$。

5. 什么是共轭酸碱对？

答：在酸碱质子理论中，只相差一个质子的酸和碱称为共轭酸碱对。共轭酸碱对中的酸与碱可通过质子的得失而相互转化，酸给出质子生成的碱称为该酸的共轭碱，而碱得到质子生成的酸称为该碱的共轭酸。例如，在共轭酸碱对 HAc 和 Ac^- 中，HAc 是 Ac^- 的共轭酸，而 Ac^- 是 HAc 的共轭碱。共轭酸碱对中的酸和碱可以是阳离子、阴离子或中性分子。

6. 如何判断酸碱反应的方向？

答：根据酸碱质子理论，酸碱反应是发生在两个共轭酸碱对之间的质子传递反应，酸碱反应的方向是较强的酸与较强的碱反应生成较弱的碱和较弱的酸。在判断酸碱反应方向时，先确定出两个共轭酸碱对中的较强的酸和较强的碱，即可判断出反应方向。酸越强，给出质子的能力就越强，酸的标准解离常数 $K_a^\ominus$ 也就越大；碱越强，结合质子的能力就越强，碱的标准解离常数 $K_b^\ominus$ 也就越大。

7. 写出下列各分子或离子的共轭碱：

$$NH_4^+，HCl，HC_2O_4^-，H_2PO_4^-，HCO_3^-$$

答：NH_4^+ 的共轭碱是 NH_3；HCl 的共轭碱是 Cl^-；$HC_2O_4^-$ 的共轭碱是 $C_2O_4^{2-}$；$H_2PO_4^-$ 的共轭碱是 HPO_4^{2-}；HCO_3^- 的共轭碱是 CO_3^{2-}。

8. 写出下列各分子或离子的共轭酸：

$$F^-，HS^-，HPO_4^{2-}，NH_3，HSO_3^-$$

答：F^- 的共轭酸是 HF；HS^- 的共轭酸是 H_2S；HPO_4^{2-} 的共轭酸是 $H_2PO_4^-$；NH_3 的共轭

酸是 NH_4^+；HSO_3^- 的共轭酸是 H_2SO_3。

9. 按酸碱质子理论，下列分子或离子中，哪些只是酸？哪些只是碱？哪些是酸碱两性物质？

$$HS^-, SO_3^{2-}, HPO_4^{2-}, NH_4^+, HAc, OH^-, H_2O, NO_3^-, HCl$$

答：NH_4^+，HAc 和 HCl 只是酸；SO_3^{2-}，OH^- 和 NO_3^- 只是碱；HS^-，HPO_4^{2-} 和 H_2O 是酸碱两性物质。

10. 下列化合物中，哪些属于路易斯酸？哪些属于路易斯碱？

$$AlCl_3, NH_3, KH, BeCl_2, Hg(NO_3)_2, H_3BO_3$$

答：按酸碱电子理论，能接受电子对的物质是酸，能给出电子对的物质是碱。$AlCl_3$，$BeCl_2$，$Hg(NO_3)_2$ 和 H_3BO_3 属于路易斯酸；NH_3 和 KH 属于路易斯碱。

11. 什么是水的质子自递反应？什么是水的离子积常数？在纯水中加入少量强酸或强碱后，水的离子积常数是否改变？

答：发生在水分子之间的质子传递反应称为质子自递反应，也称水的解离反应。水的质子自递反应的标准平衡常数称为水的离子积常数。水的离子积常数只受温度的影响，与溶液中 H_3O^+ 或 OH^- 的浓度无关。在水中加入少量酸或碱后，水的质子自递反应发生移动，但水的离子积常数不变。

12. 什么是同离子效应和盐效应？它们分别对弱酸或弱碱的解离度各有何影响？

答：在弱酸或弱碱溶液中，加入与弱酸或弱碱具有相同离子的易溶强电解质，可使弱酸或弱碱的解离平衡向生成弱酸或弱碱的方向移动，这种现象称为同离子效应。同离子效应可使弱酸或弱碱的解离度降低。

在弱酸或弱碱溶液中，加入与弱酸或弱碱不含相同离子的易溶强电解质，使弱酸或弱碱的解离平衡向弱酸或弱碱解离方向移动，这种现象就称为盐效应。盐效应可使弱酸或弱碱的解离度稍有增大。

在弱酸或弱碱溶液中加入含相同离子的易溶强电解质，在产生同离子效应时，也一定同时产生盐效应。但由于盐效应比同离子效应小很小，对弱酸或弱碱的解离度影响不大，为了简化计算，通常在计算中不考虑盐效应。

13. 什么是缓冲溶液的缓冲容量？影响缓冲容量的因素有哪些？

答：缓冲容量在数值上等于使单位体积（如 1 L）的缓冲溶液 pH 改变 1 时，所需加入的强酸或强碱的物质的量。影响缓冲溶液的缓冲容量的因素有缓冲对的总浓度和缓冲比。当缓冲比相同时，总浓度越大，缓冲容量就越大；当总浓度相同时，缓冲比越接近于 1，缓冲容量就越大。

14. 按酸碱质子理论，HPO_4^{2-} 是一种酸碱两性物质，但为什么 Na_2HPO_4 溶液显碱性？

答：HPO_4^{2-} 是一种酸碱两性物质，既可以结合质子，也可以给出质子。但由于 HPO_4^{2-} 结合质子的能力大于其给出质子的能力，因此 Na_2HPO_4 溶液显碱性。

15. 什么是缓冲溶液？决定缓冲溶液 pH 的因素有哪些？

答：能抵抗外加的少量强酸或强碱，维持溶液 pH 基本不变的溶液称为缓冲溶液。缓冲溶液 pH 取决于缓冲对中弱酸的标准解离常数和缓冲比。例如：一元弱酸 HA 与其共轭碱 A^- 组成的缓冲溶液 pH 的计算公式为

$$pH = pK_a^\ominus(HA) + \lg \frac{c(A^-)}{c(HA)}$$

16. 在 NH_3 溶液中加入少量下列物质时，NH_3 的解离度和溶液的 pH 将发生怎样的变化？

（1）$NH_4Cl(s)$　　（2）$NaOH(s)$　　（3）$HCl(aq)$　　（4）$H_2O(l)$

答：NH_3 在溶液中存在下列质子转移平衡：

$$NH_3 + H_2O \rightleftharpoons NH_4^+ + OH^-$$

（1）加入少量 $NH_4Cl(s)$ 后，NH_4^+ 浓度增大，化学平衡向生成 NH_3 的逆反应方向移动，NH_3 的解离度减小，OH^- 浓度降低，溶液 pH 减小。

（2）加入少量 $NaOH(s)$ 后，OH^- 浓度增大，化学平衡向生成 NH_3 的逆反应方向移动，NH_3 的解离度减小，但 OH^- 浓度增大，溶液 pH 增大。

（3）加入少量 HCl 溶液后，HCl 解离出的 H^+ 与溶液中的 OH^- 结合生成 H_2O，使 OH^- 浓度降低，化学平衡向正反应方向移动，NH_3 的解离度增大，溶液 pH 减小。

（4）加水稀释后，$J < K_b^\ominus(NH_3)$，化学平衡向正反应方向移动，NH_3 的解离度增大，但 OH^- 浓度降低，溶液 pH 减小。

17. 同离子效应降低了弱酸或弱碱的解离度，是否也改变了弱酸或弱碱的标准解离常数？

答：弱酸或弱碱的标准解离常数只受温度的影响，与浓度无关。同离子效应能改变弱酸或弱碱的平衡浓度，降低了弱酸或弱碱的解离度，但不能改变弱酸或弱碱的标准解离常数。

18. 在组成人本蛋白质的 20 种常见氨基酸中，最简单的氨基酸是甘氨酸（H_2NCH_2COOH）。已知甘氨酸的 $K_a^\ominus$ 和 $K_b^\ominus$ 几乎相等，判断甘氨酸在强酸性溶液、强碱性溶液和纯水中主要以何种离子存在。

答：甘氨酸分子中既含有羧基，也含有氨基，羧基可解离出 H^+，而氨基可结合 H^+。由于甘氨酸的 $K_a^\ominus$ 和 $K_b^\ominus$ 几乎相等，因此羧基解离出 H^+ 和氨基结合 H^+ 的能力相近。甘氨酸在强酸性溶液中结合 H^+，主要以 $HOOCCH_2NH_3^+$ 形式存在；甘氨酸在强碱水溶液中给出 H^+，主要以 $H_2NCH_2COO^-$ 形式存在；甘氨酸在纯水中分子内发生 H^+ 的传递，主要以偶极离子 $^-OOCCH_2NH_3^+$ 的形式存在。

19. HAc 溶液中也同时含有 HAc 和 Ac^-，但为什么 HAc 溶液不是缓冲溶液？

答：缓冲溶液中含有较大量的抗酸成分和抗碱成分，能抵抗外加少量强酸或强碱而维持溶液 pH 基本不变。虽然 HAc 溶液中也同时含有抗碱成分 HAc 和抗酸成分 Ac^-，但由于溶液中抗酸成分 Ac^- 的浓度太低，加入少量强酸时溶液 pH 会发生较大的变化，因此 HAc 溶液不是缓冲溶液。

20. HCOOH、HAc 和 $ClCH_2COOH$ 的 $pK_a^\ominus$ 分别为 3.74、4.74 和 2.85。欲配制 pH 为 3.0 的缓冲溶液，应选择哪种酸比较好？

答：为使缓冲溶液具有较大的缓冲能力，所选择的缓冲对中弱酸的标准解离常数必须满足的条件是

$$pK_a^\ominus = pH \pm 1 = 3.0 \pm 1 = 2.0 \sim 4.0$$

HCOOH 和 $ClCH_2COOH$ 的 $pK_a^\ominus$ 均在 $2.0 \sim 4.0$ 之间，因此这两种酸均可选择。但由于

$ClCH_2COOH$ 的 $pK_a^\ominus$ 比 $HCOOH$ 的 $pK_a^\ominus$ 更接近于 3.0,用 $ClCH_2COOH$ 配制缓冲溶液,其缓冲比更接近 1,因此选择 $ClCH_2COOH$ 溶液配制 pH 为 3.0 的缓冲溶液比较好。

21. 正常血浆中碳酸盐系统的缓冲比为 20∶1,已超出缓冲溶液的有效缓冲比范围,为什么还能够发挥缓冲作用?

答:这是因为人体是一个"开放系统",由于 CO_2 是挥发性气体,可以通过肺呼吸作用很容易地被排出体外,而 HCO_3^- 也很容易由肾通过尿液排出体外;同时 CO_2 是人体正常代谢的产物,在体内不断地产生,正常人在基础代谢状态下每天体内可产生 15 mol(336 L)CO_2。因此,人体可以通过肺和肾的功能控制 CO_2 和 HCO_3^- 的排出速率,有效地控制 CO_2 和 HCO_3^- 的浓度,从而控制缓冲对的比值,维持 pH 不变。

习题解答

1. 麻黄素($C_{10}H_{15}ON$)是一种弱碱,$K_b^\ominus(C_{10}H_{15}ON)=1.4\times10^{-4}$,常用作鼻喷剂,以减轻充血症状。

(1) 写出麻黄素的解离反应方程式;

(2) 计算麻黄素的共轭酸的标准解离常数。

解:(1) 麻黄素的解离反应方程式为

$$C_{10}H_{15}ON + H_2O \rightleftharpoons C_{10}H_{15}ONH^+ + OH^-$$

(2) 麻黄素的共轭酸为 $C_{10}H_{15}ONH^+$,其标准解离常数为

$$K_a^\ominus(C_{10}H_{15}ONH^+) = \frac{K_w^\ominus}{K_b^\ominus(C_{10}H_{15}ON)}$$

$$= \frac{1.0\times10^{-14}}{1.4\times10^{-4}} = 7.1\times10^{-11}$$

2. 把下列溶液的 H_3O^+ 浓度换算成 pH:

(1) 胃液中 H_3O^+ 浓度为 4.0×10^{-2} mol·L^{-1};

(2) 人体血液中 H_3O^+ 浓度为 4.0×10^{-8} mol·L^{-1};

(3) 人的泪液中 H_3O^+ 浓度为 3.2×10^{-8} mol·L^{-1}。

解:溶液的 pH 与 H_3O^+ 浓度的关系为

$$pH = -\lg c(H_3O^+)$$

(1) 胃液 pH 为

$$pH = -\lg(4.0\times10^{-2}) = 1.40$$

(2) 血液 pH 为

$$pH = -\lg(4.0\times10^{-8}) = 7.40$$

(3) 泪液 pH 为

$$pH = -\lg(3.2 \times 10^{-8}) = 7.49$$

3. 健康人血液的 pH 为 7.35~7.45,患某种疾病的人的血液 pH 可暂时降到 5.90,问此时血液中 H_3O^+ 浓度是健康人的多少倍?

解:该患者血液中 H_3O^+ 浓度为

$$c_2(H_3O^+) = 10^{-pH} \text{ mol·L}^{-1}$$
$$= 10^{-5.90} \text{ mol·L}^{-1} = 1.3 \times 10^{-6} \text{ mol·L}^{-1}$$

健康人血液的 H_3O^+ 浓度为

$$c_1(H_3O^+) = 10^{-7.45} \sim 10^{-7.35} \text{ mol·L}^{-1}$$
$$= 3.5 \times 10^{-8} \sim 4.5 \times 10^{-8} \text{ mol·L}^{-1}$$

患者血液中 H_3O^+ 浓度与健康人血液 H_3O^+ 浓度的比值为

$$\frac{c_2(H_3O^+)}{c_1(H_3O^+)} = \frac{1.3 \times 10^{-6} \text{ mol·L}^{-1}}{4.5 \times 10^{-8} \text{ mol·L}^{-1}} \sim \frac{1.3 \times 10^{-6} \text{ mol·L}^{-1}}{3.5 \times 10^{-8} \text{ mol·L}^{-1}} = 29 \sim 37$$

此时,患某种疾病的人的血液中 H_3O^+ 浓度是健康人血液中 H_3O^+ 浓度的 29~37 倍。

4. 正常成人胃液的 pH 为 1.4,婴儿胃液的 pH 为 5.0。正常成人胃液中 H_3O^+ 浓度是婴儿胃液的多少倍?

解:正常成人胃液中 H_3O^+ 浓度为

$$c_2(H_3O^+) = 10^{-pH} \text{ mol·L}^{-1}$$
$$= 10^{-1.4} \text{ mol·L}^{-1} = 4.0 \times 10^{-2} \text{ mol·L}^{-1}$$

婴儿胃液中 H_3O^+ 浓度为

$$c_1(H_3O^+) = 10^{-5.0} \text{ mol·L}^{-1}$$
$$= 1.0 \times 10^{-5} \text{ mol·L}^{-1}$$

正常成人胃液中 H_3O^+ 浓度与婴儿胃液中 H_3O^+ 浓度的比值为

$$\frac{c_2(H_3O^+)}{c_1(H_3O^+)} = \frac{4.0 \times 10^{-2} \text{ mol·L}^{-1}}{1.0 \times 10^{-5} \text{ mol·L}^{-1}} = 4.0 \times 10^3$$

正常成人胃液中 H_3O^+ 浓度是婴儿胃液中 H_3O^+ 浓度的 4.0×10^3 倍。

5. 已知 H_2CO_3 的 $K_{a1}^{\ominus} = 4.2 \times 10^{-7}$,$K_{a2}^{\ominus} = 4.7 \times 10^{-11}$,求算 CO_3^{2-} 的 $K_{b1}^{\ominus}$ 和 $K_{b2}^{\ominus}$。

解:CO_3^{2-} 的一级标准解离常数为

$$K_{b1}^{\ominus}(CO_3^{2-}) = \frac{K_w^{\ominus}}{K_{a2}^{\ominus}(H_2CO_3)} = \frac{1.0 \times 10^{-14}}{4.7 \times 10^{-11}} = 2.1 \times 10^{-4}$$

CO_3^{2-} 的二级标准解离常数为

$$K_{b2}^{\ominus}(CO_3^{2-}) = \frac{K_w^{\ominus}}{K_{a1}^{\ominus}(H_2CO_3)} = \frac{1.0 \times 10^{-14}}{4.2 \times 10^{-7}} = 2.4 \times 10^{-8}$$

PO_4^{3-} 的三级标准解离常数为

$$K_{b3}^{\ominus}(PO_4^{3-}) = \frac{K_w^{\ominus}}{K_{a1}^{\ominus}(H_3PO_4)} = \frac{1.0 \times 10^{-14}}{6.7 \times 10^{-3}} = 1.5 \times 10^{-12}$$

6. 计算下列溶液的 pH：

(1) 0.10 mol·L^{-1} NaAc 溶液；

(2) 0.10 mol·L^{-1} NH_4Cl 溶液；

(3) 0.010 mol·L^{-1} H_2SO_3 溶液；

(4) 0.10 mol·L^{-1} Na_3PO_4 溶液；

(5) 0.10 mol·L^{-1} NaH_2PO_4 溶液。

解：(1) Ac^- 为一元弱碱，其标准解离常数为

$$K_b^{\ominus}(Ac^-) = \frac{K_w^{\ominus}}{K_a^{\ominus}(HAc)} = \frac{1.0 \times 10^{-14}}{1.8 \times 10^{-5}} = 5.6 \times 10^{-10}$$

由于 $c(Ac^-) \cdot K_b^{\ominus}(Ac^-) > 20 K_w^{\ominus}$，$c(Ac^-)/K_b^{\ominus}(Ac^-) > 400$，可利用最简公式计算。溶液的 OH^- 浓度为

$$c_{eq}(OH^-) = \sqrt{c(Ac^-) \cdot K_b^{\ominus}(Ac^-)}$$
$$= \sqrt{0.10 \times 5.6 \times 10^{-10}} \text{ mol·L}^{-1} = 7.5 \times 10^{-6} \text{ mol·L}^{-1}$$

溶液的 pH 为

$$pH = pK_w^{\ominus} - pOH = 14.00 + \lg(7.5 \times 10^{-6}) = 8.88$$

(2) NH_4^+ 为一元弱酸，其标准解离常数为

$$K_a^{\ominus}(NH_4^+) = \frac{K_w^{\ominus}}{K_b^{\ominus}(NH_3)} = \frac{1.0 \times 10^{-14}}{1.8 \times 10^{-5}} = 5.6 \times 10^{-10}$$

由于 $c(NH_4^+) \cdot K_a^{\ominus}(NH_4^+) > 20 K_w^{\ominus}$，$c(NH_4^+)/K_a^{\ominus}(NH_4^+) > 400$，可利用最简公式计算。溶液的 H_3O^+ 浓度为

$$c_{eq}(H_3O^+) = \sqrt{c(NH_4^+) \cdot K_a^{\ominus}(NH_4^+)}$$
$$= \sqrt{0.10 \times 5.6 \times 10^{-10}} \text{ mol·L}^{-1} = 7.5 \times 10^{-6} \text{ mol·L}^{-1}$$

溶液的 pH 为

$$pH = -\lg c_{eq}(H_3O^+) = -\lg(7.5 \times 10^{-6}) = 5.12$$

(3) H_2SO_3 为一种二元中强酸，$K_{a1}^{\ominus}(H_2SO_3) = 1.7 \times 10^{-2}$，$K_{a2}^{\ominus}(H_2SO_3) = 6.0 \times 10^{-8}$。由于 $c(H_2SO_3) \cdot K_{a1}^{\ominus}(H_2SO_3) > 20 K_w^{\ominus}$，$\sqrt{c(H_2SO_3) \cdot K_{a1}^{\ominus}(H_2SO_3)} > 40 K_{a2}^{\ominus}(H_2SO_3)$，但 $c(H_2SO_4)/K_{a1}^{\ominus}(H_2SO_3) = 0.77 < 400$，需利用近似公式计算。溶液的 H_3O^+ 浓度为

$$c_{eq}(H_3O^+) = \frac{-0.017 + \sqrt{(0.017)^2 + 4 \times 0.10 \times 0.017}}{2} \text{ mol·L}^{-1}$$
$$= 3.4 \times 10^{-2} \text{ mol·L}^{-1}$$

溶液的 pH 为

$$pH = -\lg(3.4 \times 10^{-2}) = 1.47$$

（4）PO_4^{3-} 为三元中强碱，其各步标准解离常数分别为

$$K_{b1}^{\ominus}(PO_4^{3-}) = \frac{K_w^{\ominus}}{K_{a3}^{\ominus}(H_3PO_4)} = \frac{1.0 \times 10^{-14}}{4.5 \times 10^{-13}} = 2.2 \times 10^{-2}$$

$$K_{b2}^{\ominus}(PO_4^{3-}) = \frac{K_w^{\ominus}}{K_{a2}^{\ominus}(H_3PO_4)} = \frac{1.0 \times 10^{-14}}{6.2 \times 10^{-8}} = 1.6 \times 10^{-7}$$

$$K_{b3}^{\ominus}(PO_4^{3-}) = \frac{K_w^{\ominus}}{K_{a1}^{\ominus}(H_3PO_4)} = \frac{1.0 \times 10^{-14}}{6.7 \times 10^{-3}} = 1.5 \times 10^{-12}$$

由于 $c(PO_4^{3-})K_{b1}^{\ominus}(PO_4^{3-}) > 20K_w^{\ominus}$，$\sqrt{c(PO_4^{3-})K_{b1}^{\ominus}(PO_4^{3-})} > 40K_{b2}^{\ominus}(PO_4^{3-})$，但 $c(PO_4^{3-})/K_{b1}^{\ominus}(PO_4^{3-}) = 0.43 < 400$，需利用近似公式计算。溶液的 OH^- 浓度为

$$c_{eq}(OH^-) = \frac{-0.022 + \sqrt{(0.022)^2 + 4 \times 0.10 \times 0.022}}{2} \, mol \cdot L^{-1}$$

$$= 3.7 \times 10^{-2} \, mol \cdot L^{-1}$$

溶液的 pH 为

$$pH = 14.00 + \lg(3.7 \times 10^{-2}) = 12.57$$

（5）NaH_2PO_4 为强电解质，在水中完全解离为 Na^+ 和 $H_2PO_4^-$。$H_2PO_4^-$ 为酸碱两性物质，$K_{a1}^{\ominus}(H_3PO_4) = 6.7 \times 10^{-3}$，$K_{a2}^{\ominus}(H_3PO_4) = 6.2 \times 10^{-8}$。$0.10 \, mol \cdot L^{-1} NaH_2PO_4$ 溶液的 H_3O^+ 浓度为

$$c_{eq}(H_3O^+) = \sqrt{K_{a1}^{\ominus}(H_3PO_4)K_{a2}^{\ominus}(H_3PO_4)}$$

$$= \sqrt{6.7 \times 10^{-3} \times 6.2 \times 10^{-8}} \, mol \cdot L^{-1} = 2.0 \times 10^{-5} \, mol \cdot L^{-1}$$

$0.10 \, mol \cdot L^{-1} NaH_2PO_4$ 溶液的 pH 为

$$pH = -\lg(2.0 \times 10^{-5}) = 4.70$$

7. 乳酸（$HC_3H_5O_3$）是糖酵解的最终产物，在体内蓄积会引起机体疲劳和酸中毒，计算浓度为 $0.10 \, mol \cdot L^{-1}$ 乳酸溶液的 pH。

已知乳酸的 $K_a^{\ominus} = 1.4 \times 10^{-4}$。

解： 由于 $c_a \cdot K_a^{\ominus} > 20K_w^{\ominus}$，$c_a/K_a^{\ominus} > 400$，故

$$c_{eq}(H_3O^+) = \sqrt{c(HC_3H_5O_3) \cdot K_a^{\ominus}(HC_3H_5O_3)} = \sqrt{0.10 \times 1.4 \times 10^{-4}} \, mol \cdot L^{-1}$$

$$= 3.7 \times 10^{-3} \, mol \cdot L^{-1}$$

$$pH = -\lg(3.7 \times 10^{-3}) = 2.43$$

8. 25 ℃时，$K_{a1}^{\ominus}(H_2CO_3) = 4.5 \times 10^{-7}$，$K_{a2}^{\ominus}(H_2CO_3) = 4.7 \times 10^{-11}$，$CO_2$ 饱和溶液的浓度为 $1.5 \times 10^{-5} \, mol \cdot L^{-1}$，且假定溶于水中的 CO_2 均生成了 H_2CO_3。通过计算说明酸雨的 pH 应该小于多少？

解：雨水的 pH 取决于溶解在雨水中的 CO_2，由题意可知溶解的 CO_2 均生成 H_2CO_3，由于 $c(H_2CO_3)K_{a1}^{\ominus}(H_2CO_3)>20K_w^{\ominus}$，$\sqrt{K_{a1}^{\ominus}(H_2CO_3)c(H_2CO_3)}>40K_{a2}^{\ominus}(H_2CO_3)$，但 $c(H_2CO_3)/K_{a1}^{\ominus}(H_2CO_3)<400$，需利用近似公式计算。正常雨水的 H_3O^+ 浓度和 pH 分别为

$$c_{eq}(H_3O^+)=\frac{-4.5\times10^{-7}+\sqrt{(4.5\times10^{-7})^2+4\times1.5\times10^{-5}\times4.5\times10^{-7}}}{2}\ mol\cdot L^{-1}$$

$$=2.4\times10^{-6}\ mol\cdot L^{-1}$$

$$pH=-\lg c_{eq}(H_3O^+)=-\lg(2.4\times10^{-6})=5.62$$

通常认为 pH<5.62 的降雨是酸雨。

9. 现取样分析我国西南地区某次酸雨中 NH_4^+、Cl^-、Na^+、NO_3^-、SO_4^{2-} 的浓度分别为 $2.0\times10^{-5}\ mol\cdot L^{-1}$、$6.0\times10^{-6}\ mol\cdot L^{-1}$、$3.2\times10^{-6}\ mol\cdot L^{-1}$、$2.3\times10^{-5}\ mol\cdot L^{-1}$、$2.8\times10^{-5}\ mol\cdot L^{-1}$，计算该酸雨的 pH。

解：该次酸雨中，H_3O^+ 浓度和 pH 分别为

$$c(H_3O^+)=2c(SO_4^{2-})+c(NO_3^-)+c(Cl^-)-c(NH_4^+)-c(Na^+)$$

$$=(2\times2.8\times10^{-5}+2.3\times10^{-5}+6.0\times10^{-6}$$

$$-2.0\times10^{-5}-3.2\times10^{-6})mol\cdot L^{-1}$$

$$=6.2\times10^{-5}\ mol\cdot L^{-1}$$

$$pH=-\lg c_{eq}(H_3O^+)=-\lg(6.2\times10^{-5})=4.21$$

10. 25 ℃时，$K_b^{\ominus}(NH_3)=1.8\times10^{-5}$，计算 $0.10\ mol\cdot L^{-1}$ NH_3 溶液的 pH。

解：因为 $c(NH_3)\cdot K_b^{\ominus}(NH_3)>20K_w^{\ominus}$，$c(NH_3)/K_b^{\ominus}(NH_3)>400$，可利用最简公式计算。溶液的 OH^- 浓度为

$$c_{eq}(OH^-)=\sqrt{c(NH_3)\cdot K_b^{\ominus}(NH_3)}=\sqrt{0.10\times1.8\times10^{-5}}\ mol\cdot L^{-1}=1.3\times10^{-3}\ mol\cdot L^{-1}$$

溶液的 pH 为 $pH=pK_w^{\ominus}-pOH=14.00+\lg(1.3\times10^{-3})=11.1$

11. 25 ℃时，已知 $K_{a1}^{\ominus}(H_3PO_4)=6.7\times10^{-3}$，$K_{a2}^{\ominus}(H_3PO_4)=6.2\times10^{-8}$，$K_{a3}^{\ominus}(H_3PO_4)=4.5\times10^{-13}$，计算 $0.10\ mol\cdot L^{-1}$ Na_2HPO_4 溶液的 pH。

解：Na_2HPO_4 为一种酸碱两性物质，由于 $c(HPO_4^{2-})>20K_{a2}^{\ominus}(H_3PO_4)$，$0.10\ mol\cdot L^{-1}$ Na_2HPO_4 溶液的 H_3O^+ 浓度和 pH 分别为

$$c_{eq}(H_3O^+)=\sqrt{\frac{K_{a2}^{\ominus}(H_3PO_4)\cdot[c(HPO_4^{2-})K_{a3}^{\ominus}(H_3PO_4)+K_w^{\ominus}]}{c(HPO_4^{2-})}}$$

$$=\sqrt{\frac{6.2\times10^{-8}\times(0.10\times4.5\times10^{-13}+1.0\times10^{-14})}{0.10}}\ mol\cdot L^{-1}$$

$$=1.8\times10^{-10}\ mol\cdot L^{-1}$$

$$pH=-\lg c_{eq}(H_3O^+)=-\lg(1.8\times10^{-10})=9.74$$

12. 25 ℃时，$K_a^{\ominus}(HCOOH)=1.8\times10^{-4}$，$K_b^{\ominus}(NH_3)=1.8\times10^{-5}$，计算 $0.10\ mol\cdot L^{-1}$ $HCOONH_4$ 溶液的 pH。

解：NH_4^+ 的标准解离常数为

$$K_a^\ominus(NH_4^+) = \frac{K_w^\ominus}{K_b^\ominus(NH_3)} = \frac{1.0 \times 10^{-14}}{1.8 \times 10^{-5}} = 5.6 \times 10^{-10}$$

由于 $c(NH_4^+) \cdot K_a^\ominus(NH_4^+) = 5.6 \times 10^{-11} > 20K_w^\ominus$，且 $c(HCOO^-) = 0.10 > 20K_a^\ominus(HCOOH)$，因此可利用最简公式计算。$0.10\ mol \cdot L^{-1}$ $HCOONH_4$ 溶液的 H_3O^+ 浓度和 pH 分别为

$$c_{eq}(H_3O^-) = \sqrt{K_a^\ominus(NH_4^+)K_a^\ominus(HCOOH)}$$
$$= \sqrt{5.6 \times 10^{-10} \times 1.8 \times 10^{-4}}\ mol \cdot L^{-1} = 3.2 \times 10^{-7}\ mol \cdot L^{-1}$$
$$pH = -\lg c_{eq}(H_3O^+) = -\lg(3.2 \times 10^{-7}) = 6.49$$

13. 25 ℃时，完全质子化的丙氨酸的 $K_{a1}^\ominus = 4.6 \times 10^{-3}$，$K_{a2}^\ominus = 2.0 \times 10^{-10}$，计算 $0.10\ mol \cdot L^{-1}$ 丙氨酸溶液的 pH。

解：丙氨酸是一种酸碱两性物质，由于 $cK_{a2}^\ominus = 2.0 \times 10^{-11} > 20K_w^\ominus$，$c = 0.10 > 20K_{a1}^\ominus = 0.92$，因此可利用最简公式计算。$0.10\ mol \cdot L^{-1}$ 丙氨酸溶液的 H_3O^+ 浓度和 pH 分别为

$$c_{eq}(H_3O^+) = \sqrt{K_{a1}^\ominus K_{a2}^\ominus}$$
$$= \sqrt{4.6 \times 10^{-3} \times 2.0 \times 10^{-10}}\ mol \cdot L^{-1} = 9.6 \times 10^{-7}\ mol \cdot L^{-1}$$
$$pH = -\lg c_{eq}(H_3O^+) = -\lg(9.6 \times 10^{-7}) = 6.02$$

14. 亮氨酸（Lue）是一种酸碱两性物质，25 ℃时，$K_b^\ominus(Lue) = 2.3 \times 10^{-12}$，$K_a^\ominus(Lue) = 2.5 \times 10^{-10}$。计算 $0.10\ mol \cdot L^{-1}$ 亮氨酸溶液的 pH。

解：完全质子化的亮氨酸的一级标准解离常数为

$$K_{a1}^\ominus = \frac{K_w^\ominus}{K_b^\ominus} = \frac{1.0 \times 10^{-14}}{2.3 \times 10^{-12}} = 4.3 \times 10^{-3}$$

完全质子化的亮氨酸的二级标准解离常数 $K_{a2}^\ominus$ 就是亮氨酸的酸标准解离常数 $K_a^\ominus$。亮氨酸是一种酸碱两性物质，$cK_{a2}^\ominus = 2.5 \times 10^{-11} > 20K_w^\ominus$，$c > 20K_{a1}^\ominus$，可利用最简公式计算。$0.10\ mol \cdot L^{-1}$ 亮氨酸溶液的 H_3O^+ 浓度和 pH 分别为

$$c_{eq}(H_3O^+) = \sqrt{K_{a1}^\ominus K_{a2}^\ominus}$$
$$= \sqrt{4.3 \times 10^{-3} \times 2.5 \times 10^{-10}}\ mol \cdot L^{-1} = 1.0 \times 10^{-6}\ mol \cdot L^{-1}$$
$$pH = -\lg c_{eq}(H_3O^+) = -\lg(1.0 \times 10^{-6}) = 6.00$$

15. 25 ℃时，$K_{a2}^\ominus(H_2SO_4) = 1.0 \times 10^{-2}$，计算 $0.10\ mol \cdot L^{-1}$ H_2SO_4 溶液的 pH。

解：硫酸是一种二元强酸，它的第一步解离是完全的，它的第二步解离是一个可逆过程，不能进行完全。

$$H_2SO_4 + H_2O \rightleftharpoons H_3O^+ + HSO_4^-$$
$$HSO_4^- + H_2O \rightleftharpoons H_3O^+ + SO_4^{2-}$$

若设 0.10 $mol \cdot L^{-1}$ H_2SO_4 溶液中 SO_4^{2-} 的平衡浓度为 x $mol \cdot L^{-1}$,则溶液中 HSO_4^- 的平衡浓度为 $(0.10-x)mol \cdot L^{-1}$,H_3O^+ 的平衡浓度为 $(0.10+x)mol \cdot L^{-1}$。

H_2SO_4 的第二步解离反应的标准解离常数表达式为

$$K_{a2}^{\ominus}(H_2SO_4) = \frac{c_{eq}(H_3O^+) \cdot c_{eq}(SO_4^{2-})}{c_{eq}(HSO_4^-)}$$

把 H_3O^+、SO_4^{2-} 和 HSO_4^- 的平衡浓度及 H_2SO_4 的二级标准解离常数代入上式:

$$1.0 \times 10^{-2} = \frac{(0.10+x) \cdot x}{0.10-x}$$

上式展开后得

$$x^2 + 0.11x - 1.0 \times 10^{-3} = 0$$

解此一元二次方程得

$$x = \frac{-0.11 + \sqrt{0.11^2 + 4 \times 1.0 \times 10^{-3}}}{2} = 8.4 \times 10^{-3}$$

0.10 $mol \cdot L^{-1}$ H_2SO_4 溶液中 H_3O^+ 浓度和 pH 分别为

$$c_{eq}(H_3O^+) = c(H_2SO_4) + x \ mol \cdot L^{-1}$$
$$= 0.10 \ mol \cdot L^{-1} + 8.4 \times 10^{-3} \ mol \cdot L^{-1} = 0.11 \ mol \cdot L^{-1}。$$
$$pH = -\lg c_{eq}(H_3O^+) = -\lg 0.11 = 0.96$$

16. 0.016 $mol \cdot L^{-1}$ 对甲苯胺溶液的 pH 为 8.60,计算对甲苯胺的 $K_b^{\ominus}$。

解:对甲苯胺($CH_3C_6H_4NH_2$)可结合一个质子,为一元弱碱。0.016 $mol \cdot L^{-1}$ 对甲苯胺溶液的 pOH 和 OH^- 浓度分别为

$$pOH = pK_w^{\ominus} - pH = 14.00 - 8.60 = 5.40$$
$$c_{eq}(OH^-) = 10^{-pOH} \ mol \cdot L^{-1} = 10^{-5.40} \ mol \cdot L^{-1} = 4.0 \times 10^{-6} \ mol \cdot L^{-1}$$

对甲苯胺的标准解离常数为

$$K_b^{\ominus} = \frac{c_{eq}(CH_3C_6H_4NH_3^+) \cdot c_{eq}(OH^-)}{c_{eq}(CH_3C_6H_4NH_2)} = \frac{[c_{eq}(OH^-)]^2}{c(CH_3C_6H_4NH_2)}$$
$$= \frac{(4.0 \times 10^{-6})^2}{0.016} = 1.0 \times 10^{-9}$$

17. 阿司匹林的有效成分是乙酰水杨酸($C_9H_7O_4H$),其 $K_a^{\ominus}$ 为 3.0×10^{-4}。在水中溶解 0.65 g 乙酰水杨酸,最后加水稀释至 65 mL,计算所得溶液的 pH。

解:此乙酰水杨酸溶液的浓度为

$$c(C_9H_7O_4H) = \frac{m(C_9H_7O_4H)/M(C_9H_7O_4H)}{V}$$
$$= \frac{0.65 \ g/180 \ g \cdot mol^{-1}}{0.065 \ L} = 0.056 \ mol \cdot L^{-1}$$

由于 $c(\text{HA}) \cdot K_a^\ominus(\text{HA}) > 20K_w^\ominus$，但 $c(\text{HA})/K_a^\ominus(\text{HA}) = 187 < 400$，需利用近似公式计算。所得溶液的 H_3O^+ 浓度和 pH 分别为

$$c_{eq}(H_3O^+) = \frac{-3.0\times10^{-4} + \sqrt{(3.0\times10^{-4})^2 + 4\times0.056\times3.0\times10^{-4}}}{2} \text{mol·L}^{-1}$$

$$= 4.0\times10^{-3} \text{mol·L}^{-1}$$

$$\text{pH} = -\lg(4.0\times10^{-3}) = 2.40$$

18. 水杨酸(邻羟基苯甲酸，$C_7H_4O_3H_2$)是二元弱酸，25 ℃时，$K_{a1}^\ominus = 1.06\times10^{-3}$，$K_{a2}^\ominus = 3.6\times10^{-14}$。有时可用它作为止痛药而代替阿司匹林，但它有较强的酸性，能引起胃出血。计算 0.065 mol·L^{-1} 水杨酸溶液的 pH。

解：由于 $cK_{a1}^\ominus > 20K_w^\ominus$，$\sqrt{cK_{a1}^\ominus} > 40K_{a2}^\ominus$，但 $c/K_{a1}^\ominus = 61 < 400$，需利用近似公式计算。$0.065 \text{ mol·L}^{-1}$ 水杨酸溶液的 H_3O^+ 浓度和 pH 分别为

$$c_{eq}(H_3O^+) = \frac{-1.06\times10^{-3} + \sqrt{(1.06\times10^{-3})^2 + 4\times0.065\times1.06\times10^{-3}}}{2} \text{mol·L}^{-1}$$

$$= 7.8\times10^{-3} \text{mol·L}^{-1}$$

$$\text{pH} = -\lg(7.8\times10^{-3}) = 2.11$$

19. 奎宁($C_{20}H_{24}N_2O_2$)是从金鸡纳树皮中提取出来的一种重要生物碱，用作抗疟疾药物。将 1.0 g 奎宁溶于 1.9 L 水中，计算所得溶液的 pH。已知奎宁的 $K_{b1}^\ominus = 7.9\times10^{-6}$，$K_{b2}^\ominus = 2.0\times10^{-10}$。

解：所得奎宁溶液的浓度为

$$c(C_{20}H_{24}N_2O_2) = \frac{m(C_{20}H_{24}N_2O_2)/M(C_{20}H_{24}N_2O_2)}{V}$$

$$= \frac{1.0 \text{ g}/324 \text{ g·mol}^{-1}}{1.9 \text{ L}} = 1.6\times10^{-3} \text{mol·L}^{-1}$$

由于 $cK_{b1}^\ominus > 20K_w^\ominus$，$\sqrt{cK_{b1}^\ominus} > 40K_{b2}^\ominus$，但 $c/K_{b1}^\ominus = 206 < 400$，需利用近似公式计算。奎宁溶液的 OH^- 浓度和 pH 分别为

$$c_{eq}(OH^-) = \frac{-7.9\times10^{-6} + \sqrt{(7.9\times10^{-6})^2 + 4\times1.6\times10^{-3}\times7.9\times10^{-6}}}{2} \text{mol·L}^{-1}$$

$$= 1.1\times10^{-4} \text{mol·L}^{-1}$$

$$\text{pH} = 14.00 + \lg(1.1\times10^{-4}) = 10.04$$

20. 解热镇痛药阿司匹林(乙酰水杨酸)是一元弱酸，其结构式为

$$\overset{\text{COOH}}{\underset{\text{OOCCH}_3}{\bigcirc}}$$

已知阿司匹林的 $pK_a^\ominus$ 为 3.50，服用后以未解离的分子在胃中被吸收。如果患者先吃了调节胃

液酸度的药物,使胃液的 pH 保持在 2.95,此时再吃两片阿司匹林(共含 0.65 g 阿司匹林)。假如服用后阿司匹林立即溶解,且不改变胃液的 pH,未解离的分子可完全被胃液所吸收,此时能被吸收的阿司匹林有多少克?

解:用 HA 代表阿司匹林的分子式,则

$$HA + H_2O \rightleftharpoons H_3O^+ + A^-$$

$$K_a^\ominus(HA) = \frac{c_{eq}(A^-) \cdot c_{eq}(H_3O^+)}{c_{eq}(HA)}$$

未解离的乙酰水杨酸在阿司匹林中的质量分数为

$$w(HA) = \frac{c_{eq}(HA)}{c_{eq}(HA) + c_{eq}(A^-)} = \frac{1}{1 + \dfrac{c_{eq}(A^-)}{c_{eq}(HA)}} = \frac{1}{1 + \dfrac{K_a^\ominus(HA)}{c_{eq}(H_3O^+)}}$$

$$= \frac{1}{1 + \dfrac{10^{-3.50}}{10^{-2.95}}} = 0.78$$

未解离的乙酰水杨酸的质量为

$$m(HA) = 0.65 \text{ g} \times 0.78 = 0.51 \text{ g}$$

此时能被吸收的阿斯匹林为 0.51 g。

21. 血液和尿液中都含有 $H_2PO_4^- - HPO_4^{2-}$ 缓冲对,正常人血液和尿液中 $\dfrac{c(HPO_4^{2-})}{c(H_2PO_4^-)}$ 分别为 4 和 1/9。已知 $H_2PO_4^-$ 的 $pK_a^{\ominus'}$ 为 6.80(考虑了其他因素对 $K_a^\ominus$ 的影响,校正后的数值),计算血液和尿液的 pH。

解:正常人血液的 pH 为

$$pH = pK_{a2}^{\ominus'}(H_3PO_4) + \lg\frac{c(HPO_4^{2-})}{c(H_2PO_4^-)} = 6.80 + \lg 4 = 7.40$$

正常人尿液的 pH 为

$$pH = 6.80 + \lg\frac{1}{9} = 5.85$$

22. 某些药物 HA(如阿司匹林)在人体内的吸收方式为

$$\overset{\text{血液}}{H^+ + A^-} \underset{pH=7.4}{\rightleftharpoons} HA \overset{\text{隔膜}}{\vdots} HA \underset{pH=1.0}{\rightleftharpoons} \overset{\text{胃液}}{H^+ + A^-}$$

如果 H^+ 和 A^- 都不能透过隔膜,而 HA 可以透过隔膜。达到平衡时,在隔膜两侧的 HA 浓度相等,但在解离度较大的一侧,总药剂量较多,这一机理称为离子俘获。假设 HA 是一元弱酸,其 $pK_a^\ominus = 3.5$,并设上述吸收方式正确,计算血液中总药剂量 $[c_{eq}(HA) + c_{eq}(A^-)]$ 与胃液中总药剂量的比值。

解：药物 HA 在血液和胃液中达到解离平衡时：

$$\frac{c_{eq}(A^-)}{c_{eq}(HA)} = \frac{K_a^\ominus(HA)}{c_{eq}(H_3O^+)}$$

由题意知血液和胃液中 HA 的浓度相等，即 $c_{eq}(HA)_{血} = c_{eq}(HA)_{胃}$，故血液中总药剂量与胃液中总药剂量的比值为

$$\frac{c_{eq}(HA)_{血} + c_{eq}(A^-)_{血}}{c_{eq}(HA)_{胃} + c_{eq}(A^-)_{胃}} = \frac{1 + \dfrac{c_{eq}(A^-)_{血}}{c_{eq}(HA)_{血}}}{1 + \dfrac{c_{eq}(A^-)_{胃}}{c_{eq}(HA)_{胃}}} = \frac{1 + \dfrac{K_a^\ominus(HA)}{c_{eq}(H_3O^+)_{血}}}{1 + \dfrac{K_a^\ominus(HA)}{c_{eq}(H_3O^+)_{胃}}}$$

$$= \frac{1 + \dfrac{10^{-3.5}}{10^{-7.4}}}{1 + \dfrac{10^{-3.5}}{10^{-1.0}}} = 7.9 \times 10^3$$

23. 血液中 H_2CO_3 和 HCO_3^- 的总浓度为 2.52×10^{-2} mol·L^{-1}。37 ℃ 时 H_2CO_3 的 $pK_{a1}^{\ominus\prime} = 6.10$（考虑血液的温度及其他因素对 $K_a^\ominus$ 的影响，校正后的数值），血液的 pH 为 7.40。计算 37 ℃ 时血液中 $c(HCO_3^-)/c(H_2CO_3)$ 及 $c(HCO_3^-)$ 和 $c(H_2CO_3)$。

解：血液中 $c(HCO_3^-)$ 与 $c(H_2CO_3)$ 的比值为

$$\lg \frac{c(HCO_3^-)}{c(H_2CO_3)} = pH - pK_{a1}^{\ominus\prime}(H_2CO_3) = 7.40 - 6.10 = 1.30$$

$$\frac{c(HCO_3^-)}{c(H_2CO_3)} = 20$$

血液中 HCO_3^- 和 H_2CO_3 的总浓度与 H_2CO_3 浓度的关系为

$$c_{总} = c(HCO_3^-) + c(H_2CO_3) = 20c(H_2CO_3) + c(H_2CO_3)$$
$$= 21c(H_2CO_3)$$

血液中 H_2CO_3 和 HCO_3^- 的浓度分别为

$$c(H_2CO_3) = \frac{c_{总}}{21}$$

$$= \frac{2.52 \times 10^{-2} \text{ mol·L}^{-1}}{21} = 1.20 \times 10^{-3} \text{ mol·L}^{-1}$$

$$c(HCO_3^-) = c_{总} - c(H_2CO_3)$$
$$= 2.52 \times 10^{-2} \text{ mol·L}^{-1} - 1.20 \times 10^{-3} \text{ mol·L}^{-1}$$
$$= 2.40 \times 10^{-2} \text{ mol·L}^{-1}$$

24. 人体血液的正常 pH 为 7.40，其中磷酸盐的总浓度为 1.0 mol·L^{-1}，主要以 $H_2PO_4^-$ 和 HPO_4^{2-} 存在，但只有 PO_4^{3-} 才能使骨骼发生钙化，计算血液中 PO_4^{3-} 的浓度。已知经校正后 H_3PO_4 的 $pK_{a1}^{\ominus\prime} = 2.0$，$pK_{a2}^{\ominus\prime} = 6.8$，$pK_{a3}^{\ominus\prime} = 12.0$。

解：在 pH 为 7.40 时,磷酸盐主要以 $H_2PO_4^-$ 和 HPO_4^{2-} 两种离子存在。血液中存在的主要解离平衡为

$$H_2PO_4^- + H_2O \rightleftharpoons HPO_4^{2-} + H_3O^+$$

上述解离反应的标准解离常数表达式为

$$\frac{c_{eq}(H_3O^+) \cdot c_{eq}(HPO_4^{2-})}{c_{eq}(H_2PO_4^-)} = K_{a2}^{\ominus\prime}(H_3PO_4)$$

将已知数据代入上式得

$$\frac{10^{-7.40} \times c_{eq}(HPO_4^{2-})}{1.0 \times 10^{-3} - c_{eq}(HPO_4^{2-})} = 10^{-6.8}$$

由上式解得

$$c_{eq}(HPO_4^{2-}) = 8.0 \times 10^{-4}\ \mathrm{mol \cdot L^{-1}} = 0.80\ \mathrm{mmol \cdot L^{-1}}$$

$$c_{eq}(H_2PO_4^-) = (1.0 - 0.80)\mathrm{mmol \cdot L^{-1}} = 0.20\ \mathrm{mmol \cdot L^{-1}}$$

血液中也存在下述解离平衡：

$$HPO_4^{2-} + H_2O \rightleftharpoons PO_4^{3-} + H_3O^+$$

血液中 PO_4^{3-} 浓度为

$$c_{eq}(PO_4^{3-}) = \frac{c_{eq}(HPO_4^{2-})K_{a3}^{\ominus}(H_3PO_4)}{c_{eq}(H_3O^+)}$$

$$= \frac{8.0 \times 10^{-4} \times 10^{-12.0}}{10^{-7.40}}\mathrm{mol \cdot L^{-1}} = 2.0 \times 10^{-8}\ \mathrm{mol \cdot L^{-1}}$$

$$= 2.0 \times 10^{-5}\ \mathrm{mmol \cdot L^{-1}}$$

25. 计算下列缓冲溶液的缓冲范围：

(1) NH_4Cl-NH_3 溶液；

(2) $NaH_2PO_4-Na_2HPO_4$ 溶液；

(3) $Na_2HPO_4-Na_3PO_4$ 溶液。

解：(1) NH_4Cl-NH_3 缓冲溶液的缓冲范围为

$$pH = pK_a^{\ominus}(NH_4^+) \pm 1 = 14.00 + \lg K_b^{\ominus}(NH_3) \pm 1$$

$$= 14.00 + \lg(1.8 \times 10^{-5}) \pm 1 = 9.26 \pm 1 = 8.26 \sim 10.26$$

(2) $NaH_2PO_4-Na_2HPO_4$ 缓冲溶液的缓冲范围为

$$pH = pK_a^{\ominus}(H_2PO_4^-) \pm 1 = pK_{a2}^{\ominus}(H_3PO_4) \pm 1$$

$$= -\lg(6.2 \times 10^{-8}) \pm 1 = 7.21 \pm 1 = 6.21 \sim 8.21$$

(3) $Na_2HPO_4-Na_3PO_4$ 缓冲溶液的缓冲范围为

$$pH = pK_a^{\ominus}(HPO_4^{2-}) \pm 1 = pK_{a3}^{\ominus}(H_3PO_4) \pm 1$$

$$=-\lg(4.5\times10^{-13})\pm1=12.35\pm1=11.35\sim13.35$$

26. 若配制具有中等缓冲能力的缓冲溶液 50mL,并使其 pH=5.00,如何配制?

解:(1)选择缓冲系:根据 $\mathrm{p}K_{\mathrm{a}}^{\ominus}(\mathrm{HAc})=4.74$,故选用 HA−NaAc 缓冲系。

(2)确定总浓度:要求具有中等缓冲能力,故选用 $0.10\ \mathrm{mol\cdot L^{-1}}\ \mathrm{HAc}$ 和 $0.10\ \mathrm{mol\cdot L^{-1}}\ \mathrm{NaAc}$ 溶液。

(3)计算所需 HAc 和 NaAc 溶液的体积:若设需 NaAc 溶液体积为 V,则

$$\mathrm{pH}=\mathrm{p}K_{\mathrm{a}}^{\ominus}(\mathrm{HAc})+\lg\frac{V}{50-V}$$

代入数据

$$5.00=4.74+\lg\frac{V}{50-V}$$

求得 $V=32\ \mathrm{mL}$,即 $V_{(\mathrm{NaAc})}=32\ \mathrm{mL}$,$V_{(\mathrm{HAc})}=50\ \mathrm{mL}-32\ \mathrm{mL}=18\ \mathrm{mL}$。

故将 $18\ \mathrm{mL}\ 0.10\ \mathrm{mol\cdot L^{-1}}\ \mathrm{HAc}$ 溶液和 $32\ \mathrm{mL}\ 0.10\ \mathrm{mol\cdot L^{-1}}\ \mathrm{NaAc}$ 溶液混合,即可配制 pH=5.00 的缓冲溶液 50 mL(忽略体积变化)。如需检验此缓冲溶液的 pH,可用 pH 计校正。

27. 正常人血液中 $\mathrm{H_2CO_3}$ 和 $\mathrm{HCO_3^-}$ 的浓度分别为 $1.2\times10^{-3}\ \mathrm{mol\cdot L^{-1}}$ 和 $2.4\times10^{-2}\ \mathrm{mol\cdot L^{-1}}$,已知血液中经校正后 $\mathrm{H_2CO_3}$ 的 $\mathrm{p}K_{\mathrm{a1}}^{\ominus}=6.10$。计算:

(1)正常人血液的 pH 为多少?

(2)若在 1 L 正常人血液中加入 0.010 mol HCl 后,假设血液体积保持不变,生成的 $\mathrm{CO_2}$ 全部溶解在血液中以 $\mathrm{H_2CO_3}$ 存在,计算此时血液的 pH 为多少?

(3)若加入 HCl 后生成的 $\mathrm{CO_2}$ 全部从血液中排出,且 $\mathrm{H_2CO_3}$ 浓度保持不变,血液的 pH 又是多少?

解:(1)正常人血液的 pH 为

$$\mathrm{pH}=\mathrm{p}K_{\mathrm{a1}}^{\ominus'}(\mathrm{H_2CO_3})+\lg\frac{c(\mathrm{HCO_3^-})}{c(\mathrm{H_2CO_3})}$$

$$=6.10+\lg\frac{2.4\times10^{-2}\ \mathrm{mol\cdot L^{-1}}}{1.2\times10^{-3}\ \mathrm{mol\cdot L^{-1}}}=7.40$$

(2)加入 HCl 后,$\mathrm{HCO_3^-}$ 和 $\mathrm{H_2CO_3}$ 的浓度分别为

$$c(\mathrm{HCO_3^-})=2.40\times10^{-2}\ \mathrm{mol\cdot L^{-1}}-0.010\ \mathrm{mol\cdot L^{-1}}$$
$$=1.4\times10^{-2}\ \mathrm{mol\cdot L^{-1}}$$
$$c(\mathrm{H_2CO_3})=1.2\times10^{-3}\ \mathrm{mol\cdot L^{-1}}+0.010\ \mathrm{mol\cdot L^{-1}}$$
$$=1.12\times10^{-2}\ \mathrm{mol\cdot L^{-1}}$$

此时血液的 pH 为

$$\mathrm{pH}=6.10+\lg\frac{1.40\times10^{-2}}{1.12\times10^{-2}}=6.20$$

(3) 加入 HCl 后, HCO_3^- 和 H_2CO_3 的浓度分别为

$$c(HCO_3^-) = 2.40 \times 10^{-2}\ mol \cdot L^{-1} - 0.010\ mol \cdot L^{-1}$$
$$= 1.40 \times 10^{-2}\ mol \cdot L^{-1}$$
$$c(H_2CO_3) = 1.2 \times 10^{-3}\ mol \cdot L^{-1}$$

血液的 pH 为

$$pH = 6.10 + lg\frac{1.40 \times 10^{-2}}{1.2 \times 10^{-3}} = 7.17$$

28. 已知邻苯二甲酸($H_2C_8H_4O_4$)的 $pK_{a1}^\ominus = 2.90$, 求总浓度为 0.050 $mol \cdot L^{-1}$、pH 为 2.50 的 $H_2C_8H_4O_4 - HC_8H_4O_4^-$ 缓冲溶液的缓冲容量。

解: $H_2C_8H_4O_4 - HC_8H_4O_4^-$ 缓冲溶液的缓冲比为

$$lg\frac{c(HC_8H_4O_4^-)}{c(H_2C_8H_4O_4)} = pH - pK_{a1}^\ominus(H_2C_8H_4O_4)$$
$$= 2.50 - 2.90 = -0.40$$
$$\frac{c(HC_8H_4O_4^-)}{c(H_2C_8H_4O_4)} = 0.40$$

缓冲溶液的总浓度与缓冲组分的浓度之间的关系为

$$c(H_2C_8H_4O_4) + c(HC_8H_4O_4^-) = c(H_2C_8H_4O_4) + 0.40c(H_2C_8H_4O_4)$$
$$= 1.40c(H_2C_8H_4O_4)$$

缓冲溶液中 $H_2C_8H_4O_4$ 和 $HC_8H_4O_4^-$ 的浓度分别为

$$c(H_2C_8H_4O_4) = \frac{0.050\ mol \cdot L^{-1}}{1.40} = 0.036\ mol \cdot L^{-1}$$
$$c(HC_8H_4O_4^-) = 0.050\ mol \cdot L^{-1} - 0.036\ mol \cdot L^{-1} = 0.014\ mol \cdot L^{-1}$$

$H_2C_8H_4O_4 - HC_8H_4O_4^-$ 缓冲溶液的缓冲容量为

$$\beta = \frac{2.3 \times c(H_2C_8H_4O_4) \cdot c(HC_8H_4O_4^-)}{c(H_2C_8H_4O_4) + c(HC_8H_4O_4^-)}$$
$$= \frac{2.3 \times 0.036\ mol \cdot L^{-1} \times 0.014\ mol \cdot L^{-1}}{0.050\ mol \cdot L^{-1}} = 2.3 \times 10^{-2}\ mol \cdot L^{-1}$$

29. 计算 0.10 $mol \cdot L^{-1}$ $NH_3 - 0.10\ mol \cdot L^{-1} NH_4Cl$ 缓冲溶液的 pH 和缓冲容量。

解: 此缓冲溶液的 pH 为

$$pH = pK_a^\ominus(NH_4^+) + lg\frac{c(NH_3)}{c(NH_4^+)} = pK_w^\ominus - pK_b^\ominus(NH_3) + lg\frac{c(NH_3)}{c(NH_4^+)}$$
$$= 14.00 + lg(1.8 \times 10^{-5}) + lg\frac{0.10}{0.10} = 9.26$$

此缓冲溶液的缓冲容量为

$$\beta = 2.30 \times \frac{c(\text{NH}_4^+) \cdot c(\text{NH}_3)}{c(\text{NH}_4^+) + c(\text{NH}_3)}$$

$$= 2.30 \times \frac{0.10 \ \text{mol} \cdot \text{L}^{-1} \times 0.10 \ \text{mol} \cdot \text{L}^{-1}}{0.10 \ \text{mol} \cdot \text{L}^{-1} + 0.10 \ \text{mol} \cdot \text{L}^{-1}} = 0.115 \ \text{mol} \cdot \text{L}^{-1}$$

30. 配制 1 L pH=10.0 的 $\text{NH}_3-\text{NH}_4\text{Cl}$ 缓冲溶液,用去 350 mL 15 $\text{mol} \cdot \text{L}^{-1}$ 氨水,问需要 NH_4Cl 固体多少克?

解: 需加入 NH_4Cl 的物质的量为

$$\lg n(\text{NH}_4\text{Cl}) = \text{p}K_a^{\ominus}(\text{NH}_4^+) - \text{pH} + \lg n(\text{NH}_3)$$

$$= (14.00 - 4.74) - 10.0 + \lg(15 \times 0.35) = -2.0 \times 10^{-2}$$

$$n(\text{NH}_4\text{Cl}) = 0.95 \ \text{mol}$$

所需 NH_4Cl 固体的质量为

$$m(\text{NH}_4\text{Cl}) = n(\text{NH}_4\text{Cl}) \cdot M(\text{NH}_4\text{Cl})$$

$$= 0.95 \ \text{mol} \times 53.5 \ \text{g} \cdot \text{mol}^{-1} = 50.8 \ \text{g}$$

31. 三位住院患者的血液中 HCO_3^- 和 H_2CO_3 浓度的化验结果如下:

(1) 甲:$c(\text{HCO}_3^-) = 24.0 \ \text{mmol} \cdot \text{L}^{-1}$,$c(\text{H}_2\text{CO}_3) = 1.20 \ \text{mmol} \cdot \text{L}^{-1}$;

(2) 乙:$c(\text{HCO}_3^-) = 21.6 \ \text{mmol} \cdot \text{L}^{-1}$,$c(\text{H}_2\text{CO}_3) = 1.35 \ \text{mmol} \cdot \text{L}^{-1}$;

(3) 丙:$c(\text{HCO}_3^-) = 56.0 \ \text{mmol} \cdot \text{L}^{-1}$,$c(\text{H}_2\text{CO}_3) = 1.40 \ \text{mmol} \cdot \text{L}^{-1}$。

已知在血液中校正后的 $\text{p}K_{a1}^{\ominus\prime}(\text{H}_2\text{CO}_3) = 6.10$,计算三位患者血液的 pH。并判断谁属正常,谁属酸中毒,谁属碱中毒。

解: 血液中 pH 的计算公式为

$$\text{pH} = \text{p}K_{a1}^{\ominus\prime}(\text{H}_2\text{CO}_3) + \lg \frac{c(\text{HCO}_3^-)}{c(\text{H}_2\text{CO}_3)}$$

甲、乙和丙三位患者血液的 pH 分别为

$$\text{pH}_{甲} = 6.10 + \lg \frac{24.0}{1.20} = 7.40$$

$$\text{pH}_{乙} = 6.10 + \lg \frac{21.6}{1.35} = 7.30$$

$$\text{pH}_{丙} = 6.10 + \lg \frac{56.0}{1.40} = 7.70$$

血液的正常 pH 为 7.35~7.45,当 pH<7.35 时属于酸中毒,当 pH>7.45 时属于碱中毒。因此,甲属于正常,乙属于酸中毒,丙属于碱中毒。

32. 利用二元弱酸 H_2A 与 NaOH 反应配制 pH 为 6.0 的缓冲溶液,已知 $K_{a1}^{\ominus}(\text{H}_2\text{A}) = 3.0 \times 10^{-2}$,$K_{a2}^{\ominus}(\text{H}_2\text{A}) = 5.0 \times 10^{-7}$。问在 450 mL 0.10 $\text{mol} \cdot \text{L}^{-1}$ H_2A 溶液中需加入 0.20 $\text{mol} \cdot \text{L}^{-1}$ NaOH 溶液多少毫升?

解: 配制 pH=6.0 的缓冲溶液,应选择 $\text{HA}^- - \text{A}^{2-}$ 缓冲对。缓冲溶液的缓冲比为

$$\lg \frac{n(\mathrm{A^{2-}})}{n(\mathrm{HA^-})} = \lg \frac{c(\mathrm{A^{2-}})}{c(\mathrm{HA^-})} = \mathrm{pH} - \mathrm{p}K_{a2}^{\ominus}(\mathrm{H_2A})$$

$$= 6.0 + \lg(5.0 \times 10^{-7}) = -0.30$$

$$\frac{n(\mathrm{A^{2-}})}{n(\mathrm{HA^-})} = \frac{1}{2}$$

据题意,有

$$n(\mathrm{H_2A}) = n(\mathrm{HA^-}) + n(\mathrm{A^{2-}})$$

联立以上两式,解得

$$n(\mathrm{A^{2-}}) = \frac{1}{3} n(\mathrm{H_2A})$$

$$n(\mathrm{HA^-}) = \frac{2}{3} n(\mathrm{H_2A})$$

配制缓冲溶液时所发生的化学反应为

$$\mathrm{H_2A} + \mathrm{NaOH} = \mathrm{NaHA} + \mathrm{H_2O}$$
$$\mathrm{H_2A} + 2\mathrm{NaOH} = \mathrm{Na_2A} + 2\mathrm{H_2O}$$

由以上两个反应式可知配制缓冲溶液时所需 NaOH 的物质的量为

$$n(\mathrm{NaOH}) = n(\mathrm{HA^-}) + 2n(\mathrm{A^{2-}}) = \frac{2}{3} n(\mathrm{H_2A}) + 2 \times \frac{1}{3} n(\mathrm{H_2A})$$

$$= \frac{4}{3} n(\mathrm{H_2A})$$

所需加入 NaOH 溶液的体积为

$$V(\mathrm{NaOH}) = \frac{n(\mathrm{NaOH})}{c(\mathrm{NaOH})} = \frac{4n(\mathrm{H_2A})/3}{c(\mathrm{NaOH})} = \frac{4c(\mathrm{H_2A})V(\mathrm{H_2A})/3}{c(\mathrm{NaOH})}$$

$$= \frac{4 \times 450 \ \mathrm{mL} \times 0.10 \ \mathrm{mol \cdot L^{-1}}/3}{0.20 \ \mathrm{mol \cdot L^{-1}}} = 300 \ \mathrm{mL}$$

单元测试题

一、选择题

1. 某一元弱碱 $\mathrm{B^-}$ 的标准解离常数 $K_b^{\ominus}(\mathrm{B^-}) = 1.0 \times 10^{-5}$,则 $\mathrm{HB}-\mathrm{B^-}$ 缓冲溶液的缓冲范围为(   )。
(A) $1.0 \times 10^{-4} \sim 1.0 \times 10^{-6}$ 　　　　　(B) $4 \sim 6$
(C) $1.0 \times 10^{-8} \sim 1.0 \times 10^{-10}$ 　　　　　(D) $8 \sim 10$

2. 已知二元弱酸 $\mathrm{H_2B}$ 的 $K_{a1}^{\ominus} = 1.0 \times 10^{-4}$,$K_{a2}^{\ominus} = 1.0 \times 10^{-9}$,则二元弱碱 $\mathrm{B^{2-}}$ 的 $K_{b2}^{\ominus}$ 为(   )。
(A) 1.0×10^{-10} 　　(B) 1.0×10^{-9} 　　(C) 1.0×10^{-5} 　　(D) 1.0×10^{-4}

3. 根据酸碱质子理论,$\mathrm{H_2O}$ 的共轭酸是(   )。
(A) $\mathrm{OH^-}$ 　　　　(B) $\mathrm{H_3O^+}$ 　　　　(C) $\mathrm{H_2O_2}$ 　　　　(D) $\mathrm{HO_2^-}$

4. 配制 pH 为 5.0 的缓冲溶液,在下列缓冲对中可以选用的是(   )。

(A) $NH_4Cl-NH_3\left[K_b^{\ominus}(NH_3)=1.8\times10^{-5}\right]$

(B) $Ac^--HAc\left[K_a^{\ominus}(HAc)=1.8\times10^{-5}\right]$

(C) $HCOO^--HCOOH\left[K_a^{\ominus}(HCOOH)=1.8\times10^{-4}\right]$

(D) $HPO_4^{2-}-H_2PO_4^-\left[K_{a2}^{\ominus}(H_3PO_4)=6.3\times10^{-8}\right]$

5. 在 $HA-A^-$ 缓冲溶液中,A^- 和 HA 的浓度相等,已知 $K_b^{\ominus}(A^-)=1.0\times10^{-10}$,则溶液的 pH 为(　　　）。

(A) 4 　　　　　　(B) 7 　　　　　　(C) 10 　　　　　　(D) 14

6. 已知一元弱酸 HA 溶液的浓度为 $c(HA)$,溶液中 HA、A^- 和 H_3O^+ 的浓度之和为 $ac(HA)$,则 HA 的解离度 $\alpha(HA)$ 为(　　　）。

(A) $\alpha(HA)=a\times100\%$ 　　　　　　(B) $\alpha(HA)=\dfrac{a}{2}\times100\%$

(C) $\alpha(HA)=(a-1)\times100\%$ 　　　　　　(D) $\alpha(HA)=a\%$

7. 在室温时,把 pH 为 3 的 HAc 溶液和 pH 为 11 的 NaOH 溶液等体积混合后,所得混合溶液的 pH (　　　）。

(A) 大于 7 　　　　(B) 小于 7 　　　　(C) 等于 7 　　　　(D) 无法判断

8. 25 ℃ 时,$K_{a1}^{\ominus}(H_2A)=1.0\times10^{-6}$,$K_{a2}^{\ominus}(H_2A)=1.0\times10^{-11}$。则 25 ℃ 时 $K_{b1}^{\ominus}(A^{2-})$ 为(　　　）。

(A) 1.0×10^{-6} 　　(B) 1.0×10^{-8} 　　(C) 1.0×10^{-17} 　　(D) 1.0×10^{-3}

9. 在氨水中加入下列物质时,可使 NH_3 的解离度和溶液的 pH 都减小的是(　　　）。

(A) NH_4Cl 　　　　(B) NaOH 　　　　(C) HCl 　　　　(D) H_2O

10. 已知 H_3PO_4 的 $pK_{a1}^{\ominus}=2.17$,$pK_{a2}^{\ominus}=7.21$,$pK_{a3}^{\ominus}=12.35$。欲配制 pH 为 7.0 的缓冲溶液,可选择的缓冲对是(　　　）。

(A) $H_3PO_4-NaH_2PO_4$ 　　　　　　(B) $NaH_2PO_4-Na_2HPO_4$

(C) $Na_2HPO_4-Na_3PO_4$ 　　　　　　(D) 纯水

11. 已知相同浓度的一元弱酸的钠盐 NaA、NaB、NaC 和 NaD 的水溶液的 pH 依次增大,则在下列相同浓度的四种一元弱酸溶液中,一元弱酸的解离度最大的是(　　　）。

(A) HA 　　　　　　(B) HB 　　　　　　(C) HC 　　　　　　(D) HD

12. 已知在 25 ℃ 时,$K_{a1}^{\ominus}(H_2S)=1.0\times10^{-7}$,$K_{a2}^{\ominus}(H_2S)=1.0\times10^{-12}$,则 $0.10\ \text{mol}\cdot\text{L}^{-1}$ H_2S 溶液中 S^{2-} 浓度为(　　　）。

(A) $1.0\times10^{-4}\ \text{mol}\cdot\text{L}^{-1}$ 　　　　　　(B) $1.0\times10^{-7}\ \text{mol}\cdot\text{L}^{-1}$

(C) $0.10\ \text{mol}\cdot\text{L}^{-1}$ 　　　　　　(D) $1.0\times10^{-12}\ \text{mol}\cdot\text{L}^{-1}$

13. 下列缓冲溶液中,缓冲容量最大的是(　　　）。

(A) $0.10\ \text{mol}\cdot\text{L}^{-1}\ HAc-0.10\ \text{mol}\cdot\text{L}^{-1}\ NaAc$ 溶液

(B) $0.15\ \text{mol}\cdot\text{L}^{-1}\ HAc-0.05\ \text{mol}\cdot\text{L}^{-1}\ NaAc$ 溶液

(C) $0.05\ \text{mol}\cdot\text{L}^{-1}\ HAc-0.15\ \text{mol}\cdot\text{L}^{-1}\ NaAc$ 溶液

(D) $0.05\ \text{mol}\cdot\text{L}^{-1}\ HAc-0.05\ \text{mol}\cdot\text{L}^{-1}\ NaAc$ 溶液

14. 在 $0.10\ \text{mol}\cdot\text{L}^{-1}$ HA 溶液中有 0.010% 的 HA 发生解离,则一元弱酸 HA 的标准解离常数为(　　　）。

(A) 1.0×10^{-2} 　　(B) 1.0×10^{-3} 　　(C) 1.0×10^{-8} 　　(D) 1.0×10^{-9}

15. 根据酸碱质子理论,下列质子碱在水溶液中碱性最强的是(　　　）。

(A) NO_3^- 　　　　(B) SO_4^{2-} 　　　　(C) CO_3^{2-} 　　　　(D) Cl^-

16. 向 HAc 溶液中加入 NaAc 晶体,产生的影响是(　　　）。

(A) HAc 的 $K_a^{\ominus}$ 增大 　　　　　　(B) HAc 的 $K_a^{\ominus}$ 减小

(C) HAc 溶液的 pH 增大 　　　　　　(D) HAc 溶液的 pH 减小

17. 配制 $pH=7.0$ 的缓冲溶液,为使溶液具有尽可能大的缓冲容量,在下列缓冲溶液中应选择(　　　）。

(A) 0.15 mol·L^{-1} NaH$_2$PO$_4$−0.05 mol·L^{-1} Na$_2$HPO$_4$溶液

(B) 0.05 mol·L^{-1} NaH$_2$PO$_4$−0.15 mol·L^{-1} Na$_2$HPO$_4$溶液

(C) 0.1 mol·L^{-1} HAc−0.1 mol·L^{-1} NaAc 溶液

(D) 0.1 mol·L^{-1} NaH$_2$PO$_4$−0.1 mol·L^{-1} Na$_2$HPO$_4$溶液

18. 下列各组分子和离子中,不属于共轭酸碱对的是(　　　)。

(A) H$_3$PO$_4$ 和 HPO$_4^{2-}$　　　　　　(B) H$_2$PO$_4^-$ 和 HPO$_4^{2-}$

(C) NH$_3$ 和 NH$_2^-$　　　　　　　　　　(D) HSO$_4^-$ 和 SO$_4^{2-}$

19. 298.15 K 时,0.10 mol·L^{-1} HA 溶液中 HA 的解离度为 1.0%,则此 HA 溶液的 pH 是(　　　)。

(A) 3.00　　　　　(B) 1.00　　　　　(C) 0.10　　　　　(D) 1.30

20. 在 10 mL 0.10 mol·L^{-1} HAc 溶液中加入 10 mL 水,所发生的变化是(　　　)。

(A) HAc 的解离度增大,H$^+$ 浓度减小　　　(B) HAc 的解离度增大,H$^+$ 浓度增大

(C) HAc 的解离度不变,H$^+$ 浓度减小　　　(D) HAc 的解离度减小,H$^+$ 浓度增大

21. 根据酸碱质子理论,下列物质不属于两性物质的是(　　　)。

(A) HS$^-$　　　　　(B) H$_2$O　　　　　(C) NH$_4^+$　　　　　(D) H$_2$PO$_4^-$

22. 下列配制的缓冲溶液中,缓冲容量最大的是(　　　)。

(A) 50 mL 0.1 mol·L^{-1} HAc+50 mL 0.1 mol·L^{-1} NaAc 溶液

(B) 50 mL 0.1 mol·L^{-1} HAc+50 mL 0.1 mol·L^{-1} NaOH 溶液

(C) 50 mL 0.05 mol·L^{-1} HAc+50 mL 0.05 mol·L^{-1} NaAc 溶液

(D) 50 mL 0.15 mol·L^{-1} HAc+50 mL 0.05 mol·L^{-1} NaAc 溶液

23. 0.40 mol·L^{-1} HAc 溶液中 H$_3$O$^+$ 浓度与 0.10 mol·L^{-1} HAc 溶液中 H$_3$O$^+$ 浓度的比值是(　　　)。

(A) 1　　　　　(B) 2　　　　　(C) 3　　　　　(D) 4

24. 某一弱酸 HA 的标准解离常数为 $K_a^\ominus$,在水溶液中的解离度为 α。若加等体积水稀释此溶液,则发生的变化是(　　　)。

(A) $K_a^\ominus$ 和 α 均不变　　　　　　(B) $K_a^\ominus$ 不变,α 减小

(C) $K_a^\ominus$ 和 α 均增大　　　　　　(D) $K_a^\ominus$ 不变,α 增大

25. 在 1 L 0.10 mol·L^{-1} HAc−0.20 mol·L^{-1} NaAc 缓冲溶液中,通入 0.10 mol HCl 气体,此时缓冲溶液(　　　)。

(A) β 不变,pH 增大　　　　　　(B) β 不变,pH 减小

(C) β 减小,pH 减小　　　　　　(D) β 增大,pH 减小

26. 在 1 L pH 为 5.00 的 HAc−NaAc(HAc 的 p$K_a^\ominus$=4.74)缓冲溶液中通入 0.050 mol HCl 气体后,溶液的 pH 减小为 4.80,则该缓冲溶液的缓冲容量为(　　　)。

(A) 0.25 mol·L^{-1}　　　　　　　(B) 0.125 mol·L^{-1}

(C) 0.50 mol·L^{-1}　　　　　　　(D) 0.25 mmol·L^{-1}

27. 将 0.10 mol·L^{-1} 下列溶液加入等体积的水稀释后,pH 变化最小的是(　　　)。

(A) HCl　　　　　(B) H$_2$SO$_4$　　　　　(C) HNO$_3$　　　　　(D) HAc

28. 某三元弱酸 H$_3$A 的 $K_{a1}^\ominus$=1.0×10^{-4},$K_{a2}^\ominus$=1.0×10^{-8},$K_{a3}^\ominus$=1.0×10^{-12},则 0.10 mol·L^{-1} Na$_2$HA 溶液的 pH 为(　　　)。

(A) 6.0　　　　　(B) 7.0　　　　　(C) 8.0　　　　　(D) 10.0

29. 在 H$_2$S 溶液中加入少量 Na$_2$S 固体,不发生变化的是(　　　)。

(A) S^{2-} 的浓度　　　　　　　　(B) H$_3$O$^+$ 的浓度

(C) H$_2$S 的标准解离常数　　　　　(D) H$_2$S 的解离度

30. 在下列各组溶液中,不属于缓冲溶液的是(　　)。

(A) $NaH_2PO_4-K_2HPO_4$ 溶液

(B) 0.1 $mol\cdot L^{-1}$ NaOH 与 0.2 $mol\cdot L^{-1}$ NH_4Cl 等体积混合溶液

(C) 0.1 $mol\cdot L^{-1}$ HAc 与 0.1 $mol\cdot L^{-1}$ NaOH 等体积混合溶液

(D) NH_4Cl-NH_3 溶液

31. 根据酸碱质子理论,下列叙述中不正确的是(　　)。

(A) 酸碱反应的实质是质子的转移反应

(B) 酸只能是中性分子

(C) 在共轭酸碱对 $HA-A^-$ 水溶液中, $K_a^{\ominus}(HA)\cdot K_b^{\ominus}(A^-)=K_w^{\ominus}$

(D) 酸越强,则其共轭碱就越弱

32. 下列关于缓冲溶液的叙述中,错误的是(　　)。

(A) 缓冲容量越大,则缓冲溶液的缓冲能力越强

(B) 缓冲比一定时,总浓度越大,缓冲溶液的缓冲能力越强

(C) 缓冲溶液加水稀释时,缓冲比不变,pH 不变,因此缓冲能力也不变

(D) $HA-A^-$ 缓冲溶液的缓冲范围为 $pK_a^{\ominus}(HA)\pm 1$

33. 25 ℃ 时,总浓度为 0.2 $mol\cdot L^{-1}$ 的 $NH_4Cl-NH_3[pK_b^{\ominus}(NH_3)=4.74]$溶液在下列 pH 时,缓冲容量最大的是(　　)。

(A) pH=2　　　(B) pH=6　　　(C) pH=8　　　(D) pH=9

34. 向 0.020 $mol\cdot L^{-1}$ HA($K_a^{\ominus}=1.0\times 10^{-4}$)溶液中加入等体积的 0.020 $mol\cdot L^{-1}$ NaOH 溶液,混合后溶液的 pH 为(　　)。

(A) 3.00　　　(B) 4.00　　　(C) 6.00　　　(D) 8.00

35. 按酸碱质子理论,下列物质在水溶液中只属于酸的是(　　)。

(A) $H_2C_2O_4$　　　(B) NH_4Ac　　　(C) NH_3　　　(D) $H_2PO_4^-$

36. 按酸碱质子理论,下列物质在水溶液中属于两性物质的是(　　)。

(A) H_2SO_3　　　(B) NH_4^+　　　(C) HPO_4^{2-}　　　(D) HAc

37. 按酸碱质子理论,下列物质在水溶液中只属于碱的是(　　)。

(A) NH_3　　　(B) H_3PO_4　　　(C) HCO_3^-　　　(D) HCl

38. 按酸碱质子理论,HCO_3^- 的共轭碱是(　　)。

(A) CO_3^{2-}　　　(B) H_2CO_3　　　(C) CO_2　　　(D) OH^-

39. 已知某三元弱酸 H_3A 的 $K_{a1}^{\ominus}=1.0\times 10^{-4}$,$K_{a2}^{\ominus}=1.0\times 10^{-8}$,$K_{a3}^{\ominus}=1.0\times 10^{-12}$,则 A^{3-} 的 $K_{b1}^{\ominus}$ 为(　　)。

(A) 1.0×10^{-10}　　　(B) 1.0×10^{-8}　　　(C) 1.0×10^{-6}　　　(D) 1.0×10^{-2}

40. 酸碱质子理论认为(　　)。

(A) 酸是质子的接受体,碱是质子的给予体

(B) 酸比它对应的共轭碱多 1 个质子

(C) 酸越强,其共轭碱就越强

(D) 酸碱反应的实质是 1 对共轭酸碱对之间的质子传递反应

41. 按酸碱质子理论,下列反应属于酸碱反应的是(　　)。

(A) $H_2+F_2 =\!\!= 2HF$　　　　　　(B) $4NH_3+Cu^{2+} =\!\!= [Cu(NH_3)_4]^{2+}$

(C) $CO_2+Na_2O =\!\!= Na_2CO_3$　　　(D) $H_2O+H_2O =\!\!= H_3O^++OH^-$

42. 已知 $K_a^{\ominus}(HAc)=1.8\times 10^{-5}$。将 0.25 $mol\cdot L^{-1}$ HAc 溶液与等体积的 NaAc 溶液混合,若混合溶液

pH=4.05,则此 NaAc 溶液的浓度应为（   ）。

(A) 2.56 mol·L^{-1} (B) 1.28 mol·L^{-1}

(C) 0.098 mol·L^{-1} (D) 0.049 mol·L^{-1}

43. 某三元弱酸 H_3A 的 $K_{a1}^{\ominus} = 1.0 \times 10^{-4}$，$K_{a2}^{\ominus} = 1.0 \times 10^{-8}$，$K_{a3}^{\ominus} = 1.0 \times 10^{-12}$。0.10 mol·L^{-1} NaH$_2$A 溶液的 pH 为（   ）。

(A) 6.0   (B) 7.0   (C) 8.0   (D) 10.0

44. 关于 H_3PO_4 溶液，下列说法中正确的是（   ）。

(A) H_3PO_4 溶液中 H_3O^+ 浓度是 PO_4^{3-} 浓度的 3 倍

(B) H_3PO_4 溶液中 HPO_4^{2-} 浓度在数值上约等于 $K_{a2}^{\ominus}(H_3PO_4)$

(C) H_3PO_4 溶液中 $H_2PO_4^-$ 浓度等于 HPO_4^{2-} 浓度

(D) H_3PO_4 溶液的浓度增大 1 倍，HPO_4^{2-} 浓度也增大 1 倍

45. 已知二元弱酸 H_2A 的 $K_{a1}^{\ominus} = 1.0 \times 10^{-4}$，$K_{a2}^{\ominus} = 1.0 \times 10^{-8}$。1.0 × 10^{-2} mol·L^{-1} Na$_2$A 溶液的 pH 为（   ）。

(A) 4.00   (B) 6.00   (C) 8.00   (D) 10.00

46. 按下列体积比混合相同浓度的 HAc 和 NaOH 两种溶液，混合后溶液的 pH=p$K_a^{\ominus}$(HAc)的是（   ）。

(A) 1 : 1   (B) 1 : 2   (C) 2 : 1   (D) 3 : 1

47. 按下列体积比混合相同浓度的 H_3PO_4 和 NaOH 两种溶液，混合后溶液中 $c(H_2PO_4^-) \approx c(HPO_4^{2-})$ 的是（   ）。

(A) 1 : 1   (B) 2 : 3   (C) 1 : 2   (D) 2 : 5

48. 在一定浓度范围内，下列物质溶液的 pH 与浓度基本无关的是（   ）。

(A) 一元弱酸   (B) 二元弱酸   (C) 两性物质   (D) 一元弱碱

49. 0.10 mol·L^{-1} HA 溶液的 pH 为 4.00，则 HA 的标准解离常数和解离度分别为（   ）。

(A) $K_a^{\ominus} = 1.0 \times 10^{-7}$, $\alpha = 0.010\%$ (B) $K_a^{\ominus} = 1.0 \times 10^{-7}$, $\alpha = 0.10\%$

(C) $K_a^{\ominus} = 1.0 \times 10^{-5}$, $\alpha = 0.010\%$ (D) $K_a^{\ominus} = 1.0 \times 10^{-5}$, $\alpha = 0.10\%$

50. 将 0.10 mol·L^{-1} Na$_2$HPO$_4$ 溶液与等体积的 0.10 mol·L^{-1} Na$_3$PO$_4$ 溶液混合，溶液中氢离子浓度为（   ）。

(A) $c_{eq}(H_3O^+) = K_{a2}^{\ominus}(H_3PO_4)$

(B) $c_{eq}(H_3O^+) = K_{a3}^{\ominus}(H_3PO_4)$

(C) $c_{eq}(H_3O^+) = \sqrt{K_{a1}^{\ominus}(H_3PO_4) \cdot K_{a2}^{\ominus}(H_3PO_4)}$

(D) $c_{eq}(H_3O^+) = \sqrt{K_{a2}^{\ominus}(H_3PO_4) \cdot K_{a3}^{\ominus}(H_3PO_4)}$

51. 将 HAc 溶液与 NaOH 溶液混合配制缓冲溶液，此缓冲溶液的抗酸成分是（   ）。

(A) HAc   (B) Ac$^-$ (C) OH$^-$ (D) H$_2$O

52. 25 ℃时，p$K_{a1}^{\ominus}$(H_3PO_4) = 2.17，p$K_{a2}^{\ominus}$(H_3PO_4) = 7.21，p$K_{a3}^{\ominus}$(H_3PO_4) = 12.20。将 H_3PO_4 溶液与 NaOH 溶液混合配制 pH 为 7.0 的缓冲溶液，此缓冲溶液的缓冲范围为（   ）。

(A) 1.17～3.17   (B) 6.21～8.21

(C) 6.0～8.0   (D) 11.20～13.20

53. 25 ℃时，p$K_{a1}^{\ominus}$(H_3PO_4) = 2.17，p$K_{a2}^{\ominus}$(H_3PO_4) = 7.21，p$K_{a3}^{\ominus}$(H_3PO_4) = 12.20。将 H_3PO_4 溶液与 NaOH 溶液混合配制 pH 为 7.0 的缓冲溶液，此缓冲溶液的抗碱成分是（   ）。

(A) H_3PO_4 (B) $H_2PO_4^-$ (C) HPO_4^{2-} (D) PO_4^{3-}

54. 根据酸碱电子理论，下列分子或离子中不能作为路易斯碱的是（   ）。

(A) Ni^{2+} (B) CN$^-$ (C) NH$_3$ (D) H$_2$O

55. 根据酸碱电子理论,下列分子或离子中不能作为路易斯酸的是(　　)。

(A) Ag^+ 　　　　(B) BF_3 　　　　(C) NH_3 　　　　(D) Fe^{3+}

二、是非题

56. HAc 溶液的浓度越低,HAc 的解离度就越大,溶液中 H_3O^+ 浓度也越大。

57. 酸式盐的水溶液一定呈酸性。

58. 一元弱酸 HA 溶液加水稀释时,HA 的解离度增大,但溶液中 H_3O^+ 浓度减小。

59. 路易斯酸碱理论认为酸碱反应的实质是质子的转移。

60. 缓冲溶液加等体积水稀释时,溶液的 pH 基本不变,但缓冲容量减小。

61. 总浓度一定时,当缓冲溶液 pH 与缓冲对中共轭酸的 $pK_a^\ominus$ 相等时缓冲溶液的缓冲容量最大。

62. 将一元弱酸溶液加等体积水稀释时,溶液中 H_3O^+ 浓度减小到原来的 1/2。

63. 在 HAc 溶液中存在下述解离平衡:

$$HAc + H_2O \rightleftharpoons H_3O^+ + Ac^-$$

如果在 HAc 溶液中加水稀释,由于 HAc 的浓度减小,则解离平衡逆向移动。

64. 如果缓冲溶液的 pH > $pK_a^\ominus$,则该缓冲溶液的抗酸能力大于抗碱能力。

65. 当缓冲溶液的总浓度一定时,缓冲比越大,缓冲溶液的缓冲能力就越强。

66. 水溶液的 pH 只能在 0~14 范围内变化。

67. 一元弱酸溶液的浓度越大,一元弱酸的解离度就越大。

68. $0.1\ mol \cdot L^{-1}$ NaOH 溶液与 $0.2\ mol \cdot L^{-1}$ NH_4Cl 等体积混合后可配制成缓冲溶液。

69. 已知 $K_a^\ominus(HF) = 3.5 \times 10^{-4}$,$K_b^\ominus(NH_3) = 1.8 \times 10^{-5}$,由此可知 F^- 的碱性比 NH_3 的碱性弱。

70. 在 HAc 溶液中存在着未解离的 HAc 和解离产生的 Ac^-,因此 HAc 溶液也属于缓冲溶液。

71. 按酸碱质子理论,酸碱反应的方向是由较强的酸与较强的碱作用,生成较弱的碱和较弱的酸。

72. Ca^{2+} 既不能给出质子,又不能接受质子,所以是一种两性物质。

73. 按酸碱质子理论,酸、碱的强度除了与酸、碱的性质有关外,还与溶剂的性质有关。

74. 酸度是指酸溶液中酸的浓度。

75. 在室温下,所有两性物质的水溶液的 pH 都为 7.0。

76. 在一定温度下,改变溶液的 pH,水的离子积常数不会发生变化。

77. 加水稀释某弱酸溶液,弱酸的解离度增大,但溶液的 H_3O^+ 浓度减小。

78. 标准解离常数和解离度都可以用来衡量弱酸或弱碱的解离程度,它们都与溶液的浓度无关。

79. 在利用最简公式求算一元弱酸 HA 溶液中 H_3O^+ 浓度时,除了要求满足 $c(HA)K_a^\ominus(HA) > 20K_w^\ominus$ 外,还需满足 $c(HA)/K_a^\ominus(HA) > 400$ 的条件。

80. 在 H_3PO_4 溶液中,PO_4^{3-} 的浓度在数值上近似等于 $K_{a3}^\ominus(H_3PO_4)$。

81. 在一元弱碱溶液中加入含有相同离子的易溶强电解质,在产生同离子效应的同时,也必然产生盐效应,但同离子效应比盐效应大得多。

82. 两性物质溶液的 H_3O^+ 浓度与两性物质的浓度无关。

83. 中和相同体积、相同浓度的 HAc 溶液和 HCl 溶液,消耗 NaOH 溶液的体积相同,因此在相同浓度的 HAc 溶液和 HCl 溶液中 H_3O^+ 浓度相等。

84. 如果 HA 溶液的 pH 与 HB 溶液的 pH 相等,则可知 HA 溶液的浓度与 HB 溶液的浓度不一定相等。

85. 相同浓度的 NaCN 和 NaF 溶液,前者的 pH 较大,这表明 $K_b^\ominus(CN^-) > K_b^\ominus(F^-)$。

86. 在 $HA - A^-$ 缓冲溶液中,若 $c(HA) < c(A^-)$,则此缓冲溶液的抗酸能力小于抗碱能力。

87. 若缓冲溶液的总浓度一定,当缓冲比等于 1 时,缓冲溶液的缓冲能力最强。

88. 如果溶液中存在共轭酸碱对,则该溶液就一定具有缓冲作用。

89. 当缓冲溶液的缓冲比一定时,缓冲溶液的总浓度越大,缓冲溶液的缓冲能力就越强。

90. 由一元弱酸和其共轭碱组成的缓冲溶液,一元弱酸的标准解离常数越大,缓冲溶液的缓冲能力就越强。

三、填空题

91. 根据酸碱质子理论,在 CO_3^{2-},NH_4^+,H_2O,HPO_4^{2-} 中,只属于酸的是 _____;只属于碱的是 _____;属于酸碱两性物质的是 _____。

92. 已知 H_3PO_4 的 $pK_{a1}^{\ominus}=2.17$,$pK_{a2}^{\ominus}=7.21$,$pK_{a3}^{\ominus}=12.35$,欲配制 $pH=3.00$ 的缓冲溶液,应选择的缓冲对是 _____,该缓冲溶液的缓冲范围是 _____。

93. 25 ℃ 时,一元弱酸 HA 的标准解离常数 $K_a^{\ominus}(HA)=1.0\times10^{-4}$。则其共轭碱 A^- 的标准解离常数 $K_b^{\ominus}(A^-)=$ _____;$0.010\ mol\cdot L^{-1}$ NaA 溶液的 pH 为 _____。

94. 在 HAc 溶液中加入少量浓盐酸,HAc 的解离度 _____,溶液 pH _____。

95. 根据酸碱质子理论,$[Al(OH)_2(H_2O)_4]^+$ 的共轭碱是 _____,HPO_4^{2-} 的共轭酸是 _____。

96. 在 BF_3,HF,NH_3 和 CN^- 中,可以作质子酸的是 _____,可以作路易斯酸的是 _____,可以作质子碱的是 _____,可以作路易斯碱的是 _____。

97. 将一元弱酸 HA 溶液加水稀释时,HA 的解离度 _____,溶液中 H_3O^+ 浓度 _____。

98. 酸碱质子理论认为酸是 _____;而酸碱电子理论认为酸是 _____。

99. 缓冲溶液的缓冲能力可以用缓冲容量来衡量,缓冲容量与缓冲溶液的 _____ 和 _____ 有关。

100. H_2CO_3 的 $pK_{a1}^{\ominus}=6.37$,$pK_{a2}^{\ominus}=10.25$,则 $NaHCO_3-Na_2CO_3$ 缓冲对可用于配制 pH 为 _____ 的缓冲溶液;所配制的缓冲溶液的抗酸成分是 _____。

101. 根据酸碱质子理论,HNO_2 的共轭碱为 _____,$HC_2O_4^-$ 的共轭酸为 _____。

102. 在 $0.10\ mol\cdot L^{-1}$ HAc 溶液中加入少量 NaCl 固体,HAc 的解离度 _____。这种现象称为 _____。

103. 使用最简式 $c_{eq}(H_3O^+)=\sqrt{c(HA)K_a^{\ominus}(HA)}$ 计算一元弱酸 HA 溶液中 H_3O^+ 浓度,需要满足的两个条件是 _____ 和 _____。

104. 已知某三元弱酸 H_3A 的 $K_{a1}^{\ominus}=1.0\times10^{-4}$,$K_{a2}^{\ominus}=1.0\times10^{-7}$,$K_{a3}^{\ominus}=1.0\times10^{-10}$。则 $0.10\ mol\cdot L^{-1}$ H_3A 溶液的 pH 为 _____;$0.10\ mol\cdot L^{-1}$ NaH_2A 溶液的 pH 为 _____;$0.10\ mol\cdot L^{-1}$ Na_2HA 溶液的 pH 为 _____;$0.10\ mol\cdot L^{-1}$ Na_3A 溶液的 pH 为 _____。

105. 按酸碱质子理论,$[Al(OH)_3(H_2O)_3]$ 属于 _____,它的共轭酸是 _____,它的共轭碱是 _____。

四、问答题

106. 什么是共轭酸碱对?说明在水溶液中,一元弱酸 HA 的标准解离常数 $K_a^{\ominus}(HA)$ 与其共轭碱 A^- 的标准解离常数 $K_b^{\ominus}(A^-)$ 的关系。

107. 如何比较质子酸和质子碱的相对强弱?

108. 在 HAc 溶液中加入少量下列物质时,HAc 的解离度和溶液的 pH 将发生怎样的变化?
(1) NaAc(s)　　　　(2) NaOH(s)　　　　(3) HCl(aq)　　　　(4) $H_2O(l)$

109. 在缓冲溶液中加入大量的强酸或强碱时,溶液的 pH 是否仍基本保持不变?

110. 为什么计算多元弱酸溶液的 H_3O^+ 浓度时,可以近似地用多元弱酸的一级解离平衡进行计算?

五、计算题

111. 25 ℃ 时二元弱酸 H_2B 的 $K_{a1}^{\ominus}=1.0\times10^{-5}$,$K_{a2}^{\ominus}=1.0\times10^{-9}$。计算:

（1）25 ℃时 0.10 mol·L^{-1} H$_2$B 溶液的 pH；

（2）25 ℃时 0.10 mol·L^{-1} NaHB 溶液的 pH；

（3）25 ℃时 0.10 mol·L^{-1} H$_2$B−0.010 mol·L^{-1} NaHB 混合溶液的 pH；

（4）25 ℃时 0.10 mol·L^{-1} Na$_2$B 溶液的 pH。

112. 已知 25 ℃ 时，$K_{a1}^{\ominus}$(H$_2$S) = 1.0×10^{-7}，$K_{a2}^{\ominus}$(H$_2$S) = 1.0×10^{-12}。计算 25 ℃ 时 0.10 mol·L^{-1} H$_2$S 溶液中 H$_3$O$^+$、HS$^-$和 S^{2-}的浓度。

113. 25 ℃时，p$K_{a}^{\ominus}$(HAc) = 4.74。将 20 mL 0.10 mol·L^{-1} HAc 溶液与 10 mL 0.10 mol·L^{-1} NaOH 溶液混合，计算所得混合溶液的 pH。

114. 某一元酸 HA 的摩尔质量为 50 g·mol^{-1}，25 ℃时称取 0.50 g 溶于 100 mL 水中，所得溶液的 pH 为 4.00，计算 HA 的标准解离常数。

115. 已知 25 ℃时二元弱酸 H$_2$A 的标准解离常数 $K_{a1}^{\ominus}$ = 1.0×10^{-5}，$K_{a2}^{\ominus}$ = 1.0×10^{-10}。

（1）计算 0.10 mol·L^{-1} H$_2$A 溶液的 pH；

（2）向 0.10 mol·L^{-1} H$_2$A 溶液中滴加 NaOH 溶液，当溶液的 pH 为何值时 HA$^-$的浓度最大？

116. 25 ℃ 时，$K_{b}^{\ominus}$(NH$_3$) = 1.8×10^{-5}。现有 2.00 L 0.500 mol·L^{-1} NH$_3$ 溶液和 2.00 L 0.500 mol·L^{-1} HCl 溶液，在 25 ℃时，若配制 pH = 9.60 的缓冲溶液，不允许再加水，最多能配制多少升缓冲溶液？此缓冲溶液的缓冲容量为多少？

117. 25 ℃时，$K_{a}^{\ominus}$(HCOOH) = 1.8×10^{-4}，计算 0.010 mol·L^{-1}甲酸（HCOOH）溶液的 pH 和解离度。

118. 25 ℃时，一元弱酸 HA 的标准解离常数 $K_{a}^{\ominus}$(HA) = 1.0×10^{-7}。计算 0.10 mol·L^{-1} HA 溶液的 pH 和 HA 的解离度。

119. 25 ℃时，0.10 mol·L^{-1} HA 溶液的 pH 为 4.00，计算此温度下 HA 的标准解离常数和 HA 的解离度。

120. 25 ℃时，$K_{a}^{\ominus}$(HA) = 1.0×10^{-7}。已知 HA 溶液的 pH 为 4.00，求此 HA 溶液的浓度。

单元测试题参考答案

一、选择题

1. D；2. A；3. B；4. B；5. A；6. C；7. B；8. D；9. A；10. B；11. A；12. D；13. A；14. D；15. C；16. D；17. D；18. A；19. A；20. A；21. C；22. A；23. B；24. D；25. B；26. A；27. D；28. D；29. C；30. C；31. B；32. C；33. D；34. D；35. A；36. C；37. A；38. A；39. D；40. B；41. D；42. D；43. A；44. B；45. D；46. C；47. B；48. C；49. B；50. B；51. B；52. B；53. B；54. A；55. C。

二、是非题

56. ×；57. ×；58. √；59. ×；60. √；61. √；62. ×；63. ×；64. √；65. ×；66. ×；67. ×；68. √；69. √；70. ×；71. √；72. ×；73. √；74. ×；75. ×；76. √；77. √；78. ×；79. √；80. ×；81. √；82. ×；83. ×；34. √；85. √；86. ×；87. √；88. ×；89. √；90. ×。

三、填空题

91. NH$_4^+$；CO$_3^{2-}$；H$_2$O 和 HPO$_3^{2-}$。

92. H$_3$PO$_4$−H$_2$PO$_4^-$；1.17～3.17。

93. 1.0×10^{-10}；8.00。

94. 减小；减小。

95. [Al(OH)$_3$(H$_2$O)$_3$]；H$_2$PO$_4^-$。

96. HF；BF$_3$；NH$_3$ 和 CN$^-$；NH$_3$ 和 CN$^-$。

97. 增大；减小。

98. 给出质子的物质；接受电子对的物质。

99. 总浓度；缓冲比。

100. $9.25 \sim 11.25$；CO_3^{2-}。

101. NO_2^-；$H_2C_2O_4$。

102. 增大；盐效应。

103. $c(HA)K_a^{\ominus}(HA) > 20K_w^{\ominus}$；$c(HA)/K_a^{\ominus}(HA) > 400$。

104. 2.50；5.50；8.50；11.50。

105. 两性物质；$[Al(OH)_2(H_2O)_4]^+$；$[Al(OH)_4(H_2O)_2]^-$。

四、问答题

106. 只相差一个质子的酸和碱称为共轭酸碱对。在水溶液中,一元弱酸 HA 的标准解离常数与其共轭碱 A^- 的标准解离常数之间的关系为

$$K_a^{\ominus}(HA) \cdot K_b^{\ominus}(A^-) = K_w^{\ominus}$$

107. 根据酸碱质子理论,酸和碱的强度是指酸给出质子的能力和碱接受质子的能力的强弱。酸越容易给出质子,其标准解离常数 $K_a^{\ominus}$ 就越大,其酸性就越强;碱越容易接受质子,其标准解离常数 $K_b^{\ominus}$ 就越大,其碱性就越强。酸和碱在水溶液中的相对强弱可以用标准解离常数 $K_a^{\ominus}$ 和 $K_b^{\ominus}$ 的相对大小进行判断,$K_a^{\ominus}$ 和 $K_b^{\ominus}$ 越大,酸和碱在水溶液中的酸性和碱性就越强。

108. 在 HAc 溶液中存在下列解离平衡:

$$HAc + H_2O \Longrightarrow Ac^- + H_3O^+$$

(1) 在 HAc 溶液中加入少量 NaAc 固体时,HAc 的解离平衡向生成 HAc 的逆反应方向移动,HAc 的解离度减小,溶液的 pH 增大;

(2) 在 HAc 溶液中加入少量 NaOH 固体时,HAc 的解离平衡向生成 HAc 的正反应方向移动,HAc 的解离度增大,溶液的 pH 增大;

(3) 在 HAc 溶液中加入少量 HCl 溶液,HAc 的解离平衡向生成 HAc 的逆反应方向移动,HAc 的解离度减小,溶液的 pH 减小;

(4) 加少量水稀释时,HAc 的解离平衡向 HAc 解离的正反应方向移动,HAc 的解离度增大,溶液的 pH 增大。

109. 在缓冲溶液中加入大量的强酸或强碱时,缓冲溶液的抗酸成分或抗碱成分将全部消耗,缓冲溶液就会失去缓冲作用,溶液的 pH 将发生较大变化。

110. 由于多元弱酸一级解离的标准解离常数比其他各级解离的标准解离常数大得多,多元弱酸溶液的 H_3O^+ 主要来自多元弱酸的一级解离,因此在近似计算时,可以不考虑多元弱酸的其他各级解离。

五、计算题

111. (1) $0.10 \text{ mol} \cdot L^{-1}$ H_2B 溶液的 H_3O^+ 浓度和 pH 分别为

$$c_{eq}(H_3O^+) = \sqrt{c(H_2B) \cdot K_{a1}^{\ominus}(H_2B)}$$
$$= \sqrt{0.10 \times 1.0 \times 10^{-5}} \text{ mol} \cdot L^{-1} = 1.0 \times 10^{-3} \text{ mol} \cdot L^{-1}$$
$$pH = -\lg c_{eq}(H_3O^+) = -\lg(1.0 \times 10^{-3}) = 3.00$$

(2) $0.10 \text{ mol} \cdot L^{-1}$ NaHB 溶液的 H_3O^+ 浓度和 pH 分别为

$$c_{eq}(H_3O^+) = \sqrt{K_{a1}^{\ominus}(H_2B) \cdot K_{a2}^{\ominus}(H_2B)}$$
$$= \sqrt{1.0 \times 10^{-5} \times 1.0 \times 10^{-9}} \text{ mol} \cdot L^{-1} = 1.0 \times 10^{-7} \text{ mol} \cdot L^{-1}$$

$$pH = -\lg c_{eq}(H_3O^+) = -\lg(1.0 \times 10^{-7}) = 7.00$$

（3）$0.10 \text{ mol·L}^{-1} H_2B - 0.010 \text{ mol·L}^{-1}$ NaHB 缓冲溶液的 pH 为

$$pH = pK_{a1}^{\ominus}(H_2B) + \lg \frac{c(NaHB)}{c(H_2B)}$$

$$= -\lg(1.0 \times 10^{-5}) + \lg \frac{0.010}{0.10} = 4.00$$

（4）B^{2-} 的一级标准解离常数为

$$K_{b1}^{\ominus}(B^{2-}) = \frac{K_w^{\ominus}}{K_{a2}^{\ominus}(H_2B)} = \frac{1.0 \times 10^{-14}}{1.0 \times 0^{-9}} = 1.0 \times 10^{-5}$$

$0.10 \text{ mol·L}^{-1} Na_2B$ 溶液的 OH^- 浓度和 pH 分别为

$$c_{eq}(OH^-) = \sqrt{c(B^{2-}) \cdot K_{b1}^{\ominus}(B^{2-})}$$

$$= \sqrt{0.10 \times 1.0 \times 10^{-5}} \text{ mol·L}^{-1} = 1.0 \times 10^{-3} \text{ mol·L}^{-1}$$

$$pH = pK_w^{\ominus} + \lg c_{eq}(OH^-)$$

$$= 14.00 + \lg(1.0 \times 10^{-3}) = 11.00$$

112. 溶液中 H_3O^+、HS^- 和 S^{2-} 的浓度分别为

$$c_{eq}(H_3O^+) = \sqrt{c(H_2S) \cdot K_{a1}^{\ominus}(H_2S)}$$

$$= \sqrt{0.10 \times 1.0 \times 10^{-7}} \text{ mol·L}^{-1} = 1.0 \times 10^{-4} \text{ mol·L}^{-1}$$

$$c_{eq}(HS^-) = c_{eq}(H_3O^+) = 1.0 \times 10^{-4} \text{ mol·L}^{-1}$$

$$c_{eq}(S^{2-}) = \frac{c_{eq}(HS^-) \cdot K_{a2}^{\ominus}(H_2S)}{c_{eq}(H_3O^+)} = K_{a2}^{\ominus}(H_2S)$$

$$= 1.0 \times 10^{-12} \text{ mol·L}^{-1}$$

113. 混合后发生如下反应：

$$HAc + NaOH = NaAc + H_2O$$

由于 HAc 过量，混合后得到 HAc-NaAc 缓冲溶液，溶液的 pH 为

$$pH = pK_a^{\ominus}(HAc) + \lg \frac{n(Ac^-)}{n(HAc)}$$

$$= pK_a^{\ominus}(HAc) + \lg \frac{c(NaOH)V(NaOH)}{c(HAc)V(HAc) - c(NaOH)V(NaOH)}$$

$$= 4.74 + \lg \frac{0.10 \times 10}{0.10 \times 20 - 0.10 \times 10} = 4.74$$

114. HA 溶液的浓度为

$$c(HA) = \frac{n(HA)}{V} = \frac{m(HA)/M(HA)}{V}$$

$$= \frac{0.50 \text{ g}/50 \text{ g·mol}^{-1}}{0.10 \text{ L}} = 0.10 \text{ mol·L}^{-1}$$

HA 的标准解离常数为

$$K_a^{\ominus}(HA) = \frac{c_{eq}(H_3O^+) \cdot c_{eq}(A^-)}{c_{eq}(HA)} = \frac{[c_{eq}(H_3O^+)]^2}{c(HA) - c_{eq}(H_3O^+)}$$

$$= \frac{(1.0 \times 10^{-4})^2}{0.10 - 1.0 \times 10^{-4}} = 1.0 \times 10^{-7}$$

115. (1) $0.10 \ \mathrm{mol \cdot L^{-1}} \ H_2A$ 溶液的 H_3O^+ 浓度和 pH 分别为

$$c_{eq}(H_3O^+) = \sqrt{c(H_2A \cdot K_{a1}^\ominus(H_2A)}$$

$$= \sqrt{0.10 \times 1.0 \times 10^{-5}} \ \mathrm{mol \cdot L^{-1}} = 1.0 \times 10^{-3} \ \mathrm{mol \cdot L^{-1}}$$

$$pH = -\lg c_{eq}(H_3O^+) = -\lg(1.0 \times 10^{-3}) = 3.00$$

(2) 当 H_2A 完全转化为 $NaHA$ 时，溶液中 HA^- 的浓度最大，此时溶液的 pH 为

$$pH = -\lg c(H_3O^+) = -\lg\sqrt{K_{a1}^\ominus \cdot K_{a2}^\ominus} = -\frac{1}{2}(\lg K_{a1}^\ominus + \lg K_{a2}^\ominus)$$

$$= -\frac{1}{2} \times [\lg(1.0 \times 10^{-5}) + \lg(1.0 \times 10^{-10})]$$

$$= 7.50$$

116. 用 NH_3 溶液和 HCl 溶液配制 NH_3-NH_4Cl 缓冲溶液时，NH_3 溶液必须过量，所得缓冲溶液中

$$\lg \frac{c(NH_3)}{c(NH_4^+)} = pH - pK_a^\ominus(NH_4^+)$$

代入数据

$$\lg \frac{2.00 \ L - V(HCl)}{V(HCl)} = 9.60 - 14.00 - \lg(1.8 \times 10^{-5})$$

由上式解得

$$V(HCl) = 0.63 \ L$$

最多能配制缓冲溶液 $2.00 \ L + 0.63 \ L = 2.63 \ L$。

缓冲溶液中 NH_3 和 NH_4^+ 的浓度分别为

$$c(NH_3) = \frac{(2.00 \ L - 0.63 \ L) \times 0.500 \ \mathrm{mol \cdot L^{-1}}}{2.00 \ L + 0.63 \ L} = 0.260 \ \mathrm{mol \cdot L^{-1}}$$

$$c(NH_4^+) = \frac{0.63 \ L \times 0.500 \ \mathrm{mol \cdot L^{-1}}}{2.00 \ L + 0.63 \ L} = 0.120 \ \mathrm{mol \cdot L^{-1}}$$

缓冲溶液的缓冲容量为

$$\beta = \frac{2.30 \times c(NH_3) \cdot c(NH_4^+)}{c(NH_3) + c(NH_4^+)}$$

$$= \frac{2.30 \times 0.260 \ \mathrm{mol \cdot L^{-1}} \times 0.120 \ \mathrm{mol \cdot L^{-1}}}{0.260 \ \mathrm{mol \cdot L^{-1}} + 0.120 \ \mathrm{mol \cdot L^{-1}}} = 0.189 \ \mathrm{mol \cdot L^{-1}}$$

117. 因为 $c(HCOOH) \cdot K_a^\ominus(HCOOH) > 20K_w^\ominus$，但 $c(HCOOH)/K_a^\ominus(HCOOH) < 400$，故按近似公式计算。

$$c_{eq}(H_3O^+) = \frac{-K_a^\ominus(HCOOH) + \sqrt{[K_a^\ominus(HCOOH)]^2 + 4c(HCOOH) \times K_a^\ominus(HCOOH)}}{2}$$

$$= \frac{(-1.8 \times 10^{-4}) + \sqrt{(1.8 \times 10^{-4})^2 + 4 \times 0.010 \times (1.8 \times 10^{-4})}}{2} \ \mathrm{mol \cdot L^{-1}}$$

$$= 1.4 \times 10^{-3} \ \mathrm{mol \cdot L^{-1}}$$

$$pH = -\lg(1.4 \times 10^{-3}) = 2.85 \qquad \alpha(HCOOH) = \frac{c_{eq}(H_3O^+)}{c(HCOOH)} \times 100\% = \frac{1.4 \times 10^{-3}}{0.010} \times 100\% = 14\%$$

118. HA 溶液的 H_3O^+ 浓度和 pH 分别为

$$c_{eq}(H_3O^+) = \sqrt{c(HA) \cdot K_a^\ominus(HA)}$$
$$= \sqrt{0.10 \times 1.0 \times 10^{-7}} \ mol \cdot L^{-1} = 1.0 \times 10^{-4} \ mol \cdot L^{-1}$$
$$pH = -\lg c(H_3O^+) = -\lg(1.0 \times 10^{-4}) = 4.00$$

HA 的解离度为

$$\alpha(HA) = \frac{c_{eq}(H_3O^+)}{c(HA)} \times 100\% = \frac{1.0 \times 10^{-4}}{0.10} \times 100\% = 0.10\%$$

119. HA 溶液中 H_3O^+ 浓度为

$$c(H_3O^+) = c_{eq}(A^-) = 10^{-pH} \ mol \cdot L^{-1} = 1.0 \times 10^{-4} \ mol \cdot L^{-1}$$

HA 的标准解离常数为

$$K_a^\ominus(HA) = \frac{c_{eq}(H_3O^+) \cdot c_{eq}(A^-)}{c_{eq}(HA)} = \frac{(1.0 \times 10^{-4})^2}{0.10} = 1.0 \times 10^{-7}$$

HA 的解离度为

$$\alpha(HA) = \frac{c_{eq}(A^-)}{c(HA)} \times 100\%$$
$$= \frac{1.0 \times 10^{-4}}{0.10} \times 100\% = 0.10\%$$

120. HA 溶液的起始浓度为

$$c(HA) = \frac{[c_{eq}(H_3O^+)]^2}{K_a^\ominus(HA)}$$
$$= \frac{(1.0 \times 10^{-4})^2}{1.0 \times 10^{-7}} \ mol \cdot L^{-1} = 0.10 \ mol \cdot L^{-1}$$

第六章 难溶强电解质的沉淀-溶解平衡

思考题解答

1. 写出下列难溶强电解质的沉淀-溶解反应方程式及其标准溶度积常数表达式。

(1) CaC_2O_4 (2) $Ca_3(PO_4)_2$ (3) $Al(OH)_3$

(4) Ag_3PO_4 (5) PbI_2 (6) $MgNH_4PO_4$

答：(1) 沉淀-溶解反应方程式为

$$CaC_2O_4(s) \rightleftharpoons Ca^{2+}(aq) + C_2O_4^{2-}(aq)$$

标准溶度积常数表达式为

$$K_{sp}^{\ominus}(CaC_2O_4) = c_{eq}(Ca^{2+})c_{eq}(C_2O_4^{2-})$$

(2) 沉淀-溶解反应方程式为

$$Ca_3(PO_4)_2(s) \rightleftharpoons 3Ca^{2+}(aq) + 2PO_4^{3-}(aq)$$

标准溶度积常数表达式为

$$K_{sp}^{\ominus}[Ca_3(PO_4)_2] = [c_{eq}(Ca^{2+})]^3 \cdot [c_{eq}(PO_4^{3-})]^2$$

(3) 沉淀-溶解反应方程式为

$$Al(OH)_3(s) \rightleftharpoons Al^{3+}(aq) + 3OH^-(aq)$$

标准溶度积常数表达式为

$$K_{sp}^{\ominus}[Al(OH)_3] = c_{eq}(Al^{3+}) \cdot [c_{eq}(OH^-)]^3$$

(4) 沉淀-溶解反应方程式为

$$Ag_3PO_4(s) \rightleftharpoons 3Ag^+(aq) + PO_4^{3-}(aq)$$

标准溶度积常数表达式为

$$K_{sp}^{\ominus}(Ag_3PO_4) = [c_{eq}(Ag^+)]^3 \cdot c_{eq}(PO_4^{3-})$$

(5) 沉淀-溶解反应方程式为

$$PbI_2(s) \rightleftharpoons Pb^{2+}(aq) + 2I^-(aq)$$

标准溶度积常数表达式为

$$K_{sp}^{\ominus}(PbI_2) = c_{eq}(Pb^{2+}) \cdot [c_{eq}(I^-)]^2$$

（6）沉淀−溶解反应方程式为

$$MgNH_4PO_4(s) \Longrightarrow Mg^{2+}(aq) + NH_4^+(aq) + PO_4^{3-}(aq)$$

标准溶度积常数表达式为

$$K_{sp}^{\ominus}(MgNH_4PO_4) = c_{eq}(Mg^{2+}) \cdot c_{eq}(NH_4^+) \cdot c_{eq}(PO_4^{3-})$$

2. 是否可以根据难溶强电解质的标准溶度积常数的大小直接比较难溶强电解质在水中溶解度的大小？

答：对同类型的难溶强电解质,可以直接进行比较,标准溶度积常数大的难溶强电解质在水中的溶解度一定也大。

对不同类型的难溶强电解质,不能直接进行比较,需要利用标准溶度积常数计算出溶解度后再进行比较,标准溶度积常数大的难溶强电解质在水中的溶解度不一定大。

3. 简述溶度积规则。

答：溶度积规则实际上是反应商判据在难溶强电解质沉淀−溶解反应中的应用。溶度积规则如下：

（1）当 $J < K_{sp}^{\ominus}$ 时,为不饱和溶液,没有沉淀生成,如果溶液中原来有沉淀,则沉淀逐渐溶解,直至达到饱和状态为止。

（2）当 $J = K_{sp}^{\ominus}$ 时,为饱和溶液,没有沉淀生成,原溶液中的沉淀也不会溶解,处于沉淀-溶解平衡状态。

（3）当 $J > K_{sp}^{\ominus}$ 时,为过饱和溶液,溶液中有沉淀析出,直至达到饱和状态为止。

4. 在 $H_2C_2O_4$ 溶液中加入 $CaCl_2$ 溶液生成 CaC_2O_4 沉淀,当过滤出沉淀后,向滤液中滴加氨水,又生成 CaC_2O_4 沉淀。解释上述实验现象。

答：在过滤出 CaC_2O_4 沉淀的滤液中,存在下列化学平衡：

$$H_2C_2O_4(aq) + H_2O(l) \Longrightarrow H_3O^+(aq) + HC_2O_4^-(aq)$$
$$HC_2O_4^-(aq) + H_2O(l) \Longrightarrow C_2O_4^{2-}(aq) + H_3O^+(aq)$$
$$C_2O_4^{2-}(aq) + Ca^{2+}(aq) \Longrightarrow CaC_2O_4(s)$$

滤液中 $c(Ca^{2+}) \cdot c(C_2O_4^{2-}) = K_{sp}^{\ominus}(CaC_2O_4)$,为 CaC_2O_4 饱和溶液。当向滤液中滴加氨水后,NH_3 与 $H_2C_2O_4$ 和 $HC_2O_4^-$ 解离出来的 H_3O^+ 生成 NH_4^+,H_3O^+ 浓度降低,使 $H_2C_2O_4$ 和 $HC_2O_4^-$ 的解离平衡向右移动,滤液中 $C_2O_4^{2-}$ 浓度增大,从而使 $c(Ca^{2+}) \cdot c(C_2O_4^{2-}) > K_{sp}^{\ominus}(CaC_2O_4)$,因此又有 CaC_2O_4 沉淀生成。

5. 使难溶强电解质沉淀溶解的方法有哪些？举例说明。

答：根据溶度积规则,在含有难溶强电解质沉淀的饱和溶液中,如果加入一种化合物能降低难溶强电解质的阳离子或阴离子的浓度,使反应商小于难溶强电解质的标准溶度积常数($J < K_{sp}^{\ominus}$),就能使难溶强电解质沉淀溶解。

使难溶强电解质沉淀溶解的常用方法有生成弱电解质、发生氧化还原反应和生成配位个体等。例如,难溶于水的氢氧化物沉淀都能溶于酸溶液中;一些溶解度很小的硫化物沉淀难溶于非氧化性强酸溶液中,但可溶于 HNO_3 溶液中;一些难溶于酸溶液的强酸弱碱盐沉淀可溶于某些含配体的化合物溶液中。

6. 根据溶度积规则,说明下列事实:

(1) $CaCO_3$ 沉淀能溶于 HAc 溶液中;

(2) $Fe(OH)_3$ 沉淀能溶于稀 H_2SO_4 溶液中;

(3) $BaSO_4$ 沉淀难溶于稀 HCl 溶液中。

答:(1) 在含有 $CaCO_3$ 沉淀的水溶液中,存在下述沉淀-溶解平衡:

$$CaCO_3(s) \rightleftharpoons Ca^{2+}(aq) + CO_3^{2-}(aq)$$

由于 $K_a^\ominus(HAc) > K_{a1}^\ominus(H_2CO_3) \gg K_{a2}^\ominus(H_2CO_3)$,因此 HAc 的酸性比 H_2CO_3 的酸性强。当向上述溶液中加入 HAc 溶液后,HAc 部分解离产生的 H_3O^+ 能与 CO_3^{2-} 生成 HCO_3^- 和 H_2CO_3,使 CO_3^{2-} 浓度减小,从而使 $c(Ca^{2+})c(CO_3^{2-}) < K_{sp}^\ominus(CaCO_3)$,$CaCO_3(s)$ 的沉淀-溶解平衡向沉淀溶解的正反应方向移动,导致 $CaCO_3$ 沉淀溶解在 HAc 溶液中。

(2) 在含有 $Fe(OH)_3$ 沉淀的水溶液中存在下述沉淀-溶解平衡:

$$Fe(OH)_3(s) \rightleftharpoons Fe^{3+}(aq) + 3OH^-(aq)$$

向上述溶液中加入稀 H_2SO_4 溶液后,H_2SO_4 解离出的 H_3O^+ 与 OH^- 反应生成水,OH^- 浓度减小,使 $c(Fe^{3+}) \cdot [c(OH^-)]^3 < K_{sp}^\ominus[Fe(OH)_3]$,使 $Fe(OH)_3(s)$ 的沉淀-溶解平衡向沉淀溶解的正反应方向移动,导致 $Fe(OH)_3$ 沉淀溶解在稀 H_2SO_4 溶液中。

(3) 在含有 $BaSO_4$ 沉淀的水溶液中存在下述沉淀-溶解平衡:

$$BaSO_4(s) \rightleftharpoons Ba^{2+}(aq) + SO_4^{2-}(aq)$$

向上述溶液中加入稀 HCl 溶液后,由于 H_2SO_4 为一强酸,因此 SO_4^{2-} 不能与 HCl 解离产生的 H_3O^+ 生成 HSO_4^- 或 H_2SO_4,SO_4^{2-} 浓度没有减小,使 $c(Ba^{2+}) \cdot c(SO_4^{2-}) = K_{sp}^\ominus(BaSO_4)$,仍处于沉淀-溶解平衡状态,因此 $BaSO_4$ 沉淀不溶于稀 HCl 溶液。

7. CaC_2O_4 沉淀溶于 HCl 溶液,而不溶于 HAc 溶液。试解释其原因。

答:盐酸为强酸,HCl 在水中完全解离;$H_2C_2O_4$ 为中强酸,在水中解离度较大;HAc 为弱酸,在水中解离度很小。在含 CaC_2O_4 沉淀的溶液中,$c(Ca^{2+}) \cdot c(C_2O_4^{2-}) = K_{sp}^\ominus(CaC_2O_4)$,加入 HCl 溶液时,HCl 解离产生的 H_3O^+ 与 $C_2O_4^{2-}$ 结合生成 $HC_2O_4^-$ 或 $H_2C_2O_4$,溶液中 $C_2O_4^{2-}$ 浓度减小,使 $c(Ca^{2+}) \cdot c(C_2O_4^{2-}) < K_{sp}^\ominus(CaC_2O_4)$,因此 CaC_2O_4 沉淀溶于 HCl 溶液。而在含 CaC_2O_4 沉淀的溶液中加入 HAc 溶液时,由于 $K_a^\ominus(HAc) < K_{a2}^\ominus(H_2C_2O_4) < K_{a1}^\ominus(H_2C_2O_4)$,HAc 部分解离出的少量 H_3O^+ 不能与 $C_2O_4^{2-}$ 生成 $HC_2O_4^-$ 或 $H_2C_2O_4$,$C_2O_4^{2-}$ 浓度不发生变化,使溶液中 $c(Ca^{2+}) \cdot c(C_2O_4^{2-}) = K_{sp}^\ominus(CaC_2O_4)$,因此 CaC_2O_4 沉淀不溶于 HAc 溶液。

8. 在内服药生产中,除去产品中的杂质 SO_4^{2-} 时严禁使用可溶性钡盐,这是因为 Ba^{2+} 有剧毒,其对人的致死量为 0.8 g。但是在医院进行肠胃造影时,却让患者服用 $BaSO_4$(钡餐)。这是为什么?

答:Ba^{2+} 有剧毒,对人的致死量为 0.8 g,因此口服药中不能含有 Ba^{2+}。为了防止口服药中含有 Ba^{2+},在内服药生产中除去杂质 SO_4^{2-} 时严禁使用可溶性钡盐,以免残留的 Ba^{2+} 对人造成伤害。

$BaSO_4$ 固体既难溶于水,又难溶于胃液中,因此溶解在胃液中的 Ba^{2+} 浓度极低,不会对人产生毒害,因此在医院进行胃肠造影时让患者服用 $BaSO_4$ 固体是安全的。

9. 下列叙述是否正确? 并说明之。

(1) 标准溶度积常数大的难溶强电解质,其溶解度也一定大;

(2) 为了使某种离子沉淀完全,所加沉淀试剂越多,则该离子沉淀得越完全;

(3) 所谓沉淀完全,就是指溶液中这种离子的浓度为零;

(4) 含有多种可被沉淀剂沉淀的离子的溶液,当逐滴慢慢加入沉淀剂时,一定是浓度大的离子先沉淀。

答:(1) 说法不正确。对于同类型的难溶强电解质,标准溶度积常数较大的,在水中的溶解度也一定较大。对于不同类型的难溶强电解质,标准溶度积常数较大的,在水中的溶解度不一定较大。

(2) 说法不正确。当加入太多沉淀剂时,盐效应成为影响溶解度的主要因素,反而使难溶强电解质的溶解度增大。

(3) 说法不正确。沉淀完全是指溶液中这种离子的浓度 $c \leqslant 1.0 \times 10^{-5} \text{ mol} \cdot \text{L}^{-1}$。

(4) 说法不正确。当逐滴慢慢滴加沉淀剂时,根据溶度积规则,首先满足 $J > K_{sp}^{\ominus}$ 的离子先沉淀。

10. 根据平衡移动原理,解释下列情况下 Ag_2CO_3 溶解度的变化。

(1) 加入 $AgNO_3$ 溶液;　　　　(2) 加入 HNO_3 溶液;

(3) 加入 Na_2CO_3 溶液;　　　　(4) 加入 NH_3 溶液。

答:$Ag_2CO_3(s)$ 在水溶液中存在下述沉淀-溶解平衡:

$$Ag_2CO_3(s) \rightleftharpoons 2Ag^+(aq) + CO_3^{2-}(aq)$$

(1) 向含有 Ag_2CO_3 沉淀的溶液中加入 $AgNO_3$ 溶液时,溶液中 Ag^+ 浓度增大,$[c(Ag^+)]^2 \cdot c(CO_3^{2-}) > K_{sp}^{\ominus}(Ag_2CO_3)$,$Ag_2CO_3(s)$ 的沉淀-溶解平衡向生成沉淀的逆反应方向移动,Ag_2CO_3 的溶解度减小。

(2) 向含有 Ag_2CO_3 沉淀的溶液中加入 HNO_3 溶液时,HNO_3 解离出的 H_3O^+ 与 CO_3^{2-} 生成 HCO_3^- 和 H_2CO_3,CO_3^{2-} 浓度减小,$[c(Ag^+)]^2 \cdot c(CO_3^{2-}) < K_{sp}^{\ominus}(Ag_2CO_3)$,$Ag_2CO_3$ 的沉淀-溶解平衡向沉淀溶解的正反应方向移动,Ag_2CO_3 的溶解度增大。

(3) 向含有 Ag_2CO_3 沉淀的水溶液中加入 Na_2CO_3 溶液后,溶液中 CO_3^{2-} 浓度增大,$[c(Ag^+)]^2 \cdot c(CO_3^{2-}) > K_{sp}^{\ominus}(Ag_2CO_3)$,$Ag_2CO_3(s)$ 的沉淀-溶解平衡向生成沉淀的逆反应方向移动,Ag_2CO_3 的溶解度减小。

(4) 向含有 Ag_2CO_3 沉淀的水溶液中加入 NH_3 溶液后,Ag^+ 与 NH_3 反应生成 $[Ag(NH_3)_2]^+$,Ag^+ 浓度减小,$[c(Ag^+)]^2 c(CO_3^{2-}) < K_{sp}^{\ominus}(Ag_2CO_3)$,$Ag_2CO_3(s)$ 的沉淀-溶解平衡向沉淀溶解的正反应方向移动,Ag_2CO_3 的溶解度增大。

11. 什么是分步沉淀? 如何确定分步沉淀的先后顺序?

答:当溶液中含有两种或两种以上离子,且都能与加入的沉淀剂生成难溶强电解质沉淀,当向此溶液中逐滴加入该沉淀剂时就会先后生成几种沉淀,这种先后沉淀的现象称为分步沉淀。在分步沉淀中,首先满足了 $J > K_{sp}^{\ominus}$ 的离子先生成难溶强电解质沉淀。

12. 什么是沉淀的转化? 实现沉淀转化的条件是什么?

答：把一种难溶强电解质沉淀转化为另一种难溶强电解质沉淀的过程，称为沉淀的转化。实现沉淀转化的条件是沉淀转化反应的标准平衡常数足够大。沉淀转化反应的标准平衡常数越大，沉淀转化反应就越容易进行。如果沉淀转化反应的标准平衡常数太小，则沉淀转化反应很难发生，甚至是不可能发生。

习 题 解 答

1. 298.15 K 时，$Mg(OH)_2$ 的标准溶度积常数 $K_{sp}^{\ominus}[Mg(OH)_2]=5.1\times10^{-12}$。计算：

(1) $Mg(OH)_2$ 在水中的溶解度；

(2) $Mg(OH)_2$ 饱和溶液中的 Mg^{2+}、OH^- 的浓度和溶液的 pH；

(3) $Mg(OH)_2$ 在 $0.010\ mol\cdot L^{-1}$ NaOH 溶液中的溶解度；

(4) $Mg(OH)_2$ 在 $0.010\ mol\cdot L^{-1}$ $MgCl_2$ 溶液中的溶解度。

解：$Mg(OH)_2$ 在水中存在如下的沉淀-溶解平衡：

$$Mg(OH)_2(s) \rightleftharpoons Mg^{2+}(aq) + 2OH^-(aq)$$

(1) $Mg(OH)_2$ 在水中的溶解度为

$$s_1 = \sqrt[3]{\frac{K_{sp}^{\ominus}[Mg(OH)_2]}{4}}$$

$$= \sqrt[3]{\frac{5.1\times10^{-12}}{4}}\ mol\cdot L^{-1} = 1.1\times10^{-4}\ mol\cdot L^{-1}$$

(2) $Mg(OH)_2$ 饱和溶液中 Mg^{2+}、OH^- 的浓度和 pH 分别为

$$c_{eq}(Mg^{2+}) = s_1 = 1.1\times10^{-4}\ mol\cdot L^{-1}$$

$$c_{eq}(OH^-) = 2s_1 = 2\times1.1\times10^{-4}\ mol\cdot L^{-1} = 2.2\times10^{-4}\ mol\cdot L^{-1}$$

$$pH = pK_w^{\ominus} - pOH = 14.00 + lg(2.2\times10^{-4}) = 10.34$$

(3) $Mg(OH)_2$ 在 $0.010\ mol\cdot L^{-1}$ NaOH 溶液中的溶解度为

$$s_2 = c_{eq}(Mg^{2+}) = \frac{K_{sp}^{\ominus}[Mg(OH)_2]}{[c_{eq}(OH^-)]^2}$$

$$= \frac{5.1\times10^{-12}}{0.010^2}\ mol\cdot L^{-1} = 5.1\times10^{-8}\ mol\cdot L^{-1}$$

(4) $Mg(OH)_2$ 在 $0.010\ mol\cdot L^{-1}$ $MgCl_2$ 溶液中的溶解度为

$$s_3 = \frac{1}{2}c_{eq}(OH^-) = \frac{1}{2}\times\sqrt{\frac{K_{sp}^{\ominus}[Mg(OH)_2]}{c_{eq}(Mg^{2+})}}$$

$$= \frac{1}{2}\times\sqrt{\frac{5.1\times10^{-12}}{0.010}}\ mol\cdot L^{-1} = 1.1\times10^{-5}\ mol\cdot L^{-1}$$

2. 已知 298.15 K 时 PbI_2 和 $BaCrO_4$ 在水中的溶解度分别为 $0.60\ g\cdot L^{-1}$ 和 $2.8\times10^{-3}\ g\cdot L^{-1}$，

计算该温度下 PbI_2 和 $BaCrO_4$ 的标准溶度积常数。

解： PbI_2 和 $BaCrO_4$ 饱和溶液的浓度分别为

$$c_{eq}(PbI_2) = \frac{\rho_{eq}(PbI_2)}{M(PbI_2)}$$

$$= \frac{0.60\ g \cdot L^{-1}}{461\ g \cdot mol^{-1}} = 1.3 \times 10^{-3}\ mol \cdot L^{-1}$$

$$c_{eq}(BaCrO_4) = \frac{\rho_{eq}(BaCrO_4)}{M(BaCrO_4)}$$

$$= \frac{2.8 \times 10^{-3}\ g \cdot L^{-1}}{253\ g \cdot mol^{-1}} = 1.1 \times 10^{-5}\ mol \cdot L^{-1}$$

在 PbI_2 饱和溶液中存在下列沉淀-溶解平衡：

$$PbI_2(s) \rightleftharpoons Pb^{2+}(aq) + 2I^-(aq)$$

298.15 K 时，PbI_2 的标准溶度积常数为

$$K_{sp}^{\ominus}(PbI_2) = c_{eq}(Pb^{2+}) \cdot [c_{eq}(I^-)]^2 = c_{eq}(PbI_2) \cdot [2c_{eq}(PbI_2)]^2$$

$$= 1.3 \times 10^{-3} \times (2 \times 1.3 \times 10^{-3})^2 = 8.8 \times 10^{-9}$$

在 $BaCrO_4$ 饱和溶液中存在下列沉淀-溶解平衡：

$$BaCrO_4(s) \rightleftharpoons Ba^{2+}(aq) + CrO_4^{2-}(aq)$$

298.15 K 时，$BaCrO_4$ 的标准溶度积常数为

$$K_{sp}^{\ominus}(BaCrO_4) = c_{eq}(Ba^{2+}) \cdot c_{eq}(CrO_4^{2-}) = [c_{eq}(BaCrO_4)]^2$$

$$= (1.1 \times 10^{-5})^2 = 1.2 \times 10^{-10}$$

3. 在 100 mL 0.20 $mol \cdot L^{-1}$ $MnCl_2$ 溶液中，加入 100 mL NH_3-NH_4Cl 混合溶液后，并没有 $Mn(OH)_2$ 沉淀生成。若此 NH_3-NH_4Cl 混合溶液中 NH_3 的浓度为 0.10 $mol \cdot L^{-1}$，则此混合溶液中 NH_4Cl 的浓度至少为多少？

解： 298.15 K 时，$K_{sp}^{\ominus}[Mn(OH)_2] = 2.1 \times 10^{-13}$，$K_b^{\ominus}(NH_3) = 1.8 \times 10^{-5}$。此混合溶液中 Mn^{2+} 和 OH^- 浓度分别为

$$c(Mn^{2+}) = \frac{0.20\ mol \cdot L^{-1} \times 0.10\ L}{0.10\ L + 0.10\ L} = 0.10\ mol \cdot L^{-1}$$

$$c_{eq}(OH^-) \leqslant \sqrt{\frac{K_{sp}^{\ominus}[Mn(OH)_2]}{c(Mn^{2+})}}$$

$$\leqslant \sqrt{\frac{2.1 \times 10^{-13}}{0.10}}\ mol \cdot L^{-1} = 1.4 \times 10^{-6}\ mol \cdot L^{-1}$$

混合溶液中 NH_4^+ 浓度为

$$c_{eq}(NH_4^+) \geqslant \frac{c_{eq}(NH_3) \cdot K_b^{\ominus}(NH_3)}{c_{eq}(OH^-)}$$

$$\geqslant \frac{0.10 \times 1.8 \times 10^{-5}}{1.4 \times 10^{-6}} \ mol \cdot L^{-1} = 1.3 \ mol \cdot L^{-1}$$

此混合溶液中 NH_4Cl 的浓度至少为 $1.3 \ mol \cdot L^{-1}$

4. $AgCl$ 的标准溶度积常数比 Ag_2CrO_4 的标准溶度积常数大,通过计算说明 $AgCl$ 在水中的溶解度是否也比 Ag_2CrO_4 在水中的溶解度大?

解: 298.15 K 时,$K_{sp}^{\ominus}(AgCl) = 1.8 \times 10^{-10}$,$K_{sp}^{\ominus}(Ag_2CrO_4) = 1.1 \times 10^{-12}$。

298.15 K 时 $AgCl$ 的溶解度为

$$s(AgCl) = \sqrt{K_{sp}^{\ominus}(AgCl)} = \sqrt{1.8 \times 10^{-10}} \ mol \cdot L^{-1} = 1.3 \times 10^{-5} \ mol \cdot L^{-1}$$

298.15 K 时 Ag_2CrO_4 的溶解度为

$$s(Ag_2CrO_4) = \sqrt[3]{\frac{K_{sp}^{\ominus}(Ag_2CrO_4)}{4}}$$

$$= \sqrt[3]{\frac{1.1 \times 10^{-12}}{4}} \ mol \cdot L^{-1} = 6.5 \times 10^{-5} \ mol \cdot L^{-1}$$

计算结果表明,虽然 $AgCl$ 的标准溶度积常数比 Ag_2CrO_4 的标准溶度积常数大,但 $AgCl$ 在水中的溶解度却比 Ag_2CrO_4 在水中的溶解度小。

5. 大约 50% 的肾结石是由 $Ca_3(PO_4)_2$ 组成的。正常人每天排尿量为 1.4 L,其中约含 0.10 g Ca^{2+}。为了不使尿液中形成 $Ca_3(PO_4)_2$ 沉淀,其中 PO_4^{3-} 的最高浓度为多少?对肾结石患者来说,医生总让其多饮水,简单加以解释。

解: 298.15 K 时,$K_{sp}^{\ominus}[Ca_3(PO_4)_2] = 2.1 \times 10^{-33}$。

正常人排出的尿液中 Ca^{2+} 浓度为

$$c(Ca^{2+}) = \frac{m(Ca^{2+})/M(Ca^{2+})}{V_{尿液}}$$

$$= \frac{0.10 \ g/40 \ g \cdot mol^{-1}}{1.4 \ L} = 1.8 \times 10^{-3} \ mol \cdot L^{-1}$$

为了不生成 $Ca_3(PO_4)_2$ 沉淀,尿液中 PO_4^{3-} 浓度为

$$c(PO_4^{3-}) \leqslant \sqrt{\frac{K_{sp}^{\ominus}[Ca_3(PO_4)_2]}{[c(Ca^{2+})]^3}}$$

$$\leqslant \sqrt{\frac{2.1 \times 10^{-33}}{(1.8 \times 10^{-3})^3}} \ mol \cdot L^{-1} = 6.0 \times 10^{-13} \ mol \cdot L^{-1}$$

尿液中 PO_4^{3-} 的最高浓度为 $6.0 \times 10^{-13} \ mol \cdot L^{-1}$。对肾结石患者来说,医生总让多饮水,目的是降低尿液中 Ca^{2+} 和 PO_4^{3-} 的浓度,防止生成 $Ca_3(PO_4)_2$ 沉淀。

6. 将 40 mL 0.10 $mol \cdot L^{-1}$ $AgNO_3$ 溶液与 10 mL 0.15 $mol \cdot L^{-1}$ NaBr 溶液混合,计算溶液

中 Ag^+ 和 Br^- 的浓度。

解： $AgNO_3$ 和 $NaBr$ 的起始浓度分别为

$$c_0(AgNO_3) = \frac{0.10 \ mol \cdot L^{-1} \times 40 \ mL}{40 \ mL + 10 \ mL} = 8.0 \times 10^{-2} \ mol \cdot L^{-1}$$

$$c_0(NaBr) = \frac{0.15 \ mol \cdot L^{-1} \times 10 \ mL}{10 \ mL + 40 \ mL} = 3.0 \times 10^{-2} \ mol \cdot L^{-1}$$

由于 $AgNO_3$ 过量，混合后 $NaBr$ 完全反应生成 $AgBr$ 沉淀。混合溶液中 Ag^+ 浓度为

$$c_{eq}(Ag^-) = 8.0 \times 10^{-2} \ mol \cdot L^{-1} - 3.0 \times 10^{-2} \ mol \cdot L^{-1} + c_{eq}(Br^-)$$
$$= 5.0 \times 10^{-2} \ mol \cdot L^{-1} + c_{eq}(Br^-) \approx 5.0 \times 10^{-2} \ mol \cdot L^{-1}$$

溶液中 Br^- 的平衡浓度为

$$c_{eq}(Br^-) = \frac{K_{sp}^{\ominus}(AgBr)}{c_{eq}(Ag^+)} = \frac{5.3 \times 10^{-13}}{5.0 \times 10^{-2}} mol \cdot L^{-1} = 1.1 \times 10^{-11} \ mol \cdot L^{-1}$$

7. 人体血液中铁离子的总浓度约为 $5.0 \times 10^{-5} \ mol \cdot L^{-1}$，已知 $310 \ K$ 时 $K_{sp}^{\ominus}[Fe(OH)_3] = 2.8 \times 10^{-39}$，假定 $K_w^{\ominus} = 1.0 \times 10^{-14}$，计算使 99% Fe^{3+} 沉淀的 pH。试讨论在 $pH = 7.40$ 时，血液中铁离子的存在状态。

解： 当 99% 的 Fe^{3+} 沉淀时，溶液中 OH^- 浓度和 pH 分别为

$$c_{eq}(OH^-) = \sqrt[3]{\frac{K_{sp}^{\ominus}[Fe(OH)_3]}{c_{eq}(Fe^{3+})}}$$

$$= \sqrt[3]{\frac{2.8 \times 10^{-39}}{5.0 \times 10^{-5} \times (1 - 99\%)}} mol \cdot L^{-1} = 1.8 \times 10^{-11} \ mol \cdot L^{-1}$$

$$pH = 14.00 + \lg(1.8 \times 10^{-11}) = 3.26$$

在 pH 为 7.40 的血液中，OH^- 浓度为

$$c_{eq}(OH^-) = \frac{K_w^{\ominus}}{c_{eq}(H_3O^+)} = \frac{1.0 \times 10^{-14}}{10^{-7.40}} mol \cdot L^{-1} = 2.5 \times 10^{-7} \ mol \cdot L^{-1}$$

血液中游离的 Fe^{3+} 浓度为

$$c_{ec}(Fe^{3+}) = \frac{K_{sp}^{\ominus}[Fe(OH)_3]}{[c_{eq}(OH^-)]^3}$$

$$= \frac{2.8 \times 10^{-39}}{(2.5 \times 10^{-7})^3} mol \cdot L^{-1} = 1.8 \times 10^{-19} \ mol \cdot L^{-1}$$

计算结果表明，在 $pH > 3.26$ 时，将有超过 99% 的 Fe^{3+} 沉淀。血液中铁离子的总浓度约为 $5.0 \times 10^{-5} \ mol \cdot L^{-1}$，而在生理 pH 时，仅有 $1.8 \times 10^{-19} \ mol \cdot L^{-1}$ Fe^{3+} 以游离形式存在溶液中。这个事实充分说明血液中的 Fe^{3+} 必定与其他物质配合，以配离子（在这种情况下主要是铁血红蛋白）的形式存在。

8. $25 \ ℃$ 时，$K_{sp}^{\ominus}[Ni(OH)_2] = 5.0 \times 10^{-16}$，$K_{sp}^{\ominus}[Fe(OH)_3] = 2.8 \times 10^{-39}$。在一混合溶液中，

Ni^{2+} 和 Fe^{3+} 的浓度分别为 $0.20\ mol\cdot L^{-1}$ 和 $0.30\ mol\cdot L^{-1}$，若通过向混合溶液中滴加 NaOH 溶液（忽略溶液体积的变化）分离这两种离子，溶液的 pH 应控制在什么范围内？

解：根据溶度积规则，Ni^{2+} 和 Fe^{3+} 两种离子生成氢氧化物沉淀所需 OH^- 的浓度分别为

$$c_1(OH^-) > \sqrt{\frac{K_{sp}^{\ominus}[Ni(OH)_2]}{c(Ni^{2+})}}$$

$$> \sqrt{\frac{5.0\times10^{-16}}{0.20}}\ mol\cdot L^{-1} = 5.0\times10^{-8}\ mol\cdot L^{-1}$$

$$c_2(OH^-) > \sqrt[3]{\frac{K_{sp}^{\ominus}[Fe(OH)_3]}{c(Fe^{3+})}}$$

$$> \sqrt[3]{\frac{2.8\times10^{-39}}{0.30}}\ mol\cdot L^{-1} = 2.1\times10^{-13}\ mol\cdot L^{-1}$$

由于生成 $Fe(OH)_3$ 沉淀比生成 $Ni(OH)_2$ 沉淀所需 OH^- 浓度小得多，因此滴加 NaOH 溶液先生成 $Fe(OH)_3$ 沉淀。

当 Fe^{3+} 沉淀完全时，溶液中 OH^- 浓度和 pH 分别为

$$c(OH^-) \geqslant \sqrt[3]{\frac{K_{sp}^{\ominus}[Fe(OH)_3]}{c(Fe^{3+})}} = \sqrt[3]{\frac{2.8\times10^{-39}}{1.0\times10^{-5}}}\ mol\cdot L^{-1} = 1.4\times10^{-13}\ mol\cdot L^{-1}$$

$$pH \geqslant pK_w^{\ominus} - pOH = 14.00 + lg(1.4\times10^{-13}) = 1.15$$

当 Ni^{2+} 不生成 $Ni(OH)_2$ 沉淀时，溶液中 OH^- 浓度和 pH 分别为

$$c(OH^-) \leqslant 5.0\times10^{-8}\ mol\cdot L^{-1}$$

$$pH \leqslant 14.00 + lg(5.0\times10^{-8}) = 6.70$$

将混合溶液的 pH 控制在 $1.15\sim6.70$ 范围内，就可以把 Ni^{2+} 和 Fe^{3+} 分离。

9. 把 Ag_2CrO_4 和 $Ag_2C_2O_4$ 固体同时溶于水中直到达到沉淀–溶解平衡，计算所得溶液中 Ag^+ 浓度。

解：25 ℃时，$K_{sp}^{\ominus}(Ag_2CrO_4) = 1.1\times10^{-12}$，$K_{sp}^{\ominus}(Ag_2C_2O_4) = 5.3\times10^{-12}$。

溶液中存在下列沉淀–溶解平衡：

$$Ag_2CrO_4(s) \Longrightarrow 2Ag^+(aq) + CrO_4^{2-}(aq)$$

$$Ag_2C_2O_4(s) \Longrightarrow 2Ag^+(aq) + C_2O_4^{2-}(aq)$$

此混合溶液中 Ag^+ 浓度与 Ag_2CrO_4 和 $Ag_2C_2O_4$ 的标准溶度积常数之间的关系为

$$c_{eq}(Ag^+) = 2[c_{eq}(CrO_4^{2-}) + c_{eq}(C_2O_4^{2-})]$$

$$= 2\times\left\{\frac{K_{sp}^{\ominus}(Ag_2CrO_4)}{[c_{eq}(Ag^+)]^2} + \frac{K_{sp}^{\ominus}(Ag_2C_2O_4)}{[c_{eq}(Ag^+)]^2}\right\}$$

由上式可求得混合溶液中 Ag^+ 浓度为

$$c_{eq}(Ag^+) = \sqrt[3]{2\times[K_{sp}^{\ominus}(Ag_2CrO_4) + K_{sp}^{\ominus}(Ag_2C_2O_4)]}$$

$$= \sqrt[3]{2\times(1.1\times10^{-12} + 5.3\times10^{-12})}\ mol\cdot L^{-1} = 2.3\times10^{-4}\ mol\cdot L^{-1}$$

10. 25 ℃时,$K_{sp}^{\ominus}(FeS)=6.3\times10^{-18}$,$K_{a1}^{\ominus}(H_2S)=8.9\times10^{-8}$,$K_{a2}^{\ominus}(H_2S)=7.1\times10^{-15}$。在 $0.10\ mol\cdot L^{-1}\ FeCl_2$ 溶液中通入 H_2S 气体使之饱和,为了不生成 FeS 沉淀,溶液的 pH 应控制为多少?

解：化学反应方程式为

$$Fe^{2+}(aq)+H_2S(aq)\rightleftharpoons FeS(s)+2H^+(aq)$$

反应的标准平衡常数为

$$K^{\ominus}=\frac{[c_{eq}(H^+)]^2}{c_{eq}(Fe^{2+})\cdot c_{eq}(H_2S)}=\frac{[c_{eq}(H^+)]^2\cdot c_{eq}(S^{2-})}{c_{eq}(S^{2-})\cdot c_{eq}(Fe^{2+})\cdot c_{eq}(H_2S)}$$

$$=\frac{K_{a1}^{\ominus}(H_2S)K_{a2}^{\ominus}(H_2S)}{K_{sp}^{\ominus}(FeS)}=\frac{8.9\times10^{-8}\times7.1\times10^{-15}}{6.3\times10^{-18}}=1.0\times10^{-4}$$

H_2S 饱和溶液的浓度为 $0.10\ mol\cdot L^{-1}$,不生成 FeS 沉淀应满足的条件为

$$J=\frac{[c(H^+)]^2}{c(Fe^{2+})\cdot c(H_2S)}\geqslant K^{\ominus}$$

溶液的 H^+ 和 pH 应分别控制为

$$c(H^+)\geqslant\sqrt{c(Fe^{2+})\cdot c(H_2S)\cdot K^{\ominus}}$$

$$\geqslant\sqrt{0.10\times0.10\times1.0\times10^{-4}}\ mol\cdot L^{-1}=1.0\times10^{-3}\ mol\cdot L^{-1}$$

$$pH\leqslant-lg(1.0\times10^{-3})=3.00$$

11. 25 ℃时,$K_{sp}^{\ominus}(AgI)=8.3\times10^{-17}$,$K_{sp}^{\ominus}(Ag_2CO_3)=8.3\times10^{-12}$。在 25 ℃时用 Na_2CO_3 溶液处理 AgI 沉淀,能否使 AgI 沉淀转化为 Ag_2CO_3 沉淀?

解：AgI 沉淀转化为 Ag_2CO_3 沉淀的转化反应为

$$CO_3^{2-}(aq)+2AgI(s)\rightleftharpoons Ag_2CO_3(s)+2I^-(aq)$$

上述沉淀转化反应的标准平衡常数为

$$K^{\ominus}=\frac{[c_{eq}(I^-)]^2}{c_{eq}(CO_3^{2-})}=\frac{[c_{eq}(Ag^+)]^2\cdot[c_{eq}(I^-)]^2}{[c_{eq}(Ag^+)]^2\cdot c_{eq}(CO_3^{2-})}=\frac{[K_{sp}^{\ominus}(AgI)]^2}{K_{sp}^{\ominus}(Ag_2CO_3)}$$

$$=\frac{(8.3\times10^{-17})^2}{8.3\times10^{-12}}=8.3\times10^{-22}$$

上述沉淀转化反应正向进行需满足的条件为

$$J=\frac{[c(I^-)]^2}{c(CO_3^{2-})}<K^{\ominus}$$

发生上述沉转转化反应时 CO_3^{2-} 浓度为

$$c(CO_3^{2-})>\frac{[c(I^-)]^2}{K^{\ominus}}=\frac{[c(I^-)]^2}{8.3\times10^{-22}}=1.2\times10^{21}[c(I^-)]^2$$

计算结果表明,即使发生转化的 AgI 的物质的量很小,所需要的 Na_2CO_3 溶液的浓度也非常大,这实际上是根本不可能达到的。因此,不能用 Na_2CO_3 溶液把 AgI 沉淀转化为 Ag_2CO_3 沉淀。

12. 某溶液中含有 Cl^- 和 CrO_4^{2-},浓度分别是 0.10 $mol \cdot L^{-1}$ 和 0.0010 $mol \cdot L^{-1}$。通过计算说明,逐滴加入 $AgNO_3$ 溶液,哪一种沉淀首先析出? 当第二种沉淀析出时,先沉淀的那种离子是否已经沉淀完全(忽略滴加 $AgNO_3$ 溶液时体积的变化)?

解:25 ℃ 时,$K_{sp}^{\ominus}(AgCl) = 1.8 \times 10^{-10}$,$K_{sp}^{\ominus}(Ag_2CrO_4) = 1.1 \times 10^{-12}$。

开始生成 AgCl 沉淀和 Ag_2CrO_4 沉淀时所需 Ag^+ 浓度分别为

$$c(Ag^+)_{AgCl} > \frac{K_{sp}^{\ominus}(AgCl)}{c(Cl^-)}$$

$$> \frac{1.8 \times 10^{-10}}{0.10} \ mol \cdot L^{-1} = 1.8 \times 10^{-9} \ mol \cdot L^{-1}$$

$$c(Ag^+)_{Ag_2CrO_4} > \sqrt{\frac{K_{sp}^{\ominus}(Ag_2CrO_4)}{c(CrO_4^{2-})}}$$

$$> \sqrt{\frac{1.1 \times 10^{-12}}{0.001\,0}} \ mol \cdot L^{-1} = 3.3 \times 10^{-5} \ mol \cdot L^{-1}$$

生成 AgCl 沉淀所需 Ag^+ 浓度较小,滴加 $AgNO_3$ 溶液时首先生成 AgCl 沉淀。

当 Ag_2CrO_4 开始沉淀析出时,溶液中 Ag^+ 浓度为 $3.3 \times 10^{-5} \ mol \cdot L^{-1}$。此时溶液中 Cl^- 浓度为

$$c_{eq}(Cl^-) = \frac{K_{sp}^{\ominus}(AgCl)}{c_{eq}(Ag^+)} = \frac{1.8 \times 10^{-10}}{3.3 \times 10^{-5}} \ mol \cdot L^{-1} = 5.5 \times 10^{-6} \ mol \cdot L^{-1}$$

一般来说,一种离子与沉淀剂生成沉淀后,当其浓度低于 $1.0 \times 10^{-5} \ mol \cdot L^{-1}$ 时,则认为该离子已经沉淀完全。因此当生成 Ag_2CrO_4 沉淀时,Cl^- 已经沉淀完全。

13. 人的牙齿表面有一层釉质,其组成为羟基磷灰石 $Ca_5(PO_4)_3OH$($K_{sp}^{\ominus} = 6.8 \times 10^{-37}$)。为了防止蛀牙,人们常使用加氟牙膏,牙膏中的氟化物可使羟基磷灰石转化为氟磷灰石 $Ca_5(PO_4)_3F$($K_{sp}^{\ominus} = 1.0 \times 10^{-60}$)。写出羟基磷灰石转化为氟磷灰石的离子方程式,并计算出该沉淀转化反应的标准平衡常数。

解:羟基磷灰石转化为氟磷灰石的离子方程式为

$$Ca_5(PO_4)_3OH(s) + F^-(aq) \Longrightarrow Ca_5(PO_4)_3F(s) + OH^-(aq)$$

上述沉淀转化反应的标准平衡常数为

$$K^{\ominus} = \frac{c_{eq}(OH^-)}{c_{eq}(F^-)} = \frac{[c_{eq}(Ca^{2+})]^5 \cdot c_{eq}(PO_4^{3-})^3 \cdot c_{eq}(OH^-)}{[c_{eq}(Ca^{2+})]^5 \cdot c_{eq}(PO_4^{3-})^3 \cdot c_{eq}(F^-)}$$

$$= \frac{K_{sp}^{\ominus}[Ca_5(PO_4)_3OH]}{K_{sp}^{\ominus}[Ca_5(PO_4)_3F]}$$

$$= \frac{6.8 \times 10^{-37}}{1.0 \times 10^{-60}} = 6.8 \times 10^{23}$$

14. 用 NaOH 溶液来处理 $MgCO_3$ 沉淀,使之转化为 $Mg(OH)_2$ 沉淀,计算这一沉淀转化反应的标准平衡常数。若在 1.0 L NaOH 溶液中转化 $4.5×10^{-3}$ mol $MgCO_3$,则此 NaOH 溶液的起始浓度至少应为多少?

解:25 ℃时,$K_{sp}^{\ominus}[Mg(OH)_2]=5.1×10^{-12}$,$K_{sp}^{\ominus}(MgCO_3)=2.2×10^{-11}$。

该沉淀转化反应的离子方程式为

$$MgCO_3(s) + 2OH^-(aq) \rightleftharpoons Mg(OH)_2(s) + CO_3^{2-}(aq)$$

上述沉淀转化反应的标准平衡常数为

$$K^{\ominus}=\frac{c_{eq}(CO_3^{2-})}{[c_{eq}(OH^-)]^2}=\frac{c_{eq}(Mg^{2+}) \cdot c_{eq}(CO_3^{2-})}{c_{eq}(Mg^{2+}) \cdot [c_{eq}(OH^-)]^2}=\frac{K_{sp}^{\ominus}(MgCO_3)}{K_{sp}^{\ominus}[Mg(OH)_2]}$$

$$=\frac{2.2×10^{-11}}{5.1×10^{-12}}=4.3$$

发生沉淀转化反应后,溶液中 OH^- 浓度为

$$c_{eq}(OH^-)=\sqrt{\frac{c_{eq}(CO_3^{2-})}{K^{\ominus}}}$$

$$=\sqrt{\frac{4.5×10^{-3}}{4.3}}\ mol \cdot L^{-1}=3.2×10^{-2}\ mol \cdot L^{-1}$$

NaOH 溶液的起始浓度至少为

$$c(NaOH)=c_{eq}(OH^-)+2c_{eq}(CO_3^{2-})$$

$$=3.2×10^{-2}\ mol \cdot L^{-1}+2×4.5×10^{-3}\ mol \cdot L^{-1}$$

$$=4.1×10^{-2}\ mol \cdot L^{-1}$$

15. 25 ℃ 时,$K_{sp}^{\ominus}(CaSO_4)=7.1×10^{-5}$,$K_{sp}^{\ominus}(CaCO_3)=4.9×10^{-9}$。如果在 1.0 L Na_2CO_3 溶液中将 0.010 mol $CaSO_4$ 完全转化为 $CaCO_3$,此 Na_2CO_3 的起始浓度应为多少?

解:该沉淀转化反应的离子方程式为

$$CaSO_4(s) + CO_3^{2-}(aq) \rightleftharpoons CaCO_3(s) + SO_4^{2-}(aq)$$

转化反应的标准平衡常数为

$$K^{\ominus}=\frac{c_{eq}(SO_4^{2-})}{c_{eq}(CO_3^{2-})}=\frac{c_{eq}(Ca^{2+}) \cdot c_{eq}(SO_4^{2-})}{c_{eq}(Ca^{2+}) \cdot c_{eq}(CO_3^{2-})}=\frac{K_{sp}^{\ominus}(CaSO_4)}{K_{sp}^{\ominus}(CaCO_3)}$$

$$=\frac{7.1×10^{-5}}{4.9×10^{-9}}=1.4×10^4$$

若 Na_2CO_3 的起始浓度为 $c_0(Na_2CO_3)$,则 SO_4^{2-} 和 CO_3^{2-} 的平衡浓度分别为 0.010 $mol \cdot L^{-1}$ 和 $c_0(Na_2CO_3)-0.010\ mol \cdot L^{-1}$。代入平衡常数表达式中得

$$\frac{0.010}{c_0(Na_2CO_3)-0.010}=1.4×10^4$$

由上式解得

$$c_0(Na_2CO_3) = 0.010 \ mol \cdot L^{-1}$$

16. 25 ℃时,$K_{sp}^{\ominus}(BaCO_3) = 2.6 \times 10^{-9}$,$K_{sp}^{\ominus}(BaCrO_4) = 1.2 \times 10^{-10}$。在 25 ℃时将 1.0 g $BaCO_3$ 沉淀转化为 $BaCrO_4$ 沉淀,至少需要将 $BaCO_3$ 沉淀溶解在多少毫升 0.10 $mol \cdot L^{-1}$ K_2CrO_4 溶液中?

解: 沉淀转化反应为

$$BaCO_3(s) + CrO_4^{2-}(aq) \rightleftharpoons BaCrO_4(s) + CO_3^{2-}(aq)$$

沉淀转化反应的标准平衡常数为

$$K^{\ominus} = \frac{c_{eq}(CO_3^{2-})}{c_{eq}(CrO_4^{2-})} = \frac{c_{eq}(CO_3^{2-}) \cdot c_{eq}(Ba^{2+})}{c_{eq}(CrO_4^{2-}) \cdot c_{eq}(Ba^{2+})} = \frac{K_{sp}^{\ominus}(BaCO_3)}{K_{sp}^{\ominus}(BaCrO_4)}$$

$$= \frac{2.6 \times 10^{-9}}{1.2 \times 10^{-10}} = 22$$

若需加入 0.10 $mol \cdot L^{-1}$ K_2CrO_4 溶液的体积为 $V(K_2CrO_4)$,则沉淀转化完全后,溶液中 CO_3^{2-} 的浓度为

$$c_{eq}(CO_3^{2-}) = \frac{n(BaCO_3)}{V(K_2CrO_4)} = \frac{1.0 \ g / 197.34 \ g \cdot mol^{-1}}{V(K_2CrO_4)} = \frac{5.1 \times 10^{-3} \ mol}{V(K_2CrO_4)}$$

溶液中 CrO_4^{2-} 的浓度为

$$c_{eq}(CrO_4^{2-}) = \frac{0.10 \ mol \cdot L^{-1} \times V(K_2CrO_4) - 5.1 \times 10^{-3} \ mol}{V(K_2CrO_4)}$$

$$= 0.10 \ mol \cdot L^{-1} - 5.1 \times 10^{-3} \ mol / V(K_2CrO_4)$$

将 CO_3^{2-} 和 CrO_4^{2-} 的平衡浓度代入沉淀转化反应的标准平衡常数表达式中:

$$\frac{5.1 \times 10^{-3} \ mol / V(K_2CrO_4)}{0.10 \ mol \cdot L^{-1} - 5.1 \times 10^{-3} \ mol / V(K_2CrO_4)} = 22$$

$$V(K_2CrO_4) = 5.3 \times 10^{-2} \ L = 53 \ mL$$

计算表明,欲使 1.0 g $BaCO_3$ 沉淀转化为 $BaCrO_4$ 沉淀,加入 0.10 $mol \cdot L^{-1}$ K_2CrO_4 溶液的体积应不小于 53 mL。

单元测试题

一、选择题

1. 25 ℃时,CaF_2 饱和溶液的浓度为 $3.4 \times 10^{-4} \ mol \cdot L^{-1}$。则 25 ℃时 CaF_2 的标准溶度积常数 $K_{sp}^{\ominus}(CaF_2)$ 是( )。

 (A) 4.0×10^{-8} (B) 8.0×10^{-10} (C) 1.6×10^{-10} (D) 8.0×10^{-12}

2. 25 ℃时,$K_{sp}^{\ominus}[Fe(OH)_3] = 1.0 \times 10^{-38}$,$K_{sp}^{\ominus}[Fe(OH)_2] = 1.0 \times 10^{-14}$。在一混合溶液中含有 Fe^{3+} 和 Fe^{2+},它们的浓度都是 $0.010 \ mol \cdot L^{-1}$。如果要使 $Fe(OH)_3$ 沉淀完全[$c(Fe^{3+}) < 1.0 \times 10^{-5} \ mol \cdot L^{-1}$],而 Fe^{2+}

不生成沉淀,则溶液的 pH 应控制为(　　)。

 (A) 2~8   (B) 3~8   (C) 6~11   (D) 6~12

3. 25 ℃时,$K_{sp}^{\ominus}(AgCl)=1.8\times10^{-10}$,$K_{sp}^{\ominus}(Ag_2CrO_4)=1.1\times10^{-12}$,则沉淀转化反应

$$Ag_2CrO_4(s)+2Cl^-(aq)\rightleftharpoons 2AgCl(s)+CrO_4^{2-}(aq)$$

在 25 ℃时的标准平衡常数 $K^{\ominus}$ 为(　　)。

 (A) 2.5×10^7 (B) 5.0×10^{-3} (C) 4.0×10^{-8} (D) 5.0×10^{-15}

4. 25 ℃时,$K_{sp}^{\ominus}(AgCl)=1.8\times10^{-10}$。如果向 AgCl 饱和溶液中滴加浓盐酸,当溶液中 Ag^+ 浓度减小为 1.8×10^{-8} mol·L^{-1}时,溶液 pH 为(　　)。

 (A) 1.0   (B) 2.0   (C) 3.0   (D) 7.0

5. 已知 300 K 时 Ag_2CrO_4 的溶解度为 6.5×10^{-5} mol·L^{-1},则该温度下 Ag_2CrO_4 的标准溶度积常数 $K_{sp}^{\ominus}$ 为(　　)。

 (A) 1.1×10^{-12} (B) 1.1×10^{-8} (C) 2.7×10^{-13} (D) 5.5×10^{-13}

6. 在 NaCl 和 NaBr 混合溶液中加入 $AgNO_3$ 溶液,生成 AgCl 和 AgBr 沉淀时,溶液中 Cl^- 浓度与 Br^- 浓度之比为(　　)。

 (A) $\dfrac{c_{eq}(Cl^-)}{c_{eq}(Br^-)}=\dfrac{K_{sp}^{\ominus}(AgCl)}{K_{sp}^{\ominus}(AgBr)}$ (B) $\dfrac{c_{eq}(Cl^-)}{c_{eq}(Br^-)}=K_{sp}^{\ominus}(AgCl)\cdot K_{sp}^{\ominus}(AgBr)$

 (C) $\dfrac{c_{eq}(Cl^-)}{c_{eq}(Br^-)}=\dfrac{K_{sp}^{\ominus}(AgBr)}{K_{sp}^{\ominus}(AgCl)}$ (D) $\dfrac{c_{eq}(Cl^-)}{c_{eq}(Br^-)}=\dfrac{1}{K_{sp}^{\ominus}(AgCl)\cdot K_{sp}^{\ominus}(AgBr)}$

7. 25 ℃时,$K_{sp}^{\ominus}(Ag_2CrO_4)=1.1\times10^{-12}$。则 25 ℃时 Ag_2CrO_4 在 0.010 mol·L^{-1} $AgNO_3$ 溶液中的溶解度是(　　)。

 (A) 1.1×10^{-10} mol·L^{-1} (B) 1.1×10^{-8} mol·L^{-1}

 (C) 1.1×10^{-6} mol·L^{-1} (D) 6.5×10^{-5} mol·L^{-1}

8. 298.15 K 时,$K_{sp}^{\ominus}[Mg(OH)_2]=5.0\times10^{-12}$,$K_a^{\ominus}(HA)=2.0\times10^{-5}$,$K_w^{\ominus}=1.0\times10^{-14}$,则下列化学反应

$$Mg(OH)_2(s)+2HA(aq)\rightleftharpoons Mg^{2+}(aq)+2A^-(aq)+2H_2O(l)$$

在 298.15 K 时的标准平衡常数为(　　)。

 (A) 1.0×10^{-2} (B) 2.0×10^{-7} (C) 5.0×10^{-8} (D) 2.0×10^7

9. 在含有 Pb^{2+} 和 Cd^{2+} 的混合溶液中加入 Na_2S 溶液,生成 PbS 和 CdS 沉淀后,溶液中 Pb^{2+} 与 Cd^{2+} 的浓度之比为(　　)。

 (A) $\dfrac{c_{eq}(Pb^{2+})}{c_{eq}(Cd^{2+})}=K_{sp}^{\ominus}(PbS)\cdot K_{sp}^{\ominus}(CdS)$

 (B) $\dfrac{c_{eq}(Pb^{2+})}{c_{eq}(Cd^{2+})}=\dfrac{K_{sp}^{\ominus}(PbS)}{K_{sp}^{\ominus}(CdS)}$

 (C) $\dfrac{c_{eq}(Pb^{2+})}{c_{eq}(Cd^{2+})}=\dfrac{K_{sp}^{\ominus}(CdS)}{K_{sp}^{\ominus}(PbS)}$

 (D) $\dfrac{c_{eq}(Pb^{2+})}{c_{eq}(Cd^{2+})}=\sqrt{K_{sp}^{\ominus}(PbS)\cdot K_{sp}^{\ominus}(CdS)}$

10. 在浓度相等的下列溶液中,$BaCO_3$ 的溶解度最大的是(　　)。

 (A) NaCl   (B) $BaCl_2$ (C) HCl   (D) Na_2CO_3

11. 已知溶解的 $Ca(OH)_2$ 在水中完全解离,其标准溶度积常数为 $K_{sp}^{\ominus}$,则 $Ca(OH)_2$ 饱和溶液的浓度是(　　)。

 (A) $\sqrt[3]{K_{sp}^{\ominus}}$ (B) $\sqrt[3]{K_{sp}^{\ominus}/4}$ (C) $\sqrt{K_{sp}^{\ominus}/4}$ (D) $\sqrt{K_{sp}^{\ominus}}$

12. 25 ℃时，$K_{sp}^{\ominus}(AgCl)=1.8\times10^{-10}$，$K_{sp}^{\ominus}(Ag_2CrO_4)=1.1\times10^{-12}$。在 Cl^- 和 CrO_4^{2-} 的浓度相等的混合溶液中，滴加 $AgNO_3$ 溶液时（ ）。

(A) Ag_2CrO_4 先沉淀   (B) AgCl 后沉淀

(C) AgCl 和 $AgCrO_4$ 同时沉淀   (D) AgCl 先沉淀，Ag_2CrO_4 后沉淀

13. 25 ℃时，某难溶强电解质 M_2A_3 的标准溶度积常数为 $K_{sp}^{\ominus}$，则 25 ℃时该难溶强电解质的溶解度 s 为（ ）。

(A) $s=(K_{sp}^{\ominus})^{1/5}$ mol·L^{-1} (B) $s=(K_{sp}^{\ominus}/6)^{1/5}$ mol·L^{-1}

(C) $s=(K_{sp}^{\ominus}/108)^{1/5}$ mol·L^{-1} (D) $s=(K_{sp}^{\ominus}/108)^{1/6}$ mol·L^{-1}

14. 25 ℃时，Ag_3PO_4 的标准溶度积常数 $K_{sp}^{\ominus}(Ag_3PO_4)=1.0\times10^{-16}$，则 Ag_3PO_4 在 0.10 mol·L^{-1} Na_3PO_4 溶液中的溶解度为（ ）。

(A) 1.0×10^{-5} mol·L^{-1} (B) 3.3×10^{-6} mol·L^{-1}

(C) 4.4×10^{-5} mol·L^{-1} (D) 1.0×10^{-4} mol·L^{-1}

15. 25 ℃时，难溶强电解质 M_2A 饱和溶液的浓度为 1.0×10^{-3} mol·L^{-1}，则 M_2A 的标准溶度积常数 $K_{sp}^{\ominus}(M_2A)$ 为（ ）。

(A) 4.0×10^{-9} (B) 2.0×10^{-6} (C) 1.0×10^{-9} (D) 1.0×10^{-6}

16. 298.15 K 时，$K_{sp}^{\ominus}(AgCl)=1.8\times10^{-10}$，$K_{sp}^{\ominus}(Ag_2CrO_4)=1.1\times10^{-12}$，$K_{sp}^{\ominus}(AgSCN)=1.0\times10^{-12}$。某混合溶液中含有 Cl^-、CrO_4^{2-} 和 SCN^-，浓度均为 0.010 mol·L^{-1}，向此混合溶液中逐滴滴加 $AgNO_3$ 溶液时，最先生成的沉淀和最后生成的沉淀分别是（ ）。

(A) Ag_2CrO_4，AgSCN   (B) AgSCN，Ag_2CrO_4

(C) AgSCN，AgCl   (D) AgCl，Ag_2CrO_4

17. 25 ℃时，$K_{sp}^{\ominus}[Mn(OH)_2]=2.1\times10^{-13}$。向 $Mn(OH)_2$ 饱和溶液中滴加 $MnCl_2$ 溶液，当 Mn^{2+} 浓度增大到 0.21 mol·L^{-1} 时，溶液的 pH 为（ ）。

(A) 2.0   (B) 6.0   (C) 8.0   (D) 12.0

18. 已知 25 ℃时 $K_{sp}^{\ominus}(AgCl)>K_{sp}^{\ominus}(AgBr)>K_{sp}^{\ominus}(AgI)$，向浓度均为 0.010 mol·L^{-1} 的 KCl、KBr 和 KI 的混合溶液中缓慢滴加 0.010 mol·L^{-1} $AgNO_3$ 溶液时，最先生成的沉淀和最后生成的沉淀分别是（ ）。

(A) AgI，AgCl   (B) AgCl，AgI   (C) AgI，AgBr   (D) AgBr，AgCl

19. 室温下 AgCl 在水、0.010 mol·L^{-1} $CaCl_2$ 溶液、0.010 mol·L^{-1} NaCl 溶液和 0.040 mol·L^{-1} $AgNO_3$ 溶液中的溶解度分别为 s_1、s_2、s_3、s_4，则溶解度的相对大小为（ ）。

(A) $s_1>s_2>s_3>s_4$ (B) $s_4>s_3>s_2>s_1$

(C) $s_1>s_3>s_2>s_4$ (D) $s_1>s_3>s_4>s_2$

20. 25 ℃时，往浓度均为 1.0×10^{-4} mol·L^{-1} 的 CO_3^{2-}、CrO_4^{2-} 和 SO_4^{2-} 混合溶液中滴加 $CaCl_2$ 溶液，首先生成 $CaCO_3$ 沉淀，最后生成 $CaCrO_4$ 沉淀。由此可判断 25 ℃时标准溶度积常数的相对大小是（ ）。

(A) $K_{sp}^{\ominus}(CaCrO_4)>K_{sp}^{\ominus}(CaSO_4)>K_{sp}^{\ominus}(CaCO_3)$

(B) $K_{sp}^{\ominus}(CaCO_3)>K_{sp}^{\ominus}(CaSO_4)>K_{sp}^{\ominus}(CaCrO_4)$

(C) $K_{sp}^{\ominus}(CaSO_4)>K_{sp}^{\ominus}(CaCO_3)>K_{sp}^{\ominus}(CaCrO_4)$

(D) $K_{sp}^{\ominus}(CaCrO_4)>K_{sp}^{\ominus}(CaCO_3)>K_{sp}^{\ominus}(CaSO_4)$

21. 20 ℃时，$Ag_2C_2O_4(s)$ 在水中的溶解度为 1.1×10^{-4} mol·L^{-1}，则 20 ℃时 $Ag_2C_2O_4$ 的标准溶度积常数为（ ）。

(A) 4.8×10^{-8} (B) 1.3×10^{-12} (C) 2.7×10^{-12} (D) 5.3×10^{-12}

22. 25 ℃时，$Sr_3(PO_4)_2$ 的溶解度为 1.0×10^{-6} mol·L^{-1}，则 $Sr_3(PO_4)_2$ 的标准溶度积常数为（ ）。

(A) 1.0×10^{-30} (B) 1.1×10^{-28} (C) 5.0×10^{-30} (D) 1.0×10^{-12}

23. 下列叙述中,正确的是(　　)。

(A) 两种难溶强电解质相比较,标准溶度积常数较大的,其溶解度一定也较大

(B) 将难溶强电解质的饱和溶液加水稀释时,难溶强电解质的标准溶度积常数不变,其溶解度也不变

(C) 难溶强电解质溶液的导电能力很弱,所以难溶强电解质均为弱电解质

(D) 难溶强电解质在水中达到溶解平衡时,电解质离子浓度的乘积就是该难溶强电解质的标准溶度积常数

24. $Fe(OH)_2$ 的标准溶度积常数 $K_{sp}^{\ominus}$ 与其溶解度 s 之间的关系为(　　)。

(A) $s = (K_{sp}^{\ominus})^{1/2}$ 　　　　　　　　(B) $s = (K_{sp}^{\ominus})^{1/3}$

(C) $s = (K_{sp}^{\ominus}/4)^{1/2}$ 　　　　　　　(D) $s = (K_{sp}^{\ominus}/4)^{1/3}$

25. 若难溶强电解质 MA、MA_2、MA_3 和 M_2A_3 的标准溶度积常数相等,则四种难溶强电解质中溶解度最小的是(　　)。

(A) MA 　　　　(B) MA_2 　　　　(C) MA_3 　　　　(D) M_2A_3

26. 25 ℃时,$K_{sp}^{\ominus}(Ag_2CrO_4) = 1.1 \times 10^{-12}$。在 CrO_4^{2-} 浓度为 1.1×10^{-4} $mol \cdot L^{-1}$ 的溶液中,Ag^+ 的最大浓度为(　　)。

(A) 1.0×10^{-4} $mol \cdot L^{-1}$ 　　　　(B) 2.5×10^{-7} $mol \cdot L^{-1}$

(C) 5.0×10^{-5} $mol \cdot L^{-1}$ 　　　　(D) 2.5×10^{-5} $mol \cdot L^{-1}$

27. 25 ℃时,$K_{sp}^{\ominus}(AgCl) = 1.8 \times 10^{-10}$。向 $AgCl$ 饱和溶液中滴加浓 HCl 溶液,溶液中 Ag^+ 浓度下降为 1.8×10^{-7} $mol \cdot L^{-1}$,此时溶液的 pH 为(　　)。

(A) 1.0 　　　　(B) 2.0 　　　　(C) 3.0 　　　　(D) 7.0

28. 室温下,难溶强电解质 $MA_3(s)$ 在水中达到平衡时,$c_{eq}(M^{3+}) = x$ $mol \cdot L^{-1}$,$c_{eq}(A^{3-}) = y$ $mol \cdot L^{-1}$,则 MA_3 的标准溶度积常数为(　　)。

(A) $K_{sp}^{\ominus} = xy^3$ 　　(B) $K_{sp}^{\ominus} = 27xy^3$ 　　(C) $K_{sp}^{\ominus} = xy$ 　　(D) $K_{sp}^{\ominus} = x^3 y$

29. 25 ℃时,难溶强电解质 MA_2 的标准溶度积常数 $K_{sp}^{\ominus}(MA_2) = 1.0 \times 10^{-13}$,当 M^{2+} 浓度为 1.0×10^{-3} $mol \cdot L^{-1}$ 时,开始生成 MA_2 沉淀所需 A^- 的最低浓度为(　　)。

(A) 1.0×10^{-10} $mol \cdot L^{-1}$ 　　　　(B) 5.0×10^{-11} $mol \cdot L^{-1}$

(C) 1.0×10^{-5} $mol \cdot L^{-1}$ 　　　　(D) 5.0×10^{-6} $mol \cdot L^{-1}$

30. 已知 $M(BaSO_4) = 233$ $g \cdot mol^{-1}$,$K_{sp}^{\ominus}(BaSO_4) = 1.0 \times 10^{-10}$。把 0.010 mol $BaSO_4$ 放入 10 L 水中,溶解的 $BaSO_4(s)$ 的质量为(　　)。

(A) 2.3 g 　　　　(B) 0.23 g 　　　　(C) 0.023 g 　　　　(D) 0.0023 g

31. 难溶电解质 MA_3 的标准溶度积常数与溶解度之间的关系为(　　)。

(A) $K_{sp}^{\ominus} = s^2$ 　　(B) $K_{sp}^{\ominus} = s^4$ 　　(C) $K_{sp}^{\ominus} = 27s^4$ 　　(D) $K_{sp}^{\ominus} = 8s^3$

32. $CaCO_3(s)$ 可溶于醋酸溶液中:

$$CaCO_3(s) + 2HAc(aq) \rightleftharpoons Ca^{2+}(aq) + 2Ac^-(aq) + H_2CO_3(aq)$$

上述沉淀溶解反应的标准平衡常数为(　　)。

(A) $K^{\ominus} = \dfrac{K_{sp}^{\ominus}(CaCO_3) \cdot K_{a1}^{\ominus}(H_2CO_3) \cdot K_{a2}^{\ominus}(H_2CO_3)}{[K_a^{\ominus}(HAc)]^2}$

(B) $K^{\ominus} = \dfrac{K_{sp}^{\ominus}(CaCO_3) \cdot [K_a^{\ominus}(HAc)]^2}{K_{a1}^{\ominus}(H_2CO_3) \cdot K_{a2}^{\ominus}(H_2CO_3)}$

(C) $K^{\ominus} = \dfrac{K_{a1}^{\ominus}(H_2CO_3) \cdot K_{a2}^{\ominus}(H_2CO_3)}{K_{sp}^{\ominus}(CaCO_3) \cdot [K_a^{\ominus}(HAc)]^2}$

(D) $K^{\ominus} = \dfrac{K_{sp}^{\ominus}(CaCO_3) \cdot K_a^{\ominus}(HAc)}{K_{a1}^{\ominus}(H_2CO_3) \cdot K_{a2}^{\ominus}(H_2CO_3)}$

33. 25 ℃时，AgSCN 和 $Ag_2C_2O_4$ 的标准溶度积常数均为 4.0×10^{-12}，则 AgSCN 固体在水中的溶解度与 $Ag_2C_2O_4$ 固体在水中的溶解度之比为（　　）。

(A) 1∶1　　　　(B) 1∶2　　　　(C) 1∶50　　　　(D) 50∶1

34. 25 ℃时，$K_{sp}^{\ominus}(Ag_2CO_3) = 5.4 \times 10^{-12}$，$K_{sp}^{\ominus}(Ag_2C_2O_4) = 5.4 \times 10^{-11}$。现要把 Ag_2CO_3 沉淀转化为 $Ag_2C_2O_4$ 沉淀，必须满足的条件是（　　）。

(A) $c(C_2O_4^{2-}) > 10c(CO_3^{2-})$　　　　　　(B) $c(C_2O_4^{2-}) = c(CO_3^{2-})$

(C) $c(CO_3^{2-}) > 10c(C_2O_4^{2-})$　　　　　　(D) $c(C_2O_4^{2-}) < 10c(CO_3^{2-})$

35. 25 ℃时，难溶强电解质 A_2B 的标准溶度积常数 $K_{sp}^{\ominus}(A_2B) = 4.0 \times 10^{-12}$，则 $A_2B(s)$ 在纯水中的溶解度与在 4.0×10^{-2} mol·L^{-1} Na_2B 溶液中的溶解度之比为（　　）。

(A) 1∶10　　　　(B) 10∶1　　　　(C) 20∶1　　　　(D) 25∶1

36. 已知 25 ℃时，$K_{sp}^{\ominus}(BaCO_3) = 2.6 \times 10^{-9}$，$K_{sp}^{\ominus}(CaCO_3) = 4.9 \times 10^{-9}$，$K_{sp}^{\ominus}(SrCO_3) = 5.6 \times 10^{-10}$，$K_{sp}^{\ominus}(MgCO_3) = 6.8 \times 10^{-6}$。如果在 25 ℃时将 2.0×10^{-3} mol·L^{-1} Na_2CO_3 溶液分别与等体积的浓度均为 2.0×10^{-3} mol·L^{-1} $MgCl_2$ 溶液、$BaCl_2$ 溶液、$SrCl_2$ 溶液和 $CaCl_2$ 溶液混合，其中不能生成的沉淀是（　　）。

(A) $BaCO_3$　　　(B) $CaCO_3$　　　(C) $SrCO_3$　　　(D) $MgCO_3$

37. 25 ℃时，AgCl 和 Ag_2CrO_4 的标准溶度积常数分别为 1.8×10^{-10} 和 1.1×10^{-12}，则下列叙述中正确的是（　　）。

(A) AgCl 的溶解度与 Ag_2CrO_4 的溶解度相等

(B) AgCl 的溶解度大于 Ag_2CrO_4 的溶解度

(C) AgCl 的溶解度小于 Ag_2CrO_4 的溶解度

(D) AgCl 和 Ag_2CrO_4 是两种不同类型的难溶电解质，不能由标准溶度积常数计算出溶解度

38. 下列各种类型的难溶强电解质在水中的溶解度与标准溶度积常数的关系式中，不正确的是（　　）。

(A) $s(MA) = \left[K_{sp}^{\ominus}(MA)\right]^{1/2}$　　　　　　(B) $s(MA_2) = \left[\dfrac{K_{sp}^{\ominus}(MA_2)}{4}\right]^{1/3}$

(C) $s(MA_3) = \left[K_{sp}^{\ominus}(MA_3)/27\right]^{1/4}$　　　(D) $s(M_2A_3) = \left[K_{sp}^{\ominus}(M_2A_3)/27\right]^{1/5}$

39. 25 ℃时某难溶强电解质 $M(OH)_2$ 的饱和溶液的 pH = 10.00，则该难溶电解质的溶解度为（　　）。

(A) 1.0×10^{-4} mol·L^{-1}　　　　　　(B) 2.0×10^{-4} mol·L^{-1}

(C) 5.0×10^{-5} mol·L^{-1}　　　　　　(D) 1.0×10^{-10} mol·L^{-1}

40. 在含有 Pb^{2+} 和 Cd^{2+} 的溶液中通入 H_2S 气体，生成 PbS 和 CdS 沉淀时，溶液中 $c_{eq}(Pb^{2+})/c_{eq}(Cd^{2+}) = $（　　）。

(A) $K_{sp}^{\ominus}(PbS) \cdot K_{sp}^{\ominus}(CdS)$　　　　　　(B) $K_{sp}^{\ominus}(CdS)/K_{sp}^{\ominus}(PbS)$

(C) $K_{sp}^{\ominus}(PbS)/K_{sp}^{\ominus}(CdS)$　　　　　　(D) $\left[K_{sp}^{\ominus}(PbS) \cdot K_{sp}^{\ominus}(CdS)\right]^{1/2}$

二、是非题

41. 已知 $K_{sp}^{\ominus}(PbI_2) = K_{sp}^{\ominus}(CaCO_3)$，因此 PbI_2 饱和溶液的浓度与 $CaCO_3$ 饱和溶液的浓度相等。

42. 同离子效应能使弱电解质的解离度减小，也能使难溶强电解质的溶解度降低。

43. 要使沉淀完全，必须加入过量的沉淀剂，加入的沉淀剂越多，则沉淀就越完全。

44. 当沉淀转化反应的反应商小于沉淀转化反应的标准平衡常数时，沉淀转化反应可以向正反应方向进行。

45. 难溶强电解质的溶解度与标准溶度积常数有关，两种难溶电解质中标准溶度积常数较小的，其溶解度也较小。

46. 把 Na_2CO_3 溶液滴加到 $CaCl_2$ 溶液中，只有当 $c(CO_3^{2-}) = c(Ca^{2+})$ 时才能生成 $CaCO_3$ 沉淀。

47. 已知 $K_{sp}^{\ominus}[\mathrm{Fe(OH)_3}]=1.1\times10^{-36}$，则 $\mathrm{Fe(OH)_3}$ 饱和溶液中 $\mathrm{OH^-}$ 浓度为 $c_{eq}(\mathrm{OH^-})=\sqrt[4]{\dfrac{1.1\times10^{-36}}{27}}\ \mathrm{mol\cdot L^{-1}}$ $=4.5\times10^{-9}\ \mathrm{mol\cdot L^{-1}}$。因此，$\mathrm{Fe(OH)_3}$ 饱和溶液呈弱酸性。

48. AgCl 在 $\mathrm{KNO_3}$ 溶液中的溶解度比它在相同浓度的 $\mathrm{AgNO_3}$ 溶液中的溶解度大得多。

49. 两种相同类型的难溶强电解质，标准溶度积常数较大的，其溶解度必然也较大。

50. 某难溶强电解质 $\mathrm{A_2B}$ 在水溶液中达到沉淀溶解平衡时，$c_{eq}(\mathrm{A^+})=x\ \mathrm{mol\cdot L^{-1}}$，$c_{eq}(\mathrm{B^{2-}})=y\ \mathrm{mol\cdot L^{-1}}$，则 $K_{sp}^{\ominus}(\mathrm{A_2B})=x^2y$。

51. 在分步沉淀中，反应商先大于标准溶度积常数的离子先生成沉淀。

52. 在含有难溶强电解质固体的饱和溶液中加入与其不含相同离子的易溶强电解质，可使难溶强电解质的溶解度增大。

53. 温度一定时，在 AgCl 饱和溶液中加入 AgCl 固体，可使 AgCl 的溶解度增大。

54. 难溶强电解质的标准溶度积常数 $K_{sp}^{\ominus}$ 与温度 T 有关。

55. 将 $\mathrm{BaSO_4}$ 饱和溶液加水稀释时，$\mathrm{BaSO_4}$ 的标准溶度积常数和溶解度均不变。

56. 在分步沉淀中，当某一种被沉淀离子的浓度 $c\leqslant1.0\times10^{-5}\ \mathrm{mol\cdot L^{-1}}$，而第二种离子还没有生成沉淀时，可认为两种离子能被分离开。

57. $\mathrm{Mg(OH)_2(s)}$ 在 $0.010\ \mathrm{mol\cdot L^{-1}}$ NaOH 溶液和 $0.010\ \mathrm{mol\cdot L^{-1}}$ $\mathrm{MgCl_2}$ 溶液中的溶解度相等。

58. 在沉淀反应中，沉淀完全通常是指溶液中被沉淀离子的浓度低于 $1.0\times10^{-5}\ \mathrm{mol\cdot L^{-1}}$。

59. 为减小沉淀的损失，洗涤 $\mathrm{BaSO_4}$ 沉淀时应采用稀 $\mathrm{H_2SO_4}$ 溶液。

60. $\mathrm{CaC_2O_4(s)}$ 在稀盐酸中的溶解度 $s=\sqrt{K_{sp}^{\ominus}(\mathrm{CaC_2O_4})}$。

三、填空题

61. 25 ℃时，$K_{sp}^{\ominus}(\mathrm{AgCl})=1.8\times10^{-10}$，$K_{sp}^{\ominus}(\mathrm{AgI})=8.3\times10^{-17}$。在 $\mathrm{Cl^-}$ 和 $\mathrm{I^-}$ 的浓度均为 $1.0\times10^{-3}\ \mathrm{mol\cdot L^{-1}}$ 的混合溶液中，逐滴加入 $\mathrm{AgNO_3}$ 溶液，最先生成的沉淀是_____。当最后一种离子开始沉淀时，最先沉淀的离子的浓度是_____。

62. 已知 25 ℃时，$K_{sp}^{\ominus}(\mathrm{BaSO_4})=1.0\times10^{-10}$，$K_{sp}^{\ominus}(\mathrm{BaCO_3})=2.5\times10^{-9}$，则 25 ℃时下列沉淀转化反应

$$\mathrm{BaSO_4(s)}+\mathrm{CO_3^{2-}(aq)}\rightleftharpoons\mathrm{BaCO_3(s)}+\mathrm{SO_4^{2-}(aq)}$$

的标准平衡常数 $K^{\ominus}=$_____。当 $\mathrm{CO_3^{2-}}$ 和 $\mathrm{SO_4^{2-}}$ 的浓度都为 $0.10\ \mathrm{mol\cdot L^{-1}}$ 时，沉淀转化反应进行的方向是_____。

63. 同离子效应使难溶强电解质的溶解度_____；盐效应使难溶强电解质的溶解度_____。

64. 25 ℃时，$K_{sp}^{\ominus}(\mathrm{AgCl})=1.8\times10^{-10}$，$K_{sp}^{\ominus}(\mathrm{Ag_2CrO_4})=1.1\times10^{-12}$，$K_{sp}^{\ominus}(\mathrm{AgBr})=5.3\times10^{-13}$。在浓度均为 $0.10\ \mathrm{mol\cdot L^{-1}}$ 的 $\mathrm{Cl^-}$、$\mathrm{Br^-}$ 和 $\mathrm{CrO_4^{2-}}$ 的混合溶液中滴加 $\mathrm{AgNO_3}$ 溶液，首先生成的沉淀是_____，最后生成的沉淀是_____。

65. 25 ℃时，$K_{sp}^{\ominus}(\mathrm{PbI_2})=8.4\times10^{-9}$，$K_{sp}^{\ominus}(\mathrm{PbCrO_4})=2.8\times10^{-13}$。在含有 $\mathrm{PbI_2}$ 沉淀的溶液中加入 $\mathrm{K_2CrO_4}$ 溶液，使其转化为 $\mathrm{PbCrO_4}$ 沉淀，该沉淀转化反应的离子方程式为_____，该沉淀转化反应的标准平衡常数 $K^{\ominus}=$_____。

66. 25 ℃时，$K_{sp}^{\ominus}(\mathrm{AgCl})=1.8\times10^{-10}$，$K_{sp}^{\ominus}(\mathrm{AgBr})=5.3\times10^{-13}$，$K_{sp}^{\ominus}(\mathrm{AgI})=8.3\times10^{-17}$。在 $\mathrm{Cl^-}$、$\mathrm{Br^-}$ 和 $\mathrm{I^-}$ 的浓度均为 $0.010\ \mathrm{mol\cdot L^{-1}}$ 的混合溶液中逐滴加入 $\mathrm{AgNO_3}$ 溶液，最先产生的沉淀是_____，最后产生的沉淀是_____。若不考虑溶液体积的变化，当最后一种离子开始沉淀时，最先沉淀的离子的浓度为_____。

67. 25 ℃时，$K_{sp}^{\ominus}[\mathrm{Mg_3(PO_4)_2}]=1.0\times10^{-24}$，则 25 ℃时 $\mathrm{Mg_3(PO_4)_2(s)}$ 的溶解度为_____；饱和溶液中 $\mathrm{Mg^{2+}}$ 的浓度为_____。

68. 25 ℃时，$K_{sp}^{\ominus}(BaF_2)=1.8\times10^{-7}$，$K_{sp}^{\ominus}(BaSO_4)=1.0\times10^{-10}$。在含有 BaF_2 固体和 $BaSO_4$ 固体的混合溶液中，$c_{eq}(SO_4^{2-})=2.0\times10^{-8}$ mol·L^{-1}，则溶液中 $c_{eq}(Ba^{2+})=$ ＿＿＿＿＿＿；$c_{eq}(F^-)=$ ＿＿＿＿＿＿。

69. 已知 $ZnS(s)$ 的标准溶度积常数 $K_{sp}^{\ominus}$ 及 H_2S 的标准解离常数 $K_{a1}^{\ominus}$ 和 $K_{a2}^{\ominus}$，则 ZnS 固体溶于稀 HCl 溶液的离子反应式为＿＿＿＿＿＿＿＿＿；该沉淀溶解反应的标准平衡常数 $K^{\ominus}$ 与 $K_{sp}^{\ominus}$、$K_{a1}^{\ominus}$ 和 $K_{a2}^{\ominus}$ 之间的关系式为 $K^{\ominus}=$ ＿＿＿＿＿＿＿＿＿。

70. 25 ℃时，$K_{a1}^{\ominus}(H_2S)=1.0\times10^{-8}$，$K_{a2}^{\ominus}(H_2S)=1.0\times10^{-15}$，$K_{sp}^{\ominus}(CoS)=1.0\times10^{-22}$。在 0.010 mol·L^{-1} Co^{2+} 的溶液中通入 H_2S 气体达饱和[$c(H_2S)=0.10$ mol·L^{-1}]，发生下列反应：

$$Co^{2+}(aq) + H_2S(aq) \Longleftrightarrow CoS(s) + 2H^+(aq)$$

该反应在 25 ℃时的标准平衡常数 $K^{\ominus}=$ ＿＿＿＿＿＿＿＿＿，开始生成 CoS 沉淀时溶液的 pH 为＿＿＿＿＿＿。

71. 温度一定时，MA 型难溶强电解质在水中的溶解度 s 与标准溶度积常数 $K_{sp}^{\ominus}(MA)$ 之间的关系式为＿＿＿＿＿＿＿＿＿；MA_2 型难溶强电解质的溶解度 s 与 $K_{sp}^{\ominus}(MA_2)$ 之间的关系式为＿＿＿＿＿＿＿＿＿。

72. 25 ℃时，$Ag_2C_2O_4$ 饱和溶液中，$c_{eq}(C_2O_4^{2-})=1.0\times10^{-4}$ mol·L^{-1}，则溶液中 $c_{eq}(Ag^+)=$ ＿＿＿＿＿＿；$Ag_2C_2O_4$ 的标准溶度积常数 $K_{sp}^{\ominus}(Ag_2C_2O_4)=$ ＿＿＿＿＿＿。

73. 25 ℃时，$K_{sp}^{\ominus}(AgSCN)=1.0\times10^{-12}$，则 25 ℃时 $AgSCN(s)$ 在水中的溶解度 $s_1=$ ＿＿＿＿＿＿；在 0.010 mol·L^{-1} $AgNO_3$ 溶液中的溶解度 $s_2=$ ＿＿＿＿＿＿。

74. 25 ℃时，$K_{sp}^{\ominus}(CaSO_4)=7.1\times10^{-5}$，$K_{sp}^{\ominus}(BaSO_4)=1.0\times10^{-10}$，则沉淀转化反应

$$Ba^{2+}(aq) + CaSO_4(s) \Longleftrightarrow Ca^{2+}(aq) + BaSO_4(s)$$

在 25 ℃时的标准平衡常数 $K^{\ominus}=$ ＿＿＿＿＿＿＿＿。在 25 ℃标准状态下，上述反应方向为＿＿＿＿＿＿＿＿。

75. 25 ℃时，$K_{sp}^{\ominus}(BaSO_4)=1.0\times10^{-10}$，$K_{sp}^{\ominus}(BaCO_3)=2.5\times10^{-9}$。下列沉淀转化反应：

$$BaSO_4(s) + CO_3^{2-}(aq) \Longleftrightarrow CaCO_3(s) + SO_4^{2-}(aq)$$

在 25 ℃时的标准平衡常数 $K^{\ominus}=$ ＿＿＿＿＿＿＿＿。若溶液中 $c_{eq}(SO_4^{2-})=0.10$ mol·L^{-1}，则 $c_{eq}(CO_3^{2-})=$ ＿＿＿＿＿＿。

四、问答题

76. 实验室在洗涤 $BaSO_4$ 沉淀时，通常使用稀 H_2SO_4 溶液，而不用蒸馏水。这是为什么？

77. 同离子效应和盐效应对难溶强电解质的溶解度有何影响？

78. 什么是难溶强电解质的标准溶度积常数？什么是难溶强电解质的溶解度？1-1 型难溶强电解质的标准溶度积常数 $K_{sp}^{\ominus}$ 与溶解度 s 的关系如何？

79. 为什么在 $AgCl$ 饱和溶液中滴加浓盐酸会使溶液变浑浊？

80. $Mg(OH)_2(s)$ 难溶于水，但溶于 NH_4Cl 溶液，试解释其原因。

五、计算题

81. 在 $PbSO_4$ 沉淀中加入 K_2CrO_4 溶液，发生下列沉淀转化反应：

$$PbSO_4(s) + CrO_4^{2-}(aq) \Longleftrightarrow PbCrO_4(s) + SO_4^{2-}(aq)$$

25 ℃时，$K_{sp}^{\ominus}(PbSO_4)=1.8\times10^{-8}$，$K_{sp}^{\ominus}(PbCrO_4)=2.8\times10^{-13}$。

(1) 计算 25 ℃时该沉淀转化反应的标准平衡常数；

(2) 若沉淀转化反应达到平衡时，SO_4^{2-} 的浓度为 0.010 mol·L^{-1}，则溶液中 CrO_4^{2-} 的浓度为多少？

82. 25 ℃时，$K_{sp}^{\ominus}[Fe(OH)_3]=1.0\times10^{-38}$，$K_{sp}^{\ominus}[Fe(OH)_2]=1.0\times10^{-16}$。某一混合溶液中含有 Fe^{2+} 和 Fe^{3+}，浓度都是 0.010 mol·L^{-1}，如果要使 $Fe(OH)_3$ 沉淀完全，而 Fe^{2+} 不生成 $Fe(OH)_2$ 沉淀，需将溶液的 pH 控制在什么范围内？

83. 25 ℃时, $K_{sp}^{\ominus}[Cr(OH)_3] = 1.0 \times 10^{-32}$, 反应 $Cr(OH)_3 + OH^- \rightleftharpoons [Cr(OH)_4]^-$ 的标准平衡常数 $K^{\ominus} = 0.50$。

(1) 计算 Cr^{3+} 沉淀完全时溶液的 pH;

(2) 若将 0.10 mol $Cr(OH)_3$ 恰好溶解在 1.0 L NaOH 溶液中, 计算此 NaOH 溶液的初始浓度至少为多少?

(3) 计算 $[Cr(OH)_4]^-$ 的标准稳定常数。

84. 25 ℃时, $K_{sp}^{\ominus}(ZnS) = 1.0 \times 10^{-23}$, $K_{a1}^{\ominus}(H_2S) = 1.0 \times 10^{-8}$, $K_{a2}^{\ominus}(H_2S) = 1.0 \times 10^{-15}$。欲使 0.010 mol ZnS 固体溶解在 1.0 L HCl 溶液中, 问所需 HCl 溶液的最低浓度为多少?

85. 25 ℃时, $K_{sp}^{\ominus}(CaCO_3) = 4.9 \times 10^{-9}$。计算:

(1) 25 ℃时 $CaCO_3(s)$ 在水中的溶解度;

(2) 25 ℃时 $CaCO_3(s)$ 在 1.0×10^{-3} mol·L⁻¹ Na_2CO_3 溶液中的溶解度。

单元测试题参考答案

一、选择题

1. C; 2. B; 3. A; 4. B; 5. A; 6. A; 7. B; 8. D; 9. B; 10. C; 11. B; 12. D; 13. C; 14. B; 15. A;

16. B; 17. C; 18. A; 19. C; 20. A; 21. D; 22. B; 23. B; 24. D; 25. A; 26. A; 27. C; 28. A; 29. C;

30. C; 31. C; 32. B; 33. C; 34. A; 35. C; 36. D; 37. C; 38. D; 39. C; 40. C。

二、是非题

41. ×; 42. √; 43. ×; 44. √; 45. ×; 46. ×; 47. ×; 48. √; 49. √; 50. √; 51. √; 52. √;

53. ×; 54. √; 55. √; 56. √; 57. ×; 58. √; 59. √; 60. ×。

三、填空题

61. AgI; 4.6×10^{-10} mol·L⁻¹。

62. 4.0×10^{-2}; 逆向进行。

63. 降低; 增大。

64. AgBr; Ag_2CrO_4。

65. $PbI_2(s) + CrO_4^{2-}(aq) \rightleftharpoons PbCrO_4(s) + 2I^-(aq)$; 3.0×10^4。

66. AgI; AgCl; 4.6×10^{-9}。

67. 6.2×10^{-6} mol·L⁻¹; 1.9×10^{-5} mol·L⁻¹。

68. 5.0×10^{-3} mol·L⁻¹; 6.0×10^{-3} mol·L⁻¹。

69. $ZnS(s) + 2H^+(aq) \rightleftharpoons Zn^{2+}(aq) + H_2S(aq)$; $\dfrac{K_{sp}^{\ominus}}{K_{a1}^{\ominus} \cdot K_{a2}^{\ominus}}$。

70. 0.10; 2.0。

71. $s = \sqrt{K_{sp}^{\ominus}(MA)}$; $s = \sqrt[3]{K_{sp}^{\ominus}(MA_2)/4}$。

72. 2.0×10^{-4} mol·L⁻¹; 4.0×10^{-12}。

73. 1.0×10^{-6} mol·L⁻¹; 1.0×10^{-10} mol·L⁻¹。

74. 7.1×10^5; 正向进行。

75. 4.0×10^{-2}; 2.5 mol·L⁻¹。

四、问答题

76. 这是因为 H_2SO_4 解离产生的 SO_4^{2-} 对 $BaSO_4$ 沉淀的沉淀-溶解平衡产生同离子效应, 使 $BaSO_4$ 沉淀在稀 H_2SO_4 溶液中的溶解度比在蒸馏水中的溶解度要小许多, 用稀 H_2SO_4 溶液洗涤 $BaSO_4$ 沉淀, 沉淀损失量较小。

77. 同离子效应可使难溶强电解质的溶解度减小,而盐效应可使难溶强电解质的溶解度增大。

78. 在一定温度下,难溶强电解质饱和溶液中阴、阳离子的平衡浓度各以其化学计量数为幂指数的乘积称为标准溶度积常数。溶解度是指在一定温度下难溶强电解质饱和溶液的浓度。1-1 型难溶强电解质 MA 的标准溶度积常数与溶解度的关系为

$$K_{sp}^{\ominus}(MA) = s^2$$

79. 在 AgCl 饱和溶液中,$J = K_{sp}^{\ominus}$,AgCl 与 Ag^+ 和 Cl^- 处于沉淀-溶解平衡状态。当向此饱和溶液中滴加浓盐酸时,溶液中 Cl^- 浓度增大,使 $J > K_{sp}^{\ominus}$,平衡向生成 AgCl 沉淀方向移动,因此溶液出现浑浊。

80. $Mg(OH)_2(s)$难溶于水,在水溶液中存在下列沉淀-溶解平衡:

$$Mg(OH)_2(s) \rightleftharpoons Mg^{2+}(aq) + 2OH^-(aq)$$

加入 NH_4Cl 溶液后,NH_4Cl 解离出的 NH_4^+ 与 OH^- 生成弱电解质 NH_3,降低了溶液中 OH^- 的浓度,使 $J < K_{sp}^{\ominus}$,$Mg(OH)_2(s)$沉淀-溶解平衡向沉淀溶解的正反应方向移动,因此 $Mg(OH)_2(s)$可溶于 NH_4Cl 溶液。

五、计算题

81. (1) 25 ℃时,该沉淀转化反应的标准平衡常数为

$$K^{\ominus} = \frac{c_{eq}(SO_4^{2-})}{c_{eq}(CrO_4^{2-})} = \frac{c_{eq}(SO_4^{2-}) \cdot c_{eq}(Pb^{2+})}{c_{eq}(CrO_4^{2-}) \cdot c_{eq}(Pb^{2+})} = \frac{K_{sp}^{\ominus}(PbSO_4)}{K_{sp}^{\ominus}(PbCrO_4)}$$

$$= \frac{1.8 \times 10^{-8}}{2.8 \times 10^{-13}} = 6.4 \times 10^4$$

(2) 溶液中 CrO_4^{2-} 浓度为

$$c_{eq}(CrO_4^{2-}) = \frac{c_{eq}(SO_4^{2-})}{K^{\ominus}}$$

$$= \frac{0.010 \text{ mol·L}^{-1}}{6.4 \times 10^4} = 1.6 \times 10^{-7} \text{ mol·L}^{-1}$$

82. 当 $c(Fe^{3+}) \leqslant 1.0 \times 10^{-5}$ mol·L^{-1}时,可认为 Fe^{3+} 沉淀完全。Fe^{3+} 沉淀完全时溶液的 OH^- 浓度和 pH 分别为

$$c_{eq}(OH^-) \geqslant \sqrt[3]{\frac{K_{sp}^{\ominus}[Fe(OH)_3]}{c_{eq}(Fe^{3+})}}$$

$$= \sqrt[3]{\frac{1.0 \times 10^{-38}}{1.0 \times 10^{-5}}} \text{ mol·L}^{-1} = 1.0 \times 10^{-11} \text{ mol·L}^{-1}$$

$$c_{eq}(H^+) \leqslant \frac{K_w^{\ominus}}{c_{eq}(OH^-)} = \frac{1.0 \times 10^{-14}}{1.0 \times 10^{-11}} \text{ mol·L}^{-1} = 1.0 \times 10^{-3} \text{ mol·L}^{-1}$$

$$pH \geqslant -lg(1.0 \times 10^{-3}) = 3.00$$

不生成 $Fe(OH)_2$ 沉淀时,溶液中 OH^- 浓度和 pH 分别为

$$c_{eq}(OH^-) \leqslant \sqrt{\frac{K_{sp}^{\ominus}[Fe(OH)_2]}{c_{eq}(Fe^{2+})}}$$

$$= \sqrt{\frac{1.0 \times 10^{-16}}{0.010}} \text{ mol·L}^{-1} = 1.0 \times 10^{-7} \text{ mol·L}^{-1}$$

$$c_{eq}(H^+) \geqslant \frac{1.0 \times 10^{-14}}{1.0 \times 10^{-7}} \, mol \cdot L^{-1} = 1.0 \times 10^{-7} \, mol \cdot L^{-1}$$

$$pH \leqslant -lg(1.0 \times 10^{-7}) = 7.00$$

需将溶液的 pH 控制在 3.00～7.00 范围内。

83. (1) 当 Cr^{3+} 沉淀完全时，$c(Cr^{3+}) \leqslant 1.0 \times 10^{-5} \, mol \cdot L^{-1}$，此时溶液中 OH^- 浓度和 pH 分别为

$$c(OH^-) \geqslant \sqrt[3]{\frac{K_{sp}^{\ominus}[Cr(OH)_3]}{c(Cr^{3+})}}$$

$$\geqslant \sqrt[3]{\frac{1.0 \times 10^{-32}}{1.0 \times 10^{-5}}} \, mol \cdot L^{-1} = 1.0 \times 10^{-9} \, mol \cdot L^{-1}$$

$$pH \geqslant pK_w^{\ominus} + lg\,c(OH^-) = 14.00 + lg(1.0 \times 10^{-9}) = 5.00$$

(2) 由反应式可知，将 0.10 mol $Cr(OH)_3$ 溶解在 1.0 L NaOH 溶液中时，$[Cr(OH)_4]^-$ 平衡浓度为 0.10 $mol \cdot L^{-1}$。此时溶液中 OH^- 浓度为

$$c_{eq}(OH^-) = \frac{c_{eq}\{[Cr(OH)_4]^-\}}{K^{\ominus}} = \frac{0.10}{0.50} \, mol \cdot L^{-1} = 0.20 \, mol \cdot L^{-1}$$

此 NaOH 溶液的初始浓度为

$$c_0(NaOH) = c_{eq}(OH^-) + c_{eq}\{[Cr(OH)_4]^-\}$$

$$= 0.20 \, mol \cdot L^{-1} + 0.10 \, mol \cdot L^{-1} = 0.30 \, mol \cdot L^{-1}$$

(3) 反应的标准平衡常数与 $[Cr(OH)_4]^-$ 的标准稳定常数之间的关系为

$$K^{\ominus} = \frac{c_{eq}\{[Cr(OH)_4]^-\}}{c_{eq}(OH^-)}$$

$$= \frac{c_{eq}(Cr^{3+}) \cdot [c_{eq}(OH^-)]^3 \cdot c_{eq}\{[Cr(OH)_4]^-\}}{c_{eq}(Cr^{3+}) \cdot [c_{eq}(OH^-)]^4}$$

$$= K_{sp}^{\ominus}[Cr(OH)_3] \cdot K_s^{\ominus}\{[Cr(OH)_4]^-\}$$

$[Cr(OH)_4]^-$ 的标准稳定常数为

$$K_s^{\ominus}\{[Cr(OH)_4]^-\} = \frac{K^{\ominus}}{K_{sp}^{\ominus}[Cr(OH)_3]}$$

$$= \frac{0.50}{1.0 \times 10^{-32}} = 5.0 \times 10^{31}$$

84. 反应方程式为

$$ZnS(s) + 2H^+(aq) \Longrightarrow Zn^{2+}(aq) + H_2S(aq)$$

反应的标准平衡常数为

$$K^{\ominus} = \frac{c_{eq}(Zn^{2+}) \cdot c_{eq}(H_2S)}{[c_{eq}(H^+)]^2} = \frac{K_{sp}^{\ominus}(ZnS)}{K_{a1}^{\ominus}(H_2S) \cdot K_{a2}^{\ominus}(H_2S)}$$

$$= \frac{1.0 \times 10^{-23}}{1.0 \times 10^{-8} \times 1.0 \times 10^{-15}} = 1.0$$

溶液中 H^+ 平衡浓度为

$$c_{eq}(H^+) = \sqrt{\frac{c_{eq}(Zn^{2+}) \cdot c_{eq}(H_2S)}{K^{\ominus}}}$$

$$= \sqrt{\frac{0.010 \times 0.010}{1.0}} \, mol \cdot L^{-1} = 0.010 \, mol \cdot L^{-1}$$

所需 HCl 溶液浓度为

$$c(HCl) = c_{eq}(H^+) + 2c_{eq}(H_2S)$$

$$= 0.010 \, mol \cdot L^{-1} + 2 \times 0.010 \, mol \cdot L^{-1} = 0.030 \, mol \cdot L^{-1}$$

HCl 溶液的最低浓度为 $0.030 \, mol \cdot L^{-1}$。

85. （1）$CaCO_3(s)$ 在水中的溶解度为

$$s_1 = \sqrt{K_{sp}^{\ominus}(CaCO_3)} = \sqrt{4.9 \times 10^{-9}} \, mol \cdot L^{-1} = 7.0 \times 10^{-5} \, mol \cdot L^{-1}$$

（2）$CaCO_3(s)$ 在 $1.0 \times 10^{-3} \, mol \cdot L^{-1}$ Na_2CO_3 溶液中的溶解度为

$$s_2 = c_{eq}(Ca^{2+}) = \frac{K_{sp}^{\ominus}(CaCO_3)}{c_{eq}(CO_3^{2-})}$$

$$= \frac{4.9 \times 10^{-9}}{1.0 \times 10^{-3}} \, mol \cdot L^{-1} = 4.9 \times 10^{-6} \, mol \cdot L^{-1}$$

第七章　氧化还原反应与电极电势

思考题解答

1. 什么是氧化值? 确定氧化值的规则有哪些?

答：氧化值是某种元素一个原子的荷电数,这个荷电数是假定把每个化学键中的电子指定给电负性较大的元素的原子而求得。确定元素的氧化值的一般规则如下：

(1) 在单质中,元素的氧化值为零;

(2) H 元素在化合物中的氧化值一般为 +1,但在活泼金属氢化物中为 -1;

(3) O 元素在化合物中的氧化值一般为 -2,但在氟化物 O_2F_2 和 OF_2 中分别为 +1 和 +2,而在过氧化物中为 -1;

(4) 在单原子离子中,元素的氧化值等于离子的电荷数;在多原子离子中,各元素的氧化值的代数和等于该离子的电荷数。

(5) 在分子中,各元素的氧化值的代数和等于零。

2. 指出下列物质中标 * 号元素原子的氧化值或平均氧化值：

$$\overset{*}{C}u_2O,\ K_2\overset{*}{O}_2,\ K\overset{*}{O}_2,\ \overset{*}{P}_4,\ Ca\overset{*}{H}_2,\ Na_2\overset{*}{S}_4O_6,\ H\overset{*}{N}_3,\ H\overset{*}{C}HO,\ \overset{*}{C}H_4,\ \overset{*}{C}H_3Cl$$

答：Cu_2O 中 Cu 元素的氧化值为 +1;K_2O_2 中 O 元素的氧化值为 -1;KO_2 中 O 元素的氧化值为 -0.5;P_4 中 P 元素的氧化值为 0;CaH_2 中 H 元素的氧化值为 -1;$Na_2S_4O_6$ 中 S 元素的平均氧化值为 2.5;HN_3 中 N 元素的平均氧化值为 -1/3;HCHO 中 C 元素的氧化值为 0;CH_4 中 C 元素的氧化值为 -4;CH_3Cl 中 C 元素的氧化值为 -2。

3. 下列物质中哪些只能作氧化剂? 哪些只能作还原剂? 哪些既能作氧化剂,又能作还原剂?

$$Na_2S,\ HClO_4,\ KMnO_4,\ FeSO_4,\ Na_2SO_3,\ Zn,\ HNO_2,\ H_2O_2,\ I_2$$

答：Na_2S 中 S 元素的氧化值为 -2,是 S 元素的最低氧化值,在氧化还原反应中氧化值只能升高,因此 Na_2S 只能作还原剂。

$HClO_4$ 中 Cl 元素的氧化值为 +7,为 Cl 元素的最高氧化值,在氧化还原反应中 Cl 元素的氧化值只能降低,因此 $HClO_4$ 只能作氧化剂。

$KMnO_4$ 中 Mn 元素的氧化值为 +7,为 Mn 元素的最高氧化值,在氧化还原反应中 Mn 元素的氧化值只能降低,因此 $KMnO_4$ 只能作氧化剂。

$FeSO_4$ 中 Fe 元素的氧化值为 +2,为 Fe 元素的中间氧化值,在氧化还原反应中 Fe 元素的氧化值既能降低也能升高,因此 $FeSO_4$ 既能作氧化剂,又能作还原剂。

Na_2SO_3 中 S 元素的氧化值为 +4,为 S 元素的中间氧化值,在氧化还原反应中 S 元素的氧化值既能降低又能升高,因此 Na_2SO_3 既能作氧化剂,又能作还原剂。

Zn 中 Zn 元素的氧化值为 0,为 Zn 元素的最低氧化值,在氧化还原反应中 Zn 元素的氧化值只能升高,因此 Zn 只能作还原剂。

HNO_2 中 N 元素的氧化值为 $+3$,为 N 元素的中间氧化值,在氧化还原反应中 N 元素的氧化值既能降低又能升高,因此 HNO_2 既能作氧化剂,又能作还原剂。

H_2O_2 中 O 元素的氧化值为 -1,为 O 元素的中间氧化值,在氧化还原反应中 O 元素的氧化值既能降低又能升高,因此 H_2O_2 既能作氧化剂,又能作还原剂。

I_2 中 I 元素的氧化值为 0,为 I 元素的中间氧化值,在氧化还原反应中 I 元素的氧化值既能降低又能升高,因此 I_2 既能作氧化剂,又能作还原剂。

4. 什么是氧化反应？什么是还原反应？什么是氧化还原反应？

答：元素的氧化值升高的反应称为氧化反应。元素的氧化值降低的反应称为还原反应。元素的氧化值发生了变化的化学反应称为氧化还原反应。

5. 什么是氧化剂？什么是还原剂？

答：在氧化还原反应中,所含元素的氧化值降低的物质称为氧化剂;所含元素的氧化值升高的物质称为还原剂。在氧化还原反应中,氧化剂发生还原反应,而还原剂发生氧化反应。

6. 用氧化值法配平氧化还原反应方程式的原则是什么？

答：配平氧化还原反应方程式必须遵守下列两个原则：

(1) 还原剂的氧化值升高总值必须等于氧化剂的氧化值降低总值;

(2) 遵守质量守恒定律,反应物中各元素原子总数必须等于生成物中各元素原子的总数。

7. 什么是氧化还原电对？如何表示氧化还原电对？

答：在氧化还原反应中,通常把氧化剂及其还原产物或还原剂及其氧化产物称为氧化还原电对。在氧化还原电对中,把含较高氧化值元素的物质称为氧化型物质,把含较低氧化值元素的物质称为还原型物质。氧化还原电对可表示为氧化型物质/还原型物质。

8. 将下列氧化还原反应设计成原电池,写出原电池符号：

(1) $2Fe^{3+}(aq) + 2I^-(aq) \Longrightarrow 2Fe^{2+}(aq) + I_2(s)$

(2) $Cd(s) + Cl_2(g) \Longrightarrow Cd^{2+}(aq) + 2Cl^-(aq)$

(3) $5Fe^{2+}(aq) + MnO_4^-(aq) + 8H^+(aq) \Longrightarrow 5Fe^{3+}(aq) + Mn^{2+}(aq) + 4H_2O(l)$

答：原电池的正极发生还原反应,负极发生氧化反应。因此,在把氧化还原反应设计成原电池时,发生还原反应的电对为原电池正极,发生氧化反应的电对为原电池负极。

(1) 电对 Fe^{3+}/Fe^{2+} 发生还原反应,为原电池正极;电对 I_2/I^- 发生氧化反应,为原电池负极。原电池符号为

$$(-)Pt \mid I_2(s) \mid I^-(c_1) \; \vdots\vdots \; Fe^{3+}(c_2), Fe^{2+}(c_3) \mid Pt(+)$$

(2) 电对 Cl_2/Cl^- 发生还原反应,为原电池正极;电对 Cd^{2+}/Cd 发生氧化反应,为原电池负极。原电池符号为

$$(-)Cd \mid Cd^{2+}(c_1) \; \vdots\vdots \; Cl^-(c_2) \mid Cl_2(p) \mid Pt(+)$$

(3) 电对 MnO_4^-/Mn^{2+} 发生还原反应,为原电池正极;电对 Fe^{3+}/Fe^{2+} 发生氧化反应,为原电池负极。原电池符号为

$$(-)\mathrm{Pt}\,|\,\mathrm{Fe}^{3+}(c_1),\mathrm{Fe}^{2+}(c_2)\,\|\,\mathrm{Mn}^{2+}(c_3),\mathrm{H}^+(c_4),\mathrm{MnO}_4^-(c_5)\,|\,\mathrm{Pt}(+)$$

9. 电对的标准电极电势的正、负号是怎样确定的?

答:电对的标准电极电势的正、负号是以标准氢电极的电极电势为比较基准确定的。电对的标准电极电势大于标准氢电极的电极电势时,该电对的标准电极电势为正值;电对的标准电极电势小于标准氢电极的电极电势时,该电对的标准电极电势为负值。

10. 举例说明电极电势与有关离子浓度或有关气体分压之间的关系。

答:当氧化还原电对中的氧化型物质或还原型物质为稀溶液中的溶质时,该氧化还原电对的电极电势与氧化型物质或还原型物质的浓度有关。例如,对于电对 $\mathrm{Zn}^{2+}/\mathrm{Zn}$,298.15 K 时其电极电势与 Zn^{2+} 浓度的关系为

$$E(\mathrm{Zn}^{2+}/\mathrm{Zn})=E^{\ominus}(\mathrm{Zn}^{2+}/\mathrm{Zn})+\frac{0.059\,16\ \mathrm{V}}{2}\lg c(\mathrm{Zn}^{2+})$$

当氧化还原电对中的氧化型物质或还原型物质为气体时,该电对的电极电势还与气体的分压有关。例如,298.15 K 时电对 $\mathrm{Cl}_2/\mathrm{Cl}^-$ 的电极电势与 Cl_2 的分压之间的关系为

$$E(\mathrm{Cl}_2/\mathrm{Cl}^-)=E^{\ominus}(\mathrm{Cl}_2/\mathrm{Cl}^-)+\frac{0.059\,16\ \mathrm{V}}{2}\lg\frac{p(\mathrm{Cl}_2)/p^{\ominus}}{[c(\mathrm{Cl}^-)]^2}$$

11. 如何判断原电池的正极和负极? 如何计算原电池的电动势?

答:原电池由两个氧化还原电对组成,其中电极电势较大的电对为原电池正极,电极电势较小的电对为原电池负极。

原电池的电动势 E 等于正极的电极电势 E_+ 减去负极的电极电势 E_-:

$$E=E_+-E_-$$

12. 同种金属与其金属离子的盐溶液能否组成原电池? 若能组成原电池,则盐溶液的浓度必须满足什么条件?

答:将同种金属插入两种浓度不同的该金属离子的盐溶液能组成原电池,通常称为浓差电池。但金属离子的盐溶液的浓度必须不同,其中金属插入的浓度较大的盐溶液中构成的电对为正极,而金属插入浓度较小的盐溶液中构成的电对为负极。

13. 从能斯特方程可以反映出影响电极电势的因素有哪些?

答:由能斯特方程可以看出,电对的电极电势主要取决于标准电极电势,而标准电极电势主要取决于电对本身的性质,因此电对的电极电势主要取决于电对本身的性质。此外,影响电极电势的因素还有热力学温度、氧化型物质或还原型物质的浓度或分压,对于有 H^+ 或 OH^- 参加的电极反应,电极电势还与溶液的 pH 有关。

14. 根据标准电极电势,判断 298.15 K、标准状态下下列氧化剂在酸性介质中的氧化性由强到弱的顺序:

$$\mathrm{Cl}_2,\ \mathrm{MnO}_4^-,\ \mathrm{Cu}^{2+},\ \mathrm{Fe}^{3+},\ \mathrm{Br}_2,\ \mathrm{Cr}_2\mathrm{O}_7^{2-}$$

答:电对的标准电极电势越大,电对中的氧化值物质在标准状态下的氧化性就越强。由教材附录查出 298.15 K 时上述电对在酸性介质中的标准电极电势的相对大小为

$$E^{\ominus}(MnO_4^-/Mn^{2+}) > E^{\ominus}(Cl_2/Cl^-) > E^{\ominus}(Cr_2O_7^{2-}/Cr^{3+}) > E^{\ominus}(Br_2/Br^-)$$
$$> E^{\ominus}(Fe^{3+}/Fe^{2+}) > E^{\ominus}(Cu^{2+}/Cu)$$

因此,298.15 K、标准状态下上述氧化剂在酸性介质中的氧化性由强到弱的顺序为

$$MnO_4^- > Cl_2 > Cr_2O_7^{2-} > Br_2 > Fe^{3+} > Cu^{2+}$$

15. 根据标准电极电势,判断 298.15 K、标准状态下下列还原剂在酸性介质中的还原性由强到弱的顺序:

$$Fe^{2+}, \ Sn^{2+}, \ Cl^-, \ Zn, \ Cu, \ I^-, \ Hg_2^{2+}$$

答:电对的电极电势越小,在给定条件下电对的还原型物质的还原能力就越强。由教材附录查出 298.15 K 时在酸性介质中电对的标准电极电势的相对大小为

$$E^{\ominus}(Zn^{2+}/Zn) < E^{\ominus}(Sn^{4+}/Sn^{2+}) < E^{\ominus}(Cu^{2+}/Cu) < E^{\ominus}(I_2/I^-)$$
$$< E^{\ominus}(Fe^{3+}/Fe^{2+}) < E^{\ominus}(Hg^{2+}/Hg_2^{2+}) < E^{\ominus}(Cl_2/Cl^-)$$

因此,298.15 K、标准状态下上述还原剂在酸性介质中的还原性由强到弱的顺序为

$$Zn > Sn^{2+} > Cu > I^- > Fe^{2+} > Hg_2^{2+} > Cl^-$$

16. 在酸性溶液中,当 H^+ 浓度增大时,下列氧化剂的氧化能力是增强、减弱还是不变?
(1) H_2O_2 (2) $Cr_2O_7^{2-}$ (3) Cl_2 (4) Fe^{3+}
答:电对的电极电势越大,电对中的氧化型物质的氧化能力就越强。
(1) 电对的电极反应式为

$$H_2O_2 + 2H^+ + 2e^- \rightleftharpoons 2H_2O$$

氧化剂所在电对的能斯特方程为

$$E(H_2O_2/H_2O) = E^{\ominus}(H_2O_2/H_2O) + \frac{RT}{2F}\ln\{c(H_2O_2) \cdot [c(H^+)]^2\}$$

由上式可以看出,当 T 不变、H^+ 浓度增大时,$E(H_2O_2/H_2O)$ 随之增大,H_2O_2 的氧化能力增强。
(2) 电对的电极反应式

$$Cr_2O_7^{2-} + 14H^+ + 6e^- \rightleftharpoons 2Cr^{3+} + 7H_2O$$

氧化剂所在电对的能斯特方程为

$$E(Cr_2O_7^{2-}/Cr^{3+}) = E^{\ominus}(Cr_2O_7^{2-}/Cr^{3+}) + \frac{RT}{6F}\ln\frac{c(Cr_2O_7^{2-}) \cdot [c(H^+)]^{14}}{[c(Cr^{3+})]^2}$$

由上式可看出,当 T 不变、H^+ 浓度增大时,$E(Cr_2O_7^{2-}/Cr^{3+})$ 随之增大,$K_2Cr_2O_7$ 的氧化能力增强。
(3) 电对的电极反应式为

$$Cl_2 + 2e^- \rightleftharpoons 2Cl^-$$

氧化剂所在电对的能斯特方程式为

$$E(\text{Cl}_2/\text{Cl}^-)=E^{\ominus}(\text{Cl}_2/\text{Cl}^-)+\frac{RT}{2F}\ln\frac{p(\text{Cl}_2)/p^{\ominus}}{[c(\text{Cl}^-)]^2}$$

由上式可看出,当 T 不变、H^+ 浓度增大时,$E(\text{Cl}_2/\text{Cl}^-)$ 不变,Cl_2 的氧化能力不变。

(4) 电对的电极反应式为

$$\text{Fe}^{3+}+\text{e}^-\Longleftrightarrow\text{Fe}^{2+}$$

氧化剂所在电对的能斯特方程为

$$E(\text{Fe}^{3+}/\text{Fe}^{2+})=E^{\ominus}(\text{Fe}^{3+}/\text{Fe}^{2+})+\frac{RT}{F}\ln\frac{c(\text{Fe}^{3+})}{c(\text{Fe}^{2+})}$$

由上式可以看出,当 T 不变、H^+ 浓度增大时,$E(\text{Fe}^{3+}/\text{Fe}^{2+})$ 不变,Fe^{3+} 的氧化能力不变。

17. 什么是电对的电极电势?电极电势有哪些实际应用?

答:某电对的电极电势就是在一定温度下该电对作为正极与标准氢电极组成的原电池的电动势。

电对的电极电势有如下应用:

(1) 比较氧化剂和还原剂的相对强弱;

(2) 计算原电池的电动势;

(3) 判断氧化还原反应的方向;

(4) 确定氧化还原反应进行的限度。

18. 下列两个氧化还原反应:

$$2\text{Fe}^{3+}+2\text{Br}^-=\!=\!2\text{Fe}^{2+}+\text{Br}_2$$

$$\text{Fe}^{3+}+\text{Br}^-=\!=\!\text{Fe}^{2+}+\frac{1}{2}\text{Br}_2$$

它们的标准电动势、标准摩尔吉布斯自由能变和标准平衡常数是否相等?

答:电动势为强度性质,与反应物和生成物的化学计量数无关,因此两个反应的标准电动势相等。标准摩尔吉布斯自由能变和标准平衡常数都与反应物和生成物的化学计量数有关,因此两个反应的标准摩尔吉布斯自由能变不相等,两个反应的标准平衡常数也不相等。

19. 根据同一条件下发生的下列反应:

$$2\text{I}^-+2\text{Fe}^{3+}=\!=\!\text{I}_2+2\text{Fe}^{2+}$$

$$\text{Br}_2+2\text{Fe}^{2+}=\!=\!2\text{Br}^-+2\text{Fe}^{3+}$$

判断 Br_2/Br^-、I_2/I^- 和 $\text{Fe}^{3+}/\text{Fe}^{2+}$ 三个电对的电极电势的相对大小。

答:由于第一个反应能正向进行,表明氧化剂所在电对的电极电势大于还原剂所在电对的电极电势,即 $E(\text{Fe}^{3+}/\text{Fe}^{2+})>E(\text{I}_2/\text{I}^-)$。又由于第二个反应也能正向进行,表明 $E(\text{Br}_2/\text{Br}^-)>E(\text{Fe}^{3+}/\text{Fe}^{2+})$。因此,三个电对的电极电势的相对大小为 $E(\text{Br}_2/\text{Br}^-)>E(\text{Fe}^{3+}/\text{Fe}^{2+})>E(\text{I}_2/\text{I}^-)$。

20. 分别往铜-锌原电池中的铜半电池或锌半电池中加入氨水,原电池电动势怎样变化?

答:在铜-锌原电池中,铜电极为正极,锌电极为负极,原电池的电动势为

$$E=E(\text{Cu}^{2+}/\text{Cu})-E(\text{Zn}^{2+}/\text{Zn})$$

在铜半电池中加氨水时，Cu^{2+} 与 NH_3 生成配离子 $[Cu(NH_3)_4]^{2+}$，使 Cu^{2+} 浓度减小，铜电极的电极电势减小，因此原电池的电动势减小。

在锌半电池中加氨水时，Zn^{2+} 与 NH_3 生成配离子 $[Zn(NH_3)_4]^{2+}$，使 Zn^{2+} 浓度减小，锌电极的电极电势减小，因此原电池的电动势增大。

21. 利用 298.15 K 时有关电对的标准电极电势，回答下列问题：

(1) 在 298.15 K、标准状态下，I_2 能否将 Mn^{2+} 氧化为 MnO_2？

(2) 在 298.15 K、标准状态下，$KMnO_4$ 在酸性溶液中能否将 Fe^{2+} 氧化为 Fe^{3+}？

(3) 在 298.15 K、标准状态下，Sn^{2+} 能否将 Fe^{3+} 还原为 Fe^{2+}？

(4) 在 298.15 K、标准状态下，Sn^{2+} 能否将 Fe^{2+} 还原为 Fe？

答：在氧化还原反应中，电极电势较大电对中的氧化型物质能氧化电极电势较小电对中的还原型物质，即电极电势较小电对中的还原型物质能还原电极电势较大电对中的氧化型物质。

(1) 已知 $E^{\ominus}(I_2/I^-)=0.5345\ V$，$E^{\ominus}(MnO_2/Mn^{2+})=1.2293\ V$。由于 $E^{\ominus}(I_2/I^-)<E^{\ominus}(MnO_2/Mn^{2+})$，因此在标准状态下 I_2 不能将 Mn^{2+} 氧化为 MnO_2。

(2) 已知 $E^{\ominus}(MnO_4^-/Mn^{2+})=1.512\ V$，$E^{\ominus}(Fe^{3+}/Fe^{2+})=0.769\ V$。由于 $E^{\ominus}(MnO_4^-/Mn^{2+})>E^{\ominus}(Fe^{3+}/Fe^{2+})$，因此标准状态下在酸性溶液中 $KMnO_4$ 能把 Fe^{2+} 氧化为 Fe^{3+}。反应的离子方程式为

$$MnO_4^- + 5Fe^{2+} + 8H^+ \Longrightarrow Mn^{2+} + 5Fe^{3+} + 4H_2O$$

(3) 已知 $E^{\ominus}(Sn^{4+}/Sn^{2+})=0.1539\ V$，$E^{\ominus}(Fe^{3+}/Fe^{2+})=0.769\ V$。由于 $E^{\ominus}(Sn^{4+}/Sn^{2+})<E^{\ominus}(Fe^{3+}/Fe^{2+})$，因此在标准状态下 Sn^{2+} 能将 Fe^{3+} 还原为 Fe^{2+}。反应的离子方程式为

$$Sn^{2+} + 2Fe^{3+} \Longrightarrow Sn^{4+} + 2Fe^{2+}$$

(4) 已知 $E^{\ominus}(Sn^{4+}/Sn^{2+})=0.1539\ V$，$E^{\ominus}(Fe^{2+}/Fe)=-0.4089\ V$。由于 $E^{\ominus}(Sn^{4+}/Sn^{2+})>E^{\ominus}(Fe^{2+}/Fe)$，因此在标准状态下 Sn^{2+} 不能将 Fe^{2+} 还原为 Fe。

22. 已知 298.15 K 时，$E^{\ominus}(Cl_2/Cl^-)=1.360\ V$，$E^{\ominus}(MnO_2/Mn^{2+})=1.2293\ V$。判断反应：

$$MnO_2(s) + 4HCl(aq) \Longrightarrow MnCl_2(aq) + Cl_2(g) + 2H_2O(l)$$

在 298.15 K、标准状态下的自发性。这与实验室制 Cl_2 的方法是否矛盾？为什么？

答：由于 $E^{\ominus}(MnO_2/Mn^{2+})<E^{\ominus}(Cl_2/Cl^-)$，因此在 298.15 K、标准状态下上述反应逆向进行。但这与实验室制 Cl_2 并不矛盾，由于两个电对的标准电极电势相近，通过改变电对中有关物质的浓度，就能改变两个电对的电极电势的相对大小。实验室是用 MnO_2 晶体与浓盐酸反应制取 Cl_2，从两个电对的能斯特方程可以看出，使用浓盐酸，既降低了电对 Cl_2/Cl^- 的电极电势，又增大了电对 MnO_2/Mn^{2+} 的电极电势，结果使 $E(MnO_2/Mn^{2+})>E(Cl_2/Cl^-)$，反应正向进行。

23. 某溶液中含 Cl^-、Br^- 和 I^- 三种离子，欲将 I^- 氧化成 I_2，而又不使 Br^- 和 Cl^- 氧化。在常用的氧化剂 $Fe_2(SO_4)_3$ 和 $KMnO_4$ 中，选择哪一种氧化剂能符合上述要求？

答：已知：$E^{\ominus}(Cl_2/Cl^-)=1.360\ V$，$E^{\ominus}(Br_2/Br^-)=1.0774\ V$，$E^{\ominus}(I_2/I^-)=0.5345\ V$，$E^{\ominus}(Fe^{3+}/Fe^{2+})=0.769\ V$，$E^{\ominus}(MnO_4^-/Mn^{2+})=1.512\ V$。电极电势较大的电对中的氧化型

物质能将电极电势较小的电对中的还原型物质氧化。由上述电对的标准电极电势的数据可以看出，MnO_4^- 可将 Cl^-、Br^-、I^- 分别氧化成 Cl_2、Br_2、I_2，故 $KMnO_4$ 不符合要求。而 $E^{\ominus}(Fe^{3+}/Fe^{2+})$ 比 $E^{\ominus}(I_2/I^-)$ 大，却比 $E^{\ominus}(Cl_2/Cl^-)$ 和 $E^{\ominus}(Br_2/Br^-)$ 小，故 Fe^{3+} 能把 I^- 氧化成 I_2，而不能氧化 Cl^- 和 Br^-。因此，$Fe_2(SO_4)_3$ 符合上述要求。

24. 如何判断氧化还原反应进行的限度？如何根据电极电势计算氧化还原反应的标准平衡常数？

答：氧化还原反应的标准平衡常数越大，氧化还原反应进行的限度越大，所设计的原电池的标准电动势也就越大，因此可利用原电池的标准电动势来估算反应进行的限度。按一般规则，若 $z=1$，在 298.15 K 下当 $E^{\ominus} \geqslant 0.4$ V 时，正向反应进行的限度足够大，可以进行完全。

利用组成原电池的两个电极的标准电极电势，可以计算所对应的氧化还原反应的标准平衡常数。计算公式为

$$\ln K^{\ominus} = \frac{zF(E_+^{\ominus} - E_-^{\ominus})}{RT}$$

式中，$E_+^{\ominus}$ 为正极的标准电极电势；$E_-^{\ominus}$ 为负极的标准电极电势。

25. 氧化还原反应的摩尔吉布斯自由能变与所设计的原电池的电动势之间的关系如何？由此关系式可得到什么重要推论？

答：从理论上讲，任何一个氧化还原都可以设计成原电池。氧化还原反应的摩尔吉布斯自由能变与所设计的原电池的电动势之间的关系式为

$$\Delta_r G_m = -zFE$$

由上述关系式得到如下三点重要结论：

(1) 当 $E > 0$ 时，在等温、等压、不做非体积功条件下氧化还原反应正向自发进行；

(2) 当 $E = 0$ 时，在等温、等压、不做非体积功条件下氧化还原反应处于平衡状态；

(3) 当 $E < 0$ 时，在等温、等压、不做非体积功条件下氧化还原反应逆向自发进行。

26. 什么是元素标准电极电势图？它有哪些主要应用？

答：将含有同一种元素的不同氧化值的物质按此元素的氧化值从高到低由左向右依次排列，并将不同的物质之间用直线连接起来，在直线上标明两种物质组成的电对的标准电极电势，这种表明含同一元素的不同氧化值的物质之间组成的氧化还原电对的标准电极电势的关系图称为元素电势图。元素电势图的主要应用是判断歧化反应在标准状态下能否发生和计算有关电对的标准电极电势。

27. 什么是歧化反应？如何判断歧化反应能否发生？

答：氧化值的升高和氧化值的降低发生在同一物质中的同一种元素上的氧化还原反应称为歧化反应。利用元素标准电极电势图，可以判断歧化反应在标准状态下能否发生。在下列元素标准电极电势图中：

$$A \xrightarrow{E_{\overline{左}}^{\ominus}} B \xrightarrow{E_{\overline{右}}^{\ominus}} C$$

当 $E_{\overline{右}}^{\ominus} > E_{\overline{左}}^{\ominus}$ 时，$E^{\ominus}(B/C) > E^{\ominus}(A/B)$，B 既是电极电势较大电对 B/C 中的氧化型物质，在反应

中作氧化剂；又是电极电势较小电对 A/B 中的还原型物质，在反应中又作还原剂。因此，B 可以发生歧化反应。而当 $E^{\ominus}_{左} > E^{\ominus}_{右}$ 时，B 的歧化反应不能发生。

28. 简述直接电势法测定溶液 pH 的基本原理。

答：用直接电势法测定待测溶液的 pH 时，以玻璃电极（指示电极）为负极，以饱和甘汞电极（参比电极）为正极，插入待测溶液中组成原电池。该原电池的电动势与待测溶液 pH 之间的关系为

$$E = K + \frac{2.303\,RT}{F}\mathrm{pH}$$

如果常数 K 已知，测定出该原电池的电动势，就可由上式求算出待测溶液 pH。

习 题 解 答

1. 用离子-电子法配平下列氧化还原反应方程式：

(1) $KMnO_4 + K_2SO_3 + H_2O \longrightarrow MnO_2 + K_2SO_4 + KOH$

(2) $KMnO_4 + H_2O_2 + H_2SO_4 \longrightarrow MnSO_4 + O_2\uparrow + H_2O$

(3) $K_2Cr_2O_7 + H_2O_2 + H_2SO_4 \longrightarrow Cr_2(SO_4)_3 + O_2\uparrow + H_2O$

(4) $Na_2S_2O_3 + I_2 \longrightarrow Na_2S_4O_6 + NaI$

(5) $Cu + HNO_3 \longrightarrow Cu(NO_3)_2 + NO\uparrow + H_2O$

解：配平步骤略。

(1) $2KMnO_4 + 3K_2SO_3 + H_2O \Longrightarrow 2MnO_2 + 3K_2SO_4 + 2KOH$

(2) $2KMnO_4 + 5H_2O_2 + 3H_2SO_4 \Longrightarrow 2MnSO_4 + K_2SO_4 + 5O_2\uparrow + 8H_2O$

(3) $K_2Cr_2O_7 + 3H_2O_2 + 4H_2SO_4 \Longrightarrow Cr_2(SO_4)_3 + K_2SO_4 + 3O_2\uparrow + 7H_2O$

(4) $2Na_2S_2O_3 + I_2 \Longrightarrow Na_2S_4O_6 + 2NaI$

(5) $3Cu + 8HNO_3 \Longrightarrow 3Cu(NO_3)_2 + 2NO\uparrow + 4H_2O$

2. 计算下列电极反应在 298.15 K 时的电极电势：

(1) $Fe^{3+}(0.10\ \mathrm{mol \cdot L^{-1}}) + e^- \Longrightarrow Fe^{2+}(0.010\ \mathrm{mol \cdot L^{-1}})$

(2) $Hg_2Cl_2(s) + 2e^- \Longrightarrow 2Hg(l) + 2Cl^-(0.010\ \mathrm{mol \cdot L^{-1}})$

(3) $MnO_4^-(0.0010\ \mathrm{mol \cdot L^{-1}}) + 8H^+(0.10\ \mathrm{mol \cdot L^{-1}}) + 5e^- \Longrightarrow$
$$Mn^{2+}(0.010\ \mathrm{mol \cdot L^{-1}}) + 4H_2O(l)$$

解：(1) 298.15 K 时，电对 Fe^{3+}/Fe^{2+} 的电极电势为

$$E(Fe^{3+}/Fe^{2+}) = E^{\ominus}(Fe^{3+}/Fe^{2+}) + 0.059\,16\ \mathrm{V} \times \lg \frac{c(Fe^{3+})}{c(Fe^{2+})}$$

$$= 0.769\ \mathrm{V} + 0.059\,16\ \mathrm{V} \times \lg \frac{0.10}{0.010} = 0.828\ \mathrm{V}$$

(2) 298.15 K 时，电对 Hg_2Cl_2/Hg 的电极电势为

174 第七章 氧化还原反应与电极电势

$$E(\mathrm{Hg_2Cl_2/Hg}) = E^{\ominus}(\mathrm{Hg_2Cl_2/Hg}) + 0.059\,16\ \mathrm{V} \times \lg\frac{1}{c(\mathrm{Cl^-})}$$

$$= 0.268\,0\ \mathrm{V} + 0.059\,16\ \mathrm{V} \times \lg\frac{1}{0.010} = 0.386\,3\ \mathrm{V}$$

（3）298.15 K 时，电对 $\mathrm{MnO_4^-/Mn^{2+}}$ 的电极电势为

$$E(\mathrm{MnO_4^-/Mn^{2+}}) = E^{\ominus}(\mathrm{MnO_4^-/Mn^{2+}})$$

$$+ \frac{0.059\,16\ \mathrm{V}}{5}\lg\frac{c(\mathrm{MnO_4^-})\cdot[c(\mathrm{H^+})]^8}{c(\mathrm{Mn^{2+}})}$$

$$= 1.512\ \mathrm{V} + \frac{0.059\,16\ \mathrm{V}}{5}\lg\frac{0.001\,0\times(0.10)^8}{0.010}$$

$$= 1.406\ \mathrm{V}$$

3. 将铜片插入 $0.10\ \mathrm{mol\cdot L^{-1}}$ $\mathrm{CuSO_4}$ 溶液中，将银片插入 $0.10\ \mathrm{mol\cdot L^{-1}}$ $\mathrm{AgNO_3}$ 溶液中组成原电池。

（1）写出该原电池的符号；

（2）写出电极反应和电池反应；

（3）计算该原电池的电动势。

解：298.15 K 时，电对 $\mathrm{Cu^{2+}/Cu}$ 和 $\mathrm{Ag^+/Ag}$ 的电极电势分别为

$$E(\mathrm{Cu^{2+}/Cu}) = E^{\ominus}(\mathrm{Cu^{2+}/Cu}) + \frac{0.059\,16\ \mathrm{V}}{2}\lg c(\mathrm{Cu^{2+}})$$

$$= 0.339\,4\ \mathrm{V} + \frac{0.059\,16\ \mathrm{V}}{2}\times\lg 0.10 = 0.310\ \mathrm{V}$$

$$E(\mathrm{Ag^+/Ag}) = E^{\ominus}(\mathrm{Ag^+/Ag}) + 0.059\,16\ \mathrm{V}\times\lg c(\mathrm{Ag^+})$$

$$= 0.799\,1\ \mathrm{V} + 0.059\,16\ \mathrm{V}\times\lg 0.10 = 0.740\ \mathrm{V}$$

由于 $E(\mathrm{Ag^+/Ag}) > E(\mathrm{Cu^{2+}/Cu})$，组成原电池时，电对 $\mathrm{Ag^+/Ag}$ 为正极，电对 $\mathrm{Cu^{2+}/Cu}$ 为负极。

（1）原电池的符号为

$$(-)\mathrm{Cu}\,|\,\mathrm{Cu^{2+}}(0.10\ \mathrm{mol\cdot L^{-1}})\ \|\ \mathrm{Ag^+}(0.10\ \mathrm{mol\cdot L^{-1}})\,|\,\mathrm{Ag}(+)$$

（2）正极反应为

$$\mathrm{Ag^+ + e^- \longrightarrow Ag}$$

负极反应为

$$\mathrm{Cu \longrightarrow Cu^{2+} + 2e^-}$$

电池反应为

$$2\mathrm{Ag^+ + Cu} \Longrightarrow 2\mathrm{Ag} + \mathrm{Cu^{2+}}$$

（3）原电池的电动势为

$$E = E_+ - E_- = E(\text{Ag}^+/\text{Ag}) - E(\text{Cu}^{2+}/\text{Cu})$$
$$= 0.740 \text{ V} - 0.310 \text{ V} = 0.430 \text{ V}$$

4. 有一原电池：

$$(-)\text{Pt},\text{H}_2(50 \text{ kPa})|\text{H}^+(0.50 \text{ mol·L}^{-1}) \,\|\, \text{Sn}^{4+}(c^{\ominus}),$$
$$\text{Sn}^{2+}(0.50 \text{ mol·L}^{-1})|\text{Pt}(+)$$

(1) 写出半电池反应；

(2) 写出原电池反应；

(3) 计算 298.15 K 时原电池的电动势 E；

(4) 当电动势 $E = 0$ 时，若 $p_{eq}(\text{H}_2)$ 和 $c_{eq}(\text{H}^+)$ 仍与反应刚开始时相等，则 $\dfrac{c_{eq}(\text{Sn}^{4+})}{c_{eq}(\text{Sn}^{2+})}$ 为多少？

解：（1）正极反应和负极反应分别为

$$\text{Sn}^{4+} + 2\text{e}^- \longrightarrow \text{Sn}^{2+}$$
$$\text{H}_2 \longrightarrow 2\text{H}^+ + 2\text{e}^-$$

(2) 原电池反应为

$$\text{Sn}^{4+} + \text{H}_2 \Longrightarrow \text{Sn}^{2+} + 2\text{H}^+$$

(3) 298.15 K 时，电对 $\text{Sn}^{4+}/\text{Sn}^{2+}$ 和 H^+/H_2 的电极电势分别为

$$E(\text{Sn}^{4+}/\text{Sn}^{2+}) = E^{\ominus}(\text{Sn}^{4+}/\text{Sn}^{2+}) + \frac{0.059\,16 \text{ V}}{2}\lg\frac{c(\text{Sn}^{4+})}{c(\text{Sn}^{2+})}$$
$$= 0.153\,9 \text{ V} + \frac{0.059\,16 \text{ V}}{2}\lg\frac{1.0}{0.50} = 0.163 \text{ V}$$

$$E(\text{H}^+/\text{H}_2) = E^{\ominus}(\text{H}^+/\text{H}_2) + \frac{0.059\,16 \text{ V}}{2}\lg\frac{[c(\text{H}^+)]^2}{p(\text{H}_2)/p^{\ominus}}$$
$$= 0.000 \text{ V} + \frac{0.059\,16 \text{ V}}{2}\times\lg\frac{0.50^2}{50/100} = -0.009 \text{ V}$$

原电池的电动势为

$$E = E_+ - E_- = E(\text{Sn}^{4+}/\text{Sn}^{2+}) - E(\text{H}^+/\text{H}_2)$$
$$= 0.163 \text{ V} - (-0.009 \text{ V}) = 0.172 \text{ V}$$

(4) 当 $E = 0$ 时，反应达到平衡，此时正极和负极的电极电势相等：

$$E^{\ominus}(\text{Sn}^{4+}/\text{Sn}^{2+}) + \frac{0.059\,16 \text{ V}}{2}\lg\frac{c_{eq}(\text{Sn}^{4+})}{c_{eq}(\text{Sn}^{2+})} = \frac{0.059\,16 \text{ V}}{2}\lg\frac{[c_{eq}(\text{H}^+)]^2}{p_{eq}(\text{H}_2)/p^{\ominus}}$$

溶液中 Sn^{4+} 与 Sn^{2+} 的平衡浓度的比值为

$$\lg \frac{c_{eq}(Sn^{4+})}{c_{eq}(Sn^{2+})} = \lg \frac{[c_{eq}(H^+)]^2}{p_{eq}(H_2)/p^{\ominus}} - \frac{2 \times E^{\ominus}(Sn^{4+}/Sn^{2+})}{0.059\,16\,V}$$

$$= \lg \frac{0.50^2}{50/100} - \frac{2 \times 0.153\,9\,V}{0.059\,16\,V} = -5.50$$

$$\frac{c_{eq}(Sn^{4+})}{c_{eq}(Sn^{2+})} = 3.2 \times 10^{-6}$$

5. 已知 298.15 K 时,下列原电池的电动势为 0.436 V,计算 Ag^+ 的浓度。

$$(-)Cu|Cu^{2+}(0.010\ mol\cdot L^{-1})\ \|\ Ag^+(c)|Ag(+)$$

解: 由教材附录查得 $E^{\ominus}(Ag^+/Ag) = 0.799\,1\,V$,$E^{\ominus}(Cu^{2+}/Cu) = 0.339\,4\,V$。
原电池的电动势为

$$E = E^{\ominus}(Ag^+/Ag) + 0.059\,16\,V \times \lg c(Ag^+)$$

$$- \left[E^{\ominus}(Cu^{2+}/Cu) + \frac{0.059\,16\,V}{2} \times \lg c(Cu^{2+}) \right]$$

Ag^+ 浓度为

$$\lg c(Ag^+) = \frac{E - E^{\ominus}(Ag^+/Ag) + E^{\ominus}(Cu^{2+}/Cu) + \frac{0.059\,16\,V}{2} \lg c(Cu^{2+})}{0.059\,16\,V}$$

$$= \frac{0.436\,V - 0.799\,1\,V + 0.339\,4\,V + \frac{0.059\,16\,V}{2} \times \lg 0.010}{0.059\,16\,V}$$

$$= -1.40$$

$$c(Ag^+) = 4.0 \times 10^{-2}\ mol\cdot L^{-1}$$

6. 计算 298.15 K 时下列反应的 $E^{\ominus}$、$\Delta_r G_m^{\ominus}$、$K^{\ominus}$ 和 $\Delta_r G_m$:

(1) $Sn^{2+}(0.10\ mol\cdot L^{-1}) + Hg^{2+}(0.10\ mol\cdot L^{-1}) = Sn^{4+}(0.020\ mol\cdot L^{-1}) + Hg(l)$

(2) $Cu(s) + 2Ag^+(0.010\ mol\cdot L^{-1}) = 2Ag(s) + Cu^{2+}(0.010\ mol\cdot L^{-1})$

(3) $Cl_2(10\ kPa) + 2Ag(s) = 2AgCl(s)$

解: (1) 298.15 K 时,所设计原电池的标准电动势为

$$E^{\ominus} = E^{\ominus}(Hg^{2+}/Hg) - E^{\ominus}(Sn^{4+}/Sn^{2+})$$

$$= 0.850\,V - 0.153\,9\,V = 0.696\,V$$

298.15 K 时,反应的标准摩尔吉布斯自由能变为

$$\Delta_r G_m^{\ominus} = -zE^{\ominus}F$$

$$= -2 \times 0.696\,V \times 96\,485\ C\cdot mol^{-1} = -134.3\ kJ\cdot mol^{-1}$$

298.15 K 时,反应的标准平衡常数为

$$\lg K^{\ominus} = \frac{zE^{\ominus}}{0.059\,16\,V} = \frac{2 \times 0.696\,V}{0.059\,16\,V} = 23.53$$

$$K^\ominus = 3.4 \times 10^{23}$$

298.15 K 时反应的摩尔吉布斯自由能变为

$$\Delta_r G_m = \Delta_r G_m^\ominus + RT \ln \frac{c(\text{Sn}^{4+})}{c(\text{Sn}^{2+}) \cdot c(\text{Hg}^{2+})}$$

$$= \left[-134.3 + 8.314 \times 10^{-3} \times 298.15 \times \ln \frac{0.020}{0.10^2} \right] \text{kJ} \cdot \text{mol}^{-1}$$

$$= -132.6 \text{ kJ} \cdot \text{mol}^{-1}$$

(2) 298.15 K 时，所设计原电池的标准电动势为

$$E^\ominus = E^\ominus(\text{Ag}^+/\text{Ag}) - E^\ominus(\text{Cu}^{2+}/\text{Cu})$$

$$= 0.799 \, 1 \text{ V} - 0.339 \, 4 \text{ V} = 0.459 \, 7 \text{ V}$$

298.15 K 时，反应的标准摩尔吉布斯自由能变为

$$\Delta_r G_m^\ominus = -2 \times 0.459 \, 7 \text{ V} \times 96 \, 485 \text{ C} \cdot \text{mol}^{-1} = -88.71 \text{ kJ} \cdot \text{mol}^{-1}$$

298.15 K 时，反应的标准平衡常数为

$$\lg K^\ominus = \frac{2 \times 0.459 \, 7 \text{ V}}{0.059 \, 16 \text{ V}} = 15.54$$

$$K^\ominus = 3.5 \times 10^{15}$$

298.15 K 时，反应的摩尔吉布斯自由能变为

$$\Delta_r G_m = \Delta_r G_m^\ominus + RT \ln \frac{c(\text{Cu}^{2+})}{[c(\text{Ag}^+)]^2}$$

$$\Delta_r G_m = \left[-88.71 + 8.314 \times 10^{-3} \times 298.15 \times \ln \frac{0.010}{0.010^2} \right] \text{kJ} \cdot \text{mol}^{-1}$$

$$= -77.29 \text{ kJ} \cdot \text{mol}^{-1}$$

(3) 298.15 K 时，所设计原电池的标准电动势为

$$E^\ominus = E^\ominus(\text{Cl}_2/\text{Cl}^-) - E^\ominus(\text{AgCl}/\text{Ag})$$

$$= 1.360 \text{ V} - 0.222 \, 2 \text{ V} = 1.138 \text{ V}$$

298.15 K 时，反应的标准摩尔吉布斯自由能变为

$$\Delta_r G_m^\ominus = -2 \times 1.138 \text{ V} \times 96 \, 485 \text{ C} \cdot \text{mol}^{-1} = -219.6 \text{ kJ} \cdot \text{mol}^{-1}$$

298.15 K 时，反应的标准平衡常数为

$$\lg K^\ominus = \frac{2 \times 1.138 \text{ V}}{0.059 \, 16 \text{ V}} = 38.47$$

$$K^\ominus = 3.0 \times 10^{38}$$

298.15 K 时，反应的摩尔吉布斯自由能变为

$$\Delta_r G_m = \left[-219.6 + 8.314 \times 10^{-3} \times 298.15 \times \ln \frac{1}{0.10} \right] \text{kJ} \cdot \text{mol}^{-1}$$

$$= -213.9 \text{ kJ} \cdot \text{mol}^{-1}$$

7. 将锌片插入 $1.0 \text{ mol} \cdot \text{L}^{-1}$ $Zn(NO_3)_2$ 溶液中,将铅片插入 Cl^- 浓度为 $1.0 \text{ mol} \cdot \text{L}^{-1}$ 的饱和 $PbCl_2$ 溶液中组成原电池。298.15 K 时,测得原电池的电动势为 0.49 V,计算此温度下 $PbCl_2$ 的标准溶度积常数。

解:298.15 K 时,$E^\ominus(Zn^{2+}/Zn) = -0.762\,1$ V,$E^\ominus(Pb^{2+}/Pb) = -0.126\,6$ V。原电池的电动势为

$$E = E_+ - E_- = E(Pb^{2+}/Pb) - E(Zn^{2+}/Zn)$$

$$= E^\ominus(Pb^{2+}/Pb) - E^\ominus(Zn^{2+}/Zn) + \frac{0.059\,16 \text{ V}}{2} \times \lg \frac{c_{eq}(Pb^{2+})}{c(Zn^{2+})}$$

$$= E^\ominus + \frac{0.059\,16 \text{ V}}{2} \times \lg \frac{K_{sp}^\ominus(PbCl_2)}{c(Zn^{2+}) \cdot [c_{eq}(Cl^-)]^2}$$

298.15 K 时,$PbCl_2$ 的标准溶度积常数为

$$\lg K_{sp}^\ominus(PbCl_2) = \frac{2 \times (E - E^\ominus)}{0.059\,16 \text{ V}} + \lg\{c(Zn^{2+}) \cdot [c_{eq}(Cl^-)]^2\}$$

$$= \frac{2 \times [0.49 \text{ V} - (-0.126\,6 \text{ V} + 0.762\,1 \text{ V})]}{0.059\,16 \text{ V}} + \lg(1.0 \times 1.0^2)$$

$$= -4.92$$

$$K_{sp}^\ominus(PbCl_2) = 1.2 \times 10^{-5}$$

8. 现有如下原电池:

$$(-)\text{Pt}, H_2(100 \text{ kPa}) \mid HA(0.50 \text{ mol} \cdot \text{L}^{-1}) \parallel Cl^-(1.0 \text{ mol} \cdot \text{L}^{-1}) \mid AgCl, Ag(+)$$

298.15 K 时测得电动势为 0.568 V,计算一元弱酸 HA 的标准解离常数。

解:由教材附录查得 298.15 K 时,$E^\ominus(AgCl/Ag) = 0.222\,2$ V,$E^\ominus(H^+/H_2) = 0.000$ V。因为 $E^\ominus(AgCl/Ag) > E^\ominus(H^+/H_2)$,所以电对 AgCl/Ag 为正极,电对 HA/H_2 为负极。

正极的电极电势为

$$E_+ = E(AgCl/Ag) = E^\ominus(AgCl/Ag) = 0.222\,2 \text{ V}$$

负极的电极电势为

$$E_- = E(HA/H_2) = E^\ominus(H^+/H_2) + \frac{0.059\,16 \text{ V}}{2} \lg \frac{[c_{eq}(H^+)]^2}{p(H_2)/p^\ominus}$$

$$= E^\ominus(H^+/H_2) + \frac{0.059\,16 \text{ V}}{2} \lg \frac{K_a^\ominus(HA) \cdot c(HA)}{p(H_2)/p^\ominus}$$

$$= \frac{0.059\,16 \text{ V}}{2} \times \lg[0.50 K_a^\ominus(HA)]$$

原电池电动势为

$$E = E_+ - E_- = E(\text{AgCl/Ag}) - E(\text{HA/H}_2)$$

将已知数据代入上式：

$$0.568\ \text{V} = 0.222\ 2\ \text{V} - \frac{0.059\ 16\ \text{V}}{2} \times \lg[0.50K_a^{\ominus}(\text{HA})]$$

一元弱酸 HA 的解离常数为

$$\lg K_a^{\ominus}(\text{HA}) = \frac{2 \times (0.222\ 2\ \text{V} - 0.568\ \text{V})}{0.059\ 16\ \text{V}} - \lg 0.50 = -11.39$$

$$K_a^{\ominus}(\text{HA}) = 4.1 \times 10^{-12}$$

9. 25 ℃时，$E^{\ominus}(\text{Ag}^+/\text{Ag}) = 0.799\ 1\ \text{V}$，$E^{\ominus}(\text{AgI/Ag}) = -0.154\ \text{V}$。计算 25 ℃时 AgI 的标准溶度积常数 $K_{sp}^{\ominus}(\text{AgI})$。

解：电对 Ag^+/Ag 的能斯特方程为

$$E(\text{Ag}^+/\text{Ag}) = E^{\ominus}(\text{Ag}^+/\text{Ag}) + 0.059\ 16\ \text{V} \times \lg c(\text{Ag}^+)$$

由上式可推导出电对 AgI/Ag 的能斯特方程为

$$E(\text{AgI/Ag}) = E^{\ominus}(\text{Ag}^+/\text{Ag}) + 0.059\ 16\ \text{V} \times \lg \frac{K_{sp}^{\ominus}(\text{AgI})}{c_{eq}(\text{I}^-)}$$

当 $c_{eq}(\text{I}^-) = 1.0\ \text{mol·L}^{-1}$ 时，$E(\text{AgI/Ag}) = E^{\ominus}(\text{AgI/Ag})$。AgI 的标准溶度积常数为

$$\lg K_{sp}^{\ominus}(\text{AgI}) = \frac{E^{\ominus}(\text{AgI/Ag}) - E^{\ominus}(\text{Ag}^+/\text{Ag})}{0.059\ 16\ \text{V}}$$

$$= \frac{-0.154\ \text{V} - 0.799\ 1\ \text{V}}{0.059\ 16\ \text{V}} = -16.11$$

$$K_{sp}^{\ominus}(\text{AgI}) = 7.8 \times 10^{-17}$$

10. 25 ℃时，$E^{\ominus}(\text{PbSO}_4/\text{Pb}) = -0.356\ \text{V}$，并设 H_2SO_4 在溶液中完全解离。对于下列电池反应：

$$\text{Pb(s)} + \text{H}_2\text{SO}_4(c_1) \Longrightarrow \text{PbSO}_4(\text{s}) + \text{H}_2(p^{\ominus})$$

当 H_2SO_4 浓度至少为多少时才能使上述反应正向进行？

解：正极反应为

$$2\text{H}^+(\text{aq}) + 2\text{e}^- = \text{H}_2(\text{g})$$

负极反应为

$$\text{Pb(s)} + \text{SO}_4^{2-}(\text{aq}) = \text{PbSO}_4(\text{s})$$

电池反应为

$$\text{Pb(s)} + 2\text{H}^+(\text{aq}) + \text{SO}_4^{2-}(\text{aq}) = \text{PbSO}_4(\text{s}) + \text{H}_2(\text{g})$$

若 H_2SO_4 浓度为 c_1，则 $c(\text{H}^+) = 2c_1$，$c(\text{SO}_4^{2-}) = c_1$。正、负两极的能斯特方程分别为

$$E_+ = E(H^+/H_2) = E^\ominus(H^+/H_2) + \frac{0.059\,16\ V}{2} \lg \frac{[c(H^+)]^2}{p(H_2)/p^\ominus}$$

$$E_- = E(PbSO_4/Pb) = E^\ominus(PbSO_4/Pb) + \frac{0.059\,16\ V}{2} \lg \frac{1}{c(SO_4^{2-})}$$

将已知数分别代入以上两式：

$$E(H^+/H_2) = 0.000\ V + \frac{0.059\,16\ V}{2} \lg \frac{(2c_1)^2}{p^\ominus/p^\ominus} = \frac{0.059\,16\ V}{2} \times \lg(2c_1)^2$$

$$E(PbSO_4/Pb) = -0.356\ V - \frac{0.059\,16\ V}{2} \lg c_1$$

该反应正向进行的条件是 $E(H^+/H_2) > E(PbSO_4/Pb)$，则有

$$\frac{0.059\,16\ V}{2} \times \lg(2c_1)^2 > -0.356\ V - \frac{0.059\,16\ V}{2} \lg c_1$$

$$\frac{0.059\,16\ V}{2} \times \lg[4(c_1)^3] > -0.356\ V$$

由上式解得

$$3\lg c_1 > \frac{-0.356\ V \times 2}{0.059\,16\ V} - \lg 4$$

$$c_1 > 6.13 \times 10^{-5}\ mol \cdot L^{-1}$$

当 $c(H_2SO_4) > 6.13 \times 10^{-5}\ mol \cdot L^{-1}$ 时，该反应正向进行。

11. 25 ℃时，$E^\ominus(Cu^{2+}/Cu^+) = 0.161\ V$，$E^\ominus(I_2/I^-) = 0.534\,5\ V$，$K_{sp}^\ominus(CuI) = 1.2 \times 10^{-12}$。
通过计算说明反应 $2Cu^{2+} + 4I^- \rightleftharpoons 2CuI + I_2$ 在 25 ℃、标准状态下能正向自发进行。

解： 该反应由 Cu^{2+}/CuI 和 I_2/I^- 两个电对组成。电对 Cu^{2+}/CuI 的标准电极电势为

$$E^\ominus(Cu^{2+}/CuI) = E(Cu^{2+}/Cu^+) = E^\ominus(Cu^{2+}/Cu^+) - 0.059\,16\ V \times \lg K_{sp}^\ominus(CuI)$$

$$= 0.161\ V - 0.059\,16\ V \times \lg(1.2 \times 10^{-12}) = 0.866\ V$$

由于 $E^\ominus(Cu^{2+}/CuI) > E^\ominus(I_2/I^-)$，因此在标准状态下将两个电对组成氧化还原反应时，
Cu^{2+} 作氧化剂，I^- 作还原剂，反应正向自发进行。

12. 某氢电极 $[p(H_2) = 100\ kPa]$ 所用的溶液由浓度均为 $1.0\ mol \cdot L^{-1}$ 的弱酸 HA 和其钠盐
NaA 组成。若将此氢电极与另一电极组成原电池，测得原电池的电动势 $E = 0.38\ V$，并知该氢电极
为正极，另一电极的电极电势为 $E_- = -0.65\ V$。计算该氢电极中溶液的 pH 和弱酸 HA 的标准解
离常数。

解： 氢电极的电极电势为

$$E(H^+/H_2) = E^\ominus + E_-^\ominus$$

$$= 0.38\ V + (-0.65\ V) = -0.27\ V$$

氢电极的电极电势与 H^+ 浓度的关系为

$$E(H^+/H_2) = E^{\ominus}(H^+/H_2) + \frac{0.059\,16\text{ V}}{2}\lg\frac{[c(H^+)]^2}{p(H_2)/p^{\ominus}}$$

代入数据得

$$-0.27\text{ V} = 0.00\text{ V} + \frac{0.059\,16\text{ V}}{2}\lg\frac{[c(H^+)]^2}{100\text{ kPa}/100\text{ kPa}}$$

氢电极中 H^+ 浓度为

$$\lg c(H^+) = \frac{-0.27\text{ V}}{0.059\,16\text{ V}} = -4.56$$

$$c(H^+) = 2.8\times10^{-5}\text{ mol}\cdot\text{L}^{-1}$$

氢电极中溶液 pH 为

$$\text{pH} = -\lg c(H^+) = -(-4.56) = 4.56$$

HA 的标准解离常数为

$$K_a^{\ominus}(HA) = \frac{c_{eq}(H^+)\cdot c_{eq}(A^-)}{c_{eq}(HA)}$$

$$= \frac{2.8\times10^{-5}\times(1.0+2.8\times10^{-5})}{1.0-2.8\times10^{-5}} = 2.8\times10^{-5}$$

13. 在 Ag^+ 和 Cu^{2+} 浓度分别为 1.0×10^{-2} mol·L⁻¹ 和 0.10 mol·L⁻¹ 的混合溶液中加入铁粉,哪种金属离子先被还原?当第二种金属离子被还原时,第一种先被还原的金属离子在溶液中的浓度为多少?

解: 由教材附录查得 $E^{\ominus}(Ag^+/Ag) = 0.799\,1$ V, $E^{\ominus}(Cu^{2+}/Cu) = 0.339\,4$ V。

电对 Ag^+/Ag 和 Cu^{2+}/Cu 的电极电势分别为

$$E(Ag^+/Ag) = E^{\ominus}(Ag^+/Ag) + 0.059\,16\text{ V}\times\lg c(Ag^+)$$

$$= 0.799\,1\text{ V} + 0.059\,16\text{ V}\times\lg(1.0\times10^{-2}) = 0.681\text{ V}$$

$$E(Cu^{2+}/Cu) = E^{\ominus}(Cu^{2+}/Cu) + \frac{0.059\,16\text{ V}}{2}\times\lg c(Cu^{2+})$$

$$= 0.339\,4\text{ V} + \frac{0.059\,16\text{ V}}{2}\times\lg 0.10 = 0.310\text{ V}$$

由于 $E(Ag^+/Ag) > E(Cu^{2+}/Cu)$,因此 Ag^+ 的氧化性比 Cu^{2+} 的氧化性强。当加入铁粉时,氧化性强的 Ag^+ 先被还原。

当 Cu^{2+} 被还原时,则 $E(Cu^{2+}/Cu) = E(Ag^+/Ag) = 0.309$ V,此时溶液中 Ag^+ 浓度为

$$\lg c(Ag^+) = \frac{E(Ag^+/Ag) - E^{\ominus}(Ag^+/Ag)}{0.059\,16\text{ V}}$$

$$= \frac{0.310\text{ V} - 0.799\,1\text{ V}}{0.059\,16\text{ V}} = -8.27$$

$$c(Ag^+) = 5.4\times10^{-9}\text{ mol}\cdot\text{L}^{-1}$$

14. 有一原电池，其电池符号为

$$(-)A \mid A^{2+}[c(A^{2+})] \parallel B^{2+}[c(B^{2+})] \mid B(+)$$

当 $c(A^{2+})=c(B^{2+})$ 时，原电池的电动势为 0.78 V。现使上述原电池的电动势减小到原来的 1/2，计算此时两个电极中 A^{2+} 浓度与 B^{2+} 浓度的比值 $\dfrac{c(A^{2+})}{c(B^{2+})}$。

解：原电池中发生的氧化还原反应为

$$B^{2+}(aq) + A(s) \Longrightarrow B(s) + A^{2+}(aq)$$

原电池电动势与反应物浓度和生成物浓度之间的关系为

$$E = E^{\ominus} - \frac{0.059\,16\ V}{2}\lg \frac{c(A^{2+})}{c(B^{2+})}$$

原电池的标准电动势为

$$E^{\ominus} = E + \frac{0.059\,16\ V}{2}\lg \frac{c(A^{2+})}{c(B^{2+})}$$

$$= 0.78\ V + \frac{0.059\,16\ V}{2}\lg \frac{c(A^{2+})}{c(B^{2+})} = 0.78\ V$$

当电动势减小到原来的 1/2 时，$E=0.39$ V。此时 A^{2+} 浓度与 B^{2+} 浓度的比值为

$$\lg \frac{c(A^{2+})}{c(B^{2+})} = \frac{E^{\ominus}-E}{0.059\,16\ V/2}$$

$$= \frac{(0.78\ V - 0.39\ V)\times 2}{0.059\,16\ V} = 13.18$$

$$\frac{c(A^{2+})}{c(B^{2+})} = 1.5\times 10^{13}$$

15. 保持标准氢电极中 H_2 的压力不变，而将 $1.0\ mol\cdot L^{-1}$ 的盐酸换成 $0.10\ mol\cdot L^{-1}$ 的醋酸溶液。已知 25 ℃ 时醋酸的标准解离常数 $K_a^{\ominus}=1.8\times 10^{-5}$，计算此时氢电极的电极电势。

解：此时氢电极的电极电势为

$$E(H^+/H_2) = E^{\ominus}(H^+/H_2) + \frac{0.059\,16\ V}{2}\lg \frac{[c(H^+)]^2}{p(H_2)/p^{\ominus}}$$

$$= E^{\ominus}(H^+/H_2) + \frac{0.059\,16\ V}{2}\lg \frac{c(HAc)\cdot K_a^{\ominus}(HAc)}{p(H_2)/p^{\ominus}}$$

$$= 0.00\ V + \frac{0.059\,16\ V}{2}\times \lg \frac{0.10\times 1.8\times 10^{-5}}{p^{\ominus}/p^{\ominus}} = -0.17\ V$$

16. 已知下列氧化还原反应：

$$Ag^+(aq) + Fe^{2+}(aq) \Longrightarrow Ag(s) + Fe^{3+}(aq)$$

(1) 计算 298.15 K 时该反应的标准平衡常数；

（2）如果在 $0.10\ \text{mol·L}^{-1}\ Fe^{2+}$ 溶液中加入 $AgNO_3$，使 $c_{eq}(Ag^+)=1.0\ \text{mol·L}^{-1}$，计算 Fe^{3+} 的平衡浓度；

（3）若 Fe^{3+}、Fe^{2+} 和 Ag^+ 的浓度分别是 $1.0\ \text{mol·L}^{-1}$、$0.10\ \text{mol·L}^{-1}$ 和 $0.10\ \text{mol·L}^{-1}$，判断该反应自发进行的方向。

解： 由教材附录查得 298.15 K 时，$E^{\ominus}(Ag^+/Ag)=0.799\ 1\ V$，$E^{\ominus}(Fe^{3+}/Fe^{2+})=0.769\ V$。

由反应方程式可知，若将该氧化还原反应组成原电池，电对 Ag^+/Ag 为正极，电对 Fe^{3+}/Fe^{2+} 为负极。

（1）原电池的标准电动势为

$$E^{\ominus}=E^{\ominus}(Ag^+/Ag)-E^{\ominus}(Fe^{3+}/Fe^{2+})$$
$$=0.799\ 1\ V-0.769\ V=0.030\ V$$

该反应的标准平衡常数为

$$\lg K^{\ominus}=\frac{zE^{\ominus}}{0.059\ 16\ V}=\frac{1\times0.030\ V}{0.059\ 16\ V}=0.51$$
$$K^{\ominus}=3.2$$

（2）该反应的标准平衡常数表达式为

$$K^{\ominus}=\frac{c_{eq}(Fe^{3+})}{c_{eq}(Ag^+)\cdot c_{eq}(Fe^{2+})}$$

将题给数据代入标准平衡常数表达式

$$\frac{c_{eq}(Fe^{3+})}{1.0\times[0.10-c_{eq}(Fe^{3+})]}=3.2$$

由上式解得

$$c_{eq}(Fe^{3+})=0.076\ \text{mol·L}^{-1}$$

（3）该条件下的反应商为

$$J=\frac{c(Fe^{3+})}{c(Ag^+)\cdot c(Fe^{2+})}=\frac{1.0}{0.10\times0.10}=100$$

由于 $J>K^{\ominus}$，故 $\Delta_r G_m(298.15\ K)>0$，反应逆向自发进行。

17. 25 ℃时，将过量的铁屑加入到 $0.050\ \text{mol·L}^{-1}\ CdCl_2$ 溶液中，计算 $CdCl_2$ 的平衡浓度。

解： 由教材附录查得 25 ℃ 时，$E^{\ominus}(Fe^{2+}/Fe)=-0.408\ 9\ V$，$E^{\ominus}(Cd^{2+}/Cd)=-0.402\ 2\ V$。有关反应式为

$$Fe(s)+Cd^{2+}(aq)\rightleftharpoons Fe^{2+}(aq)+Cd(s)$$

反应的标准平衡常数表达式为

$$K^{\ominus}=\frac{c_{eq}(Fe^{2+})}{c_{eq}(Cd^{2+})}$$

25 ℃ 时，反应的标准平衡常数为

$$\lg K^{\ominus} = \frac{z[E^{\ominus}(Cd^{2+}/Cd) - E^{\ominus}(Fe^{2+}/Fe)]}{0.059\,16\ V}$$

$$= \frac{2 \times [-0.402\,2\ V - (-0.408\,9\ V)]}{0.059\,16\ V} = 0.23$$

$$K^{\ominus} = 1.70$$

由反应方程式可知，若 Fe^{2+} 的平衡浓度为 $c_{eq}(Fe^{2+})$，则 Cd^{2+} 的平衡浓度为 $0.050\ mol \cdot L^{-1} - c_{eq}(Fe^{2+})$，代入反应的标准平衡常数表达式：

$$\frac{c(Fe^{2+})}{0.050 - c_{eq}(Fe^{2+})} = 1.70$$

由上式解得

$$c_{eq}(Fe^{2+}) = 0.031\ mol \cdot L^{-1}$$

$CdCl_2$ 的平衡浓度为

$$c_{eq}(CdCl_2) = c_{eq}(Cd^{2+})$$
$$= 0.050\ mol \cdot L^{-1} - 0.031\ mol \cdot L^{-1} = 0.019\ mol \cdot L^{-1}$$

18. 已知 298.15 K 时，$E^{\ominus}(MnO_4^-/Mn^{2+}) = 1.512\ V$，$E^{\ominus}(Cl_2/Cl^-) = 1.360\ V$。

(1) 在 298.15 K 时，把电对 MnO_4^-/Mn^{2+} 和 Cl_2/Cl^- 组成原电池，计算原电池的标准电动势；

(2) 在 298.15 K 时，计算当 H^+ 浓度为 $0.10\ mol \cdot L^{-1}$、其他离子浓度均为 $1.0\ mol \cdot L^{-1}$ 和 Cl_2 分压为 100 kPa 时原电池的电动势；

(3) 计算 298.15 K 时该原电池所对应的氧化还原反应的标准平衡常数。

解: (1) 由于 $E^{\ominus}(MnO_4^-/Mn^{2+}) > E^{\ominus}(Cl_2/Cl^-)$，因此在标准状态下将电对 MnO_4^-/Mn^{2+} 和电对 Cl_2/Cl^- 组成原电池时，电对 MnO_4^-/Mn^{2+} 为正极，电对 Cl_2/Cl^- 为负极。原电池的标准电动势为

$$E^{\ominus} = E^{\ominus}(MnO_4^-/Mn^{2+}) - E^{\ominus}(Cl_2/Cl^-)$$
$$= 1.512\ V - 1.360\ V = 0.152\ V$$

(2) 当 $c(H^+) = 0.10\ mol \cdot L^{-1}$、其他离子浓度为 $1.0\ mol \cdot L^{-1}$、$p(Cl_2) = 100\ kPa$ 时，电对 MnO_4^-/Mn^{2+} 和电对 Cl_2/Cl 的电极电势分别为

$$E(MnO_4^-/Mn^{2+}) = E^{\ominus}(MnO_4^-/Mn^{2+})$$
$$+ \frac{0.059\,16\ V}{5} \lg \frac{c(MnO_4^-) \cdot [c(H^+)]^8}{c(Mn^{2+})}$$
$$= 1.512\ V + \frac{0.059\,16\ V}{5} \times \lg(0.10)^8 = 1.417\ V$$

$$E(Cl_2/Cl^-) = E^{\ominus}(Cl_2/Cl^-) = 1.360\ V$$

原电池的电动势为

$$E = E_+ - E_- = E(MnO_4^-/Mn^{2+}) - E^\ominus(Cl_2/Cl^-)$$
$$= 1.417\ V - 1.360\ V = 0.057\ V$$

（3）该原电池所对应的氧化还原反应为

$$2MnO_4^- + 10Cl^- + 16H^+ = 2Mn^{2+} + 5Cl_2\uparrow + 8H_2O$$

298.15 K 时，该原电池所对应的氧化还原反应的标准平衡常数为

$$\lg K^\ominus = \frac{zE^\ominus}{0.059\ 16\ V} = \frac{10 \times 0.152\ V}{0.059\ 16\ V} = 25.69$$
$$K^\ominus = 4.9 \times 10^{25}$$

19. 锰元素在酸性介质中的元素标准电极电势图为

$$MnO_4^- \xrightarrow{\ 0.554\ 5\ } MnO_4^{2-} \xrightarrow{\ 2.26\ } MnO_2 \xrightarrow{\ 0.95\ } Mn^{3+} \xrightarrow{\ 1.51\ } Mn^{2+} \xrightarrow{\ -1.182\ } Mn$$

（上方括号标注 1.229 3；下方括号标注 1.700）

（1）判断哪些物质可以发生歧化反应？写出歧化反应式；
（2）估计在酸性介质中，哪些物质是比较稳定的？
（3）计算在酸性介质中电对 MnO_4^-/Mn^{2+} 的标准电极电势。

解： 在元素电势图中，若 $E^\ominus_右 > E^\ominus_左$，则处于中间氧化值的物质能发生歧化反应。

（1）在酸性介质中，MnO_4^{2-} 和 Mn^{3+} 可以发生歧化反应。歧化反应式分别为

$$3MnO_4^{2-} + 4H^+ = 2MnO_4^- + MnO_2 + 2H_2O$$
$$2Mn^{3+} + 2H_2O = MnO_2 + Mn^{2+} + 4H^+$$

（2）由于 $E^\ominus(H^+/H_2) > E^\ominus(Mn^{2+}/Mn)$，故 Mn 在酸性溶液中不能存在，被 H^+ 氧化为 Mn^{2+}。其他物质作为氧化剂与 Mn^{2+} 组成的电对的标准电极电势都很大，故氧化值高于 Mn^{2+} 的其他物质在酸性介质中均不稳定，易被还原为 Mn^{2+}。因此，在酸性介质中较稳定的物质是 Mn^{2+}。

（3）电对 MnO_4^-/Mn^{2+} 在酸性介质中的标准电极电势为

$$E^\ominus(MnO_4^-/Mn^{2+}) = \frac{z_1 E^\ominus(MnO_4^-/MnO_2) + z_2 E^\ominus(MnO_2/Mn^{2+})}{z_1 + z_2}$$
$$= \frac{3 \times 1.700\ V + 2 \times 1.229\ 3\ V}{3 + 2} = 1.512\ V$$

20. 铬元素在酸性介质中的元素标准电极电势（$E^\ominus_A/V$）图为

$$Cr_2O_7^{2-} \xrightarrow{\ 1.36\ } Cr^{3+} \xrightarrow{\ -0.42\ } Cr^{2+} \xrightarrow{\ -0.90\ } Cr$$

（1）计算 $E^\ominus(Cr_2O_7^{2-}/Cr^{2+})$ 和 $E^\ominus(Cr^{3+}/Cr)$；
（2）判断 Cr^{2+} 和 Cr^{3+} 在酸性介质中是否发生歧化反应。

解：(1) 电对 $Cr_2O_7^{2-}/Cr^{3+}$ 和 Cr^{3+}/Cr 的标准电极电势分别为

$$E^{\ominus}(Cr_2O_7^{2-}/Cr^{2+})=\dfrac{z_1E^{\ominus}(Cr_2O_7^{2-}/Cr^{3+})+z_2E^{\ominus}(Cr^{3+}/Cr^{2+})}{z_1+z_2}$$

$$=\dfrac{3\times1.36\ \text{V}+1\times(-0.42\ \text{V})}{3+1}=0.92\ \text{V}$$

$$E^{\ominus}(Cr^{3+}/Cr)=\dfrac{z_1E^{\ominus}(Cr^{3+}/Cr^{2+})+z_2E^{\ominus}(Cr^{2+}/Cr)}{z_1+z_2}$$

$$=\dfrac{1\times(-0.42\ \text{V})+2\times(-0.90\ \text{V})}{1+2}=-0.74\ \text{V}$$

(2) 由于 $E^{\ominus}(Cr^{3+}/Cr)<E^{\ominus}(Cr_2O_7^{2-}/Cr^{3+})$，因此 Cr^{3+} 在酸性介质中不能发生歧化反应。由于 $E^{\ominus}(Cr^{2+}/Cr)<E^{\ominus}(Cr^{3+}/Cr^{2+})$，因此 Cr^{2+} 在酸性介质中也不能发生歧化反应。

21. 已知如下两个原电池：

$$(-)Pt,H_2(p^{\ominus})|\text{胃液}\ \|\ KCl(0.10\ mol\cdot L^{-1})|Hg_2Cl_2,Hg(+)$$

$$(-)Pt,H_2(p^{\ominus})|H^+(c^{\ominus})\ \|\ KCl(0.10\ mol\cdot L^{-1})|Hg_2Cl_2,Hg(+)$$

298.15 K 时，两个原电池的电动势分别为 0.420 V 和 0.334 V，计算胃液的 pH。

解：在上述两个原电池中，电对 Hg_2Cl_2/Hg 为正极，电对 H^+/H_2 为负极，两个原电池的电动势均为

$$E=E(Hg_2Cl_2/Hg)-E(H^+/H_2)$$

由于两个电池中 Cl^- 浓度相同，因此 $E(HgCl_2/Hg)$ 相等，则

$$E_2-E_1=E_1(H^+/H_2)-E_2(H^+/H_2)=E_1(H^+/H_2)-E^{\ominus}(H^+/H_2)$$

$$=E^{\ominus}(H^+/H_2)+0.5916\ \text{V}\times\lg c_1(H^+)-E^{\ominus}(H^+/H_2)$$

$$=-0.05916\ \text{pH}\ \text{V}$$

胃液的 pH 为

$$\text{pH}=\dfrac{E_1-E_2}{0.05916\ \text{V}}=\dfrac{0.420\ \text{V}-0.334\ \text{V}}{0.05916\ \text{V}}=1.45$$

22. 298.15 K 时，以氢电极 $[p(H_2)=100\ kPa]$ 为指示电极，以饱和甘汞电极为参比电极，插入某缓冲溶液组成原电池，测得原电池的电动势为 0.5402 V。

(1) 计算此缓冲溶液的 pH；

(2) 若配制 200 mL 该缓冲溶液，需取相同浓度的 NaAc 和 HCl 溶液各多少毫升？

解：饱和甘汞电极为原电池的正极，氢电极为原电池的负极。

(1) 氢电极的电极电势为

$$E(H^+/H_2)=E^{\ominus}(H^+/H_2)+\dfrac{0.05916\ \text{V}}{2}\lg\dfrac{[c(H^+)]^2}{p(H_2)/p^{\ominus}}$$

$$=0.0000\ \text{V}+0.05916\ \text{V}\times\lg c(H^+)=-0.05916\text{pH}\ \text{V}$$

原电池的电动势与缓冲溶液 pH 之间的关系为

$$E = E(Hg_2Cl_2/Hg) - E(H^+/H_2) = E(Hg_2Cl_2/Hg) + 0.05916\ pH\ V$$

缓冲溶液 pH 为

$$pH = \frac{E - E(Hg_2Cl_2/Hg)}{0.05916\ V} = \frac{0.5402\ V - 0.2438\ V}{0.05916\ V} = 5.01$$

(2) 将 NaAc 溶液与 HCl 溶液混合配制该缓冲溶液时,需要满足的条件是 $n(NaAc) > n(HCl)$。配制时发生如下化学反应:

$$NaAc + HCl \rightleftharpoons HAc + NaCl$$

由反应方程式可知,缓冲溶液中 HAc 和 NaAc 的物质的量分别为

$$n_{eq}(HAc) = n(HCl) = c(HCl)V(HCl)$$
$$n_{eq}(NaAc) = n(NaAc) - n(HCl)$$
$$= c(NaAc)V(NaAc) - c(HCl)V(HCl)$$

若加入 HCl 溶液的体积为 $V(HCl)$,则需 NaAc 溶液的体积为 $2\,000\ mL - V(HCl)$。根据缓冲溶液 pH 计算公式:

$$pH = pK_a^\ominus(HAc) + \lg\frac{c_{eq}(Ac^-)}{c_{eq}(HAc)} = pK_a^\ominus(HAc) + \lg\frac{n_{eq}(Ac^-)}{n_{eq}(HAc)}$$
$$= pK_a^\ominus(HAc) + \lg\frac{2\,000\ mL - 2V(HCl)}{V(HCl)}$$

所需 HCl 溶液的体积为

$$\lg\frac{2\,000\ mL - 2V(HCl)}{V(HCl)} = pH - pK_a^\ominus(HAc) = 5.01 - 4.74 = 0.27$$
$$V(HCl) = 518\ mL$$

所需 NaAc 溶液的体积为

$$V(NaAc) = 2\,000\ mL - 518\ mL = 1\,482\ mL$$

单元测试题

一、选择题

1. 已知 25 ℃时 $E^\ominus(Sn^{4+}/Sn^{2+}) = 0.1539\ V$, $E^\ominus(Pb^{2+}/Pb) = -0.1266\ V$, $E^\ominus(Fe^{2+}/Fe) = -0.4089\ V$。则在 25 ℃、标准状态下,上述三个电对中的还原型物质的还原性由强到弱的顺序是(　　)。

(A) $Sn^{2+} > Pb > Fe$ (B) $Fe > Pb > Sn^{2+}$

(C) $Fe > Sn^{2+} > Pb$ (D) $Pb > Fe > Sn^{2+}$

2. 下列各组离子在酸性溶液中不能共存的是(　　)。

(A) Cr^{3+}, Sn^{2+}, Fe^{3+} (B) $Cr_2O_7^{2-}$, MnO_4^-, Fe^{3+}

(C) Co^{2+}, Cu^{2+}, Fe^{2+} (D) Fe^{2+}, I^-, Mn^{2+}

3. 25 ℃ 时, $E^{\ominus}(PbSO_4/Pb) = -0.36\ V$, $E^{\ominus}(Pb^{2+}/Pb) = -0.12\ V$, $2.303RT/F = 0.060\ V$, 则 $PbSO_4$ 的标准溶度积常数 $K^{\ominus}_{sp}(PbSO_4)$ 为（   ）。

    (A) 1.0×10^{-10} (B) 1.0×10^{-8} (C) 1.0×10^{-4} (D) 1.0×10^{-2}

4. pH 为 14 时, 水作为氧化剂的半反应为（   ）。

    (A) $2H_2O = O_2 + 4H^+ + 4e^-$ (B) $2H_2O + 2e^- = H_2 + 2OH^-$

    (C) $O_2 + 2H_2O + 4e^- = 4OH^-$ (D) $2H^+ + 2e^- = H_2$

5. 298.15 K 时, $E^{\ominus}(Cu^{2+}/Cu) = 0.339\ 4\ V$, $E^{\ominus}(Fe^{3+}/Fe^{2+}) = 0.769\ V$, $E^{\ominus}(Ag^+/Ag) = 0.799\ 1\ V$, 则在 298.15 K, 标准状态下, 下列各组物质中不可能共存的是（   ）。

    (A) Ag 和 Fe^{3+} (B) Cu^{2+} 和 Fe^{2+} (C) Ag^+ 和 Fe^{2+} (D) Cu^{2+} 和 Ag

6. 已知 298.15 K 时, $E^{\ominus}(Co^{3+}/Co^{2+}) = 1.92\ V$, $K^{\ominus}_{sp}[Co(OH)_3] = 1.6 \times 10^{-44}$, $K^{\ominus}_{sp}[Co(OH)_2] = 2.3 \times 10^{-16}$, 则 298.15 K 时电对 $Co(OH)_3/Co(OH)_2$ 的标准电极电势 $E^{\ominus}[Co(OH)_3/Co(OH)_2]$ 为（   ）。

    (A) $-0.25\ V$ (B) $0.25\ V$ (C) $1.92\ V$ (D) $3.59\ V$

7. 已知溴元素在碱性溶液中的部分标准电极电势图如下:

$$BrO_3^- \xrightarrow{0.50\ V} BrO^- \xrightarrow{0.80\ V} Br^-$$

则电对 BrO_3^-/Br^- 在碱性溶液中的标准电极电势 $E^{\ominus}(BrO_3^-/Br^-)$ 为（   ）。

    (A) $0.60\ V$ (B) $0.65\ V$ (C) $0.90\ V$ (D) $1.30\ V$

8. 已知电对 ClO_3^-/ClO_2^- 的电极反应为

$$ClO_3^- + H_2O + 2e^- \rightleftharpoons ClO_2^- + 2OH^-$$

25 ℃ 时标准电极电势 $E^{\ominus}(ClO_3^-/ClO_2^-) = 0.33\ V$。当溶液 pH 为 7.0 及 ClO_3^- 和 ClO_2^- 的浓度均为 $c^{\ominus}$ 时, 电对 ClO_3^-/ClO_2^- 的电极电势 $E(ClO_3^-/ClO_2^-)$ 为（   ）。

    (A) $-0.08\ V$ (B) $0.33\ V$ (C) $0.54\ V$ (D) $0.74\ V$

9. $Na_2S_2O_3$ 中 S 元素的平均氧化值是（   ）。

    (A) -2 (B) $+2$ (C) $+4$ (D) $+6$

10. 25 ℃ 时, 电池反应 $2MnO_4^- + 5S^{2-} + 16H^+ = 2Mn^{2+} + 5S + 8H_2O$ 的标准电动势为 2.00 V。实验测得该原电池的电动势为 2.73 V, 则电池反应的 $\Delta_r G_m$ 为（   ）。

    (A) $-2.634 \times 10^3\ kJ \cdot mol^{-1}$ (B) $2.634 \times 10^3\ kJ \cdot mol^{-1}$

    (C) $-1.930 \times 10^3\ k\cdot mol^{-1}$ (D) $1.930 \times 10^3\ kJ \cdot mol^{-1}$

11. 已知 25 ℃ 时, $E^{\ominus}(Cu^{2+}/Cu) = 0.339\ 4\ V$, $E^{\ominus}(I_2/I^-) = 0.534\ 5\ V$, $E^{\ominus}(Fe^{3+}/Fe^{2+}) = 0.769\ V$, $E^{\ominus}(Sn^{4+}/Sn^{2+}) = 0.153\ 9\ V$, 则在 25 ℃, 标准状态下, 上述四个电对中最强的氧化剂和最强的还原剂分别是（   ）。

    (A) Sn^{2+}, Fe^{2+} (B) I_2, Cu (C) Fe^{3+}, Cu (D) Fe^{3+}, Sn^{2+}

12. 在氧化剂 $[YO(OH)_2]^+$ 中 Y 元素的氧化值为 $+5$, 现用 27 mL 0.066 $mol \cdot L^{-1}$ Na_2SO_3 溶液将 7.2×10^{-4} mol $[YO(OH)_2]^+$ 还原, 使 Y 呈较低氧化值, 则还原产物中 Y 元素的氧化值为（   ）。

    (A) -2 (B) -1 (C) 0 (D) $+1$

13. 在标准状态下, 下列两个氧化还原都能正向进行:

$$2FeCl_3 + Cu = 2FeCl_2 + CuCl_2$$
$$Cl_2 + 2FeCl_2 = 2FeCl_3$$

则可判断有关电对的标准电极电势的相对大小为（   ）。

    (A) $E^{\ominus}(Cl_2/Cl^-) > E^{\ominus}(Fe^{3+}/Fe^{2+}) > E^{\ominus}(Cu^{2+}/Cu)$

    (B) $E^{\ominus}(Cu^{2+}/Cu) > E^{\ominus}(Fe^{3+}/Fe^{2+}) > E^{\ominus}(Cl_2/Cl^-)$

(C) $E^{\ominus}(Cl_2/Cl^-) > E^{\ominus}(Cu^{2+}/Cu) > E^{\ominus}(Fe^{3+}/Fe^{2+})$

(D) $E^{\ominus}(Fe^{3+}/Fe^{2+}) > E^{\ominus}(Cu^{2+}/Cu) > E^{\ominus}(Cl_2/Cl^-)$

14. 当溶液中 H^+ 浓度增大时,下列氧化剂的氧化能力没有发生变化的是(　　　)。

(A) $K_2Cr_2O_7$　　　　(B) O_3　　　　(C) KNO_3　　　　(D) Cl_2

15. 已知 $E^{\ominus}(Cu^{2+}/Cu^+) > E^{\ominus}[Cu(OH)_2/CuOH]$,则 $Cu(OH)_2$ 和 $CuOH$ 的标准溶度积常数的相对大小为(　　　)。

(A) $K_{sp}^{\ominus}[Cu(OH)_2] > K_{sp}^{\ominus}(CuOH)$　　　　(B) $K_{sp}^{\ominus}[Cu(OH)_2] < K_{sp}^{\ominus}(CuOH)$

(C) $K_{sp}^{\ominus}[Cu(OH)_2] = K_{sp}^{\ominus}(CuOH)$　　　　(D) 缺少数据,无法判断

16. 原电池$(-)M|M^{2+}(0.10\ mol \cdot L^{-1}) \parallel N^{2+}(0.010\ mol \cdot L^{-1})|N(+)$在 298.15 K 时的电动势 $E = 0.27$ V,则该原电池的标准电动势 $E^{\ominus}$ 为(　　　)。

(A) 0.24 V　　　　(B) 0.27 V　　　　(C) 0.30 V　　　　(D) 0.33 V

17. 已知 298.15 K 时,$E^{\ominus}(MnO_4^-/Mn^{2+}) = 1.512$ V,$E^{\ominus}(H_2O_2/H_2O) = 1.78$ V,$E^{\ominus}(Cr_2O_7^{2-}/Cr^{3+}) = 1.23$ V,$E^{\ominus}(Fe^{3+}/Fe^{2+}) = 0.769$ V,$E^{\ominus}(Cl_2/Cl^-) = 1.360$ V,$E^{\ominus}(Br_2/Br^-) = 1.0774$ V。在 298.15 K、标准状态下,若将 Cl^- 和 Br^- 混合溶液中的 Br^- 氧化成 Br_2,但 Cl^- 不被氧化,在酸性介质中可以选择的氧化剂是(　　　)。

(A) $KMnO_4$　　　　(B) H_2O_2　　　　(C) $K_2Cr_2O_7$　　　　(D) $Fe_2(SO_4)_3$

18. 将 $p(H_2) = p^{\ominus}$、$c(H^+) = 1.0 \times 10^{-7}\ mol \cdot L^{-1}$ 的氢电极与标准氢电极组成一原电池,则原电池的电动势为(　　　)。

(A) 0.414 V　　　　(B) -0.414 V　　　　(C) 0　　　　(D) 0.828 V

19. 某原电池由氧化还原反应 $A(s) + B^{2+}(aq) \rightleftharpoons A^{2+}(aq) + B(s)$ 设计而成,已知 298.15 K 时反应的标准平衡常数是 1.0×10^4,$2.303RT/F = 0.060$ V,则该原电池的标准电动势为(　　　)。

(A) 0.48 V　　　　(B) 0.24 V　　　　(C) 0.12 V　　　　(D) -0.12 V

20. 已知 300 K 时,$2.303RT/F = 0.060$ V,$E^{\ominus}(Fe^{3+}/Fe^{2+}) = 0.77$ V,$E^{\ominus}(I_2/I^-) = 0.53$ V,则氧化还原反应:

$$2Fe^{3+} + 2I^- \rightleftharpoons 2Fe^{2+} + I_2$$

在 300 K 时的标准平衡常数 $K^{\ominus}$ 为(　　　)。

(A) 1.0×10^4　　　　(B) 1.0×10^8　　　　(C) 1.0×10^{-4}　　　　(D) 1.0×10^{-8}

21. 已知 298.15 K 时,$E^{\ominus}(Zn^{2+}/Zn) = -0.7621$ V,$E^{\ominus}(Cu^{2+}/Cu) = 0.3394$ V,$E^{\ominus}(Cl_2/Cl^-) = 1.360$ V,$E^{\ominus}(MnO_4^-/Mn^{2+}) = 1.512$ V。铁元素在酸性介质中的部分元素标准电极电势图为

$$Fe^{3+} \xrightarrow{0.769\ V} Fe^{2+} \xrightarrow{-0.4089\ V} Fe$$

如果要将铁粉氧化为亚铁离子 Fe^{2+},在下列氧化剂中可选用的是(　　　)。

(A) $ZnSO_4$　　　　(B) $CuSO_4$　　　　(C) Cl_2　　　　(D) $KMnO_4$

22. 将 H_2O_2 溶液加入用稀 H_2SO_4 溶液酸化的 $KMnO_4$ 溶液中,发生氧化还原反应。对于此反应,下列说法正确的是(　　　)。

(A) H_2O_2 是氧化剂　　　　(B) H_2O_2 是还原剂

(C) H_2O_2 分解成 H_2 和 O_2　　　　(D) H_2O_2 被 H_2SO_4 氧化

23. 现有一原电池,其电池符号为

$$(-)Pt|Fe^{3+}(c_1),Fe^{2+}(c_2) \parallel MnO_4^-(c_3),Mn^{2+}(c_4),H^+(c_5)|Pt(+)$$

欲使原电池的电动势增大,可以采取的措施是(　　　)。

(A) 增大 MnO_4^- 浓度　　　　(B) 减小 MnO_4^- 浓度

(C) 增大 Fe^{3+} 浓度   (D) 减小 Fe^{2+} 浓度

24．下列反应中，不属于氧化还原反应的是（　　　　）。

(A) $SnCl_2 + 2FeCl_3 \rule{1cm}{0.5pt} SnCl_4 + 2FeCl_2$

(B) $Cl_2 + 2NaOH \rule{1cm}{0.5pt} NaClO + NaCl + H_2O$

(C) $K_2Cr_2O_7 + 2KOH \rule{1cm}{0.5pt} 2K_2CrO_4 + H_2O$

(D) $Zn + CuSO_4 \rule{1cm}{0.5pt} ZnSO_4 + Cu$

25．下列化学反应中，Fe^{2+} 作氧化剂的是（　　　　）。

(A) $Ag^+ + Fe^{2+} \rule{1cm}{0.5pt} Ag\downarrow + Fe^{3+}$

(B) $Zn + Fe^{2+} \rule{1cm}{0.5pt} Zn^{2+} + Fe$

(C) $Fe^{2+} + S^{2-} \rule{1cm}{0.5pt} FeS\downarrow$

(D) $2Fe^{2+} + H_2O_2 + 2H^+ \rule{1cm}{0.5pt} 2Fe^{3+} + 2H_2O$

26．关于歧化反应的下列叙述中，正确的是（　　　　）。

(A) 歧化反应是同种物质内两种元素之间发生的氧化还原反应

(B) 歧化反应是同种物质内同种元素之间发生的氧化还原反应

(C) 歧化反应是两种物质中同种元素之间发生的氧化还原反应

(D) 歧化反应是两种物质中两种元素之间发生的氧化还原反应

27．某浓差原电池由两个氢电极组成，两个氢电极中 H_2 的分压相同，但 H^+ 浓度不同，则该浓差原电池的标准电动势和电动势分别为（　　　　）。

    (A) $E^\ominus = 0, E = 0$ (B) $E^\ominus \neq 0, E \neq 0$

    (C) $E^\ominus \neq 0, E = 0$ (D) $E^\ominus = 0, E \neq 0$

28．将氧化还原反应 $Fe^{2+} + Ag^+ \rule{1cm}{0.5pt} Fe^{3+} + Ag$ 设计成原电池，对应的原电池符号是（　　　　）。

(A) $(-)Pt|Fe^{2+}(c_1),Fe^{3+}(c_2) \| Ag^+(c_3)|Ag(+)$

(B) $(-)Fe|Fe^{2+}(c_1),Fe^{3+}(c_2) \| Ag^+(c_3)|Ag(+)$

(C) $(-)Ag|Fe^{2+}(c_1),Fe^{3+}(c_2) \| Ag^+(c_3)|Ag(+)$

(D) $(-)Ag|Ag^+(c_1) \| Fe^{2+}(c_2),Fe^{3+}(c_3)|Pt(+)$

29．对于电池反应 $Zn + Cu^{2+} \rule{1cm}{0.5pt} Cu + Zn^{2+}$，下列说法正确的是（　　　　）。

(A) 当 $c(Cu^{2+}) = c(Zn^{2+})$ 时，反应达到平衡

(B) 当 $E^\ominus(Cu^{2+}/Cu) = E^\ominus(Zn^{2+}/Zn)$ 时，反应达到平衡

(C) 当 $E(Cu^{2+}/Cu) = E(Zn^{2+}/Zn)$ 时，反应达到平衡

(D) 当原电池的标准电动势等于零时，反应达到平衡

30．下列关于电对的电极电势的叙述中，正确的是（　　　　）。

(A) 电对的电极电势越小，电对中的氧化型物质是越强的氧化剂

(B) 电对的电极电势越大，电对中的还原型物质是越强的还原剂

(C) 电对的电极电势越小，电对中的还原型物质是越强的还原剂

(D) 电对的电极电势越大，电对中的氧化型物质是越弱的氧化剂

31．已知铜－锌原电池的标准电动势为 1.11 V，现有一铜－锌电池的电动势为 1.17 V，则该原电池中 $c(Cu^{2+})/c(Zn^{2+})$ 为（　　　　）。

    (A) 0.10   (B) 0.010   (C) 10   (D) 100

32．下列化合物中，既可作氧化剂，又可作还原剂的是（　　　　）。

    (A) HNO_3 (B) H_2SO_4 (C) H_2O_2 (D) H_2S

33．已知 300 K 时，$E^\ominus(Fe^{3+}/Fe^{2+}) = 0.77$ V，$E^\ominus(Cu^{2+}/Cu) = 0.35$ V，$\dfrac{2.303RT}{F} = 0.060$ V，则可逆反

应：

$$2Fe^{2+}(c^{\ominus}) + Cu^{2+}(c^{\ominus}) \Longleftrightarrow 2Fe^{3+}(0.010\ mol \cdot L^{-1}) + Cu(s)$$

在 300 K 时的标准平衡常数为（　　）。

(A) 1.0×10^{-4} (B) 1.0×10^{-7} (C) 1.0×10^{-14} (D) 1.0×10^{14}

34. 下列原电池：

$$(-)Pb, PbSO_4 | SO_4^{2-}(c^{\ominus}) \| Sn^{2+}(c^{\ominus}) | Sn(+)$$

所对应的氧化还原反应为（　　）。

(A) $Sn^{2+} + Pb + SO_4^{2-} = Sn + PbSO_4$

(B) $Sn^{2+} + Pb = Sn + Pb^{2+}$

(C) $Sn + PbSO_4 = Sn^{2+} + Pb + SO_4^{2-}$

(D) $Sn + Pb^{2+} = Sn^{2+} + Pb$

35. 将某氧化还原反应设计成原电池,已知原电池的标准电动势 $E^{\ominus} > 0$,则该氧化还原反应的标准摩尔吉布斯自由能变和标准平衡常数分别为（　　）。

(A) $\Delta_r G_m^{\ominus} > 0, K^{\ominus} > 1$ (B) $\Delta_r G_m^{\ominus} > 0, K^{\ominus} < 1$

(C) $\Delta_r G_m^{\ominus} < 0, K^{\ominus} > 1$ (D) $\Delta_r G_m^{\ominus} < 0, K^{\ominus} < 1$

36. 300 K 时, $E^{\ominus}(Cl_2/Cl^-) > E^{\ominus}(Cr_2O_7^{2-}/Cr^{3+}) > E^{\ominus}(MnO_2/Mn^{2+}) > E^{\ominus}(Ag^+/Ag) > E^{\ominus}(Fe^{3+}/Fe^{2+}) > E^{\ominus}(Cu^{2+}/Cu)$,则在 300 K,标准状态下,下列氧化还原反应正向进行的是（　　）。

(A) $2FeCl_3 + Cu \Longleftrightarrow 2FeCl_2 + CuCl_2$

(B) $MnO_2 + 4HCl \Longleftrightarrow MnCl_2 + Cl_2 \uparrow + 2H_2O$

(C) $K_2Cr_2O_7 + 6KCl + 7H_2SO_4 \Longleftrightarrow 4K_2SO_4 + Cr_2(SO_4)_3 + 3Cl_2 \uparrow + 7H_2O$

(D) $Fe(NO_3)_3 + Ag \Longleftrightarrow Fe(NO_3)_2 + AgNO_3$

37. 在酸性溶液中,Mn 元素的部分标准电极电势图如下：

$$MnO_4^- \xrightarrow{0.57\ V} MnO_4^{2-} \xrightarrow{2.26\ V} MnO_2 \xrightarrow{1.23\ V} Mn^{2+}$$

则在酸性溶液中 $E^{\ominus}(MnO_4^-/Mn^{2+})$ 为（　　）。

(A) 0.81 V   (B) 1.51 V   (C) 1.62 V   (D) 1.08 V

38. 已知 298 K 时,Mn 元素在酸性溶液中的标准电极电势图如下：

$$MnO_4^- \xrightarrow{0.564\ V} MnO_4^{2-} \xrightarrow{2.26\ V} MnO_2 \xrightarrow[1.23\ V]{0.59\ V} Mn^{3+} \xrightarrow{1.51\ V} Mn^{2+} \xrightarrow{-1.18\ V} Mn$$

（下标 1.69 V 跨 MnO_4^- 至 MnO_2）

则 298.15 K、标准状态下,在酸性溶液中能发生歧化反应的是（　　）。

(A) MnO_4^{2-} 和 MnO_2 (B) MnO_2 和 Mn^{3+}

(C) MnO_4^{2-} 和 Mn^{3+} (D) MnO_2 和 Mn^{2+}

39. 原电池 $(-)Fe | Fe^{2+}(c) \| Ni^{2+}(0.010\ mol \cdot L^{-1}) | Ni(+)$ 在 300 K 的电动势为 0.16 V。已知 300 K 时 $E^{\ominus}(Ni^{2+}/Ni) = -0.24\ V$, $E^{\ominus}(Fe^{2+}/Fe) = -0.40\ V$, $2.303RT/F = 0.060\ V$,则 Fe^{2+} 浓度为（　　）。

(A) $0.0010\ mol \cdot L^{-1}$ (B) $0.010\ mol \cdot L^{-1}$

(C) $0.10\ mol \cdot L^{-1}$ (D) $1.0\ mol \cdot L^{-1}$

40. 已知 $K_a^{\ominus}(HF) > K_a^{\ominus}(HAc) > K_a^{\ominus}(HCN)$,则下列电对中标准电极电势最小的是（　　）。

(A) H^+/H_2 (B) HAc/H_2 (C) HF/H_2 (D) HCN/H_2

41. 已知 25 ℃ 时 $E^{\ominus}(M^{2+}/M) = -0.44$ V，$E^{\ominus}(M^{3+}/M^{2+}) = 0.77$ V，则 $E^{\ominus}(M^{3+}/M)$ 为（   ）。

(A) -0.037 V   (B) 0.33 V   (C) 1.10 V   (D) -0.11 V

42. 难溶强电解质 AgX 的溶解度越小，则电对 AgX/Ag 的标准电极电势 $E^{\ominus}(AgX/Ag)$（   ）。

(A) 越大   (B) 不受影响   (C) 越小   (D) 无法判断

43. 下列有关氧化值的叙述中，不正确的是（   ）。

(A) 在单质分子中，元素的氧化值为零

(B) H 元素的氧化值总是 $+1$，O 元素的氧化值总是 -2

(C) 氧化值可以是整数或分数

(D) 在多原子分子中，各元素氧化值之和为零

44. 在氧化还原反应 $Cl_2 + 2NaOH == NaClO + NaCl + H_2O$ 中，Cl_2（   ）。

(A) 是氧化剂   (B) 是还原剂

(C) 既是氧化剂，又是还原剂   (D) 既不是氧化剂，又不是还原剂

45. 下列电对中，若增大 H^+ 浓度，电对中氧化型物质的氧化能力增大的是（   ）。

(A) Cu^{2+}/Cu (B) MnO_4^-/Mn^{2+} (C) Fe^{3+}/Fe^{2+} (D) Zn^{2+}/Zn

46. 下列电对中，处于中间氧化值的离子不能发生歧化反应的是（   ）。

(A) $Cu^{2+} \xrightarrow{0.16\ V} Cu^+ \xrightarrow{0.52\ V} Cu$

(B) $MnO_4^- \xrightarrow{0.56\ V} MnO_4^{2-} \xrightarrow{2.26\ V} MnO_2$

(C) $MnO_2 \xrightarrow{0.95\ V} Mn^{3+} \xrightarrow{1.50\ V} Mn^{2+}$

(D) $Sn^{4+} \xrightarrow{0.15\ V} Sr^{2+} \xrightarrow{-0.14\ V} Sn$

47. 300 K 时，$E^{\ominus}(Cr_2O_7^{2-}/Cr^{3+}) = 1.33$ V，$E^{\ominus}(I_2/I^-) = 0.535$ V，$E^{\ominus}(Fe^{3+}/Fe^{2+}) = 0.77$ V，$E^{\ominus}(Ag^+/Ag) = 0.80$ V。则在 300 K，标准状态时，上述 4 个电对中的氧化型物质的氧化性由强到弱的顺序是（   ）。

(A) $Cr_2O_7^{2-} > Ag^+ > Fe^{3+} > I_2$ (B) $I_2 > Fe^{3+} > Ag^+ > Cr_2O_7^-$

(C) $Cr_2O_7^{2-} > I_2 > Ag^+ > Fe^{3+}$ (D) $Cr_2O_7^{2-} > Fe^{3+} > I_2 > Ag^+$

48. 对于电池反应 $Zn(s) + Cu^{2+}(aq) == Zn^{2+}(aq) + Cu(s)$，如果要增大电池的电动势，可以采取的措施是（   ）。

(A) 增大 Zn^{2+} 的浓度   (B) 增大 Cu^{2+} 的浓度

(C) 增大锌电极面积   (D) 增大铜电极面积

49. 金属 M 溶于盐酸的反应为

$$M(s) + 2H^+(aq) == M^{2+}(aq) + H_2(g)$$

已知 $\Delta_r G_m^{\ominus}(300\ K) = -96.50\ kJ \cdot mol^{-1}$，$F = 96\ 500\ C \cdot mol^{-1}$，则 300 K 时电对 M^{2+}/M 的标准电极电势 $E^{\ominus}(M^{2+}/M)$ 为（   ）。

(A) 0.50 V   (B) -0.50 V   (C) 1.00 V   (D) -1.00 V

50. 298.15 K 时，$E^{\ominus}(Cu^{2+}/Cu) = 0.339\ 4$ V，$E^{\ominus}(Fe^{3+}/Fe^{2+}) = 0.769$ V，$E^{\ominus}(Sn^{4+}/Sn^{2+}) = 0.153\ 9$ V，$E^{\ominus}(Fe^{2+}/Fe) = -0.408\ 9$ V，则在 298.15 K，标准状态下，下列氧化还原反应能正向进行的是（   ）。

(A) $Cu + 2Fe^{3+} \rightleftharpoons Cu^{2+} + 2Fe^{2+}$ (B) $Sn^{4+} + Cu \rightleftharpoons Sn^{2+} + Cu^{2+}$

(C) $Cu + Fe^{2+} \rightleftharpoons Cu^{2+} + Fe$ (D) $2Fe^{2+} + Sn^{2+} \rightleftharpoons Sn^{4+} + 2Fe$

51. 已知 $E^{\ominus}(Cl_2/Cl^-) = 1.360$ V，$E^{\ominus}(I_2/I^-) = 0.534\ 5$ V，$E^{\ominus}(Fe^{3+}/Fe^{2+}) = 0.769$ V，$E^{\ominus}(Sn^{4+}/Sn^{2+}) = 0.153\ 9$ V，则在 298.15 K，标准状态下 Cl_2，$FeCl_3$，I_2 和 $SnCl_4$ 的氧化能力由强到弱的排列顺序为（   ）。

(A) $SnCl_4 > I_2 > Cl_2 > FeCl_3$ (B) $Cl_2 > I_2 > SnCl_4 > FeCl_3$

(C) $Cl_2 > FeCl_3 > I_2 > SnCl_4$ (D) $Cl_2 > I_2 > FeCl_3 > SnCl_4$

52. 向 $ZnSO_4$ 和 $CuSO_4$ 的混合溶液中加少量铁粉,生成的是(　　)。

(A) Zn、H_2 和 Fe^{2+}　　　　　　　　(B) Zn 和 H_2

(C) Fe^{2+}、Zn 和 Cu　　　　　　　　(D) Fe^{2+} 和 Cu

53. 在 298.15 K 时,氧化还原反应 $Ag^+ + \dfrac{1}{2}Cu \Longrightarrow Ag + Cu^{2+}$ 的标准摩尔吉布斯自由能变和标准电动势分别为 $\Delta_r G_{m,1}^{\ominus}$ 和 $E_1^{\ominus}$。若将该反应改写为 $2Ag^+ + Cu \Longrightarrow 2Ag + Cu^{2+}$ 时,其标准摩尔吉布斯自由能变和标准电动势分别为 $\Delta_r G_{m,2}^{\ominus}$ 和 $E_2^{\ominus}$,则下列等式正确的是(　　)。

(A) $\Delta_r G_{m,2}^{\ominus} = 2\Delta_r G_{m,1}^{\ominus}$,$E_2^{\ominus} = E_1^{\ominus}$　　　　(B) $\Delta_r G_{m,2}^{\ominus} = 2\Delta_r G_{m,1}^{\ominus}$,$E_2^{\ominus} = 2E_1^{\ominus}$

(C) $\Delta_r G_{m,2}^{\ominus} = \Delta_r G_{m,1}^{\ominus}$,$E_2^{\ominus} = E_1^{\ominus}$　　　　(D) $\Delta_r G_{m,2}^{\ominus} = \Delta_r G_{m,1}^{\ominus}$,$E_2^{\ominus} = 2E_1^{\ominus}$

54. 25 ℃ 时 $K_{sp}^{\ominus}(AgCl) = 1.8 \times 10^{-10}$,$K_{sp}^{\ominus}(Ag_2CrO_4) = 1.1 \times 10^{-12}$,$K_{sp}^{\ominus}(AgI) = 8.3 \times 10^{-17}$,则可判断三种难溶银盐与银组成三个电对的标准电极电势的相对大小为(　　)。

(A) $E^{\ominus}(AgCl/Ag) > E^{\ominus}(Ag_2CrO_4/Ag) > E^{\ominus}(AgI/Ag)$

(B) $E^{\ominus}(Ag_2CrO_4/Ag) > E^{\ominus}(AgCl/Ag) > E^{\ominus}(AgI/Ag)$

(C) $E^{\ominus}(AgI/Ag) > E^{\ominus}(Ag_2CrO_4/Ag) > E^{\ominus}(AgCl/Ag)$

(D) $E^{\ominus}(AgI/Ag) > E^{\ominus}(AgCl/Ag) > E^{\ominus}(Ag_2CrO_4/Ag)$

55. 300 K 时,$E^{\ominus}(S/H_2S) = 0.14$ V,$E^{\ominus}(SO_2/S) = 0.44$ V,$2.303RT/F = 0.060$ V,则 300 K 时反应 $2H_2S(aq) + SO_2(aq) \Longrightarrow 3S(s) + 2H_2O(l)$ 的标准平衡常数为(　　)。

(A) 1.0×10^{20}　　　(B) 1.0×10^{-21}　　　(C) 1.0×10^{10}　　　(D) 1.0×10^5

二、是非题

56. 金属越活泼,溶液中金属离子浓度越小,金属－离子电极的电极电势越小。

57. 对于某一氧化还原反应,反应的标准平衡常数 $K^{\ominus}$ 和电动势 E 的数值,都随化学计量数的写法不同而异。

58. 当电池反应达到平衡时,原电池的电动势等于零,则正、负两极的标准电极电势相等。

59. 介质的酸碱性对含氧酸盐的氧化性有很大的影响。当溶液的酸性增强时,含氧酸盐的氧化性也增强。

60. 把两个氧化还原电对组成氧化还原反应,其中标准电极电势大的电对中的氧化型物质在反应中作氧化剂。

61. 任何一个自发进行的氧化还原反应在理论上都可以设计成原电池。

62. 饱和甘汞电极的电极电势为 0.2415 V,如果增加 $Hg_2Cl_2(s)$ 的质量,则甘汞电极的电极电势也随之增大。

63. 在氧化还原反应中,Na_2SO_3 既可以作氧化剂,也可以作还原剂。

64. 凡是能组成原电池的化学反应一定是氧化还原反应。

65. 已知 $K_{sp}^{\ominus}[M(OH)_3] < K_{sp}^{\ominus}[M(OH)_2]$,则 $E^{\ominus}[M(OH)_3/M(OH)_2] < E^{\ominus}(M^{3+}/M^{2+})$。

66. 歧化反应是指反应物中有的元素的氧化值升高,而有的元素的氧化值降低的一类氧化还原反应。

67. 电对的电极电势越大,电对中的还原型物质的还原能力越弱。

68. 在原电池中,负极发生氧化反应,正极发生还原反应。

69. 在氧化还原反应中,两个电对的电极电势相差越大,化学反应速率就越快。

70. 浓硝酸的还原产物为 NO_2,而稀硝酸的还原产物为 NO,因此稀硝酸的氧化性比浓硝酸的氧化性强。

71. 氢电极的电极电势 $E(H^+/H_2)$ 等于零。

72. 已知 $E^{\ominus}(X^+/X) = -2.17$ V,可知 X 是一种很强的还原剂。

73. 由于铁比铜活泼,所以标准状态下金属铜不能与三氯化铁溶液反应。

74. 甘汞电极是一种常用的参比电极,因此其标准电极电势为零。

75. 对于有 H^+ 或 OH^- 参加的电极反应,当溶液 pH 改变时,电对的电极电势也发生改变。

76. 标准电极电势 $E^{\ominus}(Ox/Red)$ 为正值时,表示在标准状态下电对中氧化型物质的氧化能力比 H^+ 的氧化能力强。

77. 已知 $E^{\ominus}(Cl_2/Cl^-) > E^{\ominus}(MnO_2/Mn^{2+})$，因此在实验室中使用 MnO_2 和浓盐酸制备 Cl_2 是不可能的。

78. CuS 沉淀不溶于盐酸，但能溶于硝酸，这是因为硝酸的酸性比盐酸强。

79. 把两个氧化还原电对组成一个氧化还原反应时，一定是电极电势较大的电对中的氧化型物质作氧化剂，而电极电势较小的电对中的还原型物质作还原剂。

80. 由标准电极电势不相等的两个电对组成的原电池，都可以通过改变氧化型物质或还原型物质的浓度或分压而改变原电池的标准电动势。

81. 当组成电对的氧化型物质与还原型物质的浓度或分压相等时，电对的电极电势就是该电对的标准电极电势。

82. 氧化还原反应自发进行的方向，总是电极电势较大电对中的氧化型物质氧化电极电势较小电对中的还原型物质。

83. 在 O_2 中，O 元素的氧化值和化合价均为 0。

84. 由能斯特方程可知，在一定温度下减小电对中还原型物质的浓度或分压，电对的电极电势增大。

85. 反应 $Cl_2 + 2NaOH =\!=\!= NaClO + NaCl + H_2O$ 属于歧化反应。

86. 已知在标准状态下，反应 $Sn^{2+} + 2Fe^{3+} \Longrightarrow Sn^{4+} + 2Fe^{2+}$ 正向自发进行，则由此可知 $E^{\ominus}(Fe^{3+}/Fe^{2+}) > E^{\ominus}(Sn^{4+}/Sn^{2+})$。

87. 能斯特方程反映了氧化型物质和还原型物质的浓度（或分压）、温度对电对的电极电势的影响。

88. O_2 是一种常用的氧化剂，其氧化能力随所在溶液 OH^- 浓度的增大而增强。

89. 从公式 $\ln K^{\ominus} = \dfrac{zFE^{\ominus}}{RT}$ 可以看出，氧化还原反应的标准平衡常数与温度有关，但与反应物和生成物的浓度或分压无关。

90. 元素的氧化值是表示元素的电荷数。

三、填空题

91. 在原电池中，电极电势大的电对为 _____ 极，电极电势小的电对为 _____ 极；电对的电极电势越大，电对中的 _____ 物质的氧化能力越强，电对的电极电势越小，电对中的 _____ 物质的还原能力越强。

92. $KMnO_4$ 是一种常见氧化剂，它与 Na_2SO_3 在酸性溶液、中性溶液和碱性溶液中发生氧化还原反应时还原产物分别为 _____ 、_____ 和 _____ 。

93. 在使用酸度计测定溶液 pH 时，通常用 _____ 作参比电极，用 _____ 作指示电极。

94. 25 ℃时，$E^{\ominus}(Cu^{2+}/Cu) = 0.339\ 4$ V，$E^{\ominus}(Fe^{3+}/Fe^{2+}) = 0.769$ V，$E^{\ominus}(MnO_4^-/Mn^{2+}) = 1.512$ V。25 ℃、标准状态下，在 Cu^{2+}/Cu、Fe^{3+}/Fe^{2+} 和 MnO_4^-/Mn^{2+} 三个电对中，氧化能力最强的是 _____ ，还原能力最强的是 _____ 。

95. 一个电对的电极电势的大小，主要是由 _____ 所决定的，其次与 _____ 有关。

96. 在酸性介质中，电对 MnO_2/Mn^{2+} 的电极反应式为 _____ 。当溶液 pH 减小时，MnO_2 的氧化能力 _____ 。

97. 已知 25 ℃时 $E^{\ominus}(Ni^{2+}/Ni) = -0.24$ V，$E^{\ominus}(Ag^+/Ag) = 0.799\ 1$ V。把氧化还原反应 $Ni + 2Ag^+ =\!=\!= Ni^{2+} + 2Ag$ 设计成原电池，则该原电池的标准电动势 $E^{\ominus} = $ _____ ，该氧化还原反应的标准摩尔吉布斯自由能变 $\Delta_r G_m^{\ominus} = $ _____ ，该氧化还原反应的标准平衡常数 $K^{\ominus} = $ _____ 。

98. 已知在碱性介质中溴元素的标准电极电势（$E^{\ominus}/V$）图为

$$BrO_4^- \xrightarrow{\ 0.92\ } BrO_3^- \xrightarrow{\ 0.54\ } BrO^- \xrightarrow{\ 0.45\ } Br_2 \xrightarrow{\ 1.07\ } Br^-$$

（上方连线 0.76，下方连线 0.52）

由上图可知，在碱性溶液中可以稳定存在的是 _____ ；在碱性溶液中发生歧化反应的是 _____ 。

99. 在标准状态下,下列两个氧化还原反应均能正向自发进行:

$$2Fe^{3+} + Cu \Longrightarrow 2Fe^{2+} + Cu^{2+}$$
$$Ag^+ + Fe^{2+} \Longrightarrow Ag + Fe^{3+}$$

则在标准状态下,Fe^{3+}/Fe^{2+}、Cu^{2+}/Cu 和 Ag^+/Ag 三个电对中,最强的氧化剂是_____,最强的还原剂是_____。

100. 将氧化还原反应 $Ni + 2Fe^{3+} \Longrightarrow Ni^{2+} + 2Fe^{2+}$ 设计成原电池,该原电池的电池符号为_____。已知 $E^{\ominus}(Ni^{2+}/Ni) = -0.23$ V,$E^{\ominus}(Fe^{3+}/Fe^{2+}) = -0.77$ V,则原电池的标准电动势 $E^{\ominus} = $_____,该氧化还原反应的标准摩尔吉布斯自由能变 $\Delta_r G_m^{\ominus} = $_____。

101. 25 ℃时,$E^{\ominus}(Pb^{2+}/Pb) = -0.126\,6$ V,$E^{\ominus}(Sn^{2+}/Sn) = -0.136$ V。则化学反应 $Pb^{2+} + Sn \Longrightarrow Pb + Sn^{2+}$ 在 25 ℃、标准状态时反应方向是_____。当 $c(Sn^{2+}) = 1.0$ mol·L^{-1},$c(Pb^{2+}) = 1.0 \times 10^{-3}$ mol·L^{-1} 时,反应方向是_____。

102. 已知 25 ℃时 $E^{\ominus}(Fe^{2+}/Fe) = -0.408\,9$ V,$E^{\ominus}(Sn^{4+}/Sn^{2+}) = 0.153\,9$ V,$E^{\ominus}(Sn^{2+}/Sn) = -0.136$ V,$E^{\ominus}(Cu^{2+}/Cu) = 0.339\,4$ V,$E^{\ominus}(Cu^{2+}/Cu^+) = 0.161$ V。则标准状态下在酸性溶液中用过量铁粉还原 Sn^{4+} 时,还原产物为_____;而用过量铁粉还原 Cu^{2+} 时,还原产物为_____。

103. 在原电池中,电子流出的电极为_____,电子流入的电极为_____;原电池的正极发生的是_____,原电池的负极发生的是_____。

104. 将氧化还原反应 $Cr_2O_7^{2-} + 6Fe^{2+} + 14H^+ \Longrightarrow 2Cr^{3+} + 6Fe^{3+} + 7H_2O$ 设计成原电池,该原电池的正极反应为_____,负极反应为_____。

105. 25 ℃时,将饱和甘汞电极$[E(Hg_2Cl_2/Hg) = 0.24$ V$]$与标准锌电极$[E^{\ominus}(Zn^{2+}/Zn) = -0.762\,1$ V$]$组成一个原电池,则该原电池的电池符号是_____,原电池的正极反应为_____,负极反应为_____,电池反应为_____。

106. 298.15 K 时电池反应 $S_2O_3^{2-}(aq) + 2OH^-(aq) + O_2(g) \Longrightarrow 2SO_3^{2-}(aq) + H_2O(l)$ 所对应的原电池的标准电动势 $E^{\ominus} = 0.98$ V。则正极反应为_____,负极反应为_____;若 $E^{\ominus}(O_2/H_2O) = 0.40$ V,则 $E^{\ominus}(SO_3^{2-}/S_2O_3^{2-}) = $_____。

107. 已知 $E^{\ominus}(Cu^{2+}/Cu^+) = 0.16$ V,$K_{sp}^{\ominus}(CuI) = 1.1 \times 10^{-12}$,$E^{\ominus}(I_2/I^-) = 0.54$ V,则 $E^{\ominus}(Cu^{2+}/CuI) = $_____,$CuSO_4(aq)$ 与 $KI(aq)$ 反应的离子方程式为_____。

108. 电对的标准电极电势是该电对为_____极,与标准_____组成的原电池的标准电动势。

109. 把氧化还原反应:

$$2Fe^{3+} + Cu \Longrightarrow 2Fe^{2+} + Cu^{2+}$$

设计成原电池,原电池符号为_____;正极反应为_____;负极反应为_____。

110. 对于铜-锌原电池,若降低负极溶液中 Zn^{2+} 浓度时,负极的电极电势_____,原电池的电动势_____。

111. 在标准状态下,下列两个反应均向正反应方向进行:

$$Cr_2O_7^{2-} + 6Fe^{2+} + 14H^+ \Longrightarrow 2Cr^{3+} + 6Fe^{3+} + 7H_2O$$
$$2Fe^{3+} + Cu \Longrightarrow 2Fe^{2+} + Cu^{2+}$$

在上述三个电对中,标准电极电势最大的电对是_____;标准电极电势最小的电对是_____。

112. $K_2Cr_2O_7$ 中 Cr 元素的氧化值是_____,而 $Cr_2(SO_4)_3$ 中 Cr 元素的氧化值是_____。

113. 对于氧化还原反应:

$$K_2Cr_2O_7 + 3Na_2SO_3 + 4H_2SO_4 \Longrightarrow K_2SO_4 + Cr_2(SO_4)_3 + 3Na_2SO_4 + 4H_2O$$

氧化剂是_____,还原剂是_____。

114. 将两个氧化还原电对组成氧化还原反应时,氧化剂是电极电势较_____电对中的_____型物质;还原剂是电极电势较_____的电对中的_____型物质。

115. 在电对 Cl_2/Cl^-、$Cr_2O_7^{2-}/Cr^{3+}$ 和 MnO_4^-/Mn^{2+} 中,如果 H^+ 浓度增大,电极电势增大的是_____,电极电势不变的是_____。

四、问答题

116. Cl 元素在碱性溶液中的标准电极电势图如下:

$$ClO_4^- \xrightarrow{0.36\ V} ClO_3^- \xrightarrow{0.50\ V} ClO^- \xrightarrow{0.40\ V} Cl_2 \xrightarrow{1.36\ V} Cl^-$$
$$\underset{0.81\ V}{\underline{\qquad\qquad\qquad}}$$

哪些物质能发生歧化反应?

117. 在酸性介质中 Mn 元素的标准电极电势图($E_A^\ominus/V$)为

$$MnO_4^- \xrightarrow{0.56} MnO_4^{2-} \xrightarrow{2.26} MnO_2 \xrightarrow{0.95} Mn^{3+} \xrightarrow{1.51} Mn^{2+} \xrightarrow{-1.18} Mn$$

(上方 1.23,下方 1.69)

指出在酸性介质中哪些物质能发生歧化反应。

118. 已知 $E^\ominus(Cu^{2+}/Cu)=0.34\ V$,$E^\ominus(Fe^{3+}/Fe^{2+})=0.77\ V$。在标准状态下将电对 Fe^{3+}/Fe^{2+} 和 Cu^{2+}/Cu 组成原电池,写出该原电池的电池符号。

119. 已知下列两个反应在标准状态下均正向自发进行:

$$Cu^{2+}+Sn^{2+}=\!=\!=Cu+Sn^{4+}$$
$$2Fe^{3+}+Cu=\!=\!=2Fe^{2+}+Cu^{2+}$$

(1) 写出上述物质中最强氧化剂与最强还原剂之间所进行的反应;

(2) 将反应(1)设计成原电池,写出电极反应和原电池符号。

120. 如何判断氧化还原反应自发进行的方向?

121. 什么是原电池? 如何计算原电池的电动势?

122. 证明 298.15 K 时电对 AgBr/Ag 的标准电极电势计算公式为

$$E^\ominus(AgBr/Ag)=E^\ominus(Ag^+/Ag)+0.059\ 16\ V\times lg\ K_{sp}^\ominus(AgBr)$$

123. 下列物质中:

$$KMnO_4,H_2O_2,K_2Cr_2O_7,Na_2S,Zn,Na_2SO_3$$

哪些只能作氧化剂? 哪些只能作还原剂? 哪些既能作氧化剂又能作还原剂?

124. 如何利用电对的电极电势判断氧化剂、还原剂的相对强弱? 如何利用电对的电极电势计算氧化还原反应的标准平衡常数?

125. 将电对 Cu^{2+}/Cu 和 Zn^{2+}/Zn 组成原电池:

$$(-)\ Zn\mid Zn^{2+}(c_1)\;\|\;Cu^{2+}(c_2)\mid Cu\ (+)$$

改变下列条件对原电池的电动势有何影响?

(1) 增大 Zn^{2+} 浓度;

(2) 增大 Cu^{2+} 浓度;

(3) 往 Cu^{2+} 溶液中加入浓氨水;

（4）往 Zn^{2+} 溶液中加入浓氨水。

五、计算题

126. 300 K 时，$E^{\ominus}(Ag^+/Ag)=0.80$ V，$E^{\ominus}(Fe^{3+}/Fe^{2+})=0.77$ V，$2.303\,RT/F=0.060$ V。在 300 K 时，将银片插入 0.010 mol·L^{-1} AgNO$_3$ 溶液中，将铂片插入 0.10 mol·L^{-1} Fe^{3+}—0.010 mol·L^{-1} Fe^{2+} 混合溶液中组成原电池。

（1）写出该原电池的电池符号；

（2）计算 300 K 时该原电池的电动势；

（3）分别写出该原电池的电极反应和电池反应。

127. 298.15 K 时，用下列原电池测定待测溶液 pH：

$$（-）Pt\,|\,H_2\,(p^{\ominus})\,|\,H^+（待测溶液）\,|\,饱和甘汞电极（+）$$

测得该原电池的电动势 E 为 0.48 V。已知 298.15 K 时饱和甘汞电极的电极电势 $E(Hg_2Cl_2/Hg)=0.24$ V，$2.303RT/F=0.060$ V，计算待测溶液 pH。

128. 300 K 时，$E^{\ominus}(Sn^{2+}/Sn)=-0.16$ V，$E^{\ominus}(Pb^{2+}/Pb)=-0.13$ V，$2.303\,RT/F=0.060$ V。计算 Sn^{2+} 浓度为 0.10 mol·L^{-1}、Pb^{2+} 浓度为 1.0×10^{-3} mol·L^{-1} 时下列氧化还原反应进行的方向：

$$Sn(s)+Pb^{2+}(aq)\rightleftharpoons Sn^{2+}(aq)+Pb(s)$$

129. 300 K 时，$E^{\ominus}(Ag^+/Ag)=0.80$ V，$2.303\,RT/F=0.060$ V，$K_{sp}^{\ominus}(AgCl)=1.0\times10^{-10}$。计算 300 K 时电对 AgCl/Ag 的标准电极电势。

130. 300 K 时，$E^{\ominus}(Cu^{2+}/Cu)=0.34$ V，$E^{\ominus}(Zn^{2+}/Zn)=-0.76$ V，$2.303\,RT/F=0.060$ V。在 300 K 时，将铜片插入 0.010 mol·L^{-1} CuSO$_4$ 溶液中，再将锌片插入 0.010 mol·L^{-1} ZnSO$_4$ 溶液中组成原电池。

（1）计算该原电池的电动势；

（2）写出该原电池的电池符号；

（3）写出电极反应和电池反应。

131. 298.15 K 时，$E^{\ominus}(Fe^{3+}/Fe^{2+})=0.769$ V，$E^{\ominus}(Ag^+/Ag)=0.799\,1$ V，$2.303RT/F=0.060$ V。对于下列氧化还原反应：

$$Ag^++Fe^{2+}\Longrightarrow Ag+Fe^{3+}$$

（1）计算 298.15 K 时反应的标准平衡常数 $K^{\ominus}$；

（2）如果反应开始时，$c(Ag^+)=1.0$ mol·L^{-1}、$c(Fe^{2+})=0.10$ mol·L^{-1}，计算 Fe^{3+} 的平衡浓度。

132. 25 ℃ 时，Cu 元素在酸性溶液中的元素标准电极电势图为

$$Cu^{2+}\xrightarrow{\;0.16\text{ V}\;}Cu^+\xrightarrow{\quad\quad}Cu$$
$$\underset{0.34\text{ V}}{\rule{4cm}{0.4pt}}$$

（1）计算 25 ℃ 时电对 Cu$^+$/Cu 的标准电极电势 $E^{\ominus}(Cu^+/Cu)$；

（2）已知 $2.303RT/F=0.060$ V，试计算 25 ℃ 时 Cu$^+$ 的歧化反应的标准平衡常数。

133. 300 K 时，Fe 元素在酸性介质中的元素标准电极电势图为

$$Fe^{3+}\xrightarrow{\;0.77\;}Fe^{2+}\xrightarrow{\;-0.43\;}Fe$$

（1）计算 300 K 时电对 Fe^{3+}/Fe 在酸性介质中的标准电极电势；

（2）已知 $2.303\,RT/F=0.060$ V，计算反应 $2Fe^{3+}(aq)+Fe(s)\Longrightarrow 3Fe^{2+}(aq)$ 在 300 K 时的标准平衡常数。

134. 已知 300 K 时，$E^{\ominus}(Ag^+/Ag)=0.80$ V，$E^{\ominus}(Fe^{3+}/Fe^{2+})=0.77$ V，$2.303\,RT/F=0.060$ V。判断 300 K

时氧化还原反应：

$$Ag^+(aq) + Fe^{2+}(aq) \Longrightarrow Ag(s) + Fe^{3+}(aq)$$

在下列条件下进行的方向：

(1) $c(Ag^+) = c(Fe^{2+}) = c(Fe^{3+}) = 1.0 \text{ mol·L}^{-1}$；

(2) $c(Ag^+) = 0.010 \text{ mol·L}^{-1}$, $c(Fe^{2+}) = 0.0010 \text{ mol·L}^{-1}$, $c(Fe^{3+}) = 0.10 \text{ mol·L}^{-1}$。

135. 300 K 时，将铜电极和标准氢电极组成如下原电池：

$$(-) \text{ Pt}, H_2(p^\ominus) | H^+(c^\ominus) \parallel Cu^{2+}(c) | Cu (+)$$

当 $c(Cu^{2+}) = 0.010 \text{ mol·L}^{-1}$ 时，实验测得原电池的电动势为 0.28 V。已知 300 K 时，$2.303RT/F = 0.060$ V，计算 300 K 时电对 Cu^{2+}/Cu 的标准电极电势 $E^\ominus(Cu^{2+}/Cu)$。

单元测试题参考答案

一、选择题

1. B；2. A；3. B；4. B；5. C；6. B；7. A；8. D；9. B；10. A；11. D；12. C；13. A；14. D；15. B；16. C；17. C；18. A；19. C；20. B；21. B；22. B；23. A；24. C；25. B；26. B；27. D；28. A；29. C；30. C；31. D；32. C；33. C；34. A；35. C；36. A；37. B；38. C；39. B；40. D；41. A；42. C；43. C；44. C；45. B；46. D；47. A；48. B；49. A；50. A；51. C；52. D；53. A；54. B；55. A。

二、是非题

56. √；57. ×；58. ×；59. √；60. ×；61. √；62. ×；63. √；64. ×；65. √；66. ×；67. √；68. √；69. ×；70. √；71. ×；72. √；73. ×；74. ×；75. √；76. √；77. ×；78. √；79. √；80. ×；81. ×；82. √；83. ×；84. √；85. √；86. √；87. √；88. ×；89. √；90. ×。

三、填空题

91. 正；负；氧化型；还原型。

92. Mn^{2+}；MnO_2；MnO_4^{2-}。

93. 饱和甘汞电极；玻璃电极。

94. MnO_4^-；Cu。

95. 电极本身的性质；氧化型物质和还原型物质的浓度或分压。

96. $MnO_2 + 4H^+ + 2e^- \Longrightarrow Mn^{2+} + 2H_2O$；增强。

97. 1.04 V；$-200.7 \text{ kJ·mol}^{-1}$；$1.5 \times 10^{35}$。

98. BrO_4^-，BrO_3^- 和 Br^-；BrO^- 和 Br_2。

99. Ag^+；Cu。

100. $(-)\text{Ni} | Ni^{2+}(c_1) \parallel Fe^{2+}(c_2), Fe^{3+}(c_3) | \text{Pt}(+)$；$-0.54$ V；$104.2 \text{ kJ·mol}^{-1}$。

101. 正向；逆向。

102. Sn；Cu。

103. 负极；正极；还原反应；氧化反应。

104. $Cr_2O_7^{2-} + 14H^+ + 6e^- \Longrightarrow 2Cr^{3+} + 7H_2O$；$Fe^{2+} \Longrightarrow Fe^{3+} + e^-$。

105. $(-)\text{Zn} | Zn^{2+}(c^\ominus) \parallel Cl^-(饱和) | Hg_2Cl_2, Hg, Pt(+)$；$Hg_2Cl_2 + 2e^- \Longrightarrow 2Hg + 2Cl^-$；$Zn \Longrightarrow Zn^{2+} + 2e^-$；$Hg_2Cl_2 + Zn \Longrightarrow 2Hg + Zn^{2+} + 2Cl^-$。

106. $O_2 + 2H_2O + 4e^- \Longrightarrow 4OH^-$；$S_2O_3^{2-} + 6OH^- \Longrightarrow 2SO_3^{2-} + 3H_2O + 4e^-$；$-0.58$ V。

107. $0.87\ V$；$2Cu^{2+}(s) + 4I^-(aq) \Longrightarrow 2CuI(s) + I_2(s)$。

108. 正；氢电极。

109. $(-)Cu|Cu^{2+}(c_1) \ \| \ Fe^{2+}(c_2),Fe^{3+}(c_3)|Pt(+)$；$Fe^{3+} + e^- \longrightarrow Fe^{2+}$；$Cu \longrightarrow Cu^{2+} + 2e^-$。

110. 减小；增大。

111. $Cr_2O_7^{2-}/Cr^{3+}$；Cu^{2+}/Cu。

112. $+6$；$+3$。

113. $K_2Cr_2O_7$；Na_2SO_3。

114. 大；氧化；小；还原。

115. $Cr_2O_7^{2-}/Cr^{3+}$ 和 MnO_4^-/Mn^{2+}；Cl_2/Cl^-。

四、问答题

116. 在元素标准电极电势图中，当处于某中间氧化值的物质与较低氧化值的物质组成的电对的标准电极电势大于较高氧化值物质与该中间氧化值物质组成的电对的标准电极电势时，则处于该中间氧化值的物质发生歧化反应。反之，则不能发生歧化反应。因此，ClO_3^-、ClO^- 和 Cl_2 在碱性介质中都能发生歧化反应。

117. 氧化值的升高和降低发生在同一物质中的同一种元素上的氧化还原反应称为歧化反应。在元素标准电极电势图中，当处于中间氧化值的物质与较低氧化值的物质组成的电对的标准电极电势大于较高氧化值物质与该中间氧化值物质组成的电对的标准电极电势时，则处于该中间氧化值的物质将发生歧化反应。反之，则不能发生歧化反应。因此，在酸性介质中 MnO_4^{2-} 和 Mn^{3+} 能发生歧化反应。

118. 由于 $E^\ominus(Fe^{3+}/Fe^{2+}) > E^\ominus(Cu^{2+}/Cu)$，在 25 ℃、标准状态下将电对 Fe^{3+}/Fe^{2+} 和 Cu^{2+}/Cu 组成原电池，Fe^{3+}/Fe^{2+} 为正极，Cu^{2+}/Cu 为负极。原电池符号为

$$(-)Cu|Cu^{2+}(c^\ominus) \ \| \ Fe^{2+}(c^\ominus),Fe^{3+}(c^\ominus)|Pt(+)$$

119. 由于反应(1)在标准状态下正向进行，由此可知 $E^\ominus(Cu^{2+}/Cu) > E^\ominus(Sn^{4+}/Sn^{2+})$。由于反应(2)在标准状态下正向自发进行，可知 $E^\ominus(Fe^{3+}/Fe^{2+}) > E^\ominus(Cu^{2+}/Cu)$。因此，$Cu^{2+}/Cu$、$Fe^{3+}/Fe^{2+}$ 和 Sn^{4+}/Sn^{2+} 上述 3 个电对的标准电极电势的相对大小为 $E^\ominus(Fe^{3+}/Fe^{2+}) > E^\ominus(Cu^{2+}/Cu) > E^\ominus(Sn^{4+}/Sn^{2+})$，其中在标准状态下最强的氧化剂为 Fe^{3+}，最强的还原剂为 Sn^{2+}。

（1）反应式为

$$2Fe^{3+} + Sn^{2+} \Longrightarrow Sn^{4+} + 2Fe^{2+}$$

（2）将反应(1)设计成原电池，负极反应为

$$Sn^{2+} \Longrightarrow Sn^{4+} + 2e^-$$

正极反应为

$$Cu^{2+} + 2e^- \Longrightarrow Cu^{2+}$$

原电池符号为

$$(-)Pt|Sn^{2+}(c_1),Sn^{4+}(c_2) \ \| \ Cu^{2+}(c_3)|Cu(+)$$

120. 可以根据氧化还原反应所设计的原电池的电动势判断氧化还原反应进行的方向。$E > 0$，反应正向进行；$E < 0$，反应逆向进行；$E = 0$，反应处于平衡状态。总之，将两个电对组成氧化还原反应时，反应的方向是由电极电势大的电对中的氧化型物质与电极电势小的电对中的还原型物质反应，生成电极电势大的电对中的还原型物质和电极电势小的电对中的氧化型物质。

121. 利用氧化还原反应，把化学能转变为电能的装置称为原电池。把两个电极组成一个原电池时，电极电势较大的电极为原电池的正极，电极电势较小的电极为原电池的负极，原电池的电动势等于正极的电极电势减

去负极的电极电势。

122. 298.15 K 时,电对 Ag^+/Ag 的电极电势计算公式为

$$E(Ag^+/Ag) = E^{\ominus}(Ag^+/Ag) + 0.059\ 16\ V \times \lg c(Ag^+)$$

向含 Ag^+ 的溶液中滴加 KBr 溶液时,Ag^+ 与 Br^- 反应生成 AgBr 沉淀,电对 Ag^+/Ag 转化为电对 $AgBr/Ag$。此时电极电势计算公式可改写为

$$E(AgBr/Ag) = E^{\ominus}(Ag^+/Ag) + 0.059\ 16\ V \times \lg \frac{K_{sp}^{\ominus}(AgBr)}{c(Br^-)}$$

当 $c(Br^-) = 1.0$ mol·L^{-1} 时,则 $E(AgBr/Ag) = E^{\ominus}(AgBr/Ag)$。由上式可得

$$E^{\ominus}(AgBr/Ag) = E^{\ominus}(Ag^+/Ag) + 0.059\ 16\ V \times \lg K_{sp}^{\ominus}(AgBr)$$

123. $KMnO_4$ 和 $K_2Cr_2O_7$ 只能作氧化剂;Na_2S 和 Zn 只能作还原剂;H_2O_2 和 Na_2SO_3 既能作氧化剂,又能作还原剂。

124. 可以利用电对的电极电势的相对大小判断氧化剂、还原剂的相对强弱。电对的电极电势越大,电对中的氧化型物质越容易得到电子,是越强的氧化剂;而电对中的还原型物质越难失去电子,是越弱的还原剂。电对的电极电势越小,电对中的氧化型物质越难得到电子,是越弱的氧化剂;而电对的还原剂物质越容易失去电子,是越强的还原剂。

可利用组成氧化还原反应的两个电对的标准电极电势计算氧化还原反应的标准平衡常数。298.15 K 时,计算公式为

$$\lg K^{\ominus} = \frac{z(E_+^{\ominus} - E_-^{\ominus})}{0.059\ 16\ V}$$

式中,$E_+^{\ominus}$ 为发生还原反应的电对的标准电极电势;$E_-^{\ominus}$ 为发生氧化反应的电对的标准电极电势。

125. 原电池的电动势为

$$E = E(Cu^{2+}/Cu) - E(Zn^{2+}/Zn)$$

(1) 增大 Zn^{2+} 浓度,$E(Zn^{2+}/Zn)$ 增大,原电池的电动势减小;

(2) 增大 Cu^{2+} 浓度,$E(Cu^{2+}/Cu)$ 增大,原电池的电动势增大;

(3) Cu^{2+} 与 NH_3 生成 $[Cu(NH_3)_4]^{2+}$,Cu^{2+} 浓度降低,$E(Cu^{2+}/Cu)$ 减小,原电池的电动势减小;

(4) Zn^{2+} 与 NH_3 生成 $[Zn(NH_3)_4]^{2+}$,Zn^{2+} 浓度降低,$E(Zn^{2+}/Zn)$ 减小,原电池电动势增大。

五、计算题

126. 电对 Ag^+/Ag 和 Fe^{3+}/Fe^{2+} 的电极电势分别为

$$E(Ag^+/Ag) = E^{\ominus}(Ag^+/Ag) + \frac{2.303\ RT}{F} \lg c(Ag^+)$$

$$= 0.80\ V + 0.060\ V \times \lg 0.010 = 0.68\ V$$

$$E(Fe^{3+}/Fe^{2+}) = E^{\ominus}(Fe^{3+}/Fe^{2+}) + \frac{2.303\ RT}{F} \lg \frac{c(Fe^{3+})}{c(Fe^{2+})}$$

$$= 0.77\ V + 0.060\ V \times \lg \frac{0.10}{0.010} = 0.83\ V$$

(1) 由于 $E(Fe^{3+}/Fe^{2+}) > E(Ag^+/Ag)$,因此把电对 Fe^{3+}/Fe^{2+} 和 Ag^+/Ag 组成原电池时,Fe^{3+}/Fe^{2+} 为正极,Ag^+/Ag 为负极。原电池符号为

$$(-)Ag \mid Ag^+(0.010) \parallel Fe^{3+}(0.10), Fe^{2+}(0.010) \mid Pt(+)$$

(2) 原电池的电动势为

$$E = E_+ - E_- = E(Fe^{3+}/Fe^{2+}) - E(Ag^+/Ag)$$
$$= 0.83\ V - 0.68\ V = 0.15\ V$$

(3) 正极反应：$Fe^{3+} + e^- \Longrightarrow Fe^{2+}$

负极反应：$Ag \Longrightarrow Ag^+ + e^-$

电池反应：$Fe^{3+} + Ag \Longrightarrow Fe^{2+} + Ag^+$

127. 氢电极的电极电势为

$$E(H^+/H_2) = E^{\ominus}(H^+/H_2) + \frac{0.060\ V}{2} \lg \frac{[c(H^+)]^2}{p(H_2)/p^{\ominus}}$$
$$= 0.060\ V \times \lg c(H^+) = -0.060\ V\ \text{pH}$$

待测溶液 pH 为

$$\text{pH} = \frac{E - E(Hg_2Cl_2/Hg)}{0.060\ V} = \frac{0.48\ V - 0.24\ V}{0.060\ V} = 4.00$$

128. 电对 Sn^{2+}/Sn 和 Pb^{2+}/Pb 的电极电势分别为

$$E(Sn^{2+}/Sn) = -0.16\ V + \frac{0.060\ V}{2} \times \lg 0.10 = -0.19\ V$$

$$E(Pb^{2+}/Pb) = -0.13\ V + \frac{0.060\ V}{2} \times \lg(1.0 \times 10^{-3}) = -0.22\ V$$

由于 $E(Sn^{2+}/Sn) > E(Pb^{2+}/Pb)$，将电对 Sn^{2+}/Sn 和 Pb^{2+}/Pb 组成氧化还原反应时，Sn^{2+} 为氧化剂，Pb 为还原剂，因此反应逆向进行。

129. 300 K 时，电对 AgCl/Ag 的标准电极电势为

$$E^{\ominus}(AgCl/Ag) = E^{\ominus}(Ag^+/Ag) + \frac{2.303\ RT}{F} \lg K_{sp}^{\ominus}(AgCl)$$
$$= 0.80\ V + 0.060\ V \times \lg(1.0 \times 10^{-10}) = 0.20\ V$$

130. 电对 Cu^{2+}/Cu 和 Zn^{2+}/Zn 的电极电势分别为

$$E(Cu^{2+}/Cu) = 0.34\ V + \frac{0.060\ V}{2} \times \lg 0.010 = 0.28\ V$$

$$E(Zn^{2+}/Zn) = -0.76\ V + \frac{0.060\ V}{2} \times \lg 0.010 = -0.82\ V$$

(1) 由于 $E(Cu^{2+}/Cu) > E(Zn^{2+}/Zn)$，因此电对 Cu^{2+}/Cu 为正极，电对 Zn^{2+}/Zn 为负极。原电池电动势为

$$E = E_+ - E_- = E(Cu^{2+}/Cu) - E(Zn^{2+}/Zn)$$
$$= 0.28 - (-0.82\ V) = 1.10\ V$$

(2) 原电池符号为

$$(-)Zn\,|\,Zn^{2+}(0.010\ mol \cdot L^{-1})\;\|\;Cu^{2+}(0.010\ mol \cdot L^{-1})\,|\,Cu(+)$$

(3) 正极反应为

$$Cu^{2+} + 2e^- \Longrightarrow Cu$$

负极反应为

$$Zn \Longrightarrow Zn^{2+} + 2e^-$$

电池反应为

$$Cu^{2+} + Zn \xrightarrow{\hspace{1.5cm}} Cu + Zn^{2+}$$

131. (1) 298.15 K 时反应的标准平衡常数为

$$\lg K^{\ominus} = \frac{z(E_+^{\ominus} - E_-^{\ominus})}{0.060\ \text{V}} = \frac{0.799\ 1\ \text{V} - 0.769\ \text{V}}{0.060\ \text{V}} = 0.50$$

$$K^{\ominus} = 3.2$$

(2) 上述氧化还原反应到达平衡时,则有

$$\frac{c_{eq}(Fe^{3+})}{[1.0 - c_{eq}(Fe^{3+})] \cdot [0.10 - c_{eq}(Fe^{3+})]} = 3.2$$

由上式解得

$$c_{eq}(Fe^{2+}) = 0.075\ \text{mol} \cdot \text{L}^{-1}$$

132. (1) 电对 Cu^+/Cu 的标准电极电势为

$$E^{\ominus}(Cu^+/Cu) = 2E^{\ominus}(Cu^{2+}/Cu) - E^{\ominus}(Cu^{2+}/Cu^+)$$
$$= 2 \times 0.34\ \text{V} - 0.16\ \text{V} = 0.52\ \text{V}$$

(2) Cu^+ 发生歧化反应的标准平衡常数为

$$\lg K^{\ominus} = \frac{zE^{\ominus}}{0.060\ \text{V}} = \frac{0.52\ \text{V} - 0.16\ \text{V}}{0.060\ \text{V}} = 6.00$$

$$K^{\ominus} = 1.0 \times 10^6$$

133. (1) 电对 Fe^{3+}/Fe 在 300 K 时的标准电极电势为

$$E^{\ominus}(Fe^{3+}/Fe) = \frac{z_1 E^{\ominus}(Fe^{3+}/Fe^{2+}) + z_2 E^{\ominus}(Fe^{2+}/Fe)}{z_1 + z_2}$$
$$= \frac{1 \times 0.77\ \text{V} + 2 \times (-0.43\ \text{V})}{1 + 2} = -0.03\ \text{V}$$

(2) 300 K 时,反应的标准平衡常数为

$$\lg K^{\ominus} = \frac{z \times [E^{\ominus}(Fe^{3+}/Fe^{2+}) - E^{\ominus}(Fe^{2+}/Fe)]}{2.303\ RT/F}$$
$$= \frac{2 \times (0.77\ \text{V} + 0.43\ \text{V})}{0.060\ \text{V}} = 40.0$$

$$K^{\ominus} = 1.0 \times 10^{40}$$

134. (1) 由于 $E^{\ominus}(Ag^+/Ag) > E^{\ominus}(Fe^{3+}/Fe^{2+})$,因此在标准状态下将电对 Ag^+/Ag 和 Fe^{3+}/Fe^{2+} 组成氧化还原反应时,Ag^+ 为氧化剂,Fe^{2+} 为还原剂,氧化还原反应正向进行。

(2) 电对 Ag^+/Ag 和 Fe^{3+}/Fe^{2+} 的电极电势分别为

$$E(Ag^+/Ag) = 0.80\ \text{V} + 0.060\ \text{V} \times \lg 0.010 = 0.68\ \text{V}$$

$$E(Fe^{3+}/Fe^{2+}) = 0.77\ \text{V} + 0.060\ \text{V} \times \lg \frac{0.10}{0.0010} = 0.89\ \text{V}$$

由于 $E(Fe^{3+}/Fe^{2+}) > E(Ag^+/Ag)$,因此 Fe^{3+} 为氧化剂,Ag 为还原剂,氧化还原反应逆向进行。

135. 300 K 时,电对 Cu^{2+}/Cu 的电极电势为

$$E(\mathrm{Cu^{2+}/Cu}) = E = 0.28\ \mathrm{V}$$

300 K 时,电对 $\mathrm{Cu^{2+}/Cu}$ 的标准电极电势为

$$E^{\ominus}(\mathrm{Cu^{2+}/Cu}) = E(\mathrm{Cu^{2+}/Cu}) - \frac{2.303\ RT}{zF}\lg c(\mathrm{Cu^{2+}})$$

$$= 0.28\ \mathrm{V} - \frac{0.060\ \mathrm{V}}{2} \times \lg 0.010 = 0.34\ \mathrm{V}$$

第八章　原子结构与元素周期律

思考题解答

1. 氢原子光谱为什么是线状光谱？光谱中谱线的波长与原子轨道之间的能量差有什么关系？

答：当基态氢原子被火焰或高压放电激发时，氢原子的电子就从能量最低的原子轨道跃迁到能量较高的原子轨道成为激发态，而处于激发态的电子是不稳定的，当它从能量较高的原子轨道跃迁回能量较低的原子轨道时以光的形式放出能量，将发射出的光经棱镜分光后就得到氢原子光谱。氢原子光谱中谱线的频率或波长取决于能量较高的原子轨道与能量较低的原子轨道之间的能量差 ΔE：

$$\Delta E = E_2 - E_1 = h\nu = hc/\lambda$$

由于原子轨道的能量是不连续的，因此 ΔE 的变化也是不连续的，因此所得到的氢光谱也是不连续的，而呈线状光谱。

2. 玻尔原子结构理论的成功和不足之处在哪里？

答：1913 年，28 岁的玻尔在爱因斯坦的光子学说、普朗克的量子论、卢瑟福的原子结构模型的基础上，建立了原子结构理论。

玻尔原子结构理论的成功之处，在于成功地解释了原子稳定存在的事实和氢原子光谱。

根据玻尔理论，氢原子在正常状态时，核外电子处于能量最低的基态，在该状态下运动的电子既不吸收能量，也不放出能量，电子的能量不会减少，因而不会落到原子核上，原子不会毁灭。

核外电子发生能级跃迁时，释放出来的光的频率，取决于跃迁前后两种原子轨道的能量差。由于原子轨道的能量是不连续的，两种原子轨道的能量差也是不连续的，发射出的光的频率同样也是不连续的，因此得到的氢原子光谱是线状光谱。

玻尔原子结构理论的不足之处：(1) 不能解释氢原子光谱的精细结构；(2) 不能解释氢原子光谱在磁场中的分裂现象；(3) 不能解释多电子原子的光谱。

其根本原因是，他在解决核外电子的运动时引入了量子化的观念，但又未能完全摆脱经典物理学的束缚，同时还应用了"轨道"等经典物理学概念，没有认识到电子运动的波动性。因此，玻尔理论在上述几个方面的研究中遇到了很大的困难。

3. 波函数与原子轨道的含义是什么？电子出现的概率密度和概率这两个概念的区别与联系是什么？

答：波函数是量子力学中描述核外电子运动状态的函数，它是薛定谔方程的合理解，是空间坐标 x，y 和 z 的函数，每一个波函数就代表核外电子的一种运动状态。波函数也称为原子轨道，每一个波函数就是一个原子轨道，就是电子的一种运动状态。

概率是指电子在核外空间某处可能出现的机会，而概率密度是指电子在核外空间某处单位体积内可能出现的机会。两者之间的关系是：

$$概率＝概率密度×体积$$

概率密度大的地方，电子出现的概率并不一定大，如靠近原子核处，虽然概率密度大，但由于体积甚小，因此，电子出现的概率并不大。

4. 量子力学如何描述核外电子的运动状态？原子轨道与哪些量子数有关？

答：在量子力学中，用薛定谔方程描述核外电子的运动状态，求解薛定谔方程得到波函数，每一个波函数就代表核外电子的一种运动状态。波函数是薛定谔方程的合理解，它是描述核外电子运动状态的数学函数式，是空间坐标 x、y 和 z 的函数。

在描述核外电子运动状态时，先用数学方法求解薛定谔方程。薛定谔方程的数学解很多，但从物理意义来说这些解并不都是合理的。为了得到描述核外电子运动状态的合理解，在求解薛定谔方程时必须引入三个只能取某些整数的量子数——n、l 和 m。

5. 写出四个量子数的符号、名称和取值规则，简述它们的含义。

答：主量子数 n 确定原子轨道的能量的高低及原子轨道离原子核的距离。在同一原子中，n 越大，原子轨道离原子核越远，原子轨道的能量越高。n 的取值范围为 $1,2,3,\cdots$。

角量子数 l 确定每个电子层中所包含的能级的数目，且在多电子原子中与 n 共同决定原子轨道的能量高低。在多电子原子中，当 n 相同时，l 越大，原子轨道的能量就越高。l 的取值受 n 的制约，当 n 确定后 l 的取值范围为 $0,1,2,\cdots,(n-1)$，共可取 n 个值，即每个电子层中包含的能级数目为 n 个。

磁量子数 m 确定每个能级中所包含的原子轨道的数目。m 的取值受 l 的制约，当 l 确定后 m 的取值范围为 $0,\pm1,\pm2,\cdots,\pm l$，共可取 $2l+1$ 个值，即每个能级中包含的原子轨道的数目为 $2l+1$ 个。

自旋量子数 m_s 用于确定电子的自旋方式。m_s 只能取 $+1/2$ 和 $-1/2$ 两个值，分别代表电子的两种不同自旋方式。

6. 用哪些量子数才能确定电子层、能级、能级组或轨道？

答：用主量子数 n 就能确定电子层，当 $n=1,2,3$ 和 4 时，分别称为第一电子层（K层）、第二电子层（L层）、第三电子层（M层）和第四层（N层）。

用主量子 n 和角量子数 l 可确定能级，n 和 l 都相等的原子轨道组成一个能级，如 ns 能级包括 1 个 ns 轨道，np 能级包括 3 个 np 轨道，nd 能级包括 5 个 nd 轨道，nf 能级包括 7 个 nf 轨道。

用 $n+0.7l$ 可确定能级组，凡 $n+0.7l$ 的整数值相同的能级组成一个能级组，如第四能级组中包括 3d、4s 和 4p 能级。

用 n，l 和 m 三个量子数可确定一个原子轨道。

7. 波函数角度分布图中的正、负号有什么含义？

答：为了作图的需要，常将波函数分解为径向部分与角度部分的乘积：

$$\psi(r,\theta,\phi)=R(r)Y(\theta,\phi)$$

将波函数的角度部分 $Y(\theta,\phi)$ 对角 θ，ϕ 作图，所得图形称为波函数的角度分布图或原子轨道的角度分布图。波函数的角度分布图中的正、负号是在作图中自然得到的，它反映了 $Y(\theta,\phi)$ 随 θ，ϕ 变化而出现的正、负值。由于 $Y(\theta,\phi)$ 随 θ，ϕ 的不同，可能是正值也可能是负值，所以波函数角度分布图中的正、负号就是表示空间中该区域 $Y(\theta,\phi)$ 是正值还是负值。

8. 什么是屏蔽效应? 什么是钻穿效应? 如何解释下列轨道能量的差别?

(1) $E(1s)<E(2s)<E(3s)<E(4s)$;

(2) $E(3s)<E(3p)<E(3d)$;

(3) $E(4s)<E(3d)$。

答: 在多电子原子中, 对于某一指定的电子, 它不仅受到原子核的吸引, 还受到其他电子对它的排斥作用, 由于电子在不停地高速运动, 要准确地确定这种排斥作用是不可能的。采用一种近似处理方法, 把其他电子对指定电子的排斥作用近似地看作抵消了一部分核电荷对指定电子的吸引。这种把其他电子对指定电子的排斥看作是抵消了一部分核电荷对指定电子的吸引作用称为屏蔽效应。

在多电子原子中, 在原子核附近出现概率较大的电子可以较好地避免其他电子对它的屏蔽作用而受到较大有效核电荷的吸引; 同时, 该电子却可以对其他电子起屏蔽作用, 使其他电子的能量升高。这种由于电子在原子核附近出现的概率不同, 因而导致能量不同的现象称为钻穿效应。

在多电子原子中, 原子轨道的能量除与主量子数 n 有关外, 还与角量子数 l 有关。当 l 相同时, n 越大, 电子离原子核越远, 受到内层电子的屏蔽作用就越大, 电子所在原子轨道的能量就越高, 因此原子轨道的能量相对高低为 $E(1s)<E(2s)<E(3s)<E(4s)$。

当 n 相同时, l 越小, 电子钻到原子核附近的概率就越大, 受到内层电子的屏蔽作用就越小, 电子所在原子轨道的能量就越低, 因此原子轨道的能量的相对高低为 $E(3s)<E(3p)<E(3d)$。

从氢原子的 3d 轨道和 4s 轨道的径向分布图可以看出, 在多电子原子中 4s 电子有小峰钻到原子核近处, 钻穿效应较大, 因而其能量较低。由于 4s 电子的钻穿效应较大对原子轨道的能量的降低作用超过了主量子数较大对原子轨道的能量升高作用, 因而使 4s 原子轨道的能量低于 3d 原子轨道的能量。因此, 原子轨道能量的相对高低为 $E(3d)>E(4s)$。

9. 试说明鲍林近似能级图的主要特点及适用范围。

答: 鲍林近似能级图将所有能级按能量从低到高的顺序分为 7 个能级组, 并把能量相近的能级分为一个能级组。图中的每一个方框为一个能级组, 由图可见, 每一个圆表示一个原子轨道, 而圆的位置高低表示原子轨道的能量的相对高低。不同能级组的能级之间的能量差较大, 而同一能级组中各能级之间的能量差较小。

第一能级组中只包括 1s 能级, 有 1 个原子轨道;

第二能级组包括 2s 能级和 2p 能级, 共有 4 个原子轨道;

第三能级组包括 3s 能级和 3p 能级, 共有 4 个原子轨道;

第四能级组包括 4s 能级、3d 能级和 4p 能级, 共有 9 个原子轨道;

第五能级组包括 5s 能级、4d 能级和 5p 能级, 共有 9 个原子轨道;

第六能级组包括 6s 能级、4f 能级、5d 能级和 6p 能级, 共有 16 个原子轨道;

第七能级组包括 7s 能级、5f 能级、6d 能级和 7p 能级, 共有 16 个原子轨道。

从鲍林近似能级图可以看出以下特点:

(1) n 和 l 均相同原子轨道的能量相同, 同处于一个能级内。例如, s 能级有 1 个原子轨道,

p 能级有 3 个简并轨道,d 能级有 5 个简并轨道,f 能级有 7 个简并轨道。

(2) l 相同而 n 不同的原子轨道的能量不同,n 越大,原子轨道的能量越高。

(3) n 相同而 l 不同的原子轨道的能量不同,l 越大,原子轨道的能量越高。由于 l 越小钻穿效应越大,导致出现能级交错现象,如 $E(4s) < E(3d)$ 等。

(4) 7 个能级组分别与元素周期表中的 7 个周期相对应,每个能级组中所能容纳电子的最大数目等于相应能级组中所包含元素的数目,较好地体现了电子层结构与元素周期表之间的关系。

鲍林近似能级图也存在一些问题,因为它是假定所有元素原子的能级的能量高低顺序都是相同的。实际上,随着原子序数的增加,原子核对电子的吸引力也增大,能级的能量从总体上看是逐渐减小的。尽管鲍林近似能级图存在着上述不足,但由于简单直观,所以目前仍在广泛使用。

10. 在 $3s$,$3p_x$,$3p_y$,$3p_z$,$3d_{xy}$,$3d_{yz}$,$3d_{xz}$,$3d_{x^2-y^2}$ 和 $3d_{z^2}$ 轨道中,对于氢原子,哪些是简并轨道? 对于多电子原子,哪些是简并轨道?

答:氢原子的核外只有 1 个电子,不存在电子之间的排斥作用,原子轨道的能量只取决于主量子数 n,当 n 相同时,原子轨道的能量就相同。因此,对于氢原子来说,上述 9 个原子轨道都是简并轨道。

在多电子原子中,原子轨道的能量取决于主量子数 n 和角量子数 l,当 n 和 l 分别相等时,原子轨道的能量相等;当 n 相同而 l 不同时,原子轨道的能量随 l 的增大而升高。因此,在多电子原子中,$3p_x$,$3p_y$ 和 $3p_z$ 为一组简并轨道,$3d_{xy}$,$3d_{xz}$,$3d_{yz}$,$3d_{x^2-y^2}$ 和 $3d_{z^2}$ 为一组简并轨道。

11. 波函数角度分布图与电子云角度分布图有何异同点?

答:波函数角度分布图是以波函数的角度部分 $Y(\theta,\phi)$ 对角 θ,ϕ 作图所得到的图形,它反映出波函数的角度部分 $Y(\theta,\phi)$ 随角 θ,ϕ 的变化。电子云角度分布图是以概率密度的角度部分 $Y^2(\theta,\phi)$ 对角 θ,ϕ 作图所得到的图形,它反映出概率密度的角度部分 $Y^2(\theta,\phi)$ 随角 θ,ϕ 的变化。在这两种图形中,由于 $Y(\theta,\phi)$ 与主量子数 n 无关,只与量子数 l 和 m 有关,因此只要波函数的 l 和 m 相同,则它们的波函数的角度分布图及电子云的角度分布图分别相同。另外,从这两种角度分布图的外形来看也很相似,但这两种角度分布图有两点不同。其一,电子云角度分布图比波函数角度分布图要"瘦"一些,这是由于 $Y(\theta,\phi) < 1$,因此 $Y^2(\theta,\phi) < Y(\theta,\phi)$;其二,波函数角度分布图有正、负号之分,而电子云角度分布图均为正号,这是因为虽然 $Y(\theta,\phi)$ 有正、负,但 $Y^2(\theta,\phi) > 0$。

12. 元素基态原子的核外电子排布遵循哪些原则? 其主要内容是什么?

答:元素基态原子的核外电子排布遵循泡利不相容原理、能量最低原理和洪德规则。

(1) 泡利不相容原理:一个原子轨道最多容纳两个电子,而且这两个电子的自旋方向必须相反。

(2) 能量最低原理:在不违背泡利不相容原理的条件下,电子优先占据能量较低的原子轨道。

(3) 洪德规则:在简并轨道上排布的电子尽可能分占不同的轨道,且自旋方向相同。

13. 氢原子的 $1s$ 态电子云离核越近,概率密度越大,而 $1s$ 电子在核外空间出现的概率以 $r = 52.9$ pm 单位厚度薄球壳内为最大,两者有无矛盾? 为什么?

答:两者并无矛盾。氢原子基态的 $1s$ 电子云离核越近,概率密度越大,$1s$ 电子出现的概率密度随半径减小而增大,但球壳的体积却随半径的减小而降低,这两个变化趋势相反的因素结合在一起,就会得到电子出现概率的最大值。在近原子核处,虽然电子云最密集,电子出现的概率密度大,但由于球壳体积很小,电子出现的概率并不大。而在距核 52.9 pm 单位厚度薄球壳内,电子出现的概率密度和球壳的体积都比较大,两者的乘积最大,因此电子出现的概率最大。

14. 为什么说 p 轨道有方向性? d 轨道是否有方向性?

答:原子轨道具有方向性是指当角 θ,ϕ 不同时,原子轨道具有不同的数值。由于 $\psi(np)$ 不仅与 r 有关,还与角 θ,ϕ 有关,如 $\psi(2p_z)$ 的角度部分 $Y(\theta,\phi)=\sqrt{\dfrac{3}{4\pi}}\cos\theta$,当 r 一定时,$\psi(2p_z)$ 是角 θ 的函数,其数值随角 θ 的变化而改变,因此具有方向性。同理,$\psi(nd)$ 也是 r,θ 和 ϕ 的函数,当 r 一定时,$\psi(nd)$ 是 θ,ϕ 的函数,当 θ,ϕ 发生变化时 $\psi(nd)$ 也发生改变,因此 $\psi(nd)$ 也具有方向性。

15. 为什么基态多电子原子排布电子的最外电子层上最多只能有 8 个电子,排布电子的次外层上最多有 18 个电子?

答:以第三电子层为例,当最外电子层上有 8 个电子时,元素基态原子的价层电子排布式为 $3s^2 3p^6$,若要使最外电子层上的电子多于 8 个时,还需填充最外层的 3d 轨道。但由于发生能级交错,使 3d 轨道的能量高于 4s 轨道,因此电子必须先填满 4s 轨道后才能填充 3d 轨道。3d 轨道中填入电子时,第三电子层上的电子多于 8 个,但由于 4s 轨道已填满,又增加了一个电子层,使原来的第三电子层成为次外层。因此,最外电子层上最多只能有 8 个电子。

以第五电子层为例,当次外层上有 18 个电子时,元素基态原子的电子排布为 $4s^2 4p^6 4d^{10} 5s^2 5p^6$,若要使次外层上的电子超过 18 个时,电子还需填充次外层的 4f 轨道,但由于 $E(6s)<E(4f)$,按能量最低原理,电子只有在填满 6s 轨道后才能填充 4f 轨道。当 4f 轨道中填入电子时,第四电子层上的电子超过 18 个,但由于 6s 轨道已填满,这时增加了一个电子层,原来的第四电子层已成为外数第三电子层。因此,次外电子层最多有 18 个电子。

16. 将氢原子核外电子从基态激发到 2s 轨道或 2p 轨道,所需能量是否相同? 为什么? 若是氦原子情况又是怎样?

答:将氢原子核外电子从基态激发到 2s 轨道或 2p 轨道,所需能量相同。这是因为氢原子只有 1 个电子,这个电子只受到原子核的作用,电子的能量只与主量子数有关。

若氦原子的 1 个核外电子从基态激发到 2s 轨道或 2p 轨道,所需能量是不相同的。这是因为在多电子原子中,电子不仅受到原子核的吸引作用,而且还受到其他电子的排斥作用。氦原子有 2 个电子,其中任一个电子除了受到原子核的吸引作用之外,还受到另一个电子对它的排斥作用。这一电子的排斥作用可以看作是它对核电荷的屏蔽效应。屏蔽效应与主量子数 n 和角量子数 l 有关,当 n 相同时,l 越大,屏蔽效应就越大,因此 2p 轨道的能量高于 2s 轨道的能量。所以氦原子的 1 个电子从基态激发到 2s 轨道或 2p 轨道,所需能量是不相同的,后者所需能量高于前者。

17. 下列说法是否正确,为什么?
(1) 主量子数为 1 时,有自旋相反的两条轨道;
(2) p 轨道的角度分布为"8"字形,表明电子沿"8"字形轨道运动;
(3) 一个原子中不可能存在两个运动状态完全相同的电子;

（4）主量子数为 4 时,有 4s,4p,4d 和 4f 四个原子轨道;

（5）氢原子的原子轨道的能量只由主量子数 n 决定,与角量子数 l 无关;

（6）氢原子的核电荷与有效核电荷不相等。

答：（1）说法不正确。主量子数为 1 时,只有 1 个 1s 轨道,可容纳 2 个自旋方向相反的电子。

（2）说法不正确。电子在原子核外运动没有固定的轨迹,在核外空间各处都可能出现,只不过是在某些区域内电子出现的概率较大,p 轨道的角度分布图形为在原点相切的两个圆。

（3）说法正确。根据泡利不相容原理,在一个原子中不可能存在四个量子数完全相同的两个电子,即同一原子中不可能存在两个运动状态完全相同的电子。

（4）说法不正确。当主量子数为 4 时,有 4s,4p,4d 和 4f 四个能级,共有 16 个原子轨道。

（5）说法正确。氢原子只有 1 个电子,不存在电子之间的排斥作用,电子所处原子轨道的能量仅与主量子数有关,而与角量子数无关。

（6）说法不正确。氢原子只有 1 个电子,不存在屏蔽效应,原子核作用在电子上的核电荷与有效核电荷相等。

18. 元素的原子半径和电负性是如何呈周期性变化的?

答：同一周期,主族元素从左到右,原子半径明显减小;同一族的主族元素,从上到下原子半径随该族原子电子层数的增加而明显增大。

同一周期,副族元素从左到右,原子半径缓慢减小,但当次外层的 d 轨道全充满时,原子半径略有增大;同一族的副族元素,原子半径的变化趋势与主族元素相似,但原子半径增大的程度较小。

f 区元素从左到右,随着原子序数的增大,原子半径减小的程度更小。镧系元素的原子半径缓慢减小的现象称为镧系收缩。

同一周期元素,从左到右元素的电负性依次增大;同一族元素中,自上而下元素的电负性逐渐减小,副族元素规律不明显。

19. 元素的电子亲和能和元素的电负性都表示元素原子吸引电子的能力,两者有何区别?

答：元素的电子亲和能是指元素的基态气态原子得到一个电子形成氧化值为 −1 的基态气态阴离子时所放出的能量。电子亲和能的大小反映出元素的原子得到电子的难易程度,元素的电子亲和能越大,该元素气态原子得到电子时放出的能量越多,该原子就越容易得到电子。

元素的电负性是指该元素原子在分子中吸引成键电子的能力。元素的电负性越大,表示该元素的原子在分子中吸引成键电子的能力越强。

电子亲和能和电负性虽然都反映出元素的原子吸引电子能力的强弱,但电子亲和能仅从一个侧面表示孤立气态原子得到电子的能力;而电负性则表示分子中的原子对电子的吸引能力,更能反映出元素的性质。

20. 根据原子结构知识预测：

（1）第八周期将包括多少种元素?

（2）基态原子核外出现第一个 5g($l=4$)电子的元素的原子序数是多少?

（3）115 号元素属于哪一周期? 哪一族? 试写出其基态原子的电子排布式。

答：（1）第 8 能级组包括 8s,5g,6f,7d 和 8p 能级,共有 25 个原子轨道,最多容纳 50 个电子。因此,第八周期将包括 50 种元素。

（2）考虑到能级交错，原子核外第一个出现 5g 电子的元素的电子层结构为

$1s^2 2s^2 2p^6 3s^2 3p^6 3d^{10} 4s^2 4p^6 4d^{10} 4f^{14} 5s^2 5p^6 5d^{10} 5f^{14} 5g^1 6s^2 6p^6 6d^{10} 7s^2 7p^6 8s^2$。因此第一个出现 5g 电子的元素的原子序数为 121。

（3）第 115 号元素的电子层结构为 $1s^2 2s^2 2p^6 3s^2 3p^6 3d^{10} 4s^2 4p^6 4d^{10} 4f^{14} 5s^2 5p^6 5d^{10} 5f^{14} 6s^2 6p^6 6d^{10} 7s^2 7p^3$，属于第七周期ⅤA族元素。

21．ⅥA 族元素中，O 元素的电子亲和能比 S 元素小；ⅦA 族元素中，F 元素的电子亲和能比 Cl 元素小。试解释上述反常现象。

答：O 元素的电子亲和能比 S 元素的小及 F 元素的电子亲和能比 Cl 元素的小，其原因是第二周期非金属元素与同族第三周期非金属元素相比，第二周期非金属元素的原子半径小，电子密度大，电子之间的排斥作用大，以至当它们的气态原子得到一个电子形成阴离子时，由于电子之间的排斥作用使放出的能量减小，导致电子亲和能小于同族第三周期相应的元素。

22．周期表中哪些元素基态原子的电子层结构不符合电子排布规律？

答：根据基态原子核外电子排布的规律写出的某些元素的电子层结构与实际情况不一致，属于不符合电子排布规则的"例外"。下表列出了第四、五、六、七周期中出现的特例。

第四周期	$_{24}$Cr $3d^5 4s^1$	$_{29}$Cu $3d^{10} 4s^1$				
第五周期	$_{41}$Nd $4d^4 5s^1$	$_{42}$Mo $4d^5 5s^1$	$_{44}$Ru $4d^7 5s^1$	$_{45}$Rh $4d^8 5s^1$	$_{46}$Pd $4d^{10}$	$_{47}$Ag $4d^{10} 5s^1$
第六周期	$_{57}$La $5d^1 6s^2$	$_{58}$Ce $4f^1 5d^1 6s^2$	$_{64}$Gd $4f^7 5d^1 6s^2$	$_{78}$Pt $5d^9 6s^1$	$_{79}$Au $5d^{10} 6s^1$	
第七周期	$_{89}$Ac $6d^1 7s^2$	$_{90}$Th $6d^2 7s^2$	$_{91}$Pa $5f^2 6d^1 7s^2$	$_{92}$U $5f^3 6d^1 7s^2$	$_{93}$Np $5f^4 6d^1 7s^2$	

表中"例外"可分两种情况。

第一种情况涉及元素 Cr，Cu，Mo，Ag，Au，可用全充满、半充满（带下画线）解释，即洪德规则的特例。因为具有全充满、半充满状态体系能量最低，处于稳定状态。

另一种"例外"情况目前尚未有完善的理论解释。可以做如下考虑。

第五周期元素 ns 轨道上少 1～2 个电子，相应的 $(n-1)d$ 轨道上多了 1～2 个电子。其可能的原因是 5s 轨道上的电子钻穿效应较大，从而使 5s 轨道能级有所下降，与 4d 轨道的能级接近，这样 4d 和 5s 能级上的电子容易相互跃迁。一般认为，s－s 电子间斥力大于 d－d 电子间斥力，所以电子由 5s 轨道跳到 4d 轨道而呈特例。

第六周期，6s 轨道基本填满 2 个电子，价电子大多填入内层 $(n-2)f$ 轨道，内层电子的屏蔽作用增大，6s 电子钻穿效应减弱，致使 6s 电子的能量比 5d 电子高，从而 6s 电子不易跃迁到 5d 轨道上。而 Pt 元素，此时内层 f 轨道已排满，此时 6s 和 5d 能级又相对比较靠近，所以 6s 轨道上的电子就又跃迁到 5d 轨道上了。

第七周期与第六周期类似。

总之，任何理论都是以实际情况为基础，还应尊重客观事实。这些"例外"都是客观存在，应单独记忆并加以思考和研究。

23. 主族元素的原子半径随着原子序数的增加,在周期表中由上到下和由左到右分别呈现什么规律?当原子失去电子变为阳离子和得到电子变为阴离子时,半径分别有何变化?

答:同一周期的主族元素,从左到右,随着原子序数的增大,原子核对外层电子的吸引力增强,原子半径逐渐减小。同一族的主族元素,从上到下,随着电子层数的增加,原子核对外层电子的吸引力减弱,原子半径依次增大。

当原子失去电子成为阳离子时,原子核作用在阳离子最外层电子上的有效核电荷增大,原子核对最外层电子的吸引力增强,导致半径减小;当原子得到电子成为阴离子时,原子核作用在阴离子最外层电子上的有效核电荷减小,原子核对最外层电子引力减弱,导致半径增大。

24. 解释下列电离能的变化规律:

$$E_{i,1}(\text{Li}) < E_{i,1}(\text{B}) < E_{i,1}(\text{Be}) \qquad E_{i,1}(\text{C}) < E_{i,1}(\text{O}) < E_{i,1}(\text{N})$$

答:元素气态原子在基态时失去 1 个电子,形成氧化值为 +1 的基态气态阳离子所吸收的能量称为元素的第一电离能,用符号 $E_{i,1}$ 表示。电离能越大,表示原子失去电子时吸收的能量越大,原子越难失去电子。

电离能的大小与有效核电荷数、原子半径和原子的电子层结构有关。在周期表同一周期中,从左到右,有效核电荷逐渐增大,所以原子的电离能总体上逐渐增大。从 Li 到 Be,有效核电荷数增大,半径减少,所以电离能增大。从 Be 到 B,为什么 Be 的电离能反而比 B 大呢?这是因为 Be 的电子层结构为 $1s^2 2s^2$,2s 轨道全充满;B 电子层结构为 $1s^2 2s^2 2p^1$。Be 原子处于一个稳定结构状态,它要失去一个电子成为 +1 价的 Be^+ 时就需消耗较多的能量,而 B 原子外层 p 轨道上只有一个电子,易失去,由此造成了 Be 的第一电离能比 B 的第一电离能大的反常现象。

N 原子具有较大的电离能是因为它电子层结构为 $1s^2 2s^2 2p^3$,p 轨道处于半充满状态,具有 p^3 稳定结构。

25. 假定自旋量子数可取 +1/2、0 和 -1/2 三个值,另外三个量子数的其他规则和各能级的填充顺序不变,试回答下列问题:

(1) s 能级和 p 能级分别容纳的电子数是多少?

(2) $n = 2$ 的电子层中可容纳多少个电子?

(3) 分别写出原子序数为 8 和 17 的两种元素基态原子的电子排布式。

答:(1) 根据泡利不相容原理,每个原子中不可能有运动状态完全相同的电子存在,可推知每个轨道中最多容纳 3 个自旋方式不同的电子。s 能级只包含 1 个原子轨道,最多可容纳 3 个电子。p 能级包含 3 个轨道,最多容纳 9 个电子。

(2) 第二电子层中包含 s 能级和 p 能级,共有 4 个轨道,最多容纳 12 个电子。

(3) 原子序数为 8 的元素的基态原子的电子排布式为 $1s^3 2s^3 2p^2$。原子序数为 17 的元素的基态原子的电子排布式为 $1s^3 2s^3 2p^9 3s^2$。

26. 为什么铬和硫元素都属于第Ⅵ族元素,但它们的金属性和非金属性不相同,而最高氧化值却又相同?

答:元素的金属性和非金属性是指元素在化学反应中得失电子的能力。而元素得失电子的能力取决于原子核对外层电子的作用,如果有效核电荷大、原子半径小,那么原子核对外层电子的引力也大,元素的非金属性越强,元素的金属性就越弱。反之,元素的非金属越弱,元素的金属性就越强。

硫元素基态原子的电子排布式为 $1s^2 2s^2 2p^6 3s^2 3p^4$,原子核作用在最外层电子上的有效核电荷为

$$Z^* = Z - \sum \sigma = 16 - (2 \times 1.00 + 8 \times 0.85 + 5 \times 0.35) = 5.45$$

铬元素基态原子的电子排布式为 $1s^2 2s^2 2p^6 3s^2 3p^6 3d^5 4s^1$,原子核作用在 4s 电子上的有效核电荷为

$$Z^* = Z - \sum \sigma = 24 - (2 \times 1.00 + 8 \times 1.00 + 13 \times 0.85) = 2.95$$

又知原子半径 $r(\text{Cr}) = 118 \text{ pm}$,$r(\text{S}) = 104 \text{ pm}$。

由于硫元素的原子半径比铬元素的原子半径小,且硫元素作用在最外层电子上的有效核电荷比铬元素的大,因此硫元素的非金属性比铬元素强,而铬元素的金属性比硫元素强。

一般来说,元素的最高氧化值与其所在族数相等,等于元素基态原子的价电子数。硫元素为 ⅥA 族元素,价电子构型为 $3s^2 3p^4$,有 6 个价电子。铬元素为 ⅥB 族元素,价电子构型为 $3d^5 4s^1$,也有 6 个价电子。因此,硫元素和铬元素的最高氧化值相同,均为 +6。

27. 为什么有几种不同类型的原子半径?它们的含义各是什么?

答:由于电子在原子核外各处都有可能出现,仅仅是概率不同而已,因此单个原子并不存在确定的界面。通常所说的原子半径是根据相邻原子的核间距定义的。由于相邻原子间成键的情况不同,相邻原子的核间距不同,所给出的原子半径也就不同。原子半径可分为共价半径、金属半径和范德华半径三种类型。共价半径对应的相邻原子间的作用力是共价键,金属半径对应的相邻原子间的作用力是金属键,而范德华半径对应的相邻原子间的作用力是范德华力。

以共价单键结合的两个同核原子之间的核间距的一半称为原子的共价半径。从定义可知,共价半径实际上是指单键共价半径。

金属晶体中相邻两个同核金属原子之间的核间距的一半称为原子的金属半径。

当分子之间以范德华力结合时,不同分子相互接触的两个原子的核间距的一半称为原子的范德华半径。由于范德华力比化学键弱得多,因此范德华半径比共价半径大得多。例如,Cl 的范德华半径为 180 pm,而 Cl 的共价半径为 99 pm。

习 题 解 答

1. 当把原子看作一个圆球时,若其半径为 100 pm,而原子核的半径为 1.0×10^{-3} pm,估算该原子核与原子的体积比。从计算的结果得到什么启示?

解:该原子核与原子的体积比为

$$\frac{V_{原子核}}{V_{原子}} = \frac{\frac{4}{3} \pi r_{原子核}^3}{\frac{4}{3} \pi r_{原子}^3}$$

$$= \frac{\frac{4}{3} \pi \times (1.0 \times 10^{-3} \text{ pm})^3}{\frac{4}{3} \pi \times (100 \text{ pm})^3} = 1.0 \times 10^{-15}$$

计算结果表明,原子核的体积仅为原子体积的 1.0×10^{-15},可见原子核在原子中所占体积极小,原子内绝大部分是空的。

2. 当氢原子的电子从第二电子层跃迁至第一电子层时发射出光子的波长为 121.6 nm,而当电子从第三电子层跃迁至第二电子层时发射出光子的波长为 656.3 nm。问发射出的哪一种光子的能量大?

解:当电子从第二电子层跃迁回第一电子层时发射出的光子所具有的能量为

$$E_{\text{光},1} = \Delta E_1 = E_2 - E_1 = \frac{hc}{\lambda_1}$$

$$= \frac{6.626 \times 10^{-34} \text{ J} \cdot \text{s} \times 2.998 \times 10^8 \text{ m} \cdot \text{s}^{-1}}{121.6 \times 10^{-9} \text{ m}} = 1.634 \times 10^{-18} \text{ J}$$

当电子从第三电子层跃迁回第二电子层时发射出的光子所具有的能量为

$$E_{\text{光},2} = \Delta E_2 = E_3 - E_2 = \frac{hc}{\lambda_2}$$

$$= \frac{6.626 \times 10^{-34} \text{ J} \cdot \text{s} \times 2.998 \times 10^8 \text{ m} \cdot \text{s}^{-1}}{656.3 \times 10^{-9} \text{ m}} = 3.027 \times 10^{-19} \text{ J}$$

计算结果表明,两种光子相比较,波长为 121.6 nm 的光子的能量较大。

3. 已知电子的质量为 9.11×10^{-31} kg,若电子在 1×10^4 V 加速电压下的运动速率是 5.9×10^7 m·s^{-1},计算此时电子的波长,并与可见光的波长相比较。

解:根据德布罗意关系式,此时电子的波长为

$$\lambda = \frac{h}{p} = \frac{h}{mv}$$

$$= \frac{6.626 \times 10^{-34} \text{ J} \cdot \text{s}}{9.11 \times 10^{-31} \text{ kg} \times 5.9 \times 10^7 \text{ m} \cdot \text{s}^{-1}} = 1.2 \times 10^{-11} \text{ m} = 0.012 \text{ nm}$$

可见光的波长在 400~760 nm,此时电子的波长比可见光的波长要短得多。

4. 假设子弹的质量为 0.010 kg,速率为 1.0×10^3 m·s^{-1},若子弹速率的不确定量为 1.0×10^{-3} m·s^{-1}。

(1) 计算子弹运动的波长,把计算结果与波长最短的电磁波 γ 射线($\lambda = 1 \times 10^{-5}$ nm)相比较,可得到什么结论?

(2) 计算子弹位置的不确定量,计算结果说明了什么?

解:(1) 根据德布罗意关系式,子弹运动的波长为

$$\lambda = \frac{h}{p} = \frac{h}{mv}$$

$$= \frac{6.626 \times 10^{-34} \text{ J} \cdot \text{s}}{0.010 \text{ kg} \times 1.0 \times 10^3 \text{ m} \cdot \text{s}^{-1}} = 6.626 \times 10^{-35} \text{ m} = 6.626 \times 10^{-26} \text{ nm}$$

已知波长最短的电磁波 γ 射线的波长为 1×10^{-5} nm,比子弹的波长大得多,可见子弹运动的波长太小,根本不可能进行测量,可以忽略子弹的波动性。

（2）根据不确定关系式，子弹位置的不确定量为

$$\Delta x \geqslant \frac{h}{\Delta p} = \frac{h}{m \Delta v}$$

代入数值得

$$\Delta x \geqslant \frac{6.626 \times 10^{-34} \ \text{J} \cdot \text{s}}{0.010 \ \text{kg} \times 1.0 \times 10^{-3} \ \text{m} \cdot \text{s}^{-1}} = 6.626 \times 10^{-29} \ \text{m}$$

子弹位置的不确定量极小，可以忽略不计，因此可认为子弹运动时具有固定的轨道。

5. 氢原子核外的电子在第四电子层的轨道上运动时其能量比在第一电子层的轨道上运动时的能量高 2.03×10^{-18} J，计算该电子由第四电子层的轨道跃迁到第一电子层的轨道时发射出的光的频率和波长。

解：发射出光的频率为

$$\nu = \frac{E_4 - E_1}{h} = \frac{2.03 \times 10^{-18} \ \text{J}}{6.626 \times 10^{-34} \ \text{J} \cdot \text{s}} = 3.06 \times 10^{15} \ \text{s}^{-1}$$

发射出光的波长为

$$\lambda = \frac{c}{\nu} = \frac{2.998 \times 10^8 \ \text{m} \cdot \text{s}^{-1}}{3.06 \times 10^{15} \ \text{s}^{-1}} = 9.80 \times 10^{-8} \ \text{m} = 98.0 \ \text{nm}$$

6. 下列各组量子数取值是否合理？为什么？

(1) $n=2, l=1, m=0$；　　　　　　(2) $n=2, l=2, m=1$；

(3) $n=3, l=2, m=1$；　　　　　　(4) $n=3, l=1, m=-2$；

(5) $n=4, l=4, m=-1$；　　　　　　(6) $n=4, l=2, m=-1$。

答：根据量子数组合的取值要求，n 取值 $1, 2, 3, \cdots, \infty$；l 取值 $0, 1, 2, \cdots, (n-1)$；m 取值 $0, \pm 1, \pm 2, \cdots, \pm l$。由此判断 (1)(3)(6) 合理。

(2) 不合理，$n=2$ 时，l 可取 0 或 1，不能取 2。

(4) 不合理，$l=1$ 时，m 可取 $0, \pm 1$，不能取 -2。

(5) 不合理，$l=4$ 时，n 应大于 4。

7. 填充合理的量子数：

(1) $n=?, l=2, m=2, m_s=+1/2$；　　(2) $n=4, l=2, m=-2, m_s=?$；

(3) $n=3, l=1, m=?, m_s=+1/2$　　　(4) $n=2, l=?, m=-1, m_s=-1/2$。

答：(1) n 为大于或等于 3 的正整数；

(2) $m_s=+1/2$ 或 $-1/2$；

(3) $m=0$ 或 ± 1；

(4) $l=1$。

8. 已知某元素原子的电子具有下列量子数，排列出它们能量高低的次序：

(1) $3, 2, +1, +1/2$；　　　　　　(2) $2, 1, +1, -1/2$；

(3) $2, 1, 0, +1/2$；　　　　　　　(4) $3, 1, -1, -1/2$；

(5) $3, 1, 0, +1/2$；　　　　　　　(6) $2, 0, 0, -1/2$。

答：在多电子原子中，电子的能量与 n 和 l 有关。当 n 相同时，l 越大，电子的能量就越高；而当 l 相同时，n 越大，电子的能量就越高。因此，能量由高到低的排列次序为

$$(1)>(4)=(5)>(2)=(3)>(6)$$

9. 下列元素基态原子的电子排布式，各违背了什么原理？写出改正后的电子排布式。

(1) B：$1s^2 2s^3$；

(2) Be：$1s^2 2p^2$；

(3) N：$1s^2 2s^2 2p_x^2 2p_y^1$。

答：(1) 违背了泡利不相容原理。基态 B 原子的电子排布式为 $1s^2 2s^2 2p^1$。

(2) 违背了能量最低原理。基态 Be 原子的电子排布式为 $1s^2 2s^2$。

(3) 违背了洪德规则。基态 N 原子的电子排布式为 $1s^2 2s^2 2p_x^1 2p_y^1 2p_z^1$。

10. 下列电子层结构中，哪种属于基态？哪种属于激发态？哪种是错误的？

(1) $1s^2 2s^1 2p^2$；

(2) $1s^2 2s^2 2p^6 3s^1 3d^1$；

(3) $1s^2 2s^2 2d^1$；

(4) $1s^2 2s^2 2p^4 3s^1$；

(5) $1s^2 2s^3 2p^1$；

(6) $1s^2 2s^2 2p^6 3s^1$。

答：(6)属于基态；(1)(2)和(4)属于激发态；(3)和(5)是错误的。

11. 根据鲍林近似能级图，指出下表中各电子层的电子数有无错误，并说明理由。

元素	K	L	M	N	O	P
19	2	8	9			
22	2	10	8	2		
30	2	8	18	2		
33	2	8	20	3		
60	2	8	18	18	12	2

答：19 号元素最外层的电子数有错误，最外层不能超过 8 个电子。

22 号元素的第二层（L 层）的电子数有错误，第二电子层最多只能容纳 $2 \times 2^2 = 8$ 个电子。

30 号元素各电子层的电子数没有错误。

33 号元素第三电子层（M 层）的电子数有错误，次外层不能超过 18 个电子。

60 号元素的第四层（N 层）和第五层（O 层）的电子数有错误，由于 $E(4f) < E(5d)$，只有 4f 轨道排满后电子才能排布在 5d 轨道上。

改正后各元素基态原子的电子层中的电子数如下表所示：

元素	K	L	M	N	O	P
19	2	8	8	1		
22	2	8	10	2		
33	2	8	18	5		
60	2	8	18	22	8	2

12. 用 s,p,d 符号表示出原子序数分别为 13,19,26,30 等元素原子的电子层结构,并指出它们分别是属于哪一区、哪一族、哪一周期的元素。

答：13 号元素基态原子的电子层结构为 $1s^2 2s^2 2p^6 3s^2 3p^1$,属于 p 区、第三周期ⅢA 族元素。

19 号元素基态原子的电子层结构为 $1s^2 2s^2 2p^6 3s^2 3p^6 4s^1$,属于 s 区、第四周期 Ⅰ A 族元素。

26 号元素基态原子的电子层结构为 $1s^2 2s^2 2p^6 3s^2 3p^6 3d^6 4s^2$,属于 d 区、第四周期Ⅷ族元素。

30 号元素基态原子的电子层结构为 $1s^2 2s^2 2p^6 3s^2 3p^6 3d^{10} 4s^2$,属于 ds 区、第四周期ⅡB 族元素。

13. 某元素最高氧化值为 $+6$,最外层电子数为 1,原子半径是同族元素中最小的,请回答以下问题：

(1) 请写出该元素基态原子的电子排布式；

(2) 该元素 $+3$ 价离子有几个未成对电子？

答：从该元素的最高化合价为 $+6$,可知该元素可能在ⅥA 族,也可能在ⅥB 族,但最外层电子数为 1,则把该元素限制在ⅥB 族。ⅥB 族元素中原子半径最小的,当属同一纵行中最上面的那种元素,即金属元素铬。因而该元素在第四周期ⅥB 族,原子序数为 24。

(1) Cr 原子的电子排布式为 $1s^2 2s^2 2p^6 3s^2 3p^6 3d^5 4s^1$。

(2) 原子失去电子是先失最外层电子,再失次外层电子。若失去 3 个电子成为 Cr^{3+},其价层电子组态为 $3d^3$。按照洪德规则,简并轨道上排布的电子要尽先分占不同的轨道且自旋平行,可知 3 个 d 电子均为未成对电子,所以 Cr^{3+} 有 3 个未成对电子。

14. 已知 M^{2+} 的 3d 轨道中有 5 个电子,请推出：

(1) 基态 M 的核外电子排布式；

(2) 基态 M 的最外层和最高能级组中电子数各为多少？

(3) M 元素在周期表中的位置。

答：(1) 由 M^{2+} 的 3d 轨道中有 5 个电子,可推知基态 M 原子的价层电子构型为 $3d^5 4s^2$。因此,基态 M 原子的核外电子排布式为 $1s^2 2s^2 2p^6 3s^2 3p^6 3d^5 4s^2$。

(2) 基态 M 原子的最外层(N 层)上有 2 个电子,排布电子的最高能级组为第四能级组,包括 4s,3d 和 4p 能级,第四能级组中共有 7 个电子。

(3) M 元素为第四周期ⅦB 族 d 区元素。

15. ⅡA 族和ⅡB 族元素基态原子排布电子的最外电子层都有 2 个电子,为什么前者的金属性远强于后者？利用斯莱特规则计算它们的有效核电荷说明之。

答：以第四周期ⅡA 族的 Ca 元素和ⅡB 族的 Zn 元素为例。Ca 元素的电子层结构为 $(1s)^2(2s2p)^8(3s3p)^8(4s)^2$,原子核作用在最外层的 4s 电子上的有效核电荷为

$$Z^* = 20 - (0.35 \times 1 + 0.85 \times 8 + 1.0 \times 10) = 2.85$$

Zn 元素的电子层结构为 $(1s)^2(2s2p)^8(3s3p)^8(3d)^{10}(4s)^2$,原子核作用在最外层的 4s 电子上的有效核电荷为

$$Z^* = 30 - (0.35 \times 1 + 0.85 \times 18 + 1.0 \times 10) = 4.35$$

虽然同一周期的ⅡA 族元素和ⅡB 族元素基态原子的最外电子层都有 2 个电子,但由于原子核作用在最外层电子上的有效核电荷不同,因而元素的化学性质不同。计算结果表明,原子核作用在ⅡA 族元素基态原子最外层电子上的有效核电荷较小,原子核对ⅡA 族元素最外层电子

的引力也较小,最外层电子容易失去,因此ⅡA族元素的金属性强于ⅡB族元素。

16. 基态原子的电子构型满足下列条件之一的是哪一类或哪一种元素?

(1) 具有 2 个 p 电子;

(2) 有 2 个 $n=4, l=0$ 的电子,6 个 $n=3, l=2$ 的电子;

(3) 3d 轨道为全充满,4s 轨道上只有 1 个电子。

答:(1) 具有 2 个 p 电子的元素的基态原子的价层电子构型为 ns^2np^2,为ⅣA族元素。

(2) 元素基态原子的价层电子构型为 $3d^6 4s^2$,为第四周期Ⅷ族的 Fe 元素。

(3) 元素基态原子的价层电子构型为 $3d^{10} 4s^1$,为第四周期ⅠB族的 Cu 元素。

17. 有 A,B,C 和 D 4 种元素。其中 A 为第四周期元素,与 D 可形成原子个数比为 1:1 和 1:2 的化合物。B 为第四周期 d 区元素,最高氧化值为 +7。C 和 B 是同一周期的元素,具有相同的最高氧化值。在所有元素中,D 的电负性仅次于氟元素。给出 A,B,C 和 D 四种元素的元素符号,并按电负性由大到小排列。

答:由 B 为第四周期 d 区元素,最高氧化值为 +7,可知 B 为第四周期ⅦB族元素,故 B 为 Mn 元素。由 C 和 B 是同一周期的元素,具有相同的最高氧化值,可知 C 为第四周期ⅦA族元素,故 C 为 Br 元素。由 D 的电负性仅次于 F 元素,可知 D 为 O 元素。由 A 为第四周期元素,与 O 元素可形化合物 AO 和 AO_2,可知 A 为 Ca 元素。电负性由大到小的排列顺序为 O>Br>Mn>Ca。

18. 有 A,B,C,D,E 和 F 6 种元素,按下列条件推断各元素在周期表中的位置、元素符号,给出各元素的价电子构型。

(1) A,B 和 C 为同一周期活泼金属元素,原子半径为 A>B>C,已知 C 元素基态原子有 3 个电子层排布电子;

(2) D 和 E 为非金属元素,与氢结合生成 HD 和 HE,室温下 D 的单质为液体,E 的单质为固体;

(3) F 为金属元素,基态原子有 4 个电子层排布电子,且有 6 个未成对电子。

答:(1) 由 C 元素有 3 个电子层,A,B 和 C 为同一周期活泼金属元素,可知 A,B 和 C 为第三周期活泼金属元素;再由原子半径 A>B>C,可知 A 为 Na 元素,B 为 Mg 元素,C 为 Al 元素,价电子构型分别为 $3s^1$,$3s^2$ 和 $3s^2 3p^1$。

(2) 由 D 和 E 为非金属元素,与氢结合生成 HD 和 HE,可知 D 和 E 元素均为ⅦA族元素。再由室温下 D 的单质为液体,E 的单质为固体,可知 D 为 Br 元素,E 为 I 元素,价层电子构型分别为 $4s^2 4p^5$ 和 $5s^2 5p^5$。

(3) 由 F 为金属元素,它有 4 个电子层,且有 6 个未成对电子,可知 F 的价层电子构型为 $3d^5 4s^1$,故 F 为 Cr 元素。

19. 请写出原子序数为 32 的元素基态原子的核外电子排布式、元素符号、元素名称以及此元素在周期表中的位置。

答:$1s^2 2s^2 2p^6 3s^2 3p^6 3d^{10} 4s^2 4p^2$;Ge;锗;第四周期,ⅣA族,p 区。

20. 已知钾和钙元素的电离能数据:

元素	$E_{i,1}/(kJ \cdot mol^{-1})$	$E_{i,2}/(kJ \cdot mol^{-1})$	$E_{i,3}/(kJ \cdot mol^{-1})$
K	427	3 071	4 439
Ca	594	1 146	4 941

请以电子层结构和电离能数据说明在化学反应中,K 的氧化值表现为 +1,Ca 的氧化值表现为 +2 的原因。

答:由电离能数据可知,钾的第二电离能是第一电离能的 7 倍多,钾的第三电离能是第一电离能的 10 倍多,因此钾易失去 1 个电子,很难失去两个或两个以上电子,在化学反应中氧化值表现为 +1。K^+ 具有与 Ar 相同的稳定稀有气体电子层结构,所以 K^+ 是稳定的。钙的第一电离能与第二电离能虽有差别,但并不大,而钙的第三电离能是第一电离能的 8 倍多,因此钙易失去两个电子,很难失去 3 个或 3 个以上电子,在化学反应中氧化值表现为 +2。Ca^{2+} 也具有与 Ar 相同的稀有气体电子层结构,所以是稳定的。

21. 有 A,B,C 和 D 4 种元素,原子序数由小到大的顺序为 B<C<D<A,其中 A 元素是第五周期 I A 族元素,B 是第三周期元素,B,C 和 D 元素的价电子数分别为 2,12 和 7,C 和 D 元素的次外层电子均为 18 个。试判断 A,B,C 和 D 元素各为何种元素。

答:由 A 元素是第五周期 I A 族元素,可知 A 元素基态原子的核外电子排布式为 $1s^2 2s^2 2p^6 3s^2 3p^6 3d^{10} 4s^2 4p^6 5s^1$,原子序数为 37,A 为 Rb 元素。由 B 元素为第三周期元素,价电子数 2,可知 B 元素基态原子的核外电子排布式为 $1s^2 2s^2 2p^6 3s^2$,原子序数为 12,B 为 Mg 元素。根据原子序数从小到大的排列顺序,可知 C 和 D 元素基态原子的原子序数在 $12\sim37$ 之间,为第三周期或第四周期元素。又由于 C 和 D 元素基态原子的次外电子数均为 18 个,因此 C 和 D 元素只能是第四周期元素。C 元素基态原子的价电子数为 12 个,其核外电子排布式为 $1s^2 2s^2 2p^6 3s^2 3p^6 3d^{10} 4s^2$,原子序数为 30,C 为 Zn 元素。D 元素基态原子的价电子数为 7 个,其核外电子排布式为 $1s^2 2s^2 2p^6 3s^2 3p^6 3d^{10} 4s^2 4p^5$,原子序数为 35,D 为 Br 元素。

22. 元素基态原子的最外电子层只有一个电子,该电子的四个量子数分别为 $n=4,l=0,m=0,m_s=+1/2$。回答下列问题:

(1) 符合上述条件的元素可以有几种?原子序数各为多少?

(2) 写出相应元素基态原子的电子排布式,并指出这些元素在周期表中的位置。

答:(1) 符合题意的元素可以有三种,原子序数分别为 19,24 和 29。

(2) 相应元素基态原子的电子排布式及元素在周期表中的位置如下表所示:

原子序数	基态原子的电子排布式	周期	族	区
19	$1s^2 2s^2 2p^6 3s^2 3p^6 4s^1$	四	I A	s
24	$1s^2 2s^2 2p^6 3s^2 3p^6 3d^5 4s^1$	四	VI B	d
29	$1s^2 2s^2 2p^6 3s^2 3p^6 3d^{10} 4s^1$	四	I B	ds

23. 指出相对应于下列每一特征元素的名称:

(1) 具有 $1s^2 2s^2 2p^6 3s^2 3p^6 3d^{10} 4s^2 4p^5$ 电子层结构的元素。

(2) 碱金属族中原子半径最大的元素。

(3) II A 族中具有最大电离能的元素。

(4) VII A 族中具有最大电子亲和能的元素。

答:(1) 根据电子层结构,该元素位于第四周期,第 VII A 族,所以是元素 Br。

(2) 主族元素同一族,从上到下半径增大,所以碱金属族中原子半径最大的元素是 Cs。

(3) II A 族中具有最大电离能的元素是 Be,因为元素 Be 的原子半径在 II A 族中最小。

(4) ⅦA 族中具有最大电子亲和能的元素 Cl。

24. 有 A 和 B 两种元素,已知 A 元素基态原子的 M 层和 N 层的电子分别比 B 元素基态原子的 M 层和 N 层的电子少 7 个和 4 个。写出 A 元素和 B 元素的名称及核外电子排布式,并给出推理过程。

答: B 元素的 N 层比 A 元素的 N 层多 4 个电子,表明 B 元素的 3d 能级和 4s 能级已填满电子,这 4 个电子一定填充在 4p 能级中。B 元素基态原子的核外电子排布式为 $1s^2 2s^2 2p^6 3s^2 3p^6 3d^{10} 4s^2 4p^4$,为第四周期 ⅥA 族元素 Se。

A 元素的 M 层比 B 元素的 M 层少 7 个电子,一定是 A 元素 3d 能级上电子比 B 元素 3d 能级上的电子少 7 个。A 元素基态原子的核外电子排布式为 $1s^2 2s^2 2p^6 3s^2 3p^6 3d^3 4s^2$,为第四周期 ⅤB 族元素 V。

25. 若四个量子数 n, l, m 和 m_s 的取值及相互关系重新规定如下:

n 为正整数。对于给定的 n 值,l 可以取下列 n 个值:

$$l = 0, 1, 2, \cdots, (n-1)$$

对于给定的 l 值,m 可以取下列 $(l+1)$ 个值:

$$m = 0, +1, +2, \cdots, +l$$

自旋量子数可以取两个值:

$$m_s = 1/2, \ -1/2$$

根据上述规定可以得到新的元素周期表。请根据新的周期表回答下列问题:

(1) 第二周期和第四周期各有多少种元素?

(2) p 区元素共有多少纵列?

(3) 位于第三周期、最右纵列的元素的原子序数是多少?

(4) 原周期表中电负性最大的元素,在新的周期表中位于第几周期、第几纵列?

(5) 新的周期表中第一个具有 d 电子的元素,在原周期表中位于第几周期、第几纵列?

答: 新规定的不同在于 m 的取值。当 $l=0$ 时,m 只有 1 个取值 0,这说明 $l=0$ 的 s 能级只有 1 个原子轨道。当 $l=1$ 时,m 有 2 个取值 0,1;这说明 $l=1$ 的 p 能级有 2 个原子轨道;当 $l=2$ 时,m 有 3 个取值 0,1,2,这说明 $l=2$ 的 d 能级有 3 个原子轨道。

于是可得如下新周期表

H										He			
Li	Be								B	C	N	O
F	Ne								Na	Mg	Al	Si
P	S	Cl	Ar	K	Ca	Sc	Ti		V	Cr	Mn	Fe
s 区元素		d 区元素							p 区元素			

根据上述新周期表回答问题如下:

(1) 第二周期有 6 种元素,第四周期有 12 种元素;

(2) p 区元素共有 4 个纵列;

（3）第三周期最后一个纵列的元素为 Si，原子序数为 14；

（4）原周期表中电负性最大的元素是 F，在新的周期表中位于第三周期、第 1 纵列；

（5）新周期表中第一个具有 d 电子的元素是 Cl，它在原周期表中位于第三周期、第 17 纵列。

单元测试题

一、选择题

1. 基态 Cr 原子的外层电子构型为 $3d^5 4s^1$，由此可知该基态原子中的未成对电子数是（　　）。
（A）0　　　　　　　（B）1　　　　　　　（C）5　　　　　　　（D）6

2. 在计算多电子原子的有效核电荷 Z^* 时，利用斯莱特规则估算屏蔽常数 σ 不需要考虑的因素是（　　）。
（A）内层电子对外层电子的排斥作用
（B）同层电子对同层电子的排斥作用
（C）同组电子对同组电子的排斥作用
（D）外层电子对内层电子的排斥作用

3. 基态氢原子 1s 电子径向分布函数图在玻尔半径处有一个峰，表示（　　）。
（A）1s 电子在玻尔半径处出现的概率密度最大
（B）1s 电子只在玻尔半径的球面上运动
（C）1s 电子只在玻尔半径内的球体空间运动
（D）1s 电子在玻尔半径处的单位厚度薄球壳中出现的概率最大

4. 某多电子原子具有下列各组量子数 (n, l, m, m_s) 的电子中，能量最高的电子是（　　）。
（A）$2, 1, 1, -1/2$　　　　　　　（B）$4, 1, 1, -1/2$
（C）$3, 2, 1, -1/2$　　　　　　　（D）$4, 0, 0, +1/2$

5. 元素 Y 的基态原子的外层电子构型为 $ns^n np^{n+1}$，由此可知该原子中未成对电子数是（　　）。
（A）0　　　　　　　（B）1　　　　　　　（C）2　　　　　　　（D）3

6. 在具有下列外层电子构型的元素原子中，电负性最小的是（　　）。
（A）$3s^1$　　　　　（B）$4s^1$　　　　　（C）$3s^2 3p^5$　　　　　（D）$4s^2 4p^5$

7. 在下列电子组态中，属于激发态的是（　　）。
（A）$1s^2 2s^2 2p^6 3s^2 3p^1$　　　　　　　（B）$1s^2 2s^2 2p^6 3s^2 3p^6 3d^5 4s^1$
（C）$1s^2 2s^2 2p^6 3s^2 3p^3 3d^1$　　　　　　　（D）$1s^2 2s^2 2p^6 3s^2 3p^6 3d^{10} 4s^2$

8. 氢原子的 s 轨道波函数（　　）。
（A）与 θ, ϕ 有关　　　　　　　（B）与 θ 有关
（C）与 θ, ϕ 无关　　　　　　　（D）与 r 无关

9. 下列量子数取值组合中 (n, l, m, m_s)，量子数取值组合错误的为（　　）。
（A）$2, 1, 0, 1/2$　　　　　　　（B）$2, 1, 0, -1/2$
（C）$3, 2, 1, -1/2$　　　　　　　（D）$2, 0, -2, 1/2$

10. 下列元素的原子半径 r 的大小顺序，正确的是（　　）。
（A）$r(Mg) < r(K) < r(Ca)$　　　　　　　（B）$r(Mg) < r(Ca) < r(K)$
（C）$r(Mg) > r(K) > r(Ca)$　　　　　　　（D）$r(K) > r(Mg) > r(Ca)$

11. 下列第二周期元素的第一电离能的大小次序，错误的是（　　）。
（A）Li < Be　　　（B）B < C　　　（C）N < O　　　（D）F < Ne

12. 在多电子原子中，电子的能量取决于量子数（　　）。
（A）n　　　　　（B）n, l　　　　　（C）n, l, m　　　　　（D）l

13. 下图所示图形中的"＋、－"号表示(　　　)。

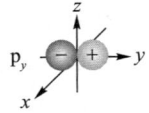

(A)"＋"号表示电子顺时针自旋,"－"号表示电子逆时针自旋

(B)电子在运动过程中会改变带电状态

(C)波函数 $\psi(r,\theta,\phi)$ 的分布正或负

(D)角函数 $Y(\theta,\phi)$ 的数值正或负

14. 在多电子原子中,屏蔽效应起着(　　　)。

(A)对核电荷的增强作用　　　　　　(B)对核电荷的抵消作用

(C)对核电荷的吸引作用　　　　　　(D)对核外电子的吸引力增强作用

15. 当某元素基态原子的第六电子层只有 2 个电子时,则该原子的第五电子层上的电子数目为(　　　)。

(A)8 个　　　　(B)18 个　　　　(C)8~18 个　　　　(D)8~32 个

16. 在 $n=3$ 时,l 的取值可以有(　　　)。

(A)3 个　　　　(B)2 个　　　　(C)1 个　　　　(D)4 个

17. 在氢原子的 3d 轨道径向分布图中概率峰的数目为(　　　)。

(A)1 个　　　　(B)2 个　　　　(C)3 个　　　　(D)4 个

18. 在多电子原子中,与主量子数 n 共同决定原子轨道能量的量子数是(　　　)。

(A)l　　　　(B)m　　　　(C)m_s　　　　(D)l 和 m

19. 波函数 ψ 用于描述(　　　)。

(A)电子的能量　　　　　　　　　　(B)电子在空间的运动状态

(C)电子的运动速率　　　　　　　　(D)电子在空间某处出现的概率密度

20. 首先建立描述电子运动状态方程的科学家是(　　　)。

(A)玻尔　　　　(B)薛定谔　　　　(C)普朗克　　　　(D)卢瑟福

21. 下列各组元素中,电负性依次减小的是(　　　)。

(A)K＞Na＞Li＞H　　　　　　　　(B)O＞Cl＞S＞H

(C)As＞P＞Cl＞H　　　　　　　　(D)N＞F＞Al＞B

22. 在量子力学中,原子轨道是指(　　　)。

(A)玻尔理论中的原子轨道

(B)n 具有一定数值时的一个波函数

(C)n 和 l 具有一定数值时的一个波函数

(D)指 n,l 和 m 三个量子数具有一定数值时的一个波函数

23. 下列各能层(电子层)中包含 f 能级(亚层)的是(　　　)。

(A)K 层　　　　(B)L 层　　　　(C)M 层　　　　(D)N 层

24. 元素 W 的价层电子轨道表示式是(　　　)。

(A) ⬆⬆⬆⬆ ⬆⬆　　　　　　(B) ⬆⬇⬆⬆⬆⬆ □

(C) ⬆⬆⬆⬆ ⬆⬇　　　　　　(D) ⬆⬇⬆⬇□ ⬆⬇

25. 在基态多电子原子中,关于核外电子能量的叙述错误的是(　　　)。

(A)最易失去的电子能量最高

(B)电离能最小的电子能量最高

(C)p 能级的电子能量一定高于 s 能级的电子能量

(D) 在离核最近区域内运动的电子能量最低

26. 下列有关原子结构的叙述中正确的是(　　)。

(A) 各能层含有的电子数为 $2n^2$(n 表示能层数)

(B) 各能层都有 ns,np,nd 和 nf 四个能级

(C) 各能层含有的原子轨道数为 $n-1$ 个

(D) ns,np,nd 和 nf 能级含有的原子轨道数分别为 1,3,5 和 7 个

27. 基态原子核外有 4 个电子层排布电子,且最外层有 1 个电子的元素共有(　　)。

(A) 1 种　　　　(B) 2 种　　　　(C) 3 种　　　　(D) 4 种

28. 基态 ^{25}Mn 原子的价层电子组态是(　　)。

(A) $3d^5 4s^2$　　　(B) $4s^2$　　　(C) $3d^7$　　　(D) [Ar]$3d^5 4s^2$

29. 元素周期表中的某些元素之间存在着特殊的"对角线关系",例如,Li 和 Mg、Be 和 Al、B 和 Si 等性质相似。下列说法中错误的是(　　)。

(A) 氢氧化铍是两性氢氧化物

(B) P 元素和 As 元素的电负性数值相近

(C) Li 元素和 Mg 元素都易形成 +2 价阳离子

(D) LiCl 的水溶液可能呈酸性

30. 价电子排布为下列结构的同一周期的元素中,第一电离能最小的可能是(　　)。

(A) $ns^2 np^3$　　(B) $ns^2 np^4$　　(C) $ns^2 np^5$　　(D) $ns^2 np^6$

31. 元素 X 的电负性为 2.5,元素 Y 的电负性为 3.5,元素 Z 的电负性为 1.2,元素 W 的电负性为 2.4。上述 4 种元素中,两种元素之间最容易形成离子化合物的是(　　)。

(A) X 与 Y　　　(B) X 与 W　　　(C) Y 与 Z　　　(D) Y 与 W

32. X 元素和 Y 元素为两种短周期元素,X 的阴离子与 Y 的阳离子具有相同的电子层结构,由此可知(　　)。

(A) X 的原子半径大于 Y 的原子半径

(B) X 的电负性大于 Y 的电负性

(C) X 单质的氧化性小于 Y 单质的氧化性

(D) X 的第一电离能小于 Y 的第一电离能

33. 下列关于元素性质递变的说法中错误的是(　　)。

(A) N,O,F 的最高氧化值依次升高

(B) P,S,Cl 的电负性依次增大

(C) Li,Be,B 的原子半径依次减小

(D) Na,K,Rb 的第一电离能逐渐减小

34. 在同一元素原子中,下列轨道为简并轨道的是(　　)。

(A) 3s,3p,3d　　　　　　　(B) 1s,2s,3s

(C) $3p_x$,$3p_y$,$3p_z$　　　　　　(D) $3d_{xy}$,$3p_x$,$3d_{yz}$

35. 在元素周期表中,第七周期卤族元素的原子序数是(　　)。

(A) 113　　　　(B) 117　　　　(C) 118　　　　(D) 131

36. 下列叙述中正确的是(　　)。

(A) 氢原子只有 1 个电子,所以氢原子核外只有 1 个原子轨道

(B) 主量子数为 2 的电子层中有 2s 和 2p 两个原子轨道

(C) 第四周期元素的基态原子最多有 6 个成单电子

(D) 3d 能级的主量子数和角量子数均为 3

37. 第四周期某元素的基态原子失去 2 个电子后,它的角量子数为 2 的能级中电子恰好半充满,则该元素是(   )。

(A) Ni   (B) Co   (C) Fe   (D) Mn

38. 某一族中的元素都是金属元素,它们基态原子的最外层 $l=0$ 的能级上只有 1 个电子,次外层的能级全充满,且可呈现 +1 以外的氧化值。则该族元素属于(   )。

(A) ⅠA 族   (B) ⅡA 族   (C) ⅠB 族   (D) ⅡB 族

39. 同一周期具有下列电子层结构的原子中,第一电离能有可能最小的是(   )。

(A) ns^2np^3 (B) ns^2np^4 (C) ns^2np^5 (D) ns^2np^6

40. 下列第二周期各组元素的第一电离能大小顺序正确的是(   )。

(A) Li<Be<B   (B) B<C<N   (C) C<N<O   (D) N<O<F

41. 在具有下列电子构型的基态元素的原子中,第二电离能最大的是(   )。

(A) $1s^2 2s^2 2p^5$ (B) $1s^2 2s^2 2p^6$ (C) $1s^2 2s^2 2p^6 3s^1$ (D) $1s^2 2s^2 2p^6 3s^2$

42. 某元素阳离子的外层电子为 18 电子构型,该元素在周期表中的位置是(   )。

(A) s 区和 p 区   (B) p 区和 ds 区
(C) p 区和 d 区   (D) p 区、d 区和 ds 区

43. 在 0 族元素中,原子序数增大,电离能却随之减小,其主要原因是(   )。

(A) 原子半径增大致使电离能减小
(B) 原子相对质量增大致使电离能减小
(C) 核电荷增大致使电离能减小
(D) 元素的金属性增强致使电离能减小

44. 实验观察到电子从金属镍表面散射而形成衍射图的现象表明电子(   )。

(A) 具有波动性   (B) 具有粒子性   (C) 带有电荷   (D) 具有质量

45. 下列叙述中符合泡利不相容原理的是(   )。

(A) 原子中一个电子的运动状态需要用四个量子数描述
(B) 电子在简并轨道上排布时尽可能分占不同的轨道,且自旋方向相同
(C) 在同一原子中,不可能有两个电子具有相同的四个量子数
(D) 在 s 能级中均有两个自旋方向相反的电子存在

46. 基态碳原子的电子排布式若写成 $1s^2 2s^2 2p_x^2$,则违背了(   )。

(A) 泡利不相容原理   (B) 玻尔理论
(C) 能量最低原理   (D) 洪德规则

47. 基态 ^{21}Sc 原子次外层 d 轨道上电子的四个量子数可能是(   )。

(A) 3,1,0,+1/2   (B) 4,1,1,+1/2
(C) 3,2,0,+1/2   (D) 4,0,0,+1/2

48. 某基态原子最外层电子的主量子数 n 为 3,则价电子可能(   )。

(A) 只有 s 电子   (B) 有 s 电子和 p 电子
(C) 有 s 电子、p 电子和 d 电子   (D) 只有 d 电子

49. 具有下列价层电子构型的元素中,在周期表中属于 ds 区的是(   )。

(A) $3d^3 4s^2$ (B) $3d^5 4s^1$ (C) $4d^{10} 5s^1$ (D) $4s^2 4p^3$

50. 已知某元素原子的价层电子构型是 $3d^{10} 4s^1$,则此元素是(   )。

(A) 原子序数为 39 的元素   (B) s 区Ⅰ A 族元素
(C) d 区Ⅰ B 族元素   (D) ds 区Ⅰ B 族元素

51. 基态 Cr 原子的价层电子构型正确的是(   )。

(A) $3d^4 4s^2$　　　　(B) $3p^4 4s^2$　　　　(C) $3d^5 4s^1$　　　　(D) $4s^2 4p^4$

52. 元素周期表中各元素的物理及化学性质呈现周期性的变化,其根本原因是(　　)。

(A) 原子半径发生周期性变化　　　　(B) 电负性发生周期性变化

(C) 核外电子排布发生周期性变化　　(D) 有效核电荷数发生周期性变化

53. IB族元素的原子半径 r 比同周期的 VIII 族元素的原子半径大,原因是(　　)。

(A) 同周期元素的原子,d电子越多,r 越大

(B) 从左向右有效核电荷数逐渐增大所致

(C) 由于 $(n-1)$d 轨道全充满,屏蔽效应较大

(D) IB族元素的金属活泼性较差

54. 下列元素的基态原子价层电子构型为 $3d^7 4s^2$ 的是(　　)。

(A) As　　　　(B) Co　　　　(C) Sc　　　　(D) Zn

55. 在下列元素的基态原子中,未成对电子最多的是(　　)。

(A) $^7\mathrm{N}$　　　　(B) $^{24}\mathrm{Cr}$　　　　(C) $^{25}\mathrm{Mn}$　　　　(D) $^{29}\mathrm{Cu}$

二、是非题

56. 元素周期表每一周期中的元素数目等于相应能级组中所能容纳的电子总数。

57. 当主量子数 n 为 3 时,有 3s、3p 和 3d 3 个轨道。

58. 在讨论原子核外电子运动状态时,必然涉及概率密度与概率两个概念,当概率密度较大时,概率也一定较大。

59. 元素的电离能越小,元素的金属性就越强。

60. 对于 H 原子,2s 轨道的能量与 2p 轨道的能量相等。

61. 波函数 ψ 代表了电子可能的空间运动状态,每一种空间运动状态称为 1 个原子轨道。

62. 主量子数为 4 的电子层中包含的原子轨道总数为 16 个,该电子层中电子最大容量为 32 个。

63. 原子轨道的角分布图与相应的电子云角分布图是完全相同的。

64. 基态氢原子的 1s 电子在玻尔半径处(距核 52.9 pm)出现的概率密度最大。

65. 电子组态 $1s^2 2s^2 2p^6 3s^2 3p^3 3d^1$ 中 3p 轨道尚未填满,而 3d 轨道即填充了一个电子,不符合能量最低原理,有可能是 3p 轨道中的电子吸收能量被激发到 3d 轨道的。

66. 确定 1 个原子轨道需要 n、l 和 m 3 个量子数,而要确定电子的运动状态需要 n、l、m 和 m_s 4 个量子数。

67. 原子中某个电子的钻穿效应越大,则该电子受到其他电子的屏蔽作用就越小。

68. 主量子数越大,电子离核越远,所以任何时刻 1s 电子总比 2s 电子更靠近原子核。

69. $Y^2(\theta, \phi)$ 和 $\psi^2(r, \theta, \phi)$ 都代表概率密度,它们的图形是相同的。

70. 电子通过晶体粉末时能产生衍射现象,说明电子具有波动性。

71. $2p_x$、$2p_y$ 和 $2p_z$ 原子轨道的角度分布在形状和伸展方向上完全相同。

72. 某元素 +3 价离子的电子组态为 $1s^2 2s^2 2p^6 3s^2 3p^6 3d^5$,则该元素在周期表中属于 VB 族元素。

73. 镧系收缩是由于随着原子序数的增大,镧系元素新增加的电子填充在 $(n-2)$f 能级上,使原子核作用在最外层电子上的有效核电荷数增加非常缓慢,从而造成原子半径减小的程度更小。

74. 电负性越小的金属元素,其金属性越强。

75. 第四周期金属元素的基态原子失去电子形成阳离子时,先失去 3d 电子,然后再失去 4s 电子。

76. 元素周期表中第七周期所包含的元素应为 32 种。

77. 在多电子原子中,处于同一能级组中的原子轨道的能量都相同。

78. 当主量子数 n 为 4 时,l 可取 0,1,2,3,所以共有 4s,4p,4d 和 4f 4 个轨道。

79. 在同一原子中,不可能有两个电子的运动状态完全相同。

80. 电子受到的屏蔽作用越大,其能量就越高;电子的钻穿能力越强,其能量就越低。

81. 在多电子原子中,钻穿效应导致了能级交错现象的产生。

82. 电离能大的元素,其电子亲和能一定也大。

83. 在所有元素原子中,3d 轨道的能量均高于 4s 轨道的能量。

84. A 元素和 B 元素是周期表中同一主族中的两种元素,若 A 元素的原子序数为 a,则 B 元素的原子序数不可能是 $a+16$。

85. d 区元素都含有 d 电子,因此价层电子构型为 $3d^{10}4s^1$ 的元素是 d 区元素。

86. 原子序数为 37 的元素,其基态原子的价电子的 4 个量子数分别为 $5,0,0,+1/2$(或 $-1/2$)。

87. 除 He 元素外,p 区元素的外层电子构型为 $ns^2np^{1\sim6}$。

88. 基态 Cr 原子的价层电子构型为 $3d^5 4s^1$,因此当洪德规则与能量最低原理出现矛盾时,应首先服从洪德规则。

89. 最外层电子构型为 ns^1 或 ns^2 的元素,都属于 s 区元素。

90. 前六周期中电负性最大的元素是 F,电负性最小的元素是 Cs。

91. 最外层电子数为 2 的原子一定是金属原子。

92. 由波函数 $\psi(r,\theta,\phi)$ 可完全确定电子的运动状态。

93. 所有原子轨道都具有方向性。

94. 主量子数相同的原子轨道并不一定属于同一能级组。

95. N 元素的第一电离能比 O 元素大,但 O 元素的电负性比 N 元素大。

三、填空题

96. ^{29}Cu 元素基态原子的核外电子排布式为＿＿＿＿＿＿＿＿＿＿,在元素周期表中属于第＿＿＿＿周期＿＿＿＿族元素,其基态原子的最外层电子的四个量子数分别为＿＿＿＿＿＿＿＿＿。

97. 为了作图方便,常把波函数分为两个函数的乘积,即 $\psi(r,\theta,\phi)=R(r)\cdot Y(\theta,\phi)$,其中 $R(r)$ 称为＿＿＿＿＿,与量子数＿＿＿＿＿、＿＿＿＿＿有关;而 $Y(\theta,\phi)$ 称为＿＿＿＿＿,与量子数＿＿＿＿＿、＿＿＿＿＿有关。

98. 在元素周期表中,s 区元素的价层电子构型为＿＿＿＿＿;p 区元素的价层电子构型为＿＿＿＿＿;ds 区元素的价层电子构型为＿＿＿＿＿。

99. 在卤族元素中,电子亲和能最大的元素是＿＿＿＿＿,而第一电离能最大的元素是＿＿＿＿＿。

100. 电子衍射实验证实了电子的运动具有＿＿＿＿＿;不确定原理指出,同时准确地测定电子的＿＿＿＿＿和＿＿＿＿＿是不可能的。

101. 氢原子的原子轨道的能量由量子数＿＿＿＿＿决定;在多电子原子中,原子轨道的能量由量子数＿＿＿＿＿决定。

102. 基态氢原子中,离核越近,电子出现的＿＿＿＿＿越大,在离核 52.9 pm 处电子出现的＿＿＿＿＿最大。

103. ^{37}Rb 基态原子最外层有 1 个＿＿＿＿＿(4s 或 5s)电子,该电子的四个量子数为＿＿＿＿＿。

104. 氢原子的径向分布图反映了＿＿＿＿＿与＿＿＿＿＿的关系。

105. 反映波粒二象性的关系式 $\lambda=\dfrac{h}{p}$ 中,表示粒子性的是＿＿＿＿＿,表示波动性的是＿＿＿＿＿。

106. 在多电子原子中,n 相同、l 小的电子钻到核附近的概率＿＿＿＿＿,受到其他电子的屏蔽作用＿＿＿＿＿。

107. 在元素周期表中,A 元素排在氩元素之前,当 A 元素的基态原子失去 3 个电子后,其角量子数为 2 的能级内原子轨道恰好为半充满。A 元素的元素符号为＿＿＿＿＿,它的基态原子的电子排布式为＿＿＿＿＿＿＿＿＿＿＿,A 元素在元素周期表中位于＿＿＿＿＿区＿＿＿＿＿周期＿＿＿＿＿族。

108. 如果没有能级交错现象，第三周期应有_____种元素，而实际上第三周期有_____种元素。同样，对于第五周期应有_____种元素，而实际上第五周期有_____种元素。4f 电子实际上在第_____周期_____系元素中的_____元素中开始出现。

109. 稀有气体元素（He 除外）的价层电子构型通式为_____；碳族元素价层电子构型通式为_____；具有 $(n-1)d^{10}ns^1$ 价层电子构型的元素为_____族元素；具有 ns^2np^5 价层电子构型的元素有_____。

110. $n=4$、$l=1$ 的原子轨道的符号是_____，相应的 m 可取值_____，表明该原子轨道在空间可有_____种伸展方向。

111. A，B，C，D 和 E 分别代表 5 种元素。请填空：

（1）A 元素基态原子的最外层有 3 个未成对电子，次外层有 2 个电子，其元素符号为_____。

（2）B 元素的氧化值为 -1 的阴离子和 C 元素的氧化值为 $+1$ 的阳离子的电子层结构都与氩相同，B 的元素符号为_____，C 的元素符号为_____。

（3）D 元素的氧化值为 $+3$ 的阳离子 D^{3+} 的 3d 能级为半充满，则 D 的元素符号为_____，其基态原子的电子排布式为_____。

（4）E 元素基态原子的 M 层全充满，N 层没有成对电子，只有 1 个未成对电子，E 的元素符号为_____，其基态原子的电子排布式为_____。

112. 在下列空格处填入相应量子数的合理取值：

（1）$n=1$、$l=$_____，$m=$_____；

（2）$n=2$、$l=1$，$m=$_____；

（3）$n=3$、$l=2$，$m=$_____；

（4）$n=2$、$l=$_____，$m=-1$，$m_s=-1/2$。

113. 下表是第三周期的金属元素 X，Y 和 Z 逐级失去电子的电离能数据。

$E_i/(kJ \cdot mol^{-1})$	$E_{i,1}$	$E_{i,2}$	$E_{i,3}$	$E_{i,4}$	$E_{i,5}$	$E_{i,6}$	$E_{i,7}$	……
X	578	1 817	2 745	11 575	14 830	18 376	23 293	……
Y	738	1 451	7 733	10 540	13 630	17 995	21 703	……
Z	496	4 562	6 912	9 543	13 353	16 610	20 114	……

请回答下列问题：

（1）根据上述数据分析，X，Y 和 Z 元素基态原子的最外层电子数分别是_____。

（2）X 元素基态原子的最外层电子的排布式为_____。

（3）第三周期中能与 Y 元素形成 YD 型化合物的 D 元素位于_____族。

114. 下表是某些短周期元素的电负性（用 χ 表示）的数值：

元素符号	Li	Be	B	C	O	F	Na	Al	Si	P	S	Cl
电负性	1.0	1.5	2.0	2.5	3.5	4.0	0.9	1.5	1.8	2.1	2.5	3.0

（1）通过分析上表中电负性的数值变化的规律，确定 Mg 和 N 元素的电负性的数值范围_____$<\chi(Mg)<$_____和_____$<\chi(N)<$_____。

（2）同周期（同主族）元素的电负性与原子半径的关系是_____。

（3）当形成化学键的两种元素的电负性的差值 $\Delta\chi>1.7$ 时，一般为离子键；当 $\Delta\chi<1.7$ 时，一般为共价键。则由此可知 $AlBr_3$ 中化学键的类型是_____。

115. 每一个原子轨道要用_____个量子数来确定,它们的符号分别是_____;描述电子自旋方式的量子数有_____个,其取值分别是_____。

116. 5d 能级的主量子数为_____,角量子数为_____,该能级包含的原子轨道有_____个,该能级最多容纳_____个电子。

117. 在第四周期元素中,基态原子的 4p 轨道半充满的元素是_____,3d 轨道半充满的元素是_____,4s 电子与 3d 电子数目相等的元素是_____。

118. A 元素的基态原子的 M 电子层比 B 元素的基态原子的 M 电子层少 5 个电子,B 元素的基态原子的 N 电子层比 A 元素的基态原子的 N 电子层多 4 个电子。则 A 元素的元素符号为_____,B 元素的元素符号为_____。

119. 在元素周期表中,同一周期的主族元素从左到右,原子半径_____,电负性_____;同一族的主族元素从上到下,原子半径_____,电负性_____。

120. 某元素最高氧化值为 +5,基态原子最外层有 5 个电子,其原子半径是同一族元素中最小的。该元素的元素符号为_____,最外层电子构型为_____,位于周期表第_____周期_____族。

四、问答题

121. 某元素的基态原子有 6 个电子处在 $n=3$、$l=2$ 的能级上,推测该元素的原子序数,其基态原子有几个未成对电子?

122. 什么是元素的电负性?请说明主族元素的电负性在同一周期和同一主族中的变化规律。

123. 基态原子具有下列电子层结构的元素位于周期表中哪一区?它们是金属元素还是非金属元素?
(1) $ns^2(n\neq1)$;(2) ns^2np^5;(3) $(n-1)d^5ns^2$;(4) $(n-1)d^{10}ns^2$。

124. 下列元素基态原子的电子排布式,各违背了什么原则?请写出正确的电子排布式。
(1) $1s^22s^3$;(2) $1s^22s^22p_x^22p_y^1$;(3) $1s^22p^2$

125. 基态原子的价层电子构型满足下列条件的是哪一族元素或哪一种元素?
(1) p 能级上具有 3 个电子;
(2) 4s 能级和 3d 能级全充满,4p 能级为半充满;
(3) $n=4$、$l=0$ 的能级上有 2 个电子,$n=3$、$l=2$ 的能级为全充满。

单元测试题参考答案

一、选择题

1. D;2. D;3. D;4. B;5. D;6. B;7. C;8. C;9. D;10. B;11. C;12. B;13. D;14. B;15. C;16. A;17. A;18. A;19. B;20. B;21. B;22. D;23. D;24. A;25. C;26. D;27. C;28. A;29. C;30. B;31. C;32. B;33. A;34. C;35. B;36. C;37. D;38. C;39. B;40. B;41. C;42. B;43. A;44. A;45. C;46. D;47. C;48. B;49. C;50. D;51. C;52. C;53. C;54. B;55. B。

二、是非题

56. √;57. ×;58. ×;59. √;60. √;61. √;62. √;63. ×;64. ×;65. √;66. √;67. √;68. ×;69. ×;70. √;71. ×;72. ×;73. √;74. √;75. ×;76. √;77. ×;78. ×;79. √;80. √;81. √;82. ×;83. ×;84. √;85. ×;86. √;87. √;88. ×;89. √;90. √;91. ×;92. ×;93. √;94. √;95. √。

三、填空题

96. $1s^22s^22p^63s^23p^63d^{10}4s^1$;四;I B;4,0,0,+1/2(或 -1/2)。

97. 径向函数;n;l;角函数;l;m。

98. $ns^{1\sim2}$；$ns^2np^{1\sim6}$；$(n-1)d^{10}ns^{1\sim2}$。

99. Cl；F。

100. 波动性；位置；速率（动量）。

101. n；n 和 l。

102. 概率密度；概率。

103. 5s；5，0，0，$+1/2$ 或 $-1/2$。

104. 电子在距原子核半径为 r 的单位厚度的薄球壳中出现的概率；与半径 r。

105. p；λ。

106. 大；小。

107. Fe；$1s^22s^22p^63s^23p^63d^64s^2$；d；四；Ⅷ。

108. 18；8；50；18；六；镧；Ce。

109. ns^2np^6；ns^2np^2；ⅠB；F，Cl，Br，I，At。

110. 4p；0，$+1$，-1；3。

111. N；Cl；K；Fe；$1s^22s^22p^63s^23p^63d^64s^2$；Cu；$1s^22s^22p^63s^23p^63d^{10}4s^1$。

112. 0，0；0，±1；0，±1，±2；1

113. 3，2，1；$3s^23p^1$；ⅥA。

114. (1) 0.9；1.5；2.5；3.5；(2) 同一周期或同一主族的主族元素，原子半径越小，元素的电负性越大；(3) 共价键。

115. 三；n，l 和 m；一；$+1/2$ 或 $-1/2$。

116. 5；2；5；10。

117. As；Cr 和 Mn；Ti。

118. Cr 或 Mn；As 或 Se。

119. 依次减小；依次增大；依次增大；依次减小。

120. N；$2s^22p^3$；二；VA。

四、问答题

121. 某元素基态原子的 3d 轨道上有 6 个电子，可知其 4s 轨道上有 2 个电子，故电子层结构为 $1s^22s^22p^63s^23p^63d^64s^2$。该元素的原子序数为 26，基态原子有 4 个未成对电子。

122. 元素的电负性是指元素的原子在分子中吸引成键电子的能力。同一周期的主族元素，从左到右，随着原子序数的增加，元素的电负性依次增大。同一族的主族元素，从上到下，随着电子层数的增加，元素的电负性依次减小。

123. (1) 位于周期表中 s 区，属于金属元素；

(2) 位于周期表中 p 区，属于非金属元素；

(3) 位于周期表中 d 区，属于金属元素；

(4) 位于周期表中 ds 区，属于金属元素。

124. (1) 违背了泡利不相容原理，正确的电子排布式为 $1s^22s^22p^1$；

(2) 违背了洪德规则，正确的电子排布式为 $1s^22s^22p_x^12p_y^12p_z^1$；

(3) 违背了能量最低原理，正确的电子排布式为 $1s^22s^2$。

125. (1) 价层电子构型为 ns^2np^3，属于 VA 族元素；

(2) 价层电子构型为 $4s^24p^3$，为 As 元素；

(3) 价层电子构型为 $3d^{10}4s^2$，为 Zn 元素。

第九章 分子结构

思考题解答

1. 什么是化学键？化学键分为哪几种类型？

答：在分子或晶体中,直接相邻的原子或离子之间的强烈相互作用力称为化学键。化学键分为离子键、共价键和金属键。活泼金属元素与活泼非金属元素之间形成离子键,非金属元素之间形成共价键,金属元素之间形成金属键。

2. 离子键是如何形成的？它有何特点？

答：当活泼金属元素的原子与活泼的非金属元素的原子相互接近时,分别失去电子和得到电子成为阳离子和阴离子,阳离子和阴离子之间通过静电作用就形成了离子键。

离子键的特点是没有方向性,也没有饱和性。离子键没有方向性,这是由于离子的电荷分布是球形对称的,每一个离子可以在空间任何方向上与带相反电荷的离子相互作用,不存在某一方向上相互作用力更大的问题。离子键没有饱和性,是指在空间允许情况下,每一个离子可以吸引尽可能多的带相反电荷的离子,且不受离子本身所带电荷多少的限制。

3. 简述离子晶体的特点。

答：阴离子与阳离子借助于离子键形成的晶体称为离子晶体。离子晶体具有如下特点：
(1) 离子晶体中不存在单个分子,可以把整个晶体看作一个大分子；
(2) 离子晶体具有较高的熔点、沸点和较大的硬度；
(3) 离子晶体的延展性较差,脆性较大；
(4) 离子晶体在熔融状态或溶于水中都具有导电性。

4. 离子半径是如何确定的？

答：单个离子的半径是无法确定的,通常将晶体中直接相邻的阳离子和阴离子之间的核间距定义为阳离子的半径和阴离子的半径之和。通过实验测定出晶体中直接相邻的阳离子与阴离子的核间距,再利用经验公式求得阳离子或阴离子的半径,即可确定阴离子半径或阳离子半径。

5. 离子键的键能和离子晶体的晶格能的含义是否相同？

答：离子键的键能和离子晶体的晶格能的含义是不相同的。离子键的键能是指在标准状态下把 1 mol 气态离子型分子 MA 解离为气态的 M 原子和 A 原子时所吸收的能量。而离子晶体的晶格能是指把 1 mol 离子晶体解离为气态的 M^+ 和 A^- 离子时所吸收的能量。对于同一种离子化合物,其晶格能总是大于键能。

在通常情况下,离子化合物不是以离子型分子形式存在,而是以晶体的形式存在,因此晶格能比离子键的键能有用得多。离子晶体的一些物理性质,如熔点、硬度、在水中的溶解度等都与晶格能有关。由于离子型分子只有在极高的温度下存在,因此离子键的键能用处不大。

6. 为什么电子自旋方向相反的两个氢原子相互接近时可形成稳定的氢分子？

答：量子力学处理的结果表明,电子的自旋方向相反的两个氢原子相互接近时,两个氢原子的原子核之间电子出现的概率密度增大,两个氢原子的 1s 轨道发生重叠,系统能量降低,可以形成稳定的氢分子。

当电子的自旋方向相同的两个氢原子相互接近时,两个氢原子的原子核之间电子出现的概率密度减小,两个氢原子的 1s 轨道不能发生重叠,两个原子核之间的排斥作用增大,不能形成氢分子。

7. 简述共价键的价键理论的基本要点。

答:共价键的价键理论的基本要点如下:

(1) 当两个原子接近时,只有自旋方向相反的未成对电子可以形成共价键;

(2) 一个原子含有几个未成对电子,就能形成几个共价键;

(3) 在可能情况下,共价键将沿着原子轨道最大重叠方向形成。

8. 共价键的本质是什么? 如何理解共价键具有方向性和饱和性?

答:共价键的本质是将分子两端原子外侧的电子聚集到两个原子核之间,增加了两个原子核之间区域的电子云。聚集在两个原子核之间的电子云,同时受到两个原子核的吸引,即两个原子核之间的电子云把两个原子核结合在一起形成共价键。

共价键的特点是具有方向性和饱和性。共价键具有饱和性,是指每一个原子形成共价键的数目是一定的,通常受原子所含未成对电子数的限制,有几个未成对电子就能形成几个共价键。

共价键具有方向性,是指共价键只能在某一特定方向上形成,而在这个方向上成键的两个原子的原子轨道重叠程度最大,形成的共价键最稳定。

9. 根据元素在元素周期表中的位置,推测哪些元素之间易形成离子键? 哪些元素之间易形成共价键?

答:Ⅰ A 族和 Ⅱ A 族金属元素与 Ⅵ A 族和 Ⅶ A 族非金属元素之间由于电负性相差较大,易形成离子键。处于周期表右侧的 Ⅳ A～Ⅶ A 族非金属元素(包括氢元素)之间由于电负性相差较小,这些元素之间易形成共价键。

10. 简要说明 σ 键和 π 键的主要区别。

答:σ 键是指两个原子的原子轨道沿键轴(两个原子核间的连线)以"头碰头"方式重叠形成的共价键。形成 σ 键时,原子轨道的重叠部分对于键轴呈圆柱形对称,以键轴为轴旋转任意角度,重叠部分的形状和符号均不变。由于形成 σ 键时原子轨道重叠程度较大,因此 σ 键的键能较大,σ 键的稳定性较高。

π 键是指两个原子的原子轨道垂直于键轴以"肩并肩"方式重叠形成的共价键。形成 π 键时,原子轨道的重叠部分对于键轴呈镜面反对称。由于形成 π 键时原子轨道重叠程度较小,因此 π 键的键能较小,π 键的稳定性较低。

11. 什么是配位共价键? 形成配位共价键的条件有哪些?

答:由一个成键原子单独提供共用电子对所形成的共价键称为配位共价键,简称配位键。形成配位共价键必须具备的两个条件是:

(1) 作为电子对给予体的原子,其最外层至少要有 1 对孤对电子;

(2) 作为电子对接受体的原子,其最外层要有空轨道。

12. 为什么稳定的双键和三键一般只存在第二周期元素之间? 解释其原因。

答:p-p π 键一般只在 2p 轨道之间形成,如 $C=C$,$C\equiv C$,$C\equiv N$,$C=O$,$N=N$,$C=N$

等。$p-p\pi$ 键或较少存在于 2p 轨道与 3p 轨道之间,如 C=S,S=O 等,且其中 3d 轨道也可能参与成键,已不是通常的双键(σ 键和 $p-p\pi$ 键)。

$p-p\pi$ 键的生成限于主量子数为 2 的 p 原子轨道之间的原因,是由于这种情况下原子的内层电子只有 2 个($1s^2$),两个原子的电子之间排斥作用很小,两个原子能充分接近,使两个 p 轨道垂直于键轴产生较大程度的重叠,生成的 π 键的键能较大。如果两个原子的 p 轨道的主量子数为 3 或大于 3 时,则原子的内层有 10 个电子或更多,内层电子之间产生较大的排斥作用,使两个原子不能充分接近,两个原子的最外层 p 轨道垂直于键轴产生较小程度的重叠,不能形成稳定的 $p-p\pi$ 键。因此,np 轨道与 np($n\geqslant3$)轨道之间不能形成 $p-p\pi$ 键。

13. 共价键的键能与键的解离能有何不同?

答: 将 1 mol 以共价单键、共价双键或三共价键结合的气态 AB 分子解离为气态的 A 原子和 B 原子时所吸收的能量称为 AB 键的解离能,用符号 $E_d(AB)$ 表示。

对双原子分子来说,共价键的键能(E_b)就等于键的解离能,如 $E_b(H—H)=E_d(H—H)$。

对多原子分子来说,将气态分子解离为气态原子要经过逐级解离,每一次解离都有一个对应的逐级解离能。由于逐级解离能是不相同的,此时键能等于键的逐级解离能的平均值。例如,H_2O 分子的逐级解离能分别为 $E_{d,1}(H—OH)=501.9\ kJ\cdot mol^{-1}$,$E_{d,2}(O—H)=423.4\ kJ\cdot mol^{-1}$,则 H_2O 分子中 O—H 键的键能为 $E_b(O—H)=\dfrac{E_{d,1}(H—OH)+E_{d,2}(O—H)}{2}=462.7\ kJ\cdot mol^{-1}$

14. 分子的键角大小与哪些因素有关?

答: 分子中两个相邻的共价键之间的夹角称为键角。键角是决定分子空间构型的重要因素。键角的大小首先取决于中心原子的杂化类型,对于 s-p 型杂化,杂化轨道中 s 轨道成分越大,键角就越大。此外,键角的大小还与中心原子的孤对电子数、是否存在多重键和成键元素的电负性有关:

(1)中心原子的孤对电子数 由于孤对电子只属于中心原子,在中心原子的原子核附近出现的概率较大,对相邻的成键电子对产生较大的排斥作用,致使孤对电子与成键电子对的距离变大,使成键电子对之间的夹角变小。例如,CH_4,NH_3 和 H_2O 分子中的键角分别为 $129°28'$,$107°18'$ 和 $104°45'$。

(2)多重键 多重键(双键或三键)包含的成键电子比单键的成键电子多,多重键对单键的排斥作用比单键之间的排斥作用大,使得分子内多重键与单键之间的键角变大,同时使单键之间的键角变小。例如,在甲醛 $\overset{\displaystyle H}{\underset{\displaystyle H}{>}}C=O$ 分子中,C—H 键之间的夹角为 118°,而 C=O 键与 C—H 键之间的夹角为 121°。

(3)电负性 中心原子的电负性越大,成键电子对越靠近中心原子,使成键电子对之间的距离变小,成键电子对之间的排斥作用就越大,使成键电子对之间的夹角相应变大。而配位原子的电负性越大时,成键电子对越远离中心原子,使成键电子对之间的距离变大,成键电子对之间的排斥作用减小,使键角相应变小。例如,NH_3,PH_3 和 AsH_3 分子中的键角分别为 $107°18'$、$93°24'$ 和 $91°48'$。

15. 简述价层电子对互斥理论的基本要点。

答: 价层电子对互斥理论的基本要点如下:

（1）多原子分子或离子的空间构型取决于中心原子的价层电子对，价层电子对包括形成 σ 键的电子对和中心原子的价层孤对电子。

（2）中心原子的价层电子对之间要尽可能远离，以使价层电子对之间的排斥作用最小。

（3）中心原子的价层电子对之间的排斥作用的相对大小为

$$孤对电子 - 孤对电子 > 孤对电子 - 成键电子对 > 成键电子对 - 成键电子对$$

（4）当多原子分子或离子中含有多重键时，排斥作用的相对大小为

$$三键 > 双键 > 单键$$

16. 解释下列分子中键角的变化（括号内为键角值）

（1）PF_3（97.8°），PCl_3（100.3°），PBr_3（101.5°）；

（2）H_2O（104°45′），H_2S（92°16′），H_2Se（91°）。

答：分子中键角的大小取决于中心原子的成键电子对之间的排斥作用的强弱。成键电子对之间的排斥作用越强，键角就越大；成键电子之间的排斥作用越弱，键角就越小。

（1）中心原子相同，配位原子 F，Cl，Br 的电负性逐渐减小，对成键电子对的吸引力逐渐减弱，成键电子对离中心原子的距离逐渐减小，成键电子对之间的斥力逐渐增加，因此键角逐渐增大。

（2）配位原子相同，中心原子 O，S，Se 的电负性逐渐减小，中心原子对成键电子对的吸引逐渐减弱，成键电子对离中心原子的距离逐渐增大，成键电子对之间的排斥作用逐渐减弱，因此键角逐渐减小。

17. 简述杂化轨道理论的基本要点。

答：杂化轨道理论的基本要点如下：

（1）中心原子在形成共价键时，其价层中能量相近的原子轨道重新进行组合形成新的原子轨道，这些新的原子轨道称为杂化轨道。

（2）形成的杂化轨道数等于参与杂化的原子轨道数。

（3）杂化轨道的形状和伸展方向发生了变化，原子轨道更集中地分布在某个方向上，从而提高了成键能力。

（4）中心原子的杂化轨道用于与配位原子形成 σ 键或容纳中心原子的孤对电子，但不能用于形成 π 键或以空轨道的形式存在。

（5）中心原子采取不同的杂化方式导致杂化轨道在空间的角度分布不同，从而决定了多原子分子或离子的空间构型。

18. 为什么在形成共价键时，中心原子的原子轨道要进行杂化？

答：主要是为了增强中心原子的成键能力，使形成的共价键更稳定。杂化轨道理论认为，杂化轨道的形状与杂化前的原子轨道大不相同，变为一头大一头小，具有更强的方向性。中心原子用杂化轨道的大头与配位原子形成共价键，原子轨道的重叠部分一定比利用纯 s 轨道或纯 p 轨道成键时大得多，满足了原子轨道最大重叠原理，增强了中心原子的成键能力。

19. 中心原子的哪些原子轨道可以进行杂化？

答：从理论上讲，中心原子中距原子核的平均距离相近的原子轨道可以进行杂化。如果原子轨道距原子核的平均距离相差很大，所形成的杂化轨道在成键区域的重叠程度比杂化前增大

很少,因而不能提高中心原子的成键能力。由于原子轨道距原子核的平均距离与原子轨道的能量有关,距原子核的平均距离相近的原子轨道,其能量也相近。因此也可以说,能量相近的原子轨道可以进行杂化。由此可见,杂化主要发生在同一能级组中的一些原子轨道上,如$(n-1)d$轨道;ns轨道和np轨道;有时也发生在相邻的两个能级组中的一些原子轨道上,如ns轨道、np轨道和nd轨道。

20. 中心原子的轨道杂化类型与分子的空间构型有何对应关系?

答:按杂化轨道理论,中心原子所采取的杂化类型就决定了多原子分子的空间构型。以$s-p$型杂化为例,中心原子的杂化类型与其形成的多原子分子的空间构型之间的对应关系如下:

(1)当中心原子的价层电子对为2对时,中心原子采取sp杂化,形成的多原子分子的空间构型为直线形。

(2)当中心原子的价层电子对为3对时,中心原子采取sp^2杂化。若中心原子的价层没有孤对电子,则多原子分子的空间构型为平面三角形;若中心原子的价层有1对孤对电子,则多原子的空间构型为V形。

(3)当中心原子的价层电子对为4对时,中心原子采取sp^3杂化,若中心原子的价层没有孤对电子,则多原子分子的空间构型为四面体;当中心原子的价层有1对孤对电子时,多原子分子的空间构型为三角锥形;当中心原子的价层有2对孤对电子时,多原子分子的空间构型为V形。

21. 简述分子轨道理论的基本要点。

答:分子轨道理论的基本要点如下:

(1)分子中每个电子的空间运动状态用相应的波函数ψ来描述,ψ称为分子轨道。在分子中电子不再属于某个特定的原子,也不在某个原子轨道中运动,而是在分子轨道中运动。

(2)分子轨道是由形成分子的原子的原子轨道线性组合而成的,组合后形成的分子轨道数与组合前的原子轨道数相等。

(3)组合所得的分子轨道中,能量高于原来原子轨道的分子轨道称为反键分子轨道;能量低于原来原子轨道的分子轨道称为成键分子轨道;能量等于原来轨道的分子轨道称为非键分子轨道。

(4)原子轨道组合成分子轨道时应符合对称性匹配原则、能量相近原则和最大重叠原则。

(5)电子在分子轨道上排布时,遵循能量最低原理、泡利不相容原理和洪德规则。

(6)分子中共价键的强度用键级进行度量,键级越大,分子中的共价键的键能就越大。

22. 用分子轨道写出O_2,O_2^+和N_2的分子轨道表示式,并指出其中存在哪几种键?该分子或离子是顺磁性还是反磁性?

答:O_2的分子轨道表示式为

$$(\sigma_{1s})^2(\sigma_{1s}^*)^2(\sigma_{2s})^2(\sigma_{2s}^*)^2(\sigma_{2p_x})^2(\pi_{2p_y})^2(\pi_{2p_z})^2(\pi_{2p_y}^*)^1(\pi_{2p_z}^*)^1$$

O_2中有1个双电子σ键和2个三电子π键。由于分子中有2个未成对电子,O_2为顺磁性。

O_2^+的分子轨道表示式为

$$(\sigma_{1s})^2(\sigma_{1s}^*)^2(\sigma_{2s})^2(\sigma_{2s}^*)^2(\sigma_{2p_x})^2(\pi_{2p_y})^2(\pi_{2p_z})^2(\pi_{2p_y}^*)^1$$

O_2^+中有1个双电子σ键、1个双电子π键和1个三电子π键。由于离子中有1个未成对电子,

O_2^+ 为顺磁性。

N_2 的分子轨道表达式为

$$(1\sigma_g)^2(1\sigma_u)^2(2\sigma_g)^2(2\sigma_u)^2(1\pi_u)^4(3\sigma_g)^2$$

N_2 中有 1 个双电子 σ 键和 2 个双电子 π 键。由于分子中没有未成对电子，N_2 为反磁性。

23. 什么叫氢键？形成氢键的条件是什么？

答：当 H 原子与电负性大、半径小的 X 原子以共价键结合后，还能与另一个电负性大、半径小的 Y 原子之间产生较弱的作用力，这种作用力称为氢键。

关于氢键的本质，一般把它归结为静电吸引作用。由于 X 元素的电负性大、半径小，因此 X—H 分子的偶极矩很大，H 原子带有较多的正电荷，又没有内层电子，它可以与 Y 原子的孤对电子产生较强的静电吸引。形成氢键的条件是 X 元素和 Y 元素的电负性要足够大，且原子半径要足够小。通常只有当 F 元素、O 元素或 N 元素直接与 H 元素形成共价键时才能形成氢键。

24. 虽然 HF 比 H_2O 形成更强的分子间氢键，但液体氟化氢的蒸发热比水的蒸发热低，解释其原因。

答：首先，从形成氢键的数目来看，虽然 HF 形成的分子间氢键的键能比 H_2O 形成的分子间氢键的键能大，但 1 个 HF 分子只能形成 2 个氢键，而 1 个 H_2O 分子却可以形成 4 个氢键。另外，在沸点时（19.5 ℃）氟化氢蒸气中存在多聚分子 $(HF)_2$、$(HF)_3$、…、$(HF)_6$，表明液体氟化氢蒸发为蒸气时不是断裂所有的氢键。而水在沸点（100 ℃）时变为蒸汽时全部以单个 H_2O 分子存在，表明水蒸发为蒸汽时断裂全部分子间氢键。综合考虑上述两个因素，由于液体氟化氢蒸发时断裂的分子间氢键的数目不足水蒸发时断裂的分子间氢键数目的 1/2，因此使液体氟化氢的蒸发热小于水的蒸发热。

25. 请说明影响共价键键能的主要原因。

答：影响共价键键能的主要因素有

（1）键合原子的半径　两个以共价键结合的原子（键合原子）的半径越大，形成的共价键的键长越长，共价键的键能就越小，例如，Cl_2、Br_2 和 I_2 的键能分别为 242 kJ·mol^{-1}、193 kJ·mol^{-1} 和 151 kJ·mol^{-1}。

（2）键合原子的电负性　对于两个异核原子形成的共价键，两个键合原子的电负性差值越大，共价键的键能就越大。例如，Br—S 键的键合原子的电负性差值为 0.3，键能为 218 kJ·mol^{-1}；S—P 键的键合原子的电负性差值为 0.4，键能为 230 kJ·mol^{-1}。

（3）键合原子的原子轨道类型　s 轨道是球形对称的，没有方向性，其成键能力较弱；p 轨道具有方向性，其成键能力相对较强；杂化轨道的成键能力强，其成键能力随 p 轨道成分的增大而增强，形成共价键的键能（还与杂化轨道能量高低有关）的相对大小是 sp＞sp^2＞sp^3。

（4）孤对电子的影响　当键合原子的价层中有孤对电子时，由于孤对电子之间及孤对电子与成键电子对之间存在较大的排斥作用，使键能减小。如果键合原子的半径较大，则孤对电子对键能的影响较小。

（5）键合原子的氧化值和键型　键合原子的氧化值也影响了共价键的键能，如在 PCl_3 和 PCl_5 分子中 P—Cl 键的键能分别为 325 kJ·mol^{-1} 和 268 kJ·mol^{-1}。共价键的类型对键能也有影响，如在丙酮和 CO_2 分子中 C＝O 键的键能分别为 732 kJ·mol^{-1} 和 801 kJ·mol^{-1}。

26．请说明原子轨道的成键能力和共价键键能之间的关系。

答：原子轨道的成键能力和键能是两个不同的概念。成键能力是指原子在形成共价键时原子轨道的重叠程度大小，它是在相同核间距条件下进行的比较。有关原子轨道的成键能力的相对大小为 $sp^3(2.00) > sp^2(1.99) > sp(1.93) > p(1.73) > s(1.00)$。共价键的键能不仅与原子轨道重叠程度有关，而且也与原子轨道本身的能量高低有关。由于杂化轨道中 s 成分越大，杂化轨道的能量越低，因此形成共价键的键能相对大小为 $sp > sp^2 > sp^3$。

27．简要说明影响分子电偶极矩的因素。

答：分子的极性大小常用分子电偶极矩来衡量。分子电偶极矩越大，分子的极性就越大；分子电偶极矩为零时，分子为非极性分子。分子偶极矩实际是分子内各种因素产生的分电偶极矩的矢量之和。分子内能产生分电偶极矩的因素较多，其中主要因素有几下四种：

（1）成键原子的电负性不同产生的分电偶极矩　一般来说，成键原子的电负性差越大，这种分电偶极矩也越大。当成键原子的电负性不同时，共用电子对接近电负性大的成键原子而产生电偶极矩。

（2）成键原子的原子半径不同产生的分电偶极矩　当成键原子的电负性相同而原子半径不同时，由于原子半径小的键合原子对共用电子对的吸引力较大，共用电子对更接近于半径小的键合原子而产生分电偶极矩。常将由电负性不同产生的分电偶极矩和由原子半径不同产生的分电偶极矩合称为键偶极矩。

（3）孤对电子产生的分电偶极矩　如果键合原子存在孤对电子，则孤对电子也能产生分电偶极矩。例如，在 NH_3 分子中孤对电子占据了 1 个 sp^3 杂化轨道，由于孤对电子集中于 N 原子上，因此产生 1 个向上电偶极矩。

（4）形成配位键产生的分电偶极矩　如果键合原子之间形成的配位键，由于配位键的共用电子对是由 1 个键合原子单独提供的，因此也能产生分电偶极矩。

28．共价键的极性与分子的极性有何区别？

答：根据共用电子对是否发生偏移，共价键可分为非极性共价键和极性共价键。共用电子对不发生偏移的共价键称为非极性共价键。共用电子对发生偏移的共价键称为极性共价键。共价键的极性大小用成键原子的电负性的差值来衡量，成键原子的电负性的差值越大，共价键的极性就越大。

设想分子中存在 1 个"正电荷中心"和 1 个"负电荷中心"，根据正电荷中心与负电荷中心是否发生重合，共价型分子可分为非极性分子和极性分子。如果分子的正电荷中心与负电荷中心重合，则为非极性分子。如果分子的正电荷中心与负电荷中心不重合，则为极性分子。

分子的极性大小是用分子电偶极矩衡量的，分子电偶极矩越大，分子的极性就越大。

对同核双原子分子，如果共价键为非极性键，则分子为非极性分子。对异核双原子分子，如果共价键为极性键，则分子为极性分子。

对多原子分子，如果共价键为极性键，但分子的空间构型是对称的，则为非极性分子。如果共价键是极性键，但分子的空间构型不是对称的，则为极性分子。如果共价键均为非极性键，则通常为非极性分子。

29．什么是离域 π 键？形成离域 π 键的条件是什么？

答：由 3 个或 3 个以上的原子轨道形成的 π 键称为离域 π 键，也称共轭 π 键或大 π 键。

形成离域 π 键的条件如下：

（1）形成 π 键的原子都在同一个平面上，且每一个原子有 1 个 p 轨道垂直于分子所在的平面互相平行；

（2）形成大 π 键的电子数小于成键 p 轨道数的 2 倍。

30．简述范德华力的特点。

答：范德华力具有如下几个特点：

（1）范德华力是存在于分子之间的一种静电作用力。

（2）范德华力是一种近距离的作用力，作用范围仅为几百皮米（pm），当分子之间的距离为分子直径的 4～5 倍时，作用力减弱到可以忽略不计。

（3）范德华力一般为几千焦每摩到几十千焦每摩，是化学键的键能的几十分之一到几百分之一。

（4）范德华力没有方向性也没有饱和性。

（5）在范德华力□，通常色散力是主要作用力，而诱导力通常最小。

习 题 解 答

1．指出下列离子分别属于哪种电子构型：

$$Li^+，Cr^{3+}，Co^{3+}，Ag^+，Zn^{2+}，Sn^{4+}，Pb^{2+}，Tl^+，S^{2-}，I^-$$

答：Li^+ 的价层电子构型为 $1s^2$，属于 2 电子构型；

Cr^{3+} 的价层电子构型为 $3s^2 3p^6 3d^3$，属于 9～17 电子构型；

Co^{3+} 的价层电子构型为 $3s^2 3p^6 3d^6$，属于 9～17 电子构型；

Ag^+ 的价层电子构型为 $4s^2 4p^6 4d^{10}$，属于 18 电子构型；

Zn^{2+} 的价层电子构型为 $3s^2 3p^6 3d^{10}$，属于 18 电子构型；

Sn^{4+} 的价层电子构型为 $4s^2 4p^6 4d^{10}$，属于 18 电子构型；

Pb^{2+} 的价层电子构型为 $5s^2 5p^6 5d^{10} 6s^2$，属于 18＋2 电子构型；

Tl^+ 的价层电子构型为 $5s^2 5p^6 5d^{10} 6s^2$，属于 18＋2 电子构型；

S^{2-} 的价层电子构型为 $3s^2 3p^6$，属于 8 电子构型；

I^- 的价层电子构型为 $5s^2 5p^6$，属于 8 电子构型。

2．利用电负性数据判断下列化合物中哪些是离子化合物？哪些是共价化合物？

$$NaF，AgI，AlCl_3，HI，CuI$$

答：一般说来，当两种元素的电负性差值大于 1.7 时，形成离子化合物；当两种元素的电负性差值小于 1.7 时，形成共价化合物。

Na 元素和 F 元素的电负性分别为 0.93 和 3.98，两种元素的电负性差值为 3.05，大于 1.7，因此 NaF 为离子化合物。

Ag 元素和 I 元素的电负性分别为 1.93 和 2.66，两种元素的电负性差值为 0.73，小于 1.7，因此 AgI 为共价化合物。

Al 元素和 Cl 元素的电负性分别为 1.61 和 3.16，两种元素的电负性差值为 1.55，小于 1.7，

因此 $AlCl_3$ 为共价化合物。

H 元素和 I 元素的电负性分别为 2.18 和 2.66,两种元素的电负性差值为 0.48,小于 1.7,因此 HI 为共价化合物。

Cu 元素和 I 元素的电负性分别为 1.90 和 2.66,两种元素的电负性差值为 0.76,小于 1.7,因此 CuI 为共价化合物。

3. KI(s)的晶格能为 $649.0\ \mathrm{kJ\cdot mol^{-1}}$,K(s)的标准摩尔升华焓为 $90.0\ \mathrm{kJ\cdot mol^{-1}}$,K(g)的电离能为 $418.9\ \mathrm{kJ\cdot mol^{-1}}$,$I_2$(g)的解离能为 $152.5\ \mathrm{kJ\cdot mol^{-1}}$,$I_2$(s)的标准摩尔升华焓为 $62.4\ \mathrm{kJ\cdot mol^{-1}}$,I(g)的电子亲和能为 $315.0\ \mathrm{kJ\cdot mol^{-1}}$。计算 KI(s)的标准摩尔生成焓。

解: 设计玻恩-哈伯循环如下:

$$K(s) + \frac{1}{2}I_2(s) \xrightarrow{\Delta_f H_m^{\ominus}(KI,s)} KI(s)$$

$$\Delta_{sub}H_m^{\ominus}(K,s)\downarrow \qquad \downarrow \frac{1}{2}\Delta_{sub}H_m^{\ominus}(I_2,s)+\frac{1}{2}E_d(I_2,g) \qquad \uparrow -E_{la}(KI,s)$$

$$K(g) + \quad I(g)$$

$$E_i(K,g)\downarrow \qquad \downarrow -E_{ea}(I,g)$$

$$K^+(g) + I^-(g)$$

KI(s)的标准生成焓为

$$\Delta_f H_m^{\ominus}(KI,s) = \Delta_{sub}H_m^{\ominus}(K,s) + E_i(K,g) + \frac{1}{2}\Delta_{sub}H_m^{\ominus}(I_2,s)$$

$$+ \frac{1}{2}E_d(I_2,g) - E_{ea}(I,g) - E_{la}(KI,s)$$

$$= \Big(90.0 + 418.9 + \frac{1}{2}\times 62.4 + \frac{1}{2}\times 152.5$$

$$- 315.0 - 649.0\Big)\mathrm{kJ\cdot mol^{-1}}$$

$$= -347.7\ \mathrm{kJ\cdot mol^{-1}}$$

4. 已知 C—C、N—N 和 N—Cl 键的键长分别为 154 pm、145 pm 和 175 pm,粗略估算 C—Cl 键的键长。

解: C 原子的共价半径为

$$r(C) = l(C—C)/2 = 154\ \mathrm{pm}/2 = 77\ \mathrm{pm}$$

N 原子的共价半径为

$$r(N) = l(N—N)/2 = 145\ \mathrm{pm}/2 = 72.5\ \mathrm{pm}$$

Cl 原子的共价半径为

$$r(Cl) = l(Cl—N) - r(N) = 175\ \mathrm{pm} - 72.5\ \mathrm{pm} = 102.5\ \mathrm{pm}$$

C—Cl 键的键长为

$$l(C\!-\!Cl)=r(C)+r(Cl)=77\ \text{pm}+102.5\ \text{pm}=179.5\ \text{pm}$$

5. 已知 BF_3 分子的空间构型为平面正三角形,而 NF_3 的空间构型却是三角锥形。请利用杂化轨道理论加以说明。

答:基态 B 原子的价层电子构型为 $2s^2 2p^1$,当与 F 原子化合时,B 原子采取 sp^2 杂化,形成 3 个能量相等的 sp^2 杂化轨道,每个 sp^2 杂化轨道中有 1 个未成对电子。B 原子用能量相等的 3 个 sp^2 杂化轨道分别与 3 个 F 原子含有未成对电子的 2p 轨道形成 3 个 $sp^2\!-\!p\,\sigma$ 键,键角为 $120°$,所以 BF_3 分子的空间构型为平面正三角形。

基态 N 原子的价层电子构型为 $2s^2 2p^3$,在与 F 原子化合时,N 原子采取 sp^3 不等性杂化。N 原子的 1 对孤对电子占据了 1 个 sp^3 杂化轨道,其他 3 个 sp^3 杂化轨道中各有 1 个未成对电子。N 原子用 3 个 sp^3 杂化轨道分别与 3 个 F 原子含有未成对电子的 p 轨道形成 3 个 $sp^3\!-\!p\,\sigma$ 键,所以 NH_3 分子的空间构型为三角锥形。

6. 已知 NO_2、CS_2 和 SO_2 的键角分别为 $132°$、$180°$ 和 $120°$,请判断它们的中心原子的轨道杂化的方式。

答:NO_2 分子的键角为 $132°$,接近 $120°$,故 N 原子采取 sp^2 杂化。CS_2 分子的键角为 $180°$,故 C 原子采取 sp 杂化。SO_2 分子的键角为 $120°$,故 S 原子采取 sp^2 杂化。

7. PCl_3 分子的空间构型是三角锥形,键角略小于 $109°28'$;$SiCl_4$ 的空间构型是正四面体,键角为 $109°28'$。请用杂化轨道理论加以说明。

答:中心原子 P 的价层电子构型为 $3s^2 3p^3$,成键时 P 用 1 个 3s 轨道和 3 个 3p 轨道进行 sp^3 不等性杂化,杂化轨道的构型为四面体。P 原子用其中各有 1 个电子的 3 个 sp^3 成键杂化轨道分别与 3 个 Cl 的含有 1 个电子的 3p 轨道重叠,形成 3 个 σ 键。P 原子另一个 sp^3 非键杂化轨道中有 1 对孤对电子,故 PCl_3 分子的空间构型为三角锥形。由于 3 个成键 sp^3 杂化轨道中 p 轨道的成分大于 $3/4$,而 s 轨道的成分小于 $1/4$,因此 3 个 P—Cl 键的键角小于 $109°28'$。

中心原子 Si 的价层电子构型为 $3s^2 3p^2$,成键时 Si 用 1 个 3s 轨道和 3 个 3p 轨道进行 sp^3 等性杂化,每个杂化轨道中各有 1 个电子。Si 用 4 个各有 1 个电子的 sp^3 杂化轨道分别与 4 个 Cl 的含有未成对电子的 3p 轨道重叠,形成 4 个 σ 键。由于中心原子所提供的 4 个成键 sp^3 杂化轨道的构型为正四面体,因此形成 $SiCl_4$ 分子的空间构型为正四面体,键角为 $109°28'$。

8. 利用价层电子对互斥理论判断下列分子或离子的空间构型:

$$BeF_2,\ BF_3,\ H_2O,\ NH_3,\ CS_2,\ SO_3,\ CO_3^{2-},\ ClO_4^-,\ BrO_3^-,\ ClO_2^-,\ NO_2^-$$

答:中心原子 Be 有 2 对价层电子,价层电子对的空间构型为直线形。由于 2 对价层电子都是成键电子,因此 BeF_2 分子的空间构型为直线形。

中心原子 B 有 3 对价层电子,价层电子对的空间构型为平面三角形。由于 3 对价层电子全部是成键电子,因此 BF_3 分子的空间构型为平面正三角形。

中心原子 O 有 4 对价层电子,价层电子对的空间构型为四面体。由于 O 的 2 对孤对电子占据了四面体的 2 个顶点,因此 H_2O 分子的空间构型为 V 形。

中心原子 N 有 4 对价层电子,价层电子对的空间构型为四面体。由于 N 的 1 对孤对电子占据了四面体的 1 个顶点,因此 NH_3 分子的空间构型为三角锥形。

中心原子 C 有 2 对价层电子(S 不提供电子),价层电子对的空间构型为直线形。由于 2 对电子均为成键电子,因此 CS_2 分子的空间构型为直线形。

中心原子 S 有 3 对价层电子(O 不提供电子),价层电子对的空间构型为平面三角形。由于 3 对价层电子都是成键电子,因此 SO_3 分子的空间构型为平面正三角形。

中心原子 C 有 3 对价层电子,价层电子对的空间构型为平面三角形。由于 3 对电子均为成键电子,因此 CO_3^{2-} 的空间构型为平面正三角形。

中心原子 Cl 有 4 对价层电子,价层电子对的空间构型为四面体。由于 4 对电子均为成键电子,因此 ClO_4^- 的空间构型为正四面体。

中心原子 Br 有 4 对价层电子,价层电子对的空间构型为四面体。由于 Br 的 1 对孤对电子占据了四面体的 1 个顶点,因此 BrO_3^- 的空间构型为三角锥形。

中心原子 Cl 有 4 对价层电子,价层电子对的空间构型为四面体。由于 Cl 的 2 对孤对电子占据了四面体的 2 个顶点,因此 ClO_2^- 的空间构型为 V 形。

中心原子 N 有 3 对价层电子,价层电子对的空间构型为平面三角形。由于 N 的 1 对孤对电子占据了三角形的 1 个顶点,因此 NO_2^- 的空间构型为 V 形。

9. 请用价层电子对互斥理论和杂化轨道理论,说明下列分子或离子的中心原子可能采取的杂化方式和空间构型:

$$NO_3^-, \quad PH_3, \quad H_2S, \quad CCl_4, \quad CS_2, \quad SO_4^{2-}, \quad PO_4^{3-}$$

答: NO_3^- 中,中心原子 N 的价层有 3 对成键电子对,中心原子的杂化方式为 sp^2 杂化,离子的空间构型为平面正三角形。

PH_3 分子中,中心原子 P 的价层有 3 对成键电子对和 1 对孤对电子,中心原子的杂化方式为 sp^3 杂化,分子的空间构型为三角锥形。

H_2S 分子中,中心原子 S 的价层有 2 对成键电子对和 2 对孤对电子,中心原子的杂化方式为 sp^3 杂化,分子的空间构型为 V 形。

CCl_4 分子中,中心原子 C 的价层有 4 对成键电子对,中心原子的杂化方式为 sp^3 杂化,分子的空间构型为正四面体。

CS_2 分子中,中心原子 C 的价层有 2 对成键电子对,中心原子的杂化方式为 sp 杂化,分子的空间构型为直线形。

SO_4^{2-} 中,中心原子 S 的价层有 4 对成键电子对,中心原子的杂化方式为 sp^3 杂化,离子的空间构型为正四面体。

PO_4^{3-} 中,中心原子 P 的价层有 4 对成键电子对,中心原子的杂化方式为 sp^3 杂化,离子的空间构型为正四面体。

10. 写出 O_2,O_2^+,O_2^- 和 O_2^{2-} 的分子轨道表示式,并指出它们的键能的相对大小。

答: O_2 的分子轨道表示式为

$$(\sigma_{1s})^2 (\sigma_{1s}^*)^2 (\sigma_{2s})^2 (\sigma_{2s}^*)^2 (\sigma_{2p_x})^2 (\pi_{2p_y})^2 (\pi_{2p_z})^2 (\pi_{2p_y}^*)^1 (\pi_{2p_z}^*)^1$$

$$键级 = \frac{10-6}{2} = 2$$

O_2^+ 的分子轨道表示式为

$$(\sigma_{1s})^2(\sigma_{1s}^*)^2(\sigma_{2s})^2(\sigma_{2s}^*)^2(\sigma_{2p_x})^2(\pi_{2p_y})^2(\pi_{2p_z})^2(\pi_{2p_y}^*)^1$$

$$键级 = \frac{10-5}{2} = 2.5$$

O_2^- 的分子轨道表示式为

$$(\sigma_{1s})^2(\sigma_{1s}^*)^2(\sigma_{2s})^2(\sigma_{2s}^*)^2(\sigma_{2p_x})^2(\pi_{2p_y})^2(\pi_{2p_z})^2(\pi_{2p_y}^*)^2(\pi_{2p_z}^*)^1$$

$$键级 = \frac{10-7}{2} = 1.5$$

O_2^{2-} 的分子轨道表示式为

$$(\sigma_{1s})^2(\sigma_{1s}^*)^2(\sigma_{2s})^2(\sigma_{2s}^*)^2(\sigma_{2p_x})^2(\pi_{2p_y})^2(\pi_{2p_z})^2(\pi_{2p_y}^*)^2(\pi_{2p_z}^*)^2$$

$$键级 = \frac{10-8}{2} = 1$$

在双原子分子或离子中,键级越大,键能就越大。因此键能的相对大小为

$$O_2^+ > O_2 > O_2^- > O_2^{2-}$$

11. 请用分子轨道理论解释:

(1) B_2 为顺磁性物质;

(2) Ne_2 不存在。

答:(1) B_2 的分子轨道表示式为 $(1\sigma_g)^2(1\sigma_u)^2(2\sigma_g)^2(2\sigma_u)^2(1\pi_u)^2$,分子中有 2 个单电子 π 键。由于 B_2 分子中有 2 个未成对电子,所以为顺磁性物质。

(2) Ne_2 的分子轨道表示式为 $(\sigma_{1s})^2(\sigma_{1s}^*)^2(\sigma_{2s})^2(\sigma_{2s}^*)^2(\sigma_{2p_x})^2(\pi_{2p_y})^2(\pi_{2p_z})^2(\pi_{2p_y}^*)^2(\pi_{2p_z}^*)^2(\sigma_{2p_x}^*)^2$。$Ne_2$ 的键级 $= \frac{10-10}{2} = 0$,2 个 Ne 之间未形成共价键,因此 Ne_2 分子不存在。

12. 实验测得 BF_3 分子中 B—F 键的键长为 130 pm,而 B—F 单键的键长理论值为 152 pm。请解释上述现象。

答:基态 B 原子的价层电子构型为 $2s^2 2p^1$,基态 F 原子的价层电子构型为 $2s^2 2p^5$。在形成 BF_3 分子时 B 采取 sp^2 杂化,3 个 sp^2 杂化轨道中各有 1 个未成对电子,中心原子 B 用 3 个 sp^2 杂化轨道分别与 3 个 F 中含未成对电子的 $2p_x$ 轨道重叠,形成 3 个等同的 sp^2-$p_x\sigma$ 键,因此 BF_3 分子的空间构型为平面正三角形。此外,B 原子还有 1 个未参与杂化的 $2p_z$ 空轨道,它与 3 个 F 原子中各有 1 对电子的 $2p_z$ 轨道垂直于分子所在的平面形成 1 个离域 π 键 Π_4^6。离域 π 键 Π_4^6 的形成使 B 原子与 F 原子之间的结合力增强,使键能增大,因此其键长比 B—F 单键的键长理论值短。

13. C_2N_2 分子中 C—C 键的键长比乙烷分子中 C—C 键的键长约小 10%,请解释其原因。

答:C_2N_2 分子和 C_2H_6 分子的构型分别为

在乙烷分子中,C 原子与 C 原子之间形成 1 个 σ 键。而在 C_2N_2 分子中,C 原子与 C 原子之间除形成 1 个 σ 键外,2 个 C 原子还与 2 个 N 原子形成 2 个四原子四电子的离域 π 键 Π_4^4。离域 π 键的形成,使 C_2N_2 分子中 2 个 C 原子之间的结合力增强,使 2 个 C 原子的核间距缩短,因此其键长比乙烷分子的 C—C 键的键长短。

14. 下列分子中哪些是共轭分子? 写出共轭分子中的离域 π 键。

$$CO_2, BF_3, SO_2, PCl_3, CH_2=CHCl, CH_2=CHCH_2Cl$$

答: 共轭分子是指含有离域 π 键的分子。在所给出的 6 种分子中,CO_2、BF_3、SO_2 和 $CH_2=CHCl$ 为共轭分子。CO_2 分子中存在 2 个三原子四电子离域 π 键 Π_3^4。BF_3 分子中存在 1 个四原子六电子离域 π 键 Π_4^6。SO_2 分子中存在 1 个三原子四电子离域 π 键 Π_3^4。$CH_2=CHCl$ 分子中存在 1 个三原子四电子离域 π 键 Π_3^4。

15. 在形成加合物 $H_3N \rightarrow BF_3$ 时,是 NH_3 还是 BF_3 的构型变化大? B—F 键和 N—H 键的键长哪一种变化大? 是变长了还是变短了? 简述其原因。

答: NH_3 和 BF_3 分子的空间构型分别为三角锥形和平面正三角形,中心原子分别采取 sp^3 杂化和 sp^2 杂化。在形成加合物 $H_3N \rightarrow BF_3$ 时,B 由 sp^2 杂化转变为 sp^3 杂化,故 BF_3 的构型变化较大。在 B—F 键和 N—H 键中,B—F 键的键长变化较大,键长变长。这是因为 BF_3 分子中除了有 3 个 B—F σ 键外,还有 1 个四原子六电子的离域 π 键 Π_4^6,而形成加合物时 Π_4^6 被破坏,B 与 F 之间为 σ 单键,使 B 与 F 之间的作用力减弱,因此 B—F 键的键长变长。

16. N—N 单键的键能($159 \text{ kJ} \cdot \text{mol}^{-1}$)比 C—C 单键的键能($347 \text{ kJ} \cdot \text{mol}^{-1}$)小很多,请解释其原因。

答: N—N 单键和 C—C 单键的键能既与形成共价键时两个原子的原子轨道重叠程度有关,也与成键两原子的电子(特别是价电子)之间的排斥作用有关。在含有 C—C 单键的化合物中,C 原子的 4 个价电子都形成了 σ 键,价层没有孤对电子,不存在孤对电子对另一成键原子的电子的排斥作用,电子之间的排斥作用较小。而在含有 N—N 单键的化合物中,N 原子有 1 对孤对电子,存在孤对电子对另一成键原子的电子的排斥作用,电子之间排斥作用较大。由于电子之间的排斥作用较大,导致 N—N 单键的键长较长,使 N—N 单键的键能比 C—C 单键的键能小很多。

17. 事实上,A—B 键的键长小于 A—A 键和 B—B 键的键长的平均值,而 A—B 键的键能大于 A—A 键和 B—B 键的键能的平均值。例如,H_2 和 F_2 分子中的键长分别为 74.14 pm 和 141.31 pm,键长平均值为 107.73 pm;H_2 和 F_2 的键能分别为 $436 \text{ kJ} \cdot \text{mol}^{-1}$ 和 $159 \text{ kJ} \cdot \text{mol}^{-1}$,键能平均值为 $297.5 \text{ kJ} \cdot \text{mol}^{-1}$。简述其原因。

答: 同核双原子分子 A—A 和 B—B 为非极性分子,两个 A 原子之间和两个 B 原子之间各形成共价键。而在异核双原子分子 A—B 中,由于 A 和 B 的电负性不同,使电负性较大的元素原子带部分负电荷,而电负性较小的元素原子带部分正电荷,A 原子与 B 原子之间除形成共价键外,还部分形成离子键,使 A 原子和 B 原子之间的作用力增强,导致 A—B 键的键长变短,键能增大。

18. 下列分子中,哪些是极性分子? 哪些是非极性分子? 为什么?

$$CH_4, CHCl_3, BF_3, NH_3, H_2S, CO_2$$

答：CH_4分子的空间构型为正四面体，结构对称，为非极性分子。

$CHCl_3$分子的空间构型为四面体，结构不对称，为极性分子。

BF_3分子的空间构型为平面正三角形，结构对称，为非极性分子。

NH_3分子的空间构型为三角锥形，结构不对称，为极性分子。

H_2S分子的空间构型为 V 形，结构不对称，为极性分子。

CO_2分子的空间构型为直线形，结构对称，为非极性分子。

19．比较下列各组分子的电偶极矩的大小：

(1) SO_3和 SO_2　　　　(2) CCl_4和 CH_4　　　　(3) PH_3和 NH_3

(4) BF_3和 NH_3　　　　(5) H_2O 和 H_2S

答：(1) SO_3 分子的空间构型为平面正三角形，结构对称，分子电偶极矩为零；SO_2分子的空间构型为 V 形，结构不对称，分子电偶极矩大于零。因此，SO_3分子的电偶极矩小于 SO_2分子。

(2) CCl_4分子和 CH_4分子的空间构型均为正四面体，结构对称，分子电偶极矩均为零。因此，CCl_4分子的电偶极矩与 CH_4分子相等。

(3) PH_3分子和 NH_3分子的空间构型均为三角锥形，结构不对称，分子电偶极矩均大于零。由于 N—H 键的极性大于 P—H 键，因此 NH_3分子的电偶极矩大于 PH_3。

(4) BF_3分子的空间构型为平面正三角形，结构对称，分子电偶极矩为零；NH_3分子的空间构型为三角锥形，结构不对称，分子电偶极矩大于零。因此，NH_3分子的电偶极矩大于 BF_3分子。

(5) H_2O 分子和 H_2S 分子的空间构型均为 V 形，结构不对称，分子电偶极矩均大于零。由于 H—O 键的极性大于 H—S 键，因此 H_2O 分子电偶极矩大于 H_2S。

20．请解释由 3 个 O 原子组成的 O_3 分子为极性分子的原因。

答：基态 O 原子的价层电子构型为 $2s^2 2p^4$，有 2 个未成对电子。当 3 个 O 原子形成 O_3 分子时，中心原子采取 sp^2 杂化，2 个 sp^2 杂化轨道上各有 1 个未成对电子，另一个 sp^2 杂化轨道和未参与杂化的 $2p_z$ 轨道上各有 1 对电子。中心原子用 2 个各有 1 个未成对电子的 sp^2 杂化轨道分别与 2 个配位原子含有未成对电子的 $2p_x$ 轨道重叠，形成 2 个 σ 键，因此 O_3分子的空间构型为 V 形。中心原子再用排布 1 对电子的 $2p_z$ 轨道与 2 个配位原子各排布 1 个未成对电子的 $2p_z$ 轨道垂直于分子所在的平面"肩并肩"重叠，形成了 1 个三原子四电子的离域 π 键 Π_3^4。离域 π 键 Π_3^4 的形成，使中心原子带部分正电荷，2 个配位原子带部分负电荷，由于分子中正、负电荷中心没有重合在一起，因此 O_3 分子为极性分子。

21．O 元素的电负性比 C 元素的电负性大较多，但为什么 CO 分子的分子电偶极矩并不大，而且 O 原子带部分负电荷，C 原子带部分正电荷？

答：基态 C 原子和基态 O 原子的电子排布式分别为 $1s^2 2s^2 2p_x^1 2p_y^1 2p_z^0$ 和 $1s^2 2s^2 2p_x^1 2p_y^1 2p_z^2$。在形成 CO 分子时，C 原子和 O 原子的 $2p_x$ 轨道沿 x 轴形成 1 个 σ 键，2 个原子的 $2p_y$ 轨道垂直于键轴形成 1 个 π 键，此外 O 原子又用排布 1 对电子的 $2p_z$ 轨道与 C 原子的 $2p_z$ 空轨道垂直于键轴形成 1 个 π 配位键。CO 分子的结构为

$$:C \equiv O:$$

由于 O 元素的电负性大于 C 元素,使 C 原子与 O 原子之间的正常 σ 键和正常 π 键的共用电子对偏向于 O 原子,使 O 原子的电子密度增大,但 π 配键的形成又使 O 原子的电子密度减小。上述两种作用相互抵消的结果,使得 CO 分子的电偶极矩并不大。而且由于形成 π 配键时 O 原子的给电子效应大于形成 1 个 σ 键和 1 个正常 π 键时的吸电子效应,结果使 O 原子的电子密度减小,同时使 C 原子电子密度增大。因此,在 CO 分子中 O 原子带部分正电荷,而 C 原子带部分负电荷。

22. 判断下列各组分子之间存在什么形式的作用力。

(1) C_6H_6 和 CCl_4 (2) N_2 和 H_2O

(3) CO_2 气体   (4) HCl 气体

(5) CH_3OH 和 H_2O

答:(1) C_6H_6 分子和 CCl_4 分子均为非极性分子,C_6H_6 分子与 CCl_4 分子之间只存在色散力。

(2) N_2 分子为非极性分子,而 H_2O 分子为极性分子,N_2 分子与 H_2O 分子之间存在诱导力和色散力。

(3) CO_2 分子为非极性分子,CO_2 分子之间只存在色散力。

(4) HCl 分子为极性分子,HCl 分子之间存在取向力、诱导力和色散力。

(5) CH_3CH_2OH 分子和 H_2O 分子均为极性分子,CH_3CH_2OH 分子与 H_2O 分子之间存在取向力、诱导力和色散力;此外,在 CH_3CH_2OH 分子与 H_2O 分子之间还存在分子间氢键。

23. 下列化合物中是否存在氢键? 若存在氢键,是属于分子间氢键,还是分子内氢键?

(1) CH_3CH_2OH (2) H_3BO_3 (3) CFH_3

(4) 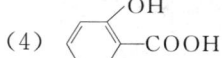   (5) HO—⟨⟩—COOH

答:只有当 H 原子直接与电负性大、半径小的原子(如 F、O 或 N 原子)以共价键结合时,才能形成氢键。因此,(1)(2)(4)和(5)中均存在氢键。(4)中的羟基(—OH)与羧基(—COOH)处于邻位,两者相距较近,可以形成分子内氢键;而(1)(2)和(5)中形成分子间氢键。

24. 分别用价键理论和分子轨道理论解释 H_2 能稳定存在,而 He_2 不能稳定存在的原因。

答:基态 H 原子的电子构型为 $1s^1$,基态 He 原子的电子构型为 $1s^2$。

按价键理论,H 原子有 1 个未成对电子,若 2 个 H 原子的未成对电子自旋相反,当它们相互接近时可以互相配对形成共价键,生成 H_2 分子。而 He 原子没有未成对电子,当两个 He 原子接近时,不能形成共价键,所以 He_2 分子不能存在。

按分子轨道理论,H_2 的分子轨道表示式为 $(\sigma_{1s})^2$,键级为 1,两个 H 原子以共价单键结合生成 H_2。He_2 的分子轨道表示式为 $(\sigma_{1s})^2(\sigma_{1s}^*)^2$,键级为 0,两个 He 原子不能形成共价键,因此 He_2 不能稳定存在。

25. 若 x 轴为键轴,按对称性匹配原则,下列各组中的原子轨道能否组合成分子轨道? 若能组合成分子轨道,组合成什么类型的分子轨道?

(1) s, p_x (2) p_x, p_x (3) s, p_y

(4) p_y, p_y (5) p_x, p_z

答:(1) s 轨道和 p_x 轨道属于对称性匹配,当两者的能量比较相近时,可以组合成 σ 分子轨道。

（2）p_x 轨道和 p_x 轨道属于对称性匹配,可以组合成 σ 分子轨道。

（3）s 轨道和 p_y 轨道属于对称性不匹配,不能组合成分子轨道。

（4）p_y 轨道和 p_y 轨道属于对称性匹配,可以组合成 π 分子轨道。

（5）p_x 轨道和 p_z 轨道属于对称性不匹配,不能组合成分子轨道。

26. 已知ⅥA族元素所形成的氢化物的沸点如下表所示:

氢化物	H_2O	H_2S	H_2Se	H_2Te
沸点/℃	100	−61	−41	−2

如果设想水分子之间没有氢键存在,水的沸点将在怎样的温度范围内? 想象一下,地球上将会有怎样的面貌。

答:由于 H_2O 的摩尔质量小于 H_2S 的摩尔质量,如果水分子之间没有氢键存在,则水分子之间的作用力将小于硫化氢分子之间的作用力,水的沸点将低于硫化氢的沸点,水的沸点就会低于 −61 ℃。而地球的温度通常高于 −61 ℃,即地球的温度高于水的沸点,水以水蒸气的形式存在,则地球上将不会有江河、湖泊和海洋,地球将笼罩在浓厚的水蒸气中。

单元测试题

一、选择题

1. 若键轴为 z 轴,下列 2 个原子轨道重叠不能形成 σ 键的是（   ）。
（A）s−s　　　（B）s−p_z　　　（C）p_x−p_x　　　（D）p_z−p_z

2. 若键轴为 y 轴,下列各组 2 个原子轨道重叠能形成 π 键的是（   ）。
（A）1s−1s　　（B）$2p_x$−$2p_x$　　（C）$2p_y$−$2p_y$　　（D）1s−2py

3. 根据价层电子对互斥理论,阳离子 PO_4^{3-} 的空间构型为（   ）。
（A）三角双锥形　（B）三角锥形　（C）正四面体　（D）平面正方形

4. 在 SO_3 分子中,中心原子 S 采取的杂化方式是（   ）。
（A）sp^2 等性杂化　　　　　（B）sp^2 不等性杂化
（C）sp^3 等性杂化　　　　　（D）sp^3 不等性杂化

5. 下列分子中既有 σ 键和 π 键,又有 π 配位键的是（   ）。
（A）CO　　　（B）O_2　　　（C）N_2　　　（D）C_2H_4

6. 下列分子中,两个相邻共价键的夹角最大的是（   ）。
（A）BF_3　　　（B）CCl_4　　　（C）$BeCl_2$　　　（D）NH_3

7. 下列离子晶体中熔点最高和硬度最大的是（   ）。
（A）NaCl　　　（B）CaO　　　（C）LiF　　　（D）KI

8. 下列分子中,中心原子采用 sp^3 等性杂化的是（   ）。
（A）BF_3　　　（B）$BeCl_2$　　　（C）CCl_4　　　（D）SF_4

9. 根据价层电子对互斥理论,NO_3^- 的空间构型为（   ）。
（A）平面三角形　（B）正四面体　（C）平面正方形　（D）四方锥形

10. 下列化合物中,属于极性共价化合物的是（   ）。
（A）H_2S　　　（B）KCl　　　（C）CCl_4　　　（D）BF_3

11. 化学键中共价键占优势的化合物是液态时的特征是（   ）。

(A) 熔点低,导电性弱 　　　　　　(B) 熔点高,导电性弱

(C) 熔点低,导电性强 　　　　　　(D) 熔点高,导电性强

12. 下列分子中,分子空间构型不是直线形的是(　　　)。

(A) BeF_2 　　　(B) CO_2 　　　(C) C_2H_2 　　　(D) H_2S

13. 在 $CH_2{=}CH{-}C{\equiv}CH$ 分子中,形成的 $sp^2-s\ \sigma$ 键的数目为(　　　)。

(A) 1 个 　　　(B) 2 个 　　　(C) 3 个 　　　(D) 5 个

14. 下列分子或离子中,中心原子采取 sp^3 等性杂化的是(　　　)。

(A) H_2O 　　　(B) H_3O^+ 　　　(C) CCl_4 　　　(D) BCl_3

15. OF_2 分子中,中心原子 O 采取的杂化方式是(　　　)。

(A) sp 杂化 　　　　　　　　　(B) sp^2 杂化

(C) sp^3 等性杂化 　　　　　　　(D) sp^3 不等性杂化

16. 下列分子中,原子之间形成的共价键没有方向性的是(　　　)。

(A) H_2 　　　(B) HCl 　　　(C) Cl_2 　　　(D) H_2O

17. 有关杂化轨道理论的下述说法中,正确的是(　　　)。

(A) 参加杂化的各原子轨道中必须有电子存在

(B) 原子轨道杂化后形成的轨道数目比杂化前更多

(C) 原子轨道杂化后形成成键能力更强的原子轨道

(D) 中心原子在形成分子时所采取的杂化方式总是相同的

18. 根据对称性匹配原则,下列各组原子轨道不能组合成分子轨道的是(　　　)。

(A) $s-s$ 　　　(B) p_x-p_x 　　　(C) p_y-p_y 　　　(D) p_x-p_y

19. 下列分子或离子中,键能由大到小的排列顺序是(　　　)。

(A) $O_2 > O_2^+ > O_2^- > O_2^{2-}$ 　　　　　(B) $O_2^+ > O_2 > O_2^- > O_2^{2-}$

(C) $O_2^{2-} > O_2^- > O_2 > O_2^+$ 　　　　　(D) $O_2^- > O_2^+ > O_2^{2-} > O_2$

20. 下列分子或离子中,键级最小的是(　　　)。

(A) O_2^+ 　　　(B) O_2 　　　(C) O_2^- 　　　(D) O_2^{2-}

21. 下列各组离子和分子的键级大小顺序,正确的是(　　　)。

(A) $N_2^+ > N_2$ 　　(B) $O_2 > O_2^+$ 　　(C) $H_2 > H_2^+$ 　　(D) $O_2^- > O_2$

22. 基态 N_2 分子中能量最低的空轨道是(　　　)。

(A) $3\sigma_g$ 　　　(B) $3\sigma_u$ 　　　(C) $1\pi_u$ 　　　(D) $1\pi_g$

23. 下列分子或离子中,存在 Π_3^3 键的是(　　　)。

(A) SO_2 　　　(B) NO_3^- 　　　(C) NO_2 　　　(D) NO_2^+

24. 根据分子轨道理论,下列气态分子或离子中为反磁性的是(　　　)。

(A) B_2 　　　(B) N_2 　　　(C) O_2^+ 　　　(D) O_2

25. 根据分子轨道理论,O_2^+ 的键级是(　　　)。

(A) 1 　　　(B) 1.5 　　　(C) 2 　　　(D) 2.5

26. 根据分子轨道理论,在 F_2 分子中,两个 F 原子的 2p 轨道可组合成的成键分子轨道的数目为(　　　)。

(A) 2 个 　　　(B) 3 个 　　　(C) 4 个 　　　(D) 6 个

27. 根据分子轨道理论,在基态 O_2 分子中能量最高的排布电子的分子轨道是(　　　)。

(A) π_{2p} 　　　(B) π_{2p}^* 　　　(C) σ_{2p} 　　　(D) σ_{2p}^*

28. 按分子轨道理论,下列双原子分子中含有单电子 π 键的是(　　　)。

(A) N_2 　　　(B) C_2 　　　(C) O_2 　　　(D) B_2

29. 下列分子或离子中,键能最大的是( )。

(A) N_2^+ (B) N_2 (C) N_2^- (D) N_2^{2-}

30. 下列双原子气态分子中,含有未成对电子的是( )。

(A) N_2 (B) C_2 (C) B_2 (D) F_2

31. 下列分子中,分子电偶极矩不为零的是( )。

(A) $BeCl_2$ (B) BF_3 (C) PCl_3 (D) CCl_4

32. 在下列化合物中,能形成分子内氢键的是( )。

(A) [结构式: 苯环带 COOH 和 OH 邻位]   (B) [结构式: 苯环带 COOH 和 OH 对位]   (C) CH_3F (D) H_2O

33. 下列每组物质发生状态变化时,所克服的微粒之间的相互作用力属于同一种类型的是( )。

(A) 食盐和蔗糖熔化   (B) 钾和白磷熔化

(C) 二氧化硅和氧化钠熔化   (D) 碘和干冰升华

34. 下列各组两种气体分子之间存在色散力、诱导力和取向力的是( )。

(A) CO_2 和 BCl_3 (B) BF_3 和 CCl_4 (C) SO_2 和 H_2S (D) CH_4 和 $CHCl_3$

35. Cl_2 分子与 HCl 分子之间存在的作用力是( )。

(A) 取向力和诱导力   (B) 取向力、诱导力和色散力

(C) 诱导力和色散力   (D) 取向力和色散力

36. 下列分子中,属于非极性分子的是( )。

(A) NH_3 (B) PH_3 (C) SO_2 (D) SF_6

37. 下列分子中,不能形成氢键的是( )。

(A) NH_3 (B) HF   (C) CH_3OH (D) H_2S

38. H_2O 的沸点比 H_2S 的沸点高很多,可用于解释这一现象的是( )。

(A) 范德华力   (B) 氢键   (C) 共价键   (D) 离子键

39. PCl_3 分子之间存在的作用力为( )。

(A) 取向力   (B) 诱导力和色散力

(C) 色散力   (D) 取向力、诱导力和色散力

40. 从理论上讲,1 个水分子最多可形成氢键的数目为( )。

(A) 1 个   (B) 2 个   (C) 3 个   (D) 4 个

41. 下列分子中,属于极性分子的是( )。

(A) CS_2 (B) SO_2 (C) SiF_4 (D) BF_3

42. 通过测定 AB_2 型分子的电偶极矩,可以判断( )。

(A) 分子的空间构型   (B) A—B 键的键能

(C) A—B 键的极性   (D) 分子间的作用力

43. C_6H_6 分子与 CCl_4 分子之间存在的作用力是( )。

(A) 色散力   (B) 取向力   (C) 诱导力   (D) 氢键

44. OF_2 分子之间存在的作用力为( )。

(A) 取向力   (B) 取向力、诱导力和色散力

(C) 取向力和诱导力   (D) 取向力、诱导力、色散力和氢键

45. 下列说法中错误的是( )。

(A) 非极性分子之间不存在诱导力

(B) 分子的极性越大,取向力就越大

(C) 色散力在分子间力中通常是最大的

(D) 极性分子之间不存在色散力

46. 下列化合物中,分子电偶极矩等于零的是(　　　)。

(A) H_2O　　　　(B) NH_3　　　　(C) CCl_4　　　　(D) HF

47. 下列分子中,共价键有极性,分子也有极性的是(　　　)。

(A) CCl_4　　　　(B) $BeCl_2$　　　　(C) BF_3　　　　(D) NH_3

48. 下列分子中键角的大小顺序,正确的是(　　　)。

(A) $CS_2>CCl_4>NH_3>H_2O$　　　　(B) $H_2O>NH_3>CCl_4>CS_2$

(C) $H_2O>CS_2>NH_3>CCl_4$　　　　(D) $CCl_4>NH_3>H_2O>CS_2$

49. 下列各组分子之间既存在取向力、诱导力和色散力,又存在氢键的是(　　　)。

(A) H_2-H_2　　(B) CH_4-BF_3　　(C) CH_3Cl-H_2O　　(D) $C_2H_5OH-H_2O$

50. 下列各组分子间只存在色散力的是(　　　)。

(A) 乙醇和 H_2O　　(B) 苯和 CCl_4　　(C) HCl 和 H_2O　　(D) CO_2 和水

51. 下列分子或离子中,键角最小的是(　　　)。

(A) $BeCl_2$　　　(B) SO_4^{2-}　　　(C) BF_3　　　(D) H_2O

52. 下列分子中,含有 π 键的是(　　　)。

(A) Cl_2　　　(B) N_2　　　(C) $CHCl_3$　　　(D) CH_2Cl_2

53. 下列原子轨道沿 x 轴重叠,能形成 π 键的是(　　　)。

(A) $s-s$　　　(B) p_x-p_x　　　(C) $s-p_x$　　　(D) p_y-p_y

54. 下列分子或离子中,含有配位键的是(　　　)。

(A) H_2O　　　(B) NH_4^+　　　(C) NH_3　　　(D) C_2H_5OH

55. 下列化学键中,极性最强的是(　　　)。

(A) $H-F$　　　(B) $O-F$　　　(C) $H-O$　　　(D) $N-H$

56. 根据分子轨道理论,O_2 分子中的化学键为(　　　)。

(A) 1 个 σ 键　　　　　　　　(B) 2 个三电子 π 键

(C) 1 个 σ 键和 1 个 π 键　　　　(D) 1 个 σ 键和 2 个三电子 π 键

57. 下列分子中,键级最大的是(　　　)。

(A) H_2　　　(B) F_2　　　(C) O_2　　　(D) N_2

58. 下列分子中,具有顺磁性的是(　　　)。

(A) C_2　　　(B) N_2　　　(C) F_2　　　(D) B_2

59. 下列分子中,不能形成氢键的是(　　　)。

(A) CH_3F　　　(B) C_2H_5OH　　　(C) NH_3　　　(D) H_2O

60. 下列关于氢键的描述,错误的是(　　　)。

(A) 氢键具有方向性和饱和性

(B) 氢键可分为分子间氢键和分子内氢键

(C) 氢键的作用力与分子间作用力相近

(D) 氢键的形成都能使物质的熔、沸点升高

61. 关于杂化轨道理论,下列说法错误的是(　　　)。

(A) 杂化轨道是由不同原子的价层能量相近的原子轨道组合而成

(B) 有几个原子轨道参加杂化,就形成几个杂化轨道

(C) 杂化轨道比杂化前的原子轨道成键能力强

(D) 不同类型的杂化轨道间的夹角不同

62. 用于表示共价键的牢固程度的键参数是( )。

(A) 键角　　　　　(B) 键能　　　　　(C) 键长　　　　　(D) 键的极性

63. 下列说法中正确的是( )。

(A) 由同种元素原子组成的双原子分子一定是非极性分子

(B) 由同种元素原子组成的多原子分子一定是非极性分子

(C) 由极性共价键形成的分子一定是极性分子

(D) 非极性分子中的化学键一定都是非极性键

64. 按价层电子对互斥理论,下列分子的空间构型为 V 形的是( )。

(A) CS_2　　　　(B) CO_2　　　　(C) $BeCl_2$　　　　(D) SO_2

65. 下列各组分子中,分子之间存在取向力的是( )。

(A) BCl_3　　　　(B) CO_2　　　　(C) $BeCl_2$　　　　(D) O_3

66. 下列分子或离子的中心原子均为 sp^3 杂化,但空间构型不是四面体的是( )。

(A) SO_4^{2-}　　　(B) PO_4^{3-}　　　(C) NH_4^+　　　(D) ClO_3^-

67. 下列 AB_2 型分子中,空间构型为直线形的是( )。

(A) CS_2　　　　(B) NO_2　　　　(C) OF_2　　　　(D) SO_2

68. 阴离子 BH_4^- 的空间构型为( )。

(A) 三角锥形　　(B) 正四面体　　(C) 平面正方形　　(D) 四边形

69. 下列分子中,中心原子用 sp 杂化轨道形成 σ 键的是( )。

(A) NO_2　　　　(B) CO_2　　　　(C) H_2S　　　　(D) SO_2

70. N_2 分子中的共价键是( )。

(A) 1 个 σ 键和 2 个 π 键　　　　　(B) 3 个 σ 键

(C) 2 个 σ 键和 1 个 π 键　　　　　(D) 3 个 π 键

71. 下列分子或离子的空间构型不是正四面体的是( )。

(A) NH_4^+　　　(B) SF_4　　　　(C) CH_4　　　　(D) SO_4^{2-}

72. 下列分子中不存在 π 键的是( )。

(A) PH_3　　　　(B) N_2　　　　(C) O_2　　　　(D) CO

73. 参与杂化的原子轨道必须是( )。

(A) 没有电子的空轨道　　　　　(B) 能量相近的轨道

(C) 含有未成对电子的轨道　　　(D) 含有孤对电子的轨道

74. AB_3 分子中,中心原子 A 有 3 个价电子,B 原子各提供 1 个价电子,则分子的空间构型为( )。

(A) 平面正三角形　　　　　(B) V 形

(C) T 形　　　　　　　　　(D) 三角锥形

75. 下列关于轨道杂化的叙述中,正确的是( )。

(A) 中心原子采取 sp^3 杂化轨道成键的分子,其空间构型一定是四面体

(B) CH_4 分子中的 sp^3 杂化轨道是由 H 原子的 1s 轨道和 C 原子的 2p 轨道组合而成

(C) CH_4 分子中的 sp^3 杂化轨道是由 C 原子的 1s 轨道和 2p 轨道组合而成

(D) sp 杂化轨道是由中心原子的最外层 s 轨道和最外层 1 个 p 轨道组合而成

76. 对于反键分子轨道,下列叙述中正确的是( )。

(A) 反键分子轨道不能填充电子

(B) 反键分子轨道的能量比所有成键分子轨道的能量都高

(C) 稳定的分子没有价电子分布在反键分子轨道上

(D) 反键分子轨道的能量高于组合它的原子轨道的能量

77. 关于分子轨道理论的下列叙述中,错误的是(　　)。

(A) 电子在整个分子范围内运动,不再属于某一特定原子

(B) 反键分子轨道的能量比所有成键分子轨道高,因此当反键分子轨道上有电子时,分子不稳定

(C) 分子轨道是由不同原子的原子轨道线性组合而成,而杂化轨道是由同一原子的原子轨道组合而成

(D) 只有符合对称性匹配、能量相近和最大重叠原则的原子轨道才能有效地组合成分子轨道

78. 下列分子中,含有极性键而分子电偶极矩为零的是(　　)。

(A) NH_3　　　　(B) $CHCl_3$　　　　(C) H_2O　　　　(D) CH_4

79. 下列分子中,中心原子采取 sp^3 杂化,分子的空间构型为三角锥形的是(　　)。

(A) SO_3　　　　(B) ClF_3　　　　(C) NF_3　　　　(D) BF_3

80. 下列化合物中,同时存在离子键、共价键和配位键的是(　　)。

(A) NH_4Cl　　　　(B) $NaOH$　　　　(C) CO　　　　(D) KCl

81. 下列分子中,C 原子采用 sp 杂化的是(　　)。

(A) C_2H_4　　　　(B) C_2H_2　　　　(C) C_6H_6　　　　(D) CH_4

82. 若键轴为 x 轴,下列各组中的两个原子轨道由于对称性不匹配,不能组合成分子轨道的是(　　)。

(A) p_x 和 s　　　　(B) p_z 和 p_z　　　　(C) p_y 和 p_y　　　　(D) p_y 和 p_x

83. 下列分子或离子中,与 NH_3 分子的杂化类型和空间构型都相同的是(　　)。

(A) NH_4^+　　　　(B) SiF_4　　　　(C) H_2S　　　　(D) H_3O^+

84. 下列说法中正确的是(　　)。

(A) 基态原子中有几个未成对电子,就只能形成几个共价键

(B) 原子与原子结合成分子时,原子的最外层电子一定是 8 个

(C) 氢键不是化学键,而配位键是化学键

(D) 配位键不属于共价键,而是一种特殊的化学键

85. 使下列液态物质沸腾,只需克服色散力的是(　　)。

(A) H_2O　　　　(B) O_2　　　　(C) HF　　　　(D) Hg

86. 下列说法中正确的是(　　)。

(A) 氢原子只有 1 个电子,故氢原子只有 1s 轨道

(B) 在 N_2 中存在 3 个 σ 键

(C) 只有 s 轨道与 s 轨道重叠才能形成 σ 键

(D) 氢原子的 $\psi_{3,1,0}$ 和 $\psi_{2,1,0}$ 的角度分布图是相同的

87. 在下列分子中,含有 π 键的非极性分子是(　　)。

(A) HCN　　　　(B) C_2Cl_4　　　　(C) $CHCl_3$　　　　(D) CH_2Cl_2

88. 下列分子或离子中,中心原子的最外层没有孤对电子的是(　　)。

(A) H_3O^+　　　　(B) NH_3　　　　(C) CH_4　　　　(D) H_2S

89. 在① 对硝基苯酚、② 邻硝基苯酚和③ 间硝基苯酚三种化合物中,按沸点由低到高顺序排列,正确的是(　　)。

(A) ②>③>①　　(B) ①>②>③　　(C) ①>③>②　　(D) ③>②>①

90. 由永久偶极与诱导偶极之间产生的作用力称为(　　)。

(A) 取向力　　　　(B) 色散力　　　　(C) 诱导力　　　　(D) 氢键

二、是非题

91. 按现代价键理论,共价单键均为 σ 键,在共价双键或三键中只能有 1 个 σ 键,其余为 π 键。

92. 含有极性键的分子不一定是极性分子。

93. 硝酸的沸点低于水的沸点,其原因是硝酸分子能形成分子内氢键。

94. 某元素基态原子中有几个未成对电子,该原子就只能形成几条共价键。

95. O_3 分子是由 3 个相同的 O 原子组成的,因此为非极性分子。

96. 色散力只存在于非极性分子之间,而取向力只存在于极性分子之间。

97. 由非极性共价键形成的分子一定是非极性分子,由极性共价键形成的分子一定是极性分子。

98. 若溶质分子形成分子内氢键,则溶质在极性溶剂中的溶解度减小,在非极性溶剂中的溶解度增大。

99. 根据分子轨道理论,在 O_2 分子中存在 1 个 σ 键和 1 个双电子 π 键。

100. 极性分子之间存在取向力、诱导力和色散力。

101. 离子键没有方向性,也没有饱和性。

102. O_2^+ 的键级为 2.5,O_2 的键级为 2.0,说明 O_2^+ 比 O_2 稳定。

103. AB_3 型共价化合物分子中,中心原子 A 均采用 sp^2 杂化轨道成键。

104. 氢键的键能与范德华力相近,因此它没有方向性和饱和性。

105. 凡中心原子采用 sp^3 杂化形成的分子的空间构型均为正四面体,它们都是非极性分子。

106. 非极性分子中的化学键一定是非极性共价键。

107. sp^2 杂化轨道是由中心原子的 1s 轨道与 2p 轨道杂化而形成的。

108. 只有 s 轨道与 s 轨道重叠才能形成 σ 键。

109. 按现代价键理论,σ 键比 π 键稳定。

110. 配位共价键与正常共价键的形成方式不同,所以配位键没有方向性和饱和性。

111. 相同原子间双键的键能等于其单键键能的 2 倍。

112. 按杂化轨道理论,杂化轨道不能形成 π 键。

113. 取向力只能存在于极性分子之间。

114. 氢键具有方向性和饱和性,但它不属于共价键。

115. 色散力是只存在于非极性分子之间的分子间作用力,而取向力是只存在于极性分子之间的分子间作用力。

116. 对羟基苯甲酸和邻羟基苯甲酸是同分异构体,其相对分子质量相等,所以它们的熔点也相同。

117. 四氯化碳的熔点、沸点都很低,所以分子不稳定。

118. HCN 分子的空间构型为直线形,所以是非极性分子。

119. 按价层电子对互斥理论,中心原子的价层电子对是指成键电子对。

120. 凡空间构型为直线形的分子或离子,其中心原子一定采取 sp 杂化。

121. 按分子轨道理论,分子中的每个电子的空间运动状态可用分子轨道 ψ 描述。

122. 按分子轨道理论,B_2 分子中存在 2 个单电子 π 键。

123. 按价键理论,π 键只能与 σ 键共存,在共价双键或三键中只能有 1 个 σ 键。

124. 空间构型为四面体的分子一定是非极性分子。

125. 杂化轨道的成键能力比杂化前的原子轨道的成键能力强。

126. 卤化氢的沸点按 HCl、HBr、HI 的顺序增高,这是由于它们的分子间作用力依次增大的缘故。

127. AB_2 型分子的中心原子均采用 sp 杂化轨道成键。

128. 碳元素与氢元素形成烃类化合物时,C 原子均采用 sp^3 杂化。

129. 活泼金属元素与活泼非金属元素之间形成的化学键通常是离子键。

130. 若 AB_4 分子的空间构型为四面体,则 A 原子采取的杂化方式为 sp^3 杂化。

131. AB_3 型共价分子的空间构型均为平面正三角形。

132. C—C 键的键能为 346 kJ·mol^{-1}，所以 C≡C 键的键能为 $3×348$ kJ·mol^{-1}。

133. s 轨道与 p 轨道之间形成的共价键一定是 σ 键。

134. sp 杂化轨道是由同一原子的最外层 s 轨道和最外层的 1 个 p 轨道组合而成。

135. 基态碳原子只有 2 个未成对电子，因此它只能形成 2 个共价键。

136. 按分子轨道理论，共价单键既可以是 σ 键，也可以是 π 键。

137. BCl_3 和 NCl_3 都属于 AB_3 型分子，因此中心原子均采取 sp^2 杂化。

138. 中心原子在形成共价键时，其杂化轨道数一定等于其形成的共价键数。

139. 已知 C_2H_2 分子是直线形分子，所以它是非极性分子。

140. 已知 BCl_3 是非极性分子，可判定其分子的空间构型为平面正三角形。

141. 诱导力仅存在于极性分子与非极性分子之间。

142. 水分子与乙醇分子之间既存在色散力、诱导力和取向力，也存在分子间氢键。

143. 凡是 H 原子与非金属元素原子形成的化合物分子之间一定存在着氢键。

144. CH_3F 分子之间存在着色散力、诱导力、取向力和分子间氢键。

145. 根据基态原子的未成对电子数可判断原子能形成的共价键数目。

146. 因 Cl 的电负性大于 H 的电负性，所以 C_2Cl_2 的极性大于 C_2H_2。

147. 溶质若形成分子内氢键，则其在水中的溶解度减小。

148. 同一种元素在形成不同化合物时，其原子可以采用不同的杂化方式。

149. 已知 H_2O 的熔点和沸点均比 HF 高，这说明 O—H····O 氢键的键能比 F—H····F 氢键的键能大。

150. 现代价键理论认为，当 2 个原子相互接近时，2 个原子中的自旋相反的未成对电子可以配对形成共价键。

三、填空题

151. 根据价层电子对互斥理论，PCl_3 分子的空间构型为_____，中心原子 P 采取的杂化方式为_____。

152. O_2 的分子轨道排布式为_____，键级为_____，有_____个未成对电子。

153. B_2 的分子轨道排布式为_____，分子中有_____个未成对电子，分子的键级为_____。

154. 氯化钠晶体熔化时主要克服的作用力是_____；固体碘升华时主要克服的作用力是_____；冰汽化时主要克服的作用力是_____。

155. 按原子轨道重叠的方式不同，共价键可分为_____键和_____键，其中_____键能单独存在。

156. CO_3^{2-} 的空间构型为_____，中心原子采取_____杂化；ClO_3^- 分子的空间构型为_____，中心原子采取_____杂化。

157. HCl 分子之间存在作用力为_____；NH_3 分子之间存在的作用力为_____。

158. N_2 分子的分子轨道排布式是_____，为_____磁性，键级为_____。

159. 在 CCl_4 分子中，C 原子用_____轨道与 Cl 原子的_____轨道以_____方式重叠形成共价键。

160. 邻硝基苯酚的熔点和沸点比对硝基苯酚的熔点和沸点_____，这是由于邻硝基苯酚存在_____，而对硝基苯酚存在_____。在上述两种同分异构体中，较易溶于水的是_____。

161. 分子的极性强弱可用_____来衡量，若_____越大，则分子的极性越强；_____的分子为非极性分子。

162. 配位键是由一个成键原子单独提供_____，而另一个原子提供_____形成的共价键。

163. 在双原子分子中,原子轨道重叠程度越大,两原子核间_____,形成的共价键_____。

164. 在 C_2H_4 分子中,两个 C 原子之间的 σ 键是由_____重叠而成,而 π 键是由_____重叠而成。

165. 共价键的特征是具有_____和_____。

166. 共价键的极性可以用成键两原子的_____来衡量,分子的极性用_____来衡量。

167. 形成离域 π 键的两个条件分别是_____和_____。

168. 用于表征共价键性质的物理量称为_____,主要有_____。

169. 配位键的形成条件是_____和_____。

170. 分子轨道是原子轨道的线性组合,组合时应遵循的三条原则是_____、_____和_____,其中_____是首要的。

171. 根据价层电子对互斥理论,CO_2 的构型为_____,CO_3^{2-} 的构型为_____,其中 C 原子分别采取_____和_____杂化。

172. 按分子轨道理论,两个原子轨道组合成两个分子轨道,其中能量比原子轨道能量低的分子轨道称为_____,能量比原子轨道能量高的分子轨道称为_____。

173. 范德华力包括_____、_____和_____,其中在分子间普遍存在的是_____。

174. 在 O_3 分子中,中心原子 O 的杂化方式为_____,除形成一般的 σ 键外,分子中还形成一个_____键。

175. 在第二周期同核双原子分子中,含有未成对电子的分子是_____,不能稳定存在的分子是_____。

176. CCl_4 与 CCl_4 之间存在的分子间作用力有_____;CH_3Cl 与 CH_3Cl 之间存在的分子间作用力有_____,CCl_4 与 CH_3Cl 之间的分子间作用力有_____。

177. 在高空大气的电离层中,存在 N_2^+,Li_2^+,Be_2^+ 等离子。在这三种离子中,键能最大的是_____,其键级为_____。

178. NH_3,PH_3,AsH_3 和 SbH_3 四种化合物的分子空间构型相似,它们分子的空间构型为_____,分子中的键角相对大小为_____。

179. 在 CCl_4,NO_3^-,NH_3,CS_2 和 SO_4^{2-} 中,中心原子的杂化方式分别为_____、_____、_____、_____和_____;它们的空间构型分别为_____、_____、_____、_____和_____。

180. 在 NO_3^-,NH_3,H_2S 和 NH_4^+ 中,键角由大到小的排列次序依次为_____,其中心原子的价层不含孤对电子的分子和离子是_____。

四、问答题

181. 原子轨道线性组合成分子轨道时,必须满足的条件是什么?

182. 什么是离子键?离子键有何特点?

183. 指出 $CH\equiv CH$ 分子中的中心原子所采取的杂化方式及分子的空间构型。

184. 实验测得 N_2 的键能比 N_2^+ 的键能大,而 O_2 的键能比 O_2^+ 的键能小,请解释其原因。

185. 指出下列分子或离子的空间构型及中心原子的杂化轨道类型:
$$PbCl_2, \quad SO_4^{2-}, \quad PCl_5, \quad SF_6$$

186. 指出下列各组分子间存在的分子间作用力的类型:
(1) C_6H_6 和 N_2 (2) CO 和 CS_2
(3) $CHCl_3$ 和 H_2O (4) C_2H_5OH 和 H_2O

187. 指明下列化合物中氢键的类型:
(1) CH_3OH (2) 对羟基苯甲酸   (3) 邻羟基苯甲酸

188. 请用价层电子对互斥理论推测 $COCl_2$ 分子的空间构型与键角。

单元测试题参考答案

一、选择题

1. C；2. B；3. C；4. A；5. A；6. C；7. B；8. C；9. A；10. A；11. A；12. D；13. C；14. C；15. D；
16. A；17. C；18. D；19. B；20. D；21. C；22. D；23. C；24. B；25. D；26. B；27. B；28. D；29. B；
30. C；31. C；32. A；33. D；34. C；35. C；36. D；37. D；38. B；39. D；40. C；41. B；42. A；43. A；
44. B；45. D；46. C；47. D；48. A；49. D；50. B；51. C；52. B；53. C；54. C；55. A；56. C；57. A；
58. D；59. A；60. D；61. A；62. B；63. A；64. D；65. D；66. D；67. A；68. B；69. B；70. A；71. B；
72. A；73. B；74. A；75. D；76. D；77. B；78. D；79. C；80. A；81. B；82. D；83. D；84. C；85. B；
86. D；87. B；88. C；89. C；90. C。

二、是非题

91. √；92. √；93. √；94. ×；95. √；96. ×；97. ×；98. √；99. ×；100. √；101. √；102. ×；
103. ×；104. ×；105. ×；106. ×；107. √；108. ×；109. √；110. ×；111. ×；112. √；113. √；
114. √；115. ×；116. ×；117. ×；118. √；119. ×；120. √；121. √；122. √；123. √；124. ×；
125. √；126. √；127. ×；128. ×；129. √；130. ×；131. √；132. √；133. √；134. √；135. ×；
136. √；137. ×；138. ×；139. √；140. √；141. ×；142. √；143. ×；144. ×；145. ×；146. ×；
147. √；148. √；149. ×；150. √。

三、填空题

151. 三角锥形；sp^3 杂化。

152. $(\sigma_{1s})^2(\sigma_{1s}^*)^2(\sigma_{2s})^2(\sigma_{2s}^*)^2(\sigma_{2p_x})^2(\pi_{2p_z})^2(\pi_{2p_y})^2(\pi_{2p_y}^*)^1(\pi_{2p_z}^*)^1$；2；2。

153. $(1\sigma_g)^2(1\sigma_u)^2(2\sigma_g)^2(2\sigma_u)^2(1\pi_u)^2$；2；1。

154. 离子键；色散力；取向力、诱导力、色散力和氢键。

155. σ；π；σ。

156. 平面正三角形；sp^2；三角锥形；sp^3。

157. 取向力、诱导力和色散力；取向力、诱导力、色散力和氢键。

158. $(1\sigma_g)^2(1\sigma_u)^2(2\sigma_g)^2(2\sigma_u)^2(1\pi_u)^4(3\sigma_g)^2$；反；3。

159. sp^3 杂化；3p；头碰头。

160. 低；分子内氢键；分子间氢键；对硝基苯酚。

161. 分子电偶极矩；分子电偶极矩；分子电偶极矩为零。

162. 电子对；空轨道。

163. 电子云越密集；越牢固。

164. sp^2 杂化轨道与 sp^2 杂化轨道；2p 轨道与 2p 轨道。

165. 方向性；饱和性。

166. 电负性差；分子电偶极矩。

167. 原子都在同一平面上,且每个原子有 1 个 p 轨道互相平行；π 电子数小于 p 轨道数的 2 倍。

168. 键参数；键能、键长、键角和键的极性。

169. 一个原子最外层有空轨道；另一个原子价层有孤对电子。

170. 对称性匹配原则；能量相近原则；轨道最大重叠原则；对称性匹配原则。

171. 直线形；平面正三角形；sp；sp^2。

172. 成键分子轨道；反键分子轨道。

173. 取向力；诱导力；色散力；色散力。

174. sp^2 杂化；Π_3^4。

175. B_2 和 O_2；Be_2 和 Ne_2。

176. 色散力；取向力、诱导力和色散力；诱导力和色散力。

177. N_2^+；2.5。

178. 三角锥形；$NH_3 > PH_3 > AsH_3 > SbH_3$。

179. sp^3 杂化；sp^2 杂化；sp^3 杂化；sp 杂化；sp^3 杂化；正四面体；平面正三角形；三角锥形；直线形；正四面体。

180. $NO_3^- > NH_4^+ > NH_3 > H_2S$；$NO_3^-$，$NH_4^+$。

四、问答题

181. 必须满足以下 3 个条件：

(1) 对称性匹配原则；(2) 能量相近原则；(3) 轨道最大重叠原则。

182. 由阳离子与阴离子靠静电作用形成的化学键称为离子键。离子键的特点是没有方向性和饱和性。

183. C 原子采取 sp 杂化，两个 C 原子之间形成 1 个 σ 键和 2 个 π 键，分子的空间构型为直线形。

184. 根据分子轨道理论，键级越大，键能就越大。N_2 的键级为 3，N_2^+ 的键级为 2.5，因此 N_2 的键能比 N_2^+ 大。O_2 的键级为 2，O_2^+ 的键级为 2.5，因此 O_2 的键能比 O_2^+ 小。

185. $PbCl_2$ 的空间构型为 V 形，中心原子的杂化方式为 sp^2 杂化。SO_4^{2-} 的空间构型为正四面体，中心原子的杂化方式为 sp^3 杂化。PCl_5 的空间构型为三角双锥形，中心原子的杂化方式为 sp^3d 杂化。SF_6 的空间构型为正八面体，中心原子的杂化方式为 sp^3d^2 杂化。

186. (1) 色散力；(2) 色散力和诱导力；(3) 色散力、诱导力和取向力；(4) 色散力、诱导力、取向力和氢键。

187. (1) 分子间氢键；(2) 分子间氢键；(3) 分子内氢键。

188. 在 $COCl_2$ 分子中，C 为中心原子，其价层电子对数 $= \dfrac{4+2+0}{2} = 3$，3 对价层电子对的排布方式为平面三角形，由于价层电子对全部是成键电子对，因此 $COCl_2$ 分子的空间构型为平面三角形。

由于在 $COCl_2$ 分子中 C=O 双键的电子云密度比 C—Cl 单键的电子云密度大，所以双键与单键之间的排斥力大于单键与单键之间的排斥力，因而 Cl—C=O 的键角大于 $120°$，而 Cl—C—Cl 键角小于 $120°$。

第十章　配位化合物

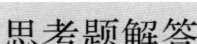

思考题解答

1. 配合物与简单化合物的区别是什么？

答： 可以利用配合物和简单化合物在水中的存在形式进行区别。配合物在水中主要以复杂分子或复杂离子的形式存在；而简单化合物在水中全部以简单分子或简单离子的形式存在。

2. 什么是配位个体、配体、配位原子和配位数？

答： 由金属离子或原子与一定数目的分子或阴离子形成的复杂分子或复杂离子称为配位个体。含有配位个体的化合物称为配位化合物，简称配合物。

与金属离子或原子形成配位个体的分子或阴离子称为配体。配体中直接与中心原子结合的原子或阴离子称为配位原子。在配位个体中，直接与中心原子结合的配位原子的数目称为中心原子的配位数。

3. 形成配位个体的条件是什么？

答： 按配合物的价键理论，在配位个体中，中心原子与配体之间是以配位键结合的。因此，形成配位个体的条件是中心原子的价层有空轨道，配体中的配位原子的价层有孤对电子。

4. 如何区别单齿配体和多齿配体？

答： 可利用配体中所含配位原子的数目进行区别。只含有 1 个配位原子的配体称为单齿配体；含有 2 个或 2 个以上配位原子的配体称为多齿配体。

5. 为什么配体 NO_2^- 在配位个体中有时称为硝基，有时称为亚硝酸根离子？

答： 配体 NO_2^- 为两可配体，N 原子和 O 原子中都有孤对电子，两种原子都可能作为配位原子而与中心原子形成配位键。为了表明配位原子，当配体 NO_2^- 中 N 原子作为配位原子时称为硝基，当 NO_2^- 中的 O 原子作为配体时称为亚硝酸根离子。

6. 简述配合物价键理论的基本要点。

答： 配合物的价键理论的基本要点如下：

（1）在配位个体中，中心原子与配体之间是以配位键结合的；

（2）为了形成配位键，配体中的配位原子的价层必须有孤对电子，中心原子的价层必须有空轨道；

（3）中心原子提供的空轨道首先进行杂化，形成数目相等的具有一定方向性的杂化轨道，再与配位原子的孤对电子所在原子轨道重叠形成配位键；

（4）中心原子提供的杂化轨道的类型决定了配位个体的空间构型。

7. 中心原子的杂化类型与配位个体的空间构型的关系如何？

答： 中心原子的杂化类型决定了配位个体的空间构型。当中心原子采取 sp 杂化时，生成的配位个体的空间构型为直线形；当中心原子采取 sp^3 杂化时，配位个体的空间构型为四面体；当中心原子采取 dsp^2 杂化时，配位个体的空间构型为平面四边形；当中心原子采取 d^2sp^3 杂化或 sp^3d^2 杂化时，配位个体的空间构型为八面体。

8. 区别内轨型配合物与外轨型配合物的依据是什么？

答：可根据中心原子的次外层 d 轨道是否参与形成配位键来区别内轨型配合物和外轨型配合物。

中心原子全部用最外层的原子轨道进行杂化，并与配体键合形成的配合物称为外轨型配合物。中心原子采取 sp 杂化、sp^3 杂化和 sp^3d^2 杂化与配体生成的配位数分别为 2、4 和 6 的配合物都是外轨型配合物。

中心原子的次外层 d 轨道参与杂化，并与配体键合形成的配合物称为内轨型配合物。中心原子采取 dsp^2 杂化和 d^2sp^3 杂化与配体生成的配位数分别为 4 和 6 的配合物是内轨型配合物。

9. 简述配合物晶体场理论的基本要点。

答：配合物的晶体场理论的基本要点如下：

（1）在配位个体中，中心原子与配体之间是通过静电作用结合的，类似于离子晶体中的阴离子与阳离子之间的静电作用；

（2）中心原子价层的 5 个简并 d 轨道在配体形成的负电场中发生分裂，有的 d 轨道的能量升高较多，有的 d 轨道的能量升高较少；

（3）当中心原子的 d 轨道未充满时，d 轨道发生分裂将使中心原子的 d 电子重新进行排布，通常可使配位个体的能量进一步降低，产生额外的稳定化能。

10. 简述配合物的异构现象。

答：配合物的异构现象是指配合物的化学组成相同，但配合物的结构不同的现象。配合物有两种不同类型的异构现象，即构造异构和立体异构。配合物的化学组成相同，但与中心原子键合的配体不同而产生的异构现象称为配合物的构造异构。配合物的化学组成相同，与中心原子键合的配体也相同，但配体在中心原子周围的空间位置不同而产生的异构现象称为配合物的立体异构。

配合物的构造异构主要包括解离异构、键合异构和配位异构。

（1）解离异构　化学组成相同的配合物，在溶液中解离出不同配位个体的现象称为配合物的解离异构。例如，$[CoSO_4(NH_3)_5]Cl$ 和 $[CoCl(NH_3)_5]SO_4$ 互为解离异构体。

（2）键合异构　中心原子与同一配体中的不同配位原子键合所产生的异构现象称为键合异构。例如，$[Co(NO_2)(NH_3)_5]Cl_2$ 和 $[Co(ONO)(NH_3)_5]Cl_2$ 互为键合异构体。

（3）配位异构　在由配阳离子和配阴离子形成的配合物中，交换配阳离子和配阴离子中的配体而产生的异构现象称为配位化合物的配位异构。例如，$[Co(NH_3)_6][Cr(CN)_6]$ 和 $[Cr(NH_3)_6][Co(CN)_6]$ 互为配位异构体。

配合物的立体异构包括几何异构和旋光异构。

（1）几何异构　几何异构也称顺反异构，是由于配体在空间的排列位置不同而产生的异构现象。几何异构现象主要发生在配位数为 4 的平面四方形结构和配位数为 6 的八面体结构的配合物中，而配位数为 4 的四面体结构的配合物没有几何异构体。例如，平面四边形结构的配合物 $[PtCl_2(NH_3)_2]$ 有以下两种几何异构体：

顺式　　　　　　　　反式

（2）旋光异构　旋光异构又称对映异构,是指配合物的组成相同,与中心原子键合的配位原子在空间的位置次序也相同,但配合物的空间构型不同的现象。如果配合物的空间构型能与它的镜像重合,则配合物没有旋光异构现象。如果配合物的空间构型不能与它的镜像重合,则配合物具有旋光性,有 1 对旋光异构体。例如,配合物 $[PtClBr_2(NH_3)_2H_2O]$ 具有下列 1 对旋光异构体:

11. 配位个体的晶体场分裂能的大小与哪些因素有关?

答：影响配位个体的晶体场分裂能的因素主要有配体、中心原子的电荷数、中心原子所在的周期和配位个体的几何构型。

（1）配体　当中心原子相同、配体不同时,配位个体的晶体场分裂能不同。例如,配体产生的分裂能的相对大小为

$$CN^- > NO_2^- > NH_3 > H_2O > OH^- > F^- > SCN^-$$

（2）中心原子的电荷数越大,晶体场分裂能就越大。例如,$[Co(H_2O)_6]^{2+}$ 和 $[Co(H_2O)_6]^{3+}$ 的晶体场分裂能分别为 $111.3\ kJ \cdot mol^{-1}$ 和 $222.5\ kJ \cdot mol^{-1}$。

（3）中心原子所处的周期　同一族相同氧化值的过渡金属离子与相同配体形成配位个体时,晶体场分裂能随中心原子所处的周期的增大而增大。例如,$[CrCl_6]^{3-}$ 和 $[MoCl_6]^{3-}$ 的分裂能分别为 $162.6\ kJ \cdot mol^{-1}$ 和 $229.6\ kJ \cdot mol^{-1}$。

（4）配位个体的几何构型　同一种中心原子与同一种配体形成的配位个体的几何构型不同时,晶体场分裂能的大小明显不同。例如,四面体配位个体中的分裂能仅为八面体配位个体的分裂能的 $4/9$。

12. 构型为 $d^1 \sim d^{10}$ 的中心原子所形成的八面体配位个体中,哪些构型的中心原子形成的配位个体有高自旋与低自旋之分? 哪些没有?

答：当中心原子的价层 d 电子为 $1 \sim 3$ 个或 $8 \sim 10$ 个时,所生成的八面体配位个体没有高自旋与低自旋之分。当中心原子的价层 d 电子为 $4 \sim 7$ 个时,所生成的配位个体可分为高自旋配位个体和低自旋配位个体。如果分裂能大于电子成对能,则形成低自旋配位个体;如果分裂能小于电子成对能,则形成高自旋配位个体。

13. 在八面体配位个体中,$d_{x^2-y^2}$ 和 d_{xy} 轨道哪个能量高? 请用晶体场理论给予说明。

答：在八面体配位个体中,$d_{x^2-y^2}$ 轨道与配体处于迎头相碰的位置,受配体的排斥作用较大,轨道的能量升高较多;而 d_{xy} 轨道正好处在配体之间,受配体的排斥作用较小,轨道的能量升高较少。因此,在八面体配位个体中,$d_{x^2-y^2}$ 轨道的能量比 d_{xy} 轨道的能量高。

14. Cr^{3+} 能否形成八面体内轨型配位个体? 为什么?

答：在八面体配位个体中,中心原子采取的杂化方式为 sp^3d^2 杂化或 d^2sp^3 杂化。基态 Cr^{3+} 的价层电子构型为 $3s^23p^63d^3$,Cr^{3+} 的 3d 轨道上有 3 个电子,分占 3 个 3d 轨道,另外 2 个 3d 轨道为空轨道。中心原子既可以用 2 个 3d 轨道进行 d^2sp^3 杂化,也可以用 2 个 4d 空轨道进行

sp^3d^2 杂化。但由于 3d 轨道的能量低于 4d,中心原子采取 d^2sp^3 杂化所形成的配位个体更稳定。因此,Cr^{3+} 只能生成八面体内轨型配位个体,而不能生成八面体外轨型配位个体。

15. 为什么组成和结构相似的多齿配体与同一中心原子所形成的螯合个体中的螯环越多,该螯合个体就越稳定?

答:这是因为螯环越多,配体动用的配位原子就越多,同一配体与中心原子所形成的配位键就越多,配体脱离中心原子的机会就越小,显然配位个体就越稳定。

16. 为什么大多数过渡元素离子形成的配位个体是有色的,而 Zn^{2+} 形成的配位个体是无色的?

答:由于大多数过渡元素离子的最外电子层有 1～9 个 d 电子,d 轨道没有充满,可发生 d-d 跃迁。当 d 电子吸收一定波长的可见光后,就从能量较低的 d 轨道跃迁到能量较高的 d 轨道,从而使配位个体呈现出一定颜色。配位个体所呈现出的颜色,是从入射的可见光中去掉被吸收光后剩余可见光的颜色。由于 Zn^{2+} 为 $3d^{10}$ 构型,最外层 3d 轨道已全部充满,不能发生 d-d 跃迁,因此不能吸收可见光,其形成的配位个体是无色的。

17. 为什么不能用 $K_s^{\ominus}$ 比较不同类型配合物的稳定性大小?

答:配合物在溶液中稳定常数的大小,可以直接反映配合物稳定性的大小,所以,配合物在溶液中的稳定性可以用其稳定常数来衡量。

对于相同类型的配合物,可以直接使用 $K_s^{\ominus}$ 来比较它们的稳定性。例如,$K_s^{\ominus}\{[Ag(S_2O_3)_2]^{3-}\} = 2.9 \times 10^{13}$,$K_s^{\ominus}\{[Ag(NH_3)_2]^+\} = 1.67 \times 10^7$,$K_s^{\ominus}\{[Ag(S_2O_3)_2]^{3-}\} > K_s^{\ominus}\{[Ag(NH_3)_2]^+\}$,可知 $[Ag(S_2O_3)_2]^{3-}$ 比 $[Ag(NH_3)_2]^+$ 稳定。

对于不同类型的配合物,不能用 $K_s^{\ominus}$ 来比较它们的稳定性,否则会出现错误的结果。例如,$K_s^{\ominus}\{[Co(en)_3]^{3+}\} = 4.9 \times 10^{48} > K_s^{\ominus}\{[CoY]^-\} = 1.0 \times 10^{36}$,但是它们的稳定性恰好相反,即 $[CoY]^-$ 比 $[Co(en)_3]^{3+}$ 稳定。

18. 难溶强电解质沉淀与配离子之间相互转化的难易及完全程度与哪些因素有关?

答:难溶强电解质沉淀与配离子之间相互转化的难易及完全程度可用转化反应的标准平衡常数来衡量。转化反应的标准平衡常数越大,转化反应越易进行,转化程度就越大。以卤化银沉淀转化为 $[Ag(CN)_2]^-$ 为例:

$$AgX(s) + 2CN^-(aq) \rightleftharpoons [Ag(CN)_2]^-(aq) + X^-(aq)$$

该反应的标准平衡常数为

$$K^{\ominus} = \frac{c_{eq}(X^-) \cdot c_{eq}\{[Ag(CN)_2]^-\}}{[c_{eq}(CN^-)]^2}$$

$$= K_s^{\ominus}\{[Ag(CN)_2]^-\} \cdot K_{sp}^{\ominus}(AgX)$$

由上式可以看出,配位个体的标准稳定常数和难溶强电解质的标准溶度积常数越大,难溶强电解质沉淀转化为配离子的反应的标准平衡常数就越大,难溶强电解质沉淀就越容易转化为配离子,转化程度就越大。

19. 当金属离子形成配离子后,金属电极的电极电势将发生何种变化?为什么?

答:金属电极的电极反应为

$$M^{z+}(aq) + ze^- \rightleftharpoons M(s)$$

根据能斯特方程,298.15 K 时金属电极的电极电势为

$$E(M^{z+}/M) = E^{\ominus}(M^{z+}/M) + \frac{0.059\ 16\ V}{z}\lg c(M^{z+})$$

当加入配体时,M^{z+} 与配体形成配离子,使 M^{z+} 的浓度减小,由上式可知电对的电极电势减小。

20. 决定配位个体稳定性的因素有哪些?是否可以说晶体场稳定化能是决定配位个体稳定性的主要因素?

答:根据晶体场理论,配位个体的稳定性主要取决于中心原子与配体之间的静电作用,其次与配位个体的晶体场稳定化能有关。因此,决定配位个体稳定性的因素有中心原子和配体的电荷数、原子半径、价层电子构型和晶体场稳定化能。只有当中心原子与配体的静电作用相近时,配位个体的稳定性才取决于晶体场稳定化能。

21. 判断下列说法是否正确:

(1) 配合物均由内界和外界两部分组成;

(2) 只有金属离子才能作为配位个体的中心原子;

(3) 配位个体中配体的数目就是中心原子的配位数;

(4) 配位个体的电荷数等于中心原子的氧化值;

(5) 外轨型配合物的磁矩一定比内轨型配合物的磁矩大。

答:(1) 说法不正确。配位分子只有内界,而没有外界,如 $[PtCl_2(NH_3)_2]$ 只有内界。

(2) 说法不正确。某些高氧化值的非金属元素的原子也能作中心原子,如 $H_2[SiF_6]$ 的中心原子为 Si(IV)。

(3) 说法不正确。当配位个体中的配体都是单齿配体时,配体数等于中心原子的配位数;而当配位个体中有多齿配体时,配体数小于中心原子的配位数。

(4) 说法不正确。当配体中有阴离子时,配位个体的电荷数不等于中心原子的电荷数;当配体均为中性分子时,配位个体的电荷数才等于中心原子的电荷数。

(5) 说法不正确。只有同一中心原子形成的外轨型配合物的磁矩一定比内轨型配合物的磁矩大。

22. 在 $[Zn(NH_3)_4]SO_4$ 溶液中,存在下述解离平衡:

$$[Zn(NH_3)_4]^{2+} \rightleftharpoons Zn^{2+} + 4NH_3$$

分别向溶液中加入少量 HNO_3 溶液、氨水、K_2S 溶液、NaCN 溶液、NaOH 溶液和 $CuSO_4$ 溶液,上述平衡发生怎样移动?

答:在 $[Zn(NH_3)_4]SO_4$ 溶液中存在下述解离平衡:

$$[Zn(NH_3)_4]^{2+} \rightleftharpoons Zn^{2+} + 4NH_3$$

向 $[Zn(NH_3)_4]SO_4$ 溶液中加入少量 HNO_3 溶液时,HNO_3 解离出的 H^+ 与 NH_3 生成 NH_4^+,使溶液中 NH_3 浓度减小,$[Zn(NH_3)_4]^{2+}$ 的解离平衡正向移动。

向[Zn(NH₃)₄]SO₄ 溶液中加入少量浓氨水时,使溶液中 NH₃ 浓度增大,$[Zn(NH_3)_4]^{2+}$ 的解离平衡逆向移动。

向[Zn(NH₃)₄]SO₄ 溶液中加入少量 K₂S 溶液时,K₂S 解离产生的 S^{2-} 与 Zn^{2+} 生成 ZnS 沉淀,使 Zn^{2+} 浓度减小,$[Zn(NH_3)_4]^{2+}$ 的解离平衡正向移动。

向[Zn(NH₃)₄]SO₄ 溶液中加入少量 NaCN 溶液时,Zn^{2+} 与 CN^- 生成配离子$[Zn(CN)_4]^{2-}$,使 Zn^{2+} 浓度减小,$[Zn(NH_3)_4]^{2+}$ 的解离平衡正向移动。

向[Zn(NH₃)₄]SO₄ 溶液中加入少量 NaOH 溶液时,NaOH 解离出的 OH^- 与 Zn^{2+} 生成 $Zn(OH)_2$ 沉淀或配离子$[Zn(OH)_4]^{2-}$,使溶液中 Zn^{2+} 浓度减小,$[Zn(NH_3)_4]^{2+}$ 的解离平衡正向移动。

向[Zn(NH₃)₄]SO₄ 溶液中加入少量 CuSO₄ 溶液时,CuSO₄ 解离出的 Cu^{2+} 与 NH₃ 生成$[Cu(NH_3)_4]^{2+}$,使 NH₃ 浓度减小,$[Zn(NH_3)_4]^{2+}$ 的解离平衡正向移动。

23. 请用晶体场理论解释 $[Fe(H_2O)_6]^{3+}$ 的分裂能比 $[Fe(H_2O)_6]^{2+}$ 的分裂能大,而 $[CoF_6]^{3-}$ 的分裂能比$[Co(CN)_6]^{3-}$ 的分裂能小。

答:$[Fe(H_2O)_6]^{3+}$ 和$[Fe(H_2O)_6]^{2+}$ 的空间构型和配体均相同,晶体场分裂能的大小取决于中心原子的电荷数,中心原子的电荷数越大,晶体场分裂能就越大。因此,$[Fe(H_2O)_6]^{3+}$ 的分裂能比$[Fe(H_2O)_6]^{2+}$ 的分裂能大。

配离子$[CoF_6]^{3-}$ 和$[Co(CN)_6]^{3-}$ 的空间构型和中心原子均相同,晶体场分裂能的大小就取决于配体的场强大小,配体的场强越强,晶体场分裂能就越大。由于配体 CN^- 的场强比 F^- 的场强强,因此$[Co(CN)_6]^{3-}$ 的分裂能比$[CoF_6]^{3-}$ 的分裂能大。

24. 顺铂是一种抗癌药物,其名称为顺二氯·二氨合铂(Ⅱ)。由顺铂的命名推测其空间构型和中心原子的杂化方式,并写出其结构式。

答:由顺铂的名称可知中心原子 Pt^{2+} 的配位数为 4,且存在几何异构体。因此,可推测顺铂的空间构型为平面四方形,中心原子的杂化方式为 dsp² 杂化。顺铂的空间构型为

25. 已知配离子$[Fe(CN)_6]^{3-}$ 有 1 个未成对电子,而配离子$[Fe(NCS)_6]^{3-}$ 有 5 个未成对电子,请比较配体 CN^- 和 NCS^- 的场强的相对大小。

答:基态 Fe^{3+} 的价层电子构型为 $3s^2 3p^6 3d^5$,有 5 个未成对电子。题中所给两种配离子的空间构型均为八面体,可知中心原子 Fe^{3+} 的 5 个 3d 轨道在配体影响下分裂为 3 个能量较低的 d_ε 轨道和 2 个能量较高的 d_γ 轨道。当 Fe^{3+} 与强场配体键合时,中心原子的 d 电子排布为 $d_\varepsilon^5 d_\gamma^0$,有 1 个未成对电子;当 Fe^{3+} 与弱场配体键合时,中心原子的 d 电子排布为 $d_\varepsilon^3 d_\gamma^2$,有 5 个未成对电子。由于配离子$[Fe(CN)_6]^{3-}$ 和$[Fe(NCS)_6]^{3-}$ 分别有 1 个和 5 个未成对电子,可知 CN^- 为强场配体,而 NCS^- 为弱场配体,因此 CN^- 的场强大于 NCS^- 的场强。

26. 在 Fe^{3+} 形成的配位个体中,为什么$[Fe(H_2O)_6]^{3+}$ 和$[FeF_6]^{3-}$ 的颜色很浅甚至无色,而$[Fe(CN)_6]^{3-}$ 的颜色却很深?

答：理论研究和实验都指出，电子在两个轨道之间发生跃迁时需要满足的条件是不改变电子的自旋方向，而改变电子自旋方向的跃迁是自旋禁阻的。

中心原子 Fe^{3+} 有 5 个 3d 电子，它在弱场和强场中的 d 电子排布分别为 $d_\varepsilon^3 d_\gamma^2$ 和 $d_\varepsilon^5 d_\gamma^0$。在配离子 $[Fe(H_2O)_6]^{3+}$ 和 $[FeF_6]^{3-}$ 中，H_2O 和 F^- 均为弱场配体，中心原子的 d 电子排布为 $d_\varepsilon^3 d_\gamma^2$。当中心原子的 d 电子由 d_ε 轨道向 d_γ 轨道跃迁时，其自旋方向要发生改变，这种跃迁是自旋禁阻的。由于这种跃迁是很困难的，发生的概率很小，对可见光的吸收程度很小，因此这两种配合物的颜色很浅甚至无色。

在配离子 $[Fe(CN)_6]^{3-}$ 中，CN^- 为强场配体，中心原子的 d 电子排布为 $d_\varepsilon^5 d_\gamma^0$，当中心原子的 d 电子由 d_ε 轨道向 d_γ 轨道跃迁时没有改变电子的自旋方向，这种跃迁是自旋允许的。由于这种跃迁发生的概率大，对可见光吸收程度大，因此配离子 $[Fe(CN)_6]^{3-}$ 的颜色很深。

27. 请利用配合物的晶体场理论，解释在空气中 $[Co(CN)_6]^{4-}$ 易被氧化成 $[Co(CN)_6]^{3-}$ 的原因。

答：在配离子 $[Co(CN)_6]^{4-}$ 中，Co^{2+} 有 7 个 3d 电子，CN^- 为强场配体，配离子为低自旋，中心原子的 d 电子排布为 $d_\varepsilon^6 d_\gamma^1$。由于在配离子 $[Co(CN)_6]^{4-}$ 中中心原子的 1 个 3d 电子处在能量较高的 d_γ 轨道上，这个电子容易失去，转化为 $[Co(CN)_6]^{3-}$。因此，$[Co(CN)_6]^{4-}$ 具有较强的还原性，容易被空气中的氧气氧化成 $[Co(CN)_6]^{3-}$。

28. 已知 $[Fe(H_2O)_6]^{3+}$ 的晶体场分裂能小于电子成对能，而 $[Fe(CN)_6]^{3-}$ 的晶体场分裂能大于电子成对能。请判断两种配离子的中心原子 d 电子的排布方式，并估计磁矩的大小。

答：基态 Fe^{3+} 的价层电子构型为 $3s^2 3p^6 3d^5$，它有 5 个 3d 电子。已知配离子 $[Fe(H_2O)_6]^{3+}$ 的晶体场分裂能小于电子成对能，因此中心原子的 d 电子排布方式为 $d_\varepsilon^3 d_\gamma^2$，有 5 个未成对电子。又知配离子 $[Fe(CN)_6]^{3-}$ 的晶体场分裂能大于电子成对能，因此中心原子的 d 电子排布方式为 $d_\varepsilon^5 d_\gamma^0$，只有 1 个未成对电子。因为 $[Fe(H_2O)_6]^{3+}$ 有 5 个未成对电子，而 $[Fe(CN)_6]^{3-}$ 有 1 个未成对电子，所以 $[Fe(H_2O)_6]^{3+}$ 的磁矩大于 $[Fe(CN)_6]^{3-}$。

29. 乙二胺四乙酸 H_4EDTA 与某些金属离子形成的配离子的标准稳定常数如下：

金属离子 $K_s^\ominus$(310.5 K)	Ca^{2+} 3.7×10^{10}	Cd^{2+} 3.2×10^{15}	Co^{2+} 2.0×10^{15}	Cu^{2+} 6.8×10^{18}	Fe^{3+} 1.2×10^{25}
金属离子 $K_s^\ominus$(310.5 K)	Hg^{2+} 6.3×10^{21}	Ni^{2+} 4.0×10^{15}	Pb^{2+} 1.0×10^{18}	Pd^{2+} 3.2×10^{18}	Sc^{2+} 1.3×10^{23}
金属离子 $K_s^\ominus$(310.5 K)	La^{3+} 3.2×10^{15}	Th^{4+} 1.6×10^{23}	Zr^{4+} 3.2×10^{29}	Cr^{3+} 5.0×10^{18}	

请回答下列问题：

（1）医疗上是否可以采用 $EDTA^{4-}$ 作螯合剂，与人体内某些重金属离子形成螯合个体，以治疗这些金属的中毒症？

（2）向人体内注射溶液治疗重金属中毒症时，选用 $Na_2[CaEDTA]$ 溶液好还是 Na_2H_2EDTA 溶液好？为什么？

答：(1) 由上表可看出 EDTA^{4-} 与重金属离子形成的配位个体的标准稳定常数都很大，表明这些配位个体的稳定性都很大。因此，在临床医学上常用 EDTA^{4-} 作为解毒剂与重金属离子形成易溶于水的非常稳定的配位个体，从而将重金属离子排出体外，以减轻重金属离子对人体的毒害，治疗这些重金属离子引发的中毒症。

(2) 由上表还可以看出，EDTA^{4-} 与 Ca^{2+} 形成的配位个体的标准稳定常数也很大，表明 EDTA^{4-} 也能与 Ca^{2+} 形成稳定的配位个体。在治疗重金属中毒症时，向体内注射 Na$_2$[CaEDTA] 较好，既可除去重金属离子 M^{z+}，又能起到补钙作用：

$$[CaEDTA]^{2-} + M^{z+} \Longrightarrow [MEDTA]^{z-4} + Ca^{2+}$$

若向体内注射 Na$_2$[H$_2$EDTA]，则在除去重金属离子的同时，也会从体内除去一部分 Ca^{2+}，造成人体在一定程度上缺钙。

习 题 解 答

1. 指出下列配合物的内界、外界、中心原子、配体、配位原子和中心原子的配位数：

(1) [Co(NH$_3$)$_6$]$_2$(SO$_4$)$_3$　　　　　　　(2) [Cu(NH$_3$)$_4$][PtCl$_4$]

(3) K$_2$[Pt(CN)$_4$(NO$_2$)$_2$]　　　　　　　(4) [Fe(CO)$_5$]

答：列表回答如下：

配体个体	[Co(en)$_3$]$_2$(SO$_4$)$_3$	[Cu(NH$_3$)$_4$][PtCl$_4$]	K$_2$[Pt(CN)$_4$(NO$_2$)$_2$]	[Fe(CO)$_5$]
内　界	[Co(en)$_3$]$^{3+}$	[Cu(NH$_3$)$_4$]$^{2+}$, [PtCl$_4$]$^{2-}$	[Pt(CN)$_4$(NO$_2$)$_2$]$^{2-}$	[Fe(CO)$_5$]
外　界	SO$_4^{2-}$	无	K$^+$	无
中心原子	Co^{3+}	Cu^{2+}, Pt^{2+}	Pt^{4+}	Fe
配　体	en	NH$_3$, Cl$^-$	CN$^-$, NO$_2^-$	CO
配位原子	N	N, Cl$^-$	C, N	C
配位数	6	4, 4	6	5

2. 命名下列配合物：

(1) K$_3$[Co(NCS)$_6$]　　　　　　(2) [Zn(OH)(H$_2$O)$_3$]NO$_3$

(3) [Ni(en)$_2$]SO$_4$　　　　　　　(4) [CoCl$_2$(NH$_3$)$_3$(H$_2$O)]Cl

(5) [CrCl(H$_2$O)$_5$]Cl$_2$　　　　　　(6) [PtNH$_2$NO$_2$(NH$_3$)$_2$]

答：(1) 六(异硫氰酸根)合钴(Ⅲ)酸钾

(2) 硝酸一羟基·三水合锌(Ⅱ)

(3) 硫酸二(乙二胺)合镍(Ⅱ)

(4) 氯化二氯·三氨·一水合钴(Ⅲ)

(5) 二氯化一氯·五水合铬(Ⅲ)

(6) 一氨基·一硝基·二氨合铂(Ⅱ)

3. 写出下列配合物的结构式：

（1）三氯·一氨合铂（Ⅱ）酸钾

（2）三硝基·三氨合钴（Ⅲ）

（3）硫酸三（乙二胺）合铬（Ⅲ）

（4）六氰合铁（Ⅱ）酸钾

（5）二氨基·二硝基·二氨合铂（Ⅳ）

（6）四（异硫氰酸根）·二氨合铬（Ⅲ）酸铵

答：（1）$K[PtCl_3(NH_3)]$

（2）$[Co(NO_2)_3(NH_3)_3]$

（3）$[Cr(en)_3]_2(SO_4)_3$

（4）$K_4[Fe(CN)_6]$

（5）$[Pt(NH_2)_2(NO_2)_2(NH_3)_2]$

（6）$NH_4[Cr(NCS)_4(NH_3)_2]$

4. 写出下列配位个体的立体异构体：

（1）$[PtI_2(NH_3)_4]^{2+}$　　　　　　（2）$[PtCl_2(NH_3)_2]$

（3）$[CoCl_2(NH_3)_3H_2O]^+$　　　（4）$[Co(NO_2)_2(en)_2]^+$

答：立体异构体包括几何异构体和旋光异构体。

（1）配离子$[PtI_2(NH_3)_4]^{2+}$有 2 种立体异构体（省略电荷）：

（2）配合物$[PtCl_2(NH_3)_2]$有 2 种立体异构体：

（3）配离子$[CoCl_2(NH_3)_3H_2O]^+$有 3 种立体异构（省略电荷）：

（4）配离子$[Co(NO_2)_2(en)_2]^+$有 3 种立体异构体（省略电荷）：

5. 已知配离子$[Co(CN)_6]^{3-}$的磁矩为零，请推测该配离子的空间构型和中心原子的杂化方式。由晶体场理论推测该配离子的分裂能与电子成对能的相对大小及中心原子的 d 电子排布方式,并计算配离子的晶体场稳定化能。

解: Co^{3+} 的价电子构型为 $3s^2 3p^6 3d^6$,由 $[Co(CN)_6]^{3-}$ 的磁矩为零,可知在配离子中中心原子的 6 个 3d 电子排布在 3 个 3d 轨道上。因此,中心原子的杂化方式为 $d^2 sp^3$ 杂化,配离子的空间构型为八面体。

由于中心原子的 d 电子为低自旋排布,可知配离子的分裂能 E_s 大于电子成对能 E_p,中心原子的 d 电子排布为 $(d_\varepsilon)^6 (d_\gamma)^0$,配离子的晶体场稳定化能为

$$E_{cfs} = 6 \times (-0.4 E_s) + (3-1) E_p = -2.4 E_s + 2 E_p$$

6. 根据实验测得的磁矩,判断下列配位个体的中心原子的杂化类型和空间构型。

(1) $[Fe(CN)_6]^{3-}$ ($\mu = 2.3 \mu_B$)

(2) $[FeF_6]^{3-}$ ($\mu = 5.9 \mu_B$)

(3) $[Ni(NH_3)_6]^{2+}$ ($\mu = 3.2 \mu_B$)

(4) $[Co(NH_3)_6]^{3+}$ ($\mu = 0$)

(5) $[CuCl_4]^{3-}$ ($\mu = 0$)

答: (1) Fe^{3+} 的价层电子构型为 $3s^2 3p^6 3d^5$,有 5 个 3d 电子。配位个体的磁矩为 $2.3 \mu_B$,与理论值 $1.73 \mu_B$ 相近,可知中心原子有 1 个未成对电子,故 5 个 3d 电子排布在 3 个 3d 轨道上。因此,中心原子采取 $d^2 sp^3$ 杂化,$[Fe(CN)_6]^{3-}$ 的空间构型为八面体。

(2) Fe^{3+} 的价层电子构型为 $3s^2 3p^6 3d^5$,有 5 个 3d 电子。配位个体的磁矩为 $5.9 \mu_B$,与理论值 $5.92 \mu_B$ 相近,可知中心原子有 5 个未成对电子,故 5 个 3d 电子分占 5 个 3d 轨道。因此,中心原子采取 $sp^3 d^2$ 杂化,$[FeF_6]^{3-}$ 的空间构型为八面体。

(3) Ni^{2+} 的价层电子构型为 $3s^2 3p^6 3d^8$,有 8 个 3d 电子。配位个体的磁矩为 $3.2 \mu_B$,与理论值 $2.83 \mu_B$ 相近,可知中心原子有 2 个未成对电子,故 8 个 3d 电子分占了 5 个 3d 轨道。因此,中心原子采取 sp^3 杂化,$[Ni(NH_3)_4]^{2+}$ 的空间构型为四面体。

(4) Co^{3+} 的价层电子构型为 $3s^2 3p^6 3d^6$,有 6 个 3d 电子。配位个体的磁矩为 0,可知中心原子没有未成对电子,故 6 个 3d 电子排布在 3 个 3d 轨道上。因此,中心原子采取 $d^2 sp^3$ 杂化,$[Co(NH_3)_6]^{3+}$ 的空间构型为八面体。

(5) Cu^+ 的价层电子构型为 $3s^2 3p^6 3d^{10}$,有 10 个 3d 电子。配位个体的磁矩为 0,可知中心原子没有未成对电子,故 10 个 3d 电子排布在 5 个 3d 轨道上。因此,中心原子采取 sp^3 杂化,$[CuCl_4]^{3-}$ 的空间构型为正四面体。

7. 有 3 种组成相同的配合物,化学式均为 $CrCl_3 \cdot 6H_2O$,但颜色各不相同。加入 $AgNO_3$ 溶液后,亮绿色配合物有 2/3 的 Cl^- 沉淀析出;暗绿色配合物能沉淀 1/3 的 Cl^-;紫色配合物能沉淀全部的 Cl^-。请分别写出这 3 种配合物的结构式。

答: 加入 $AgNO_3$ 溶液后,亮绿色配合物有 2/3 的 Cl^- 沉淀析出,表明有 2/3 的 Cl^- 处于配合物的外界,有 1/3 的 Cl^- 处于配合物的内界。因此,亮绿色配合物的结构式为 $[CrCl(H_2O)_5]Cl_2 \cdot H_2O$。

加入 $AgNO_3$ 溶液后,暗绿色配合物能沉淀 1/3 的 Cl^-,表明有 1/3 的 Cl^- 处于配合物的外界,

有 2/3 的 Cl^- 处于配合物的内界。因此,暗绿色配合物的结构式为$[CrCl_2(H_2O)_4]Cl\cdot2H_2O$。

加入 $AgNO_3$ 溶液后,紫色配合物能沉淀出全部的 Cl^-,表明 Cl^- 全部处于配合物的外界。因此,紫色配合物的结构式为$[Cr(H_2O)_6]Cl_3$。

8. 有两种组成相同的配合物,化学式均为 $Co(NH_3)_5BrSO_4$。向第一种配合物溶液中加入 $BaCl_2$ 溶液时有 $BaSO_4$ 沉淀生成,加入 $AgNO_3$ 溶液时没有 $AgBr$ 沉淀生成。向第二种配合物溶液中加入 $BaCl_2$ 溶液时没有 $BaSO_4$ 沉淀生成,加入 $AgNO_3$ 溶液时有 $AgBr$ 沉淀生成。请写出这两种配合物的结构式,并说明理由。

答:在第一种配合物的溶液中加入 $BaCl_2$ 溶液时有 $BaSO_4$ 沉淀生成,表明 SO_4^{2-} 处于外界;加入 $AgNO_3$ 溶液时没有 $AgBr$ 沉淀生成,表明 Br^- 处于内界中。因此,第一种配合物的结构式为$[CoBr(H_2O)_5]SO_4$。

在第二种配合物溶液中加入 $BaCl_2$ 溶液时没有 $BaSO_4$ 沉淀生成,表明 SO_4^{2-} 处于配合物内界中;加入 $AgNO_3$ 溶液时生成 $AgBr$ 沉淀,表明 Br^- 处于外界。因此,第二种配合物的结构式为$[CoSO_4(H_2O)_5]Br$。

9. Co^{3+} 的电子成对能为 $251.2\ kJ\cdot mol^{-1}$,NH_3 的分裂能为 $275.2\ kJ\cdot mol^{-1}$,计算$[Co(NH_3)_6]^{3+}$ 的晶体场稳定化能。

解:在配位个体 $[Co(NH_3)_6]^{3+}$ 中,由于分裂能大于电子成对能,中心原子的 d 电子排布为$(d_\epsilon)^6(d_\gamma)^0$。配位个体的晶体场稳定化能为

$$
\begin{aligned}
E_{cfs} &= 6\times(-0.4\,E_s)+(3-1)E_p \\
&= -2.4\times275.2\ kJ\cdot mol^{-1}+2\times251.2\ kJ\cdot mol^{-1} \\
&= -158.1\ kJ\cdot mol^{-1}
\end{aligned}
$$

10. 计算下列反应的标准平衡常数,并判断反应进行的方向:
(1) $[Ag(NH_3)_2]^+ + 2S_2O_3^{2-} \rightleftharpoons [Ag(S_2O_3)_2]^{3-} + 2NH_3$
(2) $[Cu(NH_3)_4]^{2+} + Cd^{2+} \rightleftharpoons [Cd(NH_3)_4]^{2+} + Cu^{2+}$
(3) $[HgCl_4]^{2-} + 4I^- \rightleftharpoons [HgI_4]^{2-} + 4Cl^-$
(4) $[Co(CN)_6]^{3-} + 6NH_3 \rightleftharpoons [Co(NH_3)_6]^{3+} + 6CN^-$

解:(1) 反应的标准平衡常数为

$$
\begin{aligned}
K^\ominus &= \frac{[c_{eq}(NH_3)]^2\cdot c_{eq}\{[Ag(S_2O_3)_2]^{3-}\}}{[c_{eq}(S_2O_3^{2-})]^2\cdot c_{eq}\{[Ag(NH_3)_2]^+\}} \\
&= \frac{c_{eq}\{[Ag(S_2O_3)_2]^{3-}\}}{[c_{eq}(S_2O_3^{2-})]^2\cdot c_{eq}(Ag^+)}\cdot\frac{[c_{eq}(NH_3)]^2\cdot c_{eq}(Ag^+)}{c_{eq}\{[Ag(NH_3)_2]^+\}} \\
&= \frac{K_s^\ominus\{[Ag(S_2O_3)_2]^{3-}\}}{K_s^\ominus\{[Ag(NH_3)_2]^+\}} \\
&= \frac{2.9\times10^{13}}{1.67\times10^7}=1.7\times10^6
\end{aligned}
$$

由于标准平衡常数很大,反应正向进行。
(2) 反应的标准平衡常数为

$$K^{\ominus} = \frac{c_{eq}(Cu^{2+}) \cdot c_{eq}\{[Cd(NH_3)_4]^{2+}\}}{c_{eq}(Cd^{2+}) \cdot c_{eq}\{[Cu(NH_3)_4]^{2+}\}} = \frac{K_s^{\ominus}\{[Cd(NH_3)_4]^{2+}\}}{K_s^{\ominus}\{[Cu(NH_3)_4]^{2+}\}}$$

$$= \frac{2.78 \times 10^7}{2.30 \times 10^{12}} = 1.21 \times 10^{-5}$$

由于标准平衡常数很小,反应逆向进行。

(3) 反应的标准平衡常数为

$$K^{\ominus} = \frac{[c_{eq}(Cl^-)]^4 \cdot c_{eq}\{[HgI_4]^{2-}\}}{[c_{eq}(I^-)]^4 \cdot c_{eq}\{[HgCl_4]^{2-}\}} = \frac{K_s^{\ominus}\{[HgI_4]^{2-}\}}{K_s^{\ominus}\{[HgCl_4]^{2-}\}}$$

$$= \frac{5.66 \times 10^{29}}{1.31 \times 10^{15}} = 4.32 \times 10^{14}$$

由于标准平衡常数很大,反应正向进行。

(4) 反应的标准平衡常数为

$$K^{\ominus} = \frac{[c_{eq}(CN^-)]^6 \cdot c_{eq}\{[Co(NH_3)_6]^{3+}\}}{[c_{eq}(NH_3)]^6 \cdot c_{eq}\{[Co(CN)_6]^{3-}\}} = \frac{K_s^{\ominus}\{[Co(NH_3)_6]^{3+}\}}{K_s^{\ominus}\{[Co(CN)_6]^{3-}\}}$$

$$= \frac{1.6 \times 10^{35}}{1.0 \times 10^{64}} = 1.6 \times 10^{-29}$$

由于标准平衡常数很小,反应逆向进行。

11. 25 ℃时,在 $CuCl_2$ 溶液中滴加氨水,平衡时 NH_3 的浓度为 8.1×10^{-4} mol·L^{-1},且有 50% 的 Cu^{2+} 生成了 $[Cu(NH_3)_4]^{2+}$,剩余的以 Cu^{2+} 形式存在。计算 25 ℃时配离子 $[Cu(NH_3)_4]^{2+}$ 的标准稳定常数。

解:在 $CuCl_2$ 溶液中滴加氨水,发生下列反应:

$$Cu^{2+} + 4NH_3 \rightleftharpoons [Cu(NH_3)_4]^{2+}$$

如果 $CuCl_2$ 溶液的浓度为 $c(CuCl_2)$,则 $c_{eq}(Cu^{2+}) = c_{eq}\{[Cu(NH_3)_4]^{2+}\} = c(CuCl_2) \times 50\%$。25 ℃时,$[Cu(NH_3)_4]^{2+}$ 的标准稳定常数为

$$K_s^{\ominus}\{[Cu(NH_3)_4]^{2+}\} = \frac{c_{eq}\{[Cu(NH_3)_4]^{2+}\}}{c_{eq}(Cu^{2+}) \cdot [c_{eq}(NH_3)]^4}$$

$$= \frac{c(CuCl_2) \times 50\%}{c(CuCl_2) \times 50\% \times (8.1 \times 10^{-4})^4}$$

$$= 2.3 \times 10^{12}$$

12. 25 ℃时,在 $AgNO_3$ 的 NH_3 溶液中,若有一半 Ag^+ 形成 $[Ag(NH_3)_2]^+$,计算此时溶液中 NH_3 的平衡浓度。

解:25 ℃时,$K_s^{\ominus}\{[Ag(NH_3)_2]^+\} = 1.67 \times 10^7$。反应方程式为

$$Ag^+ + 2NH_3 \rightleftharpoons [Ag(NH_3)_2]^+$$

据题意知 $c_{eq}(Ag^+) = c_{eq}\{[Ag(NH_3)_2]^+\}$,则 NH_3 的平衡浓度为

$$c_{eq}(NH_3) = \sqrt{\frac{c_{eq}\{[Ag(NH_3)_2]^+\}}{c_{eq}(Ag^+) \cdot K_s^\ominus\{[Ag(NH_3)_2]^+\}}}$$

$$= \sqrt{\frac{1}{1.67 \times 10^7}} \text{ mol} \cdot L^{-1} = 2.45 \times 10^{-4} \text{ mol} \cdot L^{-1}$$

13. 25 ℃时, $K_s^\ominus\{[Ag(S_2O_3)_2]^{3-}\} = 2.9 \times 10^{13}$。计算 25 ℃时 0.010 mol·$L^{-1}$ $[Ag(S_2O_3)_2]^{3-}$ 溶液中 $S_2O_3^{2-}$、$[Ag(S_2O_3)_2]^{3-}$ 和 Ag^+ 的平衡浓度。

解：设溶液中 Ag^+ 浓度为 x mol·L^{-1}, 则有

$$[Ag(S_2O_3)_2]^{3-} \rightleftharpoons Ag^+ + 2S_2O_3^{2-}$$

$c_0/(\text{mol}\cdot L^{-1})$	0.010	0	0
$\Delta c/(\text{mol}\cdot L^{-1})$	$-x$	$+x$	$+2x$
$c_{eq}/(\text{mol}\cdot L^{-1})$	$0.010-x$	x	$2x$

反应的标准平衡常数表达式为

$$K^\ominus = \frac{c_{eq}(Ag^+) \cdot [c_{eq}(S_2O_3^{2-})]^2}{c_{eq}\{[Ag(S_2O_3)_2]^{3-}\}} = \frac{1}{K_s^\ominus\{[Ag(S_2O_3)_2]^{3-}\}}$$

将配位个体、中心原子和配体的平衡浓度代入标准平衡常数表达式：

$$\frac{x \cdot (2x)^2}{0.010-x} = \frac{1}{2.9 \times 10^{13}}$$

由于 $K^\ominus$ 很小, 反应正向进行的趋势很小, 故 x 很小, 因此有 $0.010-x \approx 0.010$。由上式可得

$$x = \sqrt[3]{\frac{0.010}{4 \times 2.9 \times 10^{13}}} = 4.4 \times 10^{-6}$$

Ag^+、$S_2O_3^{2-}$ 和 $[Ag(S_2O_3)_2]^{3-}$ 的平衡浓度分别为

$$c_{eq}(Ag^+) = x \text{ mol}\cdot L^{-1} = 4.4 \times 10^{-6} \text{ mol}\cdot L^{-1}$$

$$c_{eq}(S_2O_3^{2-}) = 2x \text{ mol}\cdot L^{-1} = 8.8 \times 10^{-6} \text{ mol}\cdot L^{-1}$$

$$c_{eq}\{[Ag(S_2O_3)_2]^{3-}\} = 0.010 \text{ mol}\cdot L^{-1} - 4.4 \times 10^{-6} \text{ mol}\cdot L^{-1}$$

$$= 0.010 \text{ mol}\cdot L^{-1}$$

14. 已知 298.15 K 时 $[CuEDTA]^{2-}$ 和 $[Cu(en)_2]^{2+}$ 的标准稳定常数分别为 5.0×10^{18} 和 4.0×10^{19}, 从标准稳定常数的大小能否说明 $[Cu(en)_2]^{2+}$ 的稳定性大于 $[CuEDTA]^{2-}$？为什么？

解：只有配体数相同的配位个体, 才能利用标准稳定常数直接比较配位个体稳定性的大小。而对于配体数不相同的配位个体, 必须通过计算求出溶液中中心原子的浓度, 然后再比较配位个体稳定性的大小。为了讨论问题的方便, 设 $[Cu(en)_2]^{2+}$ 和 $[CuEDTA]^{2-}$ 的初始浓度均为 0.10 mol·L^{-1}。

在 $[Cu(en)_2]^{2+}$ 溶液中, 存在下述解离平衡：

$$[Cu(en)_2]^{2+} \rightleftharpoons Cu^{2+} + 2en$$

反应的标准平衡常数表达式为

$$\frac{c_{eq}(Cu^{2+}) \cdot [c_{eq}(en)]^2}{c_{eq}\{[Cu(en)_2]^{2+}\}} = \frac{1}{K^{\ominus}\{[Cu(en)_2]^{2+}\}}$$

代入数据:

$$\frac{c_{eq}(Cu^{2+}) \cdot [2c_{eq}(Cu^{2+})]^2}{0.10 - c_{eq}(Cu^{2+})} = \frac{1}{K_s^{\ominus}([Cu(en)_2]^{2+})}$$

由上式解得

$$c_{eq}(Cu^{2+}) = 8.5 \times 10^{-8} \text{ mol} \cdot L^{-1}$$

0.10 mol·L⁻¹[Cu(en)₂]²⁺溶液中 Cu²⁺ 浓度为 8.5×10⁻⁸ mol·L⁻¹。

在[CuEDTA]²⁻溶液中,存在下述解离平衡:

$$[CuEDTA]^{2-} \rightleftharpoons Cu^{2+} + EDTA^{4-}$$

反应的标准平衡常数表达式为

$$\frac{c_{eq}(Cu^{2+}) \cdot c_{eq}(EDTA^{4-})}{c_{eq}\{[CuEDTA]^{2-}\}} = \frac{1}{K_s^{\ominus}\{[CuEDTA]^{2-}\}}$$

代入数据:

$$\frac{[c_{eq}(Cu^{2+})]^2}{0.10 - c_{eq}(Cu^{2+})} = \frac{1}{6.3 \times 10^{18}}$$

由上式解得

$$c_{eq}(Cu^{2+}) = 1.3 \times 10^{-10} \text{ mol} \cdot L^{-1}$$

0.10 mol·L⁻¹[CuEDTA]²⁻溶液中 Cu²⁺ 浓度为 1.3×10⁻¹⁰ mol·L⁻¹。

计算结果表明,在相同浓度的[Cu(en)₂]²⁺溶液和[CuEDTA]²⁻溶液中,[CuEDTA]²⁻溶液中 Cu²⁺ 浓度较低,因此[CuEDTA]²⁻比[Cu(en)₂]²⁺更稳定。

15. 298.15 K时,在 0.10 mol·L⁻¹[Zn(NH₃)₄]²⁺溶液中,通入 H₂S 气体至 S²⁻ 浓度为 1.0×10⁻¹⁰ mol·L⁻¹,是否有 ZnS 沉淀析出?

解:298.15 K 时,$K_s^{\ominus}\{[Zn(NH_3)_4]^{2+}\} = 3.6 \times 10^8$,$K_{sp}^{\ominus}(ZnS) = 1.2 \times 10^{-23}$。

若在 0.10 mol·L⁻¹[Zn(NH₃)₄]²⁺溶液中 Zn²⁺ 的平衡浓度为 $c_{eq}(Zn^{2+})$,则 NH₃ 的平衡浓度为 $4c_{eq}(Zn^{2+})$,[Zn(NH₃)₄]²⁺ 的平衡浓度为 0.10 mol·L⁻¹ − $c_{eq}(Zn^{2+})$ ≈ 0.10 mol·L⁻¹。代入[Zn(NH₃)₄]²⁻解离反应的标准平衡常数表达式中得

$$\frac{c_{eq}(Zn^{2+}) \cdot [4c_{eq}(Zn^{2+})]^4}{0.10} = \frac{1}{3.6 \times 10^8}$$

由上式解得

$$c_{eq}(Zn^{2+}) = \sqrt[5]{\frac{0.10}{4^4 \times 3.6 \times 10^8}}\ mol \cdot L^{-1} = 4.0 \times 10^{-3}\ mol \cdot L^{-1}$$

在 $0.10\ mol \cdot L^{-1} [Zn(NH_3)_4]^{2+}$ 溶液中, Zn^{2+} 浓度为 $4.0 \times 10^{-3}\ mol \cdot L^{-1}$。

通入 H_2S 气体后, 反应商为

$$J = c(Zn^{2+}) \cdot c(S^{2-})$$
$$= 4.0 \times 10^{-3} \times 1.0 \times 10^{-10} = 4.0 \times 10^{-13} > 1.2 \times 10^{-23}$$

由于 $J > K_{sp}^{\ominus}(ZnS)$, 因此有 ZnS 沉淀生成。

16. 298.15 K 时, 将 0.10 mol $AgNO_3$ 固体溶于 1.0 L $1.00\ mol \cdot L^{-1}$ NH_3 溶液中。

(1) 若再溶入 0.010 mol NaCl 固体时, 有无 AgCl 沉淀生成?

(2) 如果用 NaBr 固体代替 NaCl 固体时, 有无 AgBr 沉淀生成?

(3) 如用 KI 固体代替 NaCl 固体, 则最少需加入多少克 KI 才有 AgI 沉淀析出?

解: 加入 $X^-(X^- = Cl^-, Br^-, I^-)$ 后, 反应的离子方程式为

$$[Ag(NH_3)_2]^+(aq) + X^-(aq) \rightleftharpoons AgX(s) + 2NH_3(aq)$$

反应的标准平衡常数为

$$K^{\ominus} = \frac{[c_{eq}(NH_3)]^2}{c_{eq}(X^-) \cdot c_{eq}\{[Ag(NH_3)_2]^+\}}$$
$$= \frac{c_{eq}(Ag^+) \cdot [c_{eq}(NH_3)]^2}{c_{eq}\{[Ag(NH_3)_2]^+\}} \cdot \frac{1}{c_{eq}(Ag^+) \cdot c_{eq}(X^-)}$$
$$= \frac{1}{K_s^{\ominus}\{[Ag(NH_3)_2]^+\} \cdot K_{sp}^{\ominus}(AgX)}$$

(1) 由于 $K_s^{\ominus}\{[Ag(NH_3)_2]^+\}$ 很大, 将 0.10 mol $AgNO_3$ 固体溶于 1.0 L $1.00\ mol \cdot L^{-1}$ 氨水中, 可生成 $0.10\ mol \cdot L^{-1} [Ag(NH_3)_2]^+$。氨的平衡浓度为 $1.00\ mol \cdot L^{-1} - 2 \times 0.10\ mol \cdot L^{-1} = 0.80\ mol \cdot L^{-1}$。

反应的标准平衡常数为

$$K_1^{\ominus} = \frac{1}{K_s^{\ominus}\{[Ag(NH_3)_2]^+\} \cdot K_{sp}^{\ominus}(AgCl)}$$
$$= \frac{1}{1.67 \times 10^7 \times 1.8 \times 10^{-10}} = 333$$

该条件下的反应商为

$$J_1 = \frac{[c(NH_3)]^2}{c(Cl^-) \cdot c\{[Ag(NH_3)_2]^+\}}$$
$$= \frac{(0.80)^2}{0.010 \times 0.10} = 640 > 333$$

由于 $J_1 > K_1^{\ominus}$, 因此 $\Delta_r G_m > 0$, 反应不能正向进行, 没有 AgCl 沉淀生成。

（2）反应的标准平衡常数为

$$K_2^{\ominus} = \frac{1}{K_s^{\ominus}\{[Ag(NH_3)_2]^+\} \cdot K_{sp}^{\ominus}(AgBr)}$$

$$= \frac{1}{1.67 \times 10^7 \times 5.3 \times 10^{-13}} = 1.1 \times 10^5$$

反应商 $J_2 = J_1 = 640$，由于 $K_2^{\ominus} > J_2$，因此 $\Delta_r G_m < 0$，反应可以正向进行，有 AgBr 沉淀生成。

（3）AgI 的溶解度比 AgBr 的溶解度还小，因此用 KI 固体代替 NaCl 固体时有 AgI 沉淀生成。

反应的标准平衡常数为

$$K_3^{\ominus} = \frac{1}{K_s^{\ominus}\{[Ag(NH_3)_2]^+\} \cdot K_{sp}^{\ominus}(AgI)}$$

$$= \frac{1}{1.67 \times 10^7 \times 8.3 \times 10^{-17}} = 7.2 \times 10^8$$

生成 AgI 沉淀的条件是 $J_3 < K_3^{\ominus}$，故生成 AgI 沉淀所需 KI 浓度为

$$c(I^-) > \frac{[c(NH_3)]^2}{K_3^{\ominus} \cdot c\{[Ag(NH_3)_2]^+\}}$$

$$> \frac{0.80^2}{7.2 \times 10^8 \times 0.10} \ mol \cdot L^{-1} = 8.9 \times 10^{-9} \ mol \cdot L^{-1}$$

故最少需加入 KI 的质量为

$$m(KI) = c(I^-) \cdot V \cdot M(KI)$$

$$= 8.9 \times 10^{-9} \ mol \cdot L^{-1} \times 1.0 \ L \times 166 \ g \cdot mol^{-1} = 1.5 \times 10^{-6} \ g$$

最少加入 1.5×10^{-6} g KI，就有 AgI 沉淀析出。

17. 298.15 K 时，1.0 L 某 NH_3 溶液恰好溶解了 0.020 mol AgCl 固体，此 NH_3 溶液的浓度为多少？

解：AgCl 固体溶于 NH_3 溶液的反应离子方程式为

$$2NH_3(aq) + AgCl(s) \Longleftrightarrow [Ag(NH_3)_2]^+(aq) + Cl^-(aq)$$

反应的标准平衡常数为

$$K^{\ominus} = \frac{c_{eq}(Cl^-) \cdot c_{eq}\{[Ag(NH_3)_2]^+\}}{[c_{eq}(NH_3)]^2}$$

$$= K_s^{\ominus}\{[Ag(NH_3)_2]^+\} \cdot K_{sp}^{\ominus}(AgCl)$$

$$= 1.67 \times 10^7 \times 1.8 \times 10^{-10} = 3.0 \times 10^{-3}$$

若该 NH_3 溶液的起始浓度为 $c(NH_3)$，则 $[Ag(NH_3)_2]^+$ 和 Cl^- 的平衡浓度均为 0.020 $mol \cdot L^{-1}$，NH_3 的平衡浓度为 $c(NH_3) - 2 \times 0.020 \ mol \cdot L^{-1}$。将平衡浓度代入标准平衡常数表达式：

$$3.0 \times 10^{-3} = \frac{0.020 \times 0.020}{\left[\{c(NH_3)\} - 0.040\right]^2}$$

由上式解得

$$c(NH_3) = 0.41 \text{ mol} \cdot L^{-1}$$

此 NH_3 溶液的浓度为 $0.41 \text{ mol} \cdot L^{-1}$。

18. 25 ℃ 时，$K_{sp}^{\ominus}(AgCl) = 1.8 \times 10^{-10}$，$K_s^{\ominus}\{[Ag(NH_3)_2]^+\} = 1.67 \times 10^7$。计算 25 ℃ 时在 100 mL 10 $\text{mol} \cdot L^{-1}$ NH_3 溶液中能溶解 AgCl 固体的质量。

解： AgCl 固体溶解在 NH_3 溶液中的离子方程式为

$$AgCl + 2NH_3 \rightleftharpoons [Ag(NH_3)_2]^+ + Cl^-$$

若 $[Ag(NH_3)_2]^+$ 的平衡浓度为 $x \text{ mol} \cdot L^{-1}$，则 Cl^- 的平衡浓度为 $x \text{ mol} \cdot L^{-1}$，$NH_3$ 的平衡浓度为 $(10 - 2x) \text{ mol} \cdot L^{-1}$。

25 ℃ 时，上述沉淀溶解反应的标准平衡常数为

$$K^{\ominus} = \frac{c_{eq}\{[Ag(NH_3)_2]^+\} \cdot c_{eq}(Cl^-)}{\left[c_{eq}(NH_3)\right]^2}$$

$$= \frac{c_{eq}\{[Ag(NH_3)_2]^+\} \cdot c_{eq}(Cl^-) \cdot c_{eq}(Ag^+)}{c_{eq}(Ag^+) \cdot \left[c_{eq}(NH_3)\right]^2}$$

$$= K_s^{\ominus}\{[Ag(NH_3)_2]^+\} \cdot K_s^{\ominus}(AgCl)$$

$$= 1.67 \times 10^7 \times 1.8 \times 10^{-10} = 3.0 \times 10^{-3}$$

将已知数据代入标准平衡常数表达式中：

$$3.0 \times 10^{-3} = \frac{x^2}{(10 - 2x)^2}$$

由上式可得

$$0.055 = \frac{x}{10 - 2x}$$

$$x = \frac{0.55}{1.11} = 0.50$$

100 mL 10 $\text{mol} \cdot L^{-1}$ NH_3 溶液能溶解 AgCl 固体的质量为

$$m(AgCl) = n(AgCl) \cdot M(AgCl) = c_{eq}(Cl^-) \cdot V(NH_3) \cdot M(AgCl)$$

$$= 0.50 \text{ mol} \cdot L^{-1} \times 0.10 \text{ L} \times 143.5 \text{ g} \cdot \text{mol}^{-1} = 7.2 \text{ g}$$

19. 已知 298.15 K 时，$E^{\ominus}(Co^{3+}/Co^{2+}) = 1.80$ V，$E^{\ominus}(O_2/H_2O) = 1.23$ V，$K_s^{\ominus}\{[Co(NH_3)_6]^{3+}\} = 1.6 \times 10^{35}$，$K_s^{\ominus}\{[Co(NH_3)_6]^{2+}\} = 1.3 \times 10^5$，$K_b^{\ominus}(NH_3) = 1.8 \times 10^{-5}$。

(1) 确定 298.15 K 时在标准状态下 Co^{3+} 在水溶液中能否稳定存在；

(2) 确定 298.15 K 时 $[Co(NH_3)_6]^{3+}$ 在 1.0 $\text{mol} \cdot L^{-1}$ NH_3 溶液中能否稳定存在（O_2 的压力为 100 kPa，其他有关离子浓度均为 1.0 $\text{mol} \cdot L^{-1}$）。

解：(1) 由于 $E^{\ominus}(Co^{3+}/Co^{2+})>E^{\ominus}(O_2/H_2O)$,298.15 K、标准状态下 Co^{3+} 能把 H_2O 氧化为 O_2,因此标准状态下 Co^{3+} 在水溶液中不能稳定存在。有关反应式为

$$4Co^{3+} + 2H_2O \xrightarrow{\quad\quad} 4Co^{2+} + O_2\uparrow + 4H^+$$

(2) 298.15 K 时,电对 $[Co(NH_3)_6]^{3+}/[Co(NH_3)_6]^{2+}$ 的标准电极电势为

$$E^{\ominus}\{[Co(NH_3)_6]^{3+}/[Co(NH_3)_6]^{2+}\} = E^{\ominus}(Co^{3+}/Co^{2+})$$

$$+ 0.059\,16\ V \times lg\frac{K_s^{\ominus}\{[Co(NH_3)_6]^{2+}\}}{K_s^{\ominus}\{[Co(NH_3)_6]^{3+}\}}$$

$$= 1.80\ V + 0.059\,16\ V \times lg\frac{1.3\times10^5}{1.6\times10^{35}}$$

$$= 0.02\ V$$

$1.0\ mol \cdot L^{-1}\ NH_3$ 溶液中 OH^- 和 H^+ 的平衡浓度分别为

$$c_{eq}(OH^-) = \sqrt{c(NH_3) \cdot K_b^{\ominus}(NH_3)}$$

$$= \sqrt{1.0\times1.8\times10^{-5}}\ mol \cdot L^{-1} = 4.2\times10^{-3}\ mol \cdot L^{-1}$$

$$c_{eq}(H^+) = \frac{K_w^{\ominus}}{c_{eq}(OH^-)} = \frac{1.0\times10^{-14}}{4.2\times10^{-3}}\ mol \cdot L^{-1} = 2.4\times10^{-12}\ mol \cdot L^{-1}$$

此时电对 O_2/H_2O 的电极电势为

$$E(O_2/H_2O) = E^{\ominus}(O_2/H_2O) + \frac{0.059\,16\ V}{4}lg\{[c(H^+)]^4 \cdot p(O_2)/p^{\ominus}\}$$

$$= 1.23\ V + \frac{0.059\,16\ V}{4}lg[(2.4\times10^{-12})^4 \times 100/100] = 0.54\ V$$

由于 $E\{[Co(NH_3)_6]^{3+}/[Co(NH_3)_6]^{2+}\} < E(O_2/H_2O)$,因此在此条件下 $[Co(NH_3)_6]^{3+}$ 不能氧化 H_2O,可以在水溶液中稳定存在。

20. 已知 298.15 K 时,下列配位个体生成反应:

$$Cu^{2+} + 4NH_3 \xrightarrow{\quad\quad} [Cu(NH_3)_4]^{2+}$$

$\Delta_r H_m^{\ominus} = -46\ kJ \cdot mol^{-1}$,$\Delta_r S_m^{\ominus} = -8.37\ J \cdot mol^{-1} \cdot K^{-1}$。计算在 298.15 K 时 $[Cu(NH_3)_4]^{2+}$ 的标准稳定常数。

解：298.15 K 时,该配位个体生成反应的标准摩尔吉布斯自由能变为

$$\Delta_r G_m^{\ominus} = \Delta_r H_m^{\ominus} - T\Delta_r S_m^{\ominus}$$

$$= -46\ kJ \cdot mol^{-1} - 298\ K \times (-8.37\times10^{-3}\ kJ \cdot mol^{-1} \cdot K^{-1})$$

$$= -43.5\ kJ \cdot mol^{-1}$$

298.15 K 时,$[Cu(NH_3)_4]^{2+}$ 的标准稳定常数为

$$\ln K_s^{\ominus} = \ln K^{\ominus} = \frac{-\Delta_r G_m^{\ominus}}{RT}$$

$$= \frac{43.5\times10^3\ J \cdot mol^{-1}}{8.314\ J \cdot mol^{-1} \cdot K^{-1} \times 298.15\ K} = 17.55$$

$$K_s^{\ominus} = 4.2 \times 10^7$$

21. 计算 298.15 K 时电对$[Cu(NH_3)_4]^{2+}/Cu$ 的标准电极电势,根据计算数据说明氨水能否储存在铜制容器中?

解:298.15 K 时,电对$[Cu(NH_3)_4]^{2+}/Cu$ 的标准电极电势为

$$E^{\ominus}\{[Cu(NH_3)_4]^{2+}/Cu\} = E^{\ominus}(Cu^{2+}/Cu)$$
$$- \frac{0.059\,16\text{ V}}{2} \lg K_s^{\ominus}\{[Cu(NH_3)_4]^{2+}\}$$
$$= 0.339\text{ V} - \frac{0.059\,16\text{ V}}{2} \times \lg(2.3 \times 10^{12})$$
$$= -0.026\text{ V}$$

298.15 K 时,在氨水中电对的标准电极电势由 0.339 V 降低到 −0.026 V,使 Cu 的还原性增强,容易被氧化。因此,不能用铜器储存氨水。

22. 298.15 K 时,$E^{\ominus}(Zn^{2+}/Zn) = -0.762$ V,$E^{\ominus}\{[Zn(NH_3)_4]^{2+}/Zn\} = -1.01$ V。计算 298.15 K 时$[Zn(NH_3)_4]^{2+}$ 的标准稳定常数。

解:298.15 K 时$[Zn(NH_3)_4]^{2+}$ 的标准稳定常数为

$$\lg K_s^{\ominus}\{[Zn(NH_3)_4]^{2+}\} = \frac{E^{\ominus}(Zn^{2+}/Zn) - E^{\ominus}\{[Zn(NH_3)_4]^{2+}/Zn\}}{0.059\,16\text{ V}/z}$$
$$= \frac{2 \times [-0.762\text{ V} - (-1.01\text{ V})]}{0.059\,16\text{ V}} = 8.38$$
$$K_s^{\ominus}\{[Zn(NH_3)_4]^{2+}\} = 2.4 \times 10^8$$

23. 25 ℃ 时,$K_{sp}^{\ominus}[Cu(OH)_2] = 2.2 \times 10^{-20}$,$K_s^{\ominus}\{[Cu(NH_3)_4]^{2+}\} = 2.3 \times 10^{12}$。将 10 mL 0.10 mol·L⁻¹ CuSO₄ 溶液与 10 mL 6.0 mol·L⁻¹ NH₃ 溶液混合,计算平衡时溶液中 Cu^{2+}、NH_3 和 $[Cu(NH_3)_4]^{2+}$ 的浓度。如果向此混合溶液中加入 0.010 mol NaOH 固体,是否有 $Cu(OH)_2$ 沉淀生成?

解:将 10 mL 0.10 mol·L⁻¹ CuSO₄ 溶液与 10 mL 6.0 mol·L⁻¹ NH₃ 溶液混合后,发生下列反应:

$$Cu^{2+} + 4NH_3 \Longrightarrow [Cu(NH_3)_4]^{2+}$$

两种溶液等体积混合后未发生反应前 Cu^{2+} 和 NH_3 的浓度分别为 0.050 mol·L⁻¹ 和 3.0 mol·L⁻¹。由于 NH_3 过量,且$[Cu(NH_3)_4]^{2+}$ 的标准稳定常数很大,因此反应正向进行的程度很大,可以认为 Cu^{2+} 全部转化为$[Cu(NH_3)_4]^{2+}$。再设平衡时$[Cu(NH_3)_4]^{2+}$ 解离出的 Cu^{2+} 的浓度为 x mol·L⁻¹,则可知 NH_3 和$[Cu(NH_3)_4]^{2+}$ 的平衡浓度分别为

$$c_{eq}(NH_3) = 3.0\text{ mol·L}^{-1} - 4 \times 0.050\text{ mol·L}^{-1} + 4x\text{ mol·L}^{-1}$$
$$= 2.8\text{ mol·L}^{-1}$$
$$c_{eq}\{[Cu(NH_3)_4]^{2+}\} = 0.050\text{ mol·L}^{-1} - x\text{ mol·L}^{-1} = 0.050\text{ mol·L}^{-1}$$

$[Cu(NH_3)_4]^{2+}$ 的标准稳定常数表达式为

$$K_s^{\ominus}\{[Cu(NH_3)_4]^{2+}\}=\frac{c_{eq}\{[Cu(NH_3)_4]^{2+}\}}{c_{eq}(Cu^{2+})\cdot[c_{eq}(NH_3)]^4}$$

将已知数据代入上式：

$$2.3\times10^{12}=\frac{0.050}{x\cdot2.8^4}$$

$$x=\frac{0.050}{2.3\times10^{12}\times2.8^4}=3.5\times10^{-16}$$

平衡时溶液中 Cu^{2+}、NH_3 和 $[Cu(NH_3)_4]^{2+}$ 的浓度分别为

$$c_{eq}(Cu^{2+})=x\ mol\cdot L^{-1}=3.5\times10^{-16}\ mol\cdot L^{-1}$$

$$c_{eq}(NH_3)=3.0\ mol\cdot L^{-1}-4\times0.050\ mol\cdot L^{-1}$$
$$+4\times3.5\times10^{-16}\ mol\cdot L^{-1}$$
$$=2.8\ mol\cdot L^{-1}$$

$$c_{eq}\{[Cu(NH_3)_4]^{2+}\}=0.050\ mol\cdot L^{-1}-3.5\times10^{-16}\ mol\cdot L^{-1}$$
$$=0.050\ mol\cdot L^{-1}$$

向此混合溶液中加 0.010 mol NaOH 固体,溶液中 OH^- 浓度为 $c(OH^-)=0.010\ mol/0.020\ L=$ 0.50 $mol\cdot L^{-1}$。此时生成 $Cu(OH)_2$ 的反应商为

$$J=[c(OH^-)]^2\cdot c(Cu^{2+})=0.50^2\times3.5\times10^{-16}$$
$$=8.8\times10^{-17}>2.2\times10^{-20}$$

由于加入 0.010 mol NaOH 固体后反应商大于 $Cu(OH)_2$ 的标准溶度积常数,因此有 $Cu(OH)_2$ 沉淀生成。

单元测试题

一、选择题

1. 298.15 K 时,$K_s^{\ominus}\{[Ag(NH_3)_2]^+\}=1.67\times10^7$, $K_s^{\ominus}\{[Ag(CN)_2]^-\}=2.5\times10^{20}$。则下列反应:

$$[Ag(CN)_2]^- + 2NH_3 \rightleftharpoons [Ag(NH_3)_2]^+ + 2CN^-$$

在 298.15 K 时的标准平衡常数为( )。

(A) 6.7×10^{-14} (B) 5.9×10^{13} (C) 1.7×10^{28} (D) 1.7×10^{-3}

2. $Zn(OH)_2$ 沉淀溶于氨水的反应为

$$Zn(OH)_2(s) + 4NH_3(aq) \rightleftharpoons [Zn(NH_3)_4]^{2+}(aq) + 2OH^-(aq)$$

该反应的标准平衡常数为( )。

(A) $K^{\ominus}=K_{sp}^{\ominus}[Zn(OH)_2]\cdot K_s^{\ominus}\{[Zn(NH_3)_4]^{2+}\}$

(B) $K^{\ominus}=K_{sp}^{\ominus}[Zn(OH)_2]\cdot K_{is}^{\ominus}\{[Zn(NH_3)_4]^{2+}\}$

(C) $K^{\ominus}=\dfrac{K_{sp}^{\ominus}[Zn(OH)_2]}{K_s^{\ominus}\{[Zn(NH_3)_4]^{2+}\}}$

(D) $K^{\ominus}=\dfrac{K_s^{\ominus}\{[Zn(NH_3)_4]^{2+}\}}{K_{sp}^{\ominus}[Zn(OH)_2]}$

3. 下列配体中,能与中心原子形成五元环螯合物的是(　　)。

(A) NH_3

(B) $NH_2CH_2NH_2$

(C) $NH_2CH_2CH_2NH_2$

(D) $NH_2CH_2CH_2CH_2NH_2$

4. 25 ℃时,在 Cu^{2+} 的氨水溶液中,NH_3 的平衡浓度为 1.0×10^{-3} mol·L^{-1},有 2/3 的 Cu^{2+} 形成了配离子 $[Cu(NH_3)_4]^{2+}$,则 25 ℃时 $[Cu(NH_3)_4]^{2+}$ 的标准稳定常数为(　　)。

(A) 2.0×10^{-12}　　(B) 1.0×10^{-3}　　(C) 5.0×10^{11}　　(D) 2.0×10^{12}

5. 形成外轨型配位个体时,中心原子可能采取的杂化方式是(　　)。

(A) sp^3 杂化　　(B) dsp^2 杂化　　(C) dsp^3 杂化　　(D) d^2sp^3 杂化

6. 顺铂是一种抗癌药物,其名称为顺二氯·二氨合铂(Ⅱ)。由其名称可知顺铂的空间构型和中心原子的杂化方式分别为(　　)。

(A) 四面体,sp^3 杂化

(B) 平面四方形,sp^3 杂化

(C) 四面体,dsp^2 杂化

(D) 平面四方形,dsp^2 杂化

7. 298.15 K 时,$K_s^{\ominus}\{[HgCl_4]^{2-}\} = 1.3 \times 10^{15}$,$K_s^{\ominus}\{[HgI_4]^{2-}\} = 5.7 \times 10^{29}$。则下列反应:

$$[HgCl_4]^{2-} + 4I^- \rightleftharpoons [HgI_4]^{2-} + 4Cl^-$$

在 298.15 K 时的标准平衡常数 $K^{\ominus}$ 为(　　)。

(A) 4.4×10^{44}　　(B) 4.4×10^{14}　　(C) 2.2×10^{-15}　　(D) 1.4×10^{-45}

8. 300 K 时,$E^{\ominus}(Ag^+/Ag) = 0.80$ V,$K_s^{\ominus}\{[Ag(NH_3)_2]^+\} = 1.7 \times 10^7$,$2.303\ RT/F = 0.060$ V,则 300 K 时 $E^{\ominus}\{[Ag(NH_3)_2]^+/Ag\}$ 为(　　)。

(A) 0.37 V　　(B) 0.47 V　　(C) 0.80 V　　(D) 1.27 V

9. 下列配位化合物中,属于弱电解质的是(　　)。

(A) $[Ag(NH_3)_2]Cl$

(B) $[Cu(en)_2]SO_4$

(C) $[CrCl_2(NH_3)_4]Cl$

(D) $[CrCl_3(NH_3)_3]$

10. 某金属离子形成低自旋八面体配离子时有 1 个未成对电子,而形成高自旋八面体配离子时有 5 个未成对电子,则此金属离子可能是(　　)。

(A) Cr^{3+}　　(B) Fe^{3+}　　(C) Fe^{2+}　　(D) Co^{3+}

11. 下列配位个体中,空间构型为平面正方形的是(　　)。

(A) $[Ni(NH_3)_4]^{2+}$

(B) $[Ni(CN)_4]^{2-}$

(C) $[Zn(NH_3)_4]^{2+}$

(D) $[Cd(NH_3)_4]^{2+}$

12. 在配离子 $[Fe(H_2O)_6]^{2+}$ 中,分裂能 $E_s = 124.4$ kJ·mol^{-1},电子成对能 $E_p = 203.3$ kJ·mol^{-1},则配离子的晶体场稳定化能为(　　)。

(A) 74.64 kJ·mol^{-1}

(B) -49.76 kJ·mol^{-1}

(C) 49.76 kJ·mol^{-1}

(D) -74.64 kJ·mol^{-1}

13. 根据配合物的价键理论,下列分子中不能作配体的是(　　)。

(A) NH_3　　(B) CH_4　　(C) H_2O　　(D) PH_3

14. 已知 $[FeF_6]^{3-}$ 为外轨型配离子,$[Fe(CN)_6]^{3-}$ 为内轨型配离子,则两种配离子中的未成对电子数分别是(　　)。

(A) 0 和 4　　(B) 4 和 0　　(C) 5 和 1　　(D) 1 和 5

15. Cr^{3+} 形成的八面体配合物的组成为 $CrCl_x \cdot yNH_3$,已知含 1 mol 该配合物的水溶液与 $AgNO_3$ 溶液作用生成 1 mol AgCl 沉淀,则 x 和 y 分别为(　　)。

(A) 1 和 5　　(B) 3 和 4　　(C) 5 和 1　　(D) 4 和 5

16. 25 ℃时,配离子 $[Ag(NH_3)_2]^+$,$[Ag(SCN)_2]^-$,$[Ag(S_2O_3)_2]^{3-}$ 和 $[Ag(CN)_2]^-$ 的 lg $K_s^{\ominus}$ 分别为 7.07,

10.08，13.46 和 21.1，则在浓度相同的下列配离子溶液中，Ag^+ 浓度最小的是（　　　）。

(A) $[Ag(NH_3)_2]^+$

(B) $[Ag(SCN)_2]^-$

(C) $[Ag(S_2O_3)_2]^{3-}$

(D) $[Ag(CN)_2]^-$

17. $[Fe(CN)_6]^{4-}$ 为内轨型配位个体，则中心原子的杂化类型为（　　　）。

(A) dsp^2　　　　(B) sp^3　　　　(C) d^2sp^3　　　　(D) sp^3d^2

18. 25 ℃时，$K_s^{\ominus}\{[Ag(NH_3)_2]^+\}=1.67\times10^7$，$K_s^{\ominus}\{[Ag(S_2O_3)_2]^{3-}\}=2.9\times10^{13}$，则反应 $[Ag(NH_3)_2]^+ + 2S_2O_3^{2-} \Longrightarrow [Ag(S_2O_3)_2]^{3-} + 2NH_3$ 的标准平衡常数为（　　　）。

(A) 4.9×10^{20}　　(B) 1.7×10^6　　(C) 5.9×10^{-7}　　(D) 1.2×10^3

19. 某螯合剂分子中含有 2 个配位原子，与中心原子形成六元环螯合物，则该螯合剂分子中 2 个配位原子之间间隔的其他原子为（　　　）。

(A) 1 个　　　　(B) 2 个　　　　(C) 3 个　　　　(D) 4 个

20. 298.15 K 时，$E^{\ominus}(Hg^{2+}/Hg)=0.85$ V，$K_s^{\ominus}\{[HgCl_4]^{2-}\}=1.0\times10^{15}$，$2.303RT/F=0.060$ V，则在 298.15 K 时电对 $[HgCl_4]^{2-}/Hg$ 的标准电极电势 $E^{\ominus}\{[HgCl_4]^{2-}/Hg\}$ 为（　　　）。

(A) 0.40 V　　(B) -0.05 V　　(C) 1.30 V　　(D) 1.75 V

21. 下列配合物的名称正确的是（　　　）。

(A) $Na_3[AlF_6]$　　六氟合铝（Ⅲ）化钠

(B) $K_3[CoCl_3(ONO)_3]$　　三硝基·三氯合钴（Ⅲ）酸钾

(C) $[Cr(NH_3)_3(H_2O)_3]_2(SO_4)_3$　　硫酸三水·三氨合铬（Ⅲ）

(D) $[Cu(NH_3)_4][PtCl_4]$　　四氯合铂（Ⅱ）酸四氨合铜（Ⅱ）

22. 某配位个体在八面体弱场中有 4 个未成对电子，而在八面体强场中没有未成对电子，则该配位个体的中心原子可能是（　　　）。

(A) Cr^{3+}　　　　(B) Mn^{2+}　　　　(C) Fe^{3+}　　　　(D) Fe^{2+}

23. 配合物的磁矩大小主要取决于中心原子的（　　　）。

(A) 原子序数　　　　　　　(B) 电荷数

(C) 成单电子数　　　　　　(D) 成对电子数

24. 已知 $E^{\ominus}(Fe^{3+}/Fe^{2+})=0.77$ V，$E^{\ominus}\{[Fe(phen)_3]^{3+}/[Fe(phen)_3]^{2+}\}=1.14$ V（phen 为邻二氮菲），$E^{\ominus}\{[FeF_6]^{3-}/[FeF_6]^{4-}\}=0.40$ V。下列关于配离子稳定性的判断中，正确的是（　　　）。

(A) $[FeF_6]^{3-}>[FeF_6]^{4-}$，$[Fe(phen)_3]^{3+}>[Fe(phen)_3]^{2+}$

(B) $[FeF_6]^{3-}<[FeF_6]^{4-}$，$[Fe(phen)_3]^{3+}<[Fe(phen)_3]^{2+}$

(C) $[FeF_6]^{3-}>[FeF_6]^{4-}$，$[Fe(phen)_3]^{3+}<[Fe(phen)_3]^{2+}$

(D) $[FeF_6]^{3-}<[FeF_6]^{4-}$，$[Fe(phen)_3]^{3+}>[Fe(phen)_3]^{2+}$

25. 下列配位个体中，具有顺磁性的是（　　　）。

(A) $[Fe(CO)_5]$　　　　　　(B) $[Fe(CN)_6]^{4-}$

(C) $[Ni(CN)_4]^{2-}$　　　　(D) $[Fe(CN)_6]^{3-}$

26. 下列配离子中，晶体场稳定化能最大的是（　　　）。

(A) $[Mn(H_2O)_6]^{2+}$　　　　(B) $[Fe(H_2O)_6]^{2+}$

(C) $[Co(H_2O)_6]^{2+}$　　　　(D) $[Ni(H_2O)_6]^{2+}$

27. 已知 25 ℃时 $E^{\ominus}(Hg^{2+}/Hg)=0.85$ V，$K_s^{\ominus}\{[HgI_4]^{2-}\}=5.7\times10^{29}$，$2.303RT/F=0.060$ V，则 25 ℃时 $E^{\ominus}\{[HgI_4]^{2-}/Hg\}$ 为（　　　）。

(A) -0.043 V　　(B) 0.043 V　　(C) -0.906 V　　(D) -0.085 V

28. 298.15 K 时 $K_s^{\ominus}\{[Ag(NH_3)_2]^+\}=1.67\times10^7$，则在 0.20 $mol\cdot L^{-1}$ $[Ag(NH_3)_2]^+$ 和 0.20 $mol\cdot L^{-1}$

NH_3 的混合溶液中,Ag^+ 浓度为(   )。

(A) 6.0×10^{-8} mol·L^{-1} (B) 3.0×10^{-7} mol·L^{-1}

(C) 1.2×10^{-8} mol·L^{-1} (D) 6.0×10^{-7} mol·L^{-1}

29. 某配位化合物的化学式为 $CrCl_3 \cdot 5NH_3$,在该配合物水溶液中加入过量的 $AgNO_3$ 溶液,仅能沉淀出 2/3 的 Cl^-;加入浓 NaOH 溶液并加热,没有氨逸出。由此可判断该配合物的内界是(   )。

(A) $[CrCl_3(NH_3)_3]$ (B) $[CrCl_2(NH_3)_4]^+$

(C) $[CrCl(NH_3)_5]^{2+}$ (D) $[CrCl(NH_3)_3]^{2+}$

30. 已知配离子 $[Ni(NH_3)_4]^{2+}$ 中有 2 个未成对电子,由此可判断该配离子的空间构型为(   )。

(A) 直线形   (B) 正四面体   (C) 平面正方形   (D) 正八面体

31. 已知配离子 $[Mn(SCN)_6]^{4-}$ 和 $[Fe(H_2O)_6]^{3+}$ 中都有 5 个未成对电子,由此可得出的结论是(   )。

(A) 两种配离子均为外轨型配位个体

(B) 两种配离子均为内轨型配位个体

(C) 前者为外轨型配位个体,后者为内轨型配位个体

(D) 前者为内轨型配位个体,后者为外轨型配位个体

32. 下列配体中属于单齿配体的是(   )。

(A) en   (B) $C_2O_4^{2-}$ (C) edta   (D) NH_3

33. 下列配离子中,中心原子的配位数一定不是 4 的是(   )。

(A) 具有平面正方形空间构型的配离子

(B) 中心原子采取 sp^3 杂化的配离子

(C) 中心原子采取 dsp^2 杂化的配离子

(D) 中心原子采取 d^2sp^3 杂化的配离子

34. 已知 $K_s^{\ominus}\{[Ag(S_2O_3)_2]^{3-}\} = a$,$K_s^{\ominus}\{[Ag(NH_3)_2]^+\} = b$,则化学反应:

$$[Ag(NH_3)_2]^+ + 2S_2O_3^{2-} \Longrightarrow [Ag(S_2O_3)_2]^{3-} + 2NH_3$$

的标准平衡常数 $K^{\ominus}$ 为(   )。

(A) a/b (B) b/a (C) ab (D) $b-a$

35. 下列说法中错误的是(   )。

(A) 配位个体在溶液中很难解离出中心原子和配体

(B) 配位化合物中只存在配位键

(C) 中心原子采取 d^2sp^3 杂化或 sp^3d^2 杂化,形成的配位个体的空间构型均为八面体

(D) 两种不同的配离子,标准稳定常数较大者不一定更稳定

36. 已知配离子 $[Fe(H_2O)_6]^{3+}$ 的中心原子采取 sp^3d^2 杂化,其空间构型为(   )。

(A) 正四面体   (B) 平面三角形   (C) 平面正方形   (D) 正八面体

37. 下列配位个体中,属于螯合物的是(   )。

(A) $[Cu(NH_3)_4]^{2+}$ (B) $[Cu(en)_2]^{2+}$

(C) $[Ni(CN)_4]^{2-}$ (D) $[Ag(NH_3)_2]^+$

38. 配合物 $[Co(NH_3)_2(en)_2]Cl_3$ 中,中心原子的配位数为(   )。

(A) 2   (B) 3   (C) 4   (D) 6

39. 下列配离子中,最不稳定的是(   )。

(A) $[HgI_4]^{2-}$ ($K_s^{\ominus} = 5.7 \times 10^{29}$)

(B) $[Zn(NH_3)_4]^{2+}$ ($K_s^{\ominus} = 3.6 \times 10^8$)

(C) $[Ni(CN)_4]^{2-}$ ($K_s^{\ominus} = 1.3 \times 10^{30}$)

(D) $[Cu(NH_3)_4]^{2+}$ $(K_s^\ominus = 2.3 \times 10^{12})$

40. 下列配体与相同中心原子形成八面体形配位个体,其中分裂能最大的是(　　)。

(A) Cl^- 　　　　(B) H_2O 　　　　(C) F^- 　　　　(D) NH_3

41. 配离子$[Fe(CN)_3]^{3-}$的空间构型为(　　)。

(A) 正四面体 　　　　　　　　　　(B) 正八面体

(C) 平面正方形 　　　　　　　　　(D) 平面三角形

42. 已知基态 Ni^{2+} 的价层电子构型为 $3d^8 4s^0$,与 CN^- 形成配位数为 4 的配离子,测得其磁矩 $\mu = 0$,则下列判断中正确的是(　　)。

(A) Ni^{2+} 采取 dsp^2 杂化 　　　　(B) $[Ni(CN)_4]^{2-}$ 为外轨型配离子

(C) $[Ni(CN)_4]^{2-}$ 具有顺磁性 　　　(D) $[Ni(CN)_4]^{2-}$ 为四面体构型

43. 下列配体中,能与中心原子形成六元环螯合物的是(　　)。

(A) $NH_2CH_2NH_2$ 　　　　　　　　(B) $H_2NCH_2CH_2NH_2$

(C) $H_2NCH_2CH_2CH_2NH_2$ 　　　　(D) CH_3NH_2

44. 配位个体的标准稳定常数 $K_s^\ominus$ 与标准不稳定常数 $K_{is}^\ominus$ 之间的关系是(　　)。

(A) $K_s^\ominus = K_{is}^\ominus$ 　　　　　　　　　(B) $K_s^\ominus K_{is}^\ominus = 1$

(C) $K_{is}^\ominus = -K_s^\ominus$ 　　　　　　　　(D) $K_s^\ominus K_{is}^\ominus = K_w^\ominus$

45. 根据配合物的价键理论,配位个体中中心原子与配体之间的结合力为(　　)。

(A) 离子键 　　　(B) 配位键 　　　(C) 氢键 　　　(D) 正常共价键

46. 配合物$[CoCl_2(en)_2]Cl$中,中心原子的配位数是(　　)。

(A) 6 　　　　(B) 5 　　　　(C) 4 　　　　(D) 3

47. 已知配离子$[Ni(CN)_4]^{2-}$的中心原子采取 dsp^2 杂化,则其空间构型为(　　)。

(A) 正四面体 　　　　　　　　　　(B) 平面三角形

(C) 平面正方形 　　　　　　　　　(D) 正八面体

48. 在配合物中,中心原子的配位数等于(　　)。

(A) 配体的数目 　　　　　　　　　(B) 与中心原子结合的配位原子的数目

(C) 配离子的电荷数 　　　　　　　(D) 配合物外界离子的数目

49. 已知配位个体$[Cr(H_2O)_6]^{2+}$中,中心原子 d 轨道上有 4 个成单电子,则下列叙述正确的是(　　)。

(A) $[Cr(H_2O)_6]^{2+}$是高自旋配位个体

(B) $[Cr(H_2O)_6]^{2+}$是低自旋配位个体

(C) H_2O 是强场配体

(D) 中心原子 d 轨道的分裂能大于电子成对能

50. 根据晶体场理论,形成高自旋配位个体的原因是(　　)。

(A) 电子成对能大于分裂能 　　　　(B) 电子成对能小于分裂能

(C) 电子成对能等于分裂能 　　　　(D) 与电子成对能和分裂能无关

51. 某配合物组成为 $CoCl_3 \cdot 5NH_3 \cdot H_2O$,其水溶液呈弱酸性,加入强碱并加热至沸,有 NH_3 放出,并生成 Co_2O_3 沉淀;在另一份该配合物溶液中加入足量 $AgNO_3$ 溶液,有 $AgCl$ 沉淀生成,过滤后再加入 $AgNO_3$ 溶液时无变化,但加热至沸后又产生 $AgCl$ 沉淀,且沉淀量为第一次沉淀量的 1/2。该配合物的结构式为(　　)。

(A) $[CoCl(NH_3)_4H_2O]Cl_2 \cdot NH_3$ 　　(B) $[Co(NH_3)_5H_2O]Cl_3$

(C) $[CoCl(NH_3)_5]Cl_2 \cdot H_2O$ 　　　　(D) $[CoCl_2(NH_3)_4]Cl \cdot NH_3 \cdot H_2O$

52. 下列配离子中,属于高自旋配离子的是(　　)。

(A) $[Cr(NH_3)_5]^{3+}$ 　　　　　　　　(B) $[FeF_6]^{3-}$

(C) $[Fe(CN)_6]^{3-}$ (D) $[Zn(NH_3)_4]^{2+}$

53. 根据晶体场理论,下列配离子中没有颜色的是( )。

(A) $[Ni(CN)_4]^{2-}$ (B) $[Zn(NH_3)_4]^{2+}$

(C) $[Cr(H_2O)_6]^{3+}$ (D) $[Fe(H_2O)_6]^{2+}$

54. 利用生成配位个体而使难溶强电解质沉淀溶解时,下列条件中不利于沉淀溶解的是( )。

(A) $K_s^\ominus$ 越大,$K_{sp}^\ominus$ 越小   (B) $K_s^\ominus$ 越小,$K_{sp}^\ominus$ 也越小

(C) $K_s^\ominus$ 越大,$K_{sp}^\ominus$ 也越大   (D) $K_s^\ominus$ 越小,$K_{sp}^\ominus$ 越大

55. 过渡金属离子所形成的八面体形配位个体中,既有高自旋配位个体也有低自旋配位个体。这类金属离子的价层 d 电子构型应为( )。

(A) $d^{1\sim3}$ (B) $d^{4\sim7}$ (C) $d^{8\sim10}$ (D) $d^{3\sim6}$

56. 下列说法中正确的是( )。

(A) 强场配体造成的晶体场分裂能较小

(B) 中心原子的 d 轨道在配体作用下才能发生能级分裂

(C) 配合物在溶液中的导电能力类似于强电解质

(D) 配位键的强度与分子间作用力相近

57. 已知 H_2O 和 Cl^- 作配体时,Ni^{2+} 的某种八面体配合物水溶液的导电能力很弱,则该配合物的结构式为( )。

(A) $[NiCl_2(H_2O)_4]$ (B) $[Ni(H_2O)_6]Cl_2$

(C) $[NiCl(H_2O)_5]Cl$ (D) $K[NiCl_3(H_2O)_3]$

58. 下列中心原子所形成的八面体配位个体中,未成对电子数取决于配体的场强大小的是( )。

(A) Zn^{2+} (B) Cr^{3+} (C) Cd^{2+} (D) Fe^{2+}

59. 对同一种中心原子来说,下列配体造成的分裂能最小,且易形成高自旋配位个体的是( )。

(A) CO   (B) F^- (C) CN^- (D) NO_2^-

60. $[Fe(H_2O)_6]^{2+}$ 是八面体形的外轨配离子,则中心原子的未成对电子数和杂化轨道类型是( )。

(A) $4, d^2sp^3$ (B) $0, d^2sp^3$

(C) $4, sp^3d^2$ (D) $0, sp^3d^2$

61. 根据晶体场理论,下列各组离子在强八面场和弱八面场中 d 电子排布均相同的是( )。

(A) Cr^{3+}, Fe^{3+} (B) Fe^{2+}, Co^{3+} (C) Co^{2+}, Ni^{2+} (D) Cr^{3+}, Ni^{2+}

62. 配合物 $[Pt(NH_3)_2(OH)_2Cl_2]$ 的几何异构体数目是( )。

(A) 2 个   (B) 3 个   (C) 4 个   (D) 5 个

63. 已知配离子 $[Co(NH_3)_6]^{3+}$ 的磁矩 $\mu = 0$,则该配离子的空间构型及中心原子的杂化方式分别是( )。

(A) 正八面体,sp^3d^2 杂化   (B) 正八面体,d^2sp^3 杂化

(C) 正八面体,sp^3 杂化   (D) 平面正方形,dsp^2 杂化

64. 下列配合物中,不存在几何异构体的是( )。

(A) $[MA_4B_2]$(八面体)   (B) $[MA_3B_3]$(八面体)

(C) $[MA_2B_2]$(平面正方形)   (D) $[MA_2B]$(四面体)

65. 下列配离子中具有顺磁性的是( )。

(A) $[Zn(NH_3)_4]^{2+}$ (B) $[Co(NH_3)_6]^{3+}$

(C) $[Fe(CN)_6]^{4-}$ (D) $[Fe(CN)_6]^{3-}$

66. 实验测得配合物 $[Co(H_2O)_6]Cl_2$ 中有 3 个未成对电子,由此可得到的结论是( )。

(A) 晶体场分裂能大于电子成对能

(B) 中心原子采取 d^2sp^3 杂化

(C) 中心原子的 d 电子排布为 $(d_\varepsilon)^6(d_\gamma)^1$

(D) 中心原子的 d 电子排布为 $(d_\varepsilon)^5(d_\gamma)^2$

67. 下列配离子中,磁矩 $\mu=0$ 的是(   )。

(A) $[Fe(CN)_6]^{4-}$ (B) $[Fe(CN)_6]^{3-}$

(C) $[FeF_6]^{3-}$ (D) $[Fe(H_2O)_6]^{2+}$

68. 25 ℃时,反应 $[Ag(NH_3)_2]^+ + 2CN^- \rightleftharpoons [Ag(CN)_2]^- + 2NH_3$ 的标准平衡常数为 $K^\ominus$,则下列各式中正确的是(   )。

(A) $K_s^\ominus\{[Ag(CN)_2]^-\} = K_s^\ominus\{[Ag(NH_3)_2]^+\} \cdot K^\ominus$

(B) $K_s^\ominus\{[Ag(CN)_2]^-\} = K_s^\ominus\{[Ag(NH_3)_2]^+\}/K^\ominus$

(C) $K_s^\ominus\{[Ag(CN)_2]^-\} = K^\ominus/K_s^\ominus\{[Ag(NH_3)_2]^+\}$

(D) $K_s^\ominus\{[Ag(CN)_2]^-\} = 1/K_s^\ominus\{[Ag(NH_3)_2]^+\} \cdot K^\ominus$

69. 25 ℃时,$E^\ominus(Hg^{2+}/Hg) = 0.85$ V,$E^\ominus\{[HgI_4]^{2-}/Hg\} = -0.05$ V,2.303 $RT/F = 0.060$ V,则 25 ℃时,$K_s^\ominus\{[HgI_4]^{2-}\}$ 为(   )。

(A) 1.0×10^{30} (B) 4.6×10^{26} (C) 1.0×10^{15} (D) 2.2×10^{13}

70. 下列各电对中,标准电极电势最大的是(   )。

(A) $E^\ominus\{[Ag(CN)_2]^-/Ag\}$ (B) $E^\ominus\{[Ag(NH_3)_2]^+/Ag\}$

(C) $E^\ominus\{[Ag(S_2O_3)_2]^{3-}/Ag\}$ (D) $E^\ominus(Ag^+/Ag)$

二、是非题

71. 当中心原子的价层 d 电子为 4~7 个时,所形成的八面体配位个体有高自旋和低自旋之分。

72. 已知 $K_s^\ominus\{[Cu(en)_2]^{2+}\} > K_s^\ominus\{[Cu(edta)]^{2-}\}$,因此 $[Cu(en)_2]^{2+}$ 比 $[Cu(edta)]^{2-}$ 稳定。

73. 中心原子的配位数为 4 的配位个体的空间构型均为四面体。

74. 当晶体场分裂能小于电子成对能时,中心原子与配体形成高自旋配合物。

75. Cd^{2+} 的 4d 轨道上有 10 个电子,不能产生 d-d 跃迁,因此其水合离子是无色的。

76. 在螯合物中,中心原子的配位数一定大于配体的数目。

77. 螯合环的生成将使螯合物的稳定性增大,所以成环的原子越多,螯合物就越稳定。

78. 对于配体数目相同的配位个体,标准稳定常数较大的配位个体比较稳定。

79. 在配离子 $[Ni(CN)_4]^{2-}$ 中,Ni^{2+} 采取 sp^3 杂化,配离子的空间构型为四面体。

80. 在八面体场中,当分裂能大于电子成对能时,中心原子与配体总是形成低自旋配位个体。

81. 中心原子采用 sp^3d^2 杂化或 d^2sp^3 杂化,都能与配体形成外轨型配位个体。

82. 内轨型配位个体的磁矩 $\mu=0$。

83. 根据配合物的价键理论,中心原子与配体是以配位键结合的。

84. Ni^{2+} 的平面正方形构型配合物是反磁性的,而 Ni^{2+} 四面体构型的配合物为顺磁性的。

85. 利用标准稳定常数比较配位个体的稳定性时,与中心原子结合的配体数目必须相同。

86. Na_2H_2edta 通常与金属离子能形成配位比为 1∶1 的螯合物。

87. 在配位个体中,中心原子的配位数等于配体的数目。

88. 杂化轨道的类型和数目决定了中心原子的配位数和配位个体的空间构型。

89. 中心原子的配位数为 4 的配离子的空间构型均为平面正方形。

90. 在正八面体场中,中心原子的 d 轨道分裂成两组,$E(d_\varepsilon) = -0.4E_s$,$E(d_\gamma) = 0.6E_s$。

91. 在正八面体场中,中心原子的 d_γ 轨道和 d_ε 轨道的能量都比自由离子的 d 轨道的能量高。

92. 中心原子 d 电子的排布为 $d_\varepsilon^3 d_\gamma^0$ 和 $d_\varepsilon^6 d_\gamma^0$ 的正八面体配位个体都是低自旋配位个体。

93. 对于电对 Cu^{2+}/Cu,向溶液中加入配位剂 NH_3 后,其电极电势减小。

94. 配位个体的中心原子的轨道进行杂化时,其轨道必须是能量相近的空轨道。

95. 在八面体场中,由于 $E(d_\gamma) > E(d_\varepsilon)$,因此只有当中心原子的 d_ε 轨道填满后,电子才能填充在 d_γ 轨道上。

96. 已知 $[Cr(NH_3)_6]^{3+}$ 有 3 个未成对电子,而 $[Zn(NH_3)_6]^{2+}$ 没有未成对电子,因此 $[Cr(NH_3)_6]^{3+}$ 为高自旋配位个体,$[Zn(NH_3)_6]^{2+}$ 为低自旋配位个体。

97. 配离子 $[Cr(H_2O)_2(en)_2]^{3+}$ 中,中心原子的配位数为 6。

98. 配合物 $[CoCl_2(en)_2]NO_3$ 命名为硝酸二氯·二(乙二胺)合钴(Ⅲ)。

99. 价键理论较好地说明了配合物的空间构型、磁性和稳定性,并且圆满地解释了配合物在水溶液中呈现颜色的原因。

100. 配位个体都是由内界和外界组成的。

101. 中心原子的配位数是指与中心原子相结合的配位原子的数目。

102. 在配位个体中,配体可以是中性分子,也可以是阴离子。

103. 在配位个体中,中心原子只能是金属离子。

104. 价键理论认为,中心原子用于形成配位键的原子轨道是杂化轨道。

105. 中心原子的 d 电子越多,所形成的配位个体的晶体场稳定化能就越大。

106. 根据价键理论,中心原子采用 dsp^2 杂化和 d^2sp^3 杂化所形成的配位个体均为内轨型配位个体。

107. 外轨型配位个体就是高自旋配位个体。

108. 根据价键理论,中心原子采用 sp 杂化、sp^3 杂化和 sp^3d^2 杂化所形成的配位个体均为外轨型配位个体。

109. 配合物价键理论认为,配合物的内界与外界以离子键结合,而中心原子与配体以配位键结合。

110. 在配合物中,不仅金属离子能做中心原子,某些高氧化值的非金属元素的原子也可以做中心原子。

三、填空题

111. 配合物的价键理论认为配体与中心原子之间的结合力是_____;而配合物的晶体场理论认为配体与中心原子之间的结合力是_____。

112. Ni^{2+} 的价层电子构型为 $3s^2 3p^6 3d^8$,实验测得配离子 $[Ni(CN)_4]^{2-}$ 中没有未成对电子。由此可以推测配离子的空间构型为_____,中心原子 Ni^{2+} 采用的杂化方式是_____。

113. 三氯化四氨·二水合钴(Ⅲ)的结构式是_____;配位个体 $K_4[Fe(CN)_6]$ 的名称是_____。

114. 中心原子采用 dsp^2 杂化轨道与配体所形成的配合物是_____轨型配合物;中心原子采用 sp^3 杂化轨道形成的配合物是_____轨型配合物。

115. 配合物 $[Co(NH_3)_3(H_2O)_3]_2(SO_4)_3$ 的名称是_____,配合物的内界是_____。

116. 当形成外轨型八面体配位个体时,中心原子所采取的杂化方式为_____;而当形成平面四方形配位个体时,中心原子所采取的杂化方式为_____。

117. 在八面体配位个体中,当中心原子的外层 d 电子为_____个时,形成的配位个体才有高自旋和低自旋两种类型。当分裂能大于电子成对能时,形成_____配位个体;当分裂能小于电子成对能时,形成_____配位个体。

118. 晶体场理论认为,配位个体的颜色是由于_____产生的。当中心原子的最外层 d 电子为_____个时,其配位个体一般是有颜色的。

119. Cr^{3+} 的价层电子构型为_____,它与氨形成_____轨型八面体配位个体,中心原子 Cr^{3+} 采取的杂化方式为_____。

120. 已知配离子 $[Fe(H_2O)_6]^{3+}$ 有 5 个未成对电子,根据晶体场理论,中心原子的 d 电子排布为_____,是_____自旋配离子,晶体场稳定化能 $E_{cfs}=$_____。

121. Zn^{2+} 的价层电子构型为_____,它与 NH_3 形成的 $[Zn(NH_3)_4]^{2+}$ 为_____轨型配离子,其空间构型为_____,中心原子 Zn^{2+} 采取的杂化方式是_____。

122. 碳酸一氯•一硝基•四氨合铂(Ⅳ)的结构式为_____,配体是_____,配位原子是_____,中心原子的配位数是_____。

123. 实验测得配离子 $[Fe(CN)_6]^{3-}$ 中有 1 个未成对电子,可知中心原子 Fe^{3+} 采取_____杂化,形成_____轨型配离子。

124. 已知 $[HgCl_4]^{2-}$ 和 $[HgI_4]^{2-}$ 的标准稳定常数 $K_s^\ominus$ 分别为 1.3×10^{15} 和 5.7×10^{29}。则下列反应:

$$[HgCl_4]^{2-}+4I^-\rightleftharpoons[HgI_4]^{2-}+4Cl^-$$

的标准平衡常数 $K^\ominus=$_____;在标准状态下,上述反应自发进行的方向为_____。

125. 配位化合物 $[Co(NH_3)_4(H_2O)_2]Cl_3$ 的内界是_____,外界是_____,配体是_____,配位原子是_____,中心原子的氧化值是_____,中心原子的配位数是_____。

126. 如果配位个体中的配体均为单齿配体,则配体的数目_____中心原子的配位数;如果配体中有多齿配体,则中心原子的配位数_____配体的数目。

127. 具有环状结构的配位化合物称为_____,影响其稳定性的因素是_____和_____。

128. 在八面体配位个体中,中心原子能量相等的 5 个简并 d 轨道分裂为两组。一组是能量较高的_____轨道,称为_____轨道;另一组是能量较低的_____轨道,称为_____轨道。

129. 晶体场稳定化能既与中心原子的_____电子数有关,也与配体所形成的晶体场的_____有关。此外还与配位个体的_____有关。

130. 已知配合物 $[Fe(CO_5)]$ 的磁矩 $\mu=0$,可以推测中心原子的杂化方式为_____,配合物的空间构型为_____。

131. 已知配合物 $CoCl_3\cdot6H_2O$ 有两种同分异构体,若用 $AgNO_3$ 为沉淀剂沉淀 $0.05\ mol\ CoCl_3\cdot6H_2O$ 中的 Cl^-,其中一种同分异构体消耗了 $0.15\ mol\ AgNO_3$,而另一种消耗了 $0.10\ mol\ AgNO_3$,这两种同分异构体的化学式分别是_____和_____。

132. Co^{3+} 的价层电子构型为_____,它与 NH_3 能形成配位数为 6 的_____轨型配离子,其空间构型为_____,Co^{3+} 所采取的杂化方式为_____。

133. 在配离子 $[CuCl_2]^-$ 中,中心原子 Cu^+ 采取_____杂化,该配离子的空间构型为_____,配离子的磁矩 $\mu=$_____。

134. 已知 $K_3[Fe(CN)_6]$ 是低自旋配合物,$K_3[FeF_6]$ 是高自旋配合物。根据晶体场理论,这两种配合物的中心原子的 d 电子排布方式分别为_____和_____。

135. 已知配合物 $[Co(NH_3)_6]Cl_x$ 为反磁性,配合物 $[Co(NH_3)_6]Cl_y$ 为顺磁性,则 $x=$_____,$y=$_____。

四、问答题

136. 已知 $[Ni(CN)_4]^{2-}$ 为反磁性物质,而 $[NiCl_4]^{2-}$ 为顺磁性物质,利用价键理论判断两种配离子的中心原子的杂化类型及空间构型。

137. 说明配位个体的 $K_s^\ominus$ 和 $K_{is}^\ominus$ 的意义。它们之间有何关系?

138. $PtCl_4$ 与氨水反应,生成配合物的化学式为 $Pt(NH_3)_4Cl_4$,将 1 mol 此配合物用 $AgNO_3$ 溶液处理,

生成 2 mol AgCl 沉淀。推测该配合物内界和外界，并写出其结构式。

139. 在配合物中，中心原子的配位数与配体的数目是否相等？

140. 用晶体场理论讨论中心原子与 H_2O 分子形成的八面体配位个体呈现颜色的条件。

141. 写出电子构型分别为 d^4 和 d^6 的中心原子在强八面体场和弱八面体场中 d 电子的排布方式。

142. 指出配合物 $[Cr(NH_3)_3(H_2O)_3]Cl_3$ 中配离子的空间构型，并画出配离子可能存在的立体异构体。

143. 下列配合物中，哪些是内轨型配合物？哪些是外轨型配合物？

(1) $[Cr(H_2O)_6]Cl_3$　　　　　　　　(2) $K_2[Ni(CN)_4]$

(3) $K_3[Fe(C_2O_4)_3]$　　　　　　　　(4) $[Zn(NH_3)_4]SO_4$

144. 下列配合物中心原子的配位数均为 6，写出配合物的结构式。如果配合物的浓度均为 1.0×10^{-2} mol·L^{-1}，指出 4 种配合物溶液导电能力强弱的顺序。

(1) $Pt(NH_3)_6Cl_4$　　　　　　　　　(2) $Cr(NH_3)_4Cl_3$

(3) $Co(NH_3)_6Cl_3$　　　　　　　　　(4) K_2PtCl_6

145. 已知配离子 $[Fe(CN)_6]^{4-}$ 的分裂能大于电子成对能，写出中心原子的 d 电子在 d_ε 和 d_γ 轨道上的排布方式，并估算该配离子的磁矩。该配离子为高自旋配位个体还是低自旋配位个体？

五、计算题

146. 300 K 时，$E^{\ominus}(Ag^+/Ag) = 0.80$ V，$2.303\ RT/F = 0.060$ V，$K_{sp}^{\ominus}(AgCl) = 1.8 \times 10^{-10}$，$K_s^{\ominus}\{[Ag(NH_3)_2]^+\} = 1.7 \times 10^7$。计算：

(1) 300 K 时电对 AgCl/Ag 的标准电极电势；

(2) 300 K 时电对 $[Ag(NH_3)_2]^+/Ag$ 的标准电极电势。

147. 298.15 K 时，向 $ZnSO_4$ 溶液中滴加氨水，当溶液中有 1/5 的 Zn^{2+} 与 NH_3 形成配离子 $[Zn(NH_3)_4]^{2+}$ 时，溶液中 NH_3 的浓度为 5.0×10^{-3} mol·L^{-1}。计算 298.15 K 时配离子 $[Zn(NH_3)_4]^{2+}$ 的标准稳定常数。

148. 25 ℃时，$E^{\ominus}(Ag^+/Ag) = 0.799\ 1$ V，$K_s^{\ominus}\{[Ag(NH_3)_2]^+\} = 1.67 \times 10^7$，$K_s^{\ominus}\{[Ag(CN)_2]^-\} = 2.5 \times 10^{20}$，通过计算比较 $[Ag(NH_3)_2]^+$ 与 $[Ag(CN)_2]^-$ 氧化能力的相对强弱。

149. 已知 Co^{3+} 的价层电子构型为 $3s^2 3p^6 3d^6$，配离子 $[CoF_6]^{3-}$ 的中心原子的电子成对能为 251.2 kJ·mol^{-1}，分裂能为 155.5 kJ·mol^{-1}。

(1) 指出配离子 $[CoF_6]^{3-}$ 中心原子的 d 电子排布和未成对电子数；

(2) 计算配离子 $[CoF_6]^{3-}$ 的晶体场稳定化能。

150. 25 ℃时，在 1.0 L 0.10 mol·L^{-1} $[Ag(NH_3)_2]NO_3$ 溶液中至少需要加入多少摩尔 $Na_2S_2O_3$ 固体才能使 $[Ag(NH_3)_2]^+$ 完全转化为 $[Ag(S_2O_3)_2]^{3-}$？已知 25 ℃时，$K_s^{\ominus}\{[Ag(NH_3)_2]^+\} = 1.67 \times 10^7$，$K_s^{\ominus}\{[Ag(S_2O_3)_2]^{3-}\} = 2.9 \times 10^{13}$。

151. 25 ℃时，已知 $K_{sp}^{\ominus}(AgCl) = 1.8 \times 10^{-10}$，$K_s^{\ominus}\{[Ag(NH_3)_2]\} = 1.67 \times 10^7$。在 100 mL 含有过量氨的 0.10 mol·L^{-1} $AgNO_3$ 溶液中加入 100 mL 0.10 mol·L^{-1} NaCl 溶液时没有 AgCl 沉淀生成，则混合溶液中氨的平衡浓度至少为多少？

152. 298.15 K 时，$K_s^{\ominus}\{[Ag(NH_3)_2]^+\} = 1.67 \times 10^7$，$K_{sp}^{\ominus}(AgI) = 8.3 \times 10^{-17}$。298.15 K 时，向含 0.0010 mol $[Ag(NH_3)_2]^+$ 的 500 mL 6.0 mol·L^{-1} NH_3 溶液中，加入 500 mL 0.060 mol·L^{-1} KI 溶液，问是否有 AgI 沉淀生成？

153. 25 ℃时，$K_{sp}^{\ominus}[Cu(OH)_2] = 2.2 \times 10^{-20}$，$K_s^{\ominus}\{[Cu(NH_3)_4]^{2+}\} = 2.3 \times 10^{12}$。欲使 0.050 mol $Cu(OH)_2$ 固体溶解于 1.0 L NH_3 溶液中，计算所需 NH_3 溶液的浓度应为多大？

154. 已知 300 K 时 $E^{\ominus}(Zn^{2+}/Zn) = -0.76$ V，$E^{\ominus}\{[Zn(NH_3)_4]^{2+}/Zn\} = -1.06$ V，$2.303\ RT/F = 0.060$ V。计算 300 K 时配离子 $[Zn(NH_3)_4]^{2+}$ 的标准稳定常数。

155. 300 K 时，$K_{sp}^{\ominus}(AgIO_3) = 3.5 \times 10^{-8}$。在 300 K 时用 1.0 L 1.00 mol·L^{-1} NH_3 溶液处理 $AgIO_3$ 固体

时,溶解了 85 g $AgIO_3$ 固体。计算 300 K 时配离子$[Ag(NH_3)_2]^+$的标准稳定常数。

单元测试题参考答案

一、选择题

1. A; 2. A; 3. C; 4. D; 5. A; 6. D; 7. B; 8. A; 9. D; 10. B; 11. B; 12. B; 13. B; 14. C; 15. B; 16. D; 17. C; 18. B; 19. C; 20. A; 21. D; 22. D; 23. C; 24. C; 25. D; 26. A; 27. A; 28. B; 29. C; 30. B; 31. A; 32. D; 33. D; 34. A; 35. B; 36. D; 37. B; 38. D; 39. B; 40. D; 41. B; 42. A; 43. C; 44. B; 45. B; 46. A; 47. C; 48. B; 49. C; 50. A; 51. C; 52. B; 53. B; 54. B; 55. B; 56. B; 57. A; 58. D; 59. B; 60. C; 61. D; 62. D; 63. B; 64. D; 65. D; 66. D; 67. A; 68. A; 69. A; 70. D。

二、是非题

71. √; 72. ×; 73. ×; 74. ×; 75. √; 76. √; 77. ×; 78. √; 79. √; 80. ×; 81. ×; 82. ×; 83. √; 84. √; 85. √; 86. √; 87. ×; 88. √; 89. ×; 90. √; 91. √; 92. √; 93. √; 94. √; 95. √; 96. ×; 97. √; 98. √; 99. ×; 100. ×; 101. √; 102. √; 103. ×; 104. √; 105. ×; 106. √; 107. ×; 108. √; 109. √; 110. √。

三、填空题

111. 配位键;静电引力。

112. 平面四方形;dsp^2 杂化。

113. $[Co(NH_3)_4(H_2O)_2]Cl_3$;六氰合铁(Ⅱ)酸钾。

114. 内;外。

115. 硫酸三氨·三水合钴(Ⅲ);$[Co(NH_3)_3(H_2O)_3]^{3+}$。

116. sp^3d^2 杂化;dsp^2 杂化。

117. 4~7;低自旋;高自旋。

118. $d-d$ 跃迁;1~9。

119. $3s^23p^63d^3$;内;d^2sp^3 杂化。

120. $(d_\varepsilon)^3(d_\gamma)^2$;高;0。

121. $3s^23p^63d^{10}$;外;四面体;sp^3 杂化。

122. $[PtCl(NO_2)(NH_3)_4]CO_3$;Cl^-、NO_2^- 和 NH_3;Cl^-,N 和 N;6。

123. d^2sp^3;内。

124. 4.4×10^{14};正向进行。

125. $[Co(NH_3)_4(H_2O)_2]^{3+}$;$Cl^-$;$NH_3$ 和 H_2O;N 和 O;+3;6。

126. 等于;大于。

127. 螯合物;环的数目;环的大小。

128. $d_{x^2-y^2}$ 和 d_{z^2};d_γ;d_{xy}、d_{xz} 和 d_{yz};d_ε。

129. d;场强;空间构型。

130. dsp^3 杂化;三角双锥形。

131. $[Co(H_2O)_6]Cl_3$;$[CoCl(H_2O)_5]Cl_2\cdot H_2O$。

132. $3s^23p^63d^6$;内;八面体;d^2sp^3 杂化。

133. sp;直线形;0。

134. $(d_\varepsilon)^5(d_\gamma)^0$;$(d_\varepsilon)^3(d_\gamma)^2$。

135. 3;2。

四、问答题

136. 两种配离子的中心原子均为 Ni^{2+}，基态 Ni^{2+} 的价层电子构型为 $3s^23p^63d^8$，有 8 个 3d 电子。

已知 $[Ni(CN)_4]^{2-}$ 为反磁性物质，说明配离子中没有未成对电子，因此中心原子的 8 个 3d 电子挤在 4 个 3d 轨道上，中心原子采用 dsp^2 杂化，配离子的空间构型为平面正方形。

已知 $[NiCl_4]^{2-}$ 为顺磁性物质，说明配离子中有未成对电子，因此中心原子的 8 个 3d 电子排布在 5 个 3d 轨道上，有 2 个未成对电子，中心原子采取 sp^3 杂化，配离子的空间构型为正四面体。

137. $K_s^\ominus$ 称为配位个体的标准稳定常数，是中心原子与配体形成配位个体的总反应的标准平衡常数。当配位个体中的配体数相同时，配位个体的标准稳定常数越大，配位个体就越稳定。

$K_{is}^\ominus$ 称为配位个体的标准不稳定常数，是配位个体解离为中心原子和配体的化学反应的标准平衡常数。当配位个体的配体数相同时，配位个体的标准不稳定常数越大，配位个体就越不稳定。

配位个体的标准稳定常数与标准不稳定常数之间的定量关系为

$$K_s^\ominus = 1/K_{is}^\ominus$$

138. 1 mol $Pt(NH_3)_4Cl_4$ 用过量 $AgNO_3$ 溶液处理，生成 2 mol AgCl 沉淀，表明有 2 mol Cl^- 处于配合物的外界，则有 2 mol Cl^- 处于配合物的内界。因此，配合物的内界是 $[PtCl_2(NH_3)_4]^{2+}$ ，外界是 Cl^-，配合物的结构式为 $[PtCl_2(NH_3)_4]Cl_2$。

139. 在配合物中，如果配体均为单齿配体，则中心原子的配位数等于配体的数目；如果配体中有多齿配体，则中心原子的配位数大于配体的数目。

140. 中心原子与 H_2O 分子形成的八面体配位个体呈现颜色必须具以下两个条件：

(1) 中心原子的价层 d 轨道未填满电子，d 轨道有 $1\sim9$ 个电子；

(2) 分裂能在可见光的能量范围内。

141. 电子构型为 d^4 的中心原子在强八面体场中的 d 电子排布为 $(d_\varepsilon)^4(d_\gamma)^0$，在弱八面体场中的 d 电子排布为 $(d_\varepsilon)^3(d_\gamma)^1$。电子构型为 d^6 的中心原子在强八面体场中的 d 电子排布为 $(d_\varepsilon)^6(d_\gamma)^0$，在弱八面体场中的 d 电子排布为 $(d_\varepsilon)^4(d_\gamma)^2$。

142. 中心原子的配位数为 6 的配离子 $[Cr(NH_3)_3(H_2O)_3]^{3+}$ 的空间构型为八面体。配离子 $[Cr(NH_3)_3(H_2O)_3]^{3+}$ 有以下两种立体异构体：

$$\begin{array}{ccc} & NH_3 & \\ H_2O & | & OH_2 \\ & Cr & \\ H_2O & | & NH_3 \\ & NH_3 & \end{array} \qquad \begin{array}{ccc} & NH_3 & \\ H_2O & | & NH_3 \\ & Cr & \\ H_2O & | & NH_3 \\ & OH_2 & \end{array}$$

143. (1) Cr^{3+} 的价层电子构型为 $3s^23p^63d^3$，3 个 d 电子最多占据 3 个 3d 轨道，Cr^{3+} 有 2 个空的 3d 轨道，它与配体总是形成内轨型八面体配位个体。因此，中心原子采取 d^2sp^3 杂化，$[Cr(H_2O)_6]Cl_3$ 为内轨型配合物。

(2) Ni^{2+} 的价层电子构型为 $3s^23p^63d^8$，CN^- 为强场配体，把中心原子的 8 个 3d 电子挤到 4 个 3d 轨道中，Ni^{2+} 采取 dsp^2 杂化，所形成的 $K_2[Ni(CN)_4]$ 为内轨型配合物。

(3) Fe^{3+} 的价层电子构型为 $3s^23p^63d^5$，$C_2O_4^{2-}$ 为弱场，中心原子的 5 个 d 电子占据了 5 个 3d 轨道，Fe^{3+} 采取 sp^3d^2 杂化，所形成的 $K_3[Fe(C_2O_4)_3]$ 为外轨型配合物。

(4) Zn^{2+} 的价层电子构型为 $3s^23p^63d^{10}$，有 10 个 3d 电子，中心原子的 5 个 3d 轨道均已填满，与配体只能形成外轨型配合物。因此，中心原子采取 sp^3 杂化，所形成的 $[Zn(NH_3)_4]SO_4$ 为外轨型配合物。

144. (1) NH_3 只能作配体；Cl^- 既能作配体，又能作外界离子。由于中心原子的配位数为 6，因此配合物的结构式为 $[Pt(NH_3)_6]Cl_4$。

（2）NH_3 只能作配体；Cl^- 既能作配体，又能作外界离子。由于中心原子的配位数为 6，因此配合物的结构式为 $[CrCl_2(NH_3)_4]Cl$。

（3）NH_3 只能作配体；Cl^- 既能作配体，又能作外界离子。由于中心原子的配位数为 6，Cl^- 只能为外界离子，因此配合物的结构式为 $[Co(NH_3)_6]Cl_3$。

（4）K^+ 只能作外界；Cl^- 既能作配体，也能作外界离子。由于中心原子的配位数为 6，Cl^- 只能作配体，因此配合物的结构式为 $K_2[PtCl_6]$。

当浓度相同时，4 种配合物溶液的导电能力由强到弱的顺序为

$$[Pt(NH_3)_6]Cl_4 > [Co(NH_3)_6]Cl_3 > K_2[PtCl_6] > [CrCl_2(NH_3)_4]Cl$$

145. Fe^{2+} 的价层电子构型为 $3s^2 3p^6 3d^6$，有 6 个 3d 电子，由于分裂能大于电子成对能，$[Fe(CN)_6]^{4-}$ 为低自旋配离子，中心原子的 d 电子排布方式为 $(d_\varepsilon)^6 (d_\gamma)^0$。由于中心原子没有未成对电子，故 $[Fe(CN)_6]^{4-}$ 的磁矩 $\mu = 0$。

五、计算题

146.（1）300 K 时，电对 $AgCl/Ag$ 的标准电极电势为

$$
\begin{aligned}
E^\ominus(AgCl/Ag) &= E^\ominus(Ag^+/Ag) + \frac{2.303\,RT}{F}\lg K_{sp}^\ominus(AgCl) \\
&= 0.80\ V + 0.060\ V \times \lg(1.8 \times 10^{-10}) \\
&= 0.22\ V
\end{aligned}
$$

（2）300 K 时，电对 $[Ag(NH_3)_2]^+/Ag$ 的标准电极电势为

$$
\begin{aligned}
E^\ominus\{[Ag(NH_3)_2]^+/Ag\} &= E^\ominus(Ag^+/Ag) - \frac{2.303\,RT}{F}\lg K_s^\ominus\{[Ag(NH_3)_2]^+\} \\
&= 0.80\ V - 0.060\ V \times \lg(1.7 \times 10^7) \\
&= 0.37\ V
\end{aligned}
$$

147. 298.15 K 时，$[Zn(NH_3)_4]^{2+}$ 的标准稳定常数为

$$
\begin{aligned}
K_s^\ominus\{[Zn(NH_3)_4]^{2+}\} &= \frac{c_{eq}\{[Zn(NH_3)_4]^{2+}\}}{c_{eq}(Zn^{2+}) \cdot [c_{eq}(NH_3)]^4} \\
&= \frac{\frac{1}{5}c(Zn^{2+})}{\frac{4}{5}c(Zn^{2+}) \cdot (5.0 \times 10^{-3})^4} = 4.0 \times 10^8
\end{aligned}
$$

148. 物质的氧化能力强弱可依据其对应的电极电势来衡量。若比较 $[Ag(NH_3)_2]^+$ 与 $[Ag(CN)_2]^-$ 氧化能力的强弱，需比较 $E^\ominus\{[Ag(NH_3)_2]^+/Ag\}$ 与 $E^\ominus\{[Ag(CN)_2]^-/Ag\}$ 的相对大小。

根据已知条件

由电极反应 $Ag^+ + e^- \Longrightarrow Ag$ 可以写出

$$E(Ag^+/Ag) = E^\ominus(Ag^+/Ag) + 0.059\ 16\ V\ \lg[c_{eq}(Ag^+)]$$

可导出

$$E^\ominus\{[Ag(NH_3)_2]^+/Ag\} = E^\ominus(Ag^+/Ag) + 0.059\ 16\ V\ \lg\frac{1}{K_s^\ominus\{[Ag(NH_3)_2]^+\}}$$

$$E^\ominus\{[Ag(CN)_2]^-/Ag\} = E^\ominus(Ag^+/Ag) + 0.059\ 16\ V\ \lg\frac{1}{K_s^\ominus\{[Ag(CN)_2]^-\}}$$

由于 $K_s^\ominus\{[Ag(NH_3)_2]^+\} \ll K_s^\ominus\{[Ag(CN)_2]^-\}$

故 $E^{\ominus}\{[Ag(NH_3)_2]^+/Ag\} > E^{\ominus}\{[Ag(CN)_2]^-/Ag\}$

因此：氧化能力 $[Ag(NH_3)_2]^+$ 大于 $[Ag(CN)_2]^-$。

149. (1) 由于电子成对能大于分裂能，故中心原子的 d 电子排布为 $d_\epsilon^4 d_\gamma^2$，配离子有 4 个未成对电子。

(2) 配离子的晶体场稳定化能为

$$E_{cfs} = 4 \times (-0.4 \times 155.5 \text{ kJ} \cdot \text{mol}^{-1}) + 2 \times 0.6 \times 155.5 \text{ kJ} \cdot \text{mol}^{-1}$$
$$= -62.2 \text{ kJ} \cdot \text{mol}^{-1}$$

150. 反应的离子方程式为

$$[Ag(NH_3)_2]^+ + 2S_2O_3^{2-} \rightleftharpoons [Ag(S_2O_3)_2]^{3-} + 2NH_3$$

反应的标准平衡常数表达式为

$$K^{\ominus} = \frac{c_{eq}\{[Ag(S_2O_3)_2]^{3-}\} \cdot [c_{eq}(NH_3)]^2}{c_{eq}\{[Ag(NH_3)_2]^+\} \cdot [c_{eq}(S_2O_3^{2-})]^2}$$

反应的标准平衡常数为

$$K^{\ominus} = \frac{K_s^{\ominus}\{[Ag(S_2O_3)_2]^{3-}\}}{K_s^{\ominus}\{[Ag(NH_3)_2]^+\}} = \frac{2.9 \times 10^{13}}{1.67 \times 10^7} = 1.7 \times 10^6$$

由于上述反应的标准平衡常数很大，因此反应正向进行的趋势很大，当 $[Ag(NH_3)_2]^+$ 浓度下降为 $1.0 \times 10^{-5} \text{ mol} \cdot \text{L}^{-1}$ 时，可认为转化完全。由反应式可知 $[Ag(S_2O_3)_2]^{3-}$ 和 NH_3 的平衡浓度分别为 $0.10 \text{ mol} \cdot \text{L}^{-1}$ 和 $0.20 \text{ mol} \cdot \text{L}^{-1}$，则 $S_2O_3^{2-}$ 的平衡浓度为

$$c_{eq}(S_2O_3^{2-}) = \sqrt{\frac{c_{eq}\{[Ag(S_2O_3)_2]^{3-}\} \cdot [c_{eq}(NH_3)]^2}{K^{\ominus} \cdot c_{eq}\{[Ag(NH_3)_2]^+\}}}$$
$$= \sqrt{\frac{0.10 \times (0.20)^2}{1.67 \times 10^6 \times 1.0 \times 10^{-5}}} \text{ mol} \cdot \text{L}^{-1} = 0.015 \text{ mol} \cdot \text{L}^{-1}$$

至少需加入 $Na_2S_2O_3$ 固体的物质的量为

$$n(Na_2S_2O_3) = [2c_{eq}\{[Ag(S_2O_3)_2]^{3-}\} + c_{eq}(S_2O_3^{2-})] \cdot V\{[Ag(NH_3)_2]NO_3\}$$
$$= (2 \times 0.10 \text{ mol} \cdot \text{L}^{-1} + 0.015 \text{ mol} \cdot \text{L}^{-1}) \times 1.0 \text{ L}$$
$$= 0.215 \text{ mol}$$

151. 由于 $K^{\ominus}\{[Ag(NH_3)_2]^+\}$ 很大，故在含有过量 NH_3 的溶液中，Ag^+ 几乎全部以 $[Ag(NH_3)_2]^+$ 的形式存在。在溶液中加入 NaCl 后发生下列可逆反应：

$$[Ag(NH_3)_2]^+ + Cl^- \rightleftharpoons AgCl + 2NH_3$$

反应的标准平衡常数为

$$K^{\ominus} = \frac{[c_{eq}(NH_3)]^2}{c_{eq}(Cl^-) \cdot c_{eq}\{[Ag(NH_3)_2]^+\}}$$
$$= \frac{1}{K_{sp}^{\ominus}(AgCl) \cdot K_s^{\ominus}\{[Ag(NH_3)_2]^+\}}$$
$$= \frac{1}{1.8 \times 10^{-10} \times 1.67 \times 10^7} = 3.3 \times 10^2$$

由题意知混合后没有 AgCl 沉淀生成，故 $c_{eq}(Cl^-) = c_{eq}\{[Ag(NH_3)_2]^+\} = 0.050 \text{ mol} \cdot \text{L}^{-1}$。混合溶液中 NH_3 的平衡浓度至少为

$$c_{eq}(NH_3) = \sqrt{K^{\ominus} \cdot c_{eq}(Cl^-) \cdot c_{eq}\{[Ag(NH_3)_2]^+\}}$$
$$= \sqrt{3.3 \times 10^2 \times 0.050 \times 0.050} \ mol \cdot L^{-1} = 0.91 \ mol \cdot L^{-1}$$

152. 有关反应的离子方程式为

$$[Ag(NH_3)_2]^+(aq) + I^-(aq) \rightleftharpoons AgI(s) + 2NH_3(aq)$$

反应的标准平衡常数为

$$K^{\ominus} = \frac{1}{K_{sp}^{\ominus}(AgI) \cdot K_s^{\ominus}\{[Ag(NH_3)_2]^+\}}$$
$$= \frac{1}{8.3 \times 10^{-17} \times 1.67 \times 10^7} = 7.2 \times 10^8$$

混合后,该反应的反应商为

$$J = \frac{[c(NH_3)]^2}{c(I^-) \cdot c\{[Ag(NH_3)_2]^+\}}$$
$$= \frac{3.0^2}{0.030 \times 0.0010} = 3.0 \times 10^5 < 7.2 \times 10^8$$

由于 $K^{\ominus} > J$,故反应正向进行,因此有 AgI 沉淀生成。

153. 有关反应的离子方程式为

$$Cu(OH)_2 + 4NH_3 \rightleftharpoons [Cu(NH_3)_4]^{2+} + 2OH^-$$

反应的标准平衡常数为

$$K^{\ominus} = K_s^{\ominus}\{[Cu(NH_3)_4]^{2+}\} \cdot K_{sp}^{\ominus}[Cu(OH)_2]$$
$$= 2.3 \times 10^{12} \times 2.2 \times 10^{-20} = 5.1 \times 10^{-8}$$

0.050 mol $Cu(OH)_2$ 固体溶解后,$[Cu(NH_3)_4]^{2+}$ 离子的平衡浓度为 0.050 $mol \cdot L^{-1}$。NH_3 的平衡浓度为

$$c(NH_3) = \sqrt[4]{\frac{c_{eq}\{[Cu(NH_3)_4]^{2+}\} \cdot [c_{eq}(OH^-)]^2}{K^{\ominus}}}$$
$$= \sqrt[4]{\frac{5.0 \times 10^{-2} \times (2 \times 5.0 \times 10^{-2})^2}{5.1 \times 10^{-8}}} \ mol \cdot L^{-1} = 9.95 \ mol \cdot L^{-1}$$

NH_3 的起始浓度为

$$c(NH_3) = c_{eq}(NH_3) + 4c_{eq}\{[Cu(NH_3)_4]^{2+}\}$$
$$= 9.95 \ mol \cdot L^{-1} + 4 \times 5.0 \times 10^{-2} \ mol \cdot L^{-1} = 10.2 \ mol \cdot L^{-1}$$

NH_3 溶液的浓度至少应为 10.2 $mol \cdot L^{-1}$。

154. 300 K 时,配离子 $[Zn(NH_3)_4]^{2+}$ 的标准稳定常数为

$$\lg K_s^{\ominus}\{[Zn(NH_3)_4]^{2+}\} = \frac{E^{\ominus}(Zn^{2+}/Zn) - E^{\ominus}\{[Zn(NH_3)_4]^{2+}/Zn\}}{0.060 \ V/2}$$
$$= \frac{-0.76 \ V - (-1.06 \ V)}{0.060 \ V/2} = 10$$
$$K_s^{\ominus}\{[Zn(NH_3)_4]^{2+}\} = 1.0 \times 10^{10}$$

155. 有关反应的离子方程式为

$$AgIO_3 + 2NH_3 \rightleftharpoons [Ag(NH_3)_2]^+ + IO_3^-$$

反应的标准平衡常数与 $AgIO_3$ 的标准溶度积常数和 $[Ag(NH_3)_2]^+$ 的标准稳定常数之间的关系为

$$K^\ominus = \frac{c_{eq}\{[Ag(NH_3)_2]^+\}\cdot c_{eq}(IO_3^-)}{[c(NH_3)]^2}$$

$$= K_s^\ominus\{[Ag(NH_3)_2]^+\}\cdot K_{sp}^\ominus(AgIO_3)$$

溶解的 $AgIO_3$ 固体的物质的量为

$$n(AgIO_3) = \frac{m(AgIO_3)}{M(AgIO_3)} = \frac{85\ g}{283\ g\cdot mol^{-1}} = 0.30\ mol$$

由反应的离子方程式可知 $[Ag(NH_3)_2]^+$ 和 IO_3^- 的平衡浓度均为 $0.30\ mol\cdot L^{-1}$，则 NH_3 的平衡浓度为 $(1.00-2\times0.30)\ mol\cdot L^{-1} = 0.40\ mol\cdot L^{-1}$。$300\ K$ 时,反应的标准平衡常数为

$$K^\ominus = \frac{c_{eq}\{[Ag(NH_3)_2]^+\}\cdot c_{eq}(IO_3^-)}{[c_{eq}(NH_3)]^2} = \frac{0.30\times0.30}{0.40^2} = 0.56$$

$300\ K$ 时配离子 $[Ag(NH_3)_2]^+$ 的标准稳定常数为

$$K_s^\ominus\{[Ag(NH_3)_2]^+\} = \frac{K^\ominus}{K_{sp}^\ominus(AgIO_3)} = \frac{0.56}{3.5\times10^{-8}} = 1.6\times10^7$$

第十一章　定量分析中的误差与有效数字

思考题解答

1. 指出下列各种情况引起的误差的性质和原因。如果是系统误差,应采用什么方法减免?

(1) 重量法测定 SiO_2 的质量分数时,试样中硅酸沉淀不完全;

(2) 称量时,试样(事先已干燥过)吸收了少量水分;

(3) 用移液管移取溶液后,试液在移液管中的残留量稍有不同;

(4) 以质量分数约为 99% 的 Na_2CO_3(其余为非酸碱物质)为基准物质标定 HCl 溶液的浓度;

(5) 滴定前用待测定的试液润洗锥形瓶;

(6) 用配位滴定法测定 Ca^{2+} 和 Mg^{2+} 的总量时,使用的蒸馏水中含有 Ca^{2+} 和 Mg^{2+};

(7) 进行称量前,未将天平准确调至零点;

(8) 用指示剂指示滴定终点,停止滴定时各份试液显示的颜色略有差别。

答:(1) 属于系统误差中的方法误差。可以采用其他分析方法(如吸光光度法)测定出试液中未沉淀的硅的质量分数,并加进已沉淀部分的测定结果中去,由此就校正了由于硅酸沉淀不完全而产生的负误差。

(2) 总体上属于系统误差中的试剂误差,但吸收水分的多少具有随机性。应熟练掌握称量操作,尽快完成称量。

(3) 属于随机误差。在每次由移液管放出溶液时均应按规程操作,并最后停留 15 s。

(4) 属于系统误差中的试剂误差。应改用合格的基准物质或提纯基准物质后进行标定。

(5) 如果全部锥形瓶均被润洗,属于系统误差中的操作误差。不能用试液润洗锥形瓶,否则将使测定结果偏高。如果仅润洗了部分锥形瓶,则认为是过失误差,应按正确操作方法重新进行测定。

(6) 属于系统误差中的试剂误差。测定时应使用不含钙、镁离子(或含量在允许范围内)的蒸馏水或去离子水。

(7) 如果采用直接称量法进行称量,属于系统误差中的仪器误差,应在每次称量前先正确调节天平零点。如果采用递减称量法进行称量,则对称量结果没有影响。

(8) 属于随机误差。应尽量减少各份试液在终点时颜色的差别,以提高分析结果的准确性。

2. 如何检验和消除系统误差?

答:可利用对照试验、空白试验、校准仪器和量器等方法检验系统误差。可通过改进分析方法或采用辅助方法消除系统误差。

3. 如何减小随机误差?

答:随机误差很难找到具体形成原因,不能测量它的确切数值。在实验中应按正确的操作规程操作,保持实验条件一致,增加测定次数,可减小随机误差。

4. 用标准偏差和相对平均偏差表示测定结果,哪一种更合理?

答:用标准偏差表示测定结果更合理。因为在计算标准偏差时,将单次测定的偏差进行平方,能将较大的偏差显著地表现出来。

5. 什么是误差? 什么是偏差? 说明误差与偏差、准确度与精密度的区别。

答:误差是测定值与真实值之差,偏差是测定值与平均值之差。误差的大小是衡量测定结果准确度的尺度,误差小,测定结果的准确度高;偏差的大小是衡量测定结果精密度的尺度,偏差小,测定结果的精密度高。准确度反映测定结果的正确性,精密度反映测定结果的可靠性。精密度高,不一定准确度高,精密度不高,则测定结果不可靠,失去了衡量准确度的前提。只有在消除了系统误差的前提下,精密度高,准确度才会高。

6. 甲、乙两人同时分析一矿物中硫的质量分数。每次称取试样的质量为 4.7 g,测定结果分别报告为

甲:0.051%,0.052%

乙:0.051 09%,0.051 82%

上述两份报告中,哪一份报告是合理的? 为什么?

答:甲的分析报告是合理的。因为称取试样的质量为 2 位有效数字,按有效数字运算规则,测定结果只能有 2 位有效数字。

7. 什么是空白试验? 空白试验主要用于消除哪些误差?

答:在不加试样的情况下,按照与试样测定相同的操作步骤和条件进行测试,称为空白试验。空白试验所得的结果称为空白值。从分析结果中扣除空白值后,就可得到比较可靠的分析结果。空白试验主要用于消除由试剂、蒸馏水和器皿等引入的被测物质所造成的系统误差。

8. 提高分析结果准确度的方法有哪几种?

答:提高分析结果准确度的方法有以下几种:

(1) 选择适当的分析方法,以减小方法误差;

(2) 减小分析天平的称量误差和滴定管的读数误差,以减小测量误差;

(3) 利用对照试验、空白试验、校准仪器和器皿、方法校正等方法消除或减小系统误差;

(4) 增加平行测定的次数,减小随机误差。

9. 分析化学中的数字分为几类? 举例说明。

答:分为两类,即非测量值和测量值。

非测量值,如测定次数、计算中的倍数、各类常数等。

测量值,如称量物质的质量、滴定时消耗溶液的体积等。

10. 有效数字是具有什么性质的数字?

答:有效数字是指实际能测量到的数字,它反映测量的精确程度。有效数字保留的最后一位数字是不确定的,它有 ± 1 的误差,而其他数字都是确定的。

习 题 解 答

1. 对某一试样进行测定,A 的测定结果的平均值为 6.96%,标准偏差为 0.03%;B 的测定结果的平均值为 7.10%,标准偏差为 0.05%。已知其真实值为 7.02%,比较 A 和 B 两人的测定

结果的准确度和精密度。

解：误差是衡量测量结果准确度的指标,误差越小,测量结果的准确度就越高。A 和 B 的测量结果的绝对误差分别为

$$E_A = 6.96\% - 7.02\% = -0.06\%$$

$$E_B = 7.10\% - 7.02\% = +0.08\%$$

与 B 的测量结果比较,A 的测量结果的准确度较高。

标准偏差和相对标准偏差常用于衡量测量结果的精密度。标准偏差和相对标准偏差越小,测量结果的精密度就越高。由于相对标准偏差能反映出标准偏差在平均值中所占的比例,在比较各种情况下测量结果的精密度时更为常用。A 和 B 的测量结果的相对标准偏差分别为

$$s_{r,A} = \frac{s_A}{x_A} \times 100\% = \frac{0.03\%}{6.96\%} \times 100\% = 0.43\%$$

$$s_{r,B} = \frac{s_B}{x_B} \times 100\% = \frac{0.05\%}{7.10\%} \times 100\% = 0.70\%$$

与 B 的测定结果比较,A 的测量结果的精密度较高。

所以 A 的测量结果的准确度和精密度都比 B 好。

2. 滴定管的读数误差为 ± 0.02 mL,如果滴定中分别用去标准溶液 2 mL 和 20 mL 左右,读数的相对误差各是多少? 从相对误差的大小说明什么问题?

解：滴定用去 2 mL 标准溶液时,读数的相对误差为

$$E_r = \frac{\pm 0.02 \text{ mL}}{2 \text{ mL}} \times 100\% = \pm 1\%$$

滴定用去 20 mL 标准溶液时,读数的相对误差为

$$E_r = \frac{\pm 0.02 \text{ mL}}{20 \text{ mL}} \times 100\% = 0.1\%$$

计算结果表明,滴定时消耗的标准溶液的体积越大,读数的相对误差就越小。在滴定分析中,为了使读数的相对误差不超过 $\pm 0.1\%$,通常将消耗标准溶液的体积控制在 $20\sim30$ mL 的范围内。

3. 已知分析天平能称准至 ± 0.1 mg,如果要使试样的称量误差不超过 $\pm 0.1\%$,则至少需要称取试样多少克?

解：用递减法称量一份试样,需进行两次称量,两次称量的最大绝对误差为 ± 0.2 mg。至少要称量试样的质量为

$$m_{试样} = \frac{E}{E_r} = \frac{2 \times 10^{-4} \text{ g}}{0.1\%} = 0.2 \text{ g}$$

4. 甲同学测定 $w(\text{Fe})$ 为 80.40%（真实值）的含铁试样中铁的质量分数,测定的结果为 80.45%。乙同学测定 $w(\text{Fe})$ 为 2.01%（真实值）的含铁试样中铁的质量分数,测定的结果为 2.067%。计算甲、乙两同学测定的绝对误差和相对误差,并比较测定的准确度。

解：利用绝对误差和相对误差可以衡量测定结果的准确度。相对误差由于能反映出绝对误差在真实值中所占的比例,在比较测定结果的准确度时更为常用。

甲同学测定结果的绝对误差和相对误差分别为

$$E = 80.45\% - 80.40\% = 0.05\%$$

$$E_r = \frac{80.45\% - 80.40\%}{80.40\%} \times 100\% = 0.06\%$$

乙同学测定结果的绝对误差和相对误差分别为

$$E = 2.067\% - 2.01\% = 0.06\%$$

$$E_r = \frac{2.067\% - 2.01\%}{2.01\%} \times 100\% = 2.8\%$$

计算结果表明,甲同学测量结果的相对误差较小,因此甲同学测量结果的准确度较高。

5. 某试样中氯的质量分数约为 10%,拟利用重量法进行测定。如果用万分之一的分析天平称量 $AgCl$ 沉淀的质量,为了使称量的相对误差不大于 0.1%,问至少应称取试样多少克?

解：为了使称量沉淀时的相对误差不大于 0.1%,则 $AgCl$ 沉淀的质量就不能小于 0.20 g。0.20 g $AgCl$ 沉淀中所含氯的质量为

$$m(\text{Cl}) = n(\text{Cl}) \cdot M(\text{Cl}) = n(\text{AgCl}) \cdot M(\text{Cl}) = \frac{m(\text{AgCl}) \cdot M(\text{Cl})}{M(\text{AgCl})}$$

$$= \frac{0.20 \text{ g} \times 35.45 \text{ g} \cdot \text{mol}^{-1}}{143.4 \text{ g} \cdot \text{mol}^{-1}} = 0.049 \text{ g}$$

称取试样的质量为

$$m_{\text{试样}} = \frac{m(\text{Cl})}{w(\text{Cl})} = \frac{0.049 \text{ g}}{0.10} = 0.49 \text{ g}$$

6. 分析工作者测定一试样中某组分的质量分数,得到相应的平均值和相对标准偏差。后发现在计算公式的分子上误乘以 2,因此正确的质量分数应为计算得到的质量分数的 $1/2$。问正确的相对标准偏差应为多少?

解：设经过 N 次测定后,得系列测定值 $x_1, x_2, \cdots, x_N$,它们的平均值为 $\overline{x}$,标准偏差和相对标准偏差为 s_1 和 $s_{r,1}$。则有

$$s_1 = \sqrt{\frac{\sum(x_i - \overline{x})^2}{N-1}}$$

$$s_{r,1} = \frac{\sqrt{\sum(x_i - \overline{x})^2/(N-1)}}{\overline{x}} = \frac{s_1}{\overline{x}}$$

由于将计算公式中的分子误乘以 2,所以各测定值依次变为 $2x_1, 2x_2, \cdots, 2x_N$,它们的平均值为 $2\overline{x}$,标准偏差和相对标准偏差分别为 s_2 和 $s_{r,2}$。则有

$$s_2 = \sqrt{\frac{\sum(2x_i - 2\overline{x})^2}{N-1}} = 2 \times \sqrt{\frac{\sum(x_i - \overline{x})^2}{N-1}} = 2s_1$$

$$s_{r,2} = \frac{s_2}{2\overline{x}} = \frac{2s_1}{2\overline{x}} = \frac{s_1}{\overline{x}} = s_{r,1}$$

由上述推导结果可知,计算公式的分子误乘以 2 后,测定结果的平均值和标准偏差均增大到原来的 2 倍,但相对标准偏差不变。

7. 已知某含铁试样中铁的质量分数为 55.19%,若甲的测定结果分别为 55.12%,55.15%,55.18%;乙的测定结果分别为 55.20%,55.24%,55.29%。计算甲、乙两人测定结果的相对误差和相对标准偏差,比较两人测定结果的准确度和精密度。

解:(1)甲的测定结果的平均值为

$$\overline{w}(\text{Fe}) = \frac{55.12\% + 55.15\% + 15.18\%}{3} = 55.15\%$$

甲的测定结果的相对误差为

$$E_{r,\text{甲}} = \frac{\overline{w}(\text{Fe}) - w_T(\text{Fe})}{w_T(\text{Fe})} \times 100\%$$

$$= \frac{55.15\% - 55.19\%}{55.19\%} \times 100\% = -0.07\%$$

甲的测定结果的标准偏差和相对标准偏差分别为

$$s_{\text{甲}} = \sqrt{\frac{\sum(w_i - \overline{w})^2}{N-1}} = \sqrt{\frac{(-0.03\%)^2 + 0^2 + (0.03\%)^2}{3-1}} = 0.03\%$$

$$s_{r,\text{甲}} = \frac{s_{\text{甲}}}{\overline{w}} \times 100\% = \frac{0.03\%}{55.15\%} \times 100\% = 0.05\%$$

(2)乙的测定结果的平均值为

$$\overline{w}_\text{乙} = \frac{55.20\% + 55.24\% + 55.29\%}{3} = 55.24\%$$

乙的测定结果的相对误差为

$$E_{r,\text{乙}} = \frac{55.24\% - 55.19\%}{55.19\%} \times 100\% = 0.09\%$$

乙的测定结果的标准偏差和相对标准偏差分别为

$$s_\text{乙} = \sqrt{\frac{(-0.04\%)^2 + 0^2 + (0.05\%)^2}{3-1}} = 0.05\%$$

$$s_{r,\text{乙}} = \frac{0.05\%}{55.24\%} \times 100\% = 0.09\%$$

计算结果表明,$|E_{r,\text{甲}}| < |E_{r,\text{乙}}|$,可知甲的测定结果的准确度比乙高;$s_{r,\text{甲}} < s_{r,\text{乙}}$,可知甲的测定结果的精密度比乙高。

8. 测定某试样中蛋白质的质量分数,5 次测定结果分别为 35.10%,34.86%,34.92%,

35.36％，35.11％。计算测定结果的平均值、平均偏差、相对平均偏差、标准偏差和相对标准偏差。

解：测定结果的平均值为

$$\overline{x} = \frac{\sum x_i}{N}$$

$$= \frac{35.10\% + 34.86\% + 34.92\% + 35.36\% + 35.11\%}{5} = 35.07\%$$

测定结果的平均偏差为

$$\overline{d} = \frac{\sum |x_i - \overline{x}|}{N}$$

$$= \frac{0.03\% + 0.21\% + 0.15\% + 0.29\% + 0.04\%}{5} = 0.14\%$$

测定结果的相对平均偏差为

$$\overline{d}_r = \frac{\overline{d}}{\overline{x}} \times 100\% = \frac{0.14\%}{35.07\%} \times 100\% = 0.40\%$$

测定结果的标准偏差为

$$s = \sqrt{\frac{\sum (x_i - \overline{x})^2}{N-1}}$$

$$= \sqrt{\frac{(0.03\%)^2 + (-0.21\%)^2 + (-0.15\%)^2 + (0.29\%)^2 + (0.04\%)^2}{5-1}}$$

$$= \sqrt{\frac{1.5 \times 10^{-5}}{4}} = 0.19\%$$

测定结果的相对标准偏差为

$$s_r = \frac{s}{\overline{x}} \times 100\% = \frac{0.19\%}{35.07\%} \times 100\% = 0.54\%$$

9. 下列数据中包括几位有效数字：

(1) 0.031 5　　　(2) 0.213 0　　　(3) 2.5×10^{-5}　　　(4) pH＝3.50

答：(1) 3 位　　　　　　　　　(2) 4 位

(3) 2 位　　　　　　　　　(4) 2 位

10. 将下列数字修约到小数点后第三位：

(1) 3.141 56　　　(2) 1.716 6　　　(3) 0.501 50　　　(4) 1.214 50

(5) 25.321 5　　　(6) 0.112 501　　　(7) 4.293 499　　　(8) 2.512 5

答：(1) 3.142；(2) 1.717；(3) 0.502；(4) 1.214；(5) 25.322；

(6) 0.113；(7) 4.293；(8) 2.512。

11. 根据有效数字的运算规则，计算下列各式：

(1) $8.563 \div 2.1 - 1.025 =$

(2) $1.0 \times 10^{-3} \times 2.635 \div 0.053 =$

(3) $pK_a^{\ominus} = 10.00$, $K_a^{\ominus} =$

(4) $c(H_3O^+) = 1.00 \times 10^{-5} \ mol \cdot L^{-1}$, $pH =$

(5) $0.525 \times 3.124 \div 2.0 \times 25.28 =$

解：(1) $8.563 \div 2.1 - 1.025 = 8.6 \div 2.1 - 1.025 = 4.1 - 1.0 = 3.1$

(2) $1.0 \times 10^{-3} \times 2.635 + 0.053 = 2.6 \times 10^{-3} + 0.053 = 0.056$

(3) $pK_a^{\ominus} = -\lg K_a^{\ominus} = 10.00$

$\quad K_a^{\ominus} = 10^{-10.00} = 1.0 \times 10^{-10}$

(4) $c(H_3O^+) = 1.00 \times 10^{-5} \ mol \cdot L^{-1}$

$\quad pH = -\lg 1.00 \times 10^{-5} = 5.000$

(5) $0.525 \times 3.124 \div 2.0 \times 25.28 = 0.52 \times 3.1 \div 2.0 \times 25 = 20$

12. 测定 $CuSO_4 \cdot 5H_2O$ 晶体中结晶水的质量分数时，用万分之一的分析天平称取 $0.5000 \ g$ 试样，加热除去结晶水后再将剩余的固体进行称量。通过计算说明测定结果应为几位有效数字。

解：结晶水的质量分数为

$$w(H_2O) = \frac{m(H_2O)}{m_{试样}} \times 100\% = \frac{m(H_2O)}{0.5000 \ g} \times 100\%$$

上式中 $m(H_2O)$ 为两次称量的差值，题中未给出，可根据理论值估算，即

$$m(H_2O) = m_{试样} - m(CuSO_4) \approx \frac{m_{试样} \times 5M(H_2O)}{M(CuSO_4 \cdot 5H_2O)}$$

$$= \frac{0.5000 \ g \times 5 \times 18.00 \ g \cdot mol^{-1}}{249.7 \ g \cdot mol^{-1}} = 0.1802 \ g$$

试样中 H_2O 的质量为 $0.1802 \ g$ 左右，为 4 位有效数字。因此，H_2O 的质量分数 $w(H_2O)$ 为 4 位有效数字。

13. 用吸光光度法测定低含量锰的方法误差约为 2%，使用称量误差为 $\pm 0.002 \ g$ 的天平称取 $MgSO_4$ 固体。如果要配制成 $0.2 \ mg \cdot mL^{-1}$ 的 $MgSO_4$ 标准溶液，至少要配制的溶液体积是多少？

解：若至少要配制 $MgSO_4$ 标准溶液的体积为 $V(MgSO_4)$，按相对误差的计算公式：

$$\frac{0.002 \times 10^3 \ mg}{0.2 \ mg \cdot mL^{-1} \cdot V(MgSO_4)} \times 100\% = 2.0\%$$

$$V(MgSO_4) = \frac{0.002 \times 10^3 \ mg}{0.2 \ mg \cdot mL^{-1} \times 2.0\%} = 500 \ mL$$

至少要配制 $500 \ mL$ $MgSO_4$ 标准溶液。

14. 标定浓度约为 $0.1 \ mol \cdot L^{-1}$ NaOH 溶液，欲消耗约 $25 \ mL$ NaOH 溶液，应称取基准物质 $H_2C_2O_4 \cdot 2H_2O$ 的质量约为多少？能否将称量的相对误差控制在 $\pm 0.1\%$ 范围之内？若改用邻苯二甲酸氢钾（KHP），其结果又如何？

解：用 $H_2C_2O_4 \cdot 2H_2O$ 标定 NaOH 溶液时，化学反应方程式为

$$H_2C_2O_4 + 2NaOH \Longrightarrow Na_2C_2O_4 + 2H_2O$$

计量关系为

$$n(H_2C_2O_4 \cdot 2H_2O) = \frac{1}{2}n(NaOH)$$

称取的 $H_2C_2O_4 \cdot 2H_2O$ 晶体的质量约为

$$m(H_2C_2O_4 \cdot 2H_2O) = \frac{1}{2}c(NaOH) \cdot V(NaOH) \cdot M(H_2C_2O_4 \cdot 2H_2O)$$

$$= \frac{0.1 \ mol \cdot L^{-1} \times 25 \times 10^{-3} \ L \times 126 \ g \cdot mol^{-1}}{2}$$

$$= 0.16 \ g$$

称量的相对误差为

$$E_r = \frac{2 \times (\pm 0.000\,1 \ g)}{0.16 \ g} \times 100\% = \pm 0.13\%$$

不能将称量的相对误差控制在 $\pm 0.1\%$ 范围之内。

改用邻苯二甲酸氢钾(KHP)标定 NaOH 溶液,化学反应方程式为

计量关系为

$$n(KHP) = n(NaOH)$$

称取 KHP 的质量约为

$$m(KHP) = c(NaOH) \cdot V(NaOH) \cdot M(KHP)$$

$$= 0.1 \ mol \cdot L^{-1} \times 25 \times 10^{-3} \ L \times 204 \ g \cdot mol^{-1}$$

$$= 0.51 \ g$$

称量的相对误差为

$$E_r = \frac{2 \times (\pm 0.000\,1 \ g)}{0.51 \ g} \times 100\% = \pm 0.04\%$$

可以将称量的相对误差控制在 $\pm 0.1\%$ 范围之内。

单元测试题

一、选择题

1. 可用于减少测量过程中的随机误差的方法是(　　)。

(A) 进行对照试验　　　　　　　　(B) 进行空白试验

(C) 进行仪器校准　　　　　　　　(D) 增加平行试验的次数

2. 滴定分析所用的试剂中含有少量被测组分,会引起(　　　)。

(A) 方法误差　　　　(B) 仪器误差　　　　(C) 系统误差　　　　(D) 随机误差

3. 用 25 mL 移液管移出的溶液的体积应记为(　　　)。

(A) 25 mL　　　　(B) 25.0 mL　　　　(C) 25.00 mL　　　　(D) 25.000 mL

4. 用 $H_2C_2O_4 \cdot 2H_2O$ 晶体为基准物质标定 NaOH 溶液的浓度,如果保存不当,使 $H_2C_2O_4 \cdot 2H_2O$ 晶体失去部分结晶水,则标定 NaOH 溶液浓度的结果是(　　　)。

(A) 偏低　　　　(B) 偏高　　　　(C) 无影响　　　　(D) 不确定

5. 引起随机误差的原因是(　　　)。

(A) 试剂不纯　　　　　　　　　　(B) 偶然原因

(C) 有时固定有时不固定　　　　　(D) 个人操作失误

6. 下列有关随机误差的论述中,不正确的是(　　　)。

(A) 随机误差具有随机性

(B) 随机误差是可以确定的

(C) 随机误差在分析中是无法避免的

(D) 随机误差是由不确定因素引起的

7. 随机误差的特点是(　　　)。

(A) 大、小误差出现的概率相等　　　　(B) 正误差出现的概率大于负误差

(C) 负误差出现的概率大于正误差　　　　(D) 正、负误差出现的概率相等

8. 下列情况所引起的误差中,不属于系统误差的是(　　　)。

(A) 使用被腐蚀的砝码进行称量

(B) 滴定管读数最后一位估计不准

(C) 所用试剂中含有待测组分

(D) 重量法测定 SiO_2 时,硅酸沉淀不完全

9. 下列情况,可引起系统误差的是(　　　)。

(A) 天平零点稍有变化

(B) 滴定管读数时,最后一位数字估计不准

(C) 试剂中含有少量待测组分

(D) 移液管移取溶液后残留量稍有不同

10. 下述情况,可使分析结果产生负误差的是(　　　)。

(A) 标定 HCl 溶液时,所用的硼砂($Na_2B_4O_7 \cdot 10H_2O$)失去一部分结晶水

(B) 用邻苯二甲酸氢钾标定 NaOH 溶液时,滴定前用 NaOH 标准溶液润洗了滴定管

(C) 标定 HCl 溶液时,所用的基准物质 Na_2CO_3 固体吸收少量水蒸气

(D) 用 HCl 标准溶液滴定 NaOH 溶液时,未用 HCl 标准溶液润洗滴定管

11. 分析天平的称量误差为 ± 0.0002 g,称量允许的相对误差为 $\pm 0.1\%$,则称取试样的质量应(　　　)。

(A) 大于 0.02 g　　　　(B) 大于 0.2 g　　　　(C) 小于 0.2 g　　　　(D) 小于 2.0 g

12. 下列情况下,使分析结果产生正误差的是(　　　)。

(A) 标定氢氧化钠溶液的邻苯二甲酸氢钾中含有少量邻苯二甲酸

(B) 用硫酸钡重量法测定试样中钡的含量时,沉淀剂硫酸加入量不足

(C) 用重铬酸钾滴定亚铁时,滴定管没有用重铬酸钾标准溶液润洗

(D) 用失去部分结晶水的硼砂作为基准物质标定盐酸标准溶液的浓度

13. 用于衡量分析结果的准确度的是(　　　)。

(A) 相对误差　　　　(B) 绝对误差　　　　(C) 相对偏差　　　　(D) 标准偏差

14. 下列定义中,不正确的是(   )。

(A) 绝对误差是测量值与真实值之差

(B) 绝对误差在真实值中所占的百分数称为相对误差

(C) 测定结果与平均值之差称为偏差

(D) 绝对偏差在真实值中所占的百分数称为相对偏差

15. 下列论述中,正确的是(   )。

(A) 准确度高,一定要求精密度高

(B) 精密度高,准确度一定高

(C) 精密度高,系统误差一定小

(D) 分析工作中,要求分析误差为零

16. 采取下列措施,不能消除系统误差的是(   )。

(A) 进行对照试验　　　　　　　　(B) 进行空白试验

(C) 增加平行测定次数　　　　　　(D) 进行仪器校正

17. 滴定管的读数误差一般为 ± 0.02 mL,若要求测定的相对误差不超过 $\pm 0.1\%$,消耗滴定液的体积一般应不小于(   )。

(A) 40 mL　　　(B) 30 mL　　　(C) 20 mL　　　(D) 10 mL

18. 采取下列措施,可以消除系统误差的是(   )。

(A) 进行对照试验　　　　　　　　(B) 称取的试样质量在 0.2 g 以上

(C) 增加平行测定次数　　　　　　(D) 认真仔细地做实验

19. 某试样经三次平行测定,其质量分数为 88.3%,若其真实含量为 88.5%,则 88.3%－88.5%＝－0.2% 为(   )。

(A) 绝对偏差　　(B) 相对偏差　　(C) 绝对误差　　(D) 相对误差

20. 定量分析要求测定结果的误差(   )。

(A) 越小越好　　　　　　　　　　(B) 等于零

(C) 略大于允许误差　　　　　　　(D) 在允许的误差范围内

21. 在滴定分析测定中出现下列情况,可产生系统误差的是(   )。

(A) 滴定管的读数读错　　　　　　(B) 滴定时有液滴溅出

(C) 天平的零点稍有变动　　　　　(D) 砝码未经校正

22. 有 4 个同学从滴定管上读取同一体积,以下 4 个数据合理的是(   )。

(A) 23 mL　　　(B) 23.2 mL　　(C) 23.24 mL　　(D) 23.240 mL

23. 对某试样进行多次平行测定测得氮的平均含量为 1.28%,其中某次测定值为 1.25%,则该测定值与平均值之差(1.25%～1.28%)为该次测定的(   )。

(A) 绝对误差　　(B) 相对误差　　(C) 绝对偏差　　(D) 相对偏差

24. 在下列 4 种偏差的表示方法中,常用于衡量测定结果的精密度的是(   )。

(A) 相对偏差　　(B) 平均偏差　　(C) 相对平均偏差　　(D) 标准偏差

25. 用 Na_2CO_3 固体作基准物质标定 HCl 溶液时,如 Na_2CO_3 固体含有少量 $NaHCO_3$ 固体,则标出 HCl 溶液的浓度(   )。

(A) 偏高　　　　　　　　　　　　(B) 偏低

(C) 无影响　　　　　　　　　　　(D) 与使用的指示剂有关

26. 用邻苯二甲酸氢钾标定 NaOH 溶液,在称取邻苯二甲酸氢钾时,错将 0.3421 g 记为 0.3241 g。则标定出的 NaOH 溶液的浓度(   )。

(A) 偏高　　　(B) 偏低　　　(C) 无影响　　　(D) 不能确定

27. 用 HCl 标准溶液滴定某碱样,滴定管的初读数为 0.50 mL±0.01 mL,终读数为 25.50 mL ±0.01 mL。则滴定用去 HCl 溶液的体积为(　　　)。

(A) 25.0 mL

(B) 25.00 mL

(C) (25.00±0.01)mL

(D) (25.00±0.02)mL

28. 用邻苯二甲酸氢钾标定 NaOH 溶液,如未将准确称量的基准物质全部转入锥形瓶中,则 NaOH 溶液的浓度将(　　　)。

(A) 偏高　　　　　(B) 偏低　　　　　(C) 无影响　　　　　(D) 不能确定

29. 用 HCl 标准溶液标定 NaOH 溶液时,如果用待测 NaOH 溶液润洗锥形瓶,则测定结果(　　　)。

(A) 偏低　　　　　(B) 偏高　　　　　(C) 无影响　　　　　(D) 不能确定

30. 在滴定分析中,下列玻璃容器或量器在使用前不能用待装溶液润洗的是(　　　)。

(A) 滴定管　　　　(B) 锥形瓶　　　　(C) 移液管　　　　(D) 刻度吸管

31. 用失去部分结晶水的硼砂($Na_2B_4O_7 \cdot 10H_2O$)标定 HCl 溶液的浓度,则 HCl 溶液的浓度(　　　)。

(A) 偏低　　　　　(B) 偏高　　　　　(C) 无影响　　　　　(D) 不能确定

32. 用基准物质 Na_2CO_3 固体标定 HCl 溶液的浓度,若基准物质部分吸水,则标定结果(　　　)。

(A) 偏低　　　　　(B) 偏高　　　　　(C) 无影响　　　　　(D) 不能确定

33. 用基准物质 $Na_2B_4O_7 \cdot 10H_2O$(硼砂)标定 HCl 溶液,如用玻璃棒搅拌锥形瓶中的硼砂,溶解后,未经处理拿出瓶外,则标定结果(　　　)。

(A) 偏低　　　　　(B) 偏高　　　　　(C) 无影响　　　　　(D) 不能确定

34. 用邻苯二甲酸氢钾标定 NaOH 溶液时,若碱式滴定管尖有气泡而没有排出,则 NaOH 溶液的浓度(　　　)。

(A) 偏低　　　　　(B) 偏高　　　　　(C) 无影响　　　　　(D) 不能确定

35. 用加热驱除水分法测定 $CaSO_4 \cdot \frac{1}{2}H_2O$ 晶体中结晶水的质量分数,称取 0.200 0 g 试样,已知分析天平称量误差为 ±0.1 mg,则试样中结晶水的质量分数的有效数字位数应为(　　　)。

(A) 2 位　　　　　(B) 3 位　　　　　(C) 4 位　　　　　(D) 5 位

36. 当对某一试样进行平行测定时,若分析结果的精密度很高,但准确度不高,可能的原因是(　　　)。

(A) 操作过程中溶液严重溅失

(B) 使用未校正过的容量仪器

(C) 称取试样时记录有错误

(D) 滴定管读数最后一位估计不准

37. 从精密度高就可以确定分析结果可靠的前提条件是(　　　)。

(A) 随机误差小

(B) 系统误差小

(C) 平均误差小

(D) 相对偏差小

38. 下列关于提高分析结果的准确度的描述中,正确的是(　　　)。

(A) 增加平行测定的次数可以减小系统误差

(B) 作空白试验可以估算出试剂不纯等因素带来的系统误差

(C) 回收实验可以判断分析过程中是否存在随机误差

(D) 通过对仪器进行校准可减免随机误差

39. 由 4 人分别测定水泥熟料样品中 SO_3 的含量,称量样品质量均为 2.5 g,以下 4 份报告合理的是(　　　)。

(A) 2.1%　　　　　(B) 2.09%　　　　　(C) 2.088%　　　　　(D) 2.102 3%

40. 以下不是系统误差特点的是(　　　)。

(A) 误差大小可以估计

(B) 误差可以测定

(C) 对分析结果的影响比较恒定

(D) 在同一条件下重复测定,正、负误差出现的机会相等

41. 做对照试验的目的是（　　　）。

(A) 提高精密度　　　　　　　　　　　(B) 检验是否存在系统误差

(C) 使标准偏差变小　　　　　　　　　(D) 消除随机误差

42. 下列各偏差的表示方法中，其数值有正、负的是（　　　）。

(A) 相对偏差　　　　　　　　　　　　(B) 平均偏差

(C) 标准偏差　　　　　　　　　　　　(D) 相对平均偏差

43. 下列各偏差的表示方法中，能使测定结果中的大偏差得到充分反映的是（　　　）。

(A) 相对偏差　　　　　　　　　　　　(B) 平均偏差

(C) 标准偏差　　　　　　　　　　　　(D) 相对平均偏差

44. 用沉淀滴定法测定纯 NaCl 固体中氯的质量分数，5 次测定的结果分别为 59.82%，60.06%，60.46%，59.86%，60.24%，则测定结果的相对误差为（　　　）。

(A) -0.95%　　　(B) -0.94%　　　(C) 0.95%　　　(D) 0.94%

45. 下列叙述：

① 增加平行测定的次数可以提高分析结果的准确性

② 为了减小称量误差，称取试样的质量越大越好

③ 作空白试验可消除系统误差

④ 为提高分析结果的准确度，应选择仪器分析方法

正确的是（　　　）。

(A) ①和②　　　(B) ①和③　　　(C) ①和④　　　(D) ②和④

46. 下列叙述：

① 测定结果与真实值之差越小，准确度越高

② 测定结果与平均值之差越小，准确度越高

③ 精密度是几次平行测定结果相互接近的程度

④ 精密度是测定结果与真实值的接近程度

正确的是（　　　）。

(A) ①和②　　　(B) ③和④　　　(C) ①和③　　　(D) ②和④

47. 下列各数中，有效数字为 4 位的是（　　　）。

(A) pH＝12.04　　　　　　　　　　　(B) $c(H^+)=0.000\ 8\ mol\cdot L^{-1}$

(C) 6 000　　　　　　　　　　　　　(D) $T_{(HCl/NaOH)}=0.125\ 7\ g\cdot mL^{-1}$

48. 按有效数字运算规则，$\dfrac{0.101\ 0\times(25.00-24.80)}{1.000\ 0}$ 的计算结果的有效数字的位数为（　　　）。

(A) 5 位　　　(B) 4 位　　　(C) 3 位　　　(D) 2 位

49. 已知某溶液的 pH 为 11.90，按有效数字运算规则，H^+ 浓度应表示为（　　　）。

(A) $1.3\times10^{-12}\ mol\cdot L^{-1}$　　　　　　(B) $1.26\times10^{-12}\ mol\cdot L^{-1}$

(C) $1.258\times10^{-12}\ mol\cdot L^{-1}$　　　　　(D) $1\times10^{-12}\ mol\cdot L^{-1}$

50. 用万分之一分析天平称取量试样，给出的下列数据中正确的是（　　　）。

(A) 0.510 0 g　　　(B) 0.510 g　　　(C) 0.51 g　　　(D) 0.5 g

二、是非题

51. 适当增加实验次数，可以减小随机误差。

52. 在清除系统误差的前提下，测定结果的精密度高，其准确度也高。

53. 在称量过程中，天平零点稍有变动可引起随机误差。

54. 某溶液的 pH 为 8.00,按有效数字运算规则,H_3O^+ 浓度应为 1.0×10^{-8} mol·L^{-1}。

55. 系统误差总是出现,偶然误差偶然出现。

56. 若测定的随机误差小,则测定的精密度一定高,其准确度也一定高。

57. 为了减小测量误差,称取试样的质量越大越好。

58. 在定量分析中,平均偏差不可能为零。

59. 做对照试验的目的是检查是否存在系统误差。

60. 用 25 mL 移液管移取溶液的体积应记为 25.00 mL。

61. HCN 的 $pK_a^\ominus = 9.24$,其有效数字为 3 位。

62. 按有效数字修约规则,0.358651 修约为 4 位有效数字为 0.3586。

63. 随机误差的特点之一是大、小误差出现的概率相同。

64. 滴定分析的误差通常比仪器分析的误差小。

65. 滴定管的读数常有 ±0.01 mL 的误差,则在一次滴定中可能有 ±0.02 mL 的误差。

66. 使用移液管移取试样溶液时,放出溶液后停留时间不一致可产生随机(偶然)误差。

67. 若分析天平的称量误差为 ±0.0001 g,用递减法称取试样 0.1000 g,则称的相对误差为 ±0.1%。

68. 测定值的标准偏差越小,测定的精密度越高。

69. 标定 HCl 溶液的浓度时,若基准物质硼砂失去部分结晶水,则标定的 HCl 溶液的浓度偏低。

70. 随机误差影响测定结果的精密度。

71. 系统误差的大小、正负是可以检测出来,因而可以校正。

72. 分析者每次都读错数据属于系统误差。

73. 系统误差是由一些不确定的随机因素造成的。

74. 测定结果的精密度高,表明测定结果的随机误差小。

75. 标准偏差能使测定结果中的大偏差得到充分的反映。

76. 滴定前滴定管未用标准溶液润洗,将使试样的测定结果偏低。

77. 当真值未知且校准了系统误差,误差和偏差可不加以区分。

78. 测定结果与平均值之间差别越小,测定结果的准确度越高。

79. 精密度是指在相同条件下,多次测定结果相互接近的程度。

80. 误差是指测定值与真值之差,误差的大小说明分析结果准确度的高低。

81. 绝对误差是测定值与测定平均值之差。

82. 实验中发现个别数据相差较远,为提高分析结果的准确度和精密度,应将其舍弃。

83. 测定结果的绝对偏差大,其相对偏差也一定大。

84. 在消除了随机误差后,总体平均值就是真实值。

85. 对某试样进行多次平行测定,各单次测定的偏差之和等于零。

86. 在没有系统误差的前提下,总体平均值就是真实值。

87. 在分析数据中,所有的"0"均为有效数字。

88. 随机误差是分析测定中主要的误差来源。

89. 化学分析法的准确度高(相对误差 ≤0.2%),故适用于微量组分的测定。

90. 若采用含少量中性杂质的邻苯二甲酸氢钾标定 NaOH 溶液的浓度,会使 NaOH 溶液的浓度偏高。

三、填空题

91. 准确度是指_____, 通常用_____表示;精密度是指_____,通常用_____表示。

92. 测得某溶液的 pH 为 5.00,该数据有_____位有效数字,H_3O^+ 浓度应表示为_____。

93. 用 10 mL 移液管移取 10 mL 溶液的体积,记录为＿＿＿＿ mL；用万分之一分析天平准确称量 3 g 试样,应记录为＿＿＿＿。

94. 万分之一分析天平可准确称量至＿＿＿＿ mg,滴定分析中的相对误差一般要求不大于 0.1%,用递减法称取试样时,一般至少应称取＿＿＿＿ g。50 mL 滴定管可以读到＿＿＿＿ mL,滴定时滴定剂的体积应控制在＿＿＿＿ mL 以上。

95. 不加试样,按照试样的分析步骤和条件平行进行的实验,称为＿＿＿＿＿＿。通过它主要可消除由试剂、蒸馏水及器皿引入的杂质造成的＿＿＿＿＿＿。

96. 误差可用＿＿＿＿＿＿和＿＿＿＿＿＿两种方法表示,其中能反映出误差在真实值中所占比例的是＿＿＿＿＿＿。

97. 分析测定中随机误差的特点是＿＿＿＿＿＿、＿＿＿＿＿＿和＿＿＿＿＿＿。

98. 分析结果的准确度常用＿＿＿＿＿＿表示,分析结果的精密度常用＿＿＿＿＿＿表示。

99. 在分析实验中,记录的数字不仅能表示出＿＿＿＿＿＿,而且还要正确地反映出＿＿＿＿＿＿。

100. 平行测定值的精密度高,其准确度＿＿＿＿＿＿,因为可能存在＿＿＿＿＿＿；但准确度高的分析结果,一定需要＿＿＿＿＿＿,即＿＿＿＿＿＿是保证准确度高的先决条件。

101. 准确度是指＿＿＿＿＿＿,它决定了测定值的＿＿＿＿＿＿性,用＿＿＿＿＿＿来表示。＿＿＿＿＿＿误差是定量分析中误差的主要来源,它是影响测定结果准确度高低的主要因素。

102. 精密度是指＿＿＿＿＿＿,它反映了测定值的＿＿＿＿＿＿性。精密度的高低取决于＿＿＿＿＿＿误差的大小,通常用＿＿＿＿＿＿来量度。

103. 由于系统误差是由某些确定的因素引起的,因此在相同的条件下,重复测定时＿＿＿＿＿＿,其＿＿＿＿＿＿和＿＿＿＿＿＿有一定的规律,因而是可被＿＿＿＿＿＿的,故称之为＿＿＿＿＿＿误差。如果测定结果的精密度很好,但准确度不高,可以认为是测定过程中有＿＿＿＿＿＿存在的缘故。

104. 定量分析中的＿＿＿＿＿＿误差影响测定结果的准确度,＿＿＿＿＿＿误差影响测定结果的精密度。

105. 对照试验用于＿＿＿＿＿＿和＿＿＿＿＿＿系统误差中的＿＿＿＿＿＿；空白试验的作用是检验或消除由＿＿＿＿＿＿、＿＿＿＿＿＿和＿＿＿＿＿＿中某些杂质引起的＿＿＿＿＿＿误差。

106. 有效数字是指在工作中实际能＿＿＿＿＿＿数字,它是由全部＿＿＿＿＿＿数字和最后的一位＿＿＿＿＿＿数字组成。有效数字位数的多少反映了测定值＿＿＿＿＿＿的高低。

107. 将 11.346、0.035051 和 1.975 修约为 3 位有效数字,则它们分别为＿＿＿＿＿＿、＿＿＿＿＿＿和＿＿＿＿＿＿。

108. 偏差可衡量＿＿＿＿＿＿的好坏,而误差可衡量＿＿＿＿＿＿的高低。

109. 滴定管读数小数点后第 2 位数字估读不准确所引起的误差属于＿＿＿＿＿＿误差；天平的零点稍有变化所引起的误差属于＿＿＿＿＿＿误差；在重量分析法中由于沉淀不完全引起的误差属于＿＿＿＿＿＿误差；试剂中含有少量干扰离子所引起的误差属于＿＿＿＿＿＿误差。

110. 某标准试样中组分 B 的质量分数 $w=15.0\%$,3 次测定的质量分数分别为 14.6%,15.0% 和 14.8%。则测定结果的绝对误差为＿＿＿＿＿＿,相对误差为＿＿＿＿＿＿。

111. 对于精密度高的测定结果,则随机误差＿＿＿＿＿＿,系统误差＿＿＿＿＿＿。

112. 当测定次数 $N<20$ 时,标准偏差的表达式为＿＿＿＿＿＿,相对标准偏差的表达式为＿＿＿＿＿＿。

113. 空白试验是用于消除由＿＿＿＿＿＿带入的杂质所造成的＿＿＿＿＿＿误差。

114. 对照试验是检验＿＿＿＿＿＿误差的有效方法。在进行对照实验时,应尽量选择与试样＿＿＿＿＿＿相近的标准试样进行对照分析。

115. 有效数字修约的规则是＿＿＿＿＿＿。

116. 准确度的高低主要是＿＿＿＿＿＿误差所决定的,此外也与＿＿＿＿＿＿误差有关。

117. 精密度可以用＿＿＿＿＿＿、＿＿＿＿＿＿、＿＿＿＿＿＿和＿＿＿＿＿＿分别来表示。

118. 多次分析结果的重现性越＿＿＿＿＿＿，则分析结果的精密度越＿＿＿＿＿＿。

119. 提高分析结果准确度的方法有＿＿＿＿＿＿、＿＿＿＿＿＿、＿＿＿＿＿＿和＿＿＿＿＿＿。

120. 在滴定分析中，滴定剂的体积应控制在 20 mL 以上。如果消耗滴定剂的体积小于 20 mL，在实际测定中一般可通过＿＿＿＿＿＿或＿＿＿＿＿＿来达到此目的。

四、问答题

121. 下列情况分别引起哪种误差？
(1) 滴定管最后一位读数估计不准；
(2) 滴定前未用欲装入的标准溶液润洗滴定管；
(3) 容量瓶和移液管不配套；
(4) 分析天平的零点有微小变动。

122. 简述随机误差的特点。

123. 甲、乙两位学生使用相同的分析仪器标定某溶液的浓度，标定结果如下：

甲：$0.30\ mol \cdot L^{-1}$，$0.30\ mol \cdot L^{-1}$，$0.30\ mol \cdot L^{-1}$（相对平均偏差为 0）

乙：$0.304\ 3\ mol \cdot L^{-1}$，$0.303\ 7\ mol \cdot L^{-1}$，$0.304\ 0\ mol \cdot L^{-1}$（相对平均偏差为 0.07%）

评价他们的标定结果的准确度和精密度。

124. 绝对误差和绝对偏差的区别是什么？

125. 误差既然可以用绝对误差来表示，为什么还要引入相对误差？

五、计算题

126. 某一氯化钠溶液，两次测定的质量浓度分别为 $8.985\ g \cdot L^{-1}$ 和 $8.979\ g \cdot L^{-1}$，已知氯化钠溶液的真实质量浓度为 $9.000\ g \cdot L^{-1}$。计算测定结果的绝对误差和相对误差。

127. 分析天平可称准到 $\pm 0.1\ mg$，采用递减法分别称取试样 $0.2\ g$ 和 $2\ g$ 时，可能引起的称量相对误差分别是多少？上述计算结果说明什么问题？

128. 称取 $1.324\ 9\ g\ Na_2CO_3$ 固体，溶解后定容在 250 mL 容量瓶中。称样后天平的零点变化至 $+0.3\ mg$ 处，已知容量瓶的校正值为 $-0.10\ mL$。计算质量和体积的相对误差。

129. 用吸光光度法测定某试样中微量铁的质量分数，4 次测定结果分别为 0.27%，0.28%，0.30% 和 0.31%。计算平均偏差、相对平均偏差、标准偏差和相对标准偏差。

130. 根据有效数字修约规则和运算规则计算下列各题：

(1) $\dfrac{(0.303\ 2 \times 25.89 - 0.524\ 1 \times 5.55) \times 40.00}{1.000\ 0 \times 3.000 \times 10^3} =$

(2) $\dfrac{(0.100\ 0 \times 40.00 - 0.200\ 0 \times 18.50) \times \dfrac{30.985}{240.00}}{1.000\ 0} \times 100\% =$

(3) $6.856 \times 10^5 + 2.7 \times 10^2 - 1.81 \times 10^3 =$

单元测试题参考答案

一、选择题

1. D；2. C；3. C；4. A；5. B；6. B；7. D；8. B；9. C；10. A；11. B；12. C；13. A；14. D；15. A；16. C；17. C；18. A；19. C；20. D；21. D；22. C；23. C；24. D；25. A；26. B；27. D；28. A；29. B；30. B；31. A；32. B；33. B；34. A；35. C；36. B；37. B；38. B；39. A；40. D；41. B；42. A；43. C；44. C；45. B；46. C；47. D；48. D；49. A；50. A。

二、是非题

51. √；52. √；53. √；54. √；55. ×；56. ×；57. ×；58. √；59. √；60. √；61. ×；62. ×；
63. ×；64. ×；65. √；66. √；67. ×；68. √；69. √；70. √；71. √；72. ×；73. √；74. √；75. √；
76. ×；77. √；78. ×；79. √；80. √；81. ×；82. ×；83. ×；84. ×；85. √；86. ×；87. ×；88. ×；
89. ×；90. √。

三、填空题

91. 测定值与真实值的相符程度；误差；测定值之间的相符合程度；偏差。

92. 2；1.0×10^{-5} mol·L^{-1}。

93. 10.00；3.000 0 g。

94. ±0.1；0.2；±0.01；20。

95. 空白试验；系统误差。

96. 绝对误差；相对误差；相对误差。

97. 小误差出现的概率大；大误差出现的概率小；绝对值相等的正、负误差出现的概率相等。

98. 相对误差；标准偏差或相对标准偏差。

99. 数值的大小；测量的精确程度。

100. 不一定高；系统误差；精密度高；精密度高。

101. 测定值与真实值相接近的程度；正确；误差；系统。

102. 平行测定值之间相互接近的程度；再现；随机；标准偏差或相对标准偏差。

103. 会重复出现；正负；大小；测定；可测；系统误差。

104. 系统；随机。

105. 检验；消除；方法误差；溶剂；试剂；器皿；系统。

106. 测量到的；准确数字；不确定；准确度。

107. 11.3；0.035 1；1.98。

108. 精密度；准确度。

109. 随机；随机；系统；系统。

110. −0.2%；−0.01%。

111. 小；不一定小。

112. $s = \sqrt{\dfrac{\sum (x_i - \overline{x})^2}{N-1}}$；$s_r = \sqrt{\dfrac{\sum (x_i - \overline{x})^2}{N-1}} \Big/ \overline{x}$。

113. 试剂、溶剂和器皿；系统。

114. 系统；组成。

115. 四舍六入五成双。

116. 系统误差；随机误差。

117. 平均偏差；相对平均偏差；标准偏差；相对标准偏差。

118. 好；高。

119. 选择适当的分析方法；减小测量误差；减小系统误差；减小随机误差。

120. 增大试样的质量；适当减小标准溶液的浓度。

四、问答题

121. （1）随机误差；（2）系统误差；（3）系统误差；（4）随机误差。

122. 随机误差的特点如下：

(1) 小误差出现的概率大,大误差出现的概率小;

(2) 绝对值相等的正、负误差出现的概率相等。

(3) 在多次测定中,真实值出现的概率最大。

123. 乙的准确度和精密度都比甲高。因为从两人的测定数据来看,他们是用分析天平称取试样的,所以有效数字应取 4 位。从表面上看甲的精密度高,但从分析结果的精密度考虑,应该是乙的测定结果的准确度和精密度高。

124. 绝对误差和绝对偏差的区别是:绝对误差是测定值与真实值的差值,它说明测定结果的准确度;绝对偏差是某次测定值与多次测定平均值的差值,它说明测定结果的精密度。

125. 因为绝对误差只能表示误差绝对值的大小,不能反映出误差在真实值中所占的比例。而相对误差既能表示误差绝对值的大小,又能反映出误差的真实值中所占的比例,更能确切表示各种情况下测定结果的准确度。因此,还要引入相对误差。

五、计算题

126. 氯化钠溶液的平均质量浓度为

$$\bar{\rho} = \frac{\rho_1 + \rho_2}{2} = \frac{8.985\ \text{g} \cdot \text{L}^{-1} + 8.979\ \text{g} \cdot \text{L}^{-1}}{2} = 8.982\ \text{g} \cdot \text{L}^{-1}$$

测定结果的绝对误差为

$$E = \bar{\rho} - \rho_{\text{真值}} = 8.982\ \text{g} \cdot \text{L}^{-1} - 9.000\ \text{g} \cdot \text{L}^{-1} = -0.018\ \text{g} \cdot \text{L}^{-1}$$

测定结果的相对误差为

$$d_{\text{r}} = \frac{E}{\rho_{\text{真值}}} \times 100\% = \frac{-0.018\ \text{g} \cdot \text{L}^{-1}}{9.000\ \text{g} \cdot \text{L}^{-1}} \times 100\% = -0.2\%$$

127. 用递减法称取 0.2 g 试样时,称量的相对误差为

$$E_{\text{r},1} = \frac{2 \times (\pm 0.000\ 1\ \text{g})}{0.2\ \text{g}} \times 100\% = \pm 0.1\%$$

用递减法称取 2 g 试样时,称量的相对误差为

$$E_{\text{r},2} = \frac{2 \times (\pm 0.001\ \text{g})}{2\ \text{g}} \times 100\% = \pm 0.01\%$$

计算结果表明,称取试样的质量越大,相对误差就越小。

128. 称取无水碳酸质量的真实值为

$$m_{\text{真值}} = m_{\text{测量}} - E_1 = 1.324\ 9\ \text{g} + 0.000\ 3\ \text{g} = 1.325\ 2\ \text{g}$$

称量质量的相对误差为

$$E_{\text{r},1} = \frac{E_1}{m_{\text{真值}}} \times 100\% = \frac{-0.000\ 3\ \text{g}}{1.325\ 2\ \text{g}} \times 100\% = -0.02\%$$

体积的真实值为

$$V_{\text{真值}} = V_{\text{测量}} - E_2 = 250.0\ \text{mL} - 0.10\ \text{mL} = 249.90\ \text{mL}$$

体积的相对误差为

$$E_{\text{r},2} = \frac{E_2}{V_{\text{真值}}} \times 100\% = \frac{0.10\ \text{mL}}{249.90\ \text{mL}} \times 100\% = 0.04\%$$

129. 测定值的平均值为

$$\overline{w} = \frac{1}{N}\sum_{i=1}^{N} w_i = \frac{0.27\% + 0.28\% + 0.30\% + 0.31\%}{4} = 0.29\%$$

各次测定的偏差分别为

$$d_1 = w_1 - \overline{w} = 0.27\% - 0.29\% = -0.02\%$$
$$d_2 = w_2 - \overline{w} = 0.28\% - 0.29\% = -0.01\%$$
$$d_3 = w_3 - \overline{w} = 0.30\% - 0.29\% = 0.01\%$$
$$d_4 = w_4 - \overline{w} = 0.31\% - 0.29\% = 0.02\%$$

平均偏差为

$$\overline{d} = \frac{\sum_{i=1}^{N}|d_i|}{N} = \frac{0.02\% + 0.01\% + 0.01\% + 0.02\%}{4} = 0.015\%$$

相对平均偏差为

$$d_r = \frac{\overline{d}}{\overline{w}} \times 100\% = \frac{0.015\%}{0.29\%} \times 100\% = 5.2\%$$

标准偏差为

$$s = \sqrt{\frac{\sum_{i=1}^{N}(d_i)^2}{N-1}}$$
$$= \sqrt{\frac{(-0.02\%)^2 + (-0.01\%)^2 + (0.01\%)^2 + (0.02\%)^2}{4-1}}$$
$$= 0.018\%$$

相对标准偏差为

$$s_r = \frac{s}{\overline{w}} \times 100\% = \frac{0.018\%}{0.29\%} \times 100\% = 6.2\%$$

130. 加减运算时,应以小数点后位数最少的数据为依据确定计算结果的有效数字位数。乘除运算中,应以有效数字最少的数据为依据确定计算结果的有效数字位数。

(1) 原题 $= \dfrac{(7.850 - 2.91) \times 40.00}{1.000 \times 3.000 \times 10^3} = \dfrac{4.94 \times 40.00}{1.000 \times 3.000 \times 10^3} = 0.065\,9$

(2) 原题 $= \dfrac{(4.000 - 3.700) \times 30.985}{1.000\,0 \times 240.00} \times 100\%$

$\qquad = \dfrac{0.300 \times 31.0}{1.00 \times 2.40 \times 10^2} \times 100\% = 3.88\%$

(3) 原题 $= 6.859 \times 10^5 - 1.81 \times 10^3 = 6.841 \times 10^5$

第十二章 滴定分析法

思考题解答

1. 什么是滴定分析法？滴定分析法主要包括哪些？

答：将一种标准溶液由滴定管滴加到被测物质的溶液中或将被测物质的溶液滴加到标准溶液中，直到标准溶液与被测物质的溶液按化学计量关系定量反应完全为止，然后根据标准溶液的浓度和消耗的体积计算出被测物质的含量，这种定量分析方法称为滴定分析法。滴定分析法主要包括酸碱滴定法、沉淀滴定法、氧化还原滴定法和配位滴定法。

2. 滴定分析法有哪些特点？

答：滴定分析法的主要特点是测定的准确度较高，相对误差一般不超过 $\pm 0.2\%$，适用于含量在 1% 以上的常量组分的测定。此外，滴定分析法所用的仪器设备简单，操作简便快速，用途广泛。

3. 能用于滴定分析的化学反应，必须满足什么条件？

答：能用于滴定分析的化学反应必须符合下列条件：

（1）反应按一定的化学反应方程式进行，反应要具有确定的计量关系。

（2）反应要定量进行，反应进行的程度要达到 99.9% 以上。

（3）反应速率要快，对反应速率较慢的反应，可通过加热或加入催化剂加快反应速率。

（4）有简单的方法确定化学计量点。

4. 什么是基准物质？基准物质应满足哪些条件？

答：能用于直接配制标准溶液或用于标定某一溶液的准确浓度的化学试剂称为基准物质。基准物质应满足以下条件：

（1）试剂的组成应与化学式完全符合，若含结晶水时，结晶水也应与化学式完全符合。

（2）试剂的纯度要足够高，主要成分的含量应在 99.9% 以上。

（3）试剂应该非常稳定。

（4）试剂的摩尔质量较大。

5. 什么是标准溶液，配制标准溶液的方法有几种？

答：标准溶液是已知准确浓度的试剂溶液。标准溶液的配制方法有直接配制法和间接配制法。

（1）直接配制法　准确称取一定质量的基准物质，溶解后配制成已知准确体积的溶液，根据所称量的基准物质的质量和所配制成溶液的体积计算出该标准溶液的准确浓度。这种利用基准物质配制标准溶液的方法称为直接配制法。

（2）间接配制法　粗略称取一定质量的试剂或量取一定体积的溶液，配制成接近所需浓度的溶液，然后再用基准物质或另一种已知准确浓度的标准溶液来测定它的准确浓度。这种配制标准溶液的方法称为间接配制法，也称为标定法。

6. 什么是化学计量点？什么是滴定终点？

答：在滴定分析中，当被测物质与标准溶液定量反应完全时，称反应到达化学计量点。在滴定反应中常加入指示剂来确定化学计量点，当滴定进行到指示剂发生颜色变化时停止滴定，此时称为滴定终点。滴定终点是实验值，而化学计量点是滴定终点的理论值，滴定终点与化学计量点往往并不相同，两者之差称为终点误差。

7. 定量分析中，表示标准溶液组成的方法有哪几种？各有何优缺点？

答：在定量分析中，表示标准溶液组成的方法有物质的量浓度和滴定度。物质的量浓度是我国选定的表示溶液组成的法定物理量之一，使用广泛。滴定度直接简便，但没有物质的量浓度使用广泛。

8. 基准物质所具备的条件之一是具有较大的摩尔质量，对这个条件如何理解？

答：分析天平的称量绝对误差值是固定的，基准物质的摩尔质量越大，配制相同浓度标准溶液时称量的质量越大，由称量产生的相对误差就越小。

9. 什么是滴定度？滴定度与物质的量浓度如何换算？

答：对于滴定反应：

$$a\mathrm{A} + b\mathrm{B} = y\mathrm{Y} + z\mathrm{Z}$$

滴定度是指 1 mL 标准溶液 B 相当于被测物质 A 的质量，用符号 $T_{\mathrm{A/B}}$ 表示。
滴定度与标准溶液的浓度之间的关系为

$$T_{\mathrm{A/B}} = \frac{a}{b} \cdot c_{\mathrm{B}} \cdot M_{\mathrm{A}}$$

10. 简述酸碱指示剂的变色原理和酸碱指示剂的变色范围。

答：酸碱指示剂本身就是一种有机弱酸或有机弱碱，它与其共轭碱或与共轭酸的颜色明显不同。当溶液的 pH 发生变化时，酸碱指示剂给出 H^+ 由弱酸转化为其共轭碱或得到 H^+ 由弱碱转化为其共轭酸，从而使溶液颜色发生变化。

当溶液的 pH 在一定范围内发生变化时，可使指示剂的颜色发生变化。通常把指示剂的颜色发生变化时所对应的 pH 范围称为酸碱指示剂的变色范围。酸碱指示剂的理论变色范围为

$$\mathrm{pH} = \mathrm{p}K_{\mathrm{a}}^{\ominus}(\mathrm{HIn}) \pm 1$$

实际上，指示剂的变色范围并不是利用上式计算得到的，而是通过实验测定的。

11. 什么是酸碱滴定的突跃范围？强碱滴定一元弱酸溶液的突跃范围的主要影响因素有哪些？

答：在酸碱滴定中，把化学计量点前后相对误差为 $-0.1\% \sim +0.1\%$ 时溶液 pH 的变化范围称为酸碱滴定的突跃范围。

强碱滴定一元弱酸溶液的突跃范围的主要影响因素有强碱的浓度和一元弱酸的标准解离常数。强碱的浓度及一元弱酸的标准解离常数越大，滴定的突跃范围就越大。

12. 在酸碱滴定中，选择酸碱指示剂的依据是什么？

答：在酸碱滴定中，选择酸碱指示剂的依据是酸碱滴定的突跃范围和指示剂的变色范围。所选择的指示剂的变化范围要全部或至少部分落在滴定突跃范围之内，以确保在滴定的突跃范

围内发生颜色变化。在实践中,最简单实用的原则是指示剂的 $pK_a^\ominus(HIn)$ 尽可能接近化学计量点的 pH。

13. 若将基准物质 $H_2C_2O_4\cdot 2H_2O$ 长期放在装有硅胶的干燥器中,当用它标定 NaOH 溶液的浓度时,标定结果是偏低还是偏高?

答:把基准物质 $H_2C_2O_4\cdot 2H_2O$ 长期放在有硅胶的干燥器中会使其失去结晶水,使 $H_2C_2O_4$ 的质量偏大,用它标定 NaOH 溶液的浓度时,所消耗的 NaOH 溶液的体积会大于理论值,使 NaOH 溶液浓度的标定结果偏低。

14. 什么是多元酸的分步滴定? 分步滴定的条件是什么?

答:多元酸的分步滴定是指多元酸的第一级解离的 H^+ 被完全滴定之后,它的第二级解离的 H^+ 才开始被滴定。

多元酸第 i 级解离的 H^+ 直接准确滴定的判据是 $c_{sp,i}K_{a,i}^\ominus \geqslant 10^{-8}$。多元酸分步滴定的判据是 $K_{a,i}^\ominus/K_{a,i+1}^\ominus \geqslant 10^5$。

多元酸如同时满足上述两个判据,表明多元酸不但可准确滴定到第 $i+1$ 级解离,而且第 i 级解离和第 $i+1$ 级解离之间可以分步滴定;若只满足第一个判据,而不满足第二个判据,多元酸只能准确滴定至第 $i+1$ 级解离,但第 i 级解离与第 $i+1$ 级解离之间不能分步滴定。

15. 下列酸或碱能否用强碱或强酸溶液直接进行滴定?

(1) $0.1\ mol\cdot L^{-1}$ HF 溶液　　　　　(2) $0.1\ mol\cdot L^{-1}$ HCN 溶液
(3) $0.1\ mol\cdot L^{-1}$ NH_4Cl 溶液　　　(4) $0.1\ mol\cdot L^{-1}$ NaAc 溶液

答:(1) $c_{sp}(HF)K_a^\ominus(HF)=0.05\times 6.9\times 10^{-4}=3.5\times 10^{-5}\geqslant 10^{-8}$,可用 NaOH 标准溶液直接滴定。

在化学计量点时,溶液中的主要成分是 NaF。溶液的 OH^- 浓度和 pH 分别为

$$c_{eq}(OH^-)=\sqrt{c_{sp}(F^-)K_b^\ominus(F^-)}$$

$$=\sqrt{0.050\times \frac{1.0\times 10^{-14}}{6.9\times 10^{-4}}}\ mol\cdot L^{-1}=8.5\times 10^{-7}\ mol\cdot L^{-1}$$

$$pH=14.00+\lg(8.5\times 10^{-7})=7.93$$

可选择苯酚红作指示剂。

(2) $c_{sp}(HCN)K_a^\ominus(HCN)=0.05\times 5.8\times 10^{-10}=2.9\times 10^{-11}<10^{-8}$,不能用 NaOH 标准溶液直接滴定。

(3) $c_{sp}(NH_4^+)K_a^\ominus(NH_4^+)=0.05\times \frac{1.0\times 10^{-14}}{1.8\times 10^{-5}}=2.8\times 10^{-11}<10^{-8}$,不能用 NaOH 标准溶液直接滴定。

(4) $c_{sp}(Ac^-)K_b^\ominus(Ac^-)=0.05\times \frac{1.0\times 10^{-14}}{1.8\times 10^{-5}}=2.8\times 10^{-11}<10^{-8}$,不能用 HCl 标准溶液直接滴定。

16. 下列多元酸、碱能否分步滴定? 若能滴定,应选用哪种指示剂? 为什么?

(1) $0.10\ mol\cdot L^{-1}$ $H_2C_2O_4$ 溶液　　(2) $0.10\ mol\cdot L^{-1}$ H_2SO_3 溶液
(3) $0.40\ mol\cdot L^{-1}$ H_3PO_4 溶液　　　(4) $0.40\ mol\cdot L^{-1}$ Na_3PO_4 溶液

答：(1) $K_{a1}^{\ominus}(H_2C_2O_4)=5.4\times10^{-2}$，$K_{a2}^{\ominus}(H_2C_2O_4)=5.4\times10^{-5}$。

由于 $c_{sp,1}K_{a1}^{\ominus}(H_2C_2O_4)>10^{-8}$，$c_{sp,2}K_{a2}^{\ominus}(H_2C_2O_4)>10^{-8}$，因此 $H_2C_2O_4$ 第一级解离和第二级解离的 H^+ 都可直接进行滴定。但由于 $\dfrac{K_{a1}^{\ominus}(H_2C_2O_4)}{K_{a2}^{\ominus}(H_2C_2O_4)}=\dfrac{5.4\times10^{-2}}{5.4\times10^{-5}}=1.0\times10^3<10^5$，$H_2C_2O_4$ 不能分步滴定，作为二元酸一步滴定至第二化学计量点，有 1 个滴定突跃。

第二化学计量点时滴定产物为 $Na_2C_2O_4$，溶液中的 OH^- 浓度和 pH 分别为

$$c_{eq}(OH^-)=\sqrt{c_{sp}(C_2O_4^{2-})K_{b1}^{\ominus}(C_2O_4^{2-})}$$
$$=\sqrt{\frac{0.10}{3}\times\frac{1.0\times10^{-14}}{5.4\times10^{-5}}}\ mol\cdot L^{-1}=2.5\times10^{-6}\ mol\cdot L^{-1}$$
$$pH=14.00+lg(2.5\times10^{-6})=8.40$$

可选择酚酞作指示剂。

(2) $K_{a1}^{\ominus}(H_2SO_3)=1.7\times10^{-2}$，$K_{a2}^{\ominus}(H_2SO_3)=6.0\times10^{-8}$。

由于 $c_{sp,1}K_{a1}^{\ominus}>10^{-8}$，$c_{sp,2}K_{a2}^{\ominus}=\dfrac{0.10}{3}\times6.0\times10^{-8}=0.2\times10^{-8}\approx10^{-8}$，$H_2SO_3$ 第一级解离和第二级解离产生的 H^+ 都可以直接进行滴定。又 $K_{a1}^{\ominus}/K_{a2}^{\ominus}=1.7\times10^{-2}/6.8\times10^{-8}=2.5\times10^5>10^5$，$H_2SO_3$ 可分步进行滴定，得到 2 个滴定突跃。

在第一化学计量点时，滴定产物是 $NaHSO_3$，它是一种两性物质，溶液中的 H_3O^+ 浓度和 pH 分别为

$$c_{eq}(H_3O^+)=\sqrt{K_{a1}^{\ominus}(H_2SO_3)\cdot K_{a2}^{\ominus}(H_2SO_3)}$$
$$=\sqrt{1.7\times10^{-2}\times6.8\times10^{-8}}\ mol\cdot L^{-1}=3.4\times10^{-5}\ mol\cdot L^{-1}$$
$$pH=-lg(3.4\times10^{-5})=4.47$$

H_2SO_3 用强碱滴定至第一化学计量点时，可选择甲基红或甲基橙作指示剂。

在第二化学计量点时，滴定产物是 Na_2SO_3，溶液中的 OH^- 浓度和 pH 分别为

$$c_{eq}(OH^-)=\sqrt{c_{sp,2}(SO_3^{2-})\cdot K_{b1}^{\ominus}(SO_3^{2-})}$$
$$=\sqrt{\frac{0.10}{3}\times\frac{1.0\times10^{-14}}{6.8\times10^{-8}}}\ mol\cdot L^{-1}=7.0\times10^{-5}\ mol\cdot L^{-1}$$
$$pH=14.00+lg(7.0\times10^{-5})=9.85$$

H_2SO_3 用强碱滴定至第二化学计量点时，可选择酚酞作指示剂。

(3) $K_{a1}^{\ominus}(H_3PO_4)=6.7\times10^{-3}$，$K_{a2}^{\ominus}(H_3PO_4)=6.2\times10^{-8}$，$K_{a2}^{\ominus}(H_3PO_4)=4.5\times10^{-13}$。

由于 $c_{sp,1}K_{a1}^{\ominus}>10^{-8}$，$c_{sp,2}K_{a2}^{\ominus}=0.21\times10^{-8}\approx10^{-8}$，$c_{sp,3}K_{a3}^{\ominus}<10^{-8}$，$H_3PO_4$ 的第一级解离和第二级解离出的 H^+ 可直接滴定，而第三级解离产生的 H^+ 不能直接滴定。

由于 $K_{a1}^{\ominus}(H_3PO_4)/K_{a2}^{\ominus}(H_3PO_4)=6.7\times10^{-3}/6.2\times10^{-8}=1.1\times10^5$，$H_3PO_4$ 的第一级解离和第二级解离可分步进行滴定，有 2 个滴定突跃。

在第一化学计量点时，滴定产物是 NaH_2PO_4，溶液中 H_3O^+ 的浓度和 pH 分别为

$$c_{eq}(H_3O^+) = \sqrt{K_{a1}^{\ominus}(H_3PO_4) \cdot K_{a2}^{\ominus}(H_3PO_4)}$$

$$= \sqrt{3.7 \times 10^{-3} \times 6.2 \times 10^{-8}} \text{ mol·L}^{-1} = 2.0 \times 10^{-5} \text{ mol·L}^{-1}$$

$$pH = -\lg(2.0 \times 10^{-5}) = 4.70$$

H_3PO_4 溶液用强碱滴定至第一化学计量点时,可选择甲基橙或甲基红作指示剂。

在第二化学计量点时,滴定产物是 Na_2HPO_4,溶液中的 H_3O^+ 浓度和 pH 分别为

$$c_{eq}(H_3O^+) = \sqrt{K_{a2}^{\ominus}(H_3PO_4) \cdot K_{a3}^{\ominus}(H_3PO_4)}$$

$$= \sqrt{6.2 \times 10^{-8} \times 4.5 \times 10^{-13}} \text{ mol·L}^{-1} = 1.7 \times 10^{-10} \text{ mol·L}^{-1}$$

$$pH = -\lg(1.7 \times 10^{-10}) = 9.77$$

H_3PO_4 溶液用强碱滴定至第二化学计量点时,可选择酚酞作指示剂。

(4) PO_4^{3-} 的各级标准解离常数分别为

$$K_{b1}^{\ominus}(PO_4^{3-}) = \frac{K_w^{\ominus}}{K_{a3}^{\ominus}(H_3PO_4)} = \frac{1.0 \times 10^{-14}}{4.5 \times 10^{-13}} = 2.2 \times 10^{-2}$$

$$K_{b2}^{\ominus}(PO_4^{3-}) = \frac{K_w^{\ominus}}{K_{a2}^{\ominus}(H_3PO_4)} = \frac{1.0 \times 10^{-14}}{6.2 \times 10^{-8}} = 1.6 \times 10^{-7}$$

$$K_{b3}^{\ominus}(PO_4^{3-}) = \frac{K_w^{\ominus}}{K_{a1}^{\ominus}(H_3PO_4)} = \frac{1.0 \times 10^{-14}}{6.7 \times 10^{-3}} = 1.5 \times 10^{-12}$$

由于 $c_{sp,1} K_{b1}^{\ominus} > 10^{-8}$, $c_{sp,2} K_{b2}^{\ominus} \approx 10^{-8}$, $c_{sp,3} K_{b3}^{\ominus} < 10^{-8}$, 因此 PO_4^{3-} 第一级解离和第二级解离都可直接用强酸溶液滴定,而第三级解离不能用强酸溶液滴定。又因为 $K_{b1}^{\ominus}(PO_4^{3-})/K_{b2}^{\ominus}(PO_4^{3-}) = 1.4 \times 10^5 > 10^5$, PO_4^{3-} 的第一级解离和第二级解离可直接分步滴定,有 2 个滴定突跃。

在第一化学计量点时,滴定产物是 Na_2HPO_4,溶液中的 H_3O^+ 浓度和 pH 分别为

$$c_{eq}(H_3O^+) = \sqrt{K_{a2}^{\ominus}(H_3PO_4) \cdot K_{a3}^{\ominus}(H_3PO_4)}$$

$$= \sqrt{6.2 \times 10^{-8} \times 4.5 \times 10^{-13}} \text{ mol·L}^{-1} = 1.7 \times 10^{-10} \text{ mol·L}^{-1}$$

$$pH = -\lg(1.7 \times 10^{-10}) = 9.77$$

Na_3PO_4 溶液用强酸溶液滴定至第一化学计量点时,可选择酚酞作指示剂。

在第二化学计量点时,滴定产物是 NaH_2PO_4,溶液中的 H_3O^+ 浓度和 pH 分别为

$$c_{eq}(H_3O^+) = \sqrt{K_{a1}^{\ominus}(H_3PO_4) \cdot K_{a2}^{\ominus}(H_3PO_4)}$$

$$= \sqrt{6.7 \times 10^{-3} \times 6.2 \times 10^{-8}} \text{ mol·L}^{-1} = 2.0 \times 10^{-5} \text{ mol·L}^{-1}$$

$$pH = -\lg(2.0 \times 10^{-5}) = 4.70$$

Na_3PO_4 溶液用强酸溶液滴定到第二化学计量时,可选择甲基橙或甲基红作指示剂。

17. 用下列物质标定 HCl 溶液的浓度:

(1) 在 110 ℃ 烘过的 Na_2CO_3 固体;

(2) 在相对湿度为 30% 的容器中保存的硼砂。

则标定所得 HCl 溶液的浓度是偏高、偏低还是准确？为什么？

答：(1) 标定所得 HCl 溶液的浓度偏高。标定 HCl 溶液浓度的基准物质 Na_2CO_3 固体应在 270 ℃ 左右干燥，以除去所含的水分。若在 110 ℃ 下干燥，不能除去结晶水，导致所称取的碳酸钠固体中 Na_2CO_3 的质量减小，标定时消耗 HCl 溶液的体积也相应减小，使标定所得 HCl 溶液的浓度偏高。

(2) 标定所得 HCl 溶液的浓度偏低。标定 HCl 溶液浓度的基准物质硼砂（$Na_2B_4O_7 \cdot 10H_2O$）应放在相对湿度为 60% 的恒湿器中保存，以防止其失去部分结晶水而发生风化。在相对湿度为 30% 的容器中保存，硼砂将发生风化，导致所称取硼砂中 $Na_2B_4O_7$ 的质量增大，标定时消耗 HCl 溶液的体积也相应增大，标定所得 HCl 溶液的浓度偏低。

18. NaOH 标准溶液如吸收了空气中的 CO_2，当用此标准溶液测定某一元强酸溶液的浓度，分别用甲基橙或酚酞作指示剂指示终点时，对测定结果是否有影响？

答：NaOH 标准溶液吸收了空气中的 CO_2 时，部分 NaOH 转化为 Na_2CO_3：

$$2NaOH + CO_2 =\!=\!= Na_2CO_3 + H_2O$$

(1) 当以甲基橙为指示剂，用吸收了 CO_2 的 NaOH 标准溶液测定某一元强酸 HA 溶液的浓度时，发生的化学反应为

$$NaOH + HA =\!=\!= NaA + H_2O$$
$$Na_2CO_3 + 2HA =\!=\!= 2NaA + 2H_2O$$

滴定 HA 溶液所消耗的该 NaOH 标准溶液的体积与未吸收 CO_2 时 NaOH 标准溶液的体积相同，因此对测定结果没有影响。

(2) 当以酚酞为指示剂，用吸收了 CO_2 的 NaOH 标准溶液测定 HA 溶液时，发生的化学反应为

$$NaOH + HA =\!=\!= NaA + H_2O$$
$$Na_2CO_3 + HA =\!=\!= NaHCO_3 + NaA$$

使消耗的该 NaOH 标准溶液的体积偏高，使测定的 HA 溶液的浓度偏高。

19. 有一溶液，可能是 NaOH 溶液、Na_2CO_3 溶液、$NaHCO_3$ 溶液或它们的混合溶液，如何判断溶液中所含的组分？说明理由。

答：可利用双指示剂进行判断。若用酚酞作指示剂，用 HCl 标准溶液滴定该试液至变色时消耗的 HCl 溶液的体积为 V_1；再用甲基橙为指示剂，继续用 HCl 标准溶液滴定至溶液变色时又消耗 HCl 溶液的体积为 V_2。

(1) 如果 $V_1 > 0$，$V_2 \approx 0$，则试液为 NaOH 溶液。

(2) 如果 $V_1 \approx 0$，$V_2 > 0$，则试液为 $NaHCO_3$ 溶液。

(3) 如果 $V_1 = V_2 > 0$，则试液为 Na_2CO_3 溶液。

(4) 如果 $V_1 > V_2 > 0$，则试液为 NaOH + Na_2CO_3 混合溶液。

(5) 如果 $V_2 > V_1 > 0$，则试液为 $NaHCO_3$ + Na_2CO_3 混合溶液。

20. 在酸碱滴定中，为什么一般都用强酸或强碱作标准溶液？为什么酸碱标准溶液的浓度不宜太高或太低？

答：强酸与强碱之间的滴定反应能够进行得非常完全,滴定的 pH 突跃范围大,有利于酸碱指示剂的选择。

在酸碱滴定中,当滴定体积保持一定时,若酸碱标准溶液的浓度太低,则滴定的突跃范围太小,不易准确地确定化学计量点,滴定的相对误差较大;若酸碱标准溶液的浓度太高,滴定消耗的标准溶液的体积小,读数引起的相对误差较大;另一方面化学计量点后,过量的滴定剂容易过多,导致滴定误差较大。

21. 某一试液可能是 NaOH、NaHCO₃、Na₂CO₃ 或是它们的混合溶液。用 20.00 mL 0.100 0 mol·L⁻¹ HCl 标准溶液,以酚酞为指示剂滴定至终点。有下列 3 种情况:

（1）试液中所含的 NaOH 和 Na₂CO₃ 的物质的量相同;

（2）试液中所含的 NaHCO₃ 和 Na₂CO₃ 的物质的量相同;

（3）加入甲基橙时,试液呈终点颜色。

前两种情况下,若继续以甲基橙为指示剂,还需要加入多少毫升 HCl 溶液才能滴定至终点？第三种情况的试液组成如何？

答：（1）以酚酞为指示剂进行滴定时,发生的反应为

$$NaOH + HCl == NaCl + H_2O$$
$$Na_2CO_3 + HCl == NaHCO_3 + H_2O$$

继续以甲基橙为指示剂,发生的反应为

$$NaHCO_3 + HCl == NaCl + CO_2\uparrow + H_2O$$

根据题给条件,滴定至酚酞变色,NaOH 和 Na₂CO₃ 各需 10.00 mL 0.100 0 mol·L⁻¹ HCl 溶液。因此,继续以甲基橙为指示剂滴定时,还需加入 10.00 mL 0.100 0 mol·L⁻¹ HCl 溶液才可滴定至终点。

（2）以酚酞为指示剂时,发生的反应为

$$Na_2CO_3 + HCl == NaHCO_3 + NaCl$$

再以甲基橙为指示剂时,发生的反应为

$$NaHCO_3 + HCl == NaCl + CO_2\uparrow + H_2O$$

根据题给条件,滴定至酚酞变色时,Na₂CO₃ 生成 NaHCO₃,消耗 20.00 mL 0.100 0 mol·L⁻¹ HCl 溶液。若继续以甲基橙为指示剂滴定时,则试液中原来的 NaHCO₃ 需 20.00 mL 0.100 0 mol·L⁻¹ HCl 溶液,而以酚酞为指示剂时由 Na₂CO₃ 生成的 NaHCO₃ 还需 20.00 mL 0.100 0 mol·L⁻¹ HCl 溶液。因此,还需要加入 40.00 mL 0.100 0 mol·L⁻¹ HCl 溶液。

（3）加入甲基橙时,试液呈现滴定终点颜色,说明试液中不含 Na₂CO₃ 或 NaHCO₃,因此试液中只含有 NaOH。

22. 什么是沉淀滴定法？沉淀滴定法所依据的沉淀反应必须具备哪些条件？

答：沉淀滴定法是以沉淀反应为基础的滴定分析方法。用于沉淀滴定法的沉淀反应必须符合下列条件:

（1）沉淀反应生成的沉淀应具有固定的组成,而且溶解度很小。

（2）沉淀反应能定量地进行，而且反应速率快。

（3）能用适当的指示剂或其他方法确定滴定终点。

23. 利用莫尔法测定 Ag^+ 的含量时，其滴定方式与测定 Cl^- 的含量有何不同？为什么？

答：用莫尔法测定 Cl^- 时，可采用 $AgNO_3$ 标准溶液用直接滴定法测定，滴定终点是 Ag^+ 与 CrO_4^{2-} 生成砖红色的 Ag_2CrO_4 沉淀。

若采用直接滴定法测定 Ag^+，在试液中加入 K_2CrO_4 指示剂后生成砖红色 Ag_2CrO_4 沉淀，在化学计量点附近 Ag_2CrO_4 沉淀转化为 AgCl 沉淀的速率很慢，致使颜色变化缓慢，很难确定滴定终点，不能准确测定 Ag^+。因此，在利用莫尔法测定 Ag^+ 时应采用返滴定法，即先加入过量的 NaCl 标准溶液，再用 $AgNO_3$ 标准溶液滴定溶液中过量的 Cl^-。

24. 用佛尔哈德法测定 Cl^-、Br^- 和 I^- 时的条件是否相同？为什么？

答：用佛尔哈德法测定 Cl^-、Br^- 和 I^- 时的条件不相同。由于 AgCl 沉淀的溶解度比 AgSCN 沉淀的溶解度大，因此用返滴定法测定 Cl^-。为防止定量生成的 AgCl 沉淀转化为 AgSCN 沉淀，当 Cl^- 沉淀完全后，应把 AgCl 沉淀过滤除去或加入硝基苯。加入硝基苯摇动后，AgCl 沉淀进入有机层中而与水溶液隔开，防止沉淀转化反应的发生，然后再用 NH_4SCN 标准溶液滴定溶液中剩余的 Ag^+。

而测定 Br^- 和 I^- 时，由于 AgBr 沉淀和 AgI 沉淀的溶解度比 AgSCN 沉淀的溶解度小，不会发生 AgBr 沉淀和 AgI 沉淀转化为 AgSCN 沉淀的反应，因此不必将 AgBr 沉淀和 AgI 沉淀过滤除去或加入硝基苯进行保护。

25. 利用银量法测定下列试样中的 Cl^- 或 SCN^- 时，采用哪种银量法比较合适？为什么？

（1）$BaCl_2$　　　　　　　　　（2）KCl

（3）KSCN　　　　　　　　　（4）$Na_2CO_3 + NaCl$

答：（1）采用佛尔哈德法或法扬司法测定比较合适。用佛尔哈德法测定 $BaCl_2$ 中的 Cl^- 时，用 $NH_4Fe(SO_4)_2$ 作指示剂确定滴定终点。用法扬司法测定 $BaCl_2$ 中的 Cl^- 时，用荧光黄吸附指示剂确定滴定终点。因为试样中的 Ba^{2+} 能与 CrO_4^{2-} 生成 $BaCrO_4$ 沉淀，干扰测定，无法用 K_2CrO_4 指示终点，因此不能用莫尔法测定 Cl^-。

（2）因为 K^+ 不干扰测定，因此可采用莫尔法、佛尔哈德法（间接滴定法）或法扬司法进行测定。采用莫尔法测定 Cl^- 时，以 K_2CrO_4 作指示剂确定终点。采用佛尔哈德法间接测定 Cl^- 时，以 $NH_4Fe(SO_4)_2$ 作指示剂确定终点。采用法扬司法测定 Cl^- 时，用荧光黄作指示剂确定终点。

（3）用佛尔哈德法返滴定 SCN^-，用 $NH_4Fe(SO_4)_2$ 作指示剂确定终点。

（4）用佛尔哈德法返滴定 Cl^-，用 $NH_4Fe(SO_4)_2$ 作指示剂确定终点。因为在强酸性条件下 CO_3^{2-} 转化为 CO_2 放出，不干扰测定。

26. 说明用下述方法进行测定是否会引入误差，如有误差，则指出偏高还是偏低？

（1）移取 $NaCl + H_2SO_4$ 试液后马上用莫尔法测定 Cl^-；

（2）中性溶液中用莫尔法测定 Br^-；

（3）用莫尔法测定 $pH \approx 8$ 的 KI 溶液中的 I^-；

（4）用莫尔法测定 Cl^-，但配制的 K_2CrO_4 指示剂溶液浓度过稀；

（5）用佛尔哈德法测定 Cl^-，但没有加硝基苯。

答：（1）会引入误差，使测定结果偏高。因为在 H_2SO_4 溶液中，K_2CrO_4 部分转化为 $K_2Cr_2O_7$，使 K_2CrO_4 浓度降低，为了析出 Ag_2CrO_4 沉淀，将会多加入 $AgNO_3$ 溶液，由于滴定剂过量加入，就会使测定结果偏高。

（2）当滴定过程中剧烈摇动时，一般不会引入误差。若滴定过程中不剧烈摇动，反应生成的 $AgBr$ 沉淀有吸附作用，吸附了 Br^- 之后会使滴定的结果偏低。

（3）会引入误差，使测定结果偏低。因为反应生成的 AgI 沉淀有强烈的吸附作用，吸附了 I^- 之后会使测定的结果偏低。

（4）会引入误差，使测定结果偏高。因为 K_2CrO_4 指示剂浓度过稀时，产生的 Ag_2CrO_4 沉淀不明显，要使终点明显出现，必须多加 $AgNO_3$ 溶液，由于滴定剂过量加入，就会使测定结果偏高；

（5）会引入误差，使测定结果偏低。因为在不加硝基苯的情况下，当 SCN^- 稍过量时，$AgCl$ 沉淀与 SCN^- 将发生沉淀转化反应，使 SCN^- 过量加入，则会使测定结果偏低。

27. 请讨论莫尔法的局限性。

答：莫尔法只能在中性和弱碱性条件下进行，只能用来测定卤素离子。凡是能与 Ag^+ 生成微溶性化合物或配合物的阴离子，都干扰测定。一些高氧化值金属离子在中性或弱酸性溶液中发生水解，也干扰测定。有色金属离子浓度稍大时也影响终点的观察。

28. 为了使终点颜色变化明显，使用吸附指示剂应注意哪些问题？

答：使用吸附指示剂应注意以下几点：

（1）由于吸附指示剂的颜色变化发生在沉淀表面上，因此应尽量使沉淀的比表面积大一些，即沉淀的颗粒要小一些。

（2）滴定要在适宜的 pH 范围内进行。因为吸附指示剂起指示作用的是它们的阴离子，酸度大时，指示剂的阴离子与 H^+ 结合，形成电中性的分子就不被吸附。

（3）避免在强的阳光下进行测定，因为卤化银沉淀对光敏感，很快转化为灰黑色，影响终点的观察。

（4）溶液的浓度不能太稀，因为浓度太稀时，沉淀很少，观察终点比较困难。

29. 用基准物质 $K_2Cr_2O_7$ 标定 $Na_2S_2O_3$ 溶液时，为什么不能采用直接滴定法标定？

答：用 $K_2Cr_2O_7$ 标准溶液直接滴定 $Na_2S_2O_3$ 溶液时，不仅能生成 SO_4^{2-}，还能生成 $S_4O_6^{2-}$ 或 SO_3^{2-} 等生成物，使 $K_2Cr_2O_7$ 与 $Na_2S_2O_3$ 没有确定的化学计量关系。因此，用 $K_2Cr_2O_7$ 标定 $Na_2S_2O_3$ 溶液时不能采用直接滴定法。

30. 碘量法的主要误差来源有哪些？为什么碘量法不适于在强酸或强碱条件下进行？

答：碘量法的主要误差来源有溶液中 H^+ 的浓度及 I_2 的挥发性和 I^- 的还原性。碘的挥发性直接导致误差，所以碘量法采用碘量瓶以减少碘的挥发。

当碘量法在强酸性溶液中进行时，$Na_2S_2O_3$ 发生分解：

$$S_2O_3^{2-} + 2H^+ == S\downarrow + SO_2\uparrow + H_2O$$

同时，在强酸性溶液中 I^- 易被空气中的 O_2 氧化：

$$4I^- + 4H^+ + O_2 == 2I_2 + 2H_2O$$

当碘量法在强碱性溶液中进行时，将有副反应发生：

$$S_2O_3^{2-} + 4I_2 + 10OH^- \rightleftharpoons 2SO_4^{2-} + 8I^- + 5H_2O$$

同时，I_2 在强碱性条件下发生歧化反应：

$$3I_2 + 6OH^- \rightleftharpoons IO_3^- + 5I^- + 3H_2O$$

在强酸性或强碱性条件下，由于发生上述副反应，使得 $K_2Cr_2O_7$ 与 I_2 之间没有确定的化学计量关系，因此碘量法不适于在强酸或强碱条件下进行。

31. 为什么用 $KMnO_4$ 标准溶液滴定 $Na_2C_2O_4$ 溶液时，滴入的 $KMnO_4$ 溶液的红色褪去速率由慢逐渐加快？

答：$KMnO_4$ 与 $Na_2C_2O_4$ 反应生成的 Mn^{2+} 对于该滴定反应具有催化作用。滴定刚开始时，溶液中 Mn^{2+} 的浓度较小，Mn^{2+} 的催化作用比较弱，因此滴入的 $KMnO_4$ 溶液的红色褪去比较慢。随着滴定反应的进行，溶液中 Mn^{2+} 的浓度增大，Mn^{2+} 的催化作用增强，滴定反应的速率加快，因此滴入的 $KMnO_4$ 溶液的红色褪去速率加快。

32. Cu^{2+} 和 Zn^{2+} 均能与 NH_3 形成配位个体，为什么不能用氨水作滴定剂利用配位滴定法来测定 Cu^{2+} 和 Zn^{2+} 的含量？

答：NH_3 为单齿配体，Cu^{2+} 和 Zn^{2+} 的最大配位数为 4。当 Cu^{2+} 和 Zn^{2+} 与 NH_3 配位时逐级生成配位数为 1~4 的配位个体，由于相邻的两种配位个体的逐级稳定常数比较接近，当 NH_3 的浓度在较大的范围内变化时，溶液中会同时存在几种配位数不同的配位个体，使金属离子与 NH_3 之间没有确定的化学计量关系。因此，不能用氨水作滴定剂测定溶液中 Cu^{2+} 和 Zn^{2+} 的含量。

33. 用 EDTA 滴定法进行测定时，为什么要加入缓冲溶液控制适当的酸度？

答：用 EDTA 滴定法测定金属离子的含量时，既要使金属离子配位完全，又要防止金属离子发生水解。由于在配位滴定过程中，随着滴定反应的进行，溶液的酸度逐渐增大：

$$M^{z+} + H_2Y^{2-} \rightleftharpoons [MY]^{z-4} + 2H^+$$

致使配位反应不能定量进行。为了防止滴定过程中酸度增大，常加入缓冲溶液把溶液的酸度控制在适宜条件下。

34. 在配位滴定法中，在什么情况下不能采用直接滴定的方式进行滴定？

答：在配位滴定法中，不能采用直接滴定的方式进行滴定的 3 种情况如下：

(1) 待测离子与 EDTA 的配位反应的反应速率较慢或待测离子易发生水解。

(2) 待测离子与 EDTA 的配位反应缺乏变色灵敏的指示剂。

(3) 待测离子与 EDTA 不能形成配位个体或形成的配位个体不稳定。

习 题 解 答

1. $K_2Cr_2O_7$ 标准溶液对 Fe 的滴定度 $T(\text{Fe}/K_2Cr_2O_7) = 0.011\,17\ \text{g·mL}^{-1}$，测定 $0.5000\ \text{g}$ 含铁试样时消耗此 $K_2Cr_2O_7$ 标准溶液 $24.64\ \text{mL}$。计算 $K_2Cr_2O_7$ 标准溶液对 Fe_2O_3 的滴定度 $T(\text{Fe}_2\text{O}_3/K_2Cr_2O_7)$ 和试样中 Fe_2O_3 的质量分数。

解：滴定反应为

$$6Fe^{2+} + Cr_2O_7^{2-} + 14H^+ \Longrightarrow 6Fe^{3+} + 2Cr^{3+} + 7H_2O$$

Fe_2O_3 的物质的量与 Fe 的物质的量的计量关系为 $n(Fe) = 2n(Fe_2O_3)$。$K_2Cr_2O_7$ 标准溶液对 Fe_2O_3 的滴定度为

$$
\begin{aligned}
T(Fe_2O_3/K_2Cr_2O_7) &= T(Fe/K_2Cr_2O_7) \cdot \frac{m(Fe_2O_3)}{m(Fe)} \\
&= T(Fe/K_2Cr_2O_7) \cdot \frac{n(Fe_2O_3) \cdot M(Fe_2O_3)}{n(Fe) \cdot M(Fe)} \\
&= T(Fe/K_2Cr_2O_7) \cdot \frac{n(Fe_2O_3) \cdot M(Fe_2O_3)}{2n(Fe_2O_3) \cdot M(Fe)} \\
&= T(Fe/K_2Cr_2O_7) \cdot \frac{M(Fe_2O_3)}{2M(Fe)} \\
&= 0.011\,17 \text{ g} \cdot mL \times \frac{159.7 \text{ g} \cdot mol^{-1}}{2 \times 55.85 \text{ g} \cdot mol^{-1}} \\
&= 0.015\,97 \text{ g} \cdot mL^{-1}
\end{aligned}
$$

试样中 Fe_2O_3 的质量分数为

$$
\begin{aligned}
w(Fe_2O_3) &= \frac{m(Fe_2O_3)}{m_{试样}} \times 100\% \\
&= \frac{T(Fe_2O_3/K_2Cr_2O_7) \cdot V(K_2Cr_2O_7)}{m_{试样}} \times 100\% \\
&= \frac{0.015\,97 \text{ g} \cdot mL^{-1} \times 24.64 \text{ mL}}{0.500\,0 \text{ g}} \times 100\% = 78.70\%
\end{aligned}
$$

2. 在 1.000×10^3 mL $0.200\,0$ mol$\cdot L^{-1}$ HCl 溶液中加入多少毫升水才能使稀释后的 HCl 溶液对 CaO 的滴定度 $T(CaO/HCl) = 0.005\,000$ g$\cdot L^{-1}$?

解： 滴定反应为

$$CaO + 2HCl \Longrightarrow CaCl_2 + H_2O$$

由反应式可知，HCl 与 CaO 的计量关系为 $\frac{1}{2}n(HCl) = n(CaO)$。若在 1.000 L HCl 溶液中加入水的体积为 $V(H_2O)$，则稀释后 HCl 溶液的体积为 1.000×10^3 mL$+V(H_2O)$。

HCl 标准溶液对 CaO 的滴定度为

$$
T(CaO/HCl) = \frac{n(CaO) \cdot M(CaO)}{V(HCl)} = \frac{\frac{1}{2}n(HCl) \cdot M(CaO)}{V(HCl)}
$$

$$
= \frac{c(HCl) \cdot V(HCl) \cdot M(CaO)}{2V(HCl)}
$$

将已知数据代入上式：

$$0.005\,000\ \mathrm{g \cdot L^{-1}} = \frac{0.200\,0\ \mathrm{mol \cdot L^{-1}} \times [1.000 \times 10^3\ \mathrm{mL} + V(\mathrm{H_2O})] \times 56.08\ \mathrm{g \cdot mol^{-1}}}{2 \times [1.000 \times 10^3\ \mathrm{mL} + V(\mathrm{H_2O})]}$$

由上式解得

$$V(\mathrm{H_2O}) = 122\ \mathrm{mL}$$

3. 计算用 $0.010\,00\ \mathrm{mol \cdot L^{-1}}$ HCl 溶液滴定 $20.00\ \mathrm{mL}$ $0.010\,00\ \mathrm{mol \cdot L^{-1}}$ NaOH 溶液的滴定突跃范围。

解：酸碱滴定的滴定突跃范围是指化学计量点前后相对误差为 $-0.1\%\sim0.1\%$ 时溶液的 pH 变化范围。

当加入 $19.98\ \mathrm{mL}$ $0.010\,00\ \mathrm{mol \cdot L^{-1}}$ HCl 溶液（相对误差为 -0.1%）时，溶液中 $\mathrm{OH^-}$ 浓度为

$$c(\mathrm{OH^-}) = \frac{0.010\,00\ \mathrm{mol \cdot L^{-1}} \times (20.00\ \mathrm{mL} - 19.98\ \mathrm{mL})}{20.00\ \mathrm{mL} + 19.98\ \mathrm{mL}}$$
$$= 5.0 \times 10^{-6}\ \mathrm{mol \cdot L^{-1}}$$

溶液的 pH 为

$$\mathrm{pH} = \mathrm{p}K_w^\ominus - \mathrm{pOH} = 14.00 + \lg(5.0 \times 10^{-6}) = 8.70$$

当加入 $20.02\ \mathrm{mL}$ $0.010\,00\ \mathrm{mol \cdot L^{-1}}$ HCl 溶液（相对误差为 $+0.1\%$）时，溶液中 $\mathrm{H_3O^+}$ 浓度为

$$c(\mathrm{H_3O^+}) = \frac{0.010\,00\ \mathrm{mol \cdot L^{-1}} \times (20.02\ \mathrm{mL} - 20.00\ \mathrm{mL})}{20.00\ \mathrm{mL} + 20.02\ \mathrm{mL}}$$
$$= 5.0 \times 10^{-6}\ \mathrm{mol \cdot L^{-1}}$$

溶液的 pH 为

$$\mathrm{pH} = -\lg c(\mathrm{H_3O^+}) = -\lg(5.0 \times 10^{-6}) = 5.30$$

$0.010\,00\ \mathrm{mol \cdot L^{-1}}$ HCl 溶液滴定 $20.00\ \mathrm{mL}$ $0.010\,00\ \mathrm{mol \cdot L^{-1}}$ NaOH 溶液的滴定突跃范围为 $8.70\sim5.30$。

4. 用 $0.100\,0\ \mathrm{mol \cdot L^{-1}}$ HCl 标准溶液滴定 $20.00\ \mathrm{mL}$ $0.100\,0\ \mathrm{mol \cdot L^{-1}}$ $\mathrm{NH_3}$（$K_b^\ominus = 1.8 \times 10^{-5}$）溶液，到达化学计量点时溶液的 pH 为多少？化学计量点前后相对误差为 $\pm0.1\%$ 的滴定突跃范围为多少？应选择哪种指示剂指示终点？

解：(1) 在化学计量点时，$\mathrm{NH_3}$ 与 HCl 完全反应生成 $\mathrm{NH_4Cl}$，$\mathrm{NH_4Cl}$ 的浓度 $c(\mathrm{NH_4Cl}) = 0.050\,00\ \mathrm{mol \cdot L^{-1}}$。化学计量点时，溶液中的 $\mathrm{H_3O^+}$ 浓度和 pH 分别为

$$c(\mathrm{H_3O^+}) = \sqrt{c(\mathrm{NH_4^+})K_a^\ominus(\mathrm{NH_4^+})}$$
$$= \sqrt{0.050\,00 \times \frac{1.0 \times 10^{-14}}{1.8 \times 10^{-5}}}\ \mathrm{mol \cdot L^{-1}} = 5.3 \times 10^{-6}\ \mathrm{mol \cdot L^{-1}}$$
$$\mathrm{pH} = -\lg c(\mathrm{H_3O^+}) = -\lg(5.3 \times 10^{-6}) = 5.28$$

(2) 化学计量点前相对误差为 -0.1% 时，加入 $19.98\ \mathrm{mL}$ HCl 标准溶液，反应后溶液中剩

余 NH_3 的浓度和生成 NH_4Cl 的浓度分别为

$$c(NH_3) = \frac{0.1000 \times (20.00 - 19.98)}{20.00 + 19.98} \text{ mol·L}^{-1} = 5.0 \times 10^{-5} \text{ mol·L}^{-1}$$

$$c(NH_4^+) = \frac{0.1000 \times 19.98}{20.00 + 19.98} \text{ mol·L}^{-1} = 5.0 \times 10^{-2} \text{ mol·L}^{-1}$$

溶液的 pH 为

$$pH = pK_a^{\ominus}(NH_4^+) + lg\frac{c(NH_3)}{c(NH_4^+)}$$

$$= 14.00 + lg(1.8 \times 10^{-5}) + lg\frac{5.0 \times 10^{-5}}{5.0 \times 10^{-2}} = 6.26$$

（3）化学计量后相对误差为 $+0.1\%$ 时，加入 20.02 mL HCl 溶液，HCl 过量，NH_3 全部反应生成 NH_4Cl。由于 HCl 的酸性比 NH_4Cl 强得多，因此溶液的 H_3O^+ 主要取决于过量 HCl 的解离。溶液中 H_3O^+ 浓度和 pH 分别为

$$c(H_3O^+) = \frac{0.1000 \times (20.02 - 20.00)}{20.00 + 20.02} \text{ mol·L}^{-1} = 5.0 \times 10^{-5} \text{ mol·L}^{-1}$$

$$pH = -lg\, c(H_3O^+) = -lg(5.0 \times 10^{-5}) = 4.30$$

该滴定反应的 pH 突跃范围为 6.26～4.30，可选用甲基红（变色范围为 6.2～4.4）作指示剂。

5. 以甲基橙为指示剂，用 Na_2CO_3 作基准物质标定 HCl 溶液时，称取 0.6135 g Na_2CO_3 固体，消耗 24.96 mL HCl 溶液。计算 HCl 溶液的浓度。

解： 滴定反应方程式为

$$Na_2CO_3 + 2HCl = 2NaCl + CO_2\uparrow + H_2O$$

由反应方程可知，HCl 与 Na_2CO_3 的计量关系为 $\frac{1}{2}n(HCl) = n(Na_2CO_3)$，即 $n(HCl) = 2n(Na_2CO_3)$。HCl 溶液的浓度为

$$c(HCl) = \frac{n(HCl)}{V(HCl)} = \frac{2n(Na_2CO_3)}{V(HCl)} = \frac{2m(Na_2CO_3)/M(Na_2CO_3)}{V(HCl)}$$

$$= \frac{2 \times 0.6135 \text{ g}/106.0 \text{ g·mol}^{-1}}{24.96 \times 10^{-3} \text{ L}} = 0.4638 \text{ mol·L}^{-1}$$

6. 以甲基红为指示剂，用硼砂为基准物质标定 HCl 溶液。称取 0.9854 g 硼砂，消耗 23.76 mL HCl 溶液。计算 HCl 溶液的浓度。

解： 滴定反应方程式为

$$Na_2B_4O_7 \cdot 10H_2O + 2HCl = 4H_3BO_3 + 2NaCl + 5H_2O$$

由反应方程式可知，HCl 与 $Na_2B_4O_7 \cdot 10H_2O$ 的计量关系为 $\frac{1}{2}n(HCl) = n(Na_2B_4O_7 \cdot$

$10H_2O$），即 $n(HCl)=2n(Na_2B_4O_7 \cdot 10H_2O)$。HCl 溶液的浓度为

$$c(HCl)=\frac{n(HCl)}{V(HCl)}=\frac{2n(Na_2B_4O_7 \cdot 10H_2O)}{V(HCl)}$$

$$=\frac{2m(Na_2B_4O_7 \cdot 10H_2O)/M(Na_2B_4O_7 \cdot 10H_2O)}{V(HCl)}$$

$$=\frac{2\times0.985\,4\ g/381.4\ g \cdot mol^{-1}}{23.76\times10^{-3}\ L}=0.217\,5\ mol \cdot L^{-1}$$

7. 称取基准物质邻苯二甲酸氢钾(KHP)0.512 5 g，标定浓度约 0.1 $mol \cdot L^{-1}$ NaOH 溶液，消耗 25.00 mL NaOH 溶液。计算 NaOH 标准溶液的浓度。

解：标定时所发生的化学反应为

KHP 与 NaOH 的计量关系为

$$n(KHP)=n(NaOH)$$

NaOH 溶液的准确浓度为

$$c(NaOH)=\frac{n(NaOH)}{V(NaOH)}=\frac{n(KHP)}{V(NaOH)}=\frac{m(KHP)/M(KHP)}{V(NaOH)}$$

$$=\frac{0.512\,5\ g/204.2\ g \cdot mol^{-1}}{25.00\times10^{-3}\ L}=0.100\,4\ mol \cdot L^{-1}$$

8. 用移液管移取 10.00 mL 食醋(密度为 1.055 $g \cdot cm^{-3}$)，用 0.302 4 $mol \cdot L^{-1}$ NaOH 标准溶液滴定，消耗 20.17 mL。计算食醋中醋酸的质量分数。

解：用 NaOH 标准溶液滴定醋酸的反应方程式为

$$NaOH + HAc = NaAc + H_2O$$

NaOH 与 HAc 的计量关系为

$$n(NaOH)=n(HAc)$$

食醋试液中醋酸的质量分数为

$$w(HAc)=\frac{m(HAc)}{m_{食醋}}=\frac{c(NaOH) \cdot V(NaOH) \cdot M(HAc)}{V_{食醋} \cdot \rho_{食醋}}$$

$$=\frac{0.302\,4\ mol \cdot L^{-1}\times20.17\times10^{-3}\ L\times60.05\ g \cdot mol^{-1}}{10.00\ mL\times1.005\ g \cdot cm^{-3}}$$

$$=3.644\%$$

9. 称取 1.000 g 粗铵盐，加过量 NaOH 溶液并加热，逸出的 NH_3 用 50.00 mL 0.2500 $mol \cdot L^{-1}$ H_2SO_4 溶液吸收，过量的酸用 0.5000 $mol \cdot L^{-1}$ NaOH 溶液回滴，用去 2.65 mL NaOH 溶液。计

算试样中 NH_3 的质量分数。

解：有关反应方程式为

$$2NH_3 + H_2SO_4 \Longrightarrow (NH_4)_2SO_4$$
$$H_2SO_4 + 2NaOH \Longrightarrow Na_2SO_4 + 2H_2O$$

化学计量关系为

$$\frac{1}{2}n(NH_3) + \frac{1}{2}n(NaOH) = n(H_2SO_4)$$

NH_3 的物质的量与 $NaOH$ 的物质的量和 H_2SO_4 的物质的量之间的关系为

$$n(NH_3) = 2n(H_2SO_4) - n(NaOH)$$

试样中 NH_3 的质量分数为

$$
\begin{aligned}
w(NH_3) &= \frac{m(NH_3)}{m_{试样}} = \frac{n(NH_3) \cdot M(NH_3)}{m_{试样}} \\
&= \frac{[2n(H_2SO_4) - n(NaOH)] \cdot M(NH_3)}{m_{试样}} \\
&= \frac{[2c(H_2SO_4)V(H_2SO_4) - c(NaOH)V(NaOH)] \cdot M(NH_3)}{m_{试样}} \\
&= \frac{(2 \times 0.2500 \times 0.05000 - 0.5000 \times 0.00265) \times 17.03}{1.000} \\
&= 40.32\%
\end{aligned}
$$

10. 在试样消化器中，将 $0.9500\ g$ 干肉片试样与浓 H_2SO_4 共煮，在 $CuSO_4$ 催化下进行消化分解，使肉片中所含氮全部转化为 NH_4HSO_4。消化后向消化器中再加入过量浓 $NaOH$ 溶液煮沸，逸出的 NH_3 用 $50.00\ mL$ HCl 标准溶液（1 mL 相当于 $0.03500\ g\ Na_2B_4O_7 \cdot 10H_2O$）吸收，过量 HCl 用 NaOH 标准溶液（1 mL 相当于 $0.02220\ g$ 邻苯二甲酸氢钾）返滴定，消耗体积为 $30.00\ mL$。

（1）计算吸收 NH_3 所用 HCl 标准溶液的浓度；

（2）计算返滴定所用 NaOH 标准溶液的浓度；

（3）若肉片中所含蛋白质中氮的质量分数为 16.00%，计算此肉片试样中蛋白质的质量分数；

（4）通常把化学计量点前后相对误差为 $\pm 0.1\%$ 范围内溶液 pH 的变化称为酸碱滴定的 pH 突跃范围，若返滴定时加入 30.00 mL NaOH 标准溶液恰好到达化学计量点，确定返滴定的 pH 突跃范围；

（5）几种指示剂的变色范围如下表所示：

指示剂	甲基黄	甲基红	溴百里酚蓝	酚酞
变色范围	2.9~4.0	4.4~6.2	6.0~7.6	8.0~9.6

从上表中为返滴定选择出合适的指示剂。

解：（1）用 $Na_2B_4O_7 \cdot 10H_2O$ 标定 HCl 溶液的滴定反应为

$$2HCl + Na_2B_4O_7 \cdot 10H_2O =\!=\!= 2NaCl + 4H_3BO_3 + 5H_2O$$

化学计量关系为

$$\frac{1}{2}n(HCl) = n(Na_2B_4O_7 \cdot 10H_2O)$$

HCl 标准溶液的浓度为

$$
\begin{aligned}
c(HCl) &= \frac{n(HCl)}{V(HCl)} = \frac{2n(Na_2B_4O_7 \cdot 10H_2O)}{V(HCl)} \\
&= \frac{2m(Na_2B_4O_7 \cdot 10H_2O)/M(Na_2B_4O_7 \cdot 10H_2O)}{V(HCl)} \\
&= \frac{2 \times 0.035\,00\ g}{381.4\ g \cdot mol^{-1} \times 1.000 \times 10^{-3}\ L} = 0.183\,5\ mol \cdot L^{-1}
\end{aligned}
$$

（2）用邻苯二甲酸氢钾标定 $NaOH$ 的滴定反应为

COOH / COOK ⟶ + NaOH =\!=\!= COONa / COOK + H_2O

化学计量关系为

$$n(NaOH) = n(KHP)$$

$NaOH$ 标准溶液的浓度为

$$
\begin{aligned}
c(NaOH) &= \frac{n(NaOH)}{V(NaOH)} = \frac{n(KHP)}{V(NaOH)} = \frac{m(KHP)/M(KHP)}{V(NaOH)} \\
&= \frac{0.022\,20\ g}{204.2\ g \cdot mol^{-1} \times 1.000 \times 10^{-3}\ L} = 0.108\,7\ mol \cdot L^{-1}
\end{aligned}
$$

（3）肉片中氮和蛋白质的质量分数分别为

$$
\begin{aligned}
w(N) &= \frac{\left(\dfrac{50.00}{1\,000} \times 0.183\,5 - \dfrac{30.00}{1\,000} \times 0.108\,7\right)mol \times 14.01\ g \cdot mol^{-1}}{0.950\,0\ g} \\
&= 8.72\%
\end{aligned}
$$

$$w_{蛋白质} = \frac{8.72\%}{16.00\%} \times 100\% = 54.50\%$$

（4）加入 $29.70\ mL\ NaOH$ 溶液时，溶液的 H_3O^+ 浓度和 pH 分别为

$$c(H_3O^+) = \frac{0.108\,7\ mol \cdot L^{-1} \times (30.00 - 29.70)mL}{50.00\ mL + 29.70\ mL}$$

$$=4.1 \times 10^{-5} \text{ mol} \cdot L^{-1}$$

$$pH = -\lg(4.1 \times 10^{-5}) = 4.39$$

加入 30.03 mL NaOH 溶液时,溶液的 pH 为

$$pH = pK_a^{\ominus}(NH_4^+) + \lg \frac{n(NH_3)}{n(NH_4^+)}$$

$$= -\lg(5.6 \times 10^{-10}) + \lg \frac{0.03 \times 0.1087}{50.00 \times 0.1835 - (30.00 - 0.03) \times 0.1087}$$

$$= 5.99$$

返滴定的 pH 突跃范围为 4.39~5.99。

(5)可选择甲基红作返滴定的指示剂。

11. 某试样含 Na_2CO_3、$NaHCO_3$ 及其他惰性物质。称取 0.3010 g 试样,以酚酞为指示剂滴定时,用去 0.1060 mol·L^{-1} HCl 溶液 20.10 mL。继续以甲基橙为指示剂滴定,共用去 40.70 mL HCl 溶液。计算该试样中 Na_2CO_3 和 $NaHCO_3$ 的质量分数。

解:以酚酞为指示剂时,试样中 Na_2CO_3 被滴定生成 $NaHCO_3$。Na_2CO_3 的质量分数为

$$w(Na_2CO_3) = \frac{c(HCl) \cdot V_1(HCl) \cdot M(Na_2CO_3)}{m_{试样}}$$

$$= \frac{0.1060 \text{ mol} \cdot L^{-1} \times 20.10 \times 10^{-3} \text{ L} \times 106.0 \text{ g} \cdot \text{mol}^{-1}}{0.3010 \text{ g}}$$

$$= 75.03\%$$

继续以甲基橙为指示剂滴定时,溶液中的 $NaHCO_3$ 被滴定生成 CO_2 和 H_2O。滴定由 Na_2CO_3 生成的 $NaHCO_3$ 还需 20.10 mL HCl 溶液,因此用于滴定原试样中的 $NaHCO_3$ 所需 HCl 溶液体积为 $(47.70 - 2 \times 20.10)$ mL = 7.50 mL。

试样中 $NaHCO_3$ 的质量分数为

$$w(NaHCO_3) = c(HCl) \cdot V_2(HCl) \cdot M(NaHCO_3)$$

$$= \frac{0.1060 \text{ mol} \cdot L^{-1} \times 7.50 \times 10^{-3} \text{ L} \times 84.01 \text{ g} \cdot \text{mol}^{-1}}{0.3010 \text{ g}}$$

$$= 22.2\%$$

12. 称取 1.200 g 混合碱(Na_2CO_3 和 NaOH 或 Na_2CO_3 和 $NaHCO_3$ 的混合物)的试样,溶于水后用 0.5000 mol·L^{-1} HCl 标准溶液滴定至酚酞褪色,消耗 30.00 mL。再滴入甲基橙,继续滴加 HCl 标准溶液至呈现橙色,又用去 5.00 mL。试样中含有何种组分? 其质量分数各为多少?

解:如果试样中含有 Na_2CO_3 和 $NaHCO_3$ 两种组分,则滴定到酚酞变色时所消耗的盐酸的体积应小于继续滴定到甲基橙变色时所消耗的盐酸的体积。如果试样中含有 Na_2CO_3 和 NaOH 两种组分,则滴定到酚酞变色时所消耗的盐酸的体积应大于继续滴定到甲基橙变色时所消耗的盐酸的体积。已知用酚酞为指示剂时消耗盐酸的体积大于用甲基橙为指示剂时消耗盐酸的体积,因此该混合碱试样含有 NaOH 和 Na_2CO_3 两种组分。滴定试样中 NaOH 消耗盐酸的体积为

$30.00 \ \text{mL} - 5.00 \ \text{mL} = 25.00 \ \text{mL}$,滴定试样中 Na_2CO_3 消耗盐酸的体积为 $2 \times 5.00 \ \text{mL} = 10.00 \ \text{mL}$。

当滴定到酚酞指示剂变色时,NaOH 完全反应,而 Na_2CO_3 只被滴定生成 $NaHCO_3$。反应式分别为

$$NaOH + HCl = NaCl + H_2O$$
$$Na_2CO_3 + HCl = NaCl + NaHCO_3$$

继续用甲基橙为指示剂滴定至变色时,生成的 $NaHCO_3$ 与 HCl 反应生成 CO_2。反应方程式为

$$NaHCO_3 + HCl = NaCl + CO_2\uparrow + H_2O$$

试样中 NaOH 的质量分数为

$$w(NaOH) = \frac{m(NaOH)}{m_{试样}} = \frac{n(NaOH)M(NaOH)}{m_{试样}} = \frac{n(HCl) \cdot M(NaOH)}{m_{试样}}$$
$$= \frac{0.500\,0 \ \text{mol} \cdot \text{L}^{-1} \times 25.00 \times 10^{-3} \ \text{L} \times 40.00 \ \text{g} \cdot \text{mol}^{-1}}{1.200 \ \text{g}}$$
$$= 41.67\%$$

试样中 Na_2CO_3 的质量分数为

$$w(Na_2CO_3) = \frac{m(Na_2CO_3)}{m_{试样}} = \frac{n(Na_2CO_3) \cdot M(Na_2CO_3)}{m_{试样}}$$
$$= \frac{\frac{1}{2}n(HCl) \cdot M(Na_2CO_3)}{m_{试样}}$$
$$= \frac{0.500\,0 \ \text{mol} \cdot \text{L}^{-1} \times 10.00 \times 10^{-3} \ \text{L} \times 106.0 \ \text{g} \cdot \text{mol}^{-1}}{2 \times 1.200 \ \text{g}}$$
$$= 22.08\%$$

13. 称取 $0.372\,0 \ \text{g}$ 含有 NaOH 和 Na_2CO_3 的试样,以酚酞为指示剂,消耗 $0.150\,0 \ \text{mol} \cdot \text{L}^{-1}$ HCl 标准溶液 $40.00 \ \text{mL}$,还需要多少毫升 HCl 标准溶液到达甲基橙变色点?计算试样中 NaOH 和 Na_2CO_3 的质量分数。

解: 以酚酞为指示剂时,滴定反应为

$$HCl + NaOH = NaCl + H_2O$$
$$HCl + Na_2CO_3 = NaHCO_3 + NaCl$$

继续滴定至甲基橙变色时,滴定反应为

$$HCl + Na_2CO_3 = NaCl + CO_2\uparrow + H_2O$$

若试样中 Na_2CO_3 和 NaOH 的质量分别为 $m(Na_2CO_3)$ 和 $m(NaOH)$,滴定至酚酞变色时,根据题意有

$$n(Na_2CO_3) + n(NaOH) = n(HCl)$$

$$\frac{m(\text{Na}_2\text{CO}_3)}{106.0 \text{ g}\cdot\text{mol}^{-1}} + \frac{0.372\,0 \text{ g} - m(\text{Na}_2\text{CO}_3)}{40.00 \text{ g}\cdot\text{mol}^{-1}} = 0.150\,0 \text{ mol}\cdot\text{L}^{-1}\times 0.040\,00 \text{ L}$$

由上式解得

$$m(\text{Na}_2\text{CO}_3) = 0.212\,0 \text{ g}$$

$$m(\text{NaOH}) = 0.372\,0 \text{ g} - 0.212\,0 \text{ g} = 0.160\,0 \text{ g}$$

以酚酞为指示剂时,Na_2CO_3 被滴定生成 NaHCO_3,所消耗 HCl 溶液的体积为

$$V(\text{HCl}) = \frac{0.212\,0 \text{ g}}{106.0 \text{ g}\cdot\text{mol}^{-1}\times 0.150\,0 \text{ mol}\cdot\text{L}^{-1}} = 13.33 \text{ mL}$$

因此,以甲基橙为指示剂时,还需消耗 13.33 mL 0.150 0 mol·L^{-1} HCl 溶液。

试样中 Na_2CO_3 和 NaOH 的质量分数分别为

$$w(\text{Na}_2\text{CO}_3) = \frac{m(\text{Na}_2\text{CO}_3)}{m_{\text{试样}}}\times 100\% = \frac{0.212\,0 \text{ g}}{0.372\,0 \text{ g}}\times 100\% = 56.99\%$$

$$w(\text{NaOH}) = \frac{m(\text{NaOH})}{m_{\text{试样}}}\times 100\% = \frac{0.160\,0 \text{ g}}{0.372\,0 \text{ g}}\times 100\% = 43.01\%$$

14. 称取 NaCl 基准物质 0.117 3 g,溶解后加入 30.00 mL AgNO_3 标准溶液,过量 Ag^+ 需用 3.20 mL NH_4SCN 标准溶液滴定至终点。已知 20.00 mL AgNO_3 标准溶液与 21.00 mL NH_4SCN 标准溶液完全作用。计算 AgNO_3 标准溶液和 NH_4SCN 标准溶液的浓度。

解:与 NaCl 反应后,过量的 AgNO_3 标准溶液的体积为

$$V(\text{AgNO}_3)_{\text{过量}} = 3.20 \text{ mL}\times\frac{20.00 \text{ mL}}{21.00 \text{ mL}} = 3.05 \text{ mL}$$

AgNO_3 标准溶液的浓度为

$$c(\text{AgNO}_3) = \frac{n(\text{NaCl})}{V(\text{AgNO}_3)} = \frac{m(\text{NaCl})/M(\text{NaCl})}{V(\text{AgNO}_3)}$$

$$= \frac{0.117\,3 \text{ g}/58.44 \text{ g}\cdot\text{mol}^{-1}}{(30.00-3.05)\times 10^{-3} \text{ L}} = 0.074\,48 \text{ mol}\cdot\text{L}^{-1}$$

NH_4SCN 标准溶液的浓度为

$$c(\text{NH}_4\text{SCN}) = \frac{c(\text{AgNO}_3)\cdot V(\text{AgNO}_3)}{V(\text{NH}_4\text{SCN})}$$

$$= \frac{0.074\,48 \text{ mol}\cdot\text{L}^{-1}\times 20.00 \text{ mL}}{21.00 \text{ mL}} = 0.070\,93 \text{ mol}\cdot\text{L}^{-1}$$

15. 移取 NaCl 溶液 20.00 mL,加入 K_2CrO_4 指示剂,用 0.102 3 mol·L^{-1} AgNO_3 标准溶液滴定,用去 27.00 mL。计算此 NaCl 溶液的质量浓度。

解:NaCl 标准溶液的浓度为

$$c(\text{NaCl}) = \frac{c(\text{AgNO}_3) \cdot V(\text{AgNO}_3)}{V(\text{NaCl})}$$

$$= \frac{0.1023 \text{ mol} \cdot \text{L}^{-1} \times 27.00 \text{ mL}}{20.00 \text{ mL}} = 0.1381 \text{ mol} \cdot \text{L}^{-1}$$

16. 称取银合金试样 0.3000 g，溶解后加入铁铵矾作指示剂，用 0.1000 mol·L^{-1} NH$_4$SCN 标准溶液滴定，用去 23.80 mL。计算试样中银的质量分数。

解：试样中银的质量分数为

$$w(\text{Ag}) = \frac{n(\text{Ag}) \cdot M(\text{Ag})}{m_{\text{试样}}} = \frac{c(\text{NH}_4\text{SCN}) \cdot V(\text{NH}_4\text{SCN}) \cdot M(\text{Ag})}{m_{\text{试样}}}$$

$$= \frac{0.1000 \text{ mol} \cdot \text{L}^{-1} \times 23.80 \times 10^{-3} \text{ L} \times 107.9 \text{ g} \cdot \text{mol}^{-1}}{0.3000 \text{ g}}$$

$$= 85.60\%$$

17. 氯霉素的分子式为 $C_{11}H_{12}O_5N_2Cl_2$。将 1.03 g 氯霉素眼膏试样在密封管中用金属钠共热，分解得到氯化物，将灼烧后的混合物溶于水，过滤除去残渣。用 AgNO$_3$ 标准溶液滴定氯化物，得到 0.0129 g AgCl 沉淀。计算此眼膏中氯霉素的质量分数。

解：此氯霉素眼膏中氯霉素的质量分数为

$$w(\text{C}_{11}\text{H}_{12}\text{O}_5\text{N}_2\text{Cl}_2) = \frac{m(\text{C}_{11}\text{H}_{12}\text{O}_5\text{N}_2\text{Cl}_2)}{m_{\text{试样}}}$$

$$= \frac{m(\text{AgCl}) \times \dfrac{M(\text{C}_{11}\text{H}_{12}\text{O}_5\text{N}_2\text{Cl}_2)}{2M(\text{AgNO}_3)}}{m_{\text{试样}}}$$

$$= \frac{0.0129 \text{ g} \times \dfrac{323 \text{ g} \cdot \text{mol}^{-1}}{2 \times 169.9 \text{ g} \cdot \text{mol}^{-1}}}{1.03 \text{ g}} = 1.19\%$$

18. 准确量取 25.00 mL 过氧化氢试样溶液，置于 250 mL 容量瓶中，加水稀释至刻度，混匀。再准确量取 25.00 mL 稀释液，加 H$_2$SO$_4$ 溶液酸化后，用 0.02732 mol·L^{-1} KMnO$_4$ 标准溶液滴定，用去 35.86 mL。计算过氧化氢试样中过氧化氢的质量浓度。

解：滴定反应方程式为

$$5\text{H}_2\text{O}_2 + 2\text{KMnO}_4 + 3\text{H}_2\text{SO}_4 =\!\!=\!\!= \text{K}_2\text{SO}_4 + 2\text{MnSO}_4 + 5\text{O}_2\uparrow + 8\text{H}_2\text{O}$$

化学计量关系为

$$n(\text{H}_2\text{O}_2) = \frac{5}{2}n(\text{KMnO}_4)$$

试样中 H$_2$O$_2$ 的质量浓度为

$$\rho(\text{H}_2\text{O}_2) = \frac{m(\text{H}_2\text{O}_2)}{V_{\text{试样}}} = \frac{n(\text{H}_2\text{O}_2) \cdot M(\text{H}_2\text{O}_2)}{V_{\text{试样}}}$$

$$= \frac{\frac{5}{2}n(\mathrm{KMnO_4}) \cdot M(\mathrm{H_2O_2})}{V_{\text{试样}}}$$

$$= \frac{\frac{5}{2}c(\mathrm{KMnO_4}) \cdot V(\mathrm{KMnO_4}) \cdot M(\mathrm{H_2O_2})}{V_{\text{试样}}}$$

$$= \frac{\frac{5}{2} \times 0.027\,32\ \mathrm{mol \cdot L^{-1}} \times 0.035\,86\ \mathrm{L} \times 34.02\ \mathrm{g \cdot mol^{-1}}}{25.00 \times 10^{-3}\ \mathrm{L} \times \dfrac{25.00\ \mathrm{mL}}{250.0\ \mathrm{mL}}}$$

$$= 33.33\ \mathrm{g \cdot L^{-1}}$$

19. 准确称取 C.193 6 g 基准物质 $\mathrm{K_2Cr_2O_7}$ 固体，溶于水，加酸酸化，再加入过量的 KI 溶液，充分反应后，用 $\mathrm{Na_2S_2O_3}$ 溶液滴定，消耗 33.61 mL。计算 $\mathrm{Na_2S_2O_3}$ 溶液的准确浓度。

解：反应方程式为

$$\mathrm{K_2Cr_2O_7} + 6\mathrm{KI} + 7\mathrm{H_2SO_4} == 4\mathrm{K_2SO_4} + \mathrm{Cr_2(SO_4)_3} + 3\mathrm{I_2} + 7\mathrm{H_2O}$$
$$\mathrm{I_2} + 2\mathrm{Na_2S_2O_3} == \mathrm{Na_2S_4O_6} + 2\mathrm{NaI}$$

由以上两个反应可得计量关系为

$$n(\mathrm{Na_2S_2O_3}) = 6n(\mathrm{K_2Cr_2O_7})$$

$\mathrm{Na_2S_2O_3}$ 溶液的准确浓度为

$$c(\mathrm{Na_2S_2O_3}) = \frac{n(\mathrm{Na_2S_2O_3})}{V(\mathrm{Na_2S_2O_3})} = \frac{6n(\mathrm{K_2Cr_2O_7})}{V(\mathrm{Na_2S_2O_3})}$$

$$= \frac{6m(\mathrm{K_2Cr_2O_7})/M(\mathrm{K_2Cr_2O_7})}{V(\mathrm{Na_2S_2O_3})}$$

$$= \frac{6 \times \dfrac{0.193\,6\ \mathrm{g}}{294.2\ \mathrm{g \cdot mol^{-1}}}}{33.61 \times 10^{-3}\ \mathrm{L}} = 0.117\,5\ \mathrm{mol \cdot L^{-1}}$$

20. 取 100.0 mL 废水样，用 $\mathrm{H_2SO_4}$ 溶液酸化后，加入 25.00 mL 0.016 67 $\mathrm{mol \cdot L^{-1}}$ $\mathrm{K_2Cr_2O_7}$ 溶液，以 $\mathrm{Ag_2SO_4}$ 为催化剂，煮沸一定时间，待水样中还原性物质完全氧化后，用 0.100 0 $\mathrm{mol \cdot L^{-1}}$ $\mathrm{FeSO_4}$ 标准溶液滴定剩余的 $\mathrm{K_2Cr_2O_7}$，用去 15.00 mL。计算废水样的化学需氧量。

解：化学需氧量是度量水体受还原性物质(主要是有机物)污染程度的综合性指标，它是将水体中的还原性物质所消耗氧化剂的量换算为 $\mathrm{O_2}$ 的质量浓度。1 mol $\mathrm{O_2}$ 可得到 4 mol 电子，而 1 mol $\mathrm{K_2Cr_2O_7}$ 得到 6 mol 电子，因此 2 mol $\mathrm{K_2Cr_2O_7}$ 与 3 mol $\mathrm{O_2}$ 得到的电子数相同，计量关系为 $n(\mathrm{O_2}) = \dfrac{3}{2}n(\mathrm{K_2Cr_2O_7})$。

剩余的 $\mathrm{K_2Cr_2O_7}$ 与 $\mathrm{FeSO_4}$ 溶液反应的离子方程式为

$$\mathrm{Cr_2O_7^{2-}} + 6\mathrm{Fe^{2+}} + 14\mathrm{H^+} == 2\mathrm{Cr^{3+}} + 6\mathrm{Fe^{3+}} + 7\mathrm{H_2O}$$

与还原剂作用后剩余的 $K_2Cr_2O_7$ 的物质的量为

$$n_{剩余}(K_2Cr_2O_7) = \frac{1}{6}n(FeSO_4)$$

与还原剂作用的 $K_2Cr_2O_7$ 的物质的量为 $n(K_2Cr_2O_7) - \frac{1}{6}n(FeSO_4)$。废水样的化学需氧量为

$$\rho(O_2) = \frac{n(O_2) \cdot M(O_2)}{V_{水样}} = \frac{\frac{3}{2} \times \left[n(K_2Cr_2O_7) - \frac{1}{6}n(FeSO_4) \right] \cdot M(O_2)}{V_{水样}}$$

$$= \frac{\frac{3}{2} \times \left(0.016\,67 \times 0.025\,00 - \frac{1}{6} \times 0.100\,0 \times 0.015 \right) \times 32.00}{0.100\,0} \ g \cdot L^{-1}$$

$$= 80.04 \times 10^{-3} \ g \cdot L^{-1} = 80.04 \ mg \cdot L^{-1}$$

废水样的化学需氧量为 $80.04 \ mg \cdot L^{-1}$。

21. 准确称取 $0.198\,8$ g 维生素 C($C_6H_8O_6$)试样,加新煮沸过的 100 mL 冷蒸馏水和 10 mL 稀醋酸,以淀粉为指示剂,用 $0.050\,00 \ mol \cdot L^{-1} \ I_2$ 标准溶液滴定至终点,用去 20.24 mL。计算试样中 $C_6H_8O_6$ 的质量分数。

解: 反应方程式为

$$C_6H_8O_6 + I_2 = C_6H_6O_6 + 2HI$$

化学计量关系为

$$n(C_6H_8O_6) = n(I_2)$$

试样中维生素 C 的质量分数为

$$w(C_6H_8O_6) = \frac{m(C_6H_8O_6)}{m_{试样}} = \frac{c(I_2) \cdot V(I_2) \cdot M(C_6H_8O_6)}{m_{试样}}$$

$$= \frac{0.050\,00 \ mol \cdot L^{-1} \times 0.020\,24 \ L \times 176.1 \ g \cdot mol^{-1}}{0.198\,8 \ g}$$

$$= 89.64\%$$

22. 准确称取 2.622 g 漂白粉试样,加水和过量 KI 溶液,用 $1 \ mol \cdot L^{-1} \ H_2SO_4$ 溶液酸化,析出的 I_2 立即用 $0.110\,9 \ mol \cdot L^{-1} \ Na_2S_2O_3$ 标准溶液滴定,消耗 35.58 mL。计算试样中有效氯的质量分数。

解: 反应方程式为

$$Ca(ClO)_2 + 4HCl = 2Cl_2 \uparrow + CaCl_2 + 2H_2O$$

$$Cl_2 + 2KI = I_2 + 2KCl$$

$$I_2 + 2Na_2S_2O_3 = 2NaI + Na_2S_4O_6$$

化学计量关系为

$$n(\text{Cl}_2) = n(\text{I}_2) = \frac{1}{2}n(\text{Na}_2\text{S}_2\text{O}_3)$$

试样中有效氯的质量分数为

$$w(\text{Cl}_2) = \frac{m(\text{Cl}_2)}{m_{\text{试样}}} = \frac{\dfrac{1}{2}c(\text{Na}_2\text{S}_2\text{O}_3) \cdot V(\text{Na}_2\text{S}_2\text{O}_3) \cdot M(\text{Cl}_2)}{m_{\text{试样}}}$$

$$= \frac{\dfrac{1}{2} \times 0.110\,9 \text{ mol} \cdot \text{L}^{-1} \times 0.035\,58 \text{ L} \times 70.90 \text{ g} \cdot \text{mol}^{-1}}{2.622 \text{ g}}$$

$$= 5.335\%$$

23. 测定血液中 Ca^{2+} 的质量浓度时,常将 Ca^{2+} 沉淀为 CaC_2O_4,然后将沉淀溶于 H_2SO_4 溶液中,用 KMnO_4 标准溶液进行滴定。现将 5.00 mL 血液稀释至 50.00 mL,取 10.00 mL 稀释液,按上述方法处理后,用 $0.000\,200\,0$ mol·L^{-1} KMnO_4 溶液滴定,消耗 11.50 mL。计算此血液中 Ca^{2+} 的质量浓度。

解:有关反应式为

$$\text{Ca}^{2+} + \text{C}_2\text{O}_4^{2-} \xlongequal{\quad} \text{CaC}_2\text{O}_4\downarrow$$

$$\text{CaC}_2\text{O}_4 + 2\text{H}^+ \xlongequal{\quad} \text{Ca}^{2+} + \text{H}_2\text{C}_2\text{O}_4$$

$$5\text{H}_2\text{C}_2\text{O}_4 + 2\text{MnO}_4^- + 6\text{H}^+ \xlongequal{\quad} 2\text{Mn}^{2+} + 10\text{CO}_2\uparrow + 8\text{H}_2\text{O}$$

化学计量关系为

$$n(\text{Ca}^{2+}) = \frac{5}{2}n(\text{KMnO}_4)$$

此血液试样中 Ca^{2+} 的质量浓度为

$$\rho(\text{Ca}^{2+}) = \frac{m(\text{Ca}^{2+})}{V_{\text{血液}}} = \frac{\dfrac{5}{2} \times c(\text{KMnO}_4) \cdot V(\text{KMnO}_4) \cdot M(\text{Ca}^{2+})}{V_{\text{血液}}}$$

$$= \frac{\dfrac{5}{2} \times 0.000\,200\,0 \text{ mol} \cdot \text{L}^{-1} \times 11.50 \times 10^{-3} \text{ L} \times 40.08 \text{ g} \cdot \text{mol}^{-1}}{5.00 \times 10^{-3} \text{ L} \times \dfrac{10.00 \text{ mL}}{50.00 \text{ mL}}}$$

$$= 0.230 \text{ g} \cdot \text{L}^{-1}$$

24. 称取 $0.201\,0$ g 纯 CaCO_3 固体,溶解后于 100 mL 容量瓶中定容。移取 10.00 mL 于锥形瓶中,用 EDTA 标准溶液滴定,用去 24.00 mL。计算 EDTA 标准溶液的准确浓度。

解:滴定反应为

$$\text{Ca}^{2+} + \text{H}_2\text{Y}^{2-} \xlongequal{\quad} [\text{CaY}]^{2-} + 2\text{H}^+$$

化学计量关系为

$$n(\text{EDTA}) = n(\text{Ca}^{2+}) = n(\text{CaCO}_3)$$

EDTA 标准溶液的准确浓度为

$$c(\text{EDTA}) = \frac{n(\text{EDTA})}{V(\text{EDTA})} = \frac{n(\text{Ca}^{2+})}{V(\text{EDTA})} = \frac{m(\text{CaCO}_3)/M(\text{CaCO}_3)}{V(\text{EDTA})}$$

$$= \frac{\dfrac{0.201\,0\ \text{g}}{100.08\ \text{g}\cdot\text{mol}^{-1}} \times \dfrac{10.00\ \text{mL}}{100.0\ \text{mL}}}{24.00 \times 10^{-3}\ \text{L}} = 8.368 \times 10^{-3}\ \text{mol}\cdot\text{L}^{-1}$$

25. 用 EDTA 滴定法测定奶粉中钙的质量分数时,将 1.500 g 奶粉试样经灰化处理后,制备成试液,然后用 8.95×10^{-3} mol·L^{-1} EDTA 标准溶液滴定,消耗 13.10 mL。计算奶粉中钙的质量分数。

解:化学计量关系为

$$n(\text{Ca}^{2+}) = n(\text{EDTA})$$

奶粉中钙的质量分数为

$$w(\text{Ca}^{2+}) = \frac{n(\text{Ca}^{2+}) \cdot M(\text{Ca}^{2+})}{m_{\text{试样}}} = \frac{c(\text{EDTA}) \cdot V(\text{EDTA}) \cdot M(\text{Ca}^{2+})}{m_{\text{试样}}}$$

$$= \frac{8.95 \times 10^{-3}\ \text{mol}\cdot\text{L}^{-1} \times 0.013\,10\ \text{L} \times 40.08\ \text{g}\cdot\text{mol}^{-1}}{1.500\ \text{g}}$$

$$= 3.133 \times 10^{-3}$$

26. EDTA 的配位能力很强,几乎能与所有的金属离子形成稳定的螯合个体。在临床上常用 EDTA 标准溶液测定体液中某些金属离子的含量,以诊断是否患有某种疾病。测定尿样中 Ca^{2+} 和 Mg^{2+} 含量时,吸取 10.00 mL 尿样,选用 pH=10.0 的 $\text{NH}_4\text{Cl}-\text{NH}_3$ 缓冲溶液,以铬黑 T 为指示剂,用 0.010 00 mol·L^{-1} EDTA 标准溶液滴定,消耗 25.00 mL;另取 10.00 mL 尿样,加入 NaOH 溶液调节 pH 至 12.0,选用钙指示剂,再用 0.010 00 mol·L^{-1} EDTA 标准溶液滴定,消耗 11.00 mL。

(1) 已知人体尿液中 Ca^{2+} 和 Mg^{2+} 的质量浓度的正常范围分别为 $0.1 \sim 0.8$ g·L^{-1} 和 $0.03 \sim 0.6$ g·L^{-1},通过计算判断所测尿样中 Ca^{2+} 和 Mg^{2+} 含量是否正常;

(2) EDTA 的主要存在型体与溶液 pH 的关系如下:

主要存在型体	pH	主要存在型体	pH
H_4Y	$1.6 \sim 2.0$	HY^{3-}	$6.2 \sim 10.3$
H_3Y^-	$2.0 \sim 2.7$	Y^{4-}	大于 10.3
H_2Y^{2-}	$2.7 \sim 6.2$		

分别写出以铬黑 T 和钙指示剂作指示剂时,上述滴定反应的配位离子反应式;

(3) 铬黑 T 在溶液中存在下列解离平衡:

$$\text{H}_2\text{In}^- \underset{+\text{H}^+}{\overset{-\text{H}^+}{\rightleftharpoons}} \text{HIn}^{2-} \underset{+\text{H}^+}{\overset{-\text{H}^+}{\rightleftharpoons}} \text{In}^{3-}$$

确定使用铬黑 T 指示剂的最适宜的 pH 范围；

（4）写出上述滴定过程中，以铬黑 T 作指示剂时，终点颜色变化的离子方程式；

（5）在配位滴定中，为了消除其他离子的干扰，常利用缓冲溶液控制溶液的 pH。已知 $pK_b^{\ominus}(NH_3)=4.74$，计算 0.10 mol·L^{-1} NH$_4$Cl-0.10 mol·L^{-1} NH$_3$ 缓冲溶液的缓冲容量和缓冲范围。

解：（1）尿样中 Ca^{2+} 和 Mg^{2+} 的质量浓度分别为

$$\rho(Ca^{2+})=\frac{c(EDTA)\cdot V(EDTA)\cdot M(Ca^{2+})}{V_{尿样}}$$

$$=\frac{0.010\,00\ mol\cdot L^{-1}\times11.00\ mL\times40.08\ g\cdot mol^{-1}}{10.00\ mL}$$

$$=0.440\,9\ g\cdot L^{-1}$$

$$\rho(Mg^{2+})=\frac{c(EDTA)\cdot V(EDTA)\cdot M(Mg^{2+})}{V_{尿样}}$$

$$=\frac{0.010\,00\ mol\cdot L^{-1}\times(25.00-11.00)mL\times24.31\ g\cdot mol^{-1}}{10.00\ mL}$$

$$=0.340\,3\ g\cdot L^{-1}$$

尿样中 Ca^{2+} 和 Mg^{2+} 的质量浓度均为正常。

（2）以铬黑 T 为指示剂时，滴定反应的离子方程式为

$$Ca^{2+}+HY^{3-}=\!=\![CaY]^{2-}+H^{+}$$

$$Mg^{2+}+HY^{3-}=\!=\![MgY]^{2-}+H^{+}$$

以钙指示剂为指示剂时，滴定反应的离子方程式为

$$Ca^{2+}+Y^{4-}=\!=\![CaY]^{2-}$$

（3）金属指示剂与金属离子所形成的配合物的颜色与游离金属指示剂的颜色有明显区别时，终点颜色变化才明显。金属指示剂与金属离子形成的配合物的颜色为红色，而 pH=6.3～11.6 时，金属指示剂的颜色为蓝色，颜色有明显的区别。因此，适宜的 pH 范围为 6.3～11.6。

（4）终点发生颜色变化的离子方程式为

$$MgIn^{-}+HY^{3-}=\!=\![MgY]^{2-}+HIn^{2-}$$

（5）NH$_4$Cl-NH$_3$ 缓冲溶液的缓冲范围为

$$pH=pK_a^{\ominus}(NH_4^{+})\pm1$$
$$=(14.00-4.74)\pm1=8.26～10.26$$

0.10 mol·L^{-1} NH$_4$Cl-0.10 mol·L^{-1} NH$_3$ 缓冲溶液的缓冲容量为

$$\beta = 2.30 \times \frac{c(NH_3) \cdot c(NH_4^+)}{c(NH_4^+) + c(NH_3)}$$

$$= \frac{2.30 \times 0.10\ mol \cdot L^{-1} \times 0.10\ mol \cdot L^{-1}}{0.10\ mol \cdot L^{-1} + 0.10\ mol \cdot L^{-1}} = 0.115\ mol \cdot L^{-1}$$

单元测试题

一、选择题

1. 已知用 $0.1000\ mol \cdot L^{-1}$ NaOH 溶液滴定 $0.1000\ mol \cdot L^{-1}$ HCl 溶液的 pH 突跃范围是 $4.30 \sim 9.70$，则用 $0.01000\ mol \cdot L^{-1}$ NaOH 溶液滴定 $0.01000\ mol \cdot L^{-1}$ HCl 溶液的 pH 突跃范围是（　　）。

(A) $3.30 \sim 10.70$　　　　　　　　(B) $4.30 \sim 9.70$

(C) $5.30 \sim 8.70$　　　　　　　　(D) $5.30 \sim 9.70$

2. 当用相同质量的 $KHC_2O_4 \cdot H_2C_2O_4 \cdot 2H_2O$ 晶体分别标定 NaOH 溶液和 $KMnO_4$ 溶液，所消耗的 NaOH 溶液和 $KMnO_4$ 溶液的体积相同，则 NaOH 溶液与 $KMnO_4$ 溶液的浓度之间的关系是（　　）。

(A) $c(NaOH) = c(KMnO_4)$　　　　　(B) $c(NaOH) = 2c(KMnO_4)$

(C) $c(NaOH) = \dfrac{3}{4}c(KMnO_4)$　　　　(D) $c(NaOH) = \dfrac{15}{4}c(KMnO_4)$

3. 某弱酸型指示剂 HIn 的 $K_a^\ominus(HIn) = 1.0 \times 10^{-6}$，则该指示剂的理论变色范围为（　　）。

(A) $5 \sim 6$　　　(B) $5 \sim 7$　　　(C) $6 \sim 7$　　　(D) $6 \sim 8$

4. 下列物质均为"分析纯"，可用于直接配制标准溶液的是（　　）。

(A) NaOH 固体　　　　　　　　　(B) 浓盐酸

(C) $Na_2S_2O_3$ 固体　　　　　　　(D) 邻苯二甲酸氢钾固体

5. 柠檬酸为三元弱酸，$K_{a1}^\ominus = 7.10 \times 10^{-4}$，$K_{a2}^\ominus = 1.68 \times 10^{-5}$，$K_{a3}^\ominus = 4.1 \times 10^{-7}$。用 NaOH 标准溶液滴定 $0.1000\ mol \cdot L^{-1}$ 柠檬酸溶液时，产生的滴定突跃为（　　）。

(A) 1 个　　　(B) 2 个　　　(C) 3 个　　　(D) 无突跃

6. 用 $0.1000\ mol \cdot L^{-1}$ NaOH 标准溶液滴定 $0.1000\ mol \cdot L^{-1}$ HAc($pK_a^\ominus = 4.74$) 溶液时，pH 突跃范围为 $7.74 \sim 9.70$。若用 $0.1000\ mol \cdot L^{-1}$ NaOH 标准溶液滴定 $0.1000\ mol \cdot L^{-1}$ 一元弱酸 HB($pK_a^\ominus = 2.74$) 溶液时，pH 突跃范围为（　　）。

(A) $8.74 \sim 10.70$　　　　　　　(B) $6.74 \sim 9.70$

(C) $6.74 \sim 10.70$　　　　　　　(D) $5.74 \sim 9.70$

7. 在高锰酸钾法中，调节溶液酸度常用的酸是（　　）。

(A) HCl　　　(B) H_2SO_4　　　(C) HNO_3　　　(D) HAc

8. 下列物质的标准溶液，不能采用直接配制法配制的是（　　）。

(A) $K_2Cr_2O_7$ 溶液　　　　　　(B) $KMnO_4$ 溶液

(C) EDTA 溶液　　　　　　　　(D) $Na_2C_2O_4$ 溶液

9. 用同一 NaOH 标准溶液滴定相同浓度的不同一元弱酸时，若弱酸的解离常数 $K_a^\ominus$ 越大，则（　　）。

(A) 消耗 NaOH 标准溶液的体积越大　(B) 消耗 NaOH 标准溶液的体积越小

(C) 滴定突跃范围越大　　　　　　(D) 滴定突跃范围越小

10. 在酸碱滴定中，选择指示剂时可不必考虑的因素是（　　）。

(A) pH 突跃范围　　　　　　　　(B) 指示剂的变色范围

(C) 指示剂的颜色变化　　　　　　(D) 指示剂的分子结构

11. 下列试剂中，不能作基准物质的是（　　）。

(A) $H_2C_2O_4 \cdot 2H_2O$ (B) $Na_2B_4O_7 \cdot 10H_2O$

(C) NaOH   (D) Na_2CO_3

12. 下列试剂中,可采用直接配制法配制标准溶液的是(   )。

(A) $KMnO_4$ (B) NaOH   (C) HCl   (D) $H_2C_2O_4 \cdot 2H_2O$

13. 下列物质中,不能用 HCl 标准溶液直接滴定的是(   )。

(A) $0.10\ mol \cdot L^{-1}$ Na_2CO_3 溶液(H_2CO_3 的 $pK_{a1}^{\ominus}=6.38$, $pK_{a2}^{\ominus}=10.25$)

(B) $0.10\ mol \cdot L^{-1}$ NaAc 溶液(HAc 的 $pK_a^{\ominus}=4.74$)

(C) $0.10\ mol \cdot L^{-1}$ Na_3PO_4 溶液(H_3PO_4 的 $pK_{a1}^{\ominus}=2.12$, $pK_{a2}^{\ominus}=7.20$, $pK_{a3}^{\ominus}=12.36$)

(D) $0.10\ mol \cdot L^{-1}$ $Na_2B_4O_7$ 溶液(H_3BO_3 的 $pK_a^{\ominus}=9.24$)

14. 用 $0.1000\ mol \cdot L^{-1}$ HCl 标准溶液滴定 25.00 mL 某碱液,滴定至酚酞褪色,用去 20.00 mL。再用甲基橙为指示剂继续滴定至变色,又消耗 6.50 mL HCl 溶液。此碱液的组成是(   )。

(A) $NaOH + Na_2CO_3$ (B) NaOH

(C) $NaHCO_3 + Na_2CO_3$ (D) Na_2CO_3

15. 某弱酸型指示剂在 pH=4.0 的溶液中呈现蓝色,在 pH=6.0 的溶液中呈现黄色。此指示剂的解离常数为(   )。

(A) 1.0×10^{-4} (B) 1.0×10^{-5}

(C) 1.0×10^{-6} (D) 1.0×10^{-7}

16. 用 $0.1000\ mol \cdot L^{-1}$ HCl 标准溶液滴定 25.00 mL 某碱性溶液,滴定至酚酞褪色,用去 20.00 mL。再用甲基橙为指示剂继续滴定至变色,又消耗 20.00 mL HCl 溶液。此碱性溶液的组成为(   )。

(A) NaOH   (B) $NaHCO_3$

(C) Na_2CO_3 (D) $NaOH + Na_2CO_3$

17. 用 $0.1000\ moL \cdot L^{-1}$ HCl 标准溶液滴定 25.00 mL 某碱性溶液,滴定至酚酞褪色,用去 20.00 mL。再用甲基橙为指示剂继续滴定至变色,又消耗 25.00 mL HCl 溶液。此碱性溶液的组成为(   )。

(A) $NaHCO_3$ (B) $Na_2CO_3 + NaOH$

(C) Na_2CO_3 (D) $NaHCO_3 + Na_2CO_3$

18. 已知金属指示剂二甲酚橙在 pH<6.3 时为黄色,在 pH>6.3 时为红色,Pb^{2+} 与二甲酚橙形成的配合物为红色,而滴定 Pb^{2+} 的最低 pH 为 3.2,最高 pH 为 7.2。若选用二甲酚橙作指示剂,用 EDTA 标准溶液滴定 Pb^{2+} 的适宜 pH 范围为(   )。

(A) pH>3.2   (B) pH=3.2~7.2

(C) pH<7.2   (D) pH=3.2~6.3

19. 铬黑 T 指示剂在 pH<6.3 时为红色,在 pH=6.3~11.6 时为蓝色,在 pH>11.6 时为橙色,铬黑 T 与金属离子形成的配合物均为红色。由此可知,铬黑 T 作指示剂的适宜 pH 范围为(   )。

(A) pH<6.3   (B) pH>11.6

(C) pH=6.3~11.6   (D) pH=10.0~11.6

20. 以铬黑 T 为指示剂,用 EDTA 滴定法测定自来水中 Ca^{2+} 和 Mg^{2+} 的含量,滴定终点所呈现的颜色是(   )。

(A) 铬黑 T 与 Ca^{2+} 和 Mg^{2+} 形成的配离子的颜色

(B) 游离铬黑 T 的颜色

(C) EDTA 与 Ca^{2+} 和 Mg^{2+} 形成的配离子的颜色

(D) 过量 EDTA 溶液的颜色

21. 用间接滴定法测定软锰矿中 MnO_2 的质量分数,有关反应式为

$$MnO_2 + 4HCl(浓) \Longrightarrow MnCl_2 + Cl_2\uparrow + 2H_2O$$
$$Cl_2 + 2KI \Longrightarrow 2KCl + I_2$$
$$I_2 + 2Na_2S_2O_3 \Longrightarrow 2NaI + Na_2S_4O_6$$

则 MnO_2 与 $Na_2S_2O_3$ 的计量关系是(　　)。

　(A) $n(MnO_2) = 2n(Na_2S_2O_3)$ 　　　(B) $n(MnO_2) = 4n(Na_2S_2O_3)$

　(C) $n(MnO_2) = n(Na_2S_2O_3)$ 　　　(D) $2n(MnO_2) = n(Na_2S_2O_3)$

22. 用同一 NaOH 标准溶液分别滴定 25.00 mL H_2SO_4 溶液和 25.00 mL HAc 溶液,均消耗 20.00 mL NaOH 溶液,则说明(　　)。

　(A) H_2SO_4 溶液和 HAc 溶液中的氢离子浓度相等

　(B) H_2SO_4 溶液的氢离子浓度是 HAc 溶液的氢离子浓度的 2 倍

　(C) H_2SO_4 溶液的浓度与 HAc 溶液的浓度相等

　(D) H_2SO_4 溶液的浓度是 HAc 溶液的浓度的 1/2

23. 标定 NaOH 溶液常用的基准物质是(　　)。

　(A) 硼砂　　　　　　　　　　　(B) 无水碳酸钠

　(C) 邻苯二甲酸氢钾　　　　　　(D) 盐酸

24. 标定 HCl 溶液常用的基准物质是(　　)。

　(A) 硼砂　　　　　　　　　　　(B) 邻苯二甲酸氢钾

　(C) 草酸　　　　　　　　　　　(D) 氢氧化钠

25. 在滴定分析中,常利用指示剂的颜色变化来确定化学计量点,在指示剂变色时停止滴定。这一点称为(　　)。

　(A) 化学计量点　　(B) 中性点　　(C) 滴定终点　　(D) 变色点

26. 以硼砂作基准物质标定 HCl 溶液,有关反应式为

$$Na_2B_4O_7 \cdot 10H_2O + 2HCl \Longrightarrow 4H_3BO_3 + 2NaCl$$

则硼砂与 HCl 的计量关系为(　　)。

　(A) $n(Na_2B_4O_7 \cdot 10H_2O) = n(HCl)$ 　　　(B) $n(Na_2B_4O_7 \cdot 10H_2O) = 2n(HCl)$

　(C) $2n(Na_2B_4O_7 \cdot 10H_2O) = n(HCl)$ 　　　(D) $4n(Na_2B_4O_7 \cdot 10H_2O) = n(HCl)$

27. 准确移取 50.00 mL 饱和 $Ca(OH)_2$ 溶液,用 0.050 00 $mol \cdot L^{-1}$ HCl 标准溶液滴定,消耗 20.00 mL。$Ca(OH)_2$ 的标准溶度积常数 $K_{sp}^{\ominus}[Ca(OH)_2]$ 为(　　)。

　(A) 5.0×10^{-7} 　　　　　　　(B) 2.0×10^{-6}

　(C) 4.0×10^{-6} 　　　　　　　(D) 8.0×10^{-6}

28. 佛尔哈德法可直接滴定的离子是(　　)。

　(A) Cl^- 　　　(B) Br^- 　　　(C) I^- 　　　(D) Ag^+

29. 下列离子中,可用莫尔法直接滴定的是(　　)。

　(A) F^- 　　　(B) Br^- 　　　(C) I^- 　　　(D) Ag^+

30. 用莫尔法测定 Cl^- 时,下列离子中干扰测定的是(　　)。

　(A) NO_3^- 　　　(B) S^{2-} 　　　(C) Ca^{2+} 　　　(D) Zn^{2+}

31. 用 HCl 标准溶液滴定 Na_2CO_3 和 $NaHCO_3$ 组成的混合溶液,以酚酞作指示剂时消耗 HCl 溶液的体积为 V_1;再加入甲基橙作指示剂,又消耗 HCl 溶液的体积为 V_2。若混合溶液中 Na_2CO_3 和 $NaHCO_3$ 的浓度相等,则 V_1 与 V_2 的关系为(　　)。

　(A) $V_1 = V_2$ 　　(B) $V_1 = 2V_2$ 　　(C) $V_2 = 2V_1$ 　　(D) $V_1 > V_2$

32. 用邻苯二甲酸氢钾($M = 204.2 \ g \cdot mol^{-1}$)标定 0.1 $mol \cdot L^{-1}$ NaOH 溶液,欲消耗 NaOH 溶液约 25 mL,

应称取邻苯二甲酸氢钾的质量约为(　　)。

(A) 0.4 g　　　　(B) 0.5 g　　　　(C) 0.6 g　　　　(D) 1 g

33. 用基准物质 A($M=200.0$ g·mol^{-1})标定 0.1 mol·L^{-1} B 溶液,标定反应为 A ＋ 2B ══ Z,则称取的每份 A 的质量应为(　　)。

(A) 0.1～0.2 g

(C) 0.4～0.5 g

(B) 0.2～0.3 g

(D) 0.8～1.2 g

34. 用 0.1000 mol·L^{-1} NaOH 溶液滴定 0.1000 mol·L^{-1} HAc(p$K_a^\ominus=4.74$)溶液,pH 突跃范围是 7.74～9.70。若用此 NaOH 溶液滴定 0.1000 mol·L^{-1} HCOOH(p$K_a^\ominus=3.74$)溶液,则 pH 突跃范围是(　　)。

(A) 6.74～8.70

(C) 7.74～9.70

(B) 6.74～9.70

(D) 8.74～10.70

35. 下列溶液的浓度约为 0.1 mol·L^{-1},能用 HCl 标准溶液直接滴定的是(　　)。

(A) NaAc[$K_a^\ominus=1.8\times10^{-5}$]

(B) 苯甲酸钠[$K_a^\ominus=6.5\times10^{-5}$]

(C) 苯酚钠[$K_a^\ominus=1.3\times10^{-10}$]

(D) 甲酸钠[$K_a^\ominus=1.8\times10^{-4}$]

36. 某碱液为 NaOH 和 Na$_2$CO$_3$ 的混合溶液,用双指示剂法进行测定。以酚酞作指示剂时,消耗 HCl 溶液的体积为 V_1;再以甲基橙作指示剂时,又消耗 HCl 溶液的体积为 V_2,则 V_1 和 V_2 的关系为(　　)。

(A) $V_1=V_2$　　　(B) $V_1>V_2$　　　(C) $V_1<V_2$　　　(D) $2V_1=V_2$

37. 用 HCl 标准溶液滴定由等物质的量的 NaHCO$_3$ 和 Na$_2$CO$_3$ 组成的混合溶液,以酚酞作指示剂,消耗 HCl 溶液的体积为 V_1;再以甲基橙为指示剂,又消耗 HCl 溶液的体积为 V_2,则 V_1 与 V_2 的关系为(　　)。

(A) $V_1=2V_2$　　　(B) $V_1=V_2$　　　(C) $2V_1=V_2$　　　(D) $V_1=0$

38. 用 0.1000 mol·L^{-1} HCl 标准溶液滴定 0.1000 mol·L^{-1} NH$_3$(p$K_b^\ominus=4.74$)标准溶液时,pH 突跃范围是 6.26～4.30。若 0.1000 mol·L^{-1} HCl 标准溶液滴定 0.1000 mol·L^{-1} 某一元碱标准(p$K_b^\ominus=2.74$)溶液,则 pH 突跃范围是(　　)。

(A) 6.26～4.30

(C) 6.26～5.30

(B) 8.26～4.30

(D) 8.26～5.30

39. 称取 0.3814 g 基准物质 Na$_2$B$_4$O$_7$·10H$_2$O($M=381.4$ g·mol^{-1})溶于适量水中,以甲基橙作指示剂,用待标定的 HCl 溶液滴定至终点,消耗 20.00 mL HCl 溶液,则 HCl 溶液的浓度为(　　)。

(A) 0.2000 mol·L^{-2}

(C) 0.05000 mol·L^{-1}

(B) 0.1000 mol·L^{-1}

(D) 0.02500 mol·L^{-1}

40. 用 0.1000 mol·L^{-1} HCl 标准溶液分别滴定体积相同、pH 相同的 NaOH 溶液和 NH$_3$ 溶液,达到化学计量点时,所消耗 HCl 溶液的体积分别为 V_1 和 V_2,则(　　)。

(A) $V_1>V_2$

(C) $V_1<V_2$

(B) $V_1=V_2$

(D) 无法确定 V_1 和 V_2 的相对大小

41. 用同一 KMnO$_4$ 标准溶液分别滴定体积相等的 FeSO$_4$ 和 H$_2$C$_2$O$_4$ 溶液,消耗 KMnO$_4$ 溶液的体积相等,则 H$_2$C$_2$O$_4$ 溶液的浓度与 FeSO$_4$ 溶液的浓度的关系是(　　)。

(A) $c(H_2C_2O_4)=4c(FeSO_4)$

(B) $c(H_2C_2O_4)=2c(FeSO_4)$

(C) $c(FeSO_4)=c(H_2C_2O_4)$

(D) $c(FeSO_4)=2c(H_2C_2O_4)$

42. 欲配制 500 mL 0.1 mol·L^{-1} Na$_2$S$_2$O$_3$ 溶液,约需称取 Na$_2$S$_2$O$_3$·5H$_2$O($M=248$ g·mol^{-1})晶体的质量为(　　)。

(A) 2 g　　　　(B) 5 g　　　　(C) 12 g　　　　(D) 25 g

43. 下列操作正确的是(　　)。

(A) 用直接法配制 NaOH 标准溶液

(B) 把 $K_2Cr_2O_7$ 标准溶液装在碱式滴定管中

(C) 把 $Na_2S_2O_3$ 标准溶液装在棕色细口瓶中

(D) 用 EDTA 标准溶液滴定 Ca^{2+} 时,滴定速度要快

44. 大多数定量分析的试剂等级应选( )。

(A) 分析纯试剂   (B) 化学纯试剂

(C) 医用试剂   (D) 工业试剂

45. 准确量取 15.00 mL $KMnO_4$ 溶液,应选用的仪器是( )。

(A) 50 mL 量筒   (B) 10 mL 量筒

(C) 25 mL 酸式滴定管   (D) 25 mL 碱式滴定管

46. 递减称量法(差减法)最适合于称量( )。

(A) 对天平盘有腐蚀性的物质   (B) 剧毒物质

(C) 易潮解、易吸收 CO_2 或易氧化的物质   (D) 几份不易潮解的试样

47. 用下列器皿准确移取一定体积的溶液时,有效数字不能记录为 4 位的是( )。

(A) 滴定管   (B) 移液管   (C) 容量瓶   (D) 量筒

48. 以酚酞为指示剂,下列碱或两性物质中能用 HCl 标准溶液进行滴定的是( )。

(A) CO_3^{2-} (B) HCO_3^- (C) HPO_4^{2-} (D) Ac^-

49. 用 0.10 $mol \cdot L^{-1}$ HCl 溶液滴定 0.16 g 纯 Na_2CO_3($M = 106\ g \cdot mol^{-1}$)至甲基橙变色为终点,约需 HCl 溶液的体积为( )。

(A) 10 mL   (B) 20 mL   (C) 30 mL   (D) 40 mL

50. 用 0.1000 $mol \cdot L^{-1}$ NaOH 标准溶液滴定 0.1000 $mol \cdot L^{-1}$ 甲酸($pK_a^\ominus = 3.74$)溶液时,最优的指示剂是( )。

(A) 甲基橙($pK_a^\ominus = 3.4$)   (B) 甲基红($pK_a^\ominus = 5.2$)

(C) 酚红($pK_a^\ominus = 8.0$)   (D) 酚酞($pK_a^\ominus = 9.1$)

51. 移取 $KHC_2O_4 \cdot H_2C_2O_4$ 溶液 25.00 mL,以 0.1500 $mol \cdot L^{-1}$ NaOH 溶液滴定至终点时,消耗 25.00 mL。现移取上述 $KHC_2O_4 \cdot H_2C_2O_4$ 溶液 20.00 mL,酸化后用 0.04000 $mol \cdot L^{-1}$ $KMnO_4$ 溶液滴定至终点,消耗溶液的体积是( )。

(A) 20.00 mL   (B) 25.00 mL

(C) 31.25 mL   (D) 40.00 mL

52. 用 HCl 标准溶液测定硼砂($Na_2B_4O_7 \cdot 10H_2O$)试剂的纯度,有时会出现含量超过 100% 的情况,其原因是( )。

(A) 试剂不纯   (B) 试剂吸水

(C) 试剂失水   (D) 试剂不稳,吸收杂质

53. 关于酸碱指示剂,下列说法中错误的是( )。

(A) 指示剂本身是有机弱酸或有机弱碱

(B) 指示剂的变色范围越窄越好

(C) HIn 与 In^- 的颜色差异越大越好

(D) 指示剂的变色范围必须全部落在滴定突跃范围之内

54. 用 0.2000 $mol \cdot L^{-1}$ HCl 标准溶液滴定 Na_2CO_3 溶液至第一化学计量点,此时可选用的指示剂是( )。

(A) 甲基橙   (B) 甲基红   (C) 酚酞   (D) 中性红(6.8~8.0)

55. 用 0.1000 $mol \cdot L^{-1}$ HCl 标准溶液滴定等浓度的 $NaOH - Na_3PO_4$ 混合碱溶液时,出现的突跃为( )。

(A) 无突跃　　　　　(B) 1 个　　　　　(C) 2 个　　　　　(D) 3 个

56. 在酸碱滴定中,选择强酸强碱作为滴定剂的理由是(　　)。
(A) 强酸强碱可直接配制成标准溶液　　　(B) 使滴定突跃尽量大
(C) 加快滴定反应速率　　　　　　　　(D) 使滴定曲线比较美观

57. 用 HCl 标准溶液滴定 Na_2CO_3 溶液时,以酚酞作指示剂,第一化学计量点 pH 变化不明显是由于(　　)。
(A) $K_{b1}^{\ominus}$ 和 $K_{b2}^{\ominus}$ 差别不够大($K_{b1}^{\ominus}/K_{b2}^{\ominus} \approx 10^4$)
(B) 生成物 HCO_3^- 有缓冲作用
(C) 指示剂不合适
(D) $K_{b1}^{\ominus}$ 不够大

58. 用已知浓度的 NaOH 标准溶液滴定相同浓度的不同弱酸溶液时,如弱酸的 $K_a^{\ominus}$ 越大,则(　　)。
(A) 消耗的 NaOH 量越多　　　　　　(B) pH 突跃范围越大
(C) 滴定曲线上的起点越高　　　　　(D) 终点时指示剂变色越明显

59. 由于 EDTA 在水中的溶解度小,在滴定分析中使用它的二钠盐。此二钠盐的化学式为(　　)。
(A) $Na_2H_4Y \cdot 2H_2O$　　　　　　(B) $Na_2H_2Y_2$
(C) $Na_2HY_4 \cdot 2H_2O$　　　　　　(D) $Na_2H_2Y_2 \cdot 2H_2O$

60. 金属指示剂与金属离子形成的配合物的稳定性应该满足的条件是(　　)。
(A) 比金属离子和 EDTA 形成的配合物的稳定性小
(B) 与金属离子和 EDTA 形成的配合物的稳定性相同
(C) 比金属离子和 EDTA 形成的配合物的稳定性大
(D) 指示剂与金属离子不形成配合物

61. 欲用 EDTA 测定试液中的阴离子,宜采用的滴定方式是(　　)。
(A) 直接滴定法　　　　　　　　　(B) 返滴定法
(C) 置换滴定法　　　　　　　　　(D) 间接滴定法

62. 用 EDTA 作配合滴定剂测定水的硬度时,要先标定 EDTA 的准确浓度,标定时应该选用的基准物质为(　　)。
(A) $CaCO_3$　　　(B) ZnO　　　(C) $Pb(NO_3)_2$　　　(D) $K_2Cr_2O_7$

63. 用同一 $K_2Cr_2O_7$ 标准溶液分别滴定体积相等的 KI 溶液和 $H_2C_2O_4$ 溶液,消耗标准溶液的体积相等,则 KI 溶液与 $H_2C_2O_4$ 溶液的浓度关系为(　　)。
(A) $2c(KI) = c(H_2C_2O_4)$　　　　　(B) $c(KI) = 2c(H_2C_2O_4)$
(C) $c(KI) = c(H_2C_2O_4)$　　　　　(D) $c(KI) = 4c(H_2C_2O_4)$

64. $KMnO_4$ 标准溶液的浓度为 0.020 00 $mol \cdot L^{-1}$,则 $T(Fe^{2+}/KMnO_4)$ 等于(　　)。
(A) 0.001 117 $g \cdot mL^{-1}$　　　　(B) 0.006 936 $g \cdot mL^{-1}$
(C) 0.005 585 $g \cdot mL^{-1}$　　　　(D) 0.100 0 $g \cdot mL^{-1}$

65. 软锰矿的主要成分是 MnO_2,测定 MnO_2 含量的方法是先加入过量 $Na_2C_2O_4$ 与试样反应后,再用 $KMnO_4$ 标准溶液返滴定剩余的 $Na_2C_2O_4$,然后求出 MnO_2 含量。测定时,不用还原剂作标准溶液直接滴定的原因是(　　)。
(A) 没有合适还原剂　　　　　　　(B) 没有合适指示剂
(C) MnO_2 是难溶物质,直接滴定不合适　　(D) 防止其他组分干扰

66. 采用重铬酸钾法测定水体中化学需氧量(COD)时,所测定的是(　　)。
(A) 水体中生物活性物质的总量　　　(B) 水体中氧化性物质的总量
(C) 水体中氮化物的总量　　　　　(D) 水体中还原性物质的总量

67. 沉淀滴定法中的莫尔法不适用于测定 I^-,这是因为(　　　)。

(A) 生成的沉淀强烈吸附被测物　　　(B) 没有适当的指示剂指示终点

(C) 生成沉淀的溶解度太小　　　　　(D) 滴定时酸度无法控制

68. 在沉淀滴定法的佛尔哈德法中,指示剂能够指示终点是因为(　　　)。

(A) 生成 Ag_2CrO_4 黄色沉淀　　　　(B) 指示剂吸附在沉淀上

(C) Fe^{3+} 被还原　　　　　　　　(D) 生成红色的$[Fe(NCS)]^{2+}$

69. 采用 $BaSO_4$ 重量法测定 Ba^{2+} 的含量时,洗涤沉淀用的洗涤剂是(　　　)。

(A) 稀 H_2SO_4 溶液　(B) 稀 HCl 溶液　　(C) 冷水　　　　　(D) 乙醇溶液

70. 已知 NaOH 标准溶液对 $H_2C_2O_4$ 的滴定度 $T(H_2C_2O_4/NaOH)=0.004\,502$ $g \cdot mL^{-1}$,则 NaOH 标准溶液的浓度为(　　　)。

(A) $0.100\,0$ $mol \cdot L^{-1}$　　　　　　(B) $0.010\,00$ $mol \cdot L^{-1}$

(C) $0.020\,00$ $mol \cdot L^{-1}$　　　　　(D) $0.050\,00$ $mol \cdot L^{-1}$

71. $0.101\,5$ $mol \cdot L^{-1}$ $Na_2S_2O_3$ 标准溶液对碘的滴定度 $T(I_2/Na_2S_2O_3)$是(　　　)。

(A) $0.051\,52$ $g \cdot mL^{-1}$　　　　　(B) $0.025\,76$ $g \cdot mL^{-1}$

(C) $0.012\,88$ $g \cdot mL^{-1}$　　　　　(D) $0.006\,440$ $g \cdot mL^{-1}$

72. 20.00 mL $AgNO_3$ 标准溶液与足量的 HCl 溶液反应后,生成的 AgCl 沉淀经干燥后称量为 0.361 8 g。该 $AgNO_3$ 标准溶液的浓度为(　　　)。

(A) $0.122\,6$ $mol \cdot L^{-1}$　　　　　(B) $0.162\,2$ $mol \cdot L^{-1}$

(C) $0.126\,2$ $mol \cdot L^{-1}$　　　　　(D) $0.216\,2$ $mol \cdot L^{-1}$

73. 下列各酸、碱溶液的浓度均为 0.10 $mol \cdot L^{-1}$,其中可按二元酸、碱被分步滴定的是(　　　)。

(A) 乙二胺($pK_{b1}^{\ominus}=4.07$, $pK_{b2}^{\ominus}=7.15$)

(B) 邻苯二甲酸($pK_{a1}^{\ominus}=2.95$, $pK_{a2}^{\ominus}=5.41$)

(C) 亚磷酸($pK_{a1}^{\ominus}=1.30$, $pK_{a2}^{\ominus}=6.60$)

(D) 联氨($pK_{b1}^{\ominus}=5.52$, $pK_{b2}^{\ominus}=14.12$)

74. 用 NaOH 标准溶液滴定一元弱酸 HA 时,能使滴定突跃增大的情况是(　　　)。

(A) $K_a^{\ominus}$ 不变,$c(HA)$ 减小　　　(B) $pK_a^{\ominus}$ 减小,$c(HA)$ 不变

(C) $K_a^{\ominus}$ 减小,$c(HA)$ 不变　　　(D) $pK_a^{\ominus}$ 增大,$c(HA)$ 增大

75. 纯 NaOH 固体与 $NaHCO_3$ 固体按 $1:3$ 的物质的量之比溶于水中摇匀后,再用双指示剂法测定。已知酚酞和甲基橙变色时,滴入 HCl 标准溶液分别为 V_1 和 V_2,则 $V_1:V_2$ 为(　　　)。

(A) $2:1$　　　(B) $1:2$　　　(C) $3:1$　　　(D) $1:3$

76. 用双指示剂法滴定可能含有 NaOH 和各种磷酸盐的溶液。现取一定体积的该溶液,用 HCl 标准溶液滴定。以酚酞作指示剂时,消耗 18.00 mL HCl 溶液;然后加入甲基橙作指示剂继续滴定至橙色时,又消耗 20.00 mL HCl 溶液,则此溶液的组成是(　　　)。

(A) Na_3PO_4　　　　　　　　　　(B) Na_3PO_4+NaOH

(C) Na_3PO_4 + Na_2HPO_4　　　　(D) Na_2HPO_4 + NaH_2PO_4

77. 用 NaOH 标准溶液滴定一元弱酸溶液时,若弱酸溶液和 NaOH 溶液的浓度都增大到原来的 10 倍,则滴定曲线中(　　　)。

(A) 化学计量点前后相对误差为$\pm 0.1\%$的 pH 均增大

(B) 化学计量点前后相对误差为$\pm 0.1\%$的 pH 均减小

(C) 化学计量点前相对误差为-0.1%的 pH 不变,化学计量点后相对误差为$+0.1\%$的 pH 增大

(D) 化学计量点前相对误差为-0.1%的 pH 减小,化学计量点后相对误差为$+0.1\%$的 pH 增大

78. 测定$(NH_4)_2SO_4$试样中氮的质量分数时,不能用$NaOH$标准溶液直接滴定,这是因为(　　　)。

(A) NH_3的$K_b^{\ominus}$太小

(B) NH_4^+的$K_a^{\ominus}$太小

(C) $(NH_4)_2SO_4$不是酸

(D) $(NH_4)_2SO_4$中含游离H_2SO_4

79. 用$NaOH$溶液滴定下列多元酸或混合酸时,出现2个滴定突跃的是(　　　)。

(A) 邻苯二甲酸($K_{a1}^{\ominus}=1.1\times10^{-3}$, $K_{a2}^{\ominus}=3.9\times10^{-6}$)

(B) $H_2C_2O_4$($K_{a1}^{\ominus}=5.9\times10^{-2}$, $K_{a2}^{\ominus}=6.4\times10^{-5}$)

(C) H_3PO_4($K_{a1}^{\ominus}=7.6\times10^{-3}$, $K_{a2}^{\ominus}=6.3\times10^{-8}$, $K_{a3}^{\ominus}=4.4\times10^{-13}$)

(D) HCl＋一氯乙酸($K_a^{\ominus}=1.4\times10^{-3}$)

80. 以$0.1000\ mol\cdot L^{-1}\ NaOH$标准溶液滴定相同浓度的乙酰水杨酸($pK_a^{\ominus}=4.56$),应选用的指示剂为(　　　)。

(A) 甲基橙　　　　(B) 溴酚蓝　　　　(C) 溴甲酚绿　　　　(D) 酚酞

81. 某溶液可能含有$NaOH$和各种磷酸盐,用HCl标准溶液进行滴定。以酚酞作指示剂时,消耗$12.80\ mL\ HCl$溶液;再改用甲基橙作指示剂,又消耗$8.50\ mL\ HCl$溶液,则此溶液的组成为(　　　)。

(A) Na_3PO_4

(B) Na_3PO_4＋$NaOH$

(C) Na_3PO_4＋Na_2HPO_4

(D) Na_2HPO_4＋NaH_2PO_4

82. 用佛尔哈德法测定Cl^-时,采用的指示剂是(　　　)。

(A) 铁铵矾　　　　(B) 铬酸钾　　　　(C) 甲基橙　　　　(D) 荧光黄

83. 下列各沉淀反应,不属于银量法的是(　　　)。

(A) $Ag^+ + Cl^- = AgCl\downarrow$

(B) $Ag^+ + I^- = AgI\downarrow$

(C) $Ag^+ + SCN^- = AgSCN\downarrow$

(D) $2Ag^+ + S^{2-} = Ag_2S\downarrow$

84. 下列各项叙述中,不是滴定分析对化学反应的要求的是(　　　)。

(A) 反应要有确定的化学计量关系

(B) 反应要完全

(C) 反应速率要快

(D) 反应物的摩尔质量要大

85. 引起滴定分析终点误差的主要原因是(　　　)。

(A) 指示剂不在化学计量点变色

(B) 有副反应发生

(C) 滴定管最后读数不准

(D) 反应速率过慢

86. 用HCl标准溶液滴定$0.2\ mol\cdot L^{-1}$的Na_2A(H_2A的$pK_{a1}^{\ominus}=3.0$, $pK_{a2}^{\ominus}=12.0$)溶液,则最合适指示剂的$pK_a^{\ominus}$(HIn)为(　　　)。

(A) 1.7　　　　(B) 3.4　　　　(C) 5.0　　　　(D) 7.5

87. 以$0.2000\ mol\cdot L^{-1}\ NaOH$标准溶液滴定$0.2000\ mol\cdot L^{-1}\ H_2A$($pK_{a1}^{\ominus}=2.0$, $pK_{a2}^{\ominus}=9.0$),化学计量点时的pH为(　　　)。

(A) 5.5　　　　(B) 6.5　　　　(C) 7.5　　　　(D) 8.5

88. 以甲基橙为指示剂,下列碱溶液中能用HCl标准溶液直接滴定的是(　　　)。

(A) PO_4^{3-}　　　　(B) $C_2O_4^{2-}$　　　　(C) Ac^-　　　　(D) $HCOO^-$

89. 利用$KMnO_4$标准溶液测定血液中Ca^{2+}的质量浓度,采用的滴定方式是(　　　)。

(A) 直接滴定法

(B) 返滴定法

(C) 置换滴定法

(D) 间接滴定法

90. 用$0.10000\ mol\cdot L^{-1}\ NaOH$溶液分别滴定$25.00\ mL$某$H_2SO_4$溶液和$HCOOH$溶液,若消耗$NaOH$溶液的体积相同,则$H_2SO_4$溶液的浓度与$HCOOH$溶液的浓度之间的关系是(　　　)。

(A) $c(HCOOH)=c(H_2SO_4)$

(B) $4c(HCOOH)=c(H_2SO_4)$

(C) $c(HCOOH)=2c(H_2SO_4)$

(D) $2c(HCOOH)=c(H_2SO_4)$

二、是非题

91. 在酸碱滴定中,选择酸碱指示剂的原则是指示剂的变色范围全部或部分落在滴定的 pH 突跃范围内。

92. 酸碱指示剂的酸色是 pH<7.0 时指示剂呈现的颜色,碱色是 pH>7.0 时指示剂呈现的颜色。

93. 酸碱滴定的 pH 突跃范围与酸、碱的浓度成正比。

94. 高锰酸钾是一种强氧化剂,因此高锰酸钾法只能用于还原性物质的测定。

95. 在滴定分析中,滴定终点就是化学计量点。

96. 酸碱滴定的 pH 突跃范围与所选用的指示剂的变色范围有关。

97. 在酸碱滴定中,可采用 NaOH 作基准物质标定 HCl 溶液。

98. 酸碱滴定中,所选择的酸碱指示剂的变色范围必须至少有一部分落在滴定突跃范围内。

99. $NaAc[K_a^{\ominus}(HAc)=1.8\times10^{-5}]$ 是一元弱碱,所以可用 HCl 标准溶液直接滴定。

100. 用 NaOH 溶液滴定三元弱酸溶液时,可以得到 3 个滴定突跃。

101. 用 $0.1000\ mol\cdot L^{-1}$ NaOH 标准溶液分别滴定体积相同、浓度相同的 HCl 溶液和 HAc 溶液,在化学计量点时,所消耗 NaOH 溶液的体积相同。

102. 用 $0.1000\ mol\cdot L^{-1}$ NaOH 标准溶液分别滴定相同体积的 H_2SO_4 溶液和 HCOOH 溶液,在化学计量点时消耗 NaOH 溶液的体积相同,则 $2c(H_2SO_4)=c(HCOOH)$。

103. 在酸碱滴定中,酸、碱的浓度越大,pH 突跃范围也越大;酸、碱的强度越大,pH 突跃范围也越大。

104. 在室温下,用强碱滴定一元弱酸,化学计量点的 pH 一定大于 7。

105. $H_2C_2O_4$(草酸)的 $K_{a2}^{\ominus}=5.4\times10^{-2}$,$K_{a2}^{\ominus}=5.4\times10^{-5}$,用 $0.1000\ mol\cdot L^{-1}$ NaOH 标准溶液滴定 $0.1000\ mol\cdot L^{-1}$ $H_2C_2O_4$ 溶液,可得到 2 个明显的滴定突跃。

106. $0.1000\ mol\cdot L^{-1}$ HCl 溶液滴定 $0.1000\ mol\cdot L^{-1}$ NaOH 溶液的突跃范围是 $9.70\sim4.30$,则用 $0.01000\ mol\cdot L^{-1}$ HCl 溶液滴定 $0.01000\ mol\cdot L^{-1}$ NaOH 溶液的突跃范围是 $8.70\sim5.30$。

107. 用强碱滴定强酸时,常选用酚酞作指示剂;而用强酸滴定强碱时,常选用甲基红作指示剂。

108. 银量法是以生成难溶银盐的反应为基础的沉淀滴定法。

109. 在酸碱滴定中,化学计量点前后相对误差为 $\pm0.1\%$ 时所对应的 pH 范围称为酸碱滴定的突跃范围。

110. 在酸碱滴定中,选择指示剂的依据是指示剂的变色范围必须全部落在滴定的突跃范围内。

111. 在酸碱滴定中,酸、碱的浓度越大,滴定突跃范围就越大,越有利于指示剂的选择,因此应选择高浓度的酸、碱溶液。

112. 在酸碱滴定中,酸、碱浓度越大,产生的终点误差越大,因此应选择低浓度的溶液。

113. 用 NaOH 标准溶液滴定 HCl 溶液时,化学计量点和滴定终点的 pH 均为 7。

114. 在酸碱滴定中,滴定管、锥形瓶和移液管都应当用待装溶液润洗 3 遍。

115. EDTA 标准溶液一般采用间接法配制。

116. 间接碘量法必须在中性或弱酸性溶液中进行。

117. 重铬酸钾法必须在强酸性介质中进行。

118. 高锰酸钾滴定法常在强酸性溶液中进行,所选择的强酸为 H_2SO_4。

119. 凡能与 I^- 反应定量析出 I_2 的氧化性物质,都可以利用间接碘量法进行测定。

120. 在酸性介质中,用 $KMnO_4$ 标准溶液滴定无色还原剂溶液时不需要另加指示剂。

121. $Na_2S_2O_3$ 标准溶液可采用直接配制法配制。

122. 在滴定分析中,当滴加的标准溶液与被测物质定量反应完全时,反应即达到了滴定终点。

123. $KMnO_4$ 标准溶液必须采用间接法配制。

124. Ca^{2+} 没有还原性,不能用高锰酸钾法进行测定。

125. 以酚酞为指示剂,用 HCl 标准溶液可滴定 Na_2CO_3 溶液。

126. 用 NaOH 标准溶液滴定 H_3PO_4 溶液,在滴定曲线上出现 2 个滴定突跃。

127. 标定 HCl 溶液时,可采用基准物质邻苯二甲酸氢钾。

128. 利用 $K_2Cr_2O_7$ 测定还原性物质含量时,可依靠 $K_2Cr_2O_7$ 自身的橙色指示终点。

129. 碘量法的滴定终点常用淀粉指示剂来确定。

130. 在配位滴定中,酸效应影响配合物的稳定性。

三、填空题

131. 某弱酸型指示剂 HIn 的解离常数 $K_a^\ominus(\text{HIn})=1.0\times10^{-7}$,该指示剂的理论变色点为_____,该指示剂的理论变色范围为_____。

132. 用 $0.1000\ \text{mol}\cdot\text{L}^{-1}$ NaOH 标准溶液滴定 20.00 mL $0.1000\ \text{mol}\cdot\text{L}^{-1}$ HA($K_a^\ominus=1.0\times10^{-5}$)溶液。当滴定至 $c_{eq}(\text{H}_3\text{O}^+)=1.00\times10^{-5}\ \text{mol}\cdot\text{L}^{-1}$ 时,$\dfrac{c_{eq}(\text{A}^-)}{c_{eq}(\text{HA})}=$_____;当 HA 被中和一半时,溶液中 $c_{eq}(\text{H}_3\text{O}^+)=$_____;当 HA 恰好被完全中和时,溶液 pH=_____。

133. 酸碱滴定曲线是以_____为纵坐标,以_____为横坐标作图所得的曲线。

134. 在滴定分析中,标定 HCl 溶液常用的基准物质有_____和_____;标定 NaOH 溶液常用的基准物质有_____和_____。

135. 已知酒石酸的 $K_{a1}^\ominus=9.1\times10^{-4}$,$K_{a2}^\ominus=4.3\times10^{-5}$。用 $0.1500\ \text{mol}\cdot\text{L}^{-1}$ NaOH 溶液滴定 $0.1000\ \text{mol}\cdot\text{L}^{-1}$ 酒石酸溶液时,在滴定曲线上可出现_____个突跃范围,可选择_____作指示剂。

136. 当用 NaOH 溶液滴定 HCl 溶液时,若 NaOH 溶液和 HCl 溶液的浓度均降低到为原来的 1/10,则化学计量点前相对误差为 -0.1% 时 pH 增大_____,化学计量点的 pH_____,化学计量点后相对误差为 $+0.1\%$ 时 pH 减小_____。

137. 用邻苯二甲酸氢钾作基准物质标定 NaOH 标准溶液的滴定反应式为_____,可选择_____作指示剂。

138. 酸碱指示剂的理论变色范围与酸碱指示剂的 $pK_a^\ominus(\text{HIn})$ 的关系是_____;在酸碱滴定中,选择指示剂的原则是_____。

139. 强碱滴定一元弱酸的滴定突跃范围与_____和_____有关。

140. 标准溶液是指_____,配制标准溶液的方法有_____和_____。

141. 酸碱滴定法是以_____反应为基础的一种滴定分析方法,强酸与强碱的滴定反应可用通式表示为_____。

142. 某三元酸 H_3A 的标准解离常数分别为 $K_{a1}^\ominus=2.0\times10^{-2}$,$K_{a2}^\ominus=5.0\times10^{-7}$,$K_{a3}^\ominus=2.0\times10^{-12}$。用 $0.2000\ \text{mol}\cdot\text{L}^{-1}$ NaOH 标准溶液滴定 H_3A 溶液至第一化学计量点时,溶液的 pH=_____,可选择_____作指示剂。滴定至第二化学计量点时,溶液的 pH=_____,可选择_____作指示剂。

143. 用硼砂作基准物质标定 HCl 标准溶液的浓度,滴定反应式为_____,可选择_____作指示剂。

144. 根据滴定反应类型的不同,滴定分析法可以分为_____、_____、_____和_____。

145. 有一碱溶液,可能是 NaOH 溶液、Na_2CO_3 溶液、$NaHCO_3$ 溶液或它们的混合溶液。分别以酚酞和甲基橙作指示剂,用 HCl 标准溶液滴定至终点,消耗 HCl 标准溶液的体积分别为 V_1 和 V_2。若 $V_1=V_2>0$,碱溶液的组成是_____;若 $V_1>V_2>0$,碱溶液的组成是_____;若 $V_2>V_1>0$,碱溶液的组成是_____。

146. 有一碱溶液,可能是 NaOH 溶液、Na_2CO_3 溶液、$NaHCO_3$ 溶液或它们的混合溶液。分别以酚酞和甲基橙为指示剂,用 HCl 标准溶液滴定至终点,消耗 HCl 标准溶液的体积分别为 V_1 和 V_2。若 $V_1>2V_2$,则碱溶液的组成是_____;若 $V_1 < V_2 < 2V_1$，碱溶液的组成是_____。

147. 用 HCl 标准溶液为滴定剂，滴定可能含 NaOH、Na_2CO_3、$NaHCO_3$ 或它们的混合物的试液，滴定至酚酞终点时，消耗 HCl 标准溶液的体积为 V_1，继续滴定至甲基橙终点，又消耗 HCl 标准溶液的体积为 V_2。若 $V_1 < V_2$，则试液的组成为_____。若试液的组成为 NaOH 和 Na_2CO_3，则 V_1 与 V_2 的关系为_____。

148. 一元弱酸能用强碱标准溶液直接滴定的条件是_____；二元弱酸能用强碱标准溶液分步滴定的条件是_____。

149. 沉淀滴定法是以_____反应为基础的滴定分析法。其中，利用生成难溶银盐沉淀的沉淀滴定法称为_____。

150. 碘量法是一种氧化还原滴定法，它可以分为_____和_____。碘量法常用_____作指示剂来确定滴定终点。

151. 滴定分析法的共同点之一就是必须使用_____溶液，然后根据在滴定终点时所消耗的_____、_____和_____等来计算被测组分的质量分数(或浓度)。

152. 在滴定分析法中，标准溶液的组成常用_____和_____来表示。在常量组分分析中，标准溶液的浓度一般应采用_____位有效数字表示。

153. 如采用直接法配制标准溶液，溶质必须是_____，然后采用_____准确称量，并且在_____中配成一定体积的相应溶液。

154. 对于不能用直接法配制的标准溶液，应采用_____进行配制。此时用_____称取一定质量的溶质，溶解后在_____中配成与所需浓度_____的溶液。以该溶液为滴定剂，使其在一定条件下与一定质量的_____完全反应，然后根据终点时消耗的_____和_____来确定标准溶液的浓度。

155. 用标准溶液直接滴定试液的方法称为_____滴定法，这种滴定方法的优点是_____。

156. 用强酸溶液滴定强碱溶液时，如滴定剂和被滴定物质的浓度均增大到原来的 10 倍，或都减小至原来的 1/10，则相应的 pH 滴定突跃范围将向上、下两端_____或_____ 1。

157. 直接碘量法是以_____标准溶液为滴定剂，测定_____性物质；而间接碘量法是以_____标准溶液为滴定剂，用来测定_____性物质。

158. 在常用的氧化还原指示剂中，$KMnO_4$ 属于_____指示剂，可溶性淀粉和 KSCN 属于_____指示剂，二苯胺磺酸钠属于_____指示剂。

159. 莫尔法测定 Cl^- 时，由于_____的溶解度大于_____的溶解度，故当用 $AgNO_3$ 标准溶液滴定至化学计量点附近时，才出现_____色的_____沉淀而指示终点。

160. 配制 $Na_2S_2O_3$ 溶液时，要用_____水，其原因是_____。

161. 利用莫尔法测定 Cl^- 的含量时，滴定剂是_____，指示剂是_____。

162. 佛尔哈德法测定 Ag^+ 的含量时，滴定剂是_____，指示剂是_____。

163. 根据标准溶液的浓度和所消耗的体积计算出待测组分的含量，这类分析方法称为_____，滴加标准溶液的操作过程称为_____。

164. 酸碱指示剂一般本身就是_____，当溶液中_____变化时，指示剂由于_____发生改变，从而引起_____改变。

165. 适用于滴定分析法的氧化还原反应，不仅其反应的_____要大，而且反应的_____要快。

166. 称取 5.883 6 g 纯 $K_2Cr_2O_7$ 固体，配制成 1.000 L 标准溶液。此 $K_2Cr_2O_7$ 标准溶液的浓度 $c(K_2Cr_2O_7) =$ _____，$T(Fe/K_2Cr_2O_7) =$ _____，$T(FeO/K_2Cr_2O_7) =$ _____，$T(Fe_2O_3/K_2Cr_2O_7) =$ _____。

167. 能用于直接配制溶液或标定标准溶液的物质称为_____,它应具备的条件是_____、_____、_____和_____。

168. 能用于滴定分析的化学反应,应该具备的条件是_____、_____、_____和_____。

169. 在滴定分析中,一般采用的滴定方式是_____、_____、_____和_____。

170. 在酸碱滴定中,标准溶液的浓度一般与被测物质的浓度相近,它们的浓度必须控制在一定范围内。如果它们的浓度过小,将使_____;如果它们的浓度过大,则将使_____。

171. 对于滴定反应:

$$a\text{A} + b\text{B} \Longrightarrow y\text{Y} + z\text{Z}$$

滴定度表示_____,用符号_____表示,其常用单位是_____。利用滴定度计算被测组分 A 的质量分数的公式为_____,标准溶液 B 对被测组分 A 的滴定度与标准溶液 B 的浓度之间的关系为_____。

172. 以生成_____的反应为基础的沉淀滴定法称为银量法。按确定终点时所用的指示剂不同,银量法可分为_____、_____和_____。

173. 用 NaOH 标准溶液滴定 $H_2C_2O_4$ 溶液,会出现_____个 pH 突跃;在化学计量点时,NaOH 的物质的量与 $H_2C_2O_4$ 的物质的量之间的关系为_____。

174. EDTA 有_____个配位原子,通常它与金属离子形成配位比为_____的配合物。在 EDTA 配位滴定中,滴定前需加入缓冲溶液,它的作用是_____。

175. 碘量法的误差的主要来源是_____和_____。

四、问答题

176. 碘量法配制 I_2 溶液时,加入 KI 的目的是什么?

177. 有两种含铁的试样,其中一种试样中铁的质量分数约为 60%,另一种试样中铁的质量分数约为 0.3%。应各采用哪种分析法进行测定? 为什么?

178. 已标定的 NaOH 溶液放置较长时间后,其浓度是否有变化? 为什么?

179. 下列物质中,哪些可以用直接法配制标准溶液? 哪些只能用间接法配制?

$$H_2SO_4, KOH, KMnO_4, K_2Cr_2O_7, H_2C_2O_4 \cdot 2H_2O, Na_2S_2O_3 \cdot 5H_2O$$

180. 简述适用于配位滴定的反应条件。

五、计算题

181. 标定 $KMnO_4$ 溶液时,称取 0.226 2 g $Na_2C_2O_4$ 固体,在锥形瓶中用 H_2SO_4 溶液溶解后再用 $KMnO_4$ 溶液滴定,消耗 41.50 mL $KMnO_4$ 溶液。计算此 $KMnO_4$ 溶液的浓度及其对铁的滴定度。

182. 称取 0.2520 g 工业用草酸试样,用 0.1200 mol·L^{-1} NaOH 标准溶液进行滴定,消耗 30.00 mL。计算此工业用试样中 $H_2C_2O_4$ 的质量分数。

183. 取 100.0 mL 水样,在 pH 为 10 时以铬黑 T 为指示剂,用 0.010 00 mol·L^{-1} EDTA 标准溶液进行滴定,消耗 23.00 mL。另取 10.00 mL 水样,调节 pH 为 13,使 Mg^{2+} 生成 $Mg(OH)_2$ 沉淀,以紫脲酸胺为指示剂,用同一 EDTA 标准溶液滴定,消耗 10.00 mL。分别计算此水样中 Ca^{2+} 和 Mg^{2+} 的浓度。

184. 称取 0.490 3 g 基准物质 $K_2Cr_2O_7$,用水溶解并配制成 100.0 mL 溶液。移取 25.00 mL 此 $K_2Cr_2O_7$ 标准溶液,加入 H_2SO_4 溶液和过量 KI 溶液,用待标定的 $Na_2S_2O_3$ 标准溶液滴定至终点,消耗 24.95 mL $Na_2S_2O_3$ 标准溶液。计算 $Na_2S_2O_3$ 标准溶液的浓度。

185. 分析 $CaCO_3$ 试样(不纯,但是其中不含干扰物质)时,称取 0.3000 g 试样,加入 25.00 mL 0.2500 mol·L^{-1}

HCl 标准溶液。煮沸除去 CO_2 后,用 $0.2012\ \mathrm{mol\cdot L^{-1}}$ NaOH 溶液返滴定过量的酸,消耗了 5.84 mL。计算试样中 $CaCO_3$ 的质量分数。

186. 称取 1.000 g 含 KI 的试样,溶于水。加入 10.00 mL $0.05000\ \mathrm{mol\cdot L^{-1}}$ KIO_3 溶液处理,反应后煮沸驱尽所生成的 I_2,冷却后加入过量 KI 溶液与剩余的 KIO_3 反应,析出的 I_2 需用 21.14 mL $0.1008\ \mathrm{mol\cdot L^{-1}}$ $Na_2S_2O_3$ 溶液滴定。计算试样中 KI 的质量分数。

187. 将 $0.1159\ \mathrm{mol\cdot L^{-1}}$ $AgNO_3$ 溶液 30.00 mL 加入到含有氯化物试样 0.2255 g 的溶液中,然后用 3.16 mL $0.1033\ \mathrm{mol\cdot L^{-1}}$ NH_4SCN 溶液滴定过量的 $AgNO_3$。计算试样中氯的质量分数。

188. 欲使标定时消耗 $0.2\ \mathrm{mol\cdot L^{-1}}$ HCl 溶液 20～25 mL,问应称取基准物质 Na_2CO_3 多少克?

单元测试题参考答案

一、选择题

1. C;2. D;3. B;4. D;5. A;6. D;7. B;8. B;9. C;10. D;11. C;12. D;13. B;14. A;15. B;
16. C;17. D;18. D;19. C;20. B;21. D;22. D;23. C;24. A;25. C;26. C;27. C;28. D;29. B;
30. B;31. C;32. B;33. B;34. B;35. C;36. B;37. C;38. B;39. B;40. C;41. D;42. C;43. C;
44. A;45. C;46. C;47. D;48. A;49. C;50. C;51. A;52. C;53. D;54. C;55. C;56. B;57. A;
58. C;59. D;60. B;61. D;62. A;63. C;64. C;65. C;66. D;67. A;68. D;69. A;70. B;71. C;
72. C;73. C;74. B;75. D;76. C;77. C;78. B;79. C;80. D;81. B;82. A;83. D;84. D;85. A;
86. D;87. A;88. A;89. D;90. C。

二、是非题

91. √;92. ×;93. ×;94. ×;95. ×;96. ×;97. √;98. √;99. ×;100. ×;101. √;102. √;
103. √;104. √;105. ×;106. √;107. √;108. √;109. √;110. ×;111. √;112. √;113. ×;
114. ×;115. √;116. √;117. √;118. √;119. √;120. √;121. ×;122. ×;123. √;124. ×;
125. √;126. √;127. ×;128. ×;129. √;130. √。

三、填空题

131. 7.0;6.0～8.0。

132. 1;$1.0\times10^{-5}\ \mathrm{mol\cdot L^{-1}}$;8.85。

133. pH;加入酸或碱标准溶液的体积。

134. $Na_2B_4O_7\cdot10H_2O$;Na_2CO_3;邻苯二甲酸氢钾;$H_2C_2O_4\cdot2H_2O$。

135. 1;酚酞。

136. 1;不变;1。

137. 见下图 $+\ NaOH\ =\!=\!=$ 见下图 $+\ H_2O$;酚酞。

138. $pH=pK_a^{\ominus}(HIn)\pm1$;指示剂的变色范围至少有一部分落在滴定突跃范围内。

139. 强碱的浓度;一元弱酸的标准解离常数。

140. 已知准确浓度的溶液;直接配制法;间接配制法。

141. 酸碱中和;$H^+ + OH^- =\!=\!= H_2O$。

142. 4.0;甲基橙;9.0;酚酞。

143. $Na_2B_4O_7\cdot10H_2O + 2HCl =\!=\!= 2NaCl + 4H_3BO_3 + 5H_2O$;甲基红。

144. 酸碱滴定法;氧化还原滴定法;配位滴定法;沉淀滴定法。

145. Na_2CO_3；$NaOH$ 和 Na_2CO_3；$NaHCO_3$ 和 Na_2CO_3。

146. $NaOH$ 和 Na_2CO_3；Na_2CO_3 和 $NaHCO_3$。

147. Na_2CO_3 和 $NaHCO_3$；$V_1 > V_2$。

148. $c_{sp} \cdot K_a^{\ominus} \geqslant 10^{-8}$；$K_{a1}^{\ominus} / K_{a2}^{\ominus} \geqslant 10^{5}$，$c_{sp,2} \cdot K_{a2}^{\ominus} \geqslant 10^{-8}$。

149. 沉淀；银量法。

150. 直接碘量法；间接碘量法；淀粉。

151. 标准；标准溶液的体积；标准溶液的浓度；化学反应的计量关系。

152. 浓度；滴定度；4。

153. 基准物质；分析天平；容量瓶。

154. 间接法(标定法)；托盘天平；试剂瓶；相近；基准物质；滴定剂的体积；反应的计量关系。

155. 直接；简便、快速和引入的误差较小。

156. 增大；减小。

157. I_2；还原；$Na_2S_2O_3$；氧化。

158. 自身；专属；氧化还原。

159. Ag_2CrO_4；$AgCl$；砖红；Ag_2CrO_4。

160. 新煮沸并冷却了的蒸馏；为了除去 CO_2、O_2 和杀死细菌,因为它们都能使 $Na_2S_2O_3$ 分解。

161. $AgNO_3$ 标准溶液；K_2CrO_4。

162. NH_4SCN 或 $KSCN$；$NH_4Fe(SO_4)_2$(铁铵矾)。

163. 滴定分析法；滴定。

164. 有机弱酸或有机弱碱；pH；结构；颜色。

165. 标准平衡常数；速率。

166. $0.020\,00\ mol \cdot L^{-1}$；$0.006\,702\ g \cdot mL^{-1}$；$0.008\,622\ g \cdot mL^{-1}$；$0.009\,582\ g \cdot mL^{-1}$。

167. 基准物质；组成与化学式相符；纯度足够高；非常稳定；有较大的摩尔质量。

168. 滴定剂与被测物质之间有确定的化学计量关系；反应必须定量进行完全；反应速率要快；有简便的方法确定滴定终点。

169. 直接滴定法；返滴定法；置换滴定法；间接滴定法。

170. 滴定突跃范围小,终点不明显,滴定误差较大；试剂消耗量大,造成浪费。

171. 1 mL 标准溶液 B 相当于被测物质 A 的质量；$T_{A/B}$；$g \cdot mL^{-1}$；$w_A = \dfrac{\dfrac{b}{a} T_{A/B} \cdot V_B}{m_{试样}} \times 100\%$；$T_{A/B} = \dfrac{a}{b} \cdot c_B \cdot M_A$。

172. 难溶性银盐沉淀；莫尔法；佛尔哈德法；法扬司法。

173. 1；$n(NaOH) = 2n(H_2C_2O_4)$。

174. 6；1:1；维持溶液 pH 基本不变,使 EDTA 的配位反应进行完全。

175. I_2 容易挥发；I^- 容易被空气中的氧气氧化。

四、问答题

176. 加入 KI 的目的是增大 I_2 的溶解度和减小 I_2 的挥发。这是因为 I_2 难溶于水,加入 KI 后生成易溶于水的 KI_3。

177. 试样中铁的质量分数约为 60%,应采用化学分析法测定。这是因为化学分析法测定的准确度高,适用于常量组分的测定。

试样中铁的质量分数约为 0.3%,应采用仪器分析法测定。这是因为仪器分析法测定的灵敏度高,适用于微量组分的测定。

178. 长期放置的 NaOH 溶液会吸收空气中的 CO_2，生成 Na_2CO_3，所以 NaOH 溶液的浓度会发生变化。

179. $K_2Cr_2O_7$ 和 $H_2C_2O_4 \cdot 2H_2O$ 可用直接配制法配制标准溶液。H_2SO_4，KOH，$KMnO_4$，$Na_2S_2O_3$ 只能用间接配制法配制溶液。

180. 适用于配位滴定的反应条件是

(1) 反应要定量完全，即反应按一定的反应式进行，没有副反应发生，而且反应进行完全（>99.9%）；

(2) 反应速率要快，对于速率较慢的反应，应采取措施加快反应速率；

(3) 能用比较简便的方法确定滴定终点。

五、计算题

181. 标定时反应的离子方程式为

$$2MnO_4^- + 5C_2O_4^{2-} + 16H^+ \Longrightarrow 2Mn^{2+} + 10CO_2 \uparrow + 8H_2O$$

$KMnO_4$ 与 $Na_2C_2O_4$ 的化学计量关系为

$$n(KMnO_4) = \frac{2}{5}n(Na_2C_2O_4)$$

$KMnO_4$ 溶液的浓度为

$$c(KMnO_4) = \frac{n(KMnO_4)}{V(KMnO_4)} = \frac{\frac{2}{5}n(Na_2C_2O_4)}{V(KMnO_4)} = \frac{\frac{2}{5}m(Na_2C_2O_4)/M(Na_2C_2O_4)}{V(KMnO_4)}$$

$$= \frac{\frac{2}{5} \times 0.226\,2\ g/134.0\ g \cdot mol^{-1}}{0.041\,50\ L} = 0.016\,27\ mol \cdot L^{-1}$$

$KMnO_4$ 滴定 Fe^{2+} 时的离子方程式为

$$MnO_4^- + 5Fe^{2+} + 8H^+ \Longrightarrow Mn^{2+} + 5Fe^{3+} + 4H_2O$$

化学计量关系为

$$n(Fe) = n(Fe^{2+}) = 5n(KMnO_4)$$

$KMnO_4$ 溶液对铁的滴定度为

$$T(Fe/KMnO_4) = \frac{m(Fe)}{V(KMnO_4)} = \frac{n(Fe) \cdot M(Fe)}{V(KMnO_4)}$$

$$= \frac{5n(KMnO_4) \cdot M(Fe)}{V(KMnO_4)} = 5c(KMnO_4) \cdot M(Fe)$$

$$= 5 \times 0.016\,27\ mol \cdot L^{-1} \times 55.85\ g \cdot mol^{-1}$$

$$= 4.543\ g \cdot L^{-1} = 4.543 \times 10^{-3}\ g \cdot mL^{-1}$$

182. 滴定反应式为

$$H_2C_2O_4 + 2NaOH \Longrightarrow Na_2C_2O_4 + 2H_2O$$

化学计量关系为

$$n(H_2C_2O_4) = \frac{1}{2}n(NaOH)$$

此工业用草酸试样中 $H_2C_2O_4$ 的质量分数为

$$w(H_2C_2O_4) = \frac{m(H_2C_2O_4)}{m_{试样}} \times 100\%$$

$$= \frac{\frac{1}{2}c(NaOH) \cdot V(NaOH) \cdot M(H_2C_2O_4)}{m_{试样}} \times 100\%$$

$$= \frac{\frac{1}{2} \times 0.1200\ mol \cdot L^{-1} \times 0.03000\ L \times 90.03\ g \cdot mol^{-1}}{0.2520\ g} \times 100\%$$

$$= 64.31\%$$

183. 水样中 Ca^{2+} 和 Mg^{2+} 的浓度分别为

$$c(Ca^{2+}) = \frac{n(Ca^{2+})}{V_{水样}} = \frac{c(EDTA) \cdot V_2(EDTA)}{V_{水样}}$$

$$= \frac{0.01000\ mol \cdot L^{-1} \times 0.01000\ L}{0.1000\ L} = 1.000 \times 10^{-3}\ mol \cdot L^{-1}$$

$$c(Mg^{2+}) = \frac{n(Mg^{2+})}{V_{水样}} = \frac{c(EDTA) \cdot [V_1(EDTA) - V_2(EDTA)]}{V_{水样}}$$

$$= \frac{0.01000\ mol \cdot L^{-1} \times (0.02300 - 0.01000)\ L}{0.1000\ L}$$

$$= 1.300 \times 10^{-3}\ mol \cdot L^{-1}$$

184. 有关反立式为

$$K_2Cr_2O_7 + 6KI + 7H_2SO_4 \Longrightarrow Cr_2(SO_4)_3 + 3I_2 + 4K_2SO_4 + 7H_2O$$
$$I_2 + 2Na_2S_2O_3 \Longrightarrow 2NaI + Na_2S_4O_6$$

化学计量关系为

$$n(Na_2S_2O_3) = 6n(K_2Cr_2O_7)$$

$Na_2S_2O_3$ 标准溶液的浓度为

$$c(Na_2S_2O_3) = \frac{n(Na_2S_2O_3)}{V(Na_2S_2O_3)} = \frac{6n(K_2Cr_2O_7)}{V(Na_2S_2O_3)} = \frac{6m(K_2Cr_2O_7)/M(K_2Cr_2O_7)}{V(Na_2S_2O_3)}$$

$$= \frac{6 \times 0.4903\ g \times \frac{25.00\ mL}{100.0\ mL}/294.2\ g \cdot mol^{-1}}{0.02495\ L}$$

$$= 0.1002\ mol \cdot L^{-1}$$

185. 有关反应式为

$$CaCO_3 + 2HCl \Longrightarrow CaCl_2 + CO_2\uparrow + H_2O$$
$$HCl + NaOH \Longrightarrow NaCl + H_2O$$

化学计量关系为

$$n(CaCO_3) = \frac{1}{2}[n(HCl) - n(NaOH)]$$

试样中 $CaCO_3$ 的质量分数为

$$w(\text{CaCO}_3) = \frac{m(\text{CaCO}_3)}{m_{\text{试样}}} \times 100\%$$

$$= \frac{n(\text{CaCO}_3) \cdot M(\text{CaCO}_3)}{m_{\text{试样}}} \times 100\%$$

$$= \frac{\frac{1}{2}\left[n(\text{HCl}) - n(\text{NaOH})\right] \cdot M(\text{CaCO}_3)}{m_{\text{试样}}} \times 100\%$$

$$= \frac{\left[c(\text{HCl}) \cdot V(\text{HCl}) - c(\text{NaOH}) \cdot V(\text{NaOH})\right] \cdot M(\text{CaCO}_3)}{2m_{\text{试样}}} \times 100\%$$

$$= \frac{(0.250\,0 \times 0.025\,00 - 0.201\,2 \times 0.005\,84) \times 100.1}{2 \times 0.300\,0} \times 100\%$$

$$= 84.67\%$$

186. 有关反应的离子方程式为

$$\text{IO}_3^- + 5\text{I}^- + 6\text{H}^+ \Longrightarrow 3\text{I}_2 + 3\text{H}_2\text{O}$$

$$\text{I}_2 + 2\text{S}_2\text{O}_3^{2-} \Longrightarrow 2\text{I}^- + \text{S}_4\text{O}_6^{2-}$$

如果加入的 KIO_3 的物质的量为 $n(\text{KIO}_3)$，与试样中 KI 反应消耗 KIO_3 的物质的量为 $n_1(\text{KIO}_3)$，反应后剩余的 KIO_3 的物质的量为 $n_2(\text{KIO}_3)$。由反应方程式，化学计量关系为

$$n_1(\text{KIO}_3) = \frac{1}{5}n(\text{KI})$$

$$n_2(\text{KIO}_3) = \frac{1}{6}n(\text{Na}_2\text{S}_2\text{O}_3)$$

$$\frac{1}{5}n(\text{KI}) = n(\text{KIO}_3) - n_2(\text{KIO}_3) = n(\text{KIO}_3) - \frac{1}{6}n(\text{Na}_2\text{S}_2\text{O}_3)$$

试样中 KI 的质量分数为

$$w(\text{KI}) = \frac{n(\text{KI}) \cdot M(\text{KI})}{m_{\text{试样}}} \times 100\%$$

$$= \frac{5\left[n(\text{KIO}_3) - \frac{1}{6}n(\text{Na}_2\text{S}_2\text{O}_3)\right] \cdot M(\text{KI})}{m_{\text{试样}}} \times 100\%$$

$$= \frac{5 \times \left(0.050\,00 \times 0.010\,00 - \frac{1}{6} \times 0.100\,8 \times 0.021\,14\right) \times 166.0}{1.000} \times 100\%$$

$$= 12.02\%$$

187. 有关反应的离子方程式为

$$\text{Ag}^+ + \text{Cl}^- \Longrightarrow \text{AgCl}\downarrow$$

$$\text{Ag}^+ + \text{SCN}^- \Longrightarrow \text{AgSCN}\downarrow$$

化学计量关系为

$$n(\text{Cl}^-) = n(\text{AgNO}_3) - n(\text{NH}_4\text{SCN})$$

试样中氯的质量分数为

$$w(\text{Cl}) = \frac{n(\text{Cl}^-) \cdot M(\text{Cl}^-)}{m_{\text{试样}}} \times 100\%$$

$$= \frac{[n(\text{AgNO}_3) - n(\text{NH}_4\text{SCN})] \cdot M(\text{Cl}^-)}{m_{\text{试样}}} \times 100\%$$

$$= \frac{(0.115\,9 \times 0.030\,00 - 0.103\,3 \times 0.003\,16) \times 35.45}{0.225\,5} \times 100\%$$

$$= 49.53\%$$

188. 有关反应式为

$$\text{Na}_2\text{CO}_3 + 2\text{HCl} =\!=\!= 2\text{NaCl} + \text{CO}_2\uparrow + \text{H}_2\text{O}$$

化学计量关系为

$$n(\text{Na}_2\text{CO}_3) = \frac{1}{2}n(\text{HCl})$$

消耗 20 mL HCl 溶液时,称取 Na_2CO_3 的质量约为

$$m(\text{Na}_2\text{CO}_3) = n(\text{Na}_2\text{CO}_3) \cdot M(\text{Na}_2\text{CO}_3) = \frac{1}{2}n(\text{HCl}) \cdot M(\text{Na}_2\text{CO}_3)$$

$$= \frac{1}{2}c(\text{HCl}) \cdot V(\text{HCl}) \cdot M(\text{Na}_2\text{CO}_3)$$

$$= \frac{1}{2} \times 0.2 \text{ mol} \cdot \text{L}^{-1} \times 0.02 \text{ L} \times 106 \text{ g} \cdot \text{mol}^{-1} = 0.2 \text{ g}$$

消耗 25 mL HCl 溶液时,称取 Na_2CO_3 的质量为

$$m_2(\text{Na}_2\text{CO}_3) = \frac{1}{2} \times 0.2 \text{ mol} \cdot \text{L}^{-1} \times 0.025 \text{ L} \times 106 \text{ g} \cdot \text{mol}^{-1}$$

$$= 0.3 \text{ g}$$

应称取 Na_2CO_3 的质量为 0.2～0.3 g。

第十三章　吸光光度法

思考题解答

1. 吸光光度法的主要特点是什么?

答:吸光光度法的主要特点如下:

(1) 测定的灵敏度高,适用于微量组分的测定;

(2) 测定的准确度较高,可满足微量组分测定对准确度的要求;

(3) 操作简便、快速,选择性好,仪器设备简单;

(4) 应用广泛,几乎所有的无机离子和具有共轭双键的有机化合物都可以用吸光光度法测定。

2. 什么是单色光、复合光、可见光和互补色光?

答:只含一种波长的光称为单色光。由不同波长的单色光组合成的光称为复合光。人的眼睛能感觉到的光称为可见光,波长范围为 $400\sim760$ nm。如果将两种单色光按适当的比例混合后得到白光,则这两种单色光称为互补色光。

3. 什么是吸收曲线?如何绘制吸收曲线?

答:以入射光的波长为横坐标,以溶液的吸光度为纵坐标作图,所得曲线称为吸收曲线。

将不同波长的可见光通过浓度一定的某有色溶液,分别测定该溶液对各种波长的可见光的吸光度,以入射光波长为横坐标,以吸光度为纵坐标,标出 $A-\lambda$ 相应的点,连接各点即得吸收曲线。

4. 什么是摩尔吸收系数和质量吸收系数?它们之间的关系如何?

答:摩尔吸收系数 κ 在数值上等于吸光物质的浓度为 1 $mol \cdot L^{-1}$、入射光通过的液层厚度为 1 cm 时溶液的吸光度。质量吸收系数 a 在数值上等于吸光物质溶液的质量浓度为 1 $g \cdot L^{-1}$、入射光通过的液层厚度为 1 cm 时溶液的吸光度。

摩尔吸收系数 κ 与质量吸收系数 a 之间的定量关系为

$$\kappa = a \cdot M_B$$

式中,M_B 为吸光物质的摩尔质量。

5. 什么是透光率和吸光度?两者存在怎样的定量关系?

答:透光率定义为透射光强度与入射光强度之比:

$$T = \frac{I}{I_0} \times 100\%$$

吸光度定义为入射光强度与透射光强度之比的常用对数:

$$A = \lg \frac{I_0}{I}$$

吸光度与透光率之间的定量关系为：

$$A = -\lg T$$

6. 什么是标准曲线？如何绘制标准曲线？

答：在一定测定条件和浓度范围内，以有色物质溶液的浓度为横坐标，以溶液的吸光度为纵坐标作图，可得到一条通过坐标原点的直线，这条直线就称为标准曲线。

绘制标准曲线时，在选定条件下配制一系列标准溶液和一个空白参比溶液，在最大吸收波长下测定各标准溶液的吸光度，以浓度为横坐标，以吸光度为纵坐标，标出 $A-c$ 相应的点，连接各点即得标准曲线。

7. 朗伯-比尔定律的物理意义是什么？

答：朗伯-比尔定律的物理意义是当一束平行单色光通过单一均匀的、非散射的吸光物质的溶液时，溶液的浓度越大、液层的厚度越厚和入射光的强度越大时，单色光被溶液的吸收程度就越大。

8. 影响摩尔吸收系数的因素有哪些？在分析化学中摩尔吸收系数有何意义？

答：摩尔吸收系数是量度吸光物质溶液中物质吸光能力大小的特征常数，它与吸光物质的性质、入射光的波长、溶剂及温度有关。在分析化学中，摩尔吸收系数可作为定性鉴定的参数，也可用于估量测定结果的灵敏度，摩尔吸收系数越大，测定结果的灵敏度越高。

9. 如何选择吸光物质溶液的吸光度的测量条件？

答：主要应考虑使吸光光度法具有较高的准确度和灵敏度。测定时应选择合适波长的单色光作入射光、选择合适的参比溶液和控制吸光度的读数范围等。

10. 吸光光度法的误差的主要来源有哪些？如何减免这些误差？

答：非单色光、吸光物质浓度过高、吸光物质性质的改变或吸光物质浓度的改变（由吸光物质发生缔合、解离、互变异构、生成配位个体及溶剂的相互作用等引起）都将导致吸光物质的吸光度偏离朗伯-比尔定律，造成较大的浓度误差。此外，参比溶液选择不当也会产生较大测量误差。为了减免上述这些误差，在测定过程中要严格控制显色反应条件和测量条件。

11. 阐述参比溶液在吸光光度法中的作用。吸光度测量中，如何选择参比溶液？

答：在吸光光度法中，参比溶液的作用是用来消除吸收池的吸收与反射、溶液中共存组分和溶剂对入射光的吸收所产生的误差。

在测定吸光度中，应正确地选择与配制参比溶液。当试样与显色剂本身均无色，可用溶剂作为参比溶液；当显色剂或其他试剂有颜色，且在测定波长处有吸收，此时应选择试剂参比，即除不加试样外，可按显色反应的相同条件，加入同样所需的试剂与溶剂作为参比溶液；当试样基体有色，显色剂无色，且不与显色剂起反应，可选择试样参比，即除不加显色剂外，取同样量的试样溶液作为参比溶液。

12. 分光光度计主要由哪些部件组成？并说明各部件的基础性能。

答：分光光度计主要由光源、单色器、吸收池、检测系统和读数指示器五大部分组成。

光源，提供测定所需波长的光；单色器，将光源发出的连续光谱分解为单色光，并能随意调节波长；吸收池，用来盛放参比溶液和待测溶液；检测器，测量透过溶液光强度并将光信号转换为电信号；读数指示器，把光电流或放大的信号以适当方式显示或记录下来。

1. 某有色溶液在 1 cm 吸收池测定吸光度 A_1 为 0.400，将此溶液稀释到原浓度的 1/2 后，转移到 3 cm 吸收池中，计算在相同波长下的吸光度 A_2 和透光率 T_2。

解：根据朗伯-比尔定律，当溶液的浓度为原浓度的 1/2 时，在 3 cm 吸收池中的吸光度和透光率分别为

$$A_2 = \frac{A_1 \cdot d_2 \cdot c_2}{d_1 \cdot c_1}$$

$$= \frac{0.400 \times 3.00 \text{ cm} \times c_1/2}{1.00 \text{ cm} \times c_1} = 0.600$$

$$T_2 = 10^{-A_2} \times 100\% = 10^{-0.600} \times 100\% = 25.1\%$$

2. 已知某化合物的摩尔质量为 251 g·mol^{-1}，将此化合物用乙醇作溶剂配成 0.150 mmol·L^{-1} 的溶液，在波长为 480 nm 处用 2 cm 吸收池测得透光率 T 为 39.8%，求该化合物在上述条件下的摩尔吸收系数 κ 和质量吸收系数 a。

解：该化合物的摩尔吸收系数为

$$\kappa = \frac{A}{c \cdot d} = \frac{-\lg T}{c \cdot d}$$

$$= \frac{-\lg 39.8\%}{1.50 \times 10^{-4} \text{ mol·L}^{-1} \times 2.00 \text{ cm}} = 1.33 \times 10^3 \text{ L·mol}^{-1}·\text{cm}^{-1}$$

该化合物的质量吸收系数为

$$a = \frac{\kappa}{M_B} = \frac{1.33 \times 10^3 \text{ L·mol}^{-1}·\text{cm}^{-1}}{251 \text{ g·mol}^{-1}} = 5.30 \text{ L·g}^{-1}·\text{cm}^{-1}$$

3. 若将某波长的单色光通过液层厚度为 1 cm 的溶液，则透过光强度为入射光强度的 1/4。当该溶液液层厚度为 2 cm 时，透光率和吸光度的变化如何？

解：当液层厚度为 1 cm 时，溶液的透光率和吸光度分别为

$$T_1 = \frac{I}{I_0} \times 100\% = \frac{I_0/4}{I_0} \times 100\% = 25\%$$

$$A_1 = \kappa c d_1 = -\lg T_1 = -\lg 25\% = 0.60$$

当液层厚度为 2 cm 时，溶液的吸光度和透光率分别为

$$A_2 = \kappa c d_2 = 2\kappa c d_2 = 2A_1 = 2 \times 0.60 = 1.20$$

$$T_2 = 10^{-A_2} = 10^{-1.20} = 6.3\%$$

由计算可知，液层厚度为 2 cm 时的吸光度是液层厚度为 1 cm 时的 2 倍；而液层厚度为 2 cm 时的透光率是液层厚度为 1 cm 时的 1/4。

4. 已知某一维生素 B_{12} 的水溶液在波长 361 nm 处的质量吸收系数为 20.7 L·g^{-1}·cm^{-1}，将

其盛于 1 cm 吸收池中,在波长 361 nm 处测得溶液的吸光度为 0.414,计算该溶液的质量浓度。

解:根据公式:
$$A = ad\rho$$

则有
$$\rho = \frac{A}{ad} = \frac{0.414}{20.7 \ \text{L·g}^{-1}\text{·cm}^{-1} \times 1.0 \ \text{cm}}$$
$$= 0.02 \ \text{g·L}^{-1}$$

5. 一系列标准溶液显色后,分别测得透光率如下:

$c/(10^{-2} \ \text{mol·L}^{-1})$	0.0	1.0	2.0	3.0	4.0	5.0	6.0	7.0	8.0	9.0
$T/\%$	100.0	79.4	63.1	51.3	41.9	34.3	28.5	23.7	20.2	17.8

(1) 分别计算不同浓度下的吸光度,并绘制标准曲线;

(2) 采用标准曲线法,溶液浓度控制在什么范围内比较好?

(3) 在同样条件下,测得两个试液的透光率分别为 31.6% 和 39.8%,计算两试液的浓度。

解:(1) 根据 $A = -\lg T$ 可求出溶液的吸光度,列于下表中:

$c/(10^{-2} \ \text{mmol·L}^{-1})$	0.0	1.0	2.0	3.0	4.0	5.0	6.0	7.0	8.0	9.0
A	0.000	0.100	0.200	0.290	0.378	0.465	0.545	0.625	0.695	0.750

以溶液浓度 c 为横坐标、吸光度 A 为纵坐标绘制标准曲线如下:

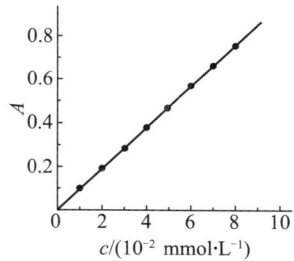

(2) 在吸光光度法的实际测量中,为了减小测量的浓度相对误差,常通过调整溶液的浓度或选择厚度适宜的吸收池,将吸光度 A 控制在 0.2~0.7 之间。从标准曲线上可以查出,当 $A = 0.20$ 时,$c = 2.0 \times 10^{-2} \ \text{mmol·L}^{-1}$;当 $A = 0.70$ 时,$c = 8.1 \times 10^{-2} \ \text{mmol·L}^{-1}$。所以,用标准曲线法测量试样的吸光度时,溶液浓度应控制在 0.020~0.081 mmol·L^{-1} 范围之内。

(3) 根据 $A = -\lg T$,当 $T_1 = 31.6\%$ 时,$A_1 = 0.500$;当 $T_2 = 39.8\%$ 时,$A_2 = 0.400$。从标准曲线上查出,$A_1 = 0.500$ 时,溶液浓度为 0.054 mmol·L^{-1};$A_2 = 0.400$ 时,溶液浓度为 0.043 mmol·L^{-1}。

6. 已知 $KMnO_4$ 溶液在 525 nm 波长处的摩尔吸收系数 $\kappa = 2.3 \times 10^3 \ \text{L·mol}^{-1}\text{·cm}^{-1}$,采用 2 cm 吸收池,欲使透光率的读数范围控制在 15%~70%,问 $KMnO_4$ 溶液的质量浓度应控制在什么范围?若透光率超出了上述范围应采取何种措施?

解:当透光率为 15% 时,$KMnO_4$ 溶液的浓度和质量浓度分别为

$$c_1 = \frac{A_1}{\kappa \cdot d_1}$$

$$= \frac{-\lg 15\%}{2.3 \times 10^3 \text{ L}\cdot\text{mol}^{-1}\cdot\text{cm}^{-1} \times 2.0 \text{ cm}} = 1.8 \times 10^{-4} \text{ mol}\cdot\text{L}^{-1}$$

$$\rho_1 = c_1 \cdot M(KMnO_4)$$

$$= 1.8 \times 10^{-4} \text{ mol}\cdot\text{L}^{-1} \times 158 \text{ g}\cdot\text{mol}^{-1}$$

$$= 2.8 \times 10^{-2} \text{ g}\cdot\text{L}^{-1}$$

当透光率为 70%时, $KMnO_4$ 溶液的浓度和质量浓度分别为

$$c_2 = \frac{-\lg 70\%}{2.3 \times 10^3 \text{ L}\cdot\text{mol}^{-1}\cdot\text{cm}^{-1} \times 2.0 \text{ cm}} = 3.4 \times 10^{-5} \text{ mol}\cdot\text{L}^{-1}$$

$$\rho_2 = 3.4 \times 10^{-5} \text{ mol}\cdot\text{L}^{-1} \times 158 \text{ g}\cdot\text{mol}^{-1} = 5.4 \times 10^{-3} \text{ g}\cdot\text{L}^{-1}$$

计算结果表明,欲使透光率的读数范围控制在 15%~70%范围内, $KMnO_4$ 的质量浓度应控制在 $2.8 \times 10^{-2} \sim 5.4 \times 10^{-3}$ g·L^{-1}范围内。

若透光率小于 15%,可采用加水稀释或改用厚度小于 2 cm 的吸收池;若透光率小于 70%,可采用加入 $KMnO_4$ 试样或改用厚度大于 2 cm 的吸收池。

7. 有一浓度为 2.0×10^{-4} mol·L^{-1}的某有色溶液,用 3 cm 吸收池时测得 $A_1 = 0.120$。将溶液加等体积水稀释后改用 5 cm 吸收池测定,测得 $A_2 = 0.200$(λ 相同)。问此时是否服从朗伯-比尔定律?

解: 若服从朗伯-比尔定律,两种情况下的摩尔吸收系数应当相等;若不服从朗伯-比尔定律,则两种情况下的摩尔吸收系数不相等。

两种情况下的摩尔吸收系数分别为

$$\kappa_1 = \frac{A_1}{d_1 \cdot c_1}$$

$$= \frac{0.120}{3.0 \text{ cm} \times 2.0 \times 10^{-4} \text{ mol}\cdot\text{L}^{-1}} = 2.0 \times 10^2 \text{ L}\cdot\text{mol}^{-1}\cdot\text{cm}^{-1}$$

$$\kappa_2 = \frac{A_2}{d_2 \cdot c_2}$$

$$= \frac{0.200}{5.0 \text{ cm} \times 1.0 \times 10^{-4} \text{ mol}\cdot\text{L}^{-1}} = 4.0 \times 10^2 \text{ L}\cdot\text{mol}^{-1}\cdot\text{cm}^{-1}$$

由于 $\kappa_1 \neq \kappa_2$,故此时不服从朗伯-比尔定律。

8. 某试样中铁的质量分数约为 0.2%,用邻二氮菲亚铁吸光光度法($\kappa = 1.00 \times 10^4$ L·mol^{-1}·cm^{-1})测定。将试样溶解后稀释至 100 mL,用 1 cm 吸收池在波长为 508 mm 下测定吸光度。为了使吸光度测量引起的浓度相对误差最小,应当称取试样多少克?如果所使用的分光光度计的透光率最适宜读数范围为 20%~65%,测定时应控制 Fe^{2+} 浓度的范围为多少?

解: 当溶液的吸光度 $A = 0.434$ 时,测量引起的浓度相对误差最小。根据朗伯-比尔定律,可得

$$A = \kappa \cdot c \cdot d = \kappa \cdot \frac{m_{试样} \cdot w(Fe)/M(Fe)}{V_{溶液}} \cdot d$$

应称取试样的质量为

$$m_{试样} = \frac{A \cdot V_{溶液} \cdot M(Fe)}{\kappa \cdot d \cdot w(Fe)}$$

$$= \frac{0.434 \times 0.100 \text{ L} \times 55.8 \text{ g} \cdot \text{mol}^{-1}}{1.00 \times 10^4 \text{ L} \cdot \text{mol}^{-1} \cdot \text{cm}^{-1} \times 1.0 \text{ cm} \times 0.2\%} = 0.12 \text{ g}$$

透光率为 20% 时,含铁溶液的浓度为

$$c_1 = \frac{A_1}{\kappa \cdot d} = \frac{-\lg T_1}{\kappa \cdot d}$$

$$= \frac{-\lg 20\%}{1.00 \times 10^4 \text{ L} \cdot \text{mol}^{-1} \cdot \text{cm}^{-1} \times 1.0 \text{ cm}} = 7.0 \times 10^{-5} \text{ mol} \cdot \text{L}^{-1}$$

透光率为 65% 时,含铁溶液的浓度为

$$c_2 = \frac{A_2}{\kappa \cdot d} = \frac{-\lg T_2}{\kappa \cdot d}$$

$$= \frac{-\lg 65\%}{1.00 \times 10^4 \text{ L} \cdot \text{mol}^{-1} \cdot \text{cm}^{-1} \times 1.0 \text{ cm}}$$

$$= 1.9 \times 10^{-5} \text{ mol} \cdot \text{L}^{-1}$$

测定时含铁溶液的浓度应控制在 $1.9 \times 10^{-5} \sim 7.0 \times 10^{-5}$ mol·L^{-1} 范围内。

9. 尿中磷可用钼酸铵处理,再与氨基萘酚磺酸形成钼蓝,在波长 690 nm 处进行吸光光度法测定。某患者 24 h 排尿 1 270 mL,尿液的 pH=6.50。取 1.00 mL 尿样,用上述方法显色后稀释至 50.00 mL。在 1 cm 吸收池中测得吸光度为 0.625。另取 1.50 mL 质量浓度为 2.00 mg·L^{-1} 磷(以 P 计)标准溶液代替尿样进行同样处理,在相同条件下,测得吸光度为 0.615,试求:

(1) 该患者每天排出的磷(以 P 计)为多少克?

(2) 该患者尿液中 P 的浓度?

(3) 结合缓冲溶液的知识,计算尿液中 HPO_4^{2-} 与 $H_2PO_4^-$ 的浓度比。

解:(1) 因为测定条件相同,又测定的是同一种物质,根据公式

$A = ad\rho$,有 $a_s = a_x$,$d_s = d_x$,则

$$\rho_x = \frac{A_x}{A_s} \cdot \rho_s$$

$$= \frac{0.625}{0.615} \times 2.00 \text{ mg} \cdot \text{L}^{-1} \times 1.5 = 3.05 \text{ mg} \cdot \text{L}^{-1}$$

该患者每天排出的 ρ 的质量为

$$m(P) = \rho(P) \cdot V_{尿}$$

$$= 3.05 \text{ mg} \cdot \text{L}^{-1} \times 1.270 \text{ L} = 3.87 \text{ mg} = 3.87 \times 10^{-3} \text{ g}$$

（2）该患者尿液中 P 的浓度为

$$c(\mathrm{P}) = \frac{\rho(\mathrm{P})}{M(\mathrm{P})} = \frac{3.05 \times 10^{-3} \ \mathrm{g \cdot L^{-1}}}{31.0 \ \mathrm{g \cdot mol^{-1}}} = 9.84 \times 10^{-5} \ \mathrm{mol \cdot L^{-1}}$$

（3）尿液中 $\mathrm{HPO_4^{2-}}$ 与 $\mathrm{H_2PO_4^-}$ 的浓度比为

$$\lg \frac{c(\mathrm{HPO_4^{2-}})}{c(\mathrm{H_2PO_4^-})} = \mathrm{pH} - \mathrm{p}K_{a2}^{\ominus}(\mathrm{H_3PO_4}) = 6.50 + \lg(6.3 \times 10^{-8}) = -0.70$$

$$\frac{c(\mathrm{HPO_4^{2-}})}{c(\mathrm{H_2PO_4^-})} = 0.20 = \frac{1}{5}$$

10. 人体中血液的容量可用下面的方法测量：

将已知量的无害染料注射到人体静脉里，待充分循环混合后，再测定血浆中染料的浓度。将血浆的体积除以血浆在血液中的体积分数，就得到血液的体积。

在某一测定中，将 1.00 mL 伊凡氏蓝注射入体重为 75 kg 某人体中，10 min 后抽出血液试样，先将血液中的血浆分离，得出血浆在血液中的体积分数为 0.53。然后测定血浆中染料的浓度，在 1 cm 吸收池中测得吸光度为 0.380。另取一份 1.00 mL 伊凡氏蓝试样，在容量瓶中稀释至 1.00 L，取 10.0 mL，在容量瓶中再稀释至 50.0 mL。取稀释液用上面同样的空白液作参比溶液，测得吸光度为 0.200。计算该人体中血液的容量。

解： 若伊凡氏蓝试样的原浓度为 c，则伊凡氏蓝在血浆中的浓度为

$$c_1 = \frac{c \times 1.00 \times 10^{-3} \ \mathrm{L}}{V_{\text{血浆}}}$$

伊凡氏蓝稀释液的浓度为

$$c_2 = c \times \frac{1.00 \ \mathrm{mL}}{1\,000 \ \mathrm{mL}} \times \frac{10.00 \ \mathrm{mL}}{50.00 \ \mathrm{mL}}$$

由朗伯-比尔定律可得 $\dfrac{c_2}{c_1} = \dfrac{A_2}{A_1}$，代入数据：

$$\frac{c \times \dfrac{1.00 \ \mathrm{mL}}{1\,000 \ \mathrm{mL}} \times \dfrac{10.00 \ \mathrm{mL}}{50.00 \ \mathrm{mL}}}{\dfrac{c \times 1.00 \times 10^{-3} \ \mathrm{L}}{V_{\text{血浆}}}} = \frac{0.200}{0.380}$$

由上式解得

$$V_{\text{血浆}} = 2.63 \ \mathrm{L}$$

人体中血液的容量为

$$V_{\text{血液}} = \frac{V_{\text{血浆}}}{\varphi_{\text{血浆}}} = \frac{2.63 \ \mathrm{L}}{0.53} = 5.0 \ \mathrm{L}$$

11. 未知摩尔质量的胺试样，通过用苦味酸（$M = 229 \ \mathrm{g \cdot mol^{-1}}$）处理后转化成胺苦味酸盐

（1:1加成化合物）。在波长为 480 nm 时,大多数胺苦味酸盐在 95％乙醇中的摩尔吸收系数大致相同,$\kappa = 1.35 \times 10^4$ L·mol^{-1}·cm^{-1}。现将 0.033 g 胺苦味酸盐溶于 95％乙醇中,准确配制 1.000 L 溶液,在波长为 480 nm 处用 1 cm 吸收池测得 $A = 0.800$。计算此未知胺的摩尔质量。

解: 根据朗伯-比尔定律,胺苦味酸盐的摩尔质量为

$$M = \frac{\kappa \cdot d \cdot m}{A \cdot V}$$

$$= \frac{1.35 \times 10^4 \text{ L·mol}^{-1}\text{·cm}^{-1} \times 1.00 \text{ cm} \times 0.030\ 0 \text{ g}}{0.800 \times 1.00 \text{ L}} = 506 \text{ g·mol}^{-1}$$

胺苦味酸盐是胺与苦味酸的 1:1 加成化合物,其摩尔质量为胺的摩尔质量与苦味酸的摩尔质量之和。已知苦味酸的摩尔质量为 229 g·mol^{-1},故未知胺的摩尔质量为

$$M = 506 \text{ g·mol}^{-1} - 229 \text{ g·mol}^{-1} = 277 \text{ g·mol}^{-1}$$

12. 某催眠药物的浓度为 1.0×10^{-2} mol·L^{-1},在 1 cm 吸收池中于波长为 470 nm 处测得吸光度为 0.400,在波长 545 nm 处测得吸光度为 0.010。已知此药物在人体内代谢产物的浓度为 1.0×10^{-4} mol·L^{-1} 时,在 470 nm 处无吸收,而在 545 nm 处的吸光度为 0.460。现取尿样 10.0 mL,稀释至 100 mL。同样条件下在 470 nm 处测得吸光度为 0.325,在 545 nm 处测得吸光度为 0.720。计算此尿样中药物代谢产物的浓度。

解: 根据朗伯-比尔定律,催眠药物在 470 nm 和 545 nm 处的摩尔吸收系数分别为

$$\kappa_{药物}(470 \text{ nm}) = \frac{0.400}{1.0 \times 10^{-2} \text{ mol·L}^{-1} \times 1.0 \text{ cm}} = 40 \text{ L·mol}^{-1}\text{·cm}^{-1}$$

$$\kappa_{药物}(545 \text{ nm}) = \frac{0.010}{1.0 \times 10^{-2} \text{ mol·L}^{-1} \times 1.0 \text{ cm}} = 10 \text{ L·mol}^{-1}\text{·cm}^{-1}$$

此催眠药物的代谢产物在 545 nm 处的摩尔吸收系数为

$$\kappa_{产物}(545 \text{ nm}) = \frac{0.460}{1.0 \times 10^{-4} \text{ mol·L}^{-1} \times 1.0 \text{ cm}}$$

$$= 4.60 \times 10^3 \text{ L·mol}^{-1}\text{·cm}^{-1}$$

稀释后,尿样中催眠药物的浓度为

$$c_{药物} = \frac{0.325}{40 \text{ L·mol}^{-1}\text{·cm}^{-1} \times 1.0 \text{ cm}} = 8.1 \times 10^{-3} \text{ mol·L}^{-1}$$

原尿样中药物代谢产物的浓度为

$$c_{产物} = \frac{A_{产物}}{\kappa_{产物} \cdot d} \times \frac{100 \text{ mL}}{10 \text{ mL}} = \frac{A_{总} - A_{药物}}{\kappa_{产物} \cdot d} \times \frac{100 \text{ mL}}{10 \text{ mL}}$$

$$= \frac{A_{总} - \kappa_{药物} \cdot c_{药物} \cdot d}{\kappa_{产物} \cdot d} \times \frac{100 \text{ mL}}{10.0 \text{ mL}}$$

$$= \frac{0.720 - 8.1 \times 10^{-3} \times 1.0 \times 1.0}{4.60 \times 10^3 \times 1.0} \times \frac{100}{10}$$

$$=1.5 \times 10^{-3} (\text{mol} \cdot \text{L}^{-1})$$

单元测试题

一、选择题

1. 吸光度与透光率之间的关系可以表示为（ ）。

(A) $A = \lg T$ (B) $T = -\lg A$

(C) $A = -\ln T$ (D) $A = -\lg T$

2. 下列说法中正确的是（ ）。

(A) 有色溶液的浓度越大,其摩尔吸收系数就越大

(B) 吸收曲线的形状与溶液的浓度无关

(C) 吸收曲线的形状与吸光物质的性质无关

(D) 有色溶液的吸光度与测定波长成正比

3. 可见光的波长范围是（ ）。

(A) 200～400 nm   (B) 200～760 nm

(C) 400～760 nm   (D) 760 nm～1 000 nm

4. 甲、乙两种不同浓度的同一有色物质的溶液,在同一波长下进行测定。当甲溶液用 1 cm 吸收池、乙溶液用 2 cm 吸收池测定时,测得的吸光度相同。则甲、乙溶液的浓度之间的关系为（ ）。

(A) $c_{甲} = c_{乙}/2$ (B) $c_{甲} = c_{乙}$ (C) $c_{甲} = 2c_{乙}$ (D) $c_{乙} = c_{甲}/2$

5. 质量浓度相同的 A 和 B 两种有色物质的溶液,在相同厚度的吸收池中测量,所得的吸光度相同。已知摩尔质量 $M_A > M_B$,则 A 和 B 两溶液的摩尔吸收系数的关系是（ ）。

(A) $\kappa_A > \kappa_B$ (B) $\kappa_A < \kappa_B$ (C) $\kappa_A = \kappa_B$ (D) $\kappa_A = \kappa_B/2$

6. 某一有色溶液,浓度为 c 时测得透光率为 T。将其浓度稀释到原来的 1/2,在同样条件下测得的透光率为（ ）。

(A) $2T$ (B) $T^{1/2}$ (C) $T/2$ (D) T^2

7. 有色物质的摩尔吸收系数 κ 和质量吸收系数 a 的数值的相对大小为（ ）。

(A) $\kappa > a$ (B) $\kappa = a$ (C) $\kappa < a$ (D) $\kappa \geqslant a$

8. 朗伯-比尔定律的数学表达式为（ ）。

(A) $T = 10^{\kappa c d}$ (B) $A = \dfrac{I}{I_0}$ (C) $\lg T = \kappa c d$ (D) $A = \kappa c d$

9. 当溶液的透光率为 20% 时,则溶液的吸光度 A 为（ ）。

(A) 0.70   (B) 0.97   (C) 0.25   (D) 0.56

10. 溶液呈现不同的颜色是由于（ ）。

(A) 溶液本身发光   (B) 溶液对可见光的反射

(C) 溶液对可见光的色散   (D) 溶液对可见光的选择吸收

11. 下列说法正确的是（ ）。

(A) 吸光度与透光率成正比   (B) 透光率与浓度成正比

(C) 吸光度与浓度成正比   (D) 透光率与液层厚度成正比

12. 有色物质的摩尔吸收系数的大小主要取决于（ ）。

(A) 溶液的吸光度   (B) 液层的厚度

(C) 溶液的浓度   (D) 有色物质的性质和入射光的波长

13. 当试液的吸光度 $A < 0.2$ 时,为减小测定误差,可采取的措施是（ ）。

(A) 改用厚度较小的吸收池　　　　　　(B) 加水稀释试液

(C) 增大溶液的浓度　　　　　　　　　(D) 重新选择测定波长

14. 有两种符合朗伯-比尔定律的不同溶液,测定时,若入射光强度、吸收池厚度和浓度均相等时,则可知两种溶液的(　　　)。

(A) 透射光强度相等　　　　　　　　　(B) 吸光度相等

(C) 透光率相等　　　　　　　　　　　(D) 吸光度不相等

15. 符合朗伯-比尔定律的有色溶液,当其浓度增大时,溶液的最大吸收波长(　　　)。

(A) 增大　　　(B) 减小　　　(C) 不变　　　(D) 无法确定

16. Cu^{2+} 与二硫腙显色后所形成的配离子在 533 nm 处的摩尔吸收系数为 5.00×10^4 $L \cdot mol^{-1} \cdot cm^{-1}$,说明该显色反应的(　　　)。

(A) 选择性高　　　(B) 灵敏度高　　　(C) 选择性低　　　(D) 灵敏度低

17. 摩尔吸收系数 κ 与质量吸收系数 a 之间的关系是(　　　)。

(A) $\kappa = aM$　　　(B) $\kappa = a/M$　　　(C) $\kappa = 1/a$　　　(D) $\kappa = a$

18. 根据朗伯-比尔定律,在液层厚度一定时,透光率与溶液浓度的关系是(　　　)。

(A) 透光率与溶液浓度成正比

(B) 透光率与溶液浓度成反比

(C) 透光率的常用对数与溶液浓度成正比

(D) 透光率的负常用对数与溶液浓度成正比

19. $CuSO_4$ 溶液呈现蓝色,是由于该溶液(　　　)。

(A) 吸收蓝色光　　　(B) 吸收可见光　　　(C) 吸收黄色光　　　(D) 吸收单色光

20. 朗伯-比尔定律成立的条件是(　　　)。

(A) 入射光是单色光　　　　　　　　　(B) 摩尔吸收系数不变

(C) 吸收池厚度不变　　　　　　　　　(C) 有色溶液

21. 吸光度的定义式为(　　　)。

(A) $A = \dfrac{I}{I_0}$　　　(B) $A = -\lg \dfrac{I}{I_0}$　　　(C) $A = -\lg \dfrac{I_0}{I}$　　　(D) $T = \dfrac{I_0}{I}$

22. 在一定波长下,有色溶液的摩尔吸收系数越大,则表明(　　　)。

(A) 该溶液对此波长的光的透射能力越强

(B) 该溶液的浓度越大

(C) 该溶液对此波长的光的吸收能力越强

(D) 有色物质的摩尔质量越大

23. 在吸光光度分析中,吸收曲线的主要作用是(　　　)。

(A) 选择适当的空白溶液　　　　　　　(B) 选择合适的吸收池

(C) 选择合适的显色剂　　　　　　　　(D) 选择适宜的测定波长

24. 在吸光光度法测定时,为了减小测定的浓度相对误差,通常将待测溶液的吸光度控制在(　　　)。

(A) 0.5～0.8　　　(B) 0.2～0.7　　　(C) 0.5～1.0　　　(D) 0.1～0.5

25. 吸光光度测定中,一般选择 λ_{max} 作为测定波长。这是因为在此波长下(　　　)。

(A) 测定误差小　　　(B) 干扰小　　　(C) 灵敏度高　　　(D) 选择性高

26. 某有色物质的摩尔吸收系数与该物质溶液的浓度(　　　)。

(A) 成正比　　　(B) 成反比　　　(C) 成对数关系　　　(D) 无关

27. 某有色溶液在浓度为 c_1 时,透光率为 T_1。当其浓度为 $2c_1$ 时,在同样条件下测得的透光率为(　　　)。

(A) $T_1/2$　　　(B) $2T_1$　　　(C) $\sqrt{T_1}$　　　(D) $(T_1)^2$

28. 在吸光光度分析中,与摩尔吸收系数无关的是(   )。

(A) 有色物质的性质　　　　　　　　(B) 入射光的波长

(C) 溶剂的种类　　　　　　　　　　(D) 溶液的浓度

29. 下列对显色剂的描述中,正确的是(   )。

(A) 显色剂的颜色与被测物质的颜色互补

(B) 在测定波长处,显色剂要有明显吸收

(C) 显色剂能与被测物质形成稳定的有色化合物

(D) 显色剂必须是本身有颜色的化合物

30. 下列说法正确的是(   )。

(A) 有色溶液的浓度越大,摩尔吸收系数就越大

(B) 最大吸收波长与溶液的浓度无关

(C) 最大吸收波长与吸光物质的性质无关

(D) 吸光度与测定波长成正比

31. 在吸光光度法的测定中,选择的入射光通常是待测有色溶液的(   )。

(A) 最大透过光　　(B) 最大散射光　　(C) 最大吸收光　　(D) 最大反射光

32. 符合朗伯-比尔定律的有色物质溶液,当浓度改变时(   )。

(A) 最大吸收峰的位置向长波移动

(B) 最大吸收峰的位置向短波移动

(C) 最大吸收峰的位置不变,但峰高改变

(D) 最大吸收峰的位置不变,峰高也不变

33. 在吸光光度分析中,在某浓度下用 2 cm 吸收池测得溶液的透光率为 T_1。在相同条件下若改用 1 cm 吸收池进行测定,则溶液的透光率为(   )。

(A) $T_1/2$　　　　　(B) $2T_1$　　　　　(C) $\sqrt{T_1}$　　　　　(D) T_1^2

34. 在目视比色法中,常用的标准系列法是比较(   )。

(A) 入射光的强度　　　　　　　　(B) 反射光的强度

(C) 吸收光的强度　　　　　　　　(D) 溶液的颜色深浅

35. 某有色配离子的浓度为 1.0×10^{-4} mol·L^{-1},用 1 cm 吸收池在 525 nm 处测得该配离子溶液的吸光度为 0.40。则此有色配离子在 525 nm 处的摩尔吸收系数为(   )。

(A) 4.0×10^2 L·mol^{-1}·cm^{-1}　　　　(B) 4.0×10^3 L·mol^{-1}·cm^{-1}

(C) 4.0×10^4 L·mol^{-1}·cm^{-1}　　　　(D) 4.0×10^5 L·mol^{-1}·cm^{-1}

36. 当被测溶液的吸光度 $A > 0.7$ 时,采取下列措施:

① 改用厚度较大的吸收池　　　　　② 改用厚度较小的吸收池

③ 增大被测溶液的浓度　　　　　　④ 加水稀释被测溶液

其中可以减小测量的相对误差的是

(A) ①和③　　　　(B) ①和④　　　　(C) ②和③　　　　(D) ②和④

37. 某种显色剂在 pH 为 1～6 时呈黄色,pH 为 7～12 时呈橙色,pH 大于 12 时呈红色。已知该显色剂与待测离子生成的加合物呈红色,则该显色反应应在(   )。

(A) pH 大于 12 的强碱性溶液中进行

(B) 中性溶液中进行

(C) pH 小于 12 的弱碱性溶液中进行

(D) pH 小于 6 的弱酸性溶液中进行

38. 衡量吸光光度分析法灵敏度的指标是(   )。

(A) 最大吸收波长　(B) 吸光度　　　　(C) 透光率　　　　(D) 摩尔吸收系数

39. 某试样中铁的质量分数约为 0.01%,现要准确测定铁的质量分数,可以采用的分析方法是(　　)。

(A) 氧化还原滴定法　　　　　　　(B) 配位滴定法

(C) 沉淀滴定法　　　　　　　　　(D) 吸光光度法

40. 在吸光光度法中,设入射光的强度为 I_0,通过有色溶液后透射光的强度为 $0.40\,I_0$,则有色溶液的吸光度为(　　)。

(A) 2.00　　　　(B) 0.40　　　　(C) 0.22　　　　(D) -0.40

41. 在波长为 520 nm 处,$KMnO_4$ 的摩尔吸收系数 $\kappa = 2\,235\ \text{L}\cdot\text{mol}^{-1}\cdot\text{cm}^{-1}$。现用 2 cm 吸收池测得 $0.010\,0\ \text{g}\cdot\text{L}^{-1}\ KMnO_4$ 溶液的透光率为(　　)。

(A) $3.40\times10^{-3}\%$　(B) 52.0%　(C) 90.2%　(D) 100%

42. 某化合物在波长为 420 nm 处,$\kappa = 1.35\times10^4\ \text{L}\cdot\text{mol}^{-1}\cdot\text{cm}^{-1}$。称取 0.025 0 g 该化合物定容为 1.00 L,用 1 cm 吸收池测得吸光度为 0.760,该化合物的摩尔质量为(　　)。

(A) $444\ \text{g}\cdot\text{mol}^{-1}$　　　　　　(B) $333\ \text{g}\cdot\text{mol}^{-1}$

(C) $222\ \text{g}\cdot\text{mol}^{-1}$　　　　　　(D) $111\ \text{g}\cdot\text{mol}^{-1}$

43. 用吸光光度法测定 Fe^{2+} 时,采用的显色剂是(　　)。

(A) KSCN　　　　(B) 铬黑 T　　　(C) 邻二氮菲　　　(D) 磺基水杨酸

44. 某分光光度计的仪器测量误差 $\Delta T = 0.01$,当测得透光率 T 为 55% 时,则由测量误差 ΔT 引起的浓度测量相对误差为(　　)。

(A) 3.0%　　　(B) 2.0%　　　(C) -3.0%　　　(D) -2.0%

45. 质量相同的 A 和 B 两种化合物用相同的方法显色后,测得的吸光度相等。已知摩尔吸收系数 $\kappa_A > \kappa_B$,则 A 和 B 的摩尔质量之间的关系是(　　)。

(A) $M_A > M_B$　　(B) $M_A < M_B$　　(C) $M_A = M_B$　　(D) $2M_A = M_B$

46. 下述情况中,不会引起偏离朗伯-比尔定律的是(　　)。

(A) 介质具有不均匀性　　　　　　(B) 溶液中发生化学反应

(C) 入射光为复合光　　　　　　　(D) 入射光为单色光

47. 吸光光度法能进行多组分的同时测定,是基于(　　)。

(A) 各组分在同一波长下的吸光度具有加和性

(B) 各组分在不同波长下有吸收

(C) 各组分的摩尔吸收系数基本相同

(D) 各组分的浓度之间存在比例关系

48. 在相同波长处,用 2 cm 吸收池测得某试剂的透光率为 60%。若改为 3 cm 吸收池时,该试液的透光率为(　　)。

(A) 11%　　　(B) 22%　　　(C) 46%　　　(D) 90%

49. 相同质量的 Fe^{3+} 和 Cd^{2+} 各用一种显色剂在相同体积的溶液中显色,用吸光光度法测定,前者用 2 cm 吸收池,后者用 1 cm 吸收池,测得的吸光度相同,则两种离子形成的有色化合物的摩尔吸收系数之间的关系为(　　)。

(A) $\kappa(\text{Fe}^{3+}) \approx 2\kappa(\text{Cd}^{2+})$　　　　　(B) $\kappa(\text{Cd}^{2+}) \approx 2\kappa(\text{Fe}^{3+})$

(C) $\kappa(\text{Cd}^{2+}) \approx 4\kappa(\text{Fe}^{3+})$　　　　　(D) $\kappa(\text{Fe}^{3+}) \approx 4\kappa(\text{Cd}^{2+})$

50. 用实验方法测定某金属离子配合物的摩尔吸收系数,测定值的大小决定于(　　)。

(A) 入射光强度　　　　　　　　　(B) 吸收池厚度

(C) 配合物的稳定性　　　　　　　(D) 配合物的浓度

二、是非题

51. 符合朗伯-比尔定律的有色溶液,其浓度越低,则吸光度就越小,而透光率就越大。

52. 吸光光度法只适用于有色物质的测定。

53. 有色物质的摩尔吸收系数越大,则吸光光度法测定的灵敏度越高。

54. 吸收曲线的形状与溶液的浓度无关。

55. 溶液呈现不同的颜色,是由于溶液对可见光的选择性吸收。

56. 入射光强度与透射光强度之比称为透光率。

57. 在某波长下,当有色物质的摩尔吸收系数较大时,表明该物质对此波长光的吸收能力较强。

58. 在吸光光度分析中,通常选择最大吸收波长的光作为入射光。

59. 某有色溶液符合朗伯-比尔定律,当其浓度改变时,最大吸收波长也发生改变。

60. 以溶液浓度为横坐标、吸光度为纵坐标所绘制的曲线称为标准曲线。

61. 有色物质的摩尔吸收系数与该物质溶液的浓度成正比。

62. 符合朗伯-比尔定律的两种不同溶液,测定时若入射光强度、吸收池厚度和浓度均相等时,则它们的吸光度相等。

63. 摩尔吸收系数的大小主要取决于吸光物质的性质和入射光的波长。

64. 质量吸收系数 a 与摩尔吸收系数 κ 的关系是 $a = \kappa M_B$。

65. 当被测溶液的吸光度 $A < 0.2$ 时,为减小测定的浓度相对误差,可采取的措施是增大溶液的浓度或增加吸收池的厚度。

66. 以入射光的波长为横坐标、溶液的吸光度为纵坐标所绘制的曲线称为吸收曲线或吸收光谱。

67. 吸光光度分析中,使用参比溶液的作用是消除某些影响测定的因素。

68. 某待测离子经显色反应后,其摩尔吸收系数较大,说明此显色剂的选择性较好。

69. 通常把具有单一波长的光称为单色光。

70. 有色物质的摩尔吸收系数将随着测定波长的改变而改变。

71. 吸光光度法的灵敏度高,适用于常量组分的测定。

72. 任何两种颜色的单色光按适当的比例混合,都可以得到白光。

73. 有色溶液的透光率与有色溶液的浓度成正比。

74. 有色溶液选择地吸收某种颜色的可见光,因此呈现出吸收光的颜色。

75. 某有色溶液的透光率 $T = 0$ 时,其吸光度 $A = 0$。

76. 符合比尔定律的某有色溶液,当浓度增大时,最大吸收波长不变,但溶液的吸光度增大。

77. 在吸光光度法的测定中,通常将吸光度控制在 $0.2 \sim 0.7$ 范围内,以减小测定的浓度相对误差。

78. 某有色溶液在用分光光度计测定时灵敏度很高,表明该有色溶液的浓度很大。

79. 在吸光光度法的测定中,当吸光度 $A = 0.434$ 时,测定的浓度相对误差最小。

80. 改变吸收池的厚度,不会对朗伯-比尔定律产生偏差。

81. 朗伯-比尔定律不仅适用于单色光,也适用于复合光。

82. 在吸光光度法测定中,一定选择最大吸收波长作为测定波长。

83. 吸光度定义为入射光强度与透射光强度之比。

84. 吸光光度法中的吸收曲线,反映的是吸光度与入射光波长之间的关系。

85. 吸光物质的摩尔吸收系数与吸光物质的摩尔质量有关。

三、填空题

86. 朗伯-比尔定律的数学表达式为＿＿＿＿＿＿＿＿＿＿＿＿＿＿＿；吸光度 A 与透光率 T 之间的定量关系式为＿＿＿＿＿＿＿＿＿＿。

87. 在吸光光度分析中,吸收曲线是以_____为横坐标、_____为纵坐标作图所得的曲线,是吸光光度分析中_____的依据。

88. 有色物质的摩尔吸收系数的大小取决于_____和_____。摩尔吸收系数与质量吸收系数之间的关系为_____。

89. 在吸光光度法中,为减小测量的浓度相对误差,通常将吸光度控制在_____范围内,控制的方法是_____。

90. 将某一波长的单色光通过 1 cm 吸收池后,测得透光率为 60%,吸光度为 0.22。若改用 2 cm 吸收池测定,其透光率为_____,吸光度为_____。

91. 标准曲线的横坐标是_____,纵坐标是_____。

92. 在吸光光度法测定中,如果其他条件一定时,待测溶液的液层厚度越大,透光率_____,吸光度_____。

93. 溶液呈现出不同的颜色,是由于_____。在吸光光度分析中,为使测定结果有较高的灵敏度,一般选择_____作为入射光。

94. 摩尔吸收系数是吸光物质在一定波长下的特征常数,其数值越大,表明该物质的吸光能力_____,测定的灵敏度_____。

95. 透光率的定义式为_____,吸光度的定义式为_____。吸光度与透光率之间的定量关系是_____。

96. 符合朗伯-比尔定律的有色溶液,当其浓度改变时,其最大吸收波长_____,吸光度_____,摩尔吸收系数_____。

97. 吸光光度法进行定量分析的依据是_____,用公式表示为_____。

98. 吸光光度法主要用于测定_____组分,其主要的特点是_____。

99. 用分光光度计进行测定时先绘制_____曲线,找出_____;再测定标准溶液的吸光度绘制_____曲线,最后在相同条件下测出试液的吸光度,依据_____确定其浓度。

100. 吸光光度法中入射光的选择应根据吸收曲线以选择_____的光为宜,这是因为_____和_____。吸光度为 0.2~0.7 时测量的准确度较高,如果吸光度不在此范围内可以通过_____和_____的方法来解决。

101. 吸光光度法中,当吸光度 $A=$_____,透光率 $T=$_____时,浓度测量的相对误差最小。若分光光度计的仪器测量误差 $\Delta T=0.02$,当测得透光率 $T=70\%$ 时,则引起的浓度测量的相对误差 $\Delta c/c=$_____。

102. 虽然分光光度计的种类繁多,但都是由主要部件_____、_____、_____、_____和_____组成的。

103. 不同浓度的同一有色溶液的吸收曲线的形状相同,_____不变,但吸光度随_____而增大。在此波长处测量吸光度,测量的_____最高。因此,_____是吸光光度法中选择测量波长的依据。

104. 在吸光光度法中,将具有同一波长的光称为_____,将由不同波长组成的光称为_____。如果将两种适当颜色的光_____也能得到白光,这两种颜色的光称为_____。

105. 在吸光光度法中,当不存在干扰物质时,应该选择_____作为测量波长;当存在干扰物质时,应根据_____的原则选择测量波长。

106. 朗伯-比尔定律的数学表达式为 $A=\kappa \cdot c \cdot d$,式中 κ 称为_____,它与_____等因素有关,而与有色溶液的_____和吸收池的____无关。

107. 摩尔吸收系数和质量吸收系数的常用单位分别是_____和_____。

108. 摩尔吸收系数在数值上等于吸光物质在_____和_____时的吸光度。

109. 吸光光度定性分析的重要参数是_____和_____,定量分析的基本关系式是_____。

110. 在吸光光度分析中,常选择参比溶液,其作用是_____;常见的参比溶液有_____、_____及_____。

四、问答题

111. 在吸光光度分析中选择测定波长的原则是什么?

112. 朗伯-比尔定律成立的条件是什么?

113. 符合朗伯-比尔定律的某一吸光物质溶液,当吸光物质的浓度增大时,其最大吸收波长和吸光度的变化情况如何?

114. 在吸光光度分析中,为了使测定的浓度相对误差较小,通常将吸光度控制在 $0.2 \sim 0.7$ 范围内。如果吸光度不在上述范围内,应采取何种措施?

115. 什么是显色反应? 影响显示反应的主要因素有哪些?

五、计算题

116. 某有色物质的浓度为 2.8×10^{-5} mol·L^{-1},在最大吸收波长处用 1 cm 吸收池测得吸光度为 0.28。计算此波长下该有色物质的摩尔吸收系数。

117. 某有色物质溶液在最大吸收波长处用 1 cm 吸收池测得透光率 $T_1 = 60\%$,吸光度 $A_1 = 0.22$。如果在相同条件下改用 2 cm 吸收池测定,计算此有色物质溶液的透光率 T_2 和吸光度 A_2。

118. 用邻二氮菲吸光光度法测定 Fe^{2+},称取试样 1.00 g,处理成试液后,转入 100 mL 容量瓶中,加入显色剂,调节酸度后,加水稀释至刻度,摇匀。用 1 cm 吸收池在 508 nm 处测得 $A = 0.500$。已知 $\kappa(508 \text{ nm}) = 1.00 \times 10^4$ L·mol^{-1}·cm^{-1},$M(Fe^{2+}) = 56.0$ g·mol^{-1},计算试样中铁的质量分数。

119. 有 A 和 B 两种不同浓度的同一有色物质的溶液,在最大吸收波长处使用相同厚度的吸收池,测得吸光度分别为 0.30 和 0.60。已知 A 溶液的浓度为 3.20×10^{-4} mol·L^{-1},计算 B 溶液的浓度。

120. 某含 Cu^{2+} 的溶液浓度为 1.61×10^{-5} mol·L^{-1},用双环己酮草酰二腙吸光光度法测定,在波长 600 nm 处,用 1 cm 吸收池测得 $T = 50.5\%$,计算此溶液的吸光度 A 和摩尔吸收系数 κ。

单元测试题参考答案

一、选择题

1. D;2. B;3. C;4. C;5. A;6. B;7. A;8. D;9. A;10. D;11. C;12. D;13. C;14. D;15. C;16. B;17. A;18. D;19. C;20. A;21. B;22. C;23. D;24. B;25. C;26. D;27. D;28. D;29. C;30. B;31. C;32. C;33. C;34. D;35. B;36. D;37. D;38. D;39. D;40. B;41. B;42. A;43. C;44. C;45. A;46. D;47. A;48. C;49. C;50. C。

二、是非题

51. √;52. ×;53. √;54. √;55. √;56. ×;57. √;58. √;59. ×;60. √;61. ×;62. ×;63. ×;64. ×;65. √;66. √;67. √;68. ×;69. √;70. √;71. ×;72. ×;73. ×;74. ×;75. ×;76. √;77. √;78. ×;79. √;80. √;81. ×;82. ×;83. ×;84. √;85. ×。

三、填空题

86. $A = \kappa \cdot c \cdot d$;$A = -\lg T$。

87. 波长;吸光度;选择测定波长。

88. 有色物质的性质;入射光波长;$\kappa = a M_B$。

89. $0.2 \sim 0.7$;改变溶液的浓度或改变吸收池的厚度。

90. 36%；0.44。

91. c；A。

92. 越小；越大。

93. 溶液对不同波长的单色光选择吸收产生的；最大吸收波长的光。

94. 越强；越高。

95. $T=I/I_0$；$A=\lg(I_0/I)$；$A=-\lg T$。

96. 不变；改变；不变。

97. 朗伯–比尔定律；$A=\kappa cd$。

98. 微量；灵敏度高,准确度较高,操作简单,选择性好,应用广泛。

99. 吸收；最大吸收波长；标准(工作)；标准曲线。

100. 最大吸收波长；测定有较高的灵敏度；不会造成对比尔定律较大的偏差；改变试液的浓度；改变吸收池的厚度。

101. 0.434；36.8%；8.0%。

102. 光源；单色器；吸收池；检测器；读数指示器。

103. 最大吸收波长；浓度的增大；灵敏度；吸收曲线。

104. 单色光；复合光；按一定比例混合；互补色光。

105. 最大吸收波长；吸收最大、干扰最小。

106. 摩尔吸收系数；吸光物质的性质、入射光波长和温度；浓度；厚度。

107. $L\cdot mol^{-1}\cdot cm^{-1}$；$L\cdot g^{-1}\cdot cm^{-1}$。

108. 单位浓度；单位厚度。

109. 最大吸收波长；吸收曲线的形状；$A=\kappa cd$。

110. 消除吸收池壁及溶剂、试剂等对入射光的吸收所带入的误差,提高测定的准确度；溶剂参比,试剂参比,试样参比。

四、问答题

111. 在吸光光度分析中,如果没有干扰物质存在时,选择溶液的最大吸收波长作为测定波长。如果有干扰物质存在时,应根据"吸收最大、干扰最小"的原则选择其他波长作为测定波长。

112. 朗伯–比尔定律成立的条件为：入射光为平行的单色光,待测液应为均匀稀溶液(一般 $c < 0.01\ mol\cdot L^{-1}$)。

113. 当溶液的浓度增大时,其最大吸收波长不变,但溶液的吸光度增大。

114. 由朗伯–比尔定律 $A=\kappa cd$ 可知,当吸光度 $A<0.2$ 时,可以采取的措施是增大溶液的浓度(浓缩溶液)或改用厚度较大的吸收池；当吸光度 $A>0.7$,可以采取的措施是降低溶液的浓度(稀释溶液)或改用厚度较小的吸收池。

115. 无色的被测组分与一种试剂生成有色化合物的过程称为显色反应。在可见光区测定无色溶液时,常利用显色反应将待测组分转变成有色化合物。

影响显色反应的主要因素有显色剂和显色反应条件的选择。作为显色剂,应选择性好、灵敏度高、生成有色化合物稳定并有确定的组成,显色剂与有色化合物存在明显的颜色差别等。

显色反应条件主要考虑显色剂用量、溶液的酸度、显色温度以及显色时间等。

五、计算题

116. 该有色溶液的摩尔吸收系数为

$$\kappa=\frac{A}{cd}=\frac{0.28}{2.8\times10^{-5}\ mol\cdot L^{-1}\times1.0\ cm}=1.0\times10^4\ L\cdot mol^{-1}\cdot cm^{-1}$$

117. 根据朗伯－比尔定律,在相同条件下改用 2 cm 吸收池测定时,溶液的吸光度和透光率分别为

$$A_2 = \frac{A_1 d_2}{d_1} = \frac{0.22 \times 2.0 \text{ cm}}{1.0 \text{ cm}} = 0.44$$

$$T_2 = 10^{-A_2} = 10^{-0.44} = 36\%$$

118. 试液中 Fe^{2+}－邻二氮菲配离子的浓度为

$$c = \frac{A}{\kappa d} = \frac{0.500}{1.0 \times 10^4 \text{ L·mol}^{-1} \text{·cm}^{-1} \times 1.0 \text{ cm}} = 5.0 \times 10^{-5} \text{ mol·L}^{-1}$$

试样中铁的质量分数为

$$w(\text{Fe}) = \frac{m(\text{Fe})}{m_{试样}} = \frac{c(\text{Fe}^{2+}) \cdot V(\text{Fe}^{2+}) \cdot M(\text{Fe})}{m_{试样}} \times 100\%$$

$$= \frac{5.0 \times 10^{-5} \text{ mol·L}^{-1} \times 0.100 \text{ L} \times 56.0 \text{ g·mol}^{-1}}{1.00 \text{ g}} \times 100\%$$

$$= 0.028\%$$

119. 根据朗伯－比尔定律,溶液的浓度为

$$c_B = \frac{c_A \cdot A_B}{A_A}$$

$$= \frac{3.20 \times 10^{-4} \text{ mol·L}^{-1} \times 0.60}{0.30} = 6.40 \times 10^{-4} \text{ mol·L}^{-1}$$

120. 根据公式 $A = -\lg T$,$A = \kappa d c$ 得

$$A = -\lg 0.505 = 0.297$$

$$\kappa = \frac{A}{dc} = \frac{0.297}{1.0 \text{ cm} \times 1.61 \times 10^{-5} \text{ mol·L}^{-1}} = 1.84 \times 10^4 \text{ L·mol}^{-1} \text{·cm}^{-1}$$

读者意见反馈

为收集对教材的意见建议，进一步完善教材编写并做好服务工作，读者可将对本教材的意见建议通过如下渠道反馈至我社。

咨询电话　　400-810-0598

反馈邮箱　　hepsci@pub.hep.cn

通信地址　　北京市朝阳区惠新东街4号富盛大厦1座
　　　　　　高等教育出版社理科事业部

邮政编码　　100029

元素周期表